7.ª edición

Estados contables

Elaboración, análisis e interpretación

Adaptado al Real Decreto 1/2021

PABLO ARCHEL DOMENCH
PROFESOR TITULAR DE ECONOMÍA FINANCIERA Y CONTABILIDAD
DE LA UNIVERSIDAD PÚBLICA DE NAVARRA

FERNANDO CARRASCO DEL AMO
PROFESOR ASOCIADO DE ECONOMÍA FINANCIERA Y CONTABILIDAD
DE LA UNIVERSIDAD PÚBLICA DE NAVARRA

FERMÍN LIZARRAGA DALLO
PROFESOR TITULAR DE ECONOMÍA FINANCIERA Y CONTABILIDAD
DE LA UNIVERSIDAD PÚBLICA DE NAVARRA

SANTIAGO SÁNCHEZ ALEGRÍA
PROFESOR CONTRATADO DOCTOR DE ECONOMÍA FINANCIERA
Y CONTABILIDAD DE LA UNIVERSIDAD PÚBLICA DE NAVARRA

MANUEL CANO RODRÍGUEZ
PROFESOR TITULAR DE ECONOMÍA FINANCIERA
Y CONTABILIDAD DE LA UNIVERSIDAD DE JAÉN

7.ª edición

Estados contables

Elaboración, análisis e interpretación

Adaptado al Real Decreto 1/2021

EDICIONES PIRÁMIDE

COLECCIÓN «ECONOMÍA Y EMPRESA»

Director:
Miguel Santesmases Mestre
Catedrático de la Universidad de Alcalá

Diseño de cubierta: Anaí Miguel

Ediciones Pirámide se compromete con el medio ambiente reduciendo la huella de carbono de sus libros.

PAPEL DE FIBRA CERTIFICADO

Juan Ignacio Luca de Tena, 15. 28027 Madrid
Teléfono: 91 393 89 89
www.edicionespiramide.es
Depósito legal: M. 261-2022
ISBN: 978-84-368-4606-5
Printed in Spain

A Ainhoa, Mila, Alicia, Kico, Elena,
Xoel, Encarni, Paco y Lucía.

Índice

PARTE SEGUNDA
Análisis e interpretación de estados contables

Nota de los autores a la séptima edición

La presente edición de *Estados contables* mantiene el cuerpo de las anteriores y tan solo se han incorporado algunas actualizaciones, fruto del constante cambio normativo operado en nuestro país en los últimos años que afectan tanto al reconocimiento y valoración de la información financiera, como a la divulgación de información no financiera.

Si la sexta edición se hacía eco de las novedades contables producidas tras la entrada en vigor del Real Decreto 602/2016, que afectó al tratamiento contable de los intangibles y del fondo de comercio, además de simplificar de manera notable las obligaciones contables de las pequeñas y medianas empresas, esta séptima edición se justifica por las novedades que incorpora la aprobación del Real Decreto 1/2021, de 12 de enero. A partir de la entrada en vigor del citado Real Decreto, se modifica el Plan General de Contabilidad, básicamente, con el objetivo de introducir los cambios necesarios para adaptar la norma de registro y valoración novena «Instrumentos financieros» y la norma de registro y valoración 14 «Ingresos por ventas y prestación de servicios» a la NIIF-UE 9 y a la NIIF-UE 15, respectivamente.

Desde esta perspectiva, en relación con los instrumentos financieros, el cambio más significativo se ha producido en materia de clasificación y valoración. A este respecto, salvo algunas excepciones, los activos financieros deben valorarse a valor razonable con cambios en la cuenta de pérdidas y ganancias.

Por lo que a la norma de registro y valoración 14 respecta, la modificación consiste en incorporar en el Plan General de Contabilidad el principio básico consistente en reconocer los ingresos cuando se produzca la transferencia del control de los bienes o servicios comprometidos con el cliente y por el importe que se espera recibir de este último.

Pero, como decíamos al principio de la nota, las novedades se refieren no solo al campo de la información financiera, sino que se extienden al ámbito de la divulgación de información no financiera con la exigencia, a las grandes empresas, de un informe de información no financiera conforme a la Ley 11/2018. La entrada en vigor de dicha ley, junto con la publicación de los Estándares GRI para la elaboración de informes de sostenibilidad, ha obligado a revisar buena parte de los capítulos cuarto y séptimo, dedicados a mostrar el contenido del informe de gestión y a la elaboración de información de contenido social y medioambiental, respectivamente.

Al igual que en ediciones anteriores, al final de cada capítulo se presenta una batería de cuestiones y ejercicios, muchos de los cuales responden a casos reales vividos por conocidas empresas españolas. Todas las cuestiones y ejercicios aparecen resueltos en la última parte del libro. En la selección de las referencias bibliográficas se ha procurado combinar artículos doctrinales con otros de contenido más aplicado.

Como no podía ser de otra manera, nuestra mayor recompensa será que este libro resulte útil a los estudiantes de los grados de Contabilidad y Finanzas y de Administración y Dirección de Empresas, principales destinatarios del mismo, sin olvidarnos de los profesionales de la contabilidad y otros interesados en la elaboración y análisis de la información contable. Vaya, por último, nuestro agradecimiento a cuantas personas nos han hecho llegar sugerencias para mejorar esta edición y las anteriores, en particular Helio Robleda, Txema Olcoz, Jesús Martija, Javier Husillos, Cristina del Río, Luis Muga, Isabel Abinzano y Mercedes Duque.

Los autores

PARTE PRIMERA
Elaboración de estados contables

1 La comunicación de la información contable

1.1. EL CARÁCTER UTILITARISTA DE LA INFORMACIÓN CONTABLE

1.1.1. Información contable para la toma de decisiones

La mayor parte de los autores coinciden en identificar a la contabilidad como un sistema de información y análisis de la realidad económica con el objetivo fundamental de suministrar datos dirigidos a orientar la toma de decisiones de los diferentes usuarios de la misma. La contabilidad financiera no se limita, pues, al mero registro de los hechos económicos que ocurren en la entidad, sino que adquiere su verdadera dimensión al comunicar y proyectar al exterior los datos de la entidad económica. Este aspecto comunicacional de la contabilidad es el que le confiere a la misma el carácter de utilidad como herramienta adecuada para el análisis de la información y la posterior toma de decisiones por los agentes económicos.

El carácter utilitarista de la información contable queda expresamente recogido en la primera parte del Plan General de Contabilidad, que se ocupa de presentar el marco conceptual de la contabilidad estableciendo claramente que la información suministrada por el sistema contable ha de ser comprensible y útil para los usuarios en su proceso de toma de decisiones económicas. A tal efecto, a lo largo de este manual se va a asumir que la función de utilidad de todo usuario de la información contable contiene variables representativas de dos factores: rentabilidad (R) y riesgo (r), de forma que:

$$\text{Utilidad} = f(R, r)$$

Para que el usuario de la información contable pueda valorar estos dos aspectos, dicha información contable deberá ser, además, relevante y fiable, de forma que permita informar acerca de la situación patrimonial, los resultados de la empresa y la capacidad financiera de la misma, entendida esta como la capacidad para generar liquidez.

El suministro de la información financiera se realiza a través de unos soportes denominados estados financieros o estados contables, elaborados siguiendo unas normas previamente definidas con el fin de cubrir las necesidades de los diferentes usuarios. Tradicionalmente, los estados contables se confeccionaban con el objetivo principal de rendir cuentas ante los propietarios de la firma, esto es, ante los accionistas. Sin embargo, la aparición de un número creciente de nuevos agentes con intereses en la empresa (prestamistas, trabajadores, Administración Pública, etc.) ha supuesto la ampliación de los objetivos de los estados financieros, de forma que los mismos tratan de cubrir las necesidades informativas de un amplio abanico de usuarios, por lo que la normativa mercantil en vigor obliga a elaborar determinados estados contables de forma periódica y a depositarlos en el Registro Mercantil de la provincia donde esté domiciliada la sociedad.

Conviene precisar, no obstante, que estos estados financieros no se elaboran de forma específica para cada tipo de usuario, sino que a todos ellos se les suministra la misma información, o, mejor dicho, la misma información está disponible para todos los usuarios que tomarán sus decisiones en función de la relación que mantengan con la empresa. Así, por ejemplo, los accionistas estarán interesados en una información que les permita evaluar la capacidad de la firma para mantener el capital y para retribuir a sus fondos propios, mientras que los acreedores de la firma mostrarán preferencia por la información financiera que les permita analizar la capacidad de la empresa para reembolsar los préstamos recibidos. Unos y otros disponen de la misma información, que será administrada de forma diferente según el usuario que la interprete y la relación que mantenga con la empresa.

1.1.2. Información sobre flujos y fondos

En vista de las diferentes necesidades de información, los estados financieros de las empresas deberán cubrir las necesidades de sus usuarios facilitando información sobre la situación patrimonial de la entidad y sobre los flujos que modifican dicha situación. Partiendo de la situación inicial de una empresa, la contabilidad financiera trata de captar, medir y registrar las transacciones que se producen a lo largo de un ejercicio contable. En relación con las transacciones que interesan al sistema contable, podemos afirmar dos cosas:

1. Toda transacción modifica el patrimonio (balance) en, al menos, dos de sus componentes.
2. Algunas transacciones (no todas) contribuyen a generar resultado.

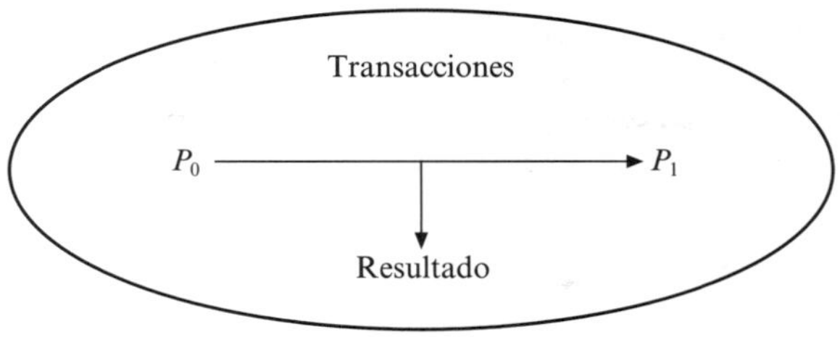

P_0 es el patrimonio en el momento inicial y P_1 el patrimonio después de realizadas las transacciones.

Denominando «flujo» a la variación de una determinada partida del balance, y teniendo en cuenta lo establecido en el punto 1 (toda transacción modifica el patrimonio en, al menos, dos componentes), puede concluirse que cada transacción provocará, al menos, dos flujos. Dependiendo de cuál sea el componente del patrimonio que varíe, pueden resultar tres tipos de flujos:

— Los *flujos patrimoniales* se vinculan con la infraestructura necesaria para el desarrollo de la actividad empresarial, es decir, se producen cuando lo que varía es algún componente de la parte fija del balance, bien sea el activo fijo o bien las fuentes de financiación de carácter permanente (fondos propios o endeudamiento de largo plazo), con una única excepción: el resultado del ejercicio. Un ejemplo es el incremento del inmovilizado material como consecuencia de la compra de una nueva maquinaria o el incremento del pasivo exigible a largo plazo como consecuencia de la solicitud de un préstamo bancario a tres años.

— Los *flujos económicos* se ponen de manifiesto a medida que se van reconociendo gastos e ingresos en el desarrollo de la actividad ordinaria, es decir, cuando el epígrafe del balance que varía es el resultado del ejercicio. Las operaciones de compraventa de mercaderías o los gastos de personal ilustran ejemplos de operaciones en las que se producen flujos económicos.

— Los *flujos financieros* reflejan variaciones de aquella magnitud que, formando parte del balance de situación, sea representativa de la liquidez de la firma. A este respecto, suelen distinguirse dos magnitudes como expresión de la liquidez de la empresa: la tesorería y la diferencia entre el activo circulante y el pasivo circulante, es decir, el capital circulante. Puede decirse, por tanto, que existen dos versiones del término flujo financiero según se considere una u otra versión de la liquidez. Cuando varíe el capital circulante (aunque no se produzca variación en la tesorería) estaremos ante un flujo financiero tipo A, y cuando varíe la tesorería estaremos ante un flujo financiero tipo B.

Flujos financieros «tipo A»: variación en el capital circulante. Flujos financieros «tipo B»: variación de la tesorería.

Por lo general, los flujos financieros surgen tras haberse producido previamente los otros dos tipos de flujos. Así, por ejemplo, el pago por una compra de inmovilizado, el cobro de un crédito concedido o el reconocimiento de un derecho de cobro por venta de mercaderías constituyen flujos financieros, ya que modifican la liquidez de la firma:

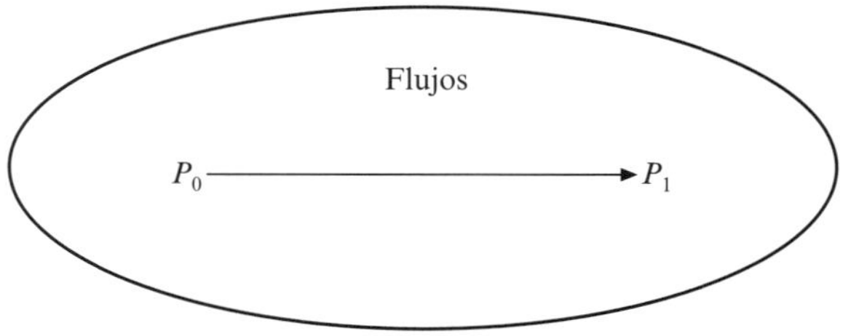

Las transacciones empresariales implican, como hemos indicado, combinaciones de flujos de distinta naturaleza. Así, por ejemplo, la nómina pagada a un empleado comporta un flujo económico, por el reconocimiento del gasto, y un flujo financiero (tanto tipo A como B) por la cantidad pagada. Una venta de mercaderías a crédito origina un flujo económico, por el reconocimiento del ingreso, y un flujo financiero (tipo A), dado que la operación implica un incremento en el capital circulante de la firma. En este caso, no habría flujo financiero tipo B, que no se producirá mientras no varíe la tesorería al vencimiento de la factura.

El conjunto de flujos (patrimoniales, económicos o financieros) que se producen en una empresa a lo largo de un período de tiempo determina la situación patrimonial de la misma, que, de este modo, se presenta como una situación siempre cambiante. Una correcta comprensión de los diferentes tipos de flujos resulta fundamental, ya que en ellos se basa la clasificación de estados financieros que veremos en el apartado 1.3 del presente capítulo. Así, la información contable requerida por los usuarios estará constituida principalmente por estados de situación indicativos de una posición puntual en un momento del tiempo, y por estados de flujos, representativos de variaciones producidas a lo largo de un período de tiempo.

Por último, y teniendo en cuenta que el término actividad es sinónimo de conjunto de transacciones, podríamos estructurar estas últimas según se vinculen con tres tipos de actividades: actividad ordinaria, actividad de inversión y actividad de financiación:

Actividad ordinaria o de explotación: comprende el desarrollo de la actividad a la que se dedica la empresa, el día a día de la misma. Recoge transacciones caracterizadas por una cierta repetitividad.

Actividad de inversión: comprende la inversión o desinversión en infraestructura técnica (inmovilizado material o intangible) o en cualquier tipo de inversión financiera, tanto temporal como permanente.

Actividad de financiación: comprende la captación o el reembolso de fuentes de financiación (tanto propias como ajenas), exceptuando aquellas que surjan de forma esporádica en el desarrollo de la actividad ordinaria:

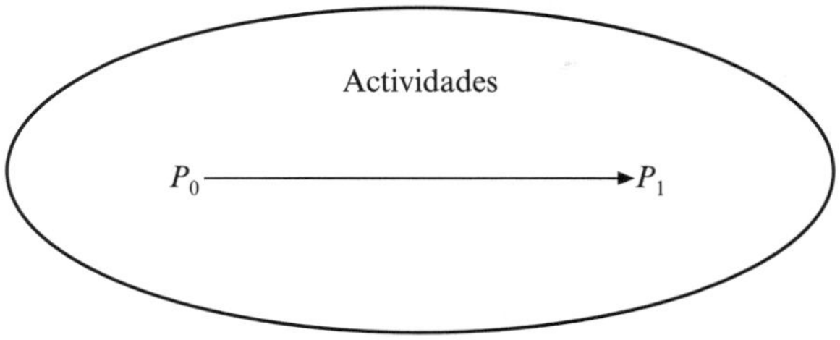

1.2. USUARIOS DE LA INFORMACIÓN CONTABLE

A lo largo del epígrafe anterior se ha hecho continua referencia a los usuarios de la información contable como receptores de la misma con el fin de orientarles en la adopción de decisiones económicas y de otro tipo relacionadas con la entidad. Los usuarios son, pues, agentes con derecho de acceso a la información financiera emitida por la entidad.

Un criterio de clasificación de los usuarios es el que toma en cuenta la capacidad de los mismos para influir en la elaboración de la información. De acuerdo a este criterio, se distinguen usuarios internos y externos. Los primeros son aquellos que tienen el control sobre el proceso de elaboración de la información y la utilizan para tomar decisiones de gestión. La gerencia de la firma o el cuadro directivo de la compañía conformarían el catálogo de los principales usuarios internos. Por su parte, los usuarios externos, que no participan directamente en el proceso de elaboración de la información, poseen un acceso limitado a la misma y la utilizan para apoyar sus decisiones comerciales, de inversión y de crédito, principalmente.

1.2.1. Usuarios internos

La gerencia desempeña un papel protagonista en todo el proceso de elaboración de la información financiera. Por un lado, interviene de forma destacada en su preparación, mientras que, por el otro, la utiliza para cumplir con las obligaciones de depósito y registro de cuentas, además de utilizar dicha información como apoyo para las decisiones de gestión. En este sentido, no puede pasarse por alto el papel legitimador que se le atribuye a la rendición de cuentas. En efecto, la gerencia trata de justificar su actuación ante accionistas y demás agentes económicos mediante la divulgación de la información contenida en el informe anual. Este interés legitimador de la gerencia hace que la información divulgada trate de satisfacer las demandas de los agentes externos, por lo que las presiones de estos pueden llegar a condicionar el tipo y la cantidad de información que se revela.

1.2.2. Usuarios externos

Como se ha dicho más arriba, los usuarios externos no participan en el proceso de elaboración de la información contable, pero están interesados en su conocimiento por diversas razones, no exclusivamente económicas. De acuerdo a las necesidades de información de los mismos, se puede establecer la siguiente relación:

— Los propietarios, actuales y potenciales.
— Los trabajadores y sus representantes.
— Los prestamistas.
— Los proveedores y otros acreedores comerciales.
— Los clientes y otros deudores comerciales.
— El Gobierno y sus organismos públicos.
— El público en general y la colectividad, globalmente considerada.

Propietarios, actuales y potenciales

El interés de los propietarios, actuales y potenciales, por la información financiera de la empresa está plenamente justificado por la necesidad de evaluar el comportamiento de la firma y su capacidad para mantener, administrar y retribuir los recursos aportados. El interés de los accionistas no se limita únicamente al mantenimiento del capital, sino que se extiende a la evaluación de la capacidad de la firma para rentabilizar las inversiones efectuadas por los mismos. El análisis de la rentabilidad será, por tanto, un área de trabajo que interesará fundamentalmente a los propietarios de la firma y potenciales inversores. La información financiera será utilizada para apoyar sus decisiones de comprar, vender o mantener una inversión.

Trabajadores y sus representantes

El interés de los trabajadores y sus representantes por la información financiera se centra en evaluar la capacidad de la firma para garantizar sus retribuciones, presentes y futuras, así como para orientar sus estrategias de negociación colectiva centradas en el mantenimiento del empleo y mejoras en las condiciones de trabajo.

Los prestamistas

Los prestamistas son los suministradores de financiación ajena, diferente, pues, de los fondos aportados por los propietarios. El interés de los prestamistas por la información financiera se centra en evaluar la capacidad de la firma en reembolsar los préstamos recibidos y en retribuirlos de acuerdo al interés establecido. Con el fin de analizar el riesgo de crédito, el análisis de la solvencia de la empresa será un área de especial consideración por parte de los prestamistas. Dado que la solvencia de la firma dependerá en última instancia de la rentabilidad de la misma, el análisis de la rentabilidad será también un área de especial atención para los prestamistas al objeto de orientar futuras inversiones.

Proveedores y otros acreedores comerciales

Los proveedores y otros acreedores comerciales utilizan la información financiera para analizar la capacidad de la firma de atender los compromisos financieros adquiridos con ellos y para conocer la estructura productiva de la compañía. Con ello se persigue, en primer lugar, evaluar el riesgo de crédito, al tiempo que, en segundo lugar, se analiza la capacidad de la firma para mantener de forma estable los acuerdos de compra con el fin de apoyar las decisiones comerciales y de inversión de la compañía.

Clientes y otros deudores comerciales

Al igual que los anteriores, los clientes y los deudores comerciales utilizan la información financiera para analizar la capacidad de producción de la entidad, al objeto de evaluar y ponderar la continuidad de sus relaciones comerciales.

Gobierno y sus organismos públicos

Los organismos de la Administración Tributaria muestran interés en la información financiera de las empresas al objeto de comprobar si la liquidación del impuesto de sociedades y otros tributos se ha realizado de forma rigurosa. Pero la Administración no solamente recurre a la información financiera de las empresas con fines recaudatorios, sino que también la utiliza al objeto de evaluar la concesión de determinadas ayudas o subvenciones a las empresas que cumplan los requisitos establecidos. Por otra parte, tanto el Gobierno como sus organismos públicos, así como determinadas instituciones supranacionales, necesitan la información financiera para la confección de sus bases de datos y para la adopción de decisiones de política económica, monetaria y fiscal.

El público en general y la colectividad, globalmente considerada

En este grupo heterogéneo tienen cabida los consumidores y el público en general, que, de forma individual o a través de agrupaciones de interés o de presión, exigen de las empresas comportamientos socialmente responsables y ambientalmente sostenibles. Por esta razón, además de la información financiera propiamente dicha, las empresas están comenzando a incluir en el informe anual datos acerca de su comportamiento social y medioambiental para que la sociedad tenga la posibilidad de evaluar la incidencia de la empresa en el entorno en el que opera.

La extensa relación de usuarios contemplados, y los particulares intereses manifestados por los mismos, deja patente que la comunicación de la información empresarial no se limita únicamente a los tradicionales aspectos financieros de la firma demandados por los suministradores de fondos, sino que se extiende también a los aspectos no financieros de la empresa. Este incremento experimentado en el número de usuarios de la información empresarial ha llevado a algunos autores a hablar, incluso, de *teoría de los partícipes* o de los agentes interesados para explicar el comportamiento de la empresa a la hora de plantearse la divulgación de la información empresarial.

1.3. CLASIFICACIÓN DE LOS ESTADOS CONTABLES

Con carácter general, la información recogida en los estados contables hace referencia a hechos pasados, razón por la que recibe el nombre de *información histórica*. Sin embargo, esta información también puede adoptar un carácter prospectivo mediante la simulación de transacciones. La información divulgada se puede referir tanto al conjunto de la empresa como a una parte de la misma, desagregando algunas partidas del balance de situación o de la cuenta de pérdidas y ganancias. Así, es frecuente encontrar en algunas empresas información sobre las ventas atendiendo a zonas geográficas, o bien información sobre partidas del balance desagregadas en función de las diferentes líneas de negocio que desarrollan. Se trata de la *información segmentada,* resultante de la desagregación de la información contable tradicional, atendiendo a diversos aspectos con características homogéneas, al objeto de mejorar la visión de la realidad económica de la empresa. El cuadro 1.1 presenta la cifra de negocios e inmovilizado material e inmaterial neto de la petrolera CEPSA, segmentada de acuerdo a los mercados geográficos.

CUADRO 1.1

Información segmentada por áreas geográficas del grupo CEPSA

	Ingresos procedentes de ventas a clientes externos		**Inmovilizado inmaterial y material netos**	
	2019	**2018**	**2019**	**2018**
España*	15.540.159	15.560.829	4.031.616	3.731.141
Resto Unión Europea	3.109.696	3.010.499	87.992	80.532
África	1.723.564	2.195.542	433.660	479.612
América	1.598.164	1.975.092	291.048	466.019
Resto del mundo	1.885.804	1.969.816	1.947.664	1.936.713
Total consolidado	**23.857.387**	**24.711.778**	**6.791.980**	**6.694.017**

* En España, los datos de 2019 y 2018 en el apartado «ingresos procedentes de ventas a clientes externos» incluyen los impuestos especiales.

Conviene precisar, asimismo, que debido a los procesos de concentración empresarial —bien por medio de vínculos de propiedad, bien mediante otro tipo de acuerdos—, una parte importante de la actividad empresarial se realiza a través de grupos de empresas, por lo que se hace preciso habilitar estados contables específicos que informen de las actividades del grupo, de sus resultados y de su situación patrimonial. La respuesta está en la *información contable consolidada,* que suple las insuficiencias de la información individual que, por separado, pueda proporcionar cada empresa integrante del grupo empresarial.

Así pues, teniendo presente que la información contable empresarial puede ser histórica/prospectiva, global/segmentada e individual/consolidada, la clasificación efectuada en el cuadro 1.2 se ha realizado en función del carácter financiero o no de la misma. Dentro de la información financiera se distingue la relativa a un momento determinado del tiempo (estados de situación) —cuyo máximo exponente es el balance de situación—, y la relativa a períodos de tiempo (estados de variaciones de flujos), que informan de los flujos habidos en dicho período. En función del tipo de flujo del que se informe (tal y como se ha expuesto en el epígrafe 1.1.2), se puede hablar de estados de flujos patrimoniales, estados de flujos económicos y estados de flujos financieros.

CUADRO 1.2

Tipos de información empresarial y estados contables

Financiera	De situación	De fondos	— Balance de situación.
	De flujos	De flujos patrimoniales	— Estado de cambios en el patrimonio neto. — Estado de variación del inmovilizado. — Estado de variación de las inversiones financieras.
		De flujos económicos	— Cuenta de pérdidas y ganancias. — Estado del valor añadido. — Cuenta de pérdidas y ganancias analítica.
		De flujos financieros	— Estado de origen y aplicación de fondos (cuadro de financiación). — Estado de flujos de efectivo.
Mixta			— Memoria. — Informe de gestión.
No financiera		De tipo social y medioambiental	— Estado de variación de recursos humanos. — Informes de sostenibilidad. — Estado de información no financiera.

El balance de situación es el estado contable utilizado para presentar la posición patrimonial de la firma, informando de la forma en que ha financiado sus recursos, así como de las inversiones realizadas con los mismos. Se trata de un estado contable estático cuya información se refiere a un momento concreto, por lo que se trata de una información de tipo *fondo*.

La cuenta de pérdidas y ganancias, por el contrario, informa del resultado del ejercicio, separando debidamente los ingresos y gastos imputables al mismo. Se trata, por tanto, de una información generada a lo largo de un ejercicio (de ahí el carácter *dinámico* de la misma) que hace referencia a los flujos económicos que conforman el resultado de la entidad.

La necesidad de contar con una información más precisa acerca de las rentas económicas generadas por la empresa y su distribución entre los diversos agentes empresariales es la causa de la aparición de otros estados de flujos económicos como la *cuenta de pérdidas y ganancias analítica* o el *estado del valor añadido*. La información relevante en estos casos no es tanto el resultado de la firma, sino la forma de generación y reparto del valor añadido en el seno de la empresa.

Los estados de flujos patrimoniales tienen como objetivo clarificar el contenido de una o varias cuentas mediante la utilización de cuadros explicativos de las variaciones experimentadas por las mismas a lo largo de un ejercicio económico, recogiendo las altas y bajas producidas. Si bien la práctica totalidad de las cuentas del balance de situación pueden ser objeto de una información adicional donde se muestren las variaciones patrimoniales de las mismas, las relativas a los fondos propios y al inmovilizado (estructura fija de la empresa) son las que han tenido un mayor desarrollo. Así, *el estado de cambios en el patrimonio neto* presenta de forma ordenada las variaciones habidas en el patrimonio neto de la empresa, provengan: (1) de transacciones realizadas con socios o propietarios de la empresa; (2) de la generación o reparto de resultados, y (3) de la aplicación del criterio del valor razonable o de los cambios en el patrimonio neto debido a cambios en los criterios contables y corrección de errores.

El objetivo de los estados informativos de la circulación financiera de la empresa (estados de flujos financieros) es explicar los movimientos de magnitudes representativas de la liquidez de la firma. Esta se puede determinar a partir de las variaciones producidas en el capital circulante o, alternativamente, a partir de la variación de la tesorería. En el primer caso, el *estado de origen y aplicación de fondos* (EOAF), también denominado *cuadro de financiación,* es el estado contable que informa no solo de la variación del capital circulante entre dos ejercicios consecutivos, sino que, de forma adicional, aporta datos acerca de las causas que motivan dicha variación. Por su parte, el *estado de flujos de efectivo,* también denominado *estado de flujos de tesorería,* contiene información, debidamente clasificada, de los cobros y pagos realizados por la empresa, con el fin de informar acerca de las razones que han motivado los movimientos de efectivo producidos en el ejercicio.

Los estados contables brevemente presentados hasta ahora contienen exclusivamente información financiera. Sin embargo, al objeto de ampliar, explicar y complementar los datos financieros, las empresas elaboran información adicional, de carácter tanto narrativo como financiero, que se incorpora al informe anual y es sometido, igualmente, a la consideración de la Junta General. Dentro de este apartado se identifica *la memoria,* orientada a suministrar información que ayude a comprender e interpretar los datos del balance y de la cuenta de resultados. Entre la información que incluye la memoria se encuentran los criterios de reconocimiento y valoración seguidos para contabilizar determinadas operaciones, el desglose de los principales movimientos de algunas partidas —tal y como se ha comentado anteriormente—, así como cualquier otra información tendente a complementar la suministrada por los estados contables tradicionales. *El informe de gestión,* por su parte, se utiliza para exponer el marco económico en el que se desarrolla la actividad de la empresa, la evolución de los negocios y perspectivas de futuro, así como para informar de acontecimientos ocurridos con posterioridad al cierre del ejercicio que puedan afectar a las cifras mostradas en los estados contables.

Si bien la información de carácter financiero es la que más se ha desarrollado y regulado, algunas empresas de gran tamaño suelen difundir también información de carácter no financiero relativa al comportamiento social y medioambiental de la compañía. Para ello se utilizan estados contables específicos, como, por ejemplo, el estado de variación de recursos humanos o el balance general de entradas y salidas de sustancias relacionadas con el medio ambiente. En los últimos años ha emergido con fuerza la elaboración de memorias de sostenibilidad con información de tipo social y medioambiental que se suele divulgar de forma separada e independiente de la información financiera. En este sentido, la Ley 11/2018, de 28 de diciembre, obliga a las grandes empresas a la elaboración de un estado de información no financiera que se incorporará al informe de gestión. Los capítulos que vienen a continuación están dedicados al análisis de la estructura y contenido de los estados contables brevemente aquí reseñados, no sin antes presentar algunas notas acerca de la normativa que regula la elaboración de la información contable.

1.4. LA NORMATIVA ESPAÑOLA SOBRE COMUNICACIÓN DE LA INFORMACIÓN CONTABLE

La incorporación de España a la Comunidad Económica Europea (CEE) el 1 de enero de 1986 vino acompañada de importantes modificaciones legislativas al objeto de armonizar las leyes mercantiles al contenido de las Directivas Comunitarias. Por lo que respecta al Derecho de Sociedades, la Cuarta Directiva, relativa a las cuentas anuales, y la Séptima Directiva, sobre cuentas anuales consolidadas de los grupos de empresas, han regulado, hasta su derogación en 2013, los modelos de cuentas anuales, los principios de valoración para la elaboración de las mismas, el proceso de depósito y comunicación de la información contable y la verificación por auditores independientes de dicha información. A partir de ese momento, los contenidos de las directivas derogadas se han trasladado a la Directiva 2013/34UE, que constituye un texto de referencia para entender los últimos cambios normativos en España.

La adaptación de la normativa contable española a los requisitos de las directivas comunitarias comenzó en 1988 con la aprobación de la Ley 19/1988, de 12 de julio, de *Auditoría de Cuentas,* modificada parcialmente por la Ley 12/2010, de 30 de junio (BOE 1 de julio de 2010), y finalmente sustituida por la nueva Ley 22/2015, de 20 de julio, de Auditoría de Cuentas (BOE 21 de julio de 2015), con el fin de dotar del máximo rigor y transparencia a la información económico-financiera de la empresa. De acuerdo con estos objetivos, la auditoría de cuentas tiene por objeto la emisión, por parte de profesionales independientes, de un informe acerca de la veracidad de los estados contables auditados. La auditoría de cuentas es, por tanto, un servicio que se presta a la empresa revisada y que afecta e interesa no solo a la propia empresa, sino también a terceros que mantienen relaciones con la misma. El cuadro 1.3 presenta un esquema con los supuestos en los que los estados contables deben someterse de forma obligatoria a la opinión del auditor.

Aprobada la Ley de Auditoría, la posterior aprobación de la *Ley 19/1989, de 25 de julio, sobre reforma parcial y adaptación de la legislación mercantil española a las directivas comunitarias en materia de sociedades,* sentó las bases del proceso de revisión y adaptación a las exigencias comunitarias del momento de toda la normativa mercantil española.

Por lo que respecta a la contabilidad, cuatro fueron los aspectos más destacados de la reforma contable de 1989:

a) *Mayor cantidad de información contable.* La generalidad de las empresas, sobre todo las sociedades, se vieron obligadas a presentar mayor cantidad de información contable: balance, cuenta de resultados y memoria, habiendo experimentado este último documento un espectacular desarrollo en su contenido.

b) *Mayor rigurosidad y calidad de la información contable.* La anterior reforma mercantil optó por una elaboración de las cuentas anuales de acuerdo a principios económicos, consagrando la imagen fiel como el verdadero eje y objetivo de la normativa contable.

c) *Importante grado de transparencia en la información contable.* Para ello se habilitaron los Registros Mercantiles como centros de depósito y publicidad de la información contable legal de las empresas. El carácter público del Registro Mercantil garantiza que cualquier persona, accionista o no, pueda disponer de las cuentas anuales de cualquier empresa domiciliada en la provincia, con el solo hecho de solicitarlas.

d) *Aumento sensible de la obligatoriedad en la verificación de la información contable.* Si bien la Ley de Auditoría ya recogía la obligatoriedad de auditar para un importante número de empresas, tras la aprobación de la Ley de Reforma de la Legislación Mercantil se amplió el número de empresas obligadas a someter sus cuentas a la opinión del auditor.

CUADRO 1.3

Supuestos en los que resulta preceptiva la realización de auditoría

- Cuando durante dos ejercicios consecutivos las sociedades reúnan, a la fecha de cierre de cada uno de ellos, al menos dos de las tres circunstancias siguientes (art. 263, modificado, de la Ley de Sociedades de Capital):
  - Total partidas del activo > 2.850.000 euros.
  - Cifra de negocios > 5.700.000 euros.
  - Número medio de trabajadores > 50.
- Cuando lo soliciten socios que representen al menos el 5 por 100 del capital social (art. 265.2 de la Ley de Sociedades de Capital, LSC).
- Cuando lo acuerde el Juzgado, previa petición fundada de quien acredite interés legítimo (art. 40 Código de Comercio).
- Cuando los títulos representativos del capital coticen en cualquier bolsa (disposición adicional 1.ª *a* Ley de Auditoría de Cuentas).
- Cuando la sociedad emita obligaciones en oferta pública (disposición adicional 1.ª *b* LAC).
- Cuando la sociedad tenga por objeto o reúna alguno de los siguientes requisitos (disposición adicional 1.ª *c* LAC):
  - Intermediación financiera, incluyendo comisionistas.
  - Agentes de Cambio y Bolsa.
  - Inscritas en Registros del Ministerio de Economía y Hacienda y del Banco de España.
- Cuando la sociedad tenga por objeto cualquier actividad sujeta a la Ley 30/1995, de Ordenación y Supervisión del Seguro Privado (disposición adicional 1.ª *d* LAC).
- Cuando la entidad reciba subvenciones, ayudas o realice obras, prestaciones de servicios o suministre bienes al Estado y demás Organismos Públicos dentro de los límites que reglamentariamente se establezcan (disposición adicional 1.ª *e* LAC).
- Cuando deban presentarse cuentas consolidadas (art. 42.5 del CC), incluso si se formulan con carácter voluntario (art. 42.6 del CC).
- Las sociedades de garantía recíproca (art. 54 Ley 1/1994, de 11 de marzo).
- Las fundaciones en los términos previstos en el artículo 23 de la Ley 30/1994, de 24 de noviembre.

El posterior desarrollo reglamentario de la Ley 19/1989 supuso la renovación de prácticamente toda la normativa contable vigente hasta entonces, aprobándose una nueva Ley de Sociedades Anónimas y un nuevo Plan General de Contabilidad.

El principal objetivo del marco jurídico creado tras la ya lejana incorporación de España a la tradición contable europea no era otro que garantizar que la información económico-financiera de las empresas se elaborara con los criterios de rigor y transparencia de los demás países de nuestro entorno económico. A tal efecto se habilitaron los Registros Mercantiles provinciales, donde los administradores de las sociedades anónimas, de responsabilidad limitada, comanditarias por acciones y de garantía recíproca depositarán, dentro del mes siguiente a su aprobación, las cuentas anuales formuladas por el empresario, que se pondrán a disposición de toda persona interesada en las mismas. De acuerdo al propio Reglamento del Registro Mercantil (Art. 366), la comunicación de la información financiera y contable excede de las tradicionales cuentas anuales y alcanza también al informe de gestión y al informe de auditoría de cuentas cuando la sociedad esté obligada a someter sus cuentas a la opinión del auditor, que deberán, asimismo, depositarse en el Registro Mercantil. El depósito de cuentas comprenderá datos del ejercicio que se cierra y del inmediatamente anterior, al objeto de facilitar la comparación entre las diversas partidas.

En cuanto a los plazos vigentes para la elaboración y depósito de la información contable de la empresa (véase gráfico 1.1), es preciso señalar que dentro de los tres meses siguientes a la finalización del ejercicio los administradores de la sociedad elaborarán las cuentas anuales y el informe de gestión. Toda esta documentación se pondrá a disposición de los auditores en aquellas sociedades obligadas a someter sus cuentas a verificación externa, que dispondrán como mínimo de un mes para presentar el informe de auditoría. Una vez elaborado el mismo, se podrá convocar la Junta General de la Sociedad, que, en todo caso, deberá reunirse antes de los seis meses de

GRÁFICO 1.1

Elaboración y depósito de las cuentas anuales

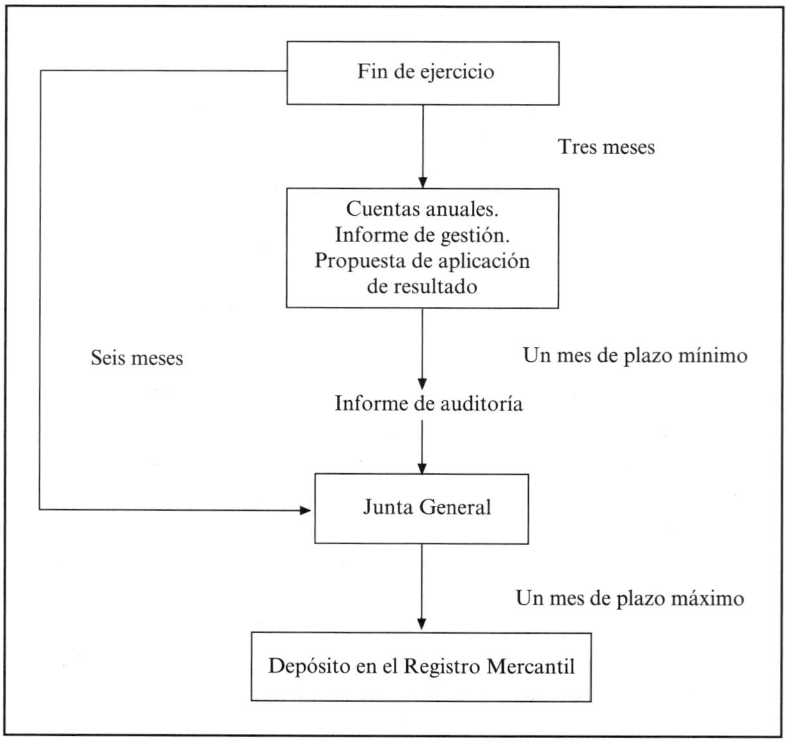

la finalización del ejercicio. Como ya se ha señalado anteriormente, dentro del mes siguiente a la aprobación de las cuentas se deberán depositar en el Registro Mercantil.

En definitiva, la reforma contable de 1989 y su posterior desarrollo reglamentario supuso no solamente proporcionar mayor y mejor información contable, sino posibilitar que la información contable elaborada por las sociedades españolas pudiera ser comparable con la emitida por empresas sujetas a normas contables de otros países comunitarios. Sin embargo, las nuevas necesidades informativas de unos usuarios cada vez más globalizados aconsejaban extender el ámbito de la armonización contable más allá de las fronteras europeas. El marco de referencia deja de ser europeo y se convierte en mundial. El siguiente apartado presenta con mayor detalle la nueva situación creada, así como la solución adoptada.

1.5. EL PROCESO DE ARMONIZACIÓN CONTABLE: CONVERGENCIA CON LAS NORMAS INTERNACIONALES DE CONTABILIDAD

Como se ha señalado en el epígrafe anterior, la creciente integración de las economías mundiales y la presencia de muchas empresas en mercados financieros internacionales puso sobre la mesa el problema de la comparabilidad de una información contable elaborada de acuerdo a normas locales escasamente homogéneas. Esta situación llevó a la reflexión a un buen número de organismos reguladores contables sobre el camino a seguir con el objeto de alcanzar niveles de comparabilidad en la información financiera suministrada por las empresas de distintos países. De manera particular, esta reflexión fue especialmente intensa en la Unión Europea, empeñada en mejorar tanto la comparabilidad de la información contable entre las empresas comunitarias como entre estas y las residenciadas fuera de la UE.

1.5.1. Antecedentes

La falta de validez de los criterios contables comunitarios fuera de su ámbito de influencia, especialmente en Estados Unidos, dejaba en una delicada situación a las empresas que acudían a los mercados de capitales internacionales en busca de financiación, obligadas a reelaborar sus estados contables de acuerdo a los criterios imperantes en dichos mercados. Esta circunstancia añadía no poca confusión a los usuarios de la información contable y un considerable incremento en los costes a las empresas, que se veían obligadas a presentar sus cuentas anuales de acuerdo a dos, tres o incluso más normas contables.

Ante este panorama, a partir de 1995 la Unión Europea adoptó una nueva estrategia de armonización, mostrando su preferencia por las Normas Internacionales de Contabilidad (NIC) del *International Accounting Standards Board (IASB)*.

Al objeto de ir preparando los cambios que permitieran acomodar al marco legislativo europeo los contenidos de la normativa contable internacional —de manera particular en lo referente al *valor razonable*—, en septiembre de 2001 el Parlamento Europeo aprobó la Directiva 2001/65/CE, por la que se modificaban determinados artículos de la Cuarta y Séptima Directivas. Con esta iniciativa se buscó modernizar el contenido y estructura de las Directivas, de forma que su articulado no fuera un obstáculo en la aplicación de las NIC, también denominadas Normas Internacionales de Información Financiera (NIIF). El 7 de junio de 2002 el Consejo de la UE aprobó el Reglamento relativo a la aplicación de las Normas Internacionales de Contabilidad, cuya entrada en vigor se produjo tras la publicación en el Diario Oficial de las Comunidades Europeas (DOCE L 243/3) el 11 de septiembre de 2002. El principal resultado de esta estrategia fue la decisión de la Comisión Europea por la que se requería a todas las sociedades de la UE con títulos admitidos a cotización en bolsa a que a partir del 1 de enero de 2005 elaboraran sus cuentas anuales consolidadas de conformidad con las normas del IASB.

Por lo que respecta a España, y dado que la implementación de la normativa comunitaria a la de cada uno de los Estados miembros requiere modificaciones legislativas importantes, a instancias del Ministerio de Economía se constituyó una Comisión de Expertos con el objeto de elaborar un informe sobre la situación actual de la contabilidad española y líneas básicas para abordar su reforma. Los trabajos de la Comisión finalizaron el 26 de junio de 2002 con la aprobación del texto final del Informe, conocido como Libro Blanco para la reforma de la contabilidad en España. En el informe presentado ante el Ministerio, la Comisión propuso efectuar algunas modificaciones en la legislación mercantil, introduciendo en el Código de Comercio los cambios necesarios para adecuar la máxima norma mercantil española a la filosofía de las normas internacionales. Los cambios propuestos se deberían extender a la Ley de Sociedades Anónimas y deberían culminar con la redacción de un Nuevo Plan General de Contabilidad. En el siguiente epígrafe se analiza con mayor detalle la reforma contable acometida en España a raíz de la publicación del Libro Blanco.

1.5.2. Primera fase de la reforma: la Ley 62/2003, de 30 de diciembre

A partir de las decisiones adoptadas en el seno de la Unión Europea y teniendo en cuenta algunas de las recomendaciones contenidas en el Libro Blanco para la reforma de la contabilidad en España, se emprendieron las modificaciones legislativas necesarias para adecuar la normativa contable española a los contenidos de las NIC/NIIF. Dado que los reglamentos comunitarios son de aplicación obligatoria para todos los Estados miembros, no era necesaria ninguna norma de ámbito español para obligar a los grupos cotizados a aplicar las NIC/NIIF en la elaboración de sus cuentas consolidadas. No obstante, el legislador español, al objeto de evitar posibles contradicciones entre el Reglamento europeo y el Derecho Mercantil español, quiso trasladar al Código de Comercio las modificaciones oportunas para establecer la necesaria congruencia entre los dos ámbitos normativos. A tal efecto, se utilizó *la Ley 62/2003, de 30 de diciembre,* que introdujo algunas modificaciones en el Código de Comercio con efectos sobre las cuentas anuales consolidadas de las sociedades que cotizan en bolsa. La modificación de mayor calado fue, sin duda, la introducción del criterio del *valor razonable* para que fuera aplicado por los grupos de empresas en la valoración de los activos financieros que formen parte de una cartera de negociación, se califiquen como disponibles para la venta o sean instrumentos financieros derivados. En este mismo sentido, los grupos de sociedades valorarán sus pasivos financieros al valor razonable si forman parte de una cartera de negociación o si son instrumentos financieros derivados. Como criterio general, las variaciones en el valor razonable se imputarán a la cuenta de resultados del ejercicio. En lógica coherencia con el nuevo escenario dibujado por la aplicación del criterio del valor razonable, tanto la memoria consolidada como el informe de gestión consolidado vieron ampliado su contenido con el objeto de incluir información sobre el valor razonable y los criterios utilizados al respecto.

La Ley 62/2003 introdujo también algunas modificaciones en la Ley de Sociedades Anónimas al objeto de regular la aplicación del criterio del valor razonable a los instrumentos financieros en las cuentas individuales. Así, en relación con la memoria, se establece que para cada clase de instrumento financiero derivado se indicará el valor razonable de los mismos, suministrando información sobre el alcance y la naturaleza de los instrumentos. Por su parte, el informe de gestión de las sociedades individuales deberá contener una exposición fiel sobre la evolución de los negocios y la situación de la sociedad, junto con una descripción de los principales riesgos e incertidumbres a los que se enfrenta.

Todas las disposiciones de la Ley 62/2003 entraron en vigor para los ejercicios comenzados a partir del 1 de enero de 2005.

1.5.3. La culminación de la reforma: modificación del Código de Comercio, nuevo Plan General de Contabilidad y nuevas Normas de Consolidación

Como se acaba de exponer, la primera fase de la reforma de la legislación mercantil afectó casi en exclusiva a la presentación de información consolidada de los grupos de sociedades. Sin embargo, una de las recomendaciones del Libro Blanco para la reforma de la contabilidad en España destacaba la necesidad de modificar el ordenamiento mercantil en lo referente a la elaboración de cuentas individuales con el objeto de ajustarse a los criterios incluidos en los Reglamentos de la Unión Europea, por los que se adoptan las Normas Internacionales de Información Financiera (NIIF), en aquellos aspectos sustanciales que dichos reglamentos regulen con carácter obligatorio.

1.5.3.1. *La reforma del Código de Comercio*

Con esta finalidad, la *Ley 16/2007, de 4 de julio, de reforma y adaptación de la legislación mercantil en materia contable para su armonización internacional con base en la normativa de la Unión Europea* (BOE 5 de julio de 2007), incorpora al Código de Comercio, en sintonía con los citados Reglamentos europeos, las notas de seguridad y estabilidad necesarias para inspirar y servir de punto de referencia a las normas concretas de valoración y presentación de la información financiera, que permitan fundamentar la normativa contable que se desarrolle en el futuro haciendo posible su adaptación a la coyuntura económica y social de cada momento. De esta manera, la Ley 16/2007 recoge los fundamentos y conceptos básicos del nuevo modelo contable, al tiempo que deja para el ámbito reglamentario, siempre más fácil de modificar, el desarrollo de los aspectos de mayor contenido de técnica contable.

Para alcanzar este objetivo, la Ley da nueva redacción a los artículos 34 a 41 del Código de Comercio, delimitando la estructura básica del modelo contable, incorporando la definición de los elementos patrimoniales incluidos en las cuentas anuales, matizando el contenido de alguno de los principios contables, fundamentalmente el de prudencia, e incorporando el criterio del valor razonable para determinados elementos patrimoniales, también en cuentas individuales. De forma resumida, se presenta a continuación el contenido básico de las principales novedades:

- Se contemplan dos nuevas cuentas anuales: el estado de flujos de efectivo (EFE) y un estado que recoja los cambios en el patrimonio neto (ECPN), a presentar únicamente por las empresas que no pueden formular balance y memoria abreviados.
- Las cuentas anuales continúan constituyendo una unidad y deben orientarse a suministrar la imagen fiel de la empresa, siendo necesario el suministro de información adicional cuando ello sea preciso para el cumplimiento de aquel objetivo, a la vez que es posible apartarse de una norma cuando la misma no se oriente a la imagen fiel.
- Se incorpora al Código de Comercio la definición de los elementos patrimoniales incluidos en las cuentas anuales: activos, pasivos, patrimonio neto, ingresos y gastos.
- En sintonía con los pronunciamientos internacionales, se suprime el carácter preferente del principio de prudencia.
- Se contempla la utilización del valor razonable para las cuentas individuales en términos idénticos a los previstos en la Ley 62/2003 para las cuentas consolidadas, es decir, limitados a determinados instrumentos financieros. Con carácter general, las variaciones de valor derivadas del criterio del valor razonable se imputarán al resultado del ejercicio. No obstante, se prevé la imputación directa al patrimonio neto para determinadas transacciones y elemen-

tos patrimoniales. Los ajustes por valor razonable incorporados al patrimonio neto se llevarán a la cuenta de pérdidas y ganancias cuando se produzca la baja, deterioro, transmisión o cancelación de los correspondientes elementos.

La Ley 16/2007, de 4 de julio, también da nueva redacción a los artículos 42 a 49 del Código de Comercio, que se ocupan de la presentación de información consolidada. A los efectos de la formulación de cuentas anuales e informe de gestión consolidados, el grupo de sociedades queda configurado por aquellas situaciones en las que una sociedad ostente o pueda ostentar, directa o indirectamente, el control sobre las demás. De esta manera, una vez definida la obligación de consolidar, se regulan las dispensas para formular cuentas anuales consolidadas (básicamente por razón de tamaño del grupo y por pertenencia a otro grupo sometido a la legislación comunitaria), de forma que todas las sociedades del grupo deberán ser objeto de consolidación, incluso aquellas que realicen actividades diferentes a las de la sociedad dominante.

La Ley 16/2007, de 4 de julio, modificó, igualmente, varios artículos de la Ley de Sociedades Anónimas (hoy Ley de Sociedades de Capital), al objeto de ajustar sus contenidos al nuevo escenario contable, presentando el contenido de la memoria y del informe de gestión de las empresas, regulando también los supuestos en los que se podrán presentar cuentas anuales abreviadas. El cuadro 1.4 resume el marco normativo que regula la presentación de información contable de las empresas españolas, tanto en lo concerniente a información individual como consolidada, para empresas cotizadas, no cotizadas y PYMES.

Por último, en virtud de lo dispuesto en la disposición final de la Ley 16/2007, de reforma de la legislación mercantil, el BOE del 24 de septiembre de 2010 publicaba el Real Decreto 1159/2010, de 17 de septiembre, por el que se aprobaban las Normas para la Formulación de Cuentas Anuales Consolidadas con el objeto de facilitar unas pautas precisas en la preparación de cuentas consolidadas para los grupos de sociedades no cotizados.

1.5.3.2. *El Plan General de Contabilidad*

Al amparo de la disposición final primera de la Ley 16/2007, de 4 de julio, el Gobierno, mediante el Real Decreto 1514/2007, de 16 de noviembre, aprobó el Plan General de Contabilidad, que, ajustado a los criterios de registro y valoración contemplados en la normativa contable internacional, sustituyó al que estaba vigente desde 1990. Dividido en cinco partes, la primera de ellas está dedicada al Marco Conceptual de la Contabilidad, espacio donde se definen las cuentas anuales, se señalan los requisitos que deberá reunir la información contable, así como los principios contables que guiarán su elaboración, se definen los elementos de las cuentas anuales y se dictan los criterios generales para el reconocimiento y valoración de los elementos integrantes de dichas cuentas anuales. La segunda parte del Plan General

CUADRO 1.4

Normativa española para la presentación de la información contable

Empresas cotizadas	Cuentas consolidadas	Normas Internacionales de Contabilidad promulgadas mediante los Reglamentos de la Unión Europea, así como los artículos 42, 43 y 49 del Código de Comercio y las indicaciones 1.ª a 9.ª del artículo 48 del Código de Comercio.
	Cuentas individuales	• Código de Comercio. • Ley de Sociedades de Capital. • Plan General de Contabilidad (PGC). • Futuras adaptaciones sectoriales del nuevo PGC. • Futuras resoluciones del ICAC sobre el nuevo PGC.
Empresas no cotizadas	Cuentas consolidadas	Dos opciones (art. 43 bis Código de Comercio): *a*) Normas Internacionales de Contabilidad promulgadas mediante los Reglamentos de la Unión Europea, así como los artículos 42, 43 y 49 del Código de Comercio y las indicaciones 1.ª a 9.ª del artículo 48. *b*) Normas para la formulación de cuentas anuales consolidadas recogidas en el Código de Comercio y en el Real Decreto 1159/2010 (BOE 24 de septiembre), por el que se aprueban las Normas para la Formulación de Cuentas Anuales Consolidadas.
	Cuentas individuales	Mismo catálogo normativo que para las empresas cotizadas.
PYMES	Cuentas individuales	• Plan General de Contabilidad para PYMES, aplicable a empresas que cumplen los límites para presentar balance abreviado, salvo las pertenecientes a un grupo obligado a consolidar, cotizadas o con moneda funcional distinta del euro. • Normas para la primera aplicación del PGC para PYMES. • Criterios específicos aplicables por microempresas, relativos a arrendamiento financiero e impuesto sobre beneficios.

de Contabilidad expone las normas específicas de registro y valoración que desarrollan los principios contables y otras disposiciones contenidas en el Marco Conceptual de la Contabilidad. La tercera parte presenta los modelos de cuentas anuales ordinarias y cuentas anuales abreviadas con orientaciones para su elaboración, mientras que la cuarta parte y la quinta presentan, respectivamente, el cuadro de cuentas y las definiciones y relaciones contables.

En el siguiente apartado se presentan brevemente las últimas novedades normativas que han entrado en vigor tras la aprobación del PGC, para dedicar el último epígrafe del capítulo a presentar los rasgos fundamentales del Marco Conceptual de la Contabilidad en España. El resto de los capítulos de la primera parte de este manual presenta los modelos de cuentas anuales y los criterios para su elaboración.

1.5.3.3. *Últimos desarrollos normativos en España*

Tras la aprobación en 2007 del PGC, el mundo de los negocios ha sido testigo de profundos cambios como consecuencia de la evolución manifestada en el contexto económico y financiero internacional y, en particular, por la sacudida de la crisis financiera acaecida en los últimos años de la primera década del nuevo siglo. Estos hechos han llevado a cuestionar la adecuación y suficiencia del marco normativo comunitario y en particular de la regulación contable española. Por este motivo, a lo largo de los últimos años se han ido modificando algunos contenidos del andamiaje normativo español con el fin de adaptar la normativa contable a las cambiantes exigencias del entorno. Cinco son los pilares sobre los que se asientan los principales cambios operados tras la aprobación del PGC en 2007:

1. Ley de Sociedades de Capital de 2010.
2. Nueva Ley de Auditoría de Cuentas de 2015.
3. Modificaciones puntuales, pero de gran calado, introducidas en el PGC y PGC de PYMES a través del Real Decreto 602/2016, de 2 de diciembre.
4. Ley 11/2018, de 28 de diciembre, por la que se modifica el Código de Comercio, incrementando los requisitos que deben cumplir las empresas en materia de información no financiera.
5. Nuevos criterios contables en materia de instrumentos financieros y en relación con los ingresos ordinarios procedentes de contratos con clientes a través del Real Decreto 1/2021, de 12 de enero.

El primero de los hitos que conviene señalar tiene que ver con la publicación del Real Decreto Legislativo 1/2010, de 2 de julio (BOE 3 de julio), por el que se aprueba el texto refundido de la Ley de Sociedades de Capital que deroga la anterior Ley de Sociedades Anónimas de 1989 y de Responsabilidad Limitada de 1995. De este modo se supera la tradicional regulación separada de las formas o tipos sociales, en vista de las descoordinaciones, imperfecciones y lagunas que ponía de manifiesto la existencia de dos regulaciones separadas que llegaban a ofrecer soluciones divergentes sin que existiera razón suficiente para ello.

En segundo lugar, conviene mencionar la nueva regulación de la auditoría de cuentas aprobada mediante la Ley 22/2015, de 20 de julio (BOE 21 de julio), con el objetivo principal, según reza su preámbulo, de adaptar la legislación española a los cambios incorporados por las últimas directivas europeas, en particular por la Directiva 2014/56UE del Parlamento Europeo y del Consejo. Tal y como se ha comentado más arriba, los condicionantes del entorno y la crisis financiera de los últimos años propiciaron un debate sobre cómo la actividad de auditoría podría contribuir a la estabilidad financiera con el fin de reforzar la confianza de los usuarios en la información económico-financiera mediante una mejora de la calidad de las auditorías en el ámbito de la UE. La nueva regulación no resulta aplicable a las auditorías de cuentas que realicen los órganos del sector público (estatal, autonómico o local), que se regirán por su propia legislación específica.

En tercer lugar, hay que hacer referencia a la publicación del Real Decreto 602/2016, de 2 de diciembre, por el que se modifican aspectos puntuales, pero de gran calado, tanto del Plan General de Contabilidad (PGC) como del PGC para PYMES, amén de otros ajustes sobre las normas de consolidación y PGC de entidades no lucrativas. El origen de este Real Decreto hay que buscarlo en la promulgación de la Directiva 2013/34/UE del Parlamento Europeo y del Consejo de 26 de junio de 2013 que derogó tanto la Cuarta como la Séptima Directivas de derecho de sociedades con el fin de simplificar las obligaciones contables de las pequeñas empresas. Los cambios que incorpora el Real Decreto de 2016 se concretan en tres aspectos. En primer lugar, se simplifican las obligaciones contables de las pequeñas empresas; en segundo lugar, se modifican los criterios de registro y valoración de los intangibles, en particular del fondo de comercio, y, por último, en tercer lugar, se introducen unos pequeños ajustes en las normas para la formulación de cuentas consolidadas.

a) *Menores obligaciones contables para las PYMES.* Para los ejercicios comenzados a partir del 1 de enero de 2016, las pequeñas empresas, que ya estaban exentas de la elaboración del estado de flujos de efectivo, tampoco tendrán que elaborar el estado de cambios en el patrimonio neto. A estos efectos, el Real Decreto aclara que tendrán la consideración de PYMES aquellas empresas, cualquiera que sea su forma jurídica, individual o societaria, que durante dos ejercicios consecutivos reúnan, a la fecha de cierre de cada uno de ellos, al menos dos de las circunstancias siguientes:

- i) Que el total de las partidas de activo no supere los cuatro millones de euros.
- ii) Que el importe neto de su cifra anual de negocios no supere los ocho millones de euros.
- iii) Que el número medio de trabajadores no sea superior a cincuenta.

Por otra parte, en línea con el afán simplificador, se reduce de forma sustancial el contenido de la memoria abreviada, cuyo detalle se expone con mayor detalle en el capítulo 4 de este manual.

b) *Nueva regulación para el fondo de comercio.* Tanto la naturaleza como el tratamiento contable posterior del fondo de comercio han sido siempre asuntos muy polémicos acerca de los cuales ni la academia ni la profesión han encontrado puntos de consenso. Ya la Ley de Auditoría de 2015, en su disposición final primera, se ocupó de señalar que los inmovilizados intangibles, incluido el fondo de comercio, son activos de vida útil definida y, por lo tanto, con obligación de amortizarlos anualmente atendiendo a su vida útil. El Real Decreto 602/2016, de 2 de diciembre, introduce una presunción que, por lo tanto, admite prueba en contrario de que el fondo de comercio se recupera de forma lineal en un plazo de diez años, lo que evita a la empresa la compleja (y costosa) tarea de justificar la vida útil de este controvertido activo. De esta manera, se zanja, al menos de momento, el debate sobre el carácter amortizable o no del fondo de comercio, del que se ofrecen más detalles en los capítulos 2 y 12.

c) *Nuevos supuestos de dispensa y exclusión de la obligación de consolidar*. La dispensa de consolidar por razón de tamaño se aplicará de forma obligatoria a los grupos pequeños, definidos a partir de los parámetros que habilitan para formular balance y memoria en modelo abreviado. La anterior dispensa no se aplicará a las entidades de interés público (definidas en el art. 3.5 de la nueva Ley de Auditoría de Cuentas de 2015), que estarán sujetas a la obligación de consolidar con independencia del tamaño del grupo en el que se incluyan como dependientes, tal y como se analiza con más detalle en el capítulo 12 del presente manual.

En cuarto lugar, mediante la Ley 11/2018 se traspone la Directiva 2014/95 de la UE, exigiendo la elaboración de un estado de información no financiera sobre cuestiones sociales y medioambientales, así como relativas al personal, al respeto de los derechos humanos y a la lucha contra la corrupción y el soborno. Esta información se recogerá en el informe de gestión, que se desarrolla con detalle en el capítulo 4.

Por último, en quinto lugar, al objeto de cumplir con los criterios contables en materia de instrumentos financieros y en relación con los ingresos ordinarios procedentes de contratos con clientes recogidos en el Reglamento (UE) 2016/2067 de la Comisión, se aprueba el Real Decreto 1/2021, que modifica el PGC, con el objeto de introducir los cambios necesarios para adaptar la norma de valoración 9.ª «Instrumentos de valoración» y la norma de valoración 14.ª «Ingresos por ventas y prestación de servicios» a la normativa internacional (NIIF 9 y NIIF 15, respectivamente). A este respecto, todos los activos financieros deben valorase, en principio, a valor razonable, con cambios en la cuenta de pérdidas y ganancias, salvo las inversiones en empresas del grupo, que se seguirán valorando al coste, y los préstamos ordinarios (coste amortizado), manteniéndose la cartera de activos financieros a valor razonable con cambios en el patrimonio neto para la valoración de aquellos activos financieros asimilables a los disponibles para la venta.

Con relación a la Norma de Registro y Valoración n.º 14, la modificación consiste en reconocer los ingresos cuando se produzca la transferencia del control de los bienes o servicios comprometidos con el cliente y por el importe que se espera recibir de este último.

1.6. EL MARCO CONCEPTUAL DE LA CONTABILIDAD

La inclusión en la legislación española de un marco conceptual de la contabilidad responde a una corriente teórica que desde hace varias décadas viene impulsando el suministro de criterios y referentes conceptuales que avalen el proceso de emisión de normas contables. Según la Declaración de Conceptos sobre Contabilidad Financiera del estadounidense *Financial Accounting Standard Board* (FASB), un marco conceptual es un sistema coherente de objetivos y fundamentos interrelacionados del que se espera pueda conducir a normas consistentes, y que prescribe la naturaleza, función y límites de la contabilidad financiera y de la presentación de estados financieros. Es decir, el Marco Conceptual es el conjunto de fundamentos, principios y conceptos básicos cuyo cumplimiento conduce, mediante un sistema lógico deductivo, al reconocimiento y valoración de los elementos de las cuentas anuales.

A partir de estos principios, el Marco Conceptual incluido en la primera parte del PGC se estructura en los siguientes apartados:

1. Cuentas anuales. Imagen fiel.
2. Requisitos de la información a incluir en las cuentas anuales.
3. Principios contables.
4. Elementos de las cuentas anuales.
5. Criterios de registro o reconocimiento contable de los elementos de las cuentas anuales.
6. Criterios de valoración.

La primera parte del Marco Conceptual de la Contabilidad enumera las cuentas anuales que formarán una unidad. La aplicación de las normas contables deberá conducir a unas cuentas anuales que representen la imagen fiel del patrimonio, de la situación financiera y de los resultados de la empresa. La segunda parte del Marco Conceptual presenta las características que deberá tener la información contable para que la misma proyecte la imagen fiel del patrimonio y de los resultados de la empresa. A tal efecto, relevancia y fiabilidad son las cualidades esenciales que deberá reunir la información contable para que esta tenga el rigor necesario. Adicionalmente, la información financiera deberá cumplir con las cualidades de comparabilidad y claridad. En tercer lugar, el Marco Conceptual hace mención a los principios contables, que son de aplicación obligatoria. Se destacan los principios de empresa en funcionamiento, devengo y uniformidad, mientras que el de prudencia, que aparece en cuarto lugar, en ningún caso justificará que la valoración de los elementos patrimoniales no responda a la imagen fiel que deben reflejar las cuentas anuales. Por último, se definen también los principios de no compensación y de importancia relativa. En cuarto lugar, se enumeran los elementos que integran las cuentas anuales, presentando una definición de activo, pasivo, patrimonio neto, gasto e ingreso (véase cuadro 1.5).

De estas definiciones puede destacarse que para que un elemento pueda formar parte del activo no resulta necesario ejercer la propiedad sobre el mismo. Bastará con que se tenga el control económico de ese recurso. Igualmente, tampoco es necesaria la existencia de una obligación jurídica para reconocer la existencia de un pasivo, pues bastará con que la dirección de la empresa estime que la misma se va

CUADRO 1.5

Elementos de las cuentas anuales

Elementos relacionados con el patrimonio y la situación financiera	Elementos relacionados con la actividad de la empresa
1. *Activos:* bienes, derechos y otros recursos controlados económicamente por la empresa, resultantes de sucesos pasados, de los que se espera que la empresa obtenga beneficios o rendimientos económicos en el futuro. 2. *Pasivos:* obligaciones actuales surgidas como consecuencia de sucesos pasados, para cuya extinción la empresa espera desprenderse de recursos que puedan producir beneficios o rendimientos económicos en el futuro. A estos efectos se entenderán incluidas las provisiones 3. *Patrimonio neto:* parte residual de los activos de la empresa, una vez deducidos todos sus pasivos. Incluye las aportaciones realizadas, ya sea en el momento de su constitución o en otros posteriores, por sus socios o propietarios que no tengan la consideración de pasivos, así como los resultados acumulados u otras variaciones que le afecten.	4. *Ingresos:* incrementos en el patrimonio neto de la empresa durante el ejercicio, ya sea en forma de entradas o aumento en el valor de los activos, o de disminución de los pasivos, siempre que no tengan su origen en aportaciones, monetarias o no, de los socios o propietarios. 5. *Gastos:* decrementos en el patrimonio neto de la empresa durante el ejercicio, ya sea en forma de salidas o disminuciones en el valor de los activos, o de reconocimiento o aumento de valor de los pasivos, siempre que no tengan su origen en distribuciones monetarias o no, a los socios o propietarios, en su condición de tales.

a desprender de recursos económicos para extinguir una obligación existente como consecuencia de sucesos ya acaecidos. Por lo que respecta a los ingresos y gastos, el Marco Conceptual de la Contabilidad contempla el hecho de que ciertos ingresos y gastos se imputen directamente al neto patrimonial sin necesidad de pasar por la cuenta de resultados.

En quinto lugar, el Marco Conceptual exige dos requisitos para el reconocimiento contable de activos y pasivos:

— Que se considere probable la obtención de beneficios, para el caso de los activos, y que, asimismo, sea probable la cesión de recursos para la cancelación de un pasivo.
— Que los beneficios y recursos arriba mencionados puedan ser valorados con fiabilidad.

Por su parte, el reconocimiento de ingresos y gastos requiere, igualmente, valoraciones fiables que se materialicen en el incremento de un activo o la reducción de un pasivo (en el caso de los ingresos), o en la disminución de un activo o el aumento de un pasivo (en el caso de los gastos).

Por último, en sexto lugar, el Marco Conceptual de la Contabilidad establece los criterios generales de valoración de los elementos integrantes de las cuentas anuales. Además del tradicional criterio del *coste histórico,* vinculado al precio de adquisición o coste de producción, el Marco Conceptual define otros criterios de valoración que podrán ser de aplicación a las partidas del balance. En algunos casos se trata de criterios novedosos, incorporados por primera vez a la normativa española (caso del valor razonable), pero en otros casos no son más que una simple reformulación de prácticas contables que se han venido utilizando por la profesión contable española. Son los siguientes: coste histórico, valor razonable, valor neto realizable, valor actual, valor en uso, coste amortizado, valor contable o en libros y valor residual.

Coste histórico o coste

El coste histórico o coste de un activo es su precio de adquisición o coste de producción. El precio de adquisición es el importe pagado o pendiente de pago más, en su caso, el valor razonable de las demás contraprestaciones derivadas de la adquisición, debiendo estar todas ellas directamente relacionadas con esta y ser necesarias para la puesta del activo en condiciones operativas.

Valor razonable

Aunque el criterio del valor razonable quedó incorporado a nuestra legislación mercantil mediante la Ley 62/2003, el Marco Conceptual de la Contabilidad explica en detalle su significado, así como los aspectos a tener en cuenta para su determinación. El valor razonable queda definido como el precio que se recibiría por la venta de un activo o se pagaría para transferir o cancelar un pasivo mediante una transacción ordenada entre participantes en el mercado en la fecha de valoración. El valor razonable se determinará sin practicar ninguna deducción por los costes de transacción en que pudiera incurrirse por causa de enajenación o disposición por otros medios. No tendrá en ningún caso el carácter de valor razonable el que sea resultado de una transacción forzada, urgente o como consecuencia de una situación de liquidación involuntaria.

En la estimación del valor razonable se asumirá que la transacción para vender el activo o transferir el pasivo se lleva a cabo entre partes interesadas, debidamente informadas y en el mercado principal del activo o pasivo, es decir, en el mercado con mayor volumen de actividad. Así pues, con carácter general, el valor razonable se calculará por referencia a un valor de mercado fiable, entendiendo que el precio cotizado en un mercado activo será la mejor referencia del valor razonable. En ausencia de un mercado fiable, el valor razonable se obtendrá mediante la aplicación de modelos y técnicas de valoración como, por ejemplo, la referencia a transacciones recientes en condiciones de independencia o el método de descuento de flujos futuros estimados.

Valor neto realizable

El valor neto realizable de un activo es el importe que se puede obtener por su enajenación en el mercado en el curso normal del negocio, deduciendo los costes estimados necesarios para llevarla a cabo. Adicionalmente, para las materias primas y los productos en curso hay que deducir también los costes estimados necesarios para terminar su producción, construcción o fabricación.

EJEMPLO 1.1

Una entidad tiene en sus almacenes 6.000 unidades de materia prima, contabilizadas por 600.000 euros, y 10.000 unidades de productos terminados valorados en 2.100.000 euros. El precio de venta para los productos terminados es de 200 euros la unidad, acarreando unos gastos de venta de 10 euros por unidad vendida. Se sabe que para transformar las materias primas en productos terminados habrá que invertir 105 euros por unidad terminada.

Valor neto realizable de las materias primas		510.000
Valor de mercado a la venta (6.000 × 200)	1.200.000	
Costes restantes a incorporar (6.000 × 105)	−630.000	
Estimación de gastos de venta (6.000 × 10)	−60.000	
Valor neto realizable de los productos terminados		1.900.000
Valor de mercado a la venta (10.000 × 200)	2.000.000	
Gastos de venta necesarios (10.000 × 10)	–100.000	

Valor actual

El valor actual es el importe de los flujos de efectivo a recibir o pagar en el curso normal del negocio, según se trate de un activo o de un pasivo, respectivamente, actualizados a un tipo de descuento adecuado.

EJEMPLO 1.2

Una sociedad emitió el 1 de enero del año X2 un empréstito de 100.000 obligaciones de 10 euros de valor nominal cada una, al 5 por 100 anual amortizable en su totalidad 5 años después, el 31 de diciembre del año X6. Transcurridos 2 años (enero X4), el tipo de interés efectivo para la actualización de los flujos es el 4 por 100. Determinar el valor actual (en enero del año X4) del instrumento financiero.

El enunciado propuesto se puede representar mediante el siguiente gráfico:

Ene X2	Ene X3	Ene X4	Ene X5	Ene X6	Dic X6
		Valor actual	50.000	50.000	1.050.000

$$\text{Intereses anuales} = 1.000.000 \times 0{,}05 = 50.000 \text{ euros}$$
$$\text{Valor actual} = 50.000[(1{,}04)^{-1} + (1{,}04)^{-2} + (1{,}04)^{-3}] + 1.000.000(1{,}04)^{-3}$$
$$\text{Valor actual} = 1.027.750{,}91 \text{ euros}$$

Valor en uso

El valor en uso de un activo o de una unidad generadora de efectivo es el valor actual de los flujos de efectivo futuros esperados, a través de su utilización en el curso normal del negocio, teniendo en cuenta su estado actual, actualizados a un tipo de descuento adecuado, ajustado también por los riesgos específicos del activo.

EJEMPLO 1.3

El precio de adquisición de un activo amortizable ascendió en enero de 20X0 a 250.000 euros. Vida útil 5 años con amortización lineal, sin valor residual. Los flujos de efectivo esperados una vez transcurrido un año desde su puesta en marcha se muestran en el cuadro adjunto. Tipo de descuento para los flujos de efectivo estimados del 5 por 100.

Año	Flujo de efectivo estimado
20X1	47.500
20X2	52.250
20X3	57.000
20X4	52.250

$$\text{Valor en uso del activo amortizable a comienzos de 20X1} = 47.500(1 + 0{,}05)^{-1} +$$
$$+ 52.250(1 + 0{,}05)^{-2} + 57.000(1 + 0{,}05)^{-3} + 52.250(1 + 0{,}05)^{-4} = 184.855{,}33$$

Coste amortizado

El coste amortizado de un instrumento financiero es el importe al que inicialmente fue valorado un activo financiero o un pasivo financiero, menos los reembolsos de principal que se hubieran producido, más o menos, según proceda, la parte imputada en la cuenta de pérdidas y ganancias, mediante la utilización del método del tipo de interés efectivo, de la diferencia entre el importe inicial y el valor del reembolso en el vencimiento y, para el caso de los activos financieros, menos cualquier reducción de valor que hubiera sido reconocida, directamente o mediante cuentas correctoras de su valor. De forma esquemática, el coste amortizado se ajusta al esquema del cuadro 1.6.

CUADRO 1.6

La determinación del coste amortizado

Valor inicial del activo o pasivo

–

Reembolsos de principal producidos

±

Imputación acumulada de primas de reembolsos

–

Pérdidas por deterioro en activos

=

VALOR POR COSTE AMORTIZADO

Señala el PGC que el tipo de interés efectivo es el tipo de actualización que iguala el valor en libros de un instrumento financiero con los flujos de caja estimados a lo largo de la vida esperada del instrumento. Como veremos más adelante, el criterio del coste amortizado se utiliza, entre otros supuestos, en la valoración de los créditos a cobrar y débitos a pagar. Clientes y proveedores, entre otras partidas, se valoran de acuerdo con estas pautas. Así, por ejemplo, si el 1 de enero de 20X0 se venden a crédito mercaderías por importe de 9.000 euros, a pagar, a partes iguales, por los clientes a los 30, 60 y 90 días y, suponiendo que no existe ningún tipo de interés en el contrato, el valor del crédito en cada vencimiento parcial será el que se refleja en el siguiente cuadro.

Fecha	Cobro	Saldo vivo
1-01-20X0	—	9.000
31-01-20X0	3.000	6.000
28-02-20X0	3.000	3.000
31-03-20X0	3.000	0

Al tratarse de un crédito comercial con vencimiento inferior al año y sin interés contractual, la valoración del crédito se corresponde con la valoración inicial menos los reembolsos producidos. El problema se torna un poco más complejo cuando el vencimiento de la operación es superior al año y se aplican intereses. Presentamos los ejemplos 1.4 y 1.5, que recogen, respectivamente, intereses explícitos e intereses implícitos. En el primer caso (ejemplo 1.4), al coincidir la valoración inicial con el importe de reembolso, el tipo de interés efectivo coincide con el tipo de interés explícito, mientras que en el segundo caso (ejemplo 1.5), al no coincidir el importe inicial de la deuda con el valor de reembolso, habrá que presentar una equivalencia financiera para la determinación del tipo de interés efectivo de la operación.

EJEMPLO 1.4 *(emisión de deuda con amortización a la par)*

La empresa BKT emite el 1 de enero de 20X0 un empréstito de 1.000.000 de obligaciones de 50 euros de valor nominal cada una y un interés del 5 por 100 anual pagadero cada 31 de diciembre. Sin gastos de emisión. La amortización del empréstito, que será a la par, se fija en su totalidad para el 31 de diciembre de 20X2. La siguiente tabla ofrece las magnitudes más relevantes del pasivo financiero valorado por coste amortizado.

$$\text{Gasto financiero anual} = 50.000.000 \times 0{,}05 = 2.500.000$$

Fecha	Intereses	Amortización	Saldo vivo
1-01-20X0	0	0	50.000.000
31-12-20X0	2.500.000	0	50.000.000
31-12-20X1	2.500.000	0	50.000.000
31-12-20X2	2.500.000	50.000.000	0

EJEMPLO 1.5 *(emisión de deuda con amortización sobre la par)*

La empresa BKT emite el 1 de enero de 20X0 un empréstito de 1.000.000 de obligaciones de 50 euros de valor nominal cada una y un interés del 5 por 100 anual pagadero cada 31 de diciembre. Gastos de emisión: 50.000 euros. La amortización del empréstito, que será al 103 por 100, se fija en su totalidad para el 31 de diciembre de 20X2.

Al no ser coincidentes la valoración de la deuda en el momento inicial con el de reembolso tres años después, la determinación del tipo de interés efectivo exige plantear la siguiente equivalencia financiera:

$$49.950.000 = 2.500.000(1+i)^{-1} + 2.500.000(1+i)^{-2} + 2.500.000(1+i)^{-3} + \\ + 51.500.000(1+i)^{-3}$$

$$i = 0{,}05979915$$

Gastos financieros de 20X0: 49.950.000 × 0,059799 = 2.986.966
Intereses explícitos de 20X0: 50.000.000 × 0,05 = 2.500.000

Diferencia: 486.966

Coste amortizado del pasivo financiero a 31 de diciembre de X0:

$$49.950.000 + 486.966 = 50.436.966$$

A partir de estos datos, se puede elaborar un cuadro que permite ver la evolución de las cantidades más significativas del producto financiero, de manera especial la carga financiera total, los intereses explícitos anuales, la diferencia entre ambos y el coste amortizado o valor actual del empréstito cada 31 de diciembre.

Fecha	Gasto financiero total	Intereses explícitos	Diferencia	Coste amortizado
1-01-20X0				49.950.000
31-12-20X0	2.986.966	2.500.000	486.966	50.436.966
31-12-20X1	3.016.087	2.500.000	516.087	50.953.053
31-12-20X2	3.046.949	2.500.000	546.949	51.500.000

El Marco Conceptual de la Contabilidad define también otros criterios de valoración como el *valor contable o valor en libros,* señalando que dicho valor se identifica con el importe neto por el que se haya registrado en el balance, una vez deducida, para el caso de los activos, su amortización acumulada y cualquier corrección valorativa por deterioro que se haya registrado.

En definitiva, puede decirse que el Marco Conceptual incluido en la primera parte del PGC alberga, por un lado, las directrices conceptuales necesarias con el fin de orientar a los emisores y usuarios de la información financiera para la mejor comprensión de la misma, mientras que, en segundo lugar, ofrece una exhaustiva definición de conceptos y criterios valorativos que posteriormente serán utilizados en las diversas partes del Plan.

1.7. EL PLAN GENERAL DE CONTABILIDAD PARA PYMES Y MICROEMPRESAS

Ámbito de aplicación

Con una estructura idéntica al Plan General de Contabilidad, el Plan General de Contabilidad de Pequeñas y Medianas Empresas (Real Decreto 1515/2007, de 16 de noviembre) se articula como una herramienta que facilita a las empresas de menor dimensión la aplicación del nuevo marco contable. La aplicación del PGC para PYMES es voluntaria para las empresas, cualquiera que sea su forma jurídica, individual o societaria, siempre que durante dos ejercicios consecutivos reúnan, a la fecha de cierre de cada uno de ellos, dos de las condiciones siguientes (RD 1515/2007, art. 2.1 modificado por el Real Decreto 602/2016, de 2 de diciembre):

1. Que el total de las partidas del activo no supere la cifra de 4.000.000 de euros.
2. Que la cifra anual de negocios no supere la cifra de 8.000.000 de euros.
3. Que el número medio de trabajadores empleados durante el ejercicio no sea superior a 50.

El PGC para PYMES es una norma de carácter voluntario que podrá ser aplicada por aquellas empresas que reúnan los requisitos arriba mencionados. Se trata, por tanto, de una opción que se ofrece a las empresas de reducido tamaño, que podrán elegir, si así lo desean, la aplicación del PGC. No obstante, al objeto de evitar un uso interesado de un marco u otro, una vez elegida la opción del PGC para PYMES, la elección deberá mantenerse durante tres años consecutivos, salvo que dejaran de cumplirse las condiciones que permiten dicha opción.

Contenido

La estructura del Plan General de Contabilidad para PYMES es la misma que la del PGC, con cinco partes que mantienen la misma denominación que las del PGC, si bien tanto las normas de valoración como los modelos de cuentas anuales y el cuadro de cuentas han sido simplificados de forma notable. En este intento simplificador, se han eliminado las normas relativas a ciertas operaciones que se han considerado de escasa realización por estas empresas, como las relativas a fondo de comercio, a instrumentos financieros compuestos, a coberturas contables, a pasivos por retribuciones a largo plazo al personal o a combinaciones de negocios, entre otras. En este mismo sentido, el Marco Conceptual de las PYMES elimina del catálogo de cuentas anuales obligatorias el estado de flujos de tesorería y el estado de cambios en el patrimonio neto, que se podrán elaborar de forma opcional. Cabe destacar, igualmente, la supresión de los grupos 8 y 9, destinados a recoger las variaciones en el patrimonio neto como consecuencia de la aplicación del valor razonable. En todo caso, si una empresa catalogada como PYME realiza una operación que no está contemplada en el PGC para PYMES, deberá aplicar lo dispuesto en el modelo general del PGC. En el capítulo 4 se ofrece información más detallada acerca del contenido de la memoria de PYMES.

PGC para microempresas

El PGC para PYMES también contiene los criterios específicos aplicables por microempresas, que podrán aplicar las empresas que habiendo optado por el PGC para PYMES cumplan, al cierre del ejercicio, durante dos ejercicios consecutivos, al menos dos de las siguientes circunstancias:

1. Que el total de las partidas del activo no supere la cifra de 1.000.000 euros.
2. Que la cifra anual de negocios no supere la cifra de 2.000.000 euros.
3. Que el número medio de trabajadores empleados durante el ejercicio no sea superior a 10.

Al igual que lo establecido para la aplicación del PGC-PYMES, y con la misma salvedad, una vez elegida esta opción, deberá mantenerse durante tres ejercicios consecutivos.

Dos son los criterios específicos que diferencian, al tiempo que simplifican, el contenido del PGC para microempresas. En primer lugar, el arrendamiento financiero de bienes que no sean terrenos u otros activos no amortizables se contabilizará como gasto del ejercicio, mientras que, en segundo lugar, el gasto por impuesto sobre beneficios se contabilizará por el importe que resulte de la liquidación fiscal, debiéndose informar en la memoria de las diferencias entre la base imponible y el resultado contable.

BIBLIOGRAFÍA

Carrasco y otros (2009).
Cea García, J. L. (2005).
González Pascual, J. (2016).
Ley 22/2015, de 20 de julio, de Auditoría de Cuentas.
Reales Decretos 1514/2007 y 1515/2007, de 16 de noviembre.
Real Decreto 602/2016, de 2 de diciembre.
Real Decreto 1/2021, de 12 de enero.
Tua Pereda, J. (2004).

CUESTIONES Y EJERCICIOS

1. En relación con la clasificación de los estados financieros:

a) Tanto la cuenta de pérdidas y ganancias como el estado de flujos de efectivo pertenecen a la categoría de «estados de flujos económicos».
b) Tanto el estado de flujos de efectivo como el balance de situación pertenecen a la categoría de «estados de flujos financieros».
c) La diferencia entre un estado de flujos económicos y un estado de flujos financieros está en que el primero recoge gastos e ingresos y el segundo explica movimientos de una variable representativa de la liquidez.
d) Es posible elaborar un balance de situación intermedio, pero nunca lo será una cuenta de pérdidas y ganancias de periodicidad mensual.

2. Una ampliación de capital mediante aportaciones dinerarias da origen a:

a) Un flujo patrimonial y otro financiero.
b) Un flujo patrimonial y otro económico.
c) Un flujo financiero y otro económico.
d) Ninguna de las anteriores opciones es cierta.

3. Señalar la respuesta correcta:

a) El Reglamento 1606/2002 del Parlamento Europeo obliga a todas las empresas de la Unión Europea a aplicar las NIC en sus cuentas individuales a partir de 2005.
b) Tras la reforma de la normativa mercantil de 2007, todas las empresas podrán aplicar libremente el criterio del valor razonable para actualizar los valores de sus activos.
c) El Libro Blanco es un archivo donde cualquier usuario de la información contable puede expresar sus críticas al actual ordenamiento contable español.
d) Tras el proceso de reforma mercantil de 2007, el estado de cambios en el patrimonio neto resulta obligatorio para todas las empresas, incluso para las PYMES.

4. El registro de una factura de luz por 100 euros con un IVA soportado deducible del 21 por 100 pagada al contado:

a) Provocará un flujo patrimonial por 100 y un flujo financiero tipo A por 100.
b) Provocará un flujo económico por 100 y un flujo financiero tipo A por 121.
c) Provocará un flujo económico por 121 y un flujo financiero tipo B por 121.
d) Provocará un flujo económico por 100 y un flujo financiero tipo B por 121.

5. El depósito de cuentas en el Registro Mercantil:

a) Afecta únicamente a las sociedades limitadas, anónimas y cooperativas.
b) Debe hacerse dentro de los tres meses siguientes al cierre del ejercicio.
c) Posibilita que cualquier persona tenga acceso a la información contable, siempre que esté debidamente autorizada.
d) Deberá hacerse dentro del mes siguiente a su aprobación.

6. Indicar la respuesta correcta:

a) En un depósito de cuentas anuales correspondiente al ejercicio 2020 nunca podrá obtenerse información sobre la cifra de gastos de personal correspondiente a 2019.
b) El depósito de cuentas anuales se limita al balance de situación, cuenta de resultados y memoria.
c) Las cuentas anuales contienen, además de información financiera, información de carácter no financiero.
d) Solamente las empresas con títulos admitidos a cotización oficial deberán depositar sus cuentas anuales en el Registro Mercantil.

7. La información segmentada:

a) Permite analizar el coste de producción en las empresas industriales.
b) Se utiliza para informar, de forma desagregada, de algunas partidas del balance o de la cuenta de resultados.
c) Se utiliza para informar, de forma conjunta, de los grupos de empresas.
d) Se utiliza para informar exclusivamente de los aspectos no financieros de la firma.

8. En una de las siguientes situaciones no es obligatoria la auditoría de cuentas:

a) Cuando se trata de títulos que cotizan en bolsa.
b) Cuando la empresa recibe subvenciones de la Administración.
c) Cuando se obtienen pérdidas durante dos años consecutivos.
d) Cuando, de forma voluntaria, se presentan cuentas consolidadas.

9. El Marco Conceptual de la Contabilidad se refiere a los pasivos como:

a) El valor de las obligaciones de la empresa en el momento de cancelarlas.
b) El valor de reembolso de las obligaciones de la empresa.
c) El valor de las obligaciones de la empresa en el momento actual.
d) El valor de las obligaciones de la empresa en el momento inicial.

10. De acuerdo al Marco Conceptual de la Contabilidad, una de las condiciones clave para poder incluir un elemento en el activo de la empresa consiste en:

a) Que sea propiedad de la empresa.
b) Que sea un elemento tangible.
c) Que la empresa ejerza el control del mismo.
d) Que sea segura la obtención de beneficios económicos en el futuro.

11. El PGC es de aplicación:

a) Obligatoria para todas las empresas, cotizadas y no cotizadas.
b) Obligatoria para las empresas cotizadas y voluntaria para las no cotizadas.
c) Obligatoria para las empresas cotizadas y no cotizadas, aunque estas últimas pueden quedar exentas de su aplicación si son filiales de una matriz cotizada.
d) Obligatoria para las empresas cotizadas y voluntaria para las no cotizadas, siempre que sean de reducido tamaño.

12. En una sociedad anónima:

a) Los accionistas tienen la obligación de elaborar anualmente las cuentas anuales en un plazo mínimo de tres meses desde el cierre del ejercicio.
b) Los administradores tienen la obligación de elaborar anualmente las cuentas anuales en un plazo máximo de tres meses desde el cierre del ejercicio.
c) En aquellos casos en que la empresa esté obligada a someter sus cuentas anuales a auditoría, el auditor contará con un plazo máximo de un mes desde el momento en que los administradores finalicen la elaboración de dichas cuentas.
d) Cualquier ciudadano de la Unión Europea podrá adquirir las cuentas anuales de una sociedad anónima en el Registro Mercantil una vez transcurridos seis meses desde el cierre del ejercicio.

13. El 1 de enero de 20X4 se emite un empréstito de 3.000.000 de obligaciones de 10 euros de valor nominal cada una amortizable en su totalidad 5 años después al 105 por 100. Gastos de emisión 100.000 euros. El tipo de interés de la emisión es el 6 por 100 anual pagadero cada 31 de diciembre. Elaborar un cuadro que permita ver, para cada fecha de cierre de ejercicio, el gasto financiero total, los intereses explícitos, la diferencia entre ambos importes y el valor actual de la cuenta «Obligaciones y bonos» tanto en el momento inicial como cada 31 de diciembre de los años de vida del empréstito.

14. El 1 de enero de 20X1 se adquieren 1.000 bonos de la empresa BKT en las siguientes condiciones: valor nominal, 100 euros cada uno; precio pagado, incluidos gastos, comisiones, etc., 101.500 euros, y pago al contado. Se trata de una emisión de bonos «cupón cero», es decir, no se pagan intereses periódicos, sino que el rendimiento del título se determina por diferencia entre el valor de reembolso y el precio de emisión. A estos efectos, se conoce que el valor de reembolso, 3 años después de la emisión, será de 110 euros por título:

a) Determinar el tipo de interés efectivo.
b) Obtener el coste amortizado de los títulos a 31 diciembre de 20X1, 20X2 y 20X3.

15. Una maquinaria valorada en el momento inicial en 30.000 euros, pero amortizada en 25.000 euros, se vende en las siguientes condiciones: 3.000 euros se cobrarán al contado, y los 7.000 euros restantes a los 2 años. El tipo de interés efectivo es del 4 por 100:

a) Registrar la operación de venta determinando el importe de la partida «créditos a largo plazo por venta de inmovilizado» y «beneficio procedente de inmovilizado material enajenado».
b) Determinar el importe de la partida «créditos a largo plazo por venta de inmovilizado» un año después de la venta.

16. Teniendo en cuenta lo señalado en el Marco Conceptual para las definiciones de gasto e ingreso, señala cuál de las siguientes operaciones es gasto (G) y cuál es ingreso (I). Indica con una (X) la que no sea ni gasto ni ingreso:

1. Compra al contado de una maquinaria.
2. Compra a crédito de una maquinaria.
3. Pago a un proveedor de una deuda pendiente.
4. Registro de la nómina del mes, que se paga al contado.
5. Registro de la nómina del mes, pero que se deja a deber.
6. Cobro a un cliente.
7. Pago de la maquinaria adquirida en la operación 2.
8. Prestación de un servicio de asesoría, que queda pendiente de cobro.
9. Se cobra el servicio prestado en la operación anterior.
10. Se repara un vehículo con un coste de 100, pero solo se pagan 80, dejando los 20 restantes pendientes de pago.
11. Se quema una parte de la maquinaria adquirida en la operación 2. La pérdida asciende al 25 por 100 de su valor.
12. Se registra la amortización anual de la maquinaria.
13. Un proveedor, al que se le debían 5.000 euros, nos comunica la condonación de la deuda.

2 El balance de situación

2.1. INTRODUCCIÓN

El balance de situación es un estado contable de naturaleza estática que presenta la relación de los elementos que componen la estructura financiera y económica de la empresa en un momento concreto. Representa la situación patrimonial de la compañía y muestra las partidas, junto con sus correspondientes importes monetarios, que informan de las diferentes formas que tiene la empresa para obtener los recursos financieros con los que poder financiar la estructura económica, es decir, las inversiones (cuadro 2.1).

CUADRO 2.1

Estructura económica y financiera de la empresa

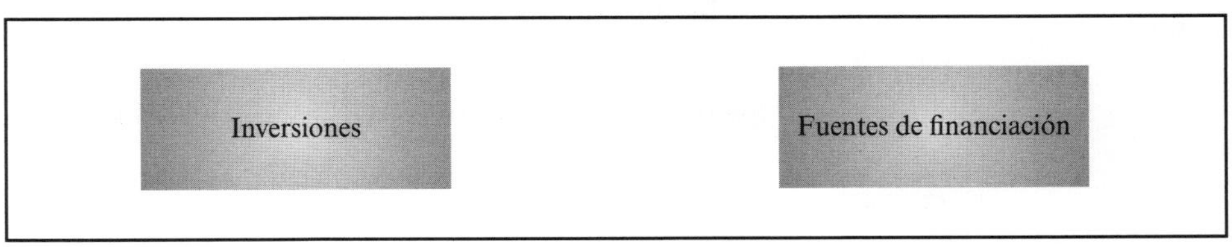

Así pues, un balance de situación consta de dos partes: la estructura financiera, compuesta a su vez por el patrimonio neto y el pasivo, y la estructura económica o activo. Sin embargo, las dos partes principales hacen referencia a una misma realidad. La estructura financiera es el reflejo de las diferentes formas a las que ha recurrido la empresa para captar recursos con los que financiar el activo, mientras que la estructura económica es el reflejo de las inversiones efectuadas y de los derechos adquiridos con los recursos captados. Los criterios de reconocimiento y valoración contemplados en el Marco Conceptual de la Contabilidad para el registro de los diferentes elementos patrimoniales cobran vital importancia a la hora de determinar la composición del balance; a lo largo del capítulo se les dedicará una atención especial.

2.2. MODELOS DE BALANCE

El Plan General de Contabilidad presenta la siguiente estructura del balance de situación:

Activo

A) Activo no corriente:

- I. Inmovilizado intangible.
- II. Inmovilizado material.
- III. Inversiones inmobiliarias.
- IV. Inversiones en empresas del grupo y asociadas a largo plazo.
- V. Inversiones financieras a largo plazo.
- VI. Activos por impuesto diferido.

B) Activo corriente:

- I. Activos no corrientes mantenidos para la venta.
- II. Existencias.
- III. Deudores comerciales y otras cuentas a cobrar.
- IV. Inversiones en empresas del grupo y asociadas a corto plazo.
- V. Inversiones financieras a corto plazo.
- VI. Periodificaciones a corto plazo.
- VII. Efectivo y otros activos líquidos equivalentes.

Patrimonio neto y pasivo

A) Patrimonio neto.

A-1) Fondos propios:

- I. Capital.
- II. Prima de emisión.
- III. Reservas.
- IV. (Acciones y participaciones en patrimonio propias).
- V. Resultados de ejercicios anteriores.

VI. Otras aportaciones de socios.
VII. Resultados del ejercicio.
VIII. (Dividendo a cuenta).
IX. Otros instrumentos de patrimonio neto.

A-2) Ajustes por cambios de valor:

I. Activos financieros a valor razonable con cambios en el patrimonio neto.
II. Operaciones de cobertura.
III. Otros.

A-3) Subvenciones, donaciones y legados recibidos.

B) Pasivo no corriente:

I. Provisiones a largo plazo.
II. Deudas a largo plazo.
III. Deudas con empresas del grupo y asociadas a largo plazo.
IV. Pasivos por impuesto diferido.

C) Pasivo corriente:

I. Pasivos vinculados con activos no corrientes mantenidos para la venta.
II. Provisiones a corto plazo.
III. Deudas a corto plazo.
IV. Deudas con empresas del grupo y asociadas a corto plazo.
V. Acreedores comerciales y otras cuentas a pagar.
VI. Periodificaciones a corto plazo.

Las cuentas de *patrimonio neto* se ordenan en función de la naturaleza de los recursos captados. En primer lugar, si los recursos son aportados por los propietarios de la firma o son autogenerados por la propia empresa, estamos en presencia de los fondos propios; si los recursos captados por la empresa han sido concedidos por alguna Administración Pública o entidad privada para no ser reintegrados si se cumplen las condiciones de su concesión, estamos hablando de subvenciones, donaciones o legados recibidos; por último, los ajustes por cambios de valor recogen la variación de los instrumentos financieros como consecuencia de su valoración por el valor razonable cuando dicha variación se impute directamente al patrimonio neto.

El *pasivo no corriente* agrupa a las partidas que representan obligaciones a largo plazo de naturaleza, cuantía y vencimiento conocido, pero también otras obligaciones actuales de naturaleza cierta cuya cuantía haya tenido que fijarse recurriendo a estimaciones, tal y como ocurre con las provisiones. En el *pasivo corriente* se alojan las partidas anteriores cuando el vencimiento de las mismas sea inferior a 12 meses, así como otras obligaciones de pago, financieras y comerciales, contraídas por la firma a consecuencia de su actividad empresarial.

Por el lado de las inversiones o activo, la clasificación que se efectúa hace referencia a la función que el elemento patrimonial desempeña en la empresa. Así, el *activo no corriente* agrupa a las inversiones estructurales de la firma, tanto materiales como intangibles, con un proceso lento de realización, otros inmuebles no vinculados a la actividad empresarial que se posean para obtener rentas o plusvalías, y la cartera de control e inversiones financieras a largo plazo. El *activo corriente* comprende los activos que la empresa espera vender, consumir o realizar en el transcurso del ciclo normal de explotación, otros activos diferentes de los anteriores cuyo vencimiento, enajenación o realización se espera sea inferior a 12 meses, los activos financieros mantenidos para negociar y las disponibilidades líquidas.

La normativa mercantil contempla un modelo de balance normal para la generalidad de las empresas y otro modelo de balance abreviado para las empresas de dimensión reducida en las que —según dispone el artículo 257 de la Ley de Sociedades de Capital—, durante dos ejercicios consecutivos, reúnan, a la fecha de cierre de cada uno de ellos, al menos dos de las tres circunstancias siguientes:

- Que el total de las partidas del activo no supere la cifra de 4.000.000 euros. A estos efectos, se entenderá por total del activo el que figure como cifra total en el modelo de balance.
- Que el importe neto de su cifra anual de negocios no supere los 8.000.000 euros.
- Que el número medio de trabajadores empleados durante el ejercicio no sea superior a 50.

Hay que tener en cuenta, no obstante, que tras la reforma contable de 2016 se introducen algunas novedades. Así, si la firma formase parte de un grupo de empresas, para la cuantificación de los importes arriba señalados se tendrá en cuenta la suma del activo, del importe neto de la cifra de negocio y del número medio de trabajadores del conjunto de sociedades que conforman el grupo. Esto significa que una empresa de reducida dimensión podría tener que recurrir al modelo normal de balance si el conjunto de las sociedades del grupo al que pertenece rebasa, en su conjunto, los límites que estamos comentando. Claro que para que esto suceda es necesario que la cabecera del grupo no haya elaborado cuentas anuales consolidadas.

Las sociedades perderán la facultad de formular balance abreviado si dejan de reunir, durante dos ejercicios consecutivos, dos de las circunstancias señaladas en el párrafo anterior. El modelo de balance ordinario queda recogido en los cuadros 2.2 (activo) y 2.3 (pasivo), mientras que el modelo de balance abreviado se recoge en los cuadros 2.4 y 2.5.

CUADRO 2.2

Estructura del balance normal. El activo

Número de cuenta	Activo	Notas de la memoria	200X	200X-1
	A) ACTIVO NO CORRIENTE			
	I. Inmovilizado intangible.			
201, (2801), (2901)	1. Desarrollo.			
202, (2802), (2902)	2. Concesiones.			
203, (2803), (2903)	3. Patentes, licencias, marcas y similares.			
204	4. Fondo de comercio.			
206, (2806), (2906)	5. Aplicaciones informáticas.			
205, 209, (2805), (2905)	6. Otro inmovilizado intangible.			
	II. Inmovilizado material.			
210, 211, (2811), (2910), (2911)	1. Terrenos y construcciones.			
212, 213, 214, 215, 216, 217, 218, 219, (2812), (2813), (2814), (2815), (2816), (2817), (2818), (2819), (2912), (2913), (2914), (2915), (2916), (2917), (2918), (2919)	2. Instalaciones técnicas y otro inmovilizado material.			
23	3. Inmovilizado en curso y anticipos.			
	III. Inversiones inmobiliarias.			
220, (2920)	1. Terrenos.			
221, (282), (2921)	2. Construcciones.			
	IV. Inversiones en empresas del grupo y asociadas a largo plazo.			
2403, 2404, (2493), (2494), (293)	1. Instrumentos de patrimonio.			
2423, 2424, (2953), (2954)	2. Créditos a empresas.			
2413, 2414, (2943), (2944)	3. Valores representativos de deuda.			
	4. Derivados.			
	5. Otros activos financieros.			
	V. Inversiones financieras a largo plazo.			
2405, (2495), 250, (259)	1. Instrumentos de patrimonio.			
2425, 252, 253, 254, (2955), (298)	2. Créditos a terceros.			
2415, 251, (2945), (297)	3. Valores representativos de deuda.			
255	4. Derivados.			
258, 26	5. Otros activos financieros.			
474	VI. Activos por impuesto diferido.			
	B) ACTIVO CORRIENTE			
580, 581, 582, 583, 584, (599)	I. Activos no corrientes mantenidos para la venta.			
	II. Existencias.			
30, (390)	1. Comerciales.			
31, 32, (391), (392)	2. Materias primas y otros aprovisionamientos.			
33, 34, (393), (394)	3. Productos en curso.			
35, (395)	4. Productos terminados.			
36, (396)	5. Subproductos, residuos y materiales recuperados.			
407	6. Anticipos a proveedores.			
	III. Deudores comerciales y otras cuentas a cobrar.			
430, 431, 435, 436, (4935), (437), (490)	1. Clientes por ventas y prestaciones de servicios.			
433, 434, (4933), (4934)	2. Clientes, empresas del grupo y asociadas.			
44, 5531, 5533	3. Deudores varios.			
460, 544	4. Personal.			
4709	5. Activos por impuesto corriente.			
4700, 4708, 471, 472	6. Otros créditos con las Administraciones Públicas.			
5580	7. Accionistas (socios) por desembolsos exigidos.			
	IV. Inversiones en empresas del grupo y asociadas a corto plazo.			
5303, 5304, (5393), (5394), (593)	1. Instrumentos de patrimonio.			
5323, 5324, 5343, 5344, (5953), (5954)	2. Créditos a empresas.			
5313, 5314, 5333, 5334, (5943), (5944)	3. Valores representativos de deuda.			
	4. Derivados.			
5353, 5354, 5523, 5524	5. Otros activos financieros.			
	V. Inversiones financieras a corto plazo.			
5305, 540, (5395), (549)	1. Instrumentos de patrimonio.			
5325, 5345, 542, 543, 547, (5955), (598)	2. Créditos a empresas.			
5315, 5335, 541, 546, (5945), (597)	3. Valores representativos de deuda.			
5590, 5593	4. Derivados.			
5355, 545, 548, 551, 5525, 565, 566	5. Otros activos financieros.			
480, 567	VI. Periodificaciones a corto plazo.			
	VII. Efectivos y otros activos líquidos equivalentes.			
570, 571, 572, 573, 574, 575	1. Tesorería.			
576	2. Otros activos líquidos equivalentes.			
	Total activo (A + B)			

CUADRO 2.3

Estructura del balance normal. Patrimonio neto y pasivo

Número de cuenta	Patrimonio neto y pasivo	Nota de la memoria	200X	200X-1
	A) PATRIMONIO NETO			
	A-1) Fondos propios.			
100, 101, 102	I. Capital suscrito.			
(1030), (1040)	1. Capital escriturado.			
110	2. (Capital no exigido).			
	II. Prima de emisión.			
	III. Reservas.			
112, 1141	1. Reserva legal y estatutaria.			
113, 1140, 1142, 1143, 115, 119	2. Otras reservas.			
(108), (109)	IV. (Acciones y participaciones en patrimonio propias).			
	V. Resultados de ejercicios anteriores.			
120	1. Remanente.			
(121)	2. (Resultados negativos de ejercicios anteriores).			
118	VI. Otras aportaciones de socios.			
129	VII. Resultado del ejercicio.			
(557)	VIII. (Dividendo a cuenta).			
111	IX. Otros instrumentos de patrimonio neto.			
	A-2) Ajustes por cambios de valor.			
133	I. Activos financieros a valor razonable con cambios en el pa-			
134	trimonio neto.			
137	II. Operaciones de cobertura.			
130, 131, 132	III. Otros.			
	A-3) Subvenciones, donaciones y legados recibidos.			
	B) PASIVO NO CORRIENTE			
	I. Provisiones a largo plazo.			
140	1. Obligaciones por prestaciones a largo plazo al personal.			
145	2. Actuaciones medioambientales.			
146	3. Provisiones por reestructuración.			
141, 142, 143, 147	4. Otras provisiones.			
	II. Deudas a largo plazo.			
177, 178, 179	1. Obligaciones y otros valores negociables.			
1605, 170	2. Deudas con entidades de crédito.			
1625, 174	3. Acreedores por arrendamiento financiero.			
176	4. Derivados.			
1615, 1635, 171, 172, 173, 175, 180, 185, 189	5. Otros pasivos financieros.			
1603, 1604, 1613, 1614, 1623, 1624, 1633, 1634	III. Deudas con empresas del grupo y asociadas a largo plazo.			
479	IV. Pasivos por impuesto diferido.			
181	V. Periodificaciones a largo plazo.			
	C) PASIVO CORRIENTE			
585, 586, 587, 588, 589	I. Pasivos vinculados con activos no corrientes mantenidos para la venta.			
499, 529	II. Provisiones a corto plazo.			
	III. Deudas a corto plazo.			
500, 501, 505, 506	1. Obligaciones y otros valores negociables.			
5105, 520, 527	2. Deudas con entidades de crédito.			
5125, 524	3. Acreedores por arrendamiento financiero.			
5595, 5598	4. Derivados.			
(1034), (1044), (190), (192), 194, 509, 5115, 5135, 5145, 521, 522, 523, 525, 526, 528, 551, 5525, 5530, 5532, 555, 5565, 5566, 560, 561, 569	5. Otros pasivos financieros.			
5103, 5104, 5113, 5114, 5123, 5124, 5133, 5134, 5143, 5144, 5523, 5524, 5563, 5564	IV. Deudas con empresas del grupo y asociadas a corto plazo.			
	V. Acreedores comerciales y otras deudas a pagar.			
400, 401, 405, (406)	1. Proveedores.			
403, 404	2. Proveedores empresas del grupo y asociadas.			
41	3. Acreedores varios.			
465, 466	4. Personal (remuneraciones pendientes de pago).			
4752	5. Pasivos por impuesto corriente.			
4750, 4751, 4758, 476, 477	6. Otras deudas con las Administraciones Públicas.			
438	7. Anticipos de clientes.			
485, 568	VI. Periodificaciones a corto plazo.			
	Total pasivo y patrimonio neto (A + B + C)			

CUADRO 2.4

Estructura del balance abreviado. Activo

Número de cuenta	Activo	Notas de la memoria	200X	200X-1
	A) ACTIVO NO CORRIENTE			
20, (280), (290)	I. Inmovilizado intangible.			
21, (281), (291), 23	II. Inmovilizado material.			
22, (282) (292)	III. Inversiones inmobiliarias.			
2403, 2404, 2413, 2414, 2423, 2424, (2493), (2494), (293), (2943), (2944), (2953), (2954)	IV. Inversiones en empresas del grupo y asociadas a largo plazo.			
2405, 2415, 2425, (2495), 250, 251, 252, 253, 254, 255, 257, 258, (259), 26, (2945), (2955), (297), (298)	V. Inversiones financieras a largo plazo.			
474	VI. Activos por impuesto diferido.			
	B) ACTIVO CORRIENTE			
580, 581, 582, 583, 584, (599)	I. Activos no corrientes mantenidos para la venta.			
30, 31, 32, 33, 34, 35, 36, (39), 407	II. Existencias.			
	III. Deudores.			
430, 431, 432, 433, 434, 435, 436, (437), (490), (493)	1. Clientes por ventas y prestaciones de servicios.			
5580	2. Accionistas (socios) por desembolsos exigidos.			
44, 460, 470, 471, 472, 5531, 5533, 544	3. Otros deudores.			
5303, 5304, 5313, 5314, 5323, 5324, 5333, 5334, 5343, 5344, 5453, 5344, (5383), (5384), (5393), (5394), 5523, 5524, (593), (5943), (5944), (5953), (5954)	IV. Inversiones en empresas del grupo y asociadas a corto plazo.			
5305, 5315, 5325, 5335, 5345, 5355, (5395), 540, 541, 542, 543, 545, 546, 547, 548, (549), 551, 5525, (5590), 565, 566, (5945), (5955), (597), (598)	V. Inversiones financieras a corto plazo.			
480, 567	VI. Periodificaciones a corto plazo.			
57	VII. Efectivo y otros activos líquidos equivalentes.			
	Total activo (A + B)			

CUADRO 2.5

Estructura del balance abreviado. Patrimonio neto y pasivo

Número de cuenta	Patrimonio neto y pasivo	Notas de la memoria	200X	200X-1
	A) PATRIMONIO NETO			
	A-1) Fondos propios.			
	I. Capital.			
100, 101, 102	1. Capital escriturado.			
(1030), (1040)	2. (Capital no exigido).			
110	II. Prima de emisión.			
112, 113, 114, 115, 119	III. Reservas.			
(108), (109)	IV. (Acciones y participaciones en patrimonio propias).			
120, (121)	V. Resultados de ejercicios anteriores.			
118	VI. Otras aportaciones de socios.			
129	VII. Resultado del ejercicio.			
(557)	VIII. (Dividendo a cuenta).			
111	IX. Otros instrumentos de patrimonio neto.			
133, 1340, 137	A-2) Ajustes por cambios de valor.			
130, 131, 132	A-3) Subvenciones, donaciones y legados recibidos.			
	B) PASIVO NO CORRIENTE			
14	I. Provisiones a largo plazo.			
	II. Deudas a largo plazo.			
1605, 170	1. Deudas con entidades de crédito.			
1625, 174	2. Acreedores por arrendamiento financiero.			
1615, 1635, 171, 172, 173, 175, 176, 177, 178, 179, 180, 185, 189	3. Otras deudas a largo plazo.			
1603, 1604, 1613, 1614, 1623, 1624, 1633, 1634	III. Deudas con empresas del grupo y asociadas a largo plazo.			
479	IV. Pasivos por impuesto diferido.			
181	V. Periodificaciones a largo plazo.			
	C) PASIVO CORRIENTE			
585, 586, 587, 588, 589	I. Pasivos vinculados con activos no corrientes mantenidos para la venta.			
499, 529	II. Provisiones a corto plazo.			
	III. Deudas a corto plazo.			
5105, 520, 527	1. Deudas con entidades de crédito.			
5125, 524	2. Acreedores por arrendamiento financiero.			
(1034), (1044), (190), (192), 194, 500, 501, 505, 506, 509, 5115, 5135, 5145, 521, 522, 523, 525, 526, 528, 551, 5525, 5530, 5532, 555, 5565, 5566, 5595, 5598, 560, 561, 569	3. Otras deudas a corto plazo.			
5103, 5104, 5113, 5114, 5123, 5124, 5133, 5134, 5143, 5144, 5523, 5524, 5563, 5564	IV. Deudas con empresas del grupo y asociadas a corto plazo.			
	V. Acreedores comerciales y otras cuentas a pagar.			
400, 401, 403, 404, 405, (406)	1. Proveedores.			
41, 438, 465, 466, 475, 476, 477	2. Otros acreedores.			
485, 568	VI. Periodificaciones a corto plazo.			
	Total patrimonio neto y pasivo (A + B + C)			

2.3. ELEMENTOS DE ACTIVO

El Marco Conceptual de la Contabilidad define los activos como bienes, derechos y otros recursos controlados económicamente por la empresa, resultantes de sucesos pasados, de los que es probable que la empresa obtenga beneficios económicos en el futuro. Este concepto de activo supone la consideración no solo de los bienes y derechos propiedad de la empresa, sino también de cualquier elemento controlado por la misma, como es el caso de los bienes en régimen de arrendamiento financiero o *leasing,* siempre que cumpla el resto de las condiciones. Por el contrario, quedan excluidas del activo partidas que, como gastos de constitución, de formalización de deudas o de ampliación de capital, no cumplen los tres requisitos enunciados. Tres son, por tanto, los elementos que definen un activo:

1. El suceso que los origina tiene que haber finalizado.
2. Como consecuencia del mismo la empresa adquiere el control económico de los bienes, derechos y otros recursos.
3. A consecuencia del control ejercido, la empresa espera obtener beneficios económicos en el futuro.

De forma adicional, el Marco Conceptual de la Contabilidad exige que el activo se pueda valorar con fiabilidad y que, de forma simultánea a su reconocimiento, se reconozca un pasivo, la disminución de otro activo o un ingreso u otros incrementos en el patrimonio neto. Los epígrafes siguientes describen los elementos del balance de situación siguiendo el orden del modelo oficial, tal y como aparecen en los cuadros 2.2 y 2.3.

2.3.1. Activo no corriente

Los activos no corrientes están constituidos por las inversiones realizadas por la empresa cuyos efectos se proyectan a lo largo de más de un ejercicio económico. Se trata de las inversiones estructurales de la firma y de otros inmuebles no vinculados a la actividad empresarial que se posean para obtener rentas o plusvalías, así como de la cartera de control e inversiones financieras a largo plazo. La característica fundamental de los mismos es la permanencia, por lo que no se extinguen en el curso de un ejercicio contable. Los elementos que integran el activo no corriente se agrupan de acuerdo a unas características comunes determinadas por la naturaleza de los mismos, dando lugar a la siguiente clasificación:

I. Inmovilizado intangible.
II. Inmovilizado material.
III. Inversiones inmobiliarias.

IV. Inversiones en empresas del grupo y asociadas a largo plazo.
V. Inversiones financieras a largo plazo.
VI. Activos por impuesto diferido.

2.3.1.1. *Inmovilizado intangible*

En el inmovilizado intangible se agrupan una serie de elementos que presentan en común ciertas características propias, que pueden resumirse de la siguiente forma:

— La naturaleza de estos elementos es intangible, si bien, en ocasiones, se encuentran documentados por títulos o inscritos en registros públicos, como es el caso de las patentes.
— Albergan en su seno la capacidad de generar ingresos futuros, si bien la cuantía y duración de los mismos es incierta. Por esta razón, el artículo 273 de la Ley de Sociedades de Capital impone algunas cautelas al reparto de beneficios mientras permanezcan en el activo determinados activos intangibles.

Desde un punto de vista contable, los intangibles se pueden definir como activos no monetarios, sin sustancia física, controlados, o al menos influidos, por la empresa como resultado de acontecimientos y transacciones pasadas y que pueden ser o no vendidos separadamente de otros activos de la empresa. Es indudable que en la *era del conocimiento* los activos intangibles desempeñan un papel importantísimo en la vida de la empresa, hasta el punto de que en muchas ocasiones el activo más valioso de la firma está constituido, precisamente, por su valor inmaterial. La adecuada gestión del conocimiento supone un reto para la empresa, que basa una parte importante de sus expectativas en la explotación de las ventajas competitivas que dicho conocimiento le pueda reportar.

El reconocimiento de los intangibles en el balance de la empresa ha resultado siempre una cuestión polémica debido a la naturaleza inmaterial de los mismos y a lo incierto de sus rendimientos. El aspecto crucial de los intangibles, y sin duda el más controvertido, es dilucidar si sus costes de adquisición o de producción propia pueden ser reconocidos como activo con el correspondiente reflejo en el balance o si, por el contrario, deben cargarse como un gasto en la cuenta de resultados del ejercicio en que se incurren. Para que un intangible sea reconocido en el balance de situación es preciso que, además de cumplir la definición de activo y los criterios de registro y reconocimiento contenidos en el Marco Conceptual, cumpla con el criterio de identificabilidad, lo que exige el cumplimiento de alguno de los dos requisitos siguientes:

1. Que sea separable, es decir, que pueda ser separado de la empresa para venderlo, cederlo o entregarlo para su explotación.
2. Que surja de derechos legales o contractuales, con independencia de que tales derechos sean transferibles o separables de la empresa.

A partir de estas premisas, el PGC detalla la siguiente clasificación:

— Investigación.
— Desarrollo.
— Concesiones administrativas.
— Propiedad industrial.
— Fondo de comercio.
— Derechos de traspaso.
— Aplicaciones informáticas.
— Anticipos para inmovilizaciones intangibles.

Gastos de I+D

La normativa contable internacional encargada de regular la contabilización de las actividades de I+D ha venido manteniendo posiciones dispares. El principal desacuerdo ha estado centrado básicamente en el reconocimiento como gasto o como activo de los importes dedicados a I+D. El PGC plantea como opción preferente la imputación a la cuenta de resultados de los gastos de investigación del ejercicio, si bien, con carácter excepcional, permite la activación de los gastos de investigación a partir del momento en que cumplan las siguientes dos condiciones:

1. El proyecto debe estar perfectamente identificado, debiendo haber una clara imputación y distribución de los costes de cada proyecto.
2. El proyecto debe tener motivos fundados de éxito y la rentabilidad económica del mismo debe estar razonablemente asegurada.

Los gastos de desarrollo, cuando se cumplan las condiciones indicadas para la activación de los gastos de investigación, se reconocerán en el activo. Unos y otros se amortizarán a lo largo de su vida útil, que, salvo prueba en contrario, se presumirá no superior a cinco años.

De forma cautelar, tal y como ya se ha esbozado un poco más arriba, el artículo 273.3 de la Ley de Sociedades de Capital establece que mientras que los gastos de I+D no hayan sido amortizados por completo, no se podrán distribuir beneficios, salvo que el importe de las reservas disponibles sea, como mínimo, igual al importe de los gastos no amortizados.

Fondo de comercio

El fondo de comercio es el conjunto de bienes intangibles, tales como la clientela, la cuota de mercado, la reputación de la firma, el prestigio de la marca, el capital humano, la red comercial, etc., que impliquen valor para la empresa. Aunque todos estos elementos puedan estar presentes en un negocio, la normativa contable internacional es muy estricta y solo permite el reconocimiento del fondo de comercio en el activo de la empresa cuando haya sido comprado en una combinación de negocios (fusión o absorción). Por este motivo, el PGC define el fondo de comercio como el exceso, en la fecha de la adquisición, del coste de la combinación de negocios (precio pagado o a pagar por un negocio en marcha) sobre el correspondiente valor de los activos identificables adquiridos menos el de los pasivos asumidos.

Fondo de comercio = Importe pagado (o por pagar) − [Activo − Pasivo]

La definición de fondo de comercio supone considerar que el valor del negocio rara vez es igual a la suma de los activos netos identificables, sino que un negocio hay que valorarlo en su totalidad, es decir, como un conjunto de activos netos que trabajan conjuntamente, y no como la suma de elementos individuales. Por esta razón el fondo de comercio representa la diferencia entre el valor del negocio como un todo y la suma de los valores de sus activos netos. Únicamente podrá reconocerse cuando haya sido adquirido a título oneroso y corresponda a los beneficios económicos futuros procedentes de activos que no han podido ser identificados individualmente. El fondo de comercio representa, por tanto, el valor de los activos intangibles que no resultan identificables, como la clientela, el nombre o razón social y otros elementos de naturaleza análoga que implican valor para la empresa.

Al igual que el resto de activos, el fondo de comercio debe amortizarse a lo largo del tiempo en que dicho activo contribuye a la generación de resultados para la firma. Sin embargo, a la vista de los componentes tan subjetivos que integran el fondo de comercio, resulta extremadamente complejo determinar un plazo de amortización satisfactorio para todo tipo de empresas y circunstancias económicas. Por este motivo, ante la dificultad de determinar un plazo aceptable, se establece una presunción (que por lo tanto admite prueba en contrario) en virtud de la cual el fondo de comercio se amortizará de forma lineal en un plazo de 10 años si su vida útil no puede determinarse de manera fiable.

Ejemplo 2.1

CONSERVAS VEGETALES, S. A., es una pequeña empresa familiar con una probada y solvente actividad comercial. Tiene una amplia cartera de clientes y una aceptable cuota de penetración en el mercado. El balance de situación a 1 de enero del año *n* es el que se muestra en la tabla 2.1. Por esas fechas, la multinacional del sector *Food and Market* entabla negociaciones con los propietarios de CONSER-

VAS VEGETALES, S. A., al objeto de adquirir la totalidad de las acciones. Tras valorar el negocio en su conjunto y fijar las expectativas de resultados futuros, se acuerda un precio de 45.000 euros. El balance de situación de *Food and Market* antes de la combinación empresarial se muestra en la tabla 2.2. Una vez producida la compra de CONSERVAS VEGETALES, S. A., el balance de situación de *Food and Market* después de la adquisición es el que se ilustra en la tabla 2.3.

TABLA 2.1

Balance de situación de CONSERVAS VEGETALES, S. A.

Activo	**Año *n***	**Patrimonio neto y pasivo**	**Año *n***
Activo no corriente Activo corriente	50.000 10.000	Fondos propios Pasivo no corriente Pasivo corriente	38.000 12.000 10.000
Total	60.000	Total	60.000
Valor neto contable de CONSERVAS VEGETALES, S. A., 38.000 euros			

TABLA 2.2

Balance de situación de Food and Market *antes de la adquisición*

Activo	**Año *n***	**Patrimonio neto y pasivo**	**Año *n***
Activo no corriente Activo corriente Tesorería	375.000 175.000 60.000	Fondos propios Pasivo no corriente Pasivo corriente	500.000 80.000 30.000
Total	610.000	Total	610.000

Precio pagado por *Food and Market* 45.000 euros. El exceso del coste de la combinación (45.000 euros) sobre el valor de los activos netos adquiridos (38.000 euros) asciende a 7.000 euros. Es decir:

Importe pagado = 45.000.
Activos adquiridos − Pasivos asumidos = 60.000 − 22.000 = 38.000.
Diferencia = 7.000.

El registro contable de la operación de adquisición se ajustará al siguiente esquema:

Número de cuenta	1 de enero año 200N	Debe	Haber
	Activos no corrientes	50.000	
	Activos corrientes	10.000	
	Fondo de comercio	7.000	
	Pasivos no corrientes		12.000
	Pasivos corrientes		10.000
	Tesorería		45.000

Una vez registrada esta operación, el balance de situación de la empresa absorbente quedará de la siguiente manera:

TABLA 2.3

Balance de situación de Food and Market *después de la adquisición de CONSERVAS VEGETALES, S. A.*

Activo	Año *n*	Patrimonio neto y pasivo	Año *n*
Activo no corriente	425.000	Fondos propios	500.000
Activo corriente	185.000	Pasivo no corriente	92.000
Tesorería	15.000	Pasivo corriente	40.000
Fondo de comercio	7.000		
Total	632.000	Total	632.000

Se ha producido la agregación de los activos y pasivos de las empresas combinadas. Hay que hacer notar que la combinación de negocios no produce incremento en los fondos propios, ya que al agregar a la empresa absorbente *(Food and Market)* los activos y pasivos de la empresa absorbida (en este caso CONSERVAS VEGETALES, S. A.) ya se está agregando el auténtico neto patrimonial del negocio absorbido. Obsérvese que, tal y como señala el PGC, el fondo de comercio solamente se reconoce en el balance de *Food and Market* una vez producida la transacción y el correspondiente desembolso monetario. Transcurrido un ejercicio, se deberá evaluar si la valoración del fondo de comercio responde a las expectativas depositadas en el mismo, al objeto de practicar, si procediera, la correspondiente minoración. En todo caso, según lo dispuesto en la Norma de Registro y Valoración n.º 6 del PGCE sobre el inmovilizado intangible, habrá que recoger el gasto por amortización del fondo de comercio por importe de 700, de manera que el nuevo saldo de dicha partida tras registrar la amortización anual ascenderá a 6.300.

En los párrafos anteriores y por simplificación hemos reconocido los activos netos de la sociedad adquirida por su valor en libros en la fecha de la operación. En realidad, dicha incorporación debería llevarse a cabo por su valor razonable, lo que afectaría al importe del fondo de comercio finalmente reconocido. Cabe asimismo la posibilidad de que aflorasen activos (sobre todo intangibles como por ejemplo marcas) que, por haberse generado internamente, no fueron reconocidos en libros pero que son identificables individualmente y, por lo tanto, tampoco formarían parte de valoración del fondo de comercio.

El capital intelectual

El catálogo de activos intangibles no se limita, ni mucho menos, a los que brevemente se han descrito en las líneas anteriores. Únicamente se ha hecho referencia a algunos intangibles regulados por la normativa contable española en el Plan General de Contabilidad. Sin embargo, existe una gran variedad de inversiones en intangibles que, si bien desde un punto de vista económico contribuyen a aumentar el valor de la firma, no pueden considerarse activos desde el punto de vista contable, por no cumplir todos los requisitos del actual modelo contable, sobre todo los de identificación y medición. Pero el hecho de que la actual normativa contable no permita su registro de la manera convencional en el balance de situación no significa que no existan. Así, uno de los desafíos que tiene planteados la contabilidad de comienzos del siglo XXI es el desarrollo de sistemas de identificación, medición y valoración de los intangibles para que los estados contables que se elaboren sigan suministrando una imagen fiel de la renta y la riqueza de la empresa. En este sentido, una de las propuestas que en los últimos tiempos se está abriendo paso en el mundo empresarial es el informe de capital intelectual.

El informe de capital intelectual es un documento mediante el cual la compañía difunde información sobre los intangibles que integran su capital intelectual. Se trata de un documento de elaboración voluntaria, por lo que no está armonizado. La información que se puede suministrar se elabora a partir de una serie de indicadores, financieros y no financieros, mediante cuya descripción se trata de informar de la posición de la firma con relación al capital intelectual. En algunas ocasiones resulta difícil cuantificar todos los elementos propios de capital intelectual, por lo que la información divulgada deberá ser de forma narrativa y de fácil lectura e interpretación por el amplio público al que van dirigidos los informes anuales. El catálogo de indicadores de capital intelectual es amplísimo y no está en absoluto cerrado, sino que la propia dinámica empresarial justifica la oportunidad de nuevos indicadores.

2.3.1.2. *Inmovilizado material*

El inmovilizado material está constituido por elementos patrimoniales tangibles, muebles o inmuebles, que se utilizan en la actividad permanente y productiva de la empresa, cuya recuperación se hará a través del ciclo normal de explotación. Está constituido por los siguientes elementos:

1. Terrenos y construcciones.
2. Instalaciones técnicas, maquinaria, utillaje, mobiliario y otro inmovilizado material.
3. Inmovilizado en curso y anticipos.

Los elementos del inmovilizado material se regulan a través de la Normas de Registro y Valoración n.º 2 y 3 del PGCE. Dichos elementos se valoran inicialmente por el precio de adquisición o coste de producción. En la determinación del precio de adquisición se deberán tener en cuenta todos los gastos adicionales que se produzcan antes de la puesta en funcionamiento de la inversión, como, por ejemplo, gastos de transporte, instalación, derechos aduaneros, impuestos indirectos no recuperables y otros. También formarán parte del precio de adquisición los gastos financieros correspondientes a la financiación de inmovilizados que necesiten un período de tiempo superior a un año para estar en condiciones de uso, siempre que se hayan devengado antes de la puesta en condiciones de funcionamiento. Igualmente, formará parte del valor del inmovilizado material la estimación inicial del valor actual de las obligaciones asumidas derivadas del desmantelamiento, retiro y restauración de dicho activo. Con posterioridad a su reconocimiento inicial, los elementos del inmovilizado material se valorarán por su precio de adquisición o coste de producción menos la amortización acumulada y, en su caso, el importe acumulado de las correcciones valorativas por deterioro reconocidas.

El coste de adquisición o de fabricación de los elementos del inmovilizado material debe imputarse a resultados a medida que dichos elementos se incorporan al proceso productivo, es decir, a medida que se consumen. La amortización de estos elementos es, por tanto, el proceso contable a través del cual se imputa a resultados el coste de la inversión. La amortización, que deberá efectuarse de forma sistemática todos los ejercicios, deberá atender a la depreciación que normalmente sufra el activo material por su funcionamiento, uso y disfrute, considerando también la posible obsolescencia técnica que pudiera sufrir.

A modo de resumen, podríamos decir que el coste de adquisición de un elemento de inmovilizado material estará formado por los siguientes componentes:

- Importe facturado por el vendedor.
- Gastos adicionales devengados antes de la puesta en funcionamiento.
- Gastos financieros (con las condiciones señaladas en la normativa).
- Valor inicial de los costes de desmantelamiento, retiro o restauración.

EJEMPLO 2.2

EXPONOR, S. A., adquiere el 1 de enero de 20X5 una compleja maquinaria cuyo coste se desglosa de la siguiente forma:

— Precio factura proveedor máquina: 200.000 euros (más IVA 21 por 100).
— Transporte y seguro: 6.000 euros (más IVA 21 por 100).
— Instalación y montaje: 2.000 euros (más IVA 21 por 100).

Al no disponer de liquidez suficiente, se solicitó un préstamo al Banco Pastor el mismo 1 de enero de 20X5 por valor de 100.000 euros a devolver en siete años. El préstamo devenga un interés del 6 por 100 anual pagadero por trimestres vencidos. Para su entrada en funcionamiento, la máquina exige la realización durante 15 meses de una serie de pruebas por personal especializado, por las que EXPONOR, S. A., recibe una factura de 8.000 euros (más IVA 21 por 100). La máquina estuvo en condiciones de entrar en funcionamiento el 31/03/20X6.

SE PIDE

Registros en el libro diario hasta la fecha de entrada en funcionamiento de la máquina:

Número de cuenta	1 de enero año 20X5	Debe	Haber
572	Banco	100.000	
170	Deudas largo plazo entidades crédito		100.000

Número de cuenta	1 de enero año 20X5	Debe	Haber
233	Maquinaria en montaje	208.000	
472	Hacienda Pública, IVA soportado	43.680	
572	Banco		251.680

Los gastos de transporte, seguro, instalación y montaje incrementarán el coste de adquisición de la maquinaria. Al final de cada trimestre los intereses deberán activarse, ya que el período de puesta en marcha es superior a doce meses:

Número de cuenta	31 de marzo año 20X5	Debe	Haber
233	Maquinaria en montaje	1.500	
572	Banco		1.500

Este mismo asiento se repetirá con fecha 30 de junio 20X5, 30 de septiembre de 20X5, 31 de diciembre de 20X5 y 31 de marzo de 20X6.

Más tarde, por la recepción de la factura por las pruebas realizadas:

Número de cuenta	31 de marzo año 20X6	Debe	Haber
233	Maquinaria en montaje	8.000	
472	Hacienda Pública, IVA soportado	1.680	
572	Banco		9.680

En esa misma fecha, por el reconocimiento de la puesta en funcionamiento de la maquinaria:

Número de cuenta	31 de marzo año 20X6	Debe	Haber
213	Maquinaria	223.500	
233	Maquinaria en montaje		223.500

En definitiva, la valoración inicial del elemento adquirido se resume en los siguientes componentes:

1. Importe facturado por el vendedor	200.000
2. Gastos adicionales	8.000
3. Gastos financieros (5 trimestres)	7.500
4. Gastos de puesta en marcha	8.000
TOTAL	223.500

La prueba del deterioro

La Norma de Registro y Valoración n.º 2 del PGCE establece, asimismo, los de las pérdidas por deterioro de inmovilizado material (cuadro 2.6), cuya finalidad es ajustar el valor contable del mismo a su *importe recuperable,* entendido este como el mayor importe entre:

1. Su valor razonable menos los gastos de venta.
2. Su valor en uso.

A tal efecto, al menos al cierre del ejercicio, la empresa evaluará si existen indicios de que algún inmovilizado material o, en su caso, alguna *unidad generadora de efectivo* puedan estar deteriorados, en cuyo caso se deberán calcular sus importes recuperables efectuando las correcciones valorativas que procedan.

CUADRO 2.6

Prueba del deterioro en el Plan General de Contabilidad

La misma norma segunda de valoración aclara que *una unidad generadora de efectivo* es el grupo identificable más pequeño de activos que genera entradas de efectivo y que son, en buena medida, independientes de los flujos de efectivo derivados de otros activos o grupos de activos. La prueba del deterioro se hará elemento a elemento de forma individualizada. Si esta operación no se pudiera realizar de forma individualizada, la empresa determinará el importe recuperable de la unidad generadora de efectivo a la que pertenezca cada elemento de inmovilizado. Una vez determinado el importe del deterioro, se cargará, por dicha cuantía, a la cuenta de resultados del ejercicio. Si las circunstancias que motivaron el deterioro dejaran de existir, el importe de la reversión tendrá como límite el valor contable del inmovilizado que estaría reconocido en la fecha de la reversión si no se hubiera registrado el deterioro del valor.

EJEMPLO 2.3

Sea una maquinaria que constituye por sí sola una unidad generadora de efectivo (UGE). Su precio de adquisición ascendió en enero de 20X0 a 250.000 euros. Vida útil 5 años con amortización lineal, sin valor residual. Se supone un tipo de descuento para los flujos de efectivo estimados del 5 por 100. Los flujos de efectivo estimados para los siguientes 4 años se muestran en el cuadro 2.7, así como el valor actual de los mismos descontados al tipo de interés efectivo estimado. Dado el tipo de activo (maquinaria), tomamos como valor recuperable su valor en uso.

CUADRO 2.7

Unidades generadoras de efectivo

Año	**Unidad generadora de efectivo (UGE)**	**Factor de descuento**	**UGE descontada**
20X1	47.500	$(1 + 0{,}05)^{-1}$	45.238,10
20X2	52.250	$(1 + 0{,}05)^{-2}$	47.392,29
20X3	57.000	$(1 + 0{,}05)^{-3}$	49.238,74
20X4	52.250	$(1 + 0{,}05)^{-4}$	42.986,20
Valor en uso			**184.855,33**

$47.500\ (1 + 0{,}05)^{-1} = 45.238{,}10$
$52.250\ (1 + 0{,}05)^{-2} = 47.392{,}29$
$57.000\ (1 + 0{,}05)^{-3} = 49.238{,}74$
$52.250\ (1 + 0{,}05)^{-4} = 42.986{,}20$

Valor contable al final de 20X0: 250.000 − 50.000 = 200.000

Valor en uso: 184.855,33

Deterioro: 200.000 − 184.855,33 = 15.144,67.

Reconocimiento del deterioro:

Cuenta	31 de diciembre 20X0	Debe	Haber
691	Pérdida por deterioro del inmovilizado material	15.144,67	
291	Deterioro de valor del inmovilizado material		15.144,67

A partir de este momento, el gasto por amortización a reconocer en ejercicios futuros debe ser recalculado teniendo en cuenta el deterioro sufrido por el activo y la vida útil restante:

$$\text{Nueva cuota de amortización} = \frac{184.855,33}{4} = 46.213,75$$

Valor contable a finales de 20X1: 184.855,33 − 46.213,75 = 138.641,58

Al finalizar el ejercicio 20X1 hay que volver a calcular el valor recuperable del activo recurriendo a nuevas estimaciones. Se reconocerá una nueva pérdida por deterioro si el valor recuperable a finales de 20X1 es inferior al valor en libros en esa fecha (138.641,58). Si el importe recuperable es superior al valor contable (138.641,58), hay que revertir la pérdida del ejercicio 20X0, con el límite del valor que tendría el activo en diciembre de 20X1 de no haberse practicado la corrección valorativa en 20X0.

2.3.1.3. *Inversiones inmobiliarias*

Se trata de inmuebles, como terrenos o edificios, que no se usan en la actividad productiva de la empresa, ni tampoco se poseen para ser vendidos en el curso ordinario de las operaciones, sino que se tienen para obtener rentas, plusvalías o ambas cosas. Los flujos derivados de estas inversiones inmobiliarias son independientes de la actividad normal de la empresa, razón por la cual estos activos se agrupan en la categoría especial de inversiones inmobiliarias. Según la Norma de Registro y Valoración n.º 4 del PGCE, todos los criterios de reconocimiento y valoración relativos al inmovilizado material son aplicables, igualmente, a las inversiones inmobiliarias.

2.3.1.4. *Inversiones en empresas del grupo y asociadas a largo plazo*

Una de las principales modificaciones introducidas en el RD 1/2021, de 12 de enero, de reforma del PGCE, es la referente a la Norma de Registro y Valoración n.º 9 que regula los instrumentos financieros. Según esta norma, los instrumentos financieros pueden ser de tres tipos: activos financieros, pasivos financieros e instrumentos de patrimonio. En el caso de los activos financieros se establecen cuatro categorías (C1 a C4) para la aplicación de diferentes criterios de reconocimiento y valoración:

- C1. Activos financieros a valor razonable con cambios en la cuenta de pérdidas y ganancias.
- C2. Activos financieros a coste amortizado.
- C3. Activos financieros a valor razonable con cambios en el patrimonio neto.
- C4. Activos financieros a coste.

La estructura del Balance de Situación no sigue, sin embargo, esta clasificación, ya que mantiene la presentación de activos financieros según su plazo como activos no corrientes/corrientes y según la vinculación o no de la empresa inversora con otras empresas del grupo o asociadas.

Dentro del activo no corriente se incluyen dos epígrafes.

El primero de ellos, al que va referido este apartado, recoge las inversiones financieras a largo plazo en empresas del grupo, multigrupo y asociadas. Además de la propia cartera de control, formada por las acciones de las empresas filiales y asociadas en poder de la empresa matriz (C4), este epígrafe incluye también los créditos concedidos a empresas del grupo y las inversiones en títulos de deuda emitida por alguna empresa del grupo (C2).

La cartera de control

Teniendo en cuenta el elevado número de compras de acciones de otras empresas con la finalidad de controlar y dirigir sus operaciones, el tratamiento contable de la cartera de control ha adquirido una gran importancia. Sin perjuicio de que la información financiera más precisa del grupo de sociedades se obtenga mediante la elaboración de las cuentas anuales consolidadas a través de la agregación de los activos y pasivos de las empresas bajo control, la Norma de Registro y Valoración n.º 9 del PGCE regula la valoración de estas inversiones financieras en las cuentas anuales individuales de la matriz.

Las inversiones en el patrimonio de empresas del grupo, multigrupo y asociadas quedan definidas en la Norma de Registro y Valoración n.º 9 del PGCE y se integran, a efectos de su tratamiento contable, dentro de la cuarta de las anteriores categorías activos financieros a coste (C4). Se valorarán *inicialmente al coste,* esto es, al importe de la contraprestación entregada, más los gastos de transacción que les sean directamente atribuibles. Formarán también parte de su valoración inicial el importe de los derechos preferentes de suscripción que, en su caso, se hubiesen adquirido. Con posterioridad, estas inversiones se seguirán valorando también por su coste de adquisición, menos, en su caso, el importe acumulado de las correcciones valorativas por deterioro. A tal efecto, al cierre del ejercicio habrá que efectuar las correcciones valorativas necesarias, siempre que exista evidencia de que el valor en libros (o valor contable) de una inversión no será recuperable. El importe de la corrección valorativa será, por tanto, la diferencia entre su valor en libros y el *importe recuperable,* entendido este como el *mayor importe* entre su valor razonable menos los gastos de venta y el valor actual de los flujos de efectivo futuros derivados de la inversión. Precisa la citada norma novena de valoración, que, salvo mejor evidencia del importe recuperable de las inversiones, en la estimación de deterioro de estos activos se tomará en consideración el patrimonio neto de la entidad participada, corregido por las plusvalías tácitas existentes en la fecha de la valoración.

La redacción de la norma novena de valoración deja abierta la posibilidad de no tener que practicar corrección valorativa en el caso de que el valor neto contable de la participada sea inferior al coste de la inversión, siempre que exista una evidencia clara de que el valor actual de los flujos en el futuro sea mayor que el citado valor neto contable. Piénsese en el caso de una filial cuyo patrimonio neto haya sufrido una severa depreciación. Lógicamente, el valor en libros de la cuenta representativa de la inversión en el activo de la matriz deberá recoger esa depreciación. Pero si se puede demostrar que los flujos de efectivo futuros exceden al valor patrimonial (por ejemplo, porque la filial tiene firmado un contrato con un cliente que le garantiza ingresos suficientes), no sería necesario practicar corrección valorativa alguna en las cuentas de la matriz.

En cualquier caso, el importe de la corrección valorativa y, en su caso, el de la reversión se reconocerá como gasto o ingreso, según proceda, en la cuenta de pérdidas y ganancias.

EJEMPLO 2.4

Un grupo industrial adquiere en el año *n* el 80 por 100 de las acciones de la sociedad OMEGA, que pasa a ser filial, pagando un precio de 7,2 millones de euros. En el momento de la adquisición el balance de OMEGA era el expresado en la tabla 2.4.

TABLA 2.4

Balance de situación de OMEGA en el momento de la toma de participación

Activo	**Año *n***	**Patrimonio neto y pasivo**	**Año *n***
Activo no corriente	9	Fondos propios	9
Activo corriente	6	Pasivo no corriente	4
		Pasivo corriente	2
Total	15	Total	15

Pasado un ejercicio, el balance de OMEGA es el reflejado en la tabla 2.5, donde los fondos propios se han incrementado en una unidad por el resultado obtenido en $n + 1$.

TABLA 2.5

Balance de situación de OMEGA un año después de la toma de participación

Activo	Año $n + 1$	Patrimonio neto y pasivo	Año $n + 1$
Activo no corriente Activo corriente	10 7	Fondos propios Pasivo no corriente Pasivo corriente	10 4 3
Total	17	Total	17

Patrimonio neto de OMEGA: 10.
Tanto por ciento de participación: 80 por 100.
Importe recuperable: 80 por 100 de 10 = 8.
Coste de la participación: 7,2.

En consecuencia, dado que el valor de la participación, con referencia al valor neto patrimonial de la participada (8), arroja un importe superior al del coste de adquisición (7,2), no procede efectuar corrección valorativa alguna, y la inversión se seguirá valorando en los libros de la matriz al coste, es decir, a 7,2.

2.3.1.5. *Inversiones financieras a largo plazo*

Además de acciones de empresas del grupo y asociadas, adquiridas con el objetivo de controlar sus operaciones, parte de cuya problemática contable ha sido analizada en el epígrafe anterior, existen otras inversiones financieras a largo plazo que se materializan en la compra de títulos emitidos por otras empresas. No obstante lo anterior, el importante desarrollo alcanzado por los mercados y productos financieros ha sofisticado enormemente la operativa financiera de muchas compañías, dando lugar a productos financieros novedosos, como los instrumentos compuestos, los híbridos, los derivados o las operaciones de cobertura, entre otros, que han ampliado el catálogo de las inversiones financieras.

Antes de presentar algunos de los activos financieros objeto de análisis en este manual, conviene fijar la definición de *instrumento financiero*. De acuerdo a la Norma de Registro y Valoración novena del PGCE, un instrumento financiero es un contrato que da lugar a un *activo financiero* en una empresa y, simultáneamente, a un pasivo financiero o a un instrumento de patrimonio en otra empresa. La misma norma novena del PGCE define los activos financieros como cualquier activo que sea dinero en efectivo, un instrumento de patrimonio de otra empresa, o suponga un derecho contractual a recibir efectivo u otro activo financiero, o a incrementar activos o pasivos financieros con terceros en condiciones potencialmente favorables. Es decir, cuando hablamos de activos financieros estamos hablando de dinero, de acciones en poder de la empresa, de títulos de renta fija adquiridos por la empresa, de cuentas de clientes, de efectos comerciales a cobrar o de derivados financieros, como partidas más representativas.

No existe un único criterio de valoración para los activos financieros, sino que el objetivo de la empresa en el momento de realizar la inversión va a determinar el criterio de valoración del activo financiero adquirido. Así, por ejemplo, si el objetivo que motivó la inversión fue la búsqueda de una rentabilidad mediante el cobro de intereses, el criterio de valoración de la inversión va a ser diferente del que se aplicará a otra inversión cuyo objetivo fue la realización de plusvalías en el corto plazo. El cuadro 2.8 presenta una clasificación de las inversiones financieras a largo plazo a partir de los diferentes criterios de valoración.

CUADRO 2.8

Clasificación de las inversiones financieras a largo plazo

Activos financieros a coste amortizado	— Activos financieros adquiridos por la empresa con el objetivo de percibir los flujos de efectivo derivados de la ejecución del contrato, que consisten en el cobro, en fechas especificadas, de principal e intereses sobre el importe del principal pendiente. — Con carácter general, se incluyen en esta categoría: • Créditos por operaciones comerciales (en el caso de operaciones de venta de bienes y servicios a largo plazo). • Créditos por operaciones no comerciales (derechos de cobro a largo plazo tales como préstamos concedidos a otras empresas o créditos por venta de inmovilizado).
Activos financieros a valor razonable con cambios en el patrimonio neto	— Un activo financiero se incluirá en esta categoría cuando las condiciones contractuales del activo financiero dan lugar, en fechas especificadas, a flujos de efectivo que son únicamente cobros de principal e intereses sobre el importe del principal pendiente, y no se mantenga para negociar ni proceda clasificarlo en las categorías anteriores de este mismo cuadro. También se incluirán en esta categoría las inversiones en instrumentos de patrimonio para las que se haya ejercitado la opción irrevocable en el momento de su reconocimiento inicial de presentar los cambios posteriores en el valor razonable directamente en el patrimonio neto.

Activos financieros a coste amortizado

Un activo financiero se incluirá en esta categoría, incluso cuando esté admitido a negociación en un mercado organizado, si la empresa mantiene la inversión con el objetivo de percibir los flujos de efectivo derivados de la ejecución del contrato, y las condiciones contractuales del activo financiero dan lugar, en fechas especificadas, a flujos de efectivo que son únicamente cobros de principal e intereses sobre el importe del principal pendiente.

Estos activos financieros se *valorarán inicialmente* por el valor razonable de la contraprestación entregada, incluidos los gastos de la transacción. *Al cierre* del ejercicio se valorarán por su coste amortizado.

Al menos al cierre del ejercicio se deberán hacer las comprobaciones, al objeto de practicar la posible corrección valorativa. A tal efecto, se comparará el valor en libros de la cartera, que será el del coste amortizado, con el valor actual de los flujos de efectivo futuros. No obstante, se podrá utilizar el valor de mercado como sustituto del valor actual de los flujos de efectivo futuros, siempre que el valor de mercado sea lo suficientemente fiable.

EJEMPLO 2.5

El 1 de enero de 20X0 se concede un crédito de 15.000 euros a una PYME. El contrato estipula que la devolución se hará en cuatro plazos, cada 31 de diciembre, mediante devoluciones de cuotas constantes, comprensivas de principal e intereses. El tipo de interés pactado es del 6 por 100. Se pide registrar la concesión del préstamo, cobro de intereses y coste amortizado del activo financiero a 31 de diciembre de 20X0, 20X1, 20X2 y 20X3. **Al ser un crédito por una operación no comercial, procede valorarlo como activo financiero a coste amortizado**.

Para el cálculo de la cuota hay que plantear una equivalencia en los siguientes términos:

$$15.000 = X(1 + 0{,}06)^{-1} + X(1 + 0{,}06)^{-2} + X(1 + 0{,}06)^{-3} + X(1 + 0{,}06)^{-4}$$

de donde se deduce que $X = 4.328{,}87$ euros. Determinada la cuota, se puede construir el cuadro 2.9.

CUADRO 2.9

Descomposición del préstamo en principal e intereses

Año	Cuota	Principal	Intereses	Pendiente
20X0	4.328,87	3.428,87	900,00	11.571,13
20X1	4.328,87	3.634,60	694,27	7.936,53
20X2	4.328,87	3.852,68	476,19	4.083,85
20X3	4.328,87	4.083,84	245,03	0,00
Total	**17.315,49**	**15.000,00**	**2.315,49**	

A partir de los datos del cuadro 2.9 se puede realizar un seguimiento exhaustivo de la operación financiera. Así, las anotaciones del año 20X0 serán:

Concesión del préstamo, 1 de enero de 20X0:

Cuenta		Debe	Haber
542	Créditos a corto plazo	3.428,87	
252	Créditos a largo plazo	11.571,13	
572	Banco c/c		15.000

Cobro de los intereses explícitos a 31/12/X0:

Cuenta		Debe	Haber
572	Banco c/c	900	
762	Ingresos de créditos		900

En ausencia de condicionantes que obliguen a modificar las expectativas de cobro generadas por el activo financiero, a 31/12/X0 el préstamo concedido se valorará por su coste amortizado, es decir, por su valor inicial (15.000) menos los reembolsos de principal (3.428,87), dando un total de 11.571,13 euros. La última columna del cuadro 2.9 indica el coste amortizado del crédito concedido a 31 de diciembre de cada año.

EJEMPLO 2.6 *(inversión en un momento posterior a la emisión)*

La empresa BTT adquiere libres de gastos el 1 de octubre de X0 en el mercado secundario 1.000 bonos del tesoro de 100 euros de valor nominal cada uno. Los bonos, que se emitieron el 1 de julio de X0, se amortizan a la par tres años después, devengando mientras tanto un interés del 6 por 100 anual pagadero por vencido cada primero de julio. Ejecutada la orden, el banco carga en cuenta la cantidad de 101.125 euros. **BTT tiene la intención de mantener la inversión con el objetivo de percibir los flujos de efectivo derivados del cobro de principal e intereses en las fechas especificadas.**

Determinar el importe por el que se valorará en el momento inicial en el activo de la sociedad inversora la cuenta «Valores representativos de deuda».

a) Intereses devengados, pero no vencidos al momento de la adquisición

Interés = Nominal × Tipo de interés × Tiempo

$$I = (1.000 \times 100 \times 6 \times 3) / 1.200 = 1.500 \text{ euros}$$

Esta cantidad se restará del importe pagado para determinar el precio de adquisición.

Precio de adquisición: 101.125 − 1.500 = 99.625 euros.

El registro contable por la compra de los títulos será el siguiente:

Cuenta		Debe	Haber
251	Valores representativos de deuda a largo plazo	99.625	
546	Intereses a corto plazo de valores representativos de deuda	1.500	
572	Banco c/c		101.125

EJEMPLO 2.7 *(determinación del tipo de interés efectivo)*

INVERSIA es un fondo de inversión especializado en la administración de carteras. Con este propósito, el 1 de enero de 20X1 suscribe 3.000 bonos emitidos por la sociedad Albareda de 50 euros de valor nominal cada uno, al 4 por 100 de interés anual pagadero cada 31 de diciembre, amortizables tres años después al 105 por 100. Gastos de emisión 900 euros. Determinar:

— Valoración de la inversión en el momento inicial.
— El tipo de interés efectivo de la operación.
— La valoración de la cartera teniendo en cuenta la intención de mantener la inversión con el objetivo de percibir los flujos de efectivo derivados del cobro de principal (al vencimiento) e intereses en las fechas especificadas.
— La corrección valorativa a practicar, sabiendo que a 31-12-X2 se conoce que Albareda atraviesa dificultades financieras importantes, por lo que INVERSIA espera cobrar el 60 por 100 del valor de reembolso y la totalidad de los intereses.

Valor de la inversión en el momento inicial

Al ser una cartera de activos financieros valorable a coste amortizado, su valoración inicial será a valor razonable, que en este caso será el coste de adquisición más los gastos: 150.000 + 900 = 150.900 euros.

El registro contable por la compra de los títulos será el siguiente:

Cuenta		Debe	Haber
251	Valores representativos de deuda a largo plazo	150.900	
572	Banco c/c		150.900

Determinación del tipo de interés efectivo

Valor de reembolso = 3.000 × 50 × 1,05 = 157.500 euros.
Intereses anuales (explícitos) = 150.000 × 0,04 = 6.000 euros a percibir cada 31 de diciembre.

$$150.900 = 6.000\,(1 + i)^{-1} + 6.000\,(1 + i)^{-2} + 6.000\,(1 + i)^{-3} + 157.500\,(1 + i)^{-3}$$

Resolviendo, $i = 0{,}0535865$
El cuadro 2.10 permite efectuar un seguimiento de toda la operación.

Valoración de la cartera a coste amortizado

CUADRO 2.10

Intereses percibidos, intereses devengados y coste amortizado

Fecha	Inversión	Ingreso financiero total	Intereses explícitos	Diferencia	Coste amortizado
1-01-X1	150.900				150.900,00
31-12-X1		8.086,21	6.000	2.086,21	152.986,21
31-12-X2		8.198,00	6.000	2.198,00	155.184,21
31-12-X3		8.315,78	6.000	2.315,78	157.500,00

Corrección valorativa a 31-12-X2

Para determinar el importe de la corrección a practicar en diciembre de 20X2 hay que comparar el valor en libros (coste amortizado) en esa fecha con los flujos de efectivo esperados en las nuevas condiciones (insolvencia de la emisora), pero actualizados al mismo tipo de interés efectivo inicial, tal y como se indica en la norma de valoración novena del PGC.
Coste amortizado a 31-12-X2 = 155.184,21 euros.

$$\text{Valor actual de los flujos esperados} = \frac{60\%\ \text{valor de reembolso} + \text{intereses explícitos}}{1{,}053586} =$$

= (60% de 157.500 + 6.000) / (1,053586) = 95.388,73, por lo que la diferencia entre los dos valores será el importe de la corrección valorativa a practicar en diciembre del X2.

Corrección valorativa = 155.184,21 − 95.388,73 = 59.795,48 euros.

El registro contable de la corrección valorativa será el siguiente:

Cuenta		Debe	Haber
698	Pérdidas por deterioro de participaciones y valores representativos de deuda a corto plazo	59.795,48	
597	Deterioro de valores representativos de deuda a corto plazo		59.795,48

Activos financieros a valor razonable con cambios en el patrimonio neto

Un activo financiero se incluirá en esta categoría cuando las condiciones contractuales del activo financiero dan lugar, en fechas especificadas, a flujos de efectivo que son únicamente cobros de principal e intereses sobre el importe del principal pendiente, y no se mantenga para negociar (C1) ni proceda clasificarlo como activo financiero a coste amortizado (C2). También se incluirán en esta categoría las inversiones en instrumentos de patrimonio para las que se haya ejercitado la opción irrevocable en el momento de su reconocimiento inicial de presentar los cambios posteriores en el valor razonable directamente en el patrimonio neto.

Estos activos financieros se *valorarán inicialmente* por el valor razonable de la contraprestación entregada, incluidos los gastos de la transacción. *Al cierre* del ejercicio se valorarán por su valor razonable. Los cambios en el valor razonable se registrarán directamente en el patrimonio neto, netos del efecto impositivo en la cuenta *(133) Ajustes por valoración en activos financieros a valor razonable con cambios en el patrimonio neto*. Esta variación de valor se transferirá a la cuenta de resultados cuando los activos financieros causen baja en el balance (por ejemplo, al ser vendidos).

Al menos al cierre del ejercicio, deberán efectuarse las correcciones valorativas necesarias siempre que exista evidencia objetiva de que el valor de un activo financiero, o grupo de activos financieros incluidos en esta categoría con similares características de riesgo valoradas colectivamente, se ha deteriorado como resultado de uno o más eventos que hayan ocurrido después de su reconocimiento inicial, y que ocasionen:

a) En el caso de los instrumentos de deuda adquiridos, una reducción o retraso en los flujos de efectivo estimados futuros, que pueden venir motivados por la insolvencia del deudor.

b) En el caso de inversiones en instrumentos de patrimonio, la falta de recuperabilidad del valor en libros del activo, evidenciada, por ejemplo, por un descenso prolongado o significativo en su valor razonable. En todo caso, se presumirá que el instrumento se ha deteriorado ante una caída de un año y medio o de un cuarenta por ciento en su cotización, sin que se haya producido la recuperación de su valor, sin perjuicio de que pudiera ser necesario reconocer una pérdida por deterioro antes de que haya transcurrido dicho plazo o descendido la cotización en el mencionado porcentaje.

La corrección valorativa por deterioro del valor de estos activos financieros será la diferencia entre su coste o coste amortizado menos, en su caso, cualquier corrección valorativa por deterioro previamente reconocida en la cuenta de pérdidas y ganancias y el valor razonable en el momento en que se efectúe la valoración.

Las pérdidas acumuladas reconocidas en el patrimonio neto por disminución del valor razonable, siempre que exista una evidencia objetiva de deterioro en el valor del activo, se reconocerán en la cuenta de pérdidas y ganancias.

Si en ejercicios posteriores se incrementase el valor razonable, la corrección valorativa reconocida en ejercicios anteriores revertirá con abono a la cuenta de pérdidas y ganancias del ejercicio. No obstante, en el caso de que se incrementase el valor razonable correspondiente a un instrumento de patrimonio, la corrección valorativa reconocida en ejercicios anteriores no revertirá con abono a la cuenta de pérdidas y ganancias y se registrará el incremento de valor razonable directamente contra el patrimonio neto.

EJEMPLO 2.8

El 1 de julio de 20X1 se adquieren, con ánimo de formar una cartera a largo plazo, 5.000 acciones de TELEFÓNICA a un precio de 18,26 euros cada una, pagando también diversas comisiones por importe de 90 euros. En ese mismo momento se toma la decisión irrevocable de presentar los cambios posteriores de su valor razonable en el patrimonio neto. Al cierre del ejercicio 20X1, los títulos de TELEFÓNICA cotizan a 21,15 euros. En el momento de su adquisición se ejercitó la elección irrevocable de presentar los cambios posteriores en el valor razonable en el patrimonio neto.

El 1 de septiembre de 20X2 se vende la totalidad de la cartera por un total de 109.810 euros. Se considera un tipo impositivo del 30 por 100.

Momento inicial:

Cuenta		Debe	Haber
250	Inversiones financieras a largo plazo en instrumentos de patrimonio	91.390	
572	Banco		91.390

Con posterioridad al 31 de diciembre, los títulos deberán valorarse aplicando el valor de mercado del último día de cotización, es decir, a 105.750 euros (5.000 × × 21,15). Para ello se cargará la cuenta representativa de los títulos usando como contrapartida la (900), «Beneficios en activos financieros a valor razonable con cambios en el patrimonio neto», reconociendo en ese momento el pasivo por la tributación diferida (hasta el momento de la venta). Al cierre del ejercicio hay que regularizar las cuentas de los grupos 8 y 9 traspasando su saldo a la (133), «Ajustes por valoración de activos financieros a valor razonable con cambios en el patrimonio neto», neta del efecto impositivo. Así, el aumento del neto se limita a la variación que habría experimentado el mismo en caso de venderse los títulos y haber cumplido con las obligaciones fiscales.

Ajuste de la inversión a valor razonable y reconocimiento del ingreso imputado directamente al patrimonio neto:

Cuenta		Debe	Haber
250	Inversiones financieras a largo plazo en instrumentos de patrimonio	14.360	
900	Beneficio en activos financieros a valor razonable con cambios en el patrimonio neto		14.360

Contabilización del impuesto diferido y reconocimiento del pasivo fiscal:

Cuenta		Debe	Haber
8301	Impuesto diferido	4.308	
479	Diferencias temporarias imponibles		4.308

Regularización de las cuentas de los grupos 8 y 9 y reconocimiento del aumento del neto:

Cuenta		Debe	Haber
900	Beneficio en activos financieros a valor razonable con cambios en el patrimonio neto	14.360	
8301	Impuesto diferido		4.308
133	Ajustes valoración activos financieros a valor razonable con cambios en el patrimonio neto		10.052

En el balance cerrado a 31 de diciembre de 20X1 aparecen las siguientes cuentas relacionadas con las operaciones anteriores:

ACTIVO CORRIENTE	
Activos financieros	105.750
PATRIMONIO NETO	
Ajustes por valoración de activos financieros a valor razonable con cambios en el patrimonio neto	10.052
PASIVO CORRIENTE	
Pasivos por diferencias temporarias imponibles	4.308

La cuenta de pérdidas y ganancias de 20X1 no presenta ningún resultado debido a la operación anterior. El ajuste practicado se ha llevado a cuentas de patrimonio neto.

En el momento de vender los títulos, septiembre de 20X2, además del ingreso monetario y la baja en la cuenta de inversiones financieras, hay que registrar el resultado total de la operación. Para ello se puede proceder de la siguiente manera:

Ajuste del activo financiero a su valor razonable:

Cuenta		Debe	Haber
250	Inversiones financieras a largo plazo en instrumentos de patrimonio	4.060	
900	Beneficios activos financieros a valor razonable con cambios en el patrimonio neto		4.060

Teniendo en cuenta el tipo impositivo del 30 por 100, registramos la siguiente anotación:

Cuenta		Debe	Haber
8301	Impuesto diferido	1.218	
479	Diferencias temporarias imponibles		1.218

Venta y cobro de los activos financieros a 1-09-20X2:

Cuenta		Debe	Haber
572	Banco c/c	109.810	
250	Inversiones financieras a largo plazo en instrumentos de patrimonio		109.810

Reconocimiento del beneficio realizado por la operación de venta:

Cuenta		Debe	Haber
802	Transferencia de beneficio en activos financieros a valor razonable con cambios en el patrimonio neto	18.420	
7632	Beneficios de activos financieros a valor razonable con cambios en el patrimonio neto		18.420

Reversión de la diferencia temporaria:

Cuenta		Debe	Haber
479	Diferencias temporarias imponibles	5.526	
8301	Impuesto diferido		5.526

Regularización de las cuentas de los grupos 8 y 9 traspasando su saldo a la (133):

Cuenta		Debe	Haber
802	Transferencia de beneficio en activos financieros a valor razonable con cambios en el patrimonio neto		18.420
900	Beneficios de activos financieros a valor razonable con cambios en el patrimonio neto	4.060	
8301	Impuesto diferido	4.308	
133	Ajustes de valoración por instrumentos financieros a valor razonable con cambios en el patrimonio neto	10.052	

En el supuesto de que la venta de los activos financieros hubiese sido la única operación realizada por la empresa a lo largo de 20X2, la regularización y cálculo de la deuda fiscal se registraría de la siguiente manera:

Determinación del resultado antes de impuestos:

Cuenta		Debe	Haber
7632	Beneficios de activos financieros a valor razonable con cambios en el patrimonio neto	18.420	
129	Resultado del ejercicio		18.420

Registro del impuesto corriente y reconocimiento de la deuda con Hacienda:

Cuenta		Debe	Haber
6300	Impuesto corriente	5.526	
4753	Hacienda Pública, acreedora por impuesto de sociedades		5.526

Regularización del impuesto corriente:

Cuenta		Debe	Haber
129	Resultado del ejercicio	5.526	
6300	Impuesto corriente		5.526

El balance cerrado a 31 de diciembre de 20X2 contempla las siguientes partidas relacionadas con las operaciones del año 20X2:

ACTIVO CORRIENTE	
Tesorería	109.810
PATRIMONIO NETO	
Resultado del ejercicio	12.894
PASIVO CORRIENTE	
Hacienda Pública, acreedora por impuesto de sociedades	5.526

2.3.2. Activo corriente

El activo corriente está formado por aquellos elementos vinculados al ciclo normal de la explotación que la empresa espera vender, consumir o realizar en el transcurso del mismo. Se trata de activos que tienen un plazo de realización inferior a 12 meses. El modelo de balance del PGC presenta la siguiente clasificación:

I. Activos no corrientes mantenidos para la venta.
II. Existencias.
III. Deudores comerciales y otras cuentas a cobrar.
IV. Inversiones en empresas del grupo y asociadas a corto plazo.
V. Inversiones financieras a corto plazo.
VI. Periodificaciones a corto plazo.
VII. Efectivo y otros activos líquidos equivalentes.

2.3.2.1. *Activos no corrientes mantenidos para la venta*

Como ya se ha señalado en alguna otra ocasión, el criterio que determina la clasificación de los activos es el uso o destino que les haya asignado la dirección de la empresa. Se trata de una clasificación que no atiende a la naturaleza de los activos, sino que se fija en el papel que los mismos desempeñan en la empresa. A partir de este criterio, algunos activos no corrientes se catalogarán como *mantenidos para la venta* si su valor contable se recuperara fundamentalmente a través de su venta, en lugar de su uso continuado. Para ello será necesario el cumplimiento de los siguientes requisitos:

1. El activo ha de estar disponible en sus condiciones actuales para su venta inmediata.

2. Su venta ha de ser altamente probable, es decir, la empresa está buscando comprador, ofrece el activo a un precio de venta parecido a su valor razonable, espera venderlo en el plazo de un año y no tiene intención de abandonar el plan de venta.

Los activos no corrientes mantenidos para la venta se valorarán por el menor valor entre el valor contable (valor en libros) y el valor razonable, deducidos los gastos de venta. Durante el tiempo que permanezca como activo mantenido para la venta no se podrá amortizar, aunque estará sometido a las correcciones valorativas por deterioro. Cuando el activo deje de cumplir los requisitos de mantenido para la venta, se vuelve a incorporar al inmovilizado o partida que le corresponda.

Dentro de los activos no corrientes mantenidos para la venta tienen cabida también los *grupos enajenables de manera conjunta,* es decir, el conjunto de activos y pasivos directamente asociados de los que se va a disponer de forma conjunta como grupo en una única transacción. Es el caso, por ejemplo, de una parte del negocio que se escinde y que se transfiere a terceros. La parte del negocio que se escinde puede estar formada por activos no corrientes y por activos corrientes, como existencias, cartera de clientes y proveedores.

2.3.2.2. *Existencias*

Las existencias son los bienes poseídos por la empresa para su venta en el curso ordinario de la explotación o para su transformación o incorporación al proceso productivo. Además de los anticipos a proveedores, en el epígrafe correspondiente a las existencias tienen cabida los siguientes elementos:

— Comerciales.
— Materias primas y otros aprovisionamientos.
— Productos en curso.
— Productos terminados.
— Subproductos, residuos y materiales recuperados.

Los bienes comprendidos en las existencias se *valorarán en el momento inicial* por el precio de adquisición o coste de producción, sin incluir los impuestos indirectos. En particular, los gastos de transporte y de seguros incrementan el precio de las existencias, mientras que cualquier descuento incluido en factura minorará el importe de las mismas. Por otra parte, cuando el valor neto realizable de las existencias sea inferior a su precio de adquisición o coste de producción, se deberá practicar la correspondiente corrección valorativa. No obstante lo anterior, en el caso de las materias primas y otras materias consumibles, no será preciso efectuar corrección valorativa alguna cuando se espere que los productos terminados a los que se incorporen dichos materiales sean vendidos por encima del coste. Para los productos que formen parte de un inventario de bienes intercambiables entre sí, la norma de valoración décima del PGC exige, con carácter general, la aplicación del método del precio medio o coste medio ponderado, admitiendo también el método FIFO de valoración.

Gastos financieros

Tal y como señala la norma décima de valoración del PGC, a las existencias que necesiten un período de tiempo superior a un año para estar en condiciones de ser vendidas se les incluirán en el precio de adquisición o coste de producción los gastos financieros en los mismos términos previstos en la norma sobre inmovilizado material. Por este motivo, las empresas constructoras, vitivinícolas, forestales, etc., deberán incorporar como mayor valor de sus existencias los gastos financieros que hayan sido girados por el proveedor o correspondan a préstamos u otro tipo de financiación ajena (superior a 12 meses) atribuibles a la adquisición, fabricación o construcción.

2.3.2.3. *Deudores comerciales y otras cuentas a cobrar*

Comprenden los derechos de cobro o créditos de la empresa derivados de la venta de bienes o prestación de servicios a otras personas físicas o jurídicas. También los créditos concedidos al personal, activos por impuesto corriente y derechos de cobro con las Administraciones Públicas, así como los derechos de cobro sobre los accionistas, una vez reclamados y exigidos los dividendos pasivos.

Tanto los créditos por operaciones comerciales a consecuencia de la venta de bienes o prestación de servicios como los créditos no comerciales sin negociación en un mercado activo (por ejemplo, préstamos concedidos) se *valorarán en el momento inicial* por su valor razonable, que, salvo prueba en contrario, será el importe de la transacción. Sin embargo, los créditos por operaciones comerciales con vencimiento no superior al año, que no tengan un tipo de interés contractual y que el efecto de actualizar sus flujos no sea significativo, podrán valorarse en el momento inicial por su valor nominal. *Con posterioridad,* los créditos por operaciones comerciales con vencimiento no superior al año se seguirán valorando al valor nominal. Esta observación simplifica enormemente el registro contable de las ventas a crédito con vencimiento inferior a los 12 meses, al no tener que descomponer el importe de la factura en sus dos componentes: principal e intereses. El resto de activos financieros incluidos en esta categoría se valorarán, en un momento posterior, por su coste amortizado.

Al cierre del ejercicio deberán practicarse las correcciones valorativas necesarias, siempre que exista una diferencia entre el valor en libros y el valor actual de los flujos de efectivo futuros, descontados al tipo de interés efectivo. Tanto la pérdida por deterioro como la reversión del mismo (hasta el límite del valor en libros si no se hubiera registrado deterioro) se reconocen en el estado de resultados.

2.3.2.4. Inversiones financieras a corto plazo

Se recogen aquí los activos financieros que se van a liquidar en un plazo inferior a los 12 meses. Los créditos concedidos a empresas a corto plazo, o la *cartera de negociación,* son ejemplos de activos financieros que se integrarán en esta partida del balance. Con relación a la cartera de negociación, la norma relativa a activos financieros señala que un activo financiero se posee para negociar cuando:

1. Se origine o adquiera con el propósito de venderlo en el corto plazo.
2. Forme parte de una cartera de instrumentos financieros con el objeto de obtener ganancias en el corto plazo.
3. Sea un instrumento financiero derivado, distinto de los contratos de garantía y de las coberturas.

Los *activos financieros mantenidos para negociar* entran dentro de la categoría de activos financieros a valor razonable con cambios en la cuenta de pérdidas y ganancias. Se *valorarán inicialmente* por su valor razonable, que, por lo general, coincidirá con el precio de la transacción. En este tipo de activos los gastos derivados de la adquisición se reconocerán en la cuenta de pérdidas y ganancias del ejercicio. Parece lógica esta opción (no se considera mayor importe de la inversión), ya que esta cartera se valora, tanto en el momento inicial como en el final, al valor razonable, por lo que ya se imputa a resultados cualquier diferencia. Estos activos se valorarán *en un momento posterior* por su valor razonable, sin deducir los gastos de transacción incurridos en su enajenación. Dado el carácter especulativo de esta cartera, los cambios que se produzcan en el valor razonable de los activos financieros mantenidos para negociar se imputarán directamente a la cuenta de resultados del ejercicio.

EJEMPLO 2.9

BETA, S. A., adquiere, el 14 de noviembre de 20X0, 5.000 acciones de IBERDROLA al precio de 32 euros cada título, incurriendo en unos gastos de 300 euros. La intención de BETA, S. A., es vender los títulos en el primer trimestre de 20X1, aprovechando las posibles plusvalías, por lo que se valorarán como activos financieros a valor razonable con cambios en la cuenta de pérdidas y ganancias.

A 31/12/X0 IBERDROLA cotiza a 33 euros. El 16 de enero de 20X1 las acciones se venden a 33,5 euros, con unos gastos de 200 euros. Se pide determinar:

1. El valor inicial de la cartera.
2. El valor de la cartera al cierre del ejercicio.
3. El resultado de la operación.

1. Valor inicial: 5.000 × 32 = 160.000 euros, que se cargan a la cuenta (540), «IFT instrumentos de patrimonio». Los gastos de compra no afectan a la valoración inicial de la inversión, sino que se imputan directamente a la cuenta (669), «Otros gastos financieros».

Cuenta		Debe	Haber
540	IF a corto plazo en instrumentos de patrimonio	160.000	
669	Otros gastos financieros	300	
57	Tesorería		160.300

2. Valor a 31/12/X0: 5.000 × 33 = 165.000 euros. Se carga a la cuenta (540) con abono a la (7630), «Beneficio en la cartera de negociación», por un importe de 5.000 euros.

Cuenta		Debe	Haber
540	IF a corto plazo en instrumentos de patrimonio	5.000	
763	Beneficio por valoración de activos financieros por su valor razonable		5.000

3. Resultado de la operación: (5.000 × 33,5 − 165.000) = 2.500 euros, que se abonan a la cuenta (7630), «Beneficio en la cartera de negociación». Los gastos de venta se llevan directamente a la cuenta (669), «Otros gastos financieros».

Cuenta		Debe	Haber
572	Banco	167.300	
540	IF a corto plazo en instrumentos de patrimonio		165.000
669	Otros gastos financieros	200	
763	Beneficio por valoración de activos financieros por su valor razonable.		2.500

2.3.2.5. *Tesorería*

Las cuentas de liquidez de la empresa están constituidas por los saldos bancarios en cuentas a la vista, por el dinero en efectivo y, en general por otros activos que tengan una liquidez inmediata, como, por ejemplo, los cheques bancarios pendientes de cobro. Tratándose de moneda diferente al euro, la conversión a la moneda europea se realizará aplicando el tipo de cambio vigente en el momento de la incorporación al patrimonio, si bien al cierre del ejercicio se aplicará el tipo de cambio vigente en ese momento.

2.4. CUENTAS DE PASIVO

El Marco Conceptual de la Contabilidad define los pasivos como «obligaciones actuales surgidas como consecuencia de sucesos pasados, para cuya extinción la empresa espera desprenderse de recursos que puedan producir beneficios o rendimientos económicos en el futuro. A estos efectos, se entienden incluidas las provisiones». Tres son, pues, los elementos definitorios de la naturaleza de un pasivo:

1. El suceso que los origina tiene que haber finalizado. El hecho que causa el pasivo tiene que haber concluido ya en el momento de presentar las cuentas anuales. Si a la fecha de formulación de las cuentas anuales el hecho se está desencadenando, aunque tenga un impacto negativo para la empresa, no debe ser objeto de registro en el balance.
2. A consecuencia del mismo la empresa tiene una obligación actual o presente. El criterio de probabilidad del suceso no es suficiente para su reconocimiento como pasivo, ya que resulta necesario que el suceso se haya devengado a la fecha a la que se refieren las cuentas anuales.
3. Para la extinción de la obligación es probable que se produzca una salida de recursos de la entidad.

Adicionalmente, para el reconocimiento de un pasivo el Marco Conceptual exige que su evaluación sea fiable, aunque no se pueda determinar con exactitud, y que, de forma simultánea al reconocimiento del pasivo, se reconozca un activo, la disminución de otro pasivo o el reconocimiento de un gasto u otros decrementos en el patrimonio neto. Es decir, la definición de pasivo supone el reconocimiento en el mismo no solo de las deudas de naturaleza cierta, cuantía conocida y vencimiento determinado, sino también de aquellas otras de cuantía estimada y de vencimiento indeterminado, como es el caso de las provisiones. Por el contrario, los intereses diferidos vinculados a determinadas formas de financiación (empréstitos con prima de reembolso, por ejemplo) no figurarán en el pasivo en el momento de obtener la financiación, pues, aunque los intereses figuren en el contrato y puedan determinarse con facilidad, la causa económica que los genera, transcurso del tiempo, no se ha producido todavía.

2.4.1. Pasivo no corriente

El pasivo no corriente está constituido por obligaciones actuales, de cuantía fija o estimada, de vencimiento superior a 12 meses a consecuencia de operaciones no vinculadas directamente con el tráfico mercantil de la empresa.

El PGC distingue la siguiente clasificación:

— Provisiones a largo plazo.
— Deudas a largo plazo.

— Deudas con empresas del grupo y asociadas a largo plazo.
— Pasivos por impuesto diferido.
— Periodificaciones a largo plazo.

2.4.1.1. *Provisiones a largo plazo*

Debido a la incertidumbre general en la que se desarrolla la actividad económica de las empresas y a la dificultad en cuantificar con exactitud el importe de algunas obligaciones de pago, la información que recogen los estados contables debe referirse no solo a los hechos cuya naturaleza, cuantía y vencimiento sean conocidos, sino que deberá dar cuenta también de aquellos otros en los que la cuantía unas veces, el vencimiento otras y ambas cosas en algunas ocasiones, no se conozcan con certeza, haciéndose necesario el recurso a estimaciones o cálculos aproximados para su determinación. Las provisiones a largo plazo tienen por objeto el reconocimiento contable de *pasivos no financieros* de carácter no corriente que surgen de obligaciones expresas o tácitas, claramente especificados en cuanto a su naturaleza, pero que, en la fecha de cierre del ejercicio, son indeterminados en cuanto a su importe exacto o a la fecha en que se producirán. En función de la naturaleza de la provisión, el PGC presenta la siguiente clasificación:

1. Obligaciones por prestaciones a largo plazo al personal.
2. Actuaciones medioambientales.
3. Provisiones por reestructuración.
4. Otras provisiones (garantía posventa, etc.).

Provisiones por prestaciones a largo plazo al personal

Recogen las compensaciones devengadas a favor de los trabajadores siempre que se difiera el pago del momento en que se prestan los servicios. Así, algunos premios por antigüedad o las indemnizaciones relacionadas con el cese de los trabajadores por amortización del puesto de trabajo deberán provisionarse si la empresa ha creado una expectativa válida de que asumirá dicho coste. Mención aparte merecen los pagos por pensiones, regulados por medio de la norma de valoración decimosexta del Plan General de Contabilidad. A este respecto, hay que decir que si el compromiso de la empresa consiste en realizar las aportaciones a una gestora que constituye una entidad distinta, no habrá que reconocer provisión alguna, pues el compromiso queda saldado con la aportación a la entidad gestora. Por el contrario, si el plan de pensiones es de cuantía determinada (plan de prestación definida), la empresa asume una obligación que deberá provisionar por una cuantía equivalente a la diferencia entre el valor actual de los compromisos adquiridos y el valor razonable de los activos afectos al plan de pensiones.

Provisiones por actuaciones medioambientales

Son obligaciones legales, contractuales o implícitas de la empresa o compromisos adquiridos por la misma, de cuantía indeterminada, para prevenir o reparar daños sobre el medio ambiente, salvo las que tengan su origen en el desmantelamiento, retiro o rehabilitación del inmovilizado. La Resolución de 25 de marzo de 2002 del ICAC, por la que se aprueban las normas para el reconocimiento y valoración de aspectos medioambientales en las cuentas anuales, regula con detalle la presentación de esta información, tanto en el balance como en la cuenta de resultados y en la memoria.

Provisiones por reestructuración del inmovilizado

Están ligadas a la necesidad de recuperar no solamente el coste de adquisición del activo, sino también el de su desmantelamiento, rehabilitación o reestructuración, durante el tiempo que dicho activo contribuye a la generación de ingresos. La empresa puede incurrir en estas obligaciones en el momento de adquirir el inmovilizado o para poder utilizar el mismo durante un determinado período de tiempo, incluso con propósito distinto a la producción de existencias. En el apartado correspondiente a la valoración del inmovilizado material se ha señalado el mayor valor inicial del inmovilizado como consecuencia de la asunción de costes de reestructuración al finalizar el período de explotación. Este mayor coste coincide con la estimación inicial de la provisión, importe que se irá incrementando a medida que se acerque el momento de proceder al desmantelamiento, rehabilitación o reestructuración de la instalación.

EJEMPLO 2.10

La empresa AUNORSA instala a comienzos de enero del año *n* una planta industrial en una zona de especial sensibilidad ambiental, por lo que el gobierno de la comunidad autónoma le exige que al finalizar la actividad restaure los terrenos ocupados por las instalaciones industriales. El coste de la instalación, que tiene una vida estimada de 20 años, asciende a 200.000 euros, pagados al contado. El coste actualizado de los gastos estimados de restauración de los terrenos asciende a 50.000 euros. El reconocimiento de la inversión inicial y del pasivo estimado obedece al siguiente apunte contable:

Número de cuenta	1 de enero año *n*	Debe	Haber
223	Maquinaria	250.000	
572	Banco		200.000
143	Provisión por desmantelamiento, retiro o rehabilitación del inmovilizado		50.000

Es decir, en coherencia con la definición de pasivo del Marco Conceptual, se debe reconocer un pasivo desde el momento inicial, dado que se trata de una obligación actual (aunque su importe haya tenido que ser estimado) y la misma se tenga que cancelar al término de la vida útil del activo.

Por otra parte, parece lógico pensar que, a medida que vayan pasando los años, el valor de la obligación se vaya acercando al desembolso que habrá que realizar al finalizar la vida del activo. Por esta razón, al cierre de cada ejercicio hay que incrementar el importe de la provisión para recoger la actualización de la misma. Para ello se deberá aplicar el tipo de interés implícito de la operación. Suponiendo que el importe de la actualización de la provisión en el año *n* asciende a 3.000 euros (interés del 6 por 100), corresponderá registrar la siguiente operación:

Número de cuenta	31 de diciembre año *n*	Debe	Haber
660	Gastos financieros por actualización de provisiones	3.000	
143	Provisión por desmantelamiento, retiro o rehabilitación del inmovilizado		3.000

El registro sistemático de esta operación hasta el momento de realizar el desembolso para la restauración del terreno permite elevar el importe de la provisión hasta el montante del desembolso necesario.

Otras provisiones

Bajo la denominación de *otras provisiones,* se recoge cualquier otra obligación actual, de cuantía estimada, no incluida en los epígrafes anteriores, como, por ejemplo, litigios por operaciones contractuales con otras empresas o con la Administración. El hecho que motiva el nacimiento de la obligación ya ha ocurrido, aunque todavía no se conoce la cuantía exacta de la misma ni, tal vez, el vencimiento. Sin embargo, la cuenta de resultados del ejercicio debe registrar un cargo por el importe del gasto estimado, reconociendo de forma simultánea un pasivo por la obligación asumida. Dado que la provisión se valora inicialmente por el valor actual de la responsabilidad, en ejercicios posteriores hay que actualizar el valor de la obligación asumida reconociendo un gasto en la cuenta de resultados, abonando por el mismo importe la cuenta representativa de la provisión. Cuando se resuelva el litigio (bien mediante resolución judicial firme o bien mediante acuerdo con la otra parte litigante), se dará de baja la provisión al tiempo que se minora la cuenta de tesorería, reconociendo, si procediera, un exceso de provisión.

2.4.1.2. *Deudas a largo plazo*

Son deudas a largo plazo las contraídas con entidades de crédito por préstamos recibidos y otros débitos, con vencimiento superior a un año. El PGC reconoce el siguiente desglose:

1. Obligaciones y otros valores negociables.
2. Deudas con entidades de crédito.
3. Otras (fianzas y depósitos, efectos a pagar, etc.).

Obligaciones y otros valores negociables

Algunas grandes empresas con necesidades de financiación importantes encuentran en la emisión de obligaciones los recursos que necesitan para la financiación de sus inversiones estructurales. Un empréstito, por tanto, es un pasivo financiero, dado que supone para la empresa que lo ha emitido una obligación contractual de entregar efectivo u otro activo financiero para su cancelación. Estos pasivos financieros se valorarán inicialmente por su valor razonable, que, salvo evidencia en contra, será el precio de la transacción. Con posterioridad, hay que determinar el valor actual de la deuda, lo que exige aplicar el criterio del coste amortizado para la valoración posterior de estos pasivos financieros. Los intereses devengados, tanto explícitos como implícitos, se contabilizarán en la cuenta de pérdidas y ganancias aplicando el tipo de interés efectivo.

EJEMPLO 2.11

La empresa BKT emite el 1 de enero de 20X0 un empréstito de 1.000.000 de obligaciones de 50 euros de valor nominal cada una, y un interés del 5 por 100 anual pagadero cada 31 de diciembre. Gastos de emisión, 50.000 euros. La amortización del empréstito, que será al 103 por 100, se fija en su totalidad para el 31 de diciembre de 20X2.

El cuadro de amortización financiera del empréstito es el siguiente:

Fecha	Capital vivo	Reembolso	Intereses explícitos
01/01/20X0	49.950.000		
31/12/20X0	49.950.000		2.500.000
31/12/20X1	49.950.000		2.500.000
31/12/20X2	0	51.500.000	2.500.000

Sin embargo, el cuadro económico de amortización del empréstito será diferente por la existencia de intereses implícitos. El tipo de interés efectivo del empréstito se calcula igualando la valoración inicial (importe recibido) con el valor actual de flujos de efectivo a desembolsar a lo largo de la vida del empréstito. Es decir:

$$49.950.000 = 2.500.000\ (1 + i)^{-1} + 2.500.000\ (1 + i)^{-2} + 54.000.000\ (1 + i)^{-3}$$

$$i = 0{,}059799$$

Teniendo en cuenta el tipo de interés efectivo de la operación, el cuadro de amortización económica del empréstito es el siguiente:

Fecha	Gasto financiero total	Intereses implícitos imputados	Intereses explícitos	Valor actual de la deuda (coste amortizado)
01/01/20X0				49.950.000
31/12/20X0	2.986.966	486.966	2.500.000	50.436.966
31/12/20X1	3.016.086	516.086	2.500.000	50.953.052
31/12/20X2	3.046.948	546.948	2.500.000	51.500.000
Totales	9.050.000	1.550.000	7.500.000	

El registro contable de la emisión del empréstito es el siguiente:

Cuenta		Debe	Haber
572	Banco c/c	49.950.000	
177	Obligaciones y bonos		49.950.000

Devengo y pago de los intereses explícitos a 31/12/X0:

Cuenta		Debe	Haber
661	Intereses de obligaciones y bonos	2.500.000	
572	Banco c/c (50.000.000 × 0,05 = 2.500.000)		2.500.000

Reconocimiento de los intereses implícitos y ajuste de la deuda al coste amortizado a 31/12/X0:

Cuenta		Debe	Haber
661	Intereses de obligaciones y bonos	486.966	
177	Obligaciones y bonos		486.966

El importe de la deuda representada por la cuenta «Obligaciones y bonos» se va incrementando con el paso del tiempo a consecuencia del compromiso de reembolsar los títulos al 103 por 100. Obsérvese que el incremento no es lineal, sino en función del criterio financiero adoptado.

Para calcular los intereses del segundo año se atenderá al cuadro de amortización económica. Los intereses explícitos del segundo año se registran de la misma manera y por la misma cuantía que el año anterior, mientras que los intereses implícitos se registran de la siguiente manera:

Reconocimiento de los intereses implícitos y ajuste de la deuda al coste amortizado a 31/12/X1:

Cuenta		Debe	Haber
661 177	Intereses de obligaciones y bonos Obligaciones y bonos	516.086	 516.086

El registro contable del tercer año no presenta mayor dificultad, atendiendo siempre a los datos del cuadro de amortización económica del empréstito.

2.4.2. Pasivo corriente

Son obligaciones actuales de la empresa que deberán ser canceladas en un plazo no superior a 12 meses, incluidas las provisiones a corto plazo. Las empresas deberán clasificar en los pasivos corrientes las deudas derivadas de la adquisición o suministro por terceros de bienes o servicios que pueden estar relacionados o no con el ciclo de explotación. Esta partida contempla tanto los proveedores habituales de la compañía como las deudas con acreedores por servicios a corto plazo no relacionados de forma directa con su actividad de explotación. El PGC distingue la siguiente relación:

I. Pasivos vinculados con activos no corrientes mantenidos para la venta.
II. Provisiones a corto plazo.
III. Deudas a corto plazo.
IV. Deudas con empresas del grupo y asociadas a corto plazo.
V. Acreedores comerciales y otras cuentas a pagar.
VI. Periodificaciones.

2.4.2.1. *Pasivos vinculados con activos no corrientes mantenidos para la venta*

Se trata de obligaciones de pago directamente relacionadas con activos o partes del negocio que la empresa piensa escindir. Piénsese, por ejemplo, en una firma que tiene intención de segregar de su negocio una línea de explotación formada por una instalación industrial sobre la que recae una hipoteca a 10 años. Pues bien, la instalación industrial será el activo no corriente mantenido para la venta, mientras que la deuda pendiente por la compra de la instalación será el pasivo vinculado.

2.4.2.2. *Acreedores comerciales y otras cuentas a pagar*

Son deudas contraídas por la empresa que tienen su origen en sus operaciones comerciales. También se incluyen en este epígrafe las deudas con las Administraciones Públicas y el personal. El PGC presenta la siguiente clasificación:

1. Proveedores.
2. Proveedores, empresas del grupo y asociadas.
3. Acreedores varios.
4. Personal (remuneraciones pendientes de pago).
5. Pasivos por impuesto corriente.
6. Otras deudas con las Administraciones Públicas.
7. Anticipos de clientes.

Las deudas con proveedores y acreedores varios son pasivos financieros cuya regulación contable la explica la norma de valoración novena del PGC. De acuerdo con la citada norma, estos pasivos financieros se valoran inicialmente por su valor razonable, que, salvo evidencia en contrario, será el precio de la transacción. Aclara la norma que los débitos por operaciones comerciales con vencimiento no superior a un año y que no tengan un tipo de interés contractual (la mayoría de las deudas con proveedores a corto plazo no lo tienen), así como los débitos con las Administraciones Públicas, se podrán valorar por su valor nominal. De esta manera, al igual que ocurre con los clientes, no será necesario descomponer la factura por compra a crédito en los componentes de principal e intereses, ya que todo el importe se considera principal. Por otra parte, en cuanto a la valoración posterior, los pasivos financieros incluidos en esta categoría se valorarán por su coste amortizado, si bien, tratándose de débitos por operaciones comerciales con vencimiento no superior a un año, valorados inicialmente por su valor nominal, continuarán valorándose por su valor nominal.

2.4.2.3. *Provisiones a corto plazo*

Son obligaciones actuales que tiene la empresa a consecuencia de compromisos derivados de la actividad comercial de la misma. Un ejemplo lo constituye el reconocimiento de la provisión para garantías posventa que efectúan algunas empresas que se comprometen a una reparación gratuita del producto que comercializan. En el momento de la venta del producto no se sabe si el mismo precisará reparación en el futuro, ni siquiera el coste de la misma. Al formularse la cuenta de resultados del ejercicio se deben incluir no solo las ventas imputables al período, sino también el montante de cargas y compromisos contraídos, aunque estos últimos se materialicen en ejercicios futuros, con el consiguiente reconocimiento del pasivo estimado. Con posterioridad, a medida que se vaya ofreciendo el servicio al cliente, se deberá aplicar la provisión, con abono a la cuenta de provisiones aplicadas, evitando de esta manera el reconocimiento de gasto alguno en el ejercicio en que se presta el servicio o se produce la salida monetaria. Hay que tener en cuenta que las provisiones por operaciones comerciales cuya cancelación se prevea en el largo plazo deberán figurar en el pasivo no corriente del balance.

EJEMPLO 2.12

Una empresa dedicada a la instalación de cocinas tiene establecida una garantía de un año para todos sus productos, comprometiéndose a reparar gratuitamente todas las cocinas que en dicho plazo resulten defectuosas. Por experiencia de otros años, se conoce que el coste de cada reparación asciende a 75 euros, siendo necesario revisar el 3 por 100 de las cocinas instaladas. A lo largo del ejercicio 20X8 se han instalado 1.200 cocinas. Se pide determinar el importe de la provisión a reconocer en los estados contables, así como el importe del gasto estimado a reconocer en 20X8.

$$\text{Estimación de cocinas defectuosas} = \frac{1.200 \times 3}{100} = 36$$

Coste estimado de las revisiones a efectuar: 36 × 75 = 2.700 euros.

Al cierre del ejercicio 20X8

Reconocimiento del gasto estimado y de la obligación contractual:

Cuenta		Debe	Haber
6959	Dotación a la provisión para otras operaciones comerciales	2.700	
499	Provisión por operaciones comerciales		2.700

A lo largo de 20X9 se van realizando las reparaciones necesarias cargando la cuenta de resultados del ejercicio presente. Pero al ser gastos imputables al ejercicio anterior, hay que aplicar la provisión para no penalizar dos veces la cuenta de resultados.

Al cierre del siguiente ejercicio (20X9)

Cuenta		Debe	Haber
499	Provisión por operaciones comerciales	2.700	
7954	Exceso de provisiones para otras operaciones comerciales		2.700

Si a finales de 20X9 se decide mantener la garantía posventa para el próximo ejercicio, se deberá dotar una nueva provisión por el coste estimado para el ejercicio siguiente.

2.5. PATRIMONIO NETO

El Marco Conceptual de la Contabilidad define el patrimonio neto como la parte residual de los activos de la empresa, una vez deducidos todos sus pasivos. Incluye las aportaciones realizadas, ya sea en el momento de su constitución o en otros posteriores, por sus socios o propietarios, que no tengan la consideración de pasivos, así como los resultados acumulados u otras variaciones que les afecten. La gran novedad que presenta esta definición con relación a modelos anteriores es que el patrimonio neto no solamente está formado por los fondos propios (en algunas empresas seguirá siendo así), sino que, dado su carácter residual, estará integrado también por las variaciones en el valor razonable de los activos financieros imputadas a patrimonio y por las subvenciones no reintegrables. Por tanto, de acuerdo a la clasificación contenida en el PGC, pueden distinguirse los siguientes componentes:

1. Fondos propios.
2. Ajustes por cambios de valor.
3. Subvenciones, donaciones y legados recibidos.

2.5.1. Fondos propios

Los fondos propios representan la participación de los propietarios en la financiación de la empresa. Además de por la aportación inicialmente realizada por los propietarios, los fondos propios se modifican como consecuencia de los resultados generados por la empresa, de forma que si estos son positivos, constituyen la autofinanciación de la firma. Los fondos propios también varían por aportaciones sucesivas de los socios (otras veces por devolución de sus aportaciones, por ejemplo, mediante la amortización de acciones propias) y por distribución de resultados. El PGC enumera la siguiente relación:

I. Capital.
II. Prima de emisión.
III. Reservas.
IV. Acciones y participaciones en patrimonio propias.
V. Resultados de ejercicios anteriores.
VI. Otras aportaciones de socios.
VII. Resultado del ejercicio.
VIII. Dividendo a cuenta.
IX. Otros instrumentos de patrimonio.

2.5.1.1. *Capital*

Constituye la aportación de los propietarios a la financiación del negocio. En el caso de sociedades anónimas, el capital social está representado por títulos que reciben el nombre de acciones, de forma que una acción es cada una de las partes en que se divide el capital de una sociedad anónima. El artículo 79 de la Ley de Sociedades de Capital exige un desembolso mínimo del 25 por 100 del nominal de las acciones. La parte pendiente de desembolso se recogerá en una cuenta de accionistas por desembolsos no exigidos que minorará la cifra de fondos propios. Cuando la empresa reclame los dividendos pasivos, el accionista deberá aportar a la sociedad la porción de capital no desembolsada en la forma y plazo previstos en los estatutos de la sociedad.

2.5.1.2. *Reservas*

Son los beneficios no distribuidos por la sociedad. Podría decirse que las reservas representan la renuncia que han realizado los accionistas al cobro de dividendos, permitiendo que el excedente empresarial generado por la compañía revierta en la financiación de la misma. Se trata de la autofinanciación, proceso a través del cual la empresa logra financiación con sus propios excedentes. Las reservas pueden ser de varios tipos, dependiendo del origen que motive la renuncia al dividendo. Así, la reserva puede tener su origen en una disposición legal, como es el caso de la regulada en el artículo 274 de la Ley de Sociedades de Capital, que obliga a dotar una reserva por el 10 por 100 del beneficio del ejercicio hasta que la misma alcance, al menos, el 20 por 100 del capital social; puede, en segundo lugar, deberse a una disposición recogida en los estatutos de la empresa, y, en tercer lugar, puede deberse a un acuerdo tomado de forma voluntaria por los accionistas de la compañía.

Una reserva especial es la que se origina a consecuencia de las ampliaciones de capital realizadas por encima del valor nominal. Está constituida por la diferencia entre el precio de emisión de la acción y el valor nominal de esta. La Ley de Sociedades Anónimas exige su total desembolso en el momento de la suscripción. Como se ha señalado más arriba, las reservas representan la renuncia que han efectuado los accionistas al cobro de dividendos. Pues bien, la *prima de emisión* viene a ser el sobreprecio que se exige a los nuevos accionistas para igualar su aportación a la de los antiguos, que, con su renuncia al cobro de dividendos, posibilitaron en el pasado la generación de las reservas. La emisión de acciones con prima evita que los antiguos accionistas compartan sus reservas con los que se incorporan a la sociedad mediante la suscripción de las nuevas acciones, equilibrando las aportaciones de todos los propietarios.

2.5.1.3. *Acciones y participaciones en patrimonio propias*

En determinadas ocasiones algunas empresas, sobre todo las de gran dimensión con títulos admitidos a cotización, suelen comprar sus propias acciones al objeto de constituir una autocartera que les permita, llegado el caso, proceder a su venta para regular la cotización de sus títulos en los mercados de valores. La adquisición y venta de las acciones propias constituyen operaciones que se realizan con relativa frecuencia, motivo por el cual la Ley de Sociedades de Capital dedica los artículos 134 a 158 a regular las operaciones sobre las participaciones y acciones propias. De acuerdo a dicha regulación, la adquisición de acciones propias deberá ser autorizada por la Junta General de la Sociedad, sin que en ningún caso el valor nominal de las acciones adquiridas, sumándose al de las que ya posean la sociedad y sus filiales, puedan exceder del 10 por 100 del capital social. Además, para que dicha adquisición se pueda realizar, la sociedad deberá contar con reservas de libre disposición que le permitan dotar, con cargo a las mismas, una reserva indisponible equivalente al importe de las acciones propias adquiridas. En todo caso, las acciones adquiridas deben estar totalmente desembolsadas.

La adquisición de acciones propias representa una disminución de la garantía que ofrecen los fondos propios de la firma, ya que los títulos representados por las acciones propias adquiridas han sido retirados del mercado. Por esta razón, las acciones propias deben figurar en el balance de situación minorando los fondos propios. Además, debido al especial régimen de tenencia de estas acciones, que pierden el derecho a voto en tanto no sean enajenadas, el informe de gestión de la sociedad deberá mencionar, entre otras cosas, el número y valor nominal de las acciones adquiridas, así como la fracción del capital social que representan. Los resultados que se pudieran producir por la venta de acciones propias no se integrarán en la cuenta de pérdidas y ganancias, sino que lo harán directamente a cuentas del subgrupo 11.

2.5.2. Ajustes por cambios de valor

Se trata de una novedad en el modelo contable español, introducida en nuestro ordenamiento jurídico a raíz de la reforma contable de 2007. El objetivo de esta partida es recoger las variaciones de valor experimentadas por los activos financieros que, con posterioridad al momento inicial, se valoran mediante la aplicación del criterio del valor razonable con cambios en el patrimonio neto. Su funcionamiento puede verse en el ejemplo 2.8. Como ha quedado expuesto, el saldo de esta partida se llevará a la cuenta de pérdidas y ganancias al venderse los activos financieros.

2.5.3. Subvenciones, donaciones y legados recibidos

Las subvenciones, donaciones y legados se materializan, por lo general, en aumento de los activos controlados por la empresa obtenidos sin contraprestación económica. A diferencia de las subvenciones a la explotación, que se consumen en el ejercicio, las subvenciones de capital, donaciones y legados son concedidos para el establecimiento de la estructura fija de la empresa, por lo que se imputarán como ingresos de varios ejercicios. En ocasiones la entidad beneficiaria de la subvención no es una empresa, sino una entidad sin fin lucrativo (asociaciones, fundaciones y otras ONG) con el fin de poder financiar programas que generarán gastos futuros.

De conformidad a la norma de valoración decimoctava del PGC, las subvenciones, donaciones y legados no reintegrables se contabilizarán inicialmente como ingresos imputados directamente al patrimonio neto y se reconocerán en la cuenta de pérdidas y ganancias como ingresos, de forma correlacionada a la amortización del activo financiado con la subvención. En el registro de estas operaciones hay que tener en cuenta que la imputación a cuentas de patrimonio hay que hacerla neta del efecto impositivo.

CUADRO 2.11

Efecto impositivo en las subvenciones de capital

De la misma manera que los beneficios realizados que figuran en el patrimonio neto se corresponden con la cifra neta de impuestos (beneficio después de impuestos), cualquier ingreso que se incorpore al neto patrimonial deberá ser ajustado por el impuesto correspondiente. Dado que una subvención representa un incremento del patrimonio neto de la empresa, su incorporación al patrimonio neto se hará neta de impuestos. Ahora bien, la tributación no se hará en el año de concesión de la subvención, sino año a año, a medida que la misma se imputa a resultados. Por este motivo, simultáneamente al incremento del neto, hay que reconocer un impuesto diferido (diferencia temporaria imponible) aplicando el tipo impositivo correspondiente al importe bruto de la subvención concedida. Al cierre de cada ejercicio hay que imputar a resultados la parte de la subvención que corresponda en función de la depreciación del activo financiado con la misma, usando para tal cometido la cuenta (746) «Subvenciones traspasadas a resultados del ejercicio». Esta operación incrementa el resultado del ejercicio y, por tanto, la tributación a Hacienda, circunstancia que obliga a cancelar la parte del impuesto diferido que se paga en el ejercicio.

EJEMPLO 2.13

A finales del ejercicio 20X2 una PYME recibió una subvención oficial no reintegrable para la adquisición de un elemento de transporte. El importe de la subvención ascendió a 30.000 euros, mientras que el precio del elemento de transporte ascendió a 40.000 euros, que se pagaron al contado. La vida útil estimada de dicho elemento es de 4 años. Tipo impositivo, 30 por 100. El esquema que refleja la evolución de la subvención de capital y el pasivo por impuesto diferido a lo largo de los cuatro años de vida de la subvención se muestra en la siguiente tabla.

	DIC X2	DIC X3	DIC X4	DIC X5	DIC X6
Subvención	21.000	15.750	10.500	5.250	0
Pasivo por impuesto diferido	9.000	6.750	4.500	2.250	0

A finales de 20X3, transcurrido un año desde la concesión de la subvención, la cuenta subvenciones de capital presenta un saldo de 15.750, mientras que el pasivo por impuesto diferido presenta un saldo de 6.750. Por su parte, la cuenta de resultados recogerá durante cada uno de los años de vida del activo un gasto por amortización de 10.000 euros (40.000/4), al tiempo que se reconocerán ingresos por subvenciones traspasadas al resultado del ejercicio por importe de 7.500 (30.000/4). El resto de las celdillas muestra la evolución de las partidas vinculadas a la subvención a lo largo de la vida útil del elemento de transporte financiado con ella.

ANEXO 2.I. EL ARRENDAMIENTO FINANCIERO

Un arrendamiento es un acuerdo, contractual o no, en virtud del cual el arrendador cede al arrendatario, a cambio de percibir una suma de dinero o una serie de pagos o cuotas, el derecho a utilizar un activo durante un período de tiempo determinado. Se trata, por tanto, de un acuerdo que tiene por objeto exclusivo la cesión del uso de bienes muebles o inmuebles a cambio de una contraprestación consistente, por lo general, en el abono periódico de unas cuotas. Ahora bien, cuando por las condiciones económicas del acuerdo de arrendamiento se deduzca que se *transfieren sustancialmente* todos los riesgos y beneficios inherentes a la propiedad del activo objeto del contrato, dicho acuerdo deberá calificarse como arrendamiento financiero. Si, por el contrario, el acuerdo de arrendamiento no puede calificarse de financiero, se catalogará como *operativo*. Por tanto, la cuestión clave en un acuerdo de arrendamiento financiero es la transferencia sustancial de todos los riesgos inherentes a la propiedad del activo, por lo que podría decirse que el arrendamiento financiero o *leasing* es una compra a plazos.

En un acuerdo de arrendamiento con opción de compra se presumirá que se transfieren todos los riesgos y beneficios inherentes a la propiedad cuando no existan dudas razonables de que se va a ejercitar dicha opción. Pero si la opción de compra no se hace explícita, igualmente se puede presumir la transferencia de los riesgos y beneficios inherentes a la propiedad. La norma octava de valoración del PGC relata algunos supuestos en los que, sin existencia de opción de compra, se entienden transferidos los riesgos y beneficios. Destacamos los siguientes:

a) Cuando la propiedad del activo se transfiere al arrendatario al finalizar el plazo de arrendamiento.

b) Cuando el período de alquiler coincide con la mayor parte de la vida económica del activo.

c) Cuando el valor actual de las cantidades a pagar supone la práctica totalidad del valor razonable del activo.

d) Cuando las características del activo objeto de arrendamiento hacen que su utilidad quede restringida al arrendatario.

e) Cuando el arrendatario puede cancelar el contrato asumiendo las pérdidas que pudiera sufrir el arrendador.

f) Cuando los resultados derivados en las fluctuaciones del valor razonable del importe residual recaen sobre el arrendatario.

g) Cuando el arrendatario puede prorrogar el contrato de arrendamiento durante un segundo período, con unos pagos por arrendamiento sensiblemente inferiores a los del mercado.

Contabilidad del arrendatario

En el momento inicial el arrendatario deberá reconocer un activo de acuerdo con su naturaleza, y un pasivo financiero por el mismo importe, que será el menor entre:

1. El valor razonable del activo arrendado.
2. El valor actual de los pagos mínimos acordados durante el plazo del arrendamiento, incluida la opción de compra cuando no existan dudas razonables sobre su ejercicio.

La carga financiera total se distribuirá a lo largo del plazo del arrendamiento y se imputará a la cuenta de pérdidas y ganancias del ejercicio en que se devengue, mediante la aplicación del tipo de interés efectivo.

EJEMPLO 2.14

Sea una sociedad que el 1 de enero del año X1 firma un contrato de arrendamiento financiero para financiar la adquisición de una maquinaria industrial de valor razonable 35.000 euros y vida útil estimada de 5 años. Al final de la misma el valor residual de la maquinaria es despreciable. En el contrato se estipulan 36 cuotas mensuales prepagables, a las que se añade una cuota adicional tras la cual se entiende realizada la opción de compra. El tipo de interés de la operación se fija en el 8 por 100. Los detalles del contrato se muestran en el cuadro 2.12. Tal y como ocurre en la mayor parte de los contratos de arrendamiento financiero, suponemos que el valor razonable de la maquinaria coincide con el valor de los pagos acordados.

CUADRO 2.12

Descomposición de las cuotas en un contrato de arrendamiento financiero

Período	Fecha	Cuota	IVA	Total cuota	Intereses	Amortización financiera	Amortización pendiente
1	01/01/X1	1.063,44	223,32	1.286,76	0,00	1.063,44	33.936,56
2	01/02/X1	1.063,44	223,32	1.286,76	226,24	837,20	33.099,36
3	01/03/X1	1.063,44	223,32	1.286,76	220,66	842,78	32.256,59
4	01/04/X1	1.063,44	223,32	1.286,76	215,04	848,40	31.408,19
5	01/05/X1	1.063,44	223,32	1.286,76	209,39	854,05	30.554,14
6	01/06/X1	1.063,44	223,32	1.286,76	203,69	859,75	29.694,39
7	01/07/X1	1.063,44	223,32	1.286,76	197,96	865,48	28.828,91
8	01/08/X1	1.063,44	223,32	1.286,76	192,19	871,25	27.957,67
9	01/09/X1	1.063,44	223,32	1.286,76	186,38	877,06	27.080,61
10	01/10/X1	1.063,44	223,32	1.286,76	180,54	882,90	26.197,71
11	01/11/X1	1.063,44	223,32	1.286,76	174,65	888,79	25.308,92
12	01/12/X1	1.063,44	223,32	1.286,76	168,73	894,71	24.414,21
13	01/01/X2	1.063,44	223,32	1.286,76	162,76	900,68	23.513,53
14	01/02/X2	1.063,44	223,32	1.286,76	156,76	906,68	22.606,85
15	01/03/X2	1.063,44	223,32	1.286,76	150,71	912,73	21.694,12
16	01/04/X2	1.063,44	223,32	1.286,76	144,63	918,81	20.775,31
17	01/05/X2	1.063,44	223,32	1.286,76	138,50	924,94	19.850,37
18	01/06/X2	1.063,44	223,32	1.286,76	132,34	931,10	18.919,26
19	01/07/X2	1.063,44	223,32	1.286,76	126,13	937,31	17.981,95
20	01/08/X2	1.063,44	223,32	1.286,76	119,88	943,56	17.038,39

CUADRO 2.12 *(continuación)*

Período	Fecha	Cuota	IVA	Total cuota	Intereses	Amortización financiera	Amortización pendiente
21	01/09/X2	1.063,44	223,32	1.286,76	113,59	949,85	16.088,54
22	01/10/X2	1.063,44	223,32	1.286,76	107,26	956,18	15.132,36
23	01/11/X2	1.063,44	223,32	1.286,76	100,88	962,56	14.169,80
24	01/12/X2	1.063,44	223,32	1.286,76	94,47	968,97	13.200,82
25	01/01/X3	1.063,44	223,32	1.286,76	88,01	975,43	12.225,39
26	01/02/X3	1.063,44	223,32	1.286,76	81,50	981,94	11.243,45
27	01/03/X3	1.063,44	223,32	1.286,76	74,96	988,48	10.254,97
28	01/04/X3	1.063,44	223,32	1.286,76	68,37	995,07	9.259,90
29	01/05/X3	1.063,44	223,32	1.286,76	61,73	1.001,71	8.258,19
30	01/06/X3	1.063,44	223,32	1.286,76	55,05	1.008,39	7.249,80
31	01/07/X3	1.063,44	223,32	1.286,76	48,33	1.015,11	6.234,70
32	01/08/X3	1.063,44	223,32	1.286,76	41,56	1.021,88	5.212,82
33	01/09/X3	1.063,44	223,32	1.286,76	34,75	1.028,69	4.184,13
34	01/10/X3	1.063,44	223,32	1.286,76	27,89	1.035,55	3.148,59
35	01/11/X3	1.063,44	223,32	1.286,76	20,99	1.042,45	2.106,14
36	01/12/X3	1.063,44	223,32	1.286,76	20,74	1.042,70	1.063,44
Opción	01/01/X4	1.063,44	223,32	1.286,76	0,00	1.063,44	0,00
	Total	39.347,28	8.262,64	47.610,20	4.347,28	35.000,00	

1. Firma del contrato:

El valor razonable coincide con la suma de las amortizaciones financieras del activo, es decir, con la parte de las cuotas que reconstruyen el valor del bien en el momento inicial:

Número de cuenta		Debe	Haber
213	Maquinaria	35.000,00	
524	Acreedores por arrendamiento financiero a corto plazo		10.585,79
174	Acreedores por arrendamiento financiero a largo plazo		24.414,21

Al tratarse de cuotas prepagables, inmediatamente firmado el contrato se paga la primera cuota. El IVA se registra a medida que se van pagando las cuotas.

2. Pago de la primera cuota:

Número de cuenta		Debe	Haber
524	Acreedores por arrendamiento financiero a corto plazo	1.063,44	
472	Hacienda Pública IVA soportado	223,32	
572	Tesorería		1.286,76

Este asiento, con sus correspondientes importes, se registrará todos los meses. A medida que se pagan las cuotas, será preciso reclasificar la deuda, pasando de largo plazo a corto plazo.

3. Reclasificación de la deuda:

Número de cuenta		Debe	Haber
174	Acreedores por arrendamiento financiero a largo plazo	900,68	
524	Acreedores por arrendamiento financiero a corto plazo		900,68

4. Pago de la segunda cuota (principal más intereses):

Número de cuenta		Debe	Haber
524	Acreedores por arrendamiento financiero a corto plazo	837,20	
662	Intereses de deudas	226,24	
472	Hacienda Pública IVA soportado	223,32	
572	Tesorería		1.286,76

5. Amortización contable de la maquinaria (31 de diciembre año X1):

Número de cuenta		Debe	Haber
6817	Amortización del inmovilizado material	7.000,00	
281	Amortización acumulada de inmovilizado material		7.000,00

La norma de valoración octava se refiere también a la venta conectada a una operación de arrendamiento financiero *(lease-back)*. Se trata de una operación que se presenta con alguna frecuencia en algunas empresas que, necesitando captar recursos financieros, recurren a la venta de algún inmueble sin renunciar a seguir utilizándolo. Para ello, tras la venta del inmueble, firman un contrato de arrendamiento financiero sobre el bien recién vendido, de forma que pueden seguir utilizándolo en su mismo estado, por lo que no procede darlo de baja en su contabilidad. El arrendatario no deberá modificar la calificación del activo, ni tampoco reconocer beneficios ni pérdidas a consecuencia de esta transacción. El importe recibido se reconocerá en el activo, al tiempo que en el pasivo hay que reconocer una deuda por el valor actual de la financiación recibida. La carga financiera se distribuirá a lo largo del plazo del arrendamiento, imputándose a pérdidas y ganancias del ejercicio en que se devengue.

EJEMPLO 2.15 *(el «lease-back»)*

La empresa ACEDO, S. A., posee una maquinaria que decide vender al objeto de obtener financiación, pero sin desprenderse de la misma. A tal efecto, firma con RETROBACK un contrato de venta conectado a un arrendamiento financiero. El precio de adquisición de la maquinaria fue de 120.000 euros, ascendiendo la amortización acumulada en el momento de la venta a 12.000 euros (cuotas constantes del 10 por 100 anual). Los datos de la operación son los siguientes:

— Fecha de la operación: 1 de enero, 20X0
— Precio de venta: 80.000 euros
— Tipo de interés: 8 por 100
— Duración: 3 años. Cuotas anuales constantes pagaderas cada 31 de diciembre comprensivas de principal e intereses.

$$80.000 = X(1 + 0{,}08)^{-1} + X(1 + 0{,}08)^{-2} + X(1 + 0{,}08)^{-3}$$

de donde se deduce que $X = 31.042{,}68$ euros. Determinada la cuota, se puede construir el cuadro 2.13.

CUADRO 2.13

Descomposición del préstamo recibido en principal e intereses

Año	Cuota	Principal	Intereses	Pendiente
20X0	31.042,68	24.642,68	6.400,00	55.357,32
20X1	31.042,68	26.614,10	4.428,59	28.743,22
20X2	31.042,68	28.743,22	2.299,46	0,00
Total	**93.138,04**	**80.000,00**	**13.138,04**	

Por el reconocimiento de la deuda contraída (firma del contrato):

Cuenta		Debe	Haber
572	Banco c/c	80.000	
524	Acreedores por arrendamiento financiero a corto plazo		24.642,68
174	Acreedores por arrendamiento financiero a largo plazo		55.357,32

El resto de operaciones se registran como un arrendamiento financiero, tal y como se ha descrito en los párrafos anteriores.

ANEXO 2.II. EQUILIBRIOS PATRIMONIALES

El objetivo de este anexo es presentar algunos rasgos básicos del análisis de la situación económico-financiera de la empresa a partir de la información del balance de situación. La segunda parte de este manual aborda en detalle esta problemática, por lo que las líneas que vienen a continuación son un primer avance. En este avance nos ocupamos únicamente de la noción de equilibrio patrimonial.

Con independencia de la ecuación fundamental del patrimonio, que deberá cumplirse siempre, el equilibrio patrimonial global que ahora tratamos de estudiar viene determinado por la posición que adopten los elementos que constituyen el patrimonio de una empresa en un instante determinado. Se trata de reglas muy sencillas que permiten obtener una primera visión general que, obviamente, necesitará ser profundizada y complementada con posterioridad.

La posición de equilibrio se puede analizar observando el patrimonio en su conjunto a través del valor que presenten las tres grandes masas patrimoniales: Activo (A), Pasivo (P) y Patrimonio Neto (PN). La posición de equilibrio puede presentarse de diversas formas, pudiendo ir desde la máxima estabilidad hasta situaciones de desequilibrio. A continuación, se presentan las diferentes posibles posiciones en las que valorar el equilibrio/desequilibrio patrimonial global:

1.ª POSICIÓN $A = PN$

$P = 0$

Se denomina estabilidad máxima.
Es la situación al comienzo de una actividad económica.
El activo está totalmente financiado con medios propios.

2.ª POSICIÓN $P < PN$

Se denomina posición estable o normal.

En esta situación el activo está financiado en parte por recursos propios (neto) y en parte por recursos ajenos (pasivo), pero utiliza más la financiación propia que la ajena.

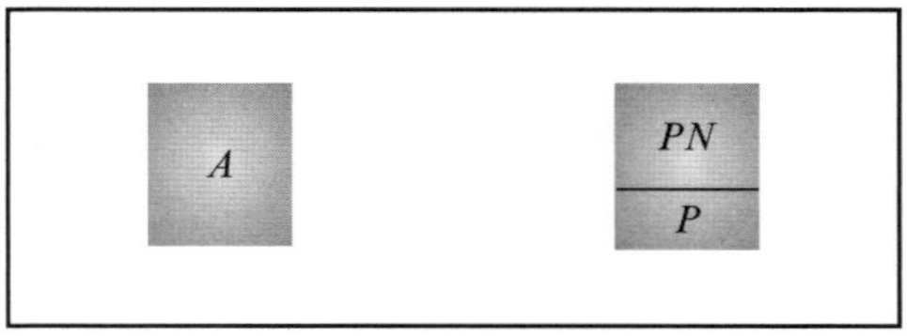

3.ª POSICIÓN $P > PN$

La empresa utiliza más los recursos ajenos que los propios. La empresa se va endeudando y puede, si lo hace de una forma descontrolada, ir encaminada a una situación de desequilibrio.

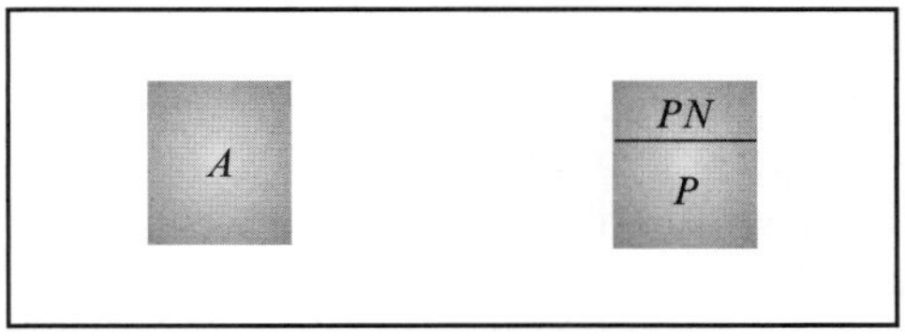

4.ª POSICIÓN $P > A$
$PN < 0$

Denominada posición inestable o de desequilibrio o de quiebra.

La empresa carece de recursos propios al haberse hecho estos negativos como consecuencia de la acumulación de pérdidas. El valor de los activos (bienes y derechos) de la empresa es inferior a las deudas de la misma.

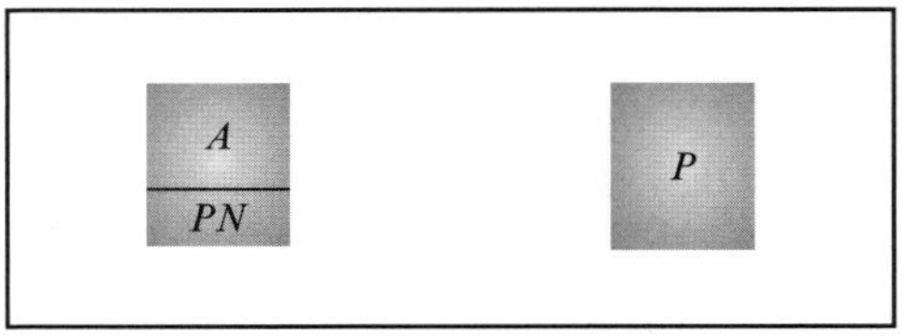

5.ª POSICIÓN $PN = P$
$A = 0$

Inestabilidad máxima.

El activo ha desaparecido totalmente. El neto (negativo) coincide en valor absoluto con el pasivo. Esta posición se puede plantear desde un punto de vista teórico, pero imposible de darse en la práctica.

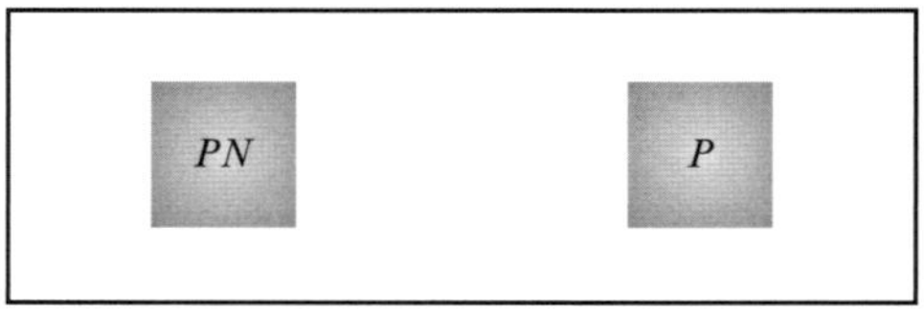

A modo de resumen, puede decirse que las posiciones 1, 2 y 3 reflejan una situación de equilibrio, mientras que a partir de la posición 4 la empresa entra en desequilibrio patrimonial global o quiebra técnica.

BIBLIOGRAFÍA

AECA (2013).
Alonso, A. y Pousa, R. (2007).
Ayats Vilanova, A. (2021).
Cañibano, L. y Gisbert, A. (2004).
Carrasco, A. y otros (2009).
Gonzalo Angulo, J. A. (2004).
Mallo, C. y Pulido, A. (2008).
Real Decreto 1/2021, de 12 de enero.

CUESTIONES Y EJERCICIOS

1. Un activo material valorado en el momento inicial por 600.000 euros se amortiza de forma lineal en 10 años. La prueba del deterioro practicada al final de los años 1 y 2 no ha exigido practicar corrección valorativa alguna. Tras registrar la amortización del año 3 y realizar la oportuna prueba del deterioro, se observa que el valor recuperable del activo material asciende a 458.610 euros. ¿Cuál será el importe de la pérdida por deterioro que se deberá reconocer en la cuenta de pérdidas y ganancias del año 3?

a) 58.610.
b) 158.610.
c) 8.610.
d) Ninguna de las anteriores opciones es cierta.

2. Los activos financieros mantenidos para negociar:

a) Se valoran al cierre del ejercicio por el menor entre el coste de adquisición y el de mercado.
b) Las variaciones que se produzcan en su valor como consecuencia de la aplicación del valor razonable, tanto las positivas como las negativas, se imputan a la cuenta de resultados.
c) Las variaciones que se produzcan en su valor como consecuencia de la aplicación del valor razonable se imputan a la cuenta de resultados solo en el caso de variaciones negativas.
d) Las variaciones que se produzcan en su valor como consecuencia de la aplicación del valor razonable se imputan a cuentas de patrimonio neto.

3. Las acciones propias:

a) Figurarán en el activo del balance, en el epígrafe correspondiente a las inversiones financieras a largo plazo.
b) Forman parte del patrimonio neto, minorando los fondos propios.
c) Forman parte del pasivo no corriente.
d) Figurarán en el activo del balance, en el epígrafe correspondiente a las inversiones financieras a corto plazo.

4. De la siguiente relación de partidas del balance de situación, hay una que no es activo financiero:

a) Clientes a largo plazo por venta de mercaderías.
b) Anticipos al personal.
c) Anticipo a proveedores.
d) Dinero en cuenta corriente bancaria.

5. Señalar con una V (verdadero) o una F (falso) la pertenencia al pasivo corriente de cada una de las siguientes partidas:

a) Provisión para reestructuraciones a C. P.
b) Efectos comerciales impagados.
c) Acreedores por prestación de servicios.
d) Ingresos anticipados.
e) Dividendo activo a cuenta.

6. El 30/06/X0 se obtuvo una subvención de capital por importe de 30.000 euros con la que se financió el 50 por 100 de la compra de un inmovilizado material cuya vida útil se estima en 6 años, careciendo de valor residual y amortizándose por el método lineal. ¿A cuánto ascenderá el importe de la cuenta «Subvenciones de capital» en el balance de situación cerrado a 31/12/X3? Tipo impositivo, 30 por 100:

a) 30.000.
b) 12.500.
c) 8.750.
d) 21.000.

7. La sociedad GAVA adquirió a principios del año X1 un activo tangible en las siguientes condiciones:

— Precio de adquisición: 35.000 euros.
— Gastos de instalación y montaje hasta la puesta en funcionamiento dos semanas después: 2.000 euros.
— Vida útil estimada: 10 años. Amortización lineal.
— Los gastos de desmantelamiento al final de la vida útil se estima ascenderán a 3.000 euros.
— Para lo que se precise, el tipo de interés efectivo es del 4 por 100.

El importe por el que se reconocerá la maquinaria en el momento inicial asciende a:

a) 39.880.
b) 40.000.
c) 39.026,69.
d) 39.062,58.

8. La cooperativa agrícola CALPISA solicitó el 1 de enero de 20X0 un préstamo de 50.000 euros al 6 por 100 de interés amortizable mediante cuatro cuotas iguales compresivas de capital e intereses cada 31 de diciembre (véase cuadro de amortización).

Cuadro de amortización del préstamo

	Cuota	Intereses	Principal	Deuda viva
31/12/X0	14.429,57	3.000,00	11.429,57	38.570,43
31/12/X1	14.429,57	2.314,23	12.115,35	26.455,08
31/12/X2	14.429,57	1.587,30	12.842,27	13.612,81
31/12/X3	14.429,57	816,77	13.612,81	0,00
Total	57.718,30	7.718,30	50.000,00	

Se pide determinar:

— El importe de la partida «Deudas a largo plazo» el 1 de enero de 20X0.
— El «coste amortizado» de la partida a pagar a 31 de diciembre de 20X1, justo después de haber devuelto la anualidad de ese año.
— El «coste amortizado» de la partida a pagar a 31 de diciembre de 20X2, justo después de haber devuelto la anualidad de ese año.

9. La sociedad COSTAMOR vendió el 1 de julio de 20X7 un activo amortizable de las siguientes características: precio de coste, 250.000; amortización acumulada hasta el momento de la venta, 70.000. El cobro se realizará de la siguiente manera:

— 60.000 euros al contado.
— 60.000 euros dentro de 12 meses.
— 60.000 euros a los dos años.

Para un tipo de interés del 6 por 100, determinar:

— El importe del crédito por la venta de inmovilizado en el momento de la venta.
— El beneficio o pérdida de la operación.

10. Caso ARMONÍA.

La sociedad ARMONÍA, dedicada a la compraventa de materiales electrónicos, se constituyó el 1 de enero del año 20X6 con un capital de 100.000 euros totalmente suscritos y desembolsados. En el momento de la constitución se recibió una subvención de capital de 20.000 euros para financiar la compra del inmovilizado consistente en una maquinaria adquirida al contado por importe de 50.000 euros a la que se le estimó una vida útil de 4 años sin valor residual, adoptándose un procedimiento de amortización de cuotas constantes. Los costes de instalación ascendieron a 2.000 euros. La maquinaria acumula unos componentes tóxicos de los que hay que desprenderse al final de la vida útil. Se estima que el coste de tal operación podría ascender, en la fecha de la descontaminación, a 3.000 euros (tipo de interés 5 por 100).

Para completar la financiación ARMONÍA solicitó en enero de 20X8 un préstamo de 50.000 euros al 6 por 100 de interés, pagadero mediante cuatro cuotas iguales comprensivas de principal e intereses cada 31 de diciembre. El 31 de diciembre de 20X8 se pagó la primera anualidad, de acuerdo con los datos del cuadro adjunto.

Cuadro de amortización del préstamo

	Cuota	Intereses	Principal	Saldo vivo
01/01/X8				50.000,00
31/12/X8	14.429,57	3.000,00	11.429,57	38.570,43
31/12/X9	14.429,57	2.314,23	12.115,35	26.455,08
31/12/X10	14.429,57	1.587,30	12.842,27	13.612,81
31/12/X11	14.429,57	816,77	13.612,81	0,00
TOTAL	57.718,30	7.718,30	50.000,00	

Las existencias comerciales ascienden al 31 de diciembre a 10.000 euros, existiendo facturas pendientes de cobro por 36.000, de las que una factura por importe de 1.000 euros tenemos serias dudas de poder cobrarla, por lo que hemos procedido a contabilizar el deterioro correspondiente.

ARMONÍA cuenta con una cartera de acciones en las que se distinguen tres paquetes:

1. Un primer paquete compuesto por acciones con cotización oficial, adquiridas y pagadas en efectivo el 1/10/20X8 con ánimo de liquidarlas en un plazo inferior a 12 meses. El precio de adquisición fue de 12.000 euros, si bien la cotización a 31/12/20X8 asciende a 13.600 euros. Se considera mantenido para negociar.
2. Un segundo paquete compuesto por acciones también con cotización oficial. Se trata de 3.000 acciones adquiridas a 22 euros cada una a mediados de año. La empresa en el momento de su reconocimiento inicial ha realizado la elección irrevocable de presentar los cambios posteriores en el valor razonable directamente en el patrimonio neto (véase norma 9.ª a propósito de los activos financieros). Al cierre del ejercicio cotizan a 24 euros.

3. Un tercer paquete, equivalente al 80 por 100 de los títulos de su filial ARMÓN, adquiridos por 45.000 euros. Al cierre del ejercicio el importe recuperable de la cartera de control (sobre la base del patrimonio neto de la sociedad participada) asciende a 52.000 euros.

ARMONÍA cuenta con dinero en diversas cuentas bancarias por importe de 15.000 euros y 6.500 libras esterlinas adquiridas cuando el cambio era 1 libra = 1,34 euros. A 31 de diciembre el cambio es 1 libra = 1,45 euros. Se presentan facturas pendientes de pago a proveedores por 5.000 euros. Se adeuda a la Seguridad Social un total de 1.000 euros.

Presentar el balance de situación a 31-12-20X8.

Nota de interés:

Con los datos suministrados falta información para conocer la cifra del resultado del ejercicio. A este respecto, conviene recordar que, teniendo en cuenta la definición de patrimonio neto ofrecida por el Marco Conceptual ($PN = A - P$), la diferencia entre los activos reconocidos y los pasivos asumidos equivale al PN. Obtenida la cifra de esta partida, la obtención del resultado del ejercicio es inmediata, sin más que descontar al patrimonio neto la cifra de capital y otras partidas integrantes del PN como ajustes por cambio de valor y subvenciones.

Para lo que proceda, tipo impositivo: 30 por 100.

11. Caso TAULA.

La sociedad TAULA se constituyó el 1 de enero de 20X4 mediante la emisión de 30.000 acciones de 10 euros de valor nominal cada una totalmente suscritas y desembolsadas. Posteriormente, en enero de 20X5 amplió capital emitiendo una acción nueva por cada 20 viejas (es decir, amplió capital en un 5 por 100, lo que supuso emitir 1.500 nuevas acciones de 10 euros de valor nominal cada una). La ampliación, que se realizó con prima de emisión del 10 por 100, fue desembolsada en el mínimo legal, esto es, 25 por 100 del nominal y totalidad de la prima.

Para completar la financiación de las instalaciones que se describen en el párrafo siguiente se solicitó en enero de 20X5 un préstamo bancario de 50.000 euros al 6 por 100 de interés. El banco aplicó una comisión de 100 euros, por lo que el montante ingresado en cuenta fue de 49.900 euros. El banco exige que el reembolso del préstamo sea en su totalidad al final del 5.º año con una prima de reembolso del 20 por 100. El cuadro que permite apreciar el seguimiento de la operación es el que se muestra seguidamente, cuadro que se ha confeccionado conociendo que el tipo de interés efectivo de la operación es el 9,37 por 100.

N.º de cuota	Fecha	Interés total	Interés explícito	Resto	Coste amortizado
	01/01/X5				49.900,00
1	31/12/X5	4.675,26	3.000,00	1.675,26	51.575,26
2	31/12/X6	4.832,22	3.000,00	1.832,22	53.407,49
3	31/12/X7	5.003,89	3.000,00	2.003,89	55.411,38
4	31/12/X8	5.191,64	3.000,00	2.191,64	57.603,02
5	31/12/X9	5.396,98	3.000,00	2.396,98	60.000,00
	Total	25.100,00	15.000,00	10.100,00	

Con todo este volumen de recursos se acometió, desde el mismo enero de 20X5, un proyecto de inversión consistente en el montaje de unas instalaciones que entraron en funcionamiento el 31/12/20X6. El importe facturado por el vendedor fue de 200.000 euros, que se abonaron al suministrador de los materiales. Además, ha habido otros gastos de montaje por importe de 30.000 euros, de los que no quedan deudas pendientes.

Debido al gran valor ambiental de los terrenos en los que se asientan las instalaciones, al final de la vida útil habrá que realizar unas tareas de desescombro y limpieza. El valor actual estimado en el momento de entrar en funcionamiento las instalaciones de los costes de descontaminación asciende a 30.000 euros. Tipo de interés sugerido, 5 por 100 anual.

Como se sabe, la amortización del inmovilizado comienza a partir de la entrada en funcionamiento del activo (finales de 20X6). La vida útil prevista es de 6 años sin valor residual. A 31/12/X7, momento de presentación del balance de situación, se sabe que el importe recuperable de las instalaciones, una vez practicada la amortización anual, es de 236.405 euros.

Comoquiera que quedaron recursos ociosos, se adquirieron tres paquetes de títulos:

1. Una primera cartera formada por 300 acciones de REPSOL, adquiridas en octubre de 20X7 a 32 euros cada una. En el momento de presentar las cuentas anuales (31/12/20X7) su cotización en el mercado es de 29 euros título. La intención con la que se adquirieron estos títulos es la de venderlos en un plazo corto con el fin de obtener rápidos beneficios.
2. Una segunda cartera formada por 500 acciones de IBERDROLA adquiridas en mayo de 20X7, cuando cotizaban en el mercado a 18 euros cada una. TAULA en el momento de su reconocimiento inicial ha realizado la elección irrevocable de presentar los cambios posteriores en el valor razonable

directamente en el patrimonio neto. Al cierre de 20X7 IBERDROLA cotiza a 20 euros.

3. Una tercera cartera compuesta por el 75 por 100 de su filial SAGUA adquirida a mediados de 20X7 por 96.000 euros. Se trata, por tanto, de una cartera de control, existiendo una voluntad clara de seguir manteniendo la inversión. SAGUA no cotiza en bolsa, por lo que hay que acudir a su balance cerrado a 31 de diciembre de 20X7 para determinar la necesidad de practicar o no corrección valorativa.

Balance de situación de SAGUA a 31/12/20X7

ACTIVO		PASIVO Y PATRIMONIO NETO	
Inmovilizado	200.000	Patrimonio neto	123.000
Realizable	100.000	Deudas a largo	200.000
Disponible	50.000	Deudas a corto	27.000
Total	350.000	Total	350.000

Se conoce también la siguiente información:

a) En julio de X7 se facturaron a un cliente servicios por importe de 20.000 euros a pagar en las siguientes condiciones: 5.000 euros al contado, 5.000 en septiembre de X7, 5.000 en noviembre de X7 y 5.000 en enero de X8. Hasta diciembre de 20X7 ha venido cobrando de acuerdo con los plazos previstos.

b) Tras realizar el oportuno inventario, se constatan existencias por importe de 40.000 euros.

c) Las deudas con proveedores y otros acreedores comerciales ascienden a 35.000 euros.

d) Dada la buena marcha del proyecto empresarial, en noviembre de X7 se repartió un dividendo a cuenta de los resultados por importe de 0,50 euros por acción. Todas las acciones cobraron el dividendo.

e) Tras el registro de todas estas operaciones, el saldo en tesorería es de 70.000 euros.

f) El resultado del ejercicio se determinará por diferencia entre los activos reconocidos y el montante de patrimonio neto y pasivo. Para lo que se necesite, el tipo impositivo del impuesto de sociedades se considera el 30 por 100.

TRABAJO A REALIZAR

1. Confeccionar el balance de situación a 31/12/20X7.
2. Justificar detalladamente el valor de las partidas del balance.

12. El 30/06/X6 se firma un contrato de arrendamiento financiero para la adquisición de un equipo informático cuyo precio al contado asciende a 35.000 euros y vida útil de 5 años. La amortización financiera (véase cuadro siguiente) se realiza mediante cuotas mensuales prepagables de 1.361,40 euros (IVA incluido). Se pide registrar:

a) Asiento correspondiente al 30/06/X6, momento de la firma del contrato.
b) Pago de la primera cuota y reclasificación de la deuda.
c) Asientos a realizar el 30/12/X6 (pago de cuota, reclasificación de deuda y amortización del equipo).

Período	Fecha	Cuota	IVA	Total cuota	Intereses	Amortización financiera	Amortización pendiente
1	30/06/20X6	1.125,13	236,27	1.361,40	0,00	1.125,13	33.874,87
2	30/07/20X6	1.125,13	236,27	1.361,40	338,75	786,38	33.088,49
3	30/08/20X6	1.125,13	236,27	1.361,40	330,88	794,25	32.294,24
4	30/09/20X6	1.125,13	236,27	1.361,40	322,94	802,19	31.492,06
5	30/10/20X6	1.125,13	236,27	1.361,40	314,92	810,21	30.681,85
6	30/11/20X6	1.125,13	236,27	1.361,40	306,82	818,31	29.863,54
7	30/12/20X6	1.125,13	236,27	1.361,40	298,64	826,49	29.037,04
8	30/01/20X7	1.125,13	236,27	1.361,40	290,37	834,76	28.202,28
9	28/02/20X7	1.125,13	236,27	1.361,40	282,02	843,11	27.359,17
10	30/03/20X7	1.125,13	236,27	1.361,40	273,59	851,54	26.507,64
11	30/04/20X7	1.125,13	236,27	1.361,40	265,08	860,05	25.647,58
12	30/05/20X7	1.125,13	236,27	1.361,40	256,48	868,65	24.778,93
13	30/06/20X7	1.125,13	236,27	1.361,40	247,79	877,34	23.901,59
14	30/07/20X7	1.125,13	236,27	1.361,40	239,02	886,11	23.015,47
15	30/08/20X7	1.125,13	236,27	1.361,40	230,15	894,98	22.120,50
16	30/09/20X7	1.125,13	236,27	1.361,40	221,20	903,93	21.216,57
17	30/10/20X7	1.125,13	236,27	1.361,40	212,17	912,96	20.303,61
18	30/11/20X7	1.125,13	236,27	1.361,40	203,04	922,09	19.381,51
19	30/12/20X7	1.125,13	236,27	1.361,40	193,82	931,31	18.450,20
20	30/01/20X8	1.125,13	236,27	1.361,40	184,50	940,63	17.509,57

Período	Fecha	Cuota	IVA	Total cuota	Intereses	Amortización financiera	Amortización pendiente
21	28/02/20X8	1.125,13	236,27	1.361,40	175,10	950,03	16.559,54
22	30/03/20X8	1.125,13	236,27	1.361,40	165,60	959,53	15.600,00
23	30/04/20X8	1.125,13	236,27	1.361,40	156,00	969,13	14.630,87
24	30/05/20X8	1.125,13	236,27	1.361,40	146,31	978,82	13.652,05
25	30/06/20X8	1.125,13	236,27	1.361,40	136,52	988,61	12.663,44
26	30/07/20X8	1.125,13	236,27	1.361,40	126,63	998,50	11.664,95
27	30/08/20X8	1.125,13	236,27	1.361,40	116,65	1.008,48	10.656,47
28	30/09/20X8	1.125,13	236,27	1.361,40	106,56	1.018,57	9.637,90
29	30/10/20X8	1.125,13	236,27	1.361,40	96,38	1.028,75	8.609,15
30	30/11/20X8	1.125,13	236,27	1.361,40	86,09	1.039,04	7.570,11
31	30/12/20X8	1.125,13	236,27	1.361,40	75,70	1.049,43	6.520,68
32	30/01/20X9	1.125,13	236,27	1.361,40	65,21	1.059,92	5.460,76
33	28/02/20X9	1.125,13	236,27	1.361,40	54,61	1.070,52	4.390,24
34	30/03/20X9	1.125,13	236,27	1.361,40	43,90	1.081,23	3.309,01
35	30/04/20X9	1.125,13	236,27	1.361,40	33,09	1.092,04	2.216,97
36	30/05/20X9	1.125,13	236,27	1.361,40	33,29	1.091,84	1.125,13
Opción	30/06/20X9	1.125,13	236,27	1.361,40	0,00	1.125,13	0,00
	Totales	41.629,81	8.742,00	50.371,80	6.629,81	35.000,00	

13. Caso SABANETA:

Los administradores de SABANETA han perdido todos los registros contables de la empresa tras el ataque de un potente virus informático. Acuden a nuestro despacho profesional al objeto de ayudarles a confeccionar el balance de situación con fecha 31 de diciembre de 20X1. Para ello recopilan toda la documentación disponible (escrituras, resguardos bancarios, contratos, facturas, albaranes, etc.). Del análisis de la documentación disponible se elabora el siguiente informe, a partir del cual se deberá preparar el balance de situación.

SABANETA se constituyó el 1 de enero de 20X0 con un capital de 600.000 euros mediante la emisión de 60.000 acciones de 10 euros de valor nominal cada una. A lo largo de 20X1 se realizó una ampliación de capital en la proporción de una nueva por cada veinte antiguas con una prima de emisión del 10 por 100. El capital fue totalmente suscrito y desembolsado en un 75 por 100, sin que a 31 de diciembre de 20X1 se hayan exigido todavía los dividendos pasivos. La prima de emisión se desembolsó en su totalidad. Para completar la financiación SABANETA solicitó el 1 de enero de 20X0 un préstamo de 50.000 euros al 6 por 100 de interés amortizable mediante cuatro cuotas iguales compresivas de capital e intereses cada 31 de diciembre (véase cuadro de amortización). A 31 de diciembre de 20X1 SABANETA ha reembolsado ya las dos primeras cuotas, quedando pendientes de reembolso las otras dos. La financiación se completó con la concesión de una subvención de capital, el 1 de enero de 20X0, de 40.000 euros, destinada a sufragar la compra de las instalaciones amortizables.

Cuadro de amortización del préstamo

	Cuota	Intereses	Principal	Deuda viva
31/12/X0	14.429,57	3.000,00	11.429,57	38.570,43
31/12/X1	14.429,57	2.314,23	12.115,35	26.455,08
31/12/X2	14.429,57	1.587,30	12.842,27	13.612,81
31/12/X3	14.429,57	816,77	13.612,81	0,00
Total	57.718,30	7.718,30	50.000,00	

Con los recursos captados SABANETA adquirió al contado en el mismo momento de su constitución unas instalaciones industriales valoradas en 500.000 euros, de los que 200.000 corresponden al terreno y 300.000 a la construcción. La vida útil de los elementos amortizables se estima en 40 años, adoptándose el procedimiento lineal de amortización (valor residual igual a cero). Al finalizar la vida útil de las instalaciones, SABANETA deberá realizar diversos trabajos de desmantelamiento de las instalaciones, tal como exige la legislación medioambiental vigente. El coste estimado actualizado del desmantelamiento se cifró en el momento de la compra en 50.000 euros, que se actualizarán al 4 por 100 de interés efectivo. A 31 de diciembre de 20X1 el valor recuperable de las instalaciones industriales se estima en 512.000 euros, correspondiendo a la parte no amortizable la pérdida de valor. A principios de 20X1, al objeto de completar la estructura fija, SABANETA formalizó un contrato de arrendamiento financiero para la adquisición de un vehículo industrial en las siguientes condiciones:

- Valor razonable: 25.000 euros.
- Tipo de interés: 7 por 100 anual.
- 6 cuotas anuales prepagables.
- Vida útil de 10 años sin valor residual.

La amortización financiera de la deuda responde a los siguientes datos:

Período	Fecha	Cuota	IVA	Total cuota	Intereses	Amortiz. financ.	Deuda viva
1	01/01/X1	4.854,27	1.019,39	5.873,66	0,00	4.854,27	20.145,73
2	01/01/X2	4.854,27	1.019,39	5.873,66	1.410,20	3.444,07	16.701,66
3	01/01/X3	4.854,27	1.019,39	5.873,66	1.169,12	3.685,15	13.016,51
4	01/01/X4	4.854,27	1.019,39	5.873,66	911,16	3.943,11	9.073,39
5	01/01/X5	4.854,27	1.019,39	5.873,66	635,15	4.219,12	4.854,27
Opción	01/01/X6	4.854,27	1.019,39	5.873,66	0,00	4.854,27	0,00
Total		29.125,62			4.125,63	25.000,00	

Al objeto de colocar excedentes de liquidez, SABANETA adquirió, a lo largo de 20X1, 5.000 acciones de la sociedad ROQUESA a 17 euros cada una, pagando diversas comisiones por importe de 280 euros. SABANETA en el momento de su reconocimiento inicial ha realizado la elección irrevocable de presentar los cambios posteriores en el valor razonable directamente en el patrimonio neto. Al cierre de 20X1 los títulos de ROQUESA cotizan a 18,26 euros.

En cuanto a las partidas vinculadas al ciclo de la explotación, de acuerdo a la documentación rescatada y realización de los inventarios correspondientes, se obtienen los siguientes datos: SABANETA mantiene almacenadas existencias por importe de 96.000 euros, de las que el 80 por 100 están pendientes de pago a proveedores. Por su parte, los créditos contra clientes ascienden a 100.000 euros. Adeuda a la Seguridad Social 8.400 euros, mientras que las deudas con Hacienda a corto plazo ascienden a 14.500 euros, de los que 12.500 corresponden a liquidaciones pendientes de IVA, siendo los 2.000 restantes deuda por el impuesto corriente. El arqueo de caja efectuado el 31 de diciembre de 20X1 arroja unas disponibilidades líquidas de 13.840 euros, existiendo saldos favorables en diversas cuentas bancarias por importe de 55.532 euros.

Para completar el balance, se sabe que el beneficio del año 20X0 ascendió a 14.850 euros, que se trasladaron a reservas legales en el importe mínimo exigido en la Ley de Sociedades Anónimas (10 por 100). El resto se incorporó a reservas voluntarias. Por otra parte, los pasivos por impuestos diferidos tienen su origen en la subvención de capital concedida en el momento de la constitución y en la cartera de activos financieros adquiridos a valor razonable con cambios en el patrimonio neto adquiridos a lo largo de 20X1. El resultado después de impuestos del ejercicio 20X1 se determinará por diferencia entre los activos y pasivos reconocidos, teniendo en cuenta las demás partidas del patrimonio neto de SABANETA (no tener en cuenta el efecto fiscal del *leasing*).

3 La cuenta de pérdidas y ganancias

3.1. INTRODUCCIÓN

La cuenta de pérdidas y ganancias es un estado contable de naturaleza dinámica recopilativo de los diferentes tipos de ingresos y gastos, excepto los imputados directamente al patrimonio neto, debidamente clasificados, ocurridos en la entidad económica a lo largo de un ejercicio. Se trata, por tanto, de un estado de flujos económicos que explica el resultado obtenido por la empresa en el período de referencia. En la determinación del resultado intervienen dos magnitudes: gastos e ingresos, sujetos a un proceso de estimación, valoración e imputación que condicionan la cifra del resultado obtenido, circunstancia que ha llevado a varios autores a advertir acerca de la relatividad de la cifra del mismo, dado que pueden presentarse distintos resultados de una misma empresa en función de los criterios de reconocimiento y valoración utilizados.

A este respecto, la primera cautela está relacionada con el carácter periódico del resultado debido a razones económicas, legales y fiscales. La existencia de tales condicionantes obliga a la empresa a rendir cuentas al menos una vez al año, debiendo periodificar sus operaciones al objeto de imputar los ingresos y gastos estimados hasta la fecha de cierre del ejercicio.

Otra restricción que acompaña a la cifra del resultado periódico empresarial está relacionada con la subjetividad que acompaña al cálculo de ingresos y gastos basado, en numerosas ocasiones, en estimaciones o hipótesis empresariales respecto de sucesos futuros que albergan una elevada dosis de incertidumbre. Tal ocurre, por ejemplo, en la determinación de la vida útil de un inmovilizado amortizable que condiciona sobremanera la cifra de amortización y, por tanto, la del resultado empresarial, o en la estimación de los diferentes tipos de deterioro, montante que condiciona, igualmente, el resultado del ejercicio.

Sin embargo, la existencia de las restricciones que se mencionan en las líneas anteriores no impide valorar en su justa medida el enorme potencial explicativo del estado de resultados como soporte informativo de las fuentes de ingresos y gastos de la empresa en el período de referencia, lo que convierte a dicho estado contable en una valiosa herramienta, apropiada para el conocimiento y análisis de la firma.

3.2. MODELO DE CUENTA DE PÉRDIDAS Y GANANCIAS

El Plan General de Contabilidad presenta una estructura vertical para la cuenta de pérdidas y ganancias, donde se distinguen dos tipos de operaciones: operaciones *continuadas* y operaciones *interrumpidas*. Las operaciones continuadas informan de las operaciones de funcionamiento ordinario de una empresa, mientras que las operaciones interrumpidas dan cuenta de hechos excepcionales de los que conviene informar de forma separada. A este respecto —señala el PGC—, una actividad interrumpida es todo componente que ha sido enajenado o se ha dispuesto de él por otra vía, o bien que ha sido calificado como activo no corriente mantenido para la venta. Por tanto, bajo la denominación de actividades interrumpidas se recogen aquellas operaciones que representen una línea de negocio (o incluso un área geográfica) que sea significativa y que pueda considerarse separada del resto, existiendo un plan de desprenderse de ese componente. Así, por ejemplo, si una empresa conservera que, además de su actividad industrial, cuenta con una red de tiendas donde vende de forma directa parte de su producción, decide desprenderse de dicha red de tiendas, los gastos devengados por las mismas desde el momento en que los activos vinculados se califican como disponibles para la venta, tales como seguros, alquileres, vigilancia y seguridad, etc., serán gastos de la actividad interrumpida, de los que habrá que dar cuenta de forma separada de los gastos correspondientes a las operaciones continuadas.

El modelo de cuenta de pérdidas y ganancias del PGC presenta la siguiente estructura:

A) OPERACIONES CONTINUADAS

1. Importe neto de la cifra de negocios.
2. Variación de existencias de productos terminados y en curso de fabricación.
3. Trabajos realizados por la empresa para su activo.
4. Aprovisionamientos.
5. Otros ingresos de explotación.
6. Gastos de personal.
7. Otros gastos de explotación.
8. Amortización del inmovilizado.
9. Imputación de subvenciones de inmovilizado no financiero y otras.
10. Exceso de provisiones.
11. Deterioro y resultado por enajenaciones de inmovilizado.

A-1) RESULTADO DE EXPLOTACIÓN

12. Ingresos financieros.
13. Gastos financieros.
14. Variaciones de valor razonable en instrumentos financieros.
15. Diferencias de cambio.
16. Deterioro y resultado por enajenaciones de instrumentos financieros.

A-2) RESULTADO FINANCIERO

A-3) RESULTADO ANTES DE IMPUESTOS

17. Impuesto sobre beneficios.

A-4) RESULTADO DEL EJERCICIO PROCEDENTE DE OPERACIONES CONTINUADAS

B) OPERACIONES INTERRUMPIDAS

18. Resultado del ejercicio procedente de operaciones interrumpidas neto de impuestos.

A-5) RESULTADO DEL EJERCICIO

Se trata de una clasificación por naturaleza que realza su valor desde el punto de vista presupuestario analizando las partidas por su origen. Sin embargo, una presentación de gastos por naturaleza, si bien permite conocer qué se consume, no aporta información acerca de quién consume, lo que reduce sensiblemente el potencial analítico de la cuenta de resultados así estructurada. Así, por ejemplo, los gastos de personal del grupo Gas Natural durante 2006 ascendieron a 277 millones de euros, lo que da una idea de dicho coste, pero se desconoce qué porcentaje del mismo corresponde a la función de producción, a la de administración o a la de ventas.

La normativa española, al igual que la del resto de los países comunitarios, establece un modelo de cuenta de pérdidas y ganancias normal para la generalidad de las empresas y otro modelo abreviado para las empresas en las que, según dispone el artículo 258 de la Ley de Sociedades de Capital, durante dos ejercicios consecutivos reúnan, a la fecha de cierre de cada uno de ellos, al menos dos de las tres circunstancias siguientes:

- Que el total de las partidas del activo no supere los 11.400.000 euros.
- Que el importe neto de su cifra anual de negocios no supere los 22.800.000 euros.
- Que el número medio de trabajadores empleados durante el ejercicio no sea superior a 250.

Al igual que se ha comentado para el balance, si la empresa formase parte de un grupo de empresas, para la cuantificación de los importes arriba señalados se tendrá en cuenta la suma del activo, del importe neto de la cifra de negocio y del

CUADRO 3.1

Estructura de la cuenta de pérdidas y ganancias normal

Número de cuenta		Notas en la memoria	(Debe) Haber	
			Ej. N	Ej. N-1
	A) OPERACIONES CONTINUADAS			
	1. Importe neto de la cifra de negocios.			
700, 701, 702, 703, 704, (706), (708), (709)	*a*) Ventas.			
705	*b*) Prestaciones de servicios.			
71*, (6930), 7930	**2. Variación de existencias de productos terminados y en curso de fabricación.**			
73	**3. Trabajos realizados por la empresa para su activo.**			
	4. Aprovisionamientos.			
(600), 6060, 6080, 6090, 610*	*a*) Consumo de mercaderías.			
(601), (602), 6061, 6062, 6081, 6082, 6091 6092, 611*, 612*	*b*) Consumo de materias primas y otras materias consumibles.			
(607)	*c*) Trabajos realizados por otras empresas.			
(6931), 7931, (6932), 7932, (6933), 7933	*d*) Deterioro de mercaderías, materias primas y otros aprovisionamientos.			
	5. Otros ingresos de explotación.			
75	*a*) Ingresos accesorios y otros de gestión corriente.			
740, 747	*b*) Subvenciones de explotación incorporadas al resultado del ejercicio.			
	6. Gastos de personal.			
(640), (641), (645)	*a*) Sueldos, salarios y asimilados.			
(642), (649)	*b*) Cargas sociales.			
(643), (6440), (6457), 7950, 7957	*c*) Provisiones.			
	7. Otros gastos de explotación.			
(62)	*a*) Servicios exteriores.			
(631), (634), 636, 639	*b*) Tributos.			
(650), (694), (695), 794, 7954	*c*) Pérdidas, deterioro y variación de provisiones por operaciones comerciales.			
(651), (659)	*d*) Otros gastos de gestión corriente.			
(68)	**8. Amortización del inmovilizado.**			
746	**9. Imputación de subvenciones de inmovilizado no financiero y otras.**			
7951, 7952, 7955, 7956	**10. Excesos de provisiones.**			
	11. Deterioro y resultado por enajenaciones del inmovilizado.			
(690), (691), (692), 790, 791, 792	*a*) Deterioros y pérdidas.			
(670), (671), (672), 770, 771, 772	*b*) Resultados por enajenaciones y otras.			
	A-1) RESULTADO DE EXPLOTACIÓN (1 + 2 + 3 + 4 + 5 + 6 + 7 + 8 + 9 + 10 + 11)			
	12. Ingresos financieros.			
	a) De participaciones en instrumentos de patrimonio.			
7600, 7601	*a*1) En empresas del grupo y asociadas.			
7602, 7603	*a*2) En terceros.			
	b) De valores negociables y otros instrumentos financieros.			
7610, 7611, 76200, 76201, 76210, 76211	*b*1) De empresas del grupo y asociadas.			
7612, 7613, 76202, 76203, 76212, 767, 769	*b*2) De terceros.			
	13. Gastos financieros.			
(6610), (6611), (6615), (6620), (6621), (6640), (6641), (6650), (6651), (6654), (6655)	*a*) Por deudas con empresas del grupo y asociadas.			
(6612), (6613), (6617), (6618), (6622), (6623), (6624), (6642), (6643), (6652), (6653), (6656), (6657), (669)	*b*) Por deudas con terceros.			
(660)	*c*) Por actualización de provisiones.			
	14. Variación de valor razonable en instrumentos financieros.			
(6630), (6631), (6633), 7630, 7631, 7633	*a*) Valor razonable con cambios en pérdidas y ganancias.			
(6632), 7632	*b*) Transferencias de ajustes de valor razonable con cambios en el patrimonio neto.			
(668), 768	**15. Diferencias de cambio.**			
	16. Deterioro y resultado por enajenaciones de instrumentos financieros.			
(696), (697), (698), (699), 796, 797, 798, 799	*a*) Deterioros y pérdidas.			
(666), (667), (673), (675), 766, 773, 775	*b*) Resultados por enajenaciones y otras.			
	A-2) RESULTADO FINANCIERO (12 + 13 + 14 + 15 + 16)			
	A-3) RESULTADO ANTES DE IMPUESTOS (A-1 + A-2)			
6300*, 6301*, (633), 638	**17. Impuestos sobre beneficios.**			
	A-4) RESULTADO DEL EJERCICIO PROCEDENTE DE OPERACIONES CONTINUADAS (A-3 + 17)			
	B) OPERACIONES INTERRUMPIDAS			
	18. Resultado del ejercicio procedente de operaciones interrumpidas netas de impuestos.			
	A-5) RESULTADO DEL EJERCICIO (A-4 + 18)			

* Su signo puede ser positivo o negativo.

CUADRO 3.2

Estructura de la cuenta de pérdidas y ganancias abreviada

Número de cuenta		**Notas de la memoria**	**(Debe) Haber**	
			Ej. N	**Ej. N-1**
700, 701, 702, 703, 704, 705, (706), (708), (709)	1. Importe neto de la cifra de negocios.			
71*, (6930), 7930	2. Variación de existencias de productos terminados y en curso de fabricación.			
73	3. Trabajos realizados por la empresa para su activo.			
(600), (601), (602), (607), 608, 609, 61*, (6931), (6932), (6933), 606, 7931, 7932, 7933	4. Aprovisionamientos.			
740, 747, 75	5. Otros ingresos de explotación.			
(64), 7950, 7957	6. Gastos de personal.			
(62), (631), (634), 636, 639, (65), (694), (695), 794, 7954	7. Otros gastos de explotación.			
(68)	8. Amortización del inmovilizado.			
746	9. Imputación de subvenciones de inmovilizado no financiero y otras.			
7951, 7952, 7955, 7956	10. Excesos de provisiones.			
(670), (671), (672), (690), (691), (692), 770, 771, 772, 790, 791, 792	11. Deterioro y resultado por enajenaciones del inmovilizado.			
	A) RESULTADO DE EXPLOTACIÓN (1 + 2 + 3 + 4 + 5 + 6 + 7 + 8 + 9 + 10 + 11)			
760, 761, 762, 769,	12. Ingresos financieros.			
(661), (662), (665), (669)	13. Gastos financieros.			
(663), 763	14. Variación de valor razonable en instrumentos financieros.			
(668), 768	15. Diferencias de cambio.			
(666), (667), (673), (675), (696), (697), (698), (699), 766, 773, 775, 796, 797, 798, 799	16. Deterioro y resultado por enajenaciones de instrumentos financieros.			
	B) RESULTADO FINANCIERO (12 + 13 + 14 + 15 + 16)			
	C) RESULTADO ANTES DE IMPUESTOS (A-1 + A-2)			
6300*, 6301*, (633), 638	17. Impuestos sobre beneficios.			
	D) RESULTADO DEL EJERCICIO (C + 17)			

* Su signo puede ser positivo o negativo.

número medio de trabajadores del conjunto de sociedades que conforman el grupo, teniendo en cuenta, eso sí, las eliminaciones por operaciones internas. Esto significa que una empresa de reducida dimensión podría tener que recurrir al modelo normal de cuenta de resultados si el conjunto de las sociedades del grupo al que pertenece rebasa, en su conjunto, los límites que estamos comentando, siempre que el grupo no elabore cuentas consolidadas.

Las sociedades perderán la facultad de formular la cuenta de pérdidas y ganancias abreviada si dejan de reunir, durante dos ejercicios consecutivos, dos de las circunstancias señaladas en el párrafo anterior. Los cuadros 3.1 y 3.2 recogen los modelos normal y abreviado de la cuenta de pérdidas y ganancias incluidos en el PGC.

3.3. INGRESOS

El Marco Conceptual de la Contabilidad define los ingresos como «incrementos en el patrimonio neto de la empresa durante el ejercicio, ya sea en forma de entradas o aumentos en el valor de los activos, o de disminución de los pasivos, siempre que no tengan su origen en aportaciones, monetarias o no, de los socios propietarios».

El reconocimiento de los ingresos exige la aplicación del principio de devengo y de otros principios contables, como los de uniformidad, no compensación e importancia relativa. A este respecto, según señala la norma de valoración decimocuarta del PGC (según la redacción dada por el Real Decreto 1/2021), la empresa reconocerá los ingresos derivados de un contrato cuando (o a medida que) se produzca la transferencia al cliente del control sobre los bienes o servicios comprometidos (es decir, la o las obligaciones a cumplir). El control de un bien o servicio (un activo) hace referencia a la capacidad para decidir plenamente sobre el uso de ese elemento patrimonial y obtener sustancialmente todos sus beneficios restantes. El control incluye la capacidad de impedir que otras entidades decidan sobre el uso del activo y obtengan sus beneficios. Para cada obligación a cumplir (entrega de bienes o prestación de servicios) que se hubiera identificado la empresa determinará al comienzo del contrato si el compromiso asumido se cumplirá a lo largo del tiempo o en un momento determinado.

Los ingresos derivados de los compromisos (con carácter general, de prestaciones de servicios) que se cumplen a lo largo del tiempo se reconocerán en función del grado de avance o progreso hacia el cumplimiento completo de las obligaciones contractuales siempre que la empresa disponga de información fiable para realizar la medición del grado de avance.

3.4. GASTOS

El Marco Conceptual de la Contabilidad define los gastos como «decrementos en el patrimonio neto de la empresa durante el ejercicio, ya sea en forma de salidas o disminuciones en el valor de los activos, o de reconocimiento o aumento del valor de los pasivos, siempre que no tengan su origen en distribuciones, monetarias o no, a los socios o propietarios, en su condición de tales».

Los ingresos y gastos del ejercicio se imputarán a la cuenta de pérdidas y ganancias y formarán parte del resultado, excepto cuando proceda su imputación directa al patrimonio neto, en cuyo caso se presentarán en el estado que muestre los cambios en el patrimonio neto.

Aunque no aparece recogida de forma explícita en el texto del PGC, conviene recordar que, según la teoría del consumo, los bienes y servicios adquiridos por la empresa se reconocerán como activo o como gasto, dependiendo de que se haya producido o no el consumo de los mismos. Es decir, se reconocerá como gasto en la cuenta de pérdidas y ganancias la parte del bien o servicio consumido, y se mantendrá como activo en el balance de situación la parte pendiente de consumir. La teoría del consumo induce a pensar en una visión más económica de la cuenta de pérdidas y ganancias, a través de la cual los gastos se contemplan como el coste de aquellos recursos que es necesario consumir para la obtención de los ingresos reconocidos a lo largo de un ejercicio.

Conviene advertir, una vez más, de la relatividad del resultado contable obtenido a partir de unos gastos que, en muchas ocasiones, para su determinación, se ha recurrido a estimaciones. Piénsese, por ejemplo, en las pruebas de deterioro practicadas sobre los activos productivos, sobre los activos financieros o sobre las existencias, determinadas a partir de estimaciones. Similar reflexión procede realizar cuando se analiza el proceso de incorporación al resultado de las inversiones en activos productivos, como ocurre con las amortizaciones del inmovilizado, que dependerá tanto de la vida útil estimada como del sistema de amortización adoptado, tal y como se ilustra en el ejemplo 3.1.

EJEMPLO 3.1

PLÁSTICOS INDUSTRIALES, S. A., adquiere una máquina inyectora por un importe de 20.000 euros. La incorporación de la misma al proceso productivo se realiza el 1 de enero de 20X1. La vida útil se estima en 5 años y el valor residual es nulo. La tabla 3.1 presenta el cargo por amortización y la subsiguiente valoración en el activo de la inversión realizada, valoración que estará en función del método de amortización adoptado. En este ejemplo se consideran la amortización lineal de cuotas constantes y el sistema de los dígitos decrecientes.

Al final de la vida útil de la maquinaria el valor contable de la misma se ha reducido a cero independientemente del sistema de amortización adoptado, habiéndose imputado a resultados la totalidad de la inversión. Sin embargo, al final de cada año el valor en libros de la maquinaria depende del sistema de amortización elegido, dado que el cargo anual por amortización es también distinto. Mientras que por el sistema de cuotas constantes la imputación a resultados del coste de la inversión es de 4.000 euros anuales, mediante el sistema de los dígitos dicha imputación se realiza de acuerdo a las cantidades que aparecen en la columna correspondiente de la tabla 3.1.

TABLA 3.1

Depreciación anual de PLÁSTICOS INDUSTRIALES, S. A., en función del sistema de amortización

	Porcentaje aplicado		Depreciación anual en euros		Valor contable al final del período	
Año	**Lineal**	**Dígitos**	**Lineal**	**Dígitos**	**Lineal**	**Dígitos**
20X1	20	5/15	4.000	6.666,67	16.000,00	13.333,33
20X2	20	4/15	4.000	5.333,33	12.000,00	8.000,00
20X3	20	3/15	4.000	4.000,00	8.000,00	4.000,00
20X4	20	2/15	4.000	2.666,66	4.000,00	1.333,33
20X5	20	1/15	4.000	1.333,33	0,00	0,00

3.5. LOS RESULTADOS DE LA CUENTA DE PÉRDIDAS Y GANANCIAS

Se ha señalado anteriormente que la cuenta de resultados es un estado contable donde se recogen, debidamente clasificados, los ingresos y gastos de una empresa a lo largo de un ejercicio económico. El resultado del ejercicio viene dado por la diferencia entre ingresos y gastos. Ahora bien, siendo el resultado una cifra global indicativa de la gestión de la empresa, los diferentes niveles que se pueden establecer en dicha gestión dan lugar a la aparición de varios resultados parciales o intermedios hasta llegar a la cifra final. En este sentido, el artículo 35 del Código de Comercio señala que la cuenta de pérdidas y ganancias deberá distinguir los resultados de explotación de los que no lo sean, estableciendo unos criterios generales sobre las partidas que integrarán este estado contable. El PGC desarrolla el contenido del Código de Comercio presentando un modelo de cuenta de pérdidas y ganancias donde se distinguen los siguientes resultados:

1. Resultado de la explotación.
2. Resultado financiero.
3. Resultado antes de impuestos.
4. Resultado del ejercicio procedente de operaciones continuadas.
5. Resultado del ejercicio.

El apartado séptimo de la tercera parte del PGC contiene las orientaciones generales para la confección de la cuenta de pérdidas y ganancias, cuyo análisis se aborda a continuación.

3.5.1. Resultado de la explotación

El resultado de la explotación se obtiene por diferencia entre los ingresos y gastos originados por la actividad comercial de la empresa, incluidos los resultados de actividades complementarias. Por el lado de los ingresos, el importe correspondiente a las ventas, prestación de servicios y otros ingresos de explotación figurarán por su importe neto de devoluciones y descuentos (incluidos los de por pronto pago). Esto significa que la estrategia financiera con clientes y proveedores forma parte de la gestión típica de la empresa, por lo que los resultados de dicha gestión (descuentos sobre compras por pronto pago o sobre ventas por pronto pago) no son resultados financieros, sino que se consideran resultados de la explotación. En la determinación de la cifra de negocio hay que tener presente que el IVA recuperable no forma parte de dicha magnitud (cuadro 3.3).

CUADRO 3.3

Ingresos y gastos de explotación

A) OPERACIONES CONTINUADAS

- **1. Importe neto de la cifra de negocios.**
  - *a*) Ventas.
  - *b*) Prestaciones de servicios.
- **2. Variación de existencias de productos terminados y en curso de fabricación.**
- **3. Trabajos realizados por la empresa para su activo.**
- **4. Aprovisionamientos.**
  - *a*) Consumo de mercaderías.
  - *b*) Consumo de materias primas y otras materias consumibles.
  - *c*) Trabajos realizados por otras empresas.
  - *d*) Deterioro de mercaderías, materias primas y otros aprovisionamientos.
- **5. Otros ingresos de explotación.**
  - *a*) Ingresos accesorios y otros de gestión corriente.
  - *b*) Subvenciones de explotación incorporadas al resultado del ejercicio.
- **6. Gastos de personal.**
  - *a*) Sueldos, salarios y asimilados.
  - *b*) Cargas sociales.
  - *c*) Provisiones.
- **7. Otros gastos de explotación.**
  - *a*) Servicios exteriores.
  - *b*) Tributos.
  - *c*) Pérdidas, deterioro y variación de provisiones por operaciones comerciales.
  - *d*) Otros gastos de gestión corriente.
- **8. Amortización del inmovilizado.**
- **9. Imputación de subvenciones de inmovilizado no financiero y otras.**
- **10. Excesos de provisiones.**
- **11. Deterioro y resultado por enajenaciones del inmovilizado.**
  - *a*) Deterioros y pérdidas.
  - *b*) Resultados por enajenaciones y otras.

A-1) RESULTADO DE EXPLOTACIÓN

Por el lado de los gastos, los aprovisionamientos (consumo de mercaderías, de materias primas y otros materiales consumibles), los gastos de personal, las amortizaciones del inmovilizado, las pérdidas por deterioro de existencias y operaciones de tráfico y otros gastos de explotación diferentes a los anteriores constituyen las principales rúbricas. A este respecto, es importante recordar la existencia de diversos métodos de valoración de las existencias (FIFO, precio medio ponderado) que condicionan no solamente el valor de las existencias al cierre de un ejercicio económico, tal y como se señalaba en el capítulo relativo al balance de situación, sino también el importe de los consumos y, por tanto, el cargo en la cuenta de pérdidas y ganancias. El cuadro 3.3 muestra la relación completa de las partidas que componen el resultado de la explotación.

EJEMPLO 3.2

La empresa TENA, S. A., comercializa en exclusiva un producto industrial al tiempo que mantiene una actividad productiva, consistente en la fabricación de piezas de plástico a partir de materias primas que adquiere a diversos suministradores. El detalle de las existencias iniciales y finales de mercaderías, materia prima y productos terminados, así como de las compras de materia prima y mercaderías, se muestra en el cuadro 3.4. A lo largo de 20X9 TENA, S. A., vendió a diversos clientes 65.000 unidades del producto que comercializa a un precio de 10 euros la unidad, practicando diversos descuentos comerciales por importe de 3.000 euros (IVA, 21 por 100). Se sabe que un cliente al que se le facturaron 20.000 unidades se benefició de un *rappel* de 2.000 euros, al tiempo que, por diversos defectos de fabricación, le fueron devueltos a TENA, S. A., 320 artículos. Las ventas de productos terminados, gravadas al 21 por 100, ascendieron a 300.000 euros, concediendo descuentos por pronto pago incluidos en factura por el 1 por 100 de la venta.

CUADRO 3.4

Aprovisionamientos y consumos

	Existencia inicial	Compras 20X9	Existencia final
Mercaderías	35.000	400.000	20.000
Materia prima	10.000	300.000	40.000
Productos terminados y en curso	20.000	—	15.000

Se pide determinar de forma razonada: el importe neto de la cifra de negocios y la cifra de consumos de mercaderías y materias primas, así como la variación de existencias de productos terminados y en curso.

a) *Importe neto de la cifra de negocios:* 938.800

Venta de mercaderías	65.000 × 10 = 650.000	
Descuento comercial	−3.000	
Rappel	−2.000	
Devoluciones (320 × 10)	−3.200	
SUBTOTAL	641.800	
Venta de productos terminados	300.000	
Descuento por pronto pago (1 por 100)	−3.000	
SUBTOTAL	297.000	
IVA 21 por 100 (641.800 + 297.000)		197.148
TOTAL FACTURA		1.135.948

b) *Determinación de la cifra de consumos del ejercicio:*

Consumo = Existencia inicial + Compras − Existencia final

Consumo de mercaderías: 415.000.
Consumo de materia prima: 270.000.
Variación de productos terminados y en curso: 5.000, que penalizan el resultado.

3.5.2. Resultado financiero

La separación del resultado de explotación del financiero supone considerar de forma separada las actividades típicas de explotación de las propiamente financieras, al objeto de que el lector (o lectora) de la cuenta de pérdidas y ganancias pueda conocer el resultado de la empresa, independientemente de la forma en que la misma financia sus inversiones. Conviene tener en cuenta, no obstante, que, tal y como se ha señalado en el epígrafe anterior, los descuentos por pronto pago en operaciones comerciales están incorporados al resultado de la explotación. El resultado financiero de la cuenta de pérdidas y ganancias registra, por un lado, los ingresos financieros que proceden de la cesión del capital financiero en busca de una rentabilidad, cualquiera que sea la forma jurídica en que se instrumente esta cesión. Recoge, entre otros, los rendimientos procedentes de inversiones en instrumentos de patrimonio y otros valores negociables, así como los ingresos procedentes de créditos y partidas a cobrar. En el lado de los gastos financieros, hay que considerar los intereses por deudas a corto y largo plazo. También figurarán las variaciones (tanto positivas como negativas) de valor razonable en instrumentos financieros y los deterioros y resultado por enajenación de esos mismos instrumentos. Por su parte, las diferencias de cambio, tanto positivas como negativas, se incorporan también al epígrafe de resultados financieros (véase cuadro 3.5).

CUADRO 3.5

Ingresos y gastos financieros

	12.	**Ingresos financieros.**	
		a) De participaciones en instrumentos de patrimonio.	
			a_1) En empresas del grupo y asociadas.
			a_2) En terceros.
		b) De valores negociables y de créditos del activo inmovilizado.	
			b_1) De empresas del grupo y asociadas.
			b_2) De terceros.
	13.	**Gastos financieros.**	
		a) Por deudas con empresas del grupo y asociadas.	
		b) Por deudas con terceros.	
	14.	**Variación de valor razonable en instrumentos financieros.**	
		a) Valor razonable con cambios en pérdidas y ganancias.	
		b) Transferencia de ajustes de valor razonable con cambios en el patrimonio neto.	
	15.	**Diferencias de cambio.**	
	16.	**Deterioro y resultado por enajenaciones de instrumentos financieros.**	
		a) Deterioros y pérdidas.	
		b) Resultados por enajenaciones y otras.	
A-2)	**RESULTADO FINANCIERO**		

La moneda extranjera

Las transacciones en moneda extranjera exigen diferenciar entre la moneda funcional y la moneda extranjera. La moneda funcional es la moneda del entorno económico en el que opera la empresa, que para las empresas domiciliadas en España, salvo prueba en contrario, será el euro. Pero en una economía tan internacionalizada, las empresas realizan también muchas transacciones cuyo importe se debe liquidar en moneda diferente a la funcional. Son las transacciones en moneda extranjera, operaciones que comportan un *riesgo de cambio,* dado que puede haber una diferencia entre su importe equivalente en euros en el momento inicial y en el momento de la liquidación o del cierre del ejercicio. La norma de valoración undécima del PGC regula el tratamiento de las diferencias de cambio que puedan surgir entre la valoración de la partida en el momento inicial y un momento posterior (vencimiento o cierre del ejercicio). A tal efecto, la citada norma de valoración establece una distinción entre las partidas más expuestas al riesgo de cambio —partidas monetarias— y las partidas que, por su mayor distancia a la liquidez, están menos expuestas al riesgo de cambio —partidas no monetarias—, tal y como se detalla en el cuadro 3.6.

CUADRO 3.6

Partidas monetarias y no monetarias

Partidas monetarias son el efectivo, así como los activos y pasivos que se vayan a recibir o pagar con una cantidad determinada o determinable de unidades monetarias. Se incluyen, entre otros, los préstamos y partidas a cobrar, los débitos y partidas y pagar y las inversiones en valores representativos de deuda.

Partidas no monetarias son los activos y pasivos que no se consideran partidas monetarias, tales como el inmovilizado material, las inversiones inmobiliarias, el fondo de comercio y demás intangibles, así como las existencias y las inversiones en el patrimonio de otras empresas, como partidas más significativas.

En el momento inicial toda transacción en moneda extranjera se convertirá a euros aplicando el tipo de cambio vigente en la fecha de la transacción. Al cierre del ejercicio las partidas monetarias se valorarán aplicando el tipo de cambio existente en esa fecha, llevando a resultados del ejercicio cualquier diferencia, positiva o negativa, que se origine en el proceso de conversión. Por su parte, las partidas no monetarias se valorarán en la fecha de cierre al mismo tipo de cambio de la fecha en que fueron registradas inicialmente, si bien la citada norma undécima del PGC señala que las partidas no monetarias valoradas a valor razonable (algunos instrumentos de patrimonio calificados como activos financieros a valor razonable con cambios en el patrimonio neto) se convertirán a euros aplicando el tipo de cambio de la fecha de determinación del valor razonable.

EJEMPLO 3.3

MARCILLA, S. A., domiciliada en Navarra y, por tanto, obligada a presentar sus cuentas en euros, facturó el 12 de noviembre de 20X0 diversos productos por importe de 65.000 dólares USA. La operación se liquidará en dólares USA el 14 de abril de 20X1. Las relaciones de cambio entre el euro y el dólar USA se muestran en el cuadro 3.7.

CUADRO 3.7

Valoración inicial y posterior de clientes en moneda extranjera

Fecha	Relación de cambio	Valoración cuenta clientes	Diferencia (positiva o negativa)
12/11/20X0	1 euro = 1,40 dólares USA	46.428,57	—
31/12/20X0	1 euro = 1,39 dólares USA	46.762,59	46.762,59 − 46.428,57 = 334,02
14/04/20X1	1 euro = 1,42 dólares USA	45.774,65	45.774,65 − 46.762,59 = −987,94

Al tratarse de una partida a cobrar, la mayor valoración de clientes en la fecha de cierre del ejercicio origina una diferencia positiva de 334,02 euros, que se reconoce como ingreso en la cuenta (768). El 14 de abril de 20X1 se cobran los 65.000 dólares USA, que, convertidos a euros al tipo vigente en ese momento, arrojan un total de 45.774,65 euros, provocando una pérdida de 987,94 euros, que se reconocen en la cuenta de resultados de 20X1 utilizando la cuenta (668). La diferencia entre el saldo de clientes reconocido a 31 de diciembre de 20X0 y la cantidad finalmente cobrada (45.774,65) se reconoce como pérdida en la cuenta de resultados de 20X1.

El registro contable de la operación anterior, desde la facturación hasta el cobro, responde al siguiente esquema:

12/11/20X0:

Cuenta		Debe	Haber
430	Clientes, moneda extranjera	46.428,57	
701	Ventas de producto terminado		46.428,57

31/12/20X0:

Cuenta		Debe	Haber
430	Clientes, moneda extranjera	334,02	
768	Diferencias positivas de cambio		334,02

14/04/20X1:

Cuenta		Debe	Haber
572	Banco c/c	45.774,65	
668	Diferencias negativas de cambio	987,94	
430	Clientes, moneda extranjera		46.762,59

Correcciones por deterioro

En el caso de activos cuya referencia valorativa venga expresada en moneda extranjera (por ejemplo, mercaderías, cuyo precio se expresa en divisa distinta al euro), al cierre del ejercicio se aplicará el tipo de cambio de la fecha a la que se refieren las cuentas anuales.

EJEMPLO 3.4

La sociedad anónima KASTIM, que realiza la totalidad de sus ventas en dólares USA, dispone de la siguiente información relativa a sus existencias de productos terminados:

Fecha	Valor de coste	Valor neto realización	Tipo de cambio
31/12/X7	10.000 €	11.000 $	1$ USA = 0,90 €
31/12/X8	15.000 €	16.000 $	1$ USA = 0,95 €

La situación de partida a 31/12/X7 muestra un deterioro de 100 euros, al ser el valor de coste (10.000 euros) superior al valor neto realizable (11.000 dólares × 0,9 = = 9.900 euros). Suponemos que el deterioro por importe de 100 ya ha sido convenientemente recogido en las cuentas anuales de 20X7.

Por la regularización de existencias a 31/12/X8:

Cuenta		Debe	Haber
712	Variación existencias productos terminados	10.000	
350	Existencias de productos terminados		10.000
	(baja de las existencias iniciales)		

Cuenta		Debe	Haber
350	Existencias de productos terminados	15.000	
712	Variación existencias productos terminados		15.000
	(incorporación de las existencias finales)		

En esa misma fecha, por la reversión del deterioro practicado en el ejercicio anterior:

Cuenta		Debe	Haber
395	Deterioro de valor de los productos terminados	100	
793	Reversión del deterioro de existencias		100
	(reversión del deterioro reconocido al cierre de 20X7)		

Por último, al resultar el precio de coste (15.000 euros) inferior al valor neto realizable (16.000 dólares × 0,95 = 15.200 euros), no es necesario practicar corrección valorativa alguna al cierre del ejercicio 20X8.

3.6. EL IMPUESTO SOBRE BENEFICIOS

Toda obtención de renta está sujeta a un gravamen al objeto de procurar que las Administraciones Públicas cuenten con recursos financieros suficientes con los que garantizar el gasto público. El impuesto sobre el beneficio de las empresas constituye una pieza esencial en la arquitectura impositiva de cualquier país, y España no es una excepción. En este sentido, la norma decimotercera del PGC señala que el impuesto sobre el beneficio se liquidará a partir de un resultado empresarial calculado de acuerdo a las normas fiscales que sean de aplicación. La alusión efectuada en un documento contable como es el PGC, en el sentido de contar con la normativa fiscal para liquidar el impuesto sobre beneficio de las empresas, pone de manifiesto la existencia de dos ámbitos normativos independientes entre sí: el ámbito contable y el ámbito fiscal.

3.6.1. Dos ámbitos independientes: el contable y el fiscal

El ámbito contable se rige por unos principios de los que se deducen unas normas cuyo principal objetivo es contribuir a la presentación de la imagen fiel de los resultados y del patrimonio de la entidad económica para que accionistas y otros usuarios de la información contable puedan orientar la toma de decisiones económicas. El ámbito fiscal, sin embargo, está determinado por la Administración Tributaria, que tiene un objetivo marcadamente recaudatorio, por lo que se rige por sus propias normas, coincidentes unas veces con las contables pero diferentes en otras ocasiones. Esto hace que la valoración asignada a los activos y pasivos desde una óptica contable pueda coincidir o no con la valoración fiscal de esos mismos activos y pasivos. Las divergencias que existen entre el importe en libros de un activo o un pasivo (valor contable) y el valor que constituye la base fiscal de los mismos reciben el nombre de diferencias temporarias. Así, por ejemplo, para un inmovilizado adquirido por 1.000 euros y amortizado de acuerdo a criterios y estimaciones contables en 5 años de forma lineal, pasado un año, su valor en libros es de 800. Sin embargo, bien puede ocurrir —y además es muy frecuente— que Hacienda, al objeto de incentivar a las empresas a realizar determinadas inversiones, permita computar mayores deducciones fiscales por amortización en los primeros años de vida del activo. Así, por ejemplo, puede legislar que las inversiones en ese tipo de activos se deduzcan a partes iguales en los dos primeros años de vida del activo. Esta medida determina, al cabo de un año, una base fiscal de 500, inferior en 300 a la base contable. La constatación de las diferencias entre el ámbito contable y el fiscal se visualiza en el siguiente esquema:

Valor contable	800
Base fiscal	500
Diferencia temporaria	300

A partir de estas consideraciones, el reconocimiento contable del gasto por impuesto sobre beneficios y de los efectos impositivos de las diferencias en la valoración (contable y fiscal) de los activos y pasivos se puede realizar de varias maneras:

a) A través del *procedimiento de la cuota a pagar,* se considera que el gasto por impuesto de sociedades coincide con la cuota líquida, calculada con criterios fiscales. Es decir, se toma como gasto la cuantía del pago que la empresa ha de efectuar por el impuesto, práctica que supone aplicar contablemente un criterio de caja, incompatible con el principio del devengo exigido en el Marco Conceptual, motivo por el que se rechaza esta opción.

b) Tomando en consideración las diferencias existentes entre el gasto por impuesto de sociedades y la cantidad a ingresar a Hacienda, es decir, reconociendo lo que se conoce como efecto impositivo o imposición diferida. A su vez, la forma de contabilizar el efecto impositivo conoce dos variantes, según se consideren las diferencias de valoración (contable y fiscal) en los elementos de la cuenta de resultados (gastos e ingresos) o en los activos y pasivos del balance de situación.

   b.1) A través del *método basado en el resultado* (método de la cuenta de resultados), que considera las diferencias entre los ingresos y gastos contables y los ingresos y gastos admitidos por la legislación tributaria, por lo que puede hablarse de diferencias entre el *resultado contable* y la *base imponible* o resultado fiscal. Estas diferencias pueden ser de dos tipos: *temporales* y *permanentes,* según reviertan o no en ejercicios futuros.

   b.2) A través del *método de la deuda basado en el balance,* que exige calcular las divergencias ocasionadas por la diferente valoración contable y fiscal de activos y pasivos. El método del balance lleva implícita la existencia de dos balances: uno que, construido de acuerdo a las normas contables, mostrará el resultado contable, y otro que, elaborado a partir de normas fiscales, presentará la cifra del resultado fiscal, que puede coincidir o no con el resultado contable. La deuda tributaria se calcula mediante criterios tributarios, pero el gasto por impuesto de sociedades se calcula con criterios contables. De este modo afloran las diferencias entre el gasto por impuesto de sociedades y la deuda tributaria, originando activos y pasivos fiscales, tal y como se expone en los siguientes apartados. Este es el procedimiento adoptado por la NIC 12 y el PGC 2007, que, en todo caso, requiere efectuar unas consideraciones previas a partir de algunas definiciones (cuadro 3.8).

Los epígrafes que vienen a continuación desarrollan con mayor amplitud los conceptos brevemente esbozados en el cuadro 3.8.

CUADRO 3.8

Definiciones previas

— Valor contable de un activo o pasivo.	Es el valor de un activo o pasivo en los libros contables.
— Base fiscal de un activo.	El importe atribuido a dicho activo de acuerdo a la legislación fiscal. Es el importe que en el futuro será gasto deducible para obtener el resultado fiscal.
— Base fiscal de un pasivo.	Es su valor contable menos cualquier importe que pudiera ser deducible fiscalmente en ejercicios futuros.
— Diferencias temporarias.	Diferencia existente entre el valor contable de un activo o pasivo y la base fiscal de ese activo o pasivo.
— Diferencias temporarias imponibles.	Aquellas que darán lugar a mayores cantidades a pagar o menores cantidades a devolver por impuestos en ejercicios futuros, normalmente a medida que se recuperen los activos o se liquiden los pasivos de los que se derivan.
— Diferencias temporarias deducibles.	Aquellas que darán lugar a menores cantidades a pagar o mayores cantidades a devolver por impuestos en ejercicios futuros, normalmente a medida que se recuperen los activos o se liquiden los pasivos de los que se derivan.
— Activos por impuestos diferidos.	Activos derivados de operaciones relacionadas con el impuesto sobre beneficios que serán recuperables en ejercicios futuros.
— Pasivos por impuestos diferidos.	Pasivos derivados de operaciones relacionadas con el impuesto sobre beneficios que darán lugar a mayores pagos en el futuro.
— Impuesto corriente.	Es la cuota líquida, calculada según las normas fiscales, del impuesto sobre beneficios. Cantidad ingresada o a ingresar.
— Base imponible	Es el resultado fiscal. Ingresos fiscales menos gastos fiscales.

3.6.2. El impuesto corriente: activos y pasivos por impuesto corriente

El impuesto corriente es la cantidad a pagar o recuperar por el impuesto sobre beneficios como consecuencia de las liquidaciones fiscales efectuadas en el ejercicio.

EJEMPLO 3.5

Sea el caso de una empresa cuyo balance contable coincida con su balance fiscal. No existen, por tanto, diferencias temporarias. Sabiendo que el resultado antes de impuestos asciende a 50.000 euros, se pide determinar el impuesto corriente y la deuda tributaria. Tipo impositivo: 30 por 100.

Resultado contable antes de impuestos	50.000
Base imponible	50.000
Tipo impositivo	30%
Cuota íntegra	15.000

El reconocimiento de la deuda tributaria por 15.000 euros obliga a reconocer un gasto por impuesto corriente por esta cantidad:

Cuenta		Debe	Haber
6300	Impuesto corriente	15.000	
4752	Hacienda Pública, acreedora por impuesto de sociedades		15.000

Hay que tener en cuenta, no obstante, que la Administración Tributaria suele recaudar el impuesto de forma gradual, exigiendo a las empresas pagos a cuenta y practicando retenciones sobre las rentas de capital cobradas en el ejercicio. Así, si a una empresa se le practica una retención de 300 euros sobre unos ingresos financieros de 2.000 euros y a lo largo de las autoliquidaciones trimestrales efectúa pagos a cuenta por importe de 900, habrá registrado el siguiente asiento contable:

Por la retención practicada:

Cuenta		Debe	Haber
572	Banco	1.700	
473	Hacienda Pública, retenciones y pagos a cuenta	300	
760	Ingresos de participaciones en instrumentos de patrimonio		2.000

Por los pagos a cuenta:

Cuenta		Debe	Haber
473	Hacienda Pública, retenciones y pagos a cuenta	900	
572	Banco		900

Tomando en consideración estos datos, la liquidación fiscal que deberá efectuar la empresa del ejemplo anterior se ajustará al siguiente esquema:

Resultado contable antes de impuestos	50.000
BASE IMPONIBLE	50.000
Tipo impositivo	30%
Cuota íntegra	15.000
Retenciones y pagos a cuenta (300 + 900)	−1.200
Deuda tributaria	13.800

Reconocimiento del impuesto corriente:

Cuenta		Debe	Haber
6300	Impuesto corriente	15.000	
473	Hacienda Pública, retenciones y pagos a cuenta		1.200
4752	Hacienda Pública, acreedora por impuesto de sociedades		13.800

3.6.3. Impuesto diferido: pasivos por impuestos diferidos

En el epígrafe anterior se ha desarrollado el caso en el que el único pasivo reconocido era el correspondiente al pasivo corriente, siendo el gasto por impuesto corriente el único que se reconocía en la contabilización del impuesto sobre beneficios. Sin embargo, en ocasiones el pasivo fiscal que se reconoce al efectuar la liquidación del impuesto sobre beneficios es mayor que la cifra del impuesto corriente. La diferencia entre el pasivo fiscal reconocido y el impuesto corriente es el *impuesto diferido*.

Considerar los impuestos diferidos exige reconocer, como ya se ha visto, la existencia de dos ámbitos diferentes y autónomos: el contable, con sus reglas, y el fiscal, con sus normas específicas. Asumiendo esto, los pasivos por impuestos diferidos tienen su origen en la diferente valoración contable y fiscal atribuida a elementos del balance, que dan lugar a mayores cantidades a pagar en ejercicios futuros. Piénsese, según se ha comentado anteriormente, en la diferente valoración que puede tener un inmovilizado sujeto a un programa especial de amortización acelerada a efectos fiscales, según se tome su valor en libros (valor contable) o su valor fiscal.

Ejemplo 3.6

Un inmovilizado adquirido por 1.000 euros y amortizado de acuerdo a criterios y estimaciones contables por importe de 200 cada ejercicio presenta un valor en libros al cabo de un año de 800 euros. Supóngase que existe una disposición fiscal que permite amortizar de forma acelerada ese activo en 2 años. Su base fiscal al cabo de un año asciende a 500 euros, lo que determina una diferencia temporaria por importe de 300 euros. Dicha diferencia temporaria obliga a reconocer un pasivo por impuesto diferido en los siguientes términos (suponemos un tipo impositivo del 30 por 100):

Valor contable	800
Base fiscal	500
Diferencia temporaria	300
Tipo impositivo	30%
Pasivo por impuesto diferido	90

Obsérvese que para la determinación del pasivo por impuesto diferido no ha sido necesario conocer el resultado del ejercicio, lo cual es una prueba más de la preeminencia del balance de situación sobre la cuenta de resultados, tal y como lo recoge el Marco Conceptual. Ha bastado, simplemente, conocer la diferente valoración del inmovilizado en los ámbitos contable y fiscal para, a partir de su diferencia, determinar el pasivo por impuesto diferido. La deuda reconocida con la Administración se cancelará en ejercicios futuros en forma de mayores pagos. Se trata, pues, de una *diferencia temporaria imponible*. La liquidación fiscal correspondiente al ejercicio en curso que presentará la empresa de nuestro ejemplo se ajustará al siguiente esquema (supóngase un beneficio antes de impuestos de 8.000, un tipo impositivo del 30 por 100 y unos pagos a cuenta por 700):

Resultado contable antes de impuestos	8.000
Diferencias temporales:	
Amortización acelerada	−300
BASE IMPONIBLE O RESULTADO FISCAL	7.700
Tipo impositivo	30%
Cuota íntegra	2.310
Retenciones y pagos a cuenta	−700
Deuda tributaria	1.610

El registro contable del impuesto sobre beneficios presenta un impuesto corriente por 2.310 equivalente a la deuda a liquidar con Hacienda (sin tener en cuenta los pagos a cuenta ya efectuados). Pero, simultáneamente, se contabiliza un gasto por impuesto diferido por 90 (30 por 100 de 300) equivalente al pasivo por impuesto diferido reconocido. Es decir, el ámbito contable reconoce un gasto por impuesto sobre sociedades de 2.400, mientras que la cantidad a pagar es de 2.310. La menor cantidad ingresada en Hacienda se liquidará en ejercicios futuros a medida que se recupere el importe en libros del activo.

Reconocimiento del impuesto corriente y diferido y del pasivo por impuesto diferido:

Cuenta		Debe	Haber
6300	Impuesto corriente	2.310	
6301	Impuesto diferido	90	
4752	Hacienda Pública, acreedora por impuesto de sociedades		1.610
479	Pasivo por diferencias temporarias imponibles		90
473	Hacienda Pública, retenciones y pagos a cuenta		700

Resultado antes de impuestos	8.000
Impuesto sobre beneficios	2.400
Resultado después de impuestos	5.600

El cuadro 3.9 muestra los valores de las diferencias temporarias imponibles y de los pasivos fiscales asociados a las mismas a partir de la constatación de los valores contables y fiscales del activo a lo largo de su vida útil. Lógicamente, al finalizar la vida útil del activo desaparecen las diferencias temporarias y se cancelan los pasivos por impuesto diferido.

CUADRO 3.9

Diferencias temporarias y pasivos por impuesto diferido a fin de ejercicio

Año	Valor contable	Base fiscal	Diferencia temporaria imponible		Pasivo por impuesto diferido	
			Al final del ejercicio	Variación	Al final del ejercicio	Variación
Año 1	800	500	300	300	90	90
Año 2	600	0	600	300	180	90
Año 3	400	—	400	(200)	120	(60)
Año 4	200	—	200	(200)	60	(60)
Año 5	0	—	0	(200)	0	(60)

Durante el año 2 se vuelve a generar un nuevo pasivo por impuesto diferido por importe de 90 como consecuencia de la diferencia temporaria imponible de 300 que se origina en ese ejercicio. La deuda por impuestos diferidos reconocida en el balance al final del año 2 se eleva a 180. A lo largo de los años 3, 4 y 5 la diferencia temporaria va disminuyendo paulatinamente, razón por la cual el saldo del pasivo por impuesto diferido también disminuye, hasta quedar reducido a 0 al final de la vida del activo. El cuadro 3.10 ofrece una explicación más detallada.

CUADRO 3.10

Diferencias temporarias y temporales

El *efecto impositivo* se produce cuando el impuesto sobre beneficios se contabiliza como un gasto de acuerdo al principio de devengo, mientras que la cantidad a pagar a la Administración Tributaria se rige por la normativa fiscal. La diferencia entre una cantidad y otra da lugar a los *impuestos diferidos*. El impuesto diferido surge, pues, por la existencia de *diferencias* entre los criterios contables y fiscales en el reconocimiento de los elementos de los estados financieros.

Cuando se consideran estas diferencias desde la *cuenta de resultados,* es decir, entre los ingresos y gastos reconocidos de acuerdo a criterios contables y los ingresos y gastos admitidos por la legislación fiscal, estamos en presencia de las diferencias *temporales y permanentes* según reviertan o no en ejercicios futuros. Pero si las diferencias se abordan desde la consideración de los elementos del balance de situación elaborado según criterios contables y los valores de los activos y pasivos que conformarían el hipotético balance fiscal (base fiscal de los activos y pasivos), entonces estamos hablando de *diferencias temporarias*.

Hasta la entrada en vigor del PGC-2007, el efecto impositivo estaba orientado por el enfoque basado en la cuenta de resultados. Sin embargo, tanto la NIC 12 como el PGC-2007 consideran el efecto impositivo desde el enfoque basado en el balance. Este cambio de enfoque permite el reconocimiento de activos o pasivos por impuestos diferidos aunque la divergencia entre el valor contable y fiscal de los elementos patrimoniales no haya afectado a la cuenta de resultados. Así, por ejemplo, un inmovilizado adquirido en régimen de arrendamiento financiero presenta, transcurrido un ejercicio, diferente valoración según se considere su valor contable o su base fiscal. Estaríamos en presencia de una *diferencia temporaria (imponible)* que dará lugar a un pasivo por impuesto diferido por la mayor cantidad a ingresar en ejercicios futuros. Pero también ocurre que esa misma divergencia se produce entre el gasto contable por amortización reconocido en la cuenta de resultados y el mayor gasto deducible admitido por la legislación fiscal para los elementos adquiridos en régimen de *leasing*. Se trata de una *diferencia temporal* que origina un pasivo por impuestos diferidos. En este caso la diferencia temporaria es también temporal.

Pero unos activos financieros a valor razonable con cambios en el patrimonio neto adquiridos por 5.000, y valorados (por aplicación del criterio del valor razonable) al cierre del ejercicio por 6.000, exigen el reconocimiento de unos ingresos imputados al patrimonio neto por importe de 1.000 (pero no a la cuenta de resultados). Mientras que el valor contable asciende a 6.000, la base fiscal del activo sigue siendo 5.000, surgiendo una diferencia temporaria por 1.000 que obliga a reconocer un pasivo por impuesto diferido por 300 (30 por 100 de la diferencia temporaria). Esta diferencia solo se aprecia desde el método del balance, mientras que el método basado en la cuenta de resultados la ignora, ya que no hay divergencias entre los ingresos y gastos reconocidos en la cuenta de resultados y los admitidos fiscalmente. Estamos ante una *diferencia temporaria que no es temporal*. Puede decirse que todas las diferencias temporales son temporarias, pero no todas las diferencias temporarias son temporales.

Desde el punto de vista exclusivamente fiscal, el carácter temporal de las diferencias debidas a los diferentes criterios de imputación utilizados para determinar el resultado contable (PGC) y la base imponible (Ley del Impuesto de Sociedades) se aprecia perfectamente en el cuadro 3.11, que toma los datos del ejemplo desarrollado en el presente epígrafe (inmovilizado de coste 1.000, vida útil 5 años, amortización lineal).

CUADRO 3.11

Diferencias temporales

Año	Gasto contable reconocido	Gasto fiscal admitido	Diferencia temporal
1	200	500	−300
2	200	500	−300
3	200		200
4	200		200
5	200		200
Total	1.000	1.000	0

Tanto la NIC 12 como el PGC proponen reconocer pasivos por impuestos diferidos siempre que aparezca una diferencia temporaria imponible. Las principales diferencias temporarias imponibles que dan lugar a la aparición de pasivos por impuestos diferidos se muestran en el cuadro 3.12.

CUADRO 3.12

Principales diferencias temporarias imponibles

Partida	Valor contable	Base fiscal
Inmovilizaciones materiales e inmateriales	El valor en libros será el precio de adquisición, minorado por las amortizaciones acumuladas.	La base fiscal es el precio de adquisición menos los importes ya deducidos de acuerdo a los porcentajes y tablas autorizados por Hacienda.
Bienes adquiridos en régimen de arrendamiento financiero	El valor en libros es el valor actualizado de los pagos que figuren en el contrato en el momento de la firma (valor al contado) menos la amortización acumulada calculada de acuerdo a la vida útil del activo.	En el momento inicial la base fiscal coincidirá con el valor contable. Con posterioridad la base fiscal se obtendrá restando al valor inicial los importes ya deducidos. A este respecto, Hacienda permite deducir la parte correspondiente a la recuperación del coste del bien con el límite del duplo de la cuota de amortización permitida fiscalmente. El exceso será deducible en los períodos impositivos sucesivos, respetando igual límite.

CUADRO 3.12 *(continuación)*

Partida	Valor contable	Base fiscal
Fondo de comercio	Su valor en libros será su importe puesto de manifiesto con motivo de una adquisición onerosa en el contexto de una combinación de negocios. El fondo de comercio se amortiza con un límite máximo de 10 años.	Su base fiscal será el importe reconocido en el momento inicial minorado por las deducciones practicadas en ejercicios anteriores. Hacienda permite deducciones fiscales del 5 por 100 anual.
Clientes por ventas a plazos	Su valor en libros equivale al importe de la operación de venta.	No se incorporan a la base fiscal de clientes los importes de las ventas con plazo de cobro superior a un año.
Activos financieros a valor razonable con cambios en el patrimonio neto	Se valoran por su valor razonable. Las variaciones de valor se imputan a cuentas de patrimonio neto.	Las variaciones de valor por aplicación del valor razonable no tienen efectos fiscales mientras no se imputen a la cuenta de pérdidas y ganancias.
Subvenciones de capital	Forman parte del patrimonio, por lo que no tienen valor contable como activo ni como pasivo. Su valor contable es cero.	Su valor fiscal (como pasivo) equivale al importe pendiente de llevar a resultados. Es el importe que todavía no ha tributado.

3.6.4. Impuesto diferido: activos por impuestos diferidos

De la misma manera que en unas ocasiones las divergencias entre los valores contable y fiscal de los activos y pasivos dan lugar a diferencias temporarias imponibles, analizadas en el epígrafe anterior, en otras ocasiones las divergencias entre el importe en libros de un activo o pasivo y el valor que constituye la base fiscal de los mismos dan lugar a la aparición de diferencias temporarias deducibles, es decir, a cantidades a recuperar en ejercicios futuros (reconocidas en el activo), como consecuencia, por lo general, de mayores pagos tributarios realizados en el ejercicio presente. Un *activo por impuesto diferido* se genera, por ejemplo, cuando el valor contable de un crédito a cobrar a clientes se encuentra minorado como consecuencia de haber practicado una corrección valorativa por insolvencias. La base fiscal del crédito contra clientes es, sin embargo, mayor, dado que Hacienda exige el cumplimiento de algunas condiciones para reconocer fiscalmente el deterioro por insolvencias de clientes. De acuerdo al artículo 13.1 de la Ley del Impuesto sobre Sociedades (LIS), Hacienda exige que hayan transcurrido seis meses desde el vencimiento de la obligación, o que el deudor esté declarado en situación de concurso, o procesado por el delito de alzamiento de bienes, o que las obligaciones hayan sido reclamadas judicialmente, para aceptar la minoración de la base fiscal del crédito contra clientes.

EJEMPLO 3.7

El balance de una empresa muestra un crédito contra clientes por importe de 800 minorado por una corrección valorativa de 150. Al no cumplirse ninguna de las condiciones contempladas en la LIS, la base fiscal del crédito contra clientes ascenderá a 800. La constatación de las diferencias entre el ámbito contable y el fiscal, así como el nacimiento del activo por impuesto diferido fruto de la mayor tributación practicada en el presente ejercicio, se visualiza en el siguiente esquema:

Valor contable (800 − 150)	650
Base fiscal	800
Diferencia temporaria	−150
Tipo impositivo	30%
Activo por impuesto diferido	45

Obsérvese, al igual que en el caso anterior, que para la determinación del activo por impuestos diferidos no ha sido necesario conocer el resultado del ejercicio, sino que ha bastado con conocer el valor en libros y la base fiscal del crédito contra clientes. La diferencia entre ambos valores, *diferencia temporaria deducible,* da lugar (mediante la aplicación del tipo impositivo correspondiente) a la aparición del activo por impuesto diferido, que se inscribirá en el balance como prueba del crédito contra la Administración. En todo caso, es importante recordar que para la inscripción de estos activos fiscales se exige que la empresa tenga una alta probabilidad de obtener ganancias fiscales futuras en cuantía suficiente que permitan su aplicación.

La liquidación fiscal correspondiente al ejercicio en curso que presentará la empresa de nuestro ejemplo se ajustará al siguiente esquema (supóngase un beneficio antes de impuestos de 3.300 y un tipo impositivo del 30 por 100):

Resultado contable antes de impuestos	3.300
Diferencias temporales:	
Corrección valorativa clientes	150
BASE IMPONIBLE	3.450
Tipo impositivo	30%
Cuota íntegra	1.035
Deuda tributaria	1.035

La contabilización del impuesto corriente y diferido, así como el reconocimiento del activo por la diferencia temporaria deducible, se ajusta al siguiente asiento:

Cuenta		Debe	Haber
(6300)	Impuesto corriente	1.035	
(4740)	Activos por diferencias temporarias deducibles	45	
(6301)	Impuesto diferido		45
(4752)	Hacienda Pública acreedora por impuesto sobre sociedades		1.035

Resultado antes de impuestos	3.300
Impuesto sobre beneficios (1.035 − 45)	990
Resultado del ejercicio	2.310

El gasto por impuesto corriente asciende a 1.035 euros, mientras que el gasto total por impuesto del ejercicio debe ser menor (1.035 − 45), dado que entre los 1.035 euros pagados se incluye la cantidad que se reconocerá como gasto fiscal en el ejercicio de la reversión (30 por 100 de 150). Es decir, el derecho a pagar menores impuestos en el futuro por importe de 45 queda recogido en la cuenta «Activos por impuesto diferido». El cuadro 3.13 presenta la evolución de las diferencias temporarias deducibles y el activo por impuesto diferido asociado a dicha diferencia.

Al final del año 2 ya no existen diferencias temporarias, dado que el valor contable es igual a la base fiscal. La disminución de la diferencia temporaria deducible acarrea la consiguiente minoración del activo por impuesto diferido, que acaba por desaparecer. Analizado el caso desde la perspectiva fiscal, el cuadro 3.14 muestra el carácter temporal de la diferencia surgida a causa del diferente criterio de imputación empleado en los gastos para la determinación del resultado contable y de la base imponible.

CUADRO 3.13

Diferencias temporarias y activos por impuesto diferido a fin de ejercicio

Año	Valor contable	Base fiscal	Diferencia temporaria-temporal deducible		Activo por impuesto diferido	
			Al final del ejercicio	Variación	Al final del ejercicio	Variación
Año 1	650	800	−150	(150)	45	45
Año 2	0	0	0	150	0	(45)

CUADRO 3.14

Diferencias temporales

Año	Gasto contable reconocido	Gasto fiscal admitido	Diferencia temporal
1	150	0	150
2	0	150	(150)
Total	150	150	0

Un resumen de las principales partidas que dan lugar a la aparición de activos por impuestos diferidos se muestra en el cuadro 3.15.

CUADRO 3.15

Principales diferencias temporarias deducibles

Partida	Valor contable	Base fiscal
Pérdidas por deterioro de créditos comerciales	El saldo de los créditos comerciales aparece por su importe neto, es decir, minorado por la pérdida.	Hacienda no permite la deducción de pérdidas por deterioro hasta transcurridos seis meses del vencimiento de la obligación, o que el deudor esté declarado en situación de concurso, entre otras.
Provisiones	Se reconocerán en el pasivo del balance por el valor actual de las probables salidas de activos (efectivo u otros).	Por lo general, Hacienda no permite el reconocimiento fiscal de pasivos por provisiones.
Activos financieros a valor razonable con cambios en el patrimonio neto	Se valoran por su valor razonable. Las variaciones de valor se imputan a cuentas de patrimonio neto.	Las variaciones de valor por aplicación del valor razonable no tienen efectos fiscales mientras no se imputen a la cuenta de pérdidas y ganancias.

En el caso de los activos financieros a valor razonable con cambios en el patrimonio neto, los ajustes por aplicación del valor razonable que disminuyan su valor deberán registrarse en el patrimonio neto, no teniendo efectos fiscales hasta el momento en que se recupere el activo (generalmente por la venta). Al mismo tiempo, hay que reconocer una diferencia temporaria deducible que da lugar a un activo por impuesto diferido.

3.6.5. Créditos por pérdidas a compensar

Tal como se recoge en la norma 13 del PGC, entre los activos por impuestos diferidos se podrán reconocer, además de las diferencias temporarias deducibles, los derechos a compensar en ejercicios posteriores como consecuencia de pérdidas fiscales en ejercicios anteriores. Esto significa que cuando la base imponible es negativa, surge un crédito a favor de la empresa (por el 30 por 100 de la pérdida fiscal) que se hará efectivo en próximas liquidaciones, siempre que en el futuro se obtengan bases imponibles positivas. En todo caso, en el ejercicio presente procederá recuperar las cantidades entregadas «a cuenta», tal y como se expone en el siguiente ejemplo.

EJEMPLO 3.8

Resultado contable	−100.000
BASE IMPONIBLE	−100.000
Tipo impositivo	30%
Cuota íntegra	−30.000
Cuota líquida	−30.000
Retenciones y pagos a cuenta	5.000

Los libros contables deberán reconocer un crédito a favor de la empresa por importe de 30.000 euros, a compensar en ejercicios futuros, al tiempo que se recuperarán en el ejercicio presente los 5.000 euros entregados a cuenta:

Cuenta		Debe	Haber
4745	Crédito por pérdidas a compensar del ejercicio	30.000	
4709	Hacienda Pública, deudora por devolución de impuestos	5.000	
6301	Impuesto diferido		30.000
473	Hacienda Pública, retenciones y pagos a cuenta		5.000

Se debe reconocer un activo por 30.000 euros equivalente al 30 por 100 de la pérdida registrada. Para el reconocimiento de este tipo de activos se exige que la empresa cuente con garantías suficientes de que va a generar beneficios en el futuro (la ley permite compensar pérdidas en los siguientes 15 años). En cualquier caso, la empresa recupera de forma inmediata los 5.000 euros entregados a cuenta a lo largo del ejercicio.

3.6.6. Diferencias permanentes, bonificaciones y deducciones de la cuota

De la misma manera que el impuesto sobre la renta de las personas físicas (IRPF) contempla unas deducciones de la cuota por diversos motivos (descendientes a cargo del contribuyente, inversión en vivienda, etc.), el impuesto sobre sociedades contempla una serie de bonificaciones y deducciones de la cuota a pagar con el fin de incentivar a las empresas en la consecución de los objetivos de política económica establecidos por el Gobierno. Así, por ejemplo, si una empresa efectúa inversiones en equipos medioambientales que prevengan o reduzcan la contaminación, Hacienda le permite deducir en el ejercicio el 10 por 100 del coste de la inversión. Otros motivos de deducción de la cuota son, por ejemplo, la contratación de trabajadores con minusvalías, la realización de actividades de I+D+i o la reinversión de beneficios extraordinarios, entre otros.

El importe de las bonificaciones y deducciones de la cuota supone un ahorro para la empresa beneficiaria, razón por la cual se descuenta para la obtención del gasto por impuesto corriente. Usando la terminología tributaria, *al importe de la cuota íntegra se le restará el de las bonificaciones y deducciones de la cuota para determinar la cuota líquida.*

Otras veces, en cambio, la Administración Tributaria no reconoce como gasto fiscal deducible del ejercicio presente ni de ningún otro el importe de algunas cantidades registradas en la cuenta de pérdidas y ganancias, tal y como ocurre, por ejemplo, con determinadas multas y sanciones. Se trata de las *diferencias permanentes*. En este caso, al resultado contable antes de impuestos se le sumará o restará, según proceda, el importe de aquellos ingresos o gastos que no tengan reconocimiento en el ámbito fiscal, con el fin de determinar lo que se conoce como *resultado contable ajustado*. A partir de la cifra del resultado contable ajustado se determinará la *base imponible* sin más que añadir (o restar) el importe de las *diferencias temporales*.

EJEMPLO 3.9

Sea el caso de una empresa que en el ejercicio 20X2 obtiene unos ingresos de 7.800.000 euros frente a unos gastos de 5.150.000 euros. Entre estos gastos contabilizados figura una partida de 200.000 euros correspondiente a una sanción fiscal impuesta por haber falseado la declaración del año anterior. La empresa se beneficia de una deducción fiscal especial de 30.000 euros por haber participado en un programa de I+D. Suponiendo que no hay diferencias temporarias, se pide determinar la base imponible y el impuesto corriente. Pagos a cuenta por importe de 20.000 euros. Tipo impositivo: 30 por 100.

Resultado contable (7.800.000 − 5.150.000)	2.650.000
+ diferencias permanentes	+200.000
RESULTADO CONTABLE AJUSTADO	2.850.000
+/−Diferencias temporales	0
BASE IMPONIBLE	2.850.000
Tipo impositivo	30%
Cuota íntegra	855.000
Bonificaciones	−30.000
Cuota líquida	825.000
Pagos a cuenta	−20.000
Deuda tributaria	805.000

Reconocimiento del impuesto corriente:

Cuenta		Debe	Haber
6300	Impuesto corriente	825.000	
4752	Hacienda Pública acreedora por impuesto de sociedades		805.000
473	Hacienda Pública, retenciones y pagos a cuenta		20.000

Resultado antes de impuestos	2.650.000
Impuesto sobre beneficios	825.000
Resultado del ejercicio	1.825.000

A modo de resumen, el ejemplo 3.10 desarrolla algunos de los principales aspectos analizados de forma individualizada en los epígrafes anteriores.

EJEMPLO 3.10

Una empresa obtiene en el ejercicio 20X1 unos ingresos de 6.500.000 euros frente a unos gastos de 6.150.000. Las divergencias entre los ámbitos contable y fiscal que pueden dar lugar a diferentes valoraciones de activos y pasivos en cada uno de sus ámbitos se concretan en los siguientes elementos:

1. Entre otros datos, se conoce que a comienzo del ejercicio la firma adquirió, en virtud de un contrato de arrendamiento financiero, un activo fijo de 5 años de vida útil y valor razonable de 35.000 euros, amortizándose por el procedimiento lineal de cuotas constantes sin valor residual. La empresa se acoge a las ventajas fiscales que le ofrece el artículo 106 de la Ley del Impuesto de Sociedades, por lo que aplica mayores gastos fiscales de acuerdo a la información del cuadro 3.16.

CUADRO 3.16

Amortización contable y fiscal del activo adquirido en leasing*

Año	Amortización contable (gasto reconocido)	Amortización fiscal (deducción fiscal admitida)
20X1	7.000	10.585,81
20X2	7.000	11.213,37
20X3	7.000	12.137,36
20X4	7.000	1.063,44
20X5	7.000	—
Total	35.000	35.000,00

* Información elaborada a partir de los datos del cuadro 2.12 del capítulo anterior.

2. Un inmovilizado adquirido a comienzos del año 20X1 por 90.000 euros, que se amortiza desde el punto de vista contable de acuerdo al procedimiento de cuotas constantes en 5 años, se encuentra acogido a un programa de amortización acelerada en virtud del cual se puede deducir fiscalmente en 3 años a partes iguales.

3. Al final del año 20X1 la cuenta de clientes registraba un importe bruto de 50.000 euros, si bien mostraba una corrección valorativa de 6.000. De acuerdo a la legislación fiscal vigente, la corrección valorativa no se puede deducir en el ejercicio 20X1, pero sí podrá ser deducible en el año 20X2.
4. La empresa es propietaria de una cartera de activos financieros. Se trata de 2.000 acciones adquiridas a lo largo de 20X1 por el importe de 20 euros cada una, que al cierre del ejercicio cotizan a 22 euros. La empresa en el momento de su reconocimiento inicial ha realizado la elección irrevocable de presentar los cambios posteriores en el valor razonable directamente en el patrimonio neto. Los títulos se venden en el año 20X2 cuando la cotización asciende a 23 euros.

Se sabe, además, que a lo largo del año 20X1 se han realizado diversos pagos a cuenta del impuesto sobre beneficios por importe de 5.200 euros. La empresa se beneficia en el año 20X1 de una bonificación especial de 6.000 euros por reinversión de plusvalías, que decide aplicarlas en su totalidad en dicho ejercicio. También se conoce que una multa medioambiental por importe de 3.000 euros reconocida como gasto en la cuenta de pérdidas y ganancias del año 20X1 no es deducible fiscalmente. Suponiendo que no hay más incidencias que las señaladas en los apartados anteriores, se pide determinar los activos y pasivos por impuestos diferidos para los próximos 5 ejercicios contables y efectuar, asimismo, la liquidación tributaria del año 20X1 determinando el impuesto corriente y el impuesto diferido.

Propuesta de solución comentada

Arrendamiento financiero (cuadro 3.17)

A partir de la información recogida en el cuadro 3.16 se puede elaborar el cuadro 3.17, que recoge el valor contable y la base fiscal del elemento en arrendamiento financiero al final de cada uno de los ejercicios (columnas 3 y 4). Mediante la resta de estos valores se obtiene el importe de las diferencias temporarias al cierre de cada ejercicio (5). El resto de las columnas se explica a continuación.

Amortización acelerada del inmovilizado (cuadro 3.18)

La menor base fiscal del activo material al final del ejercicio 20X1 es la causa de la diferencia temporaria imponible por importe de 12.000 euros. Aplicando el 30 por 100 a dicha diferencia, se obtiene un pasivo por impuesto diferido por importe de 3.600 euros. El cuadro 3.18 permite efectuar un seguimiento de la operación a lo largo de la vida útil del activo amortizable. A lo largo de los años 20X2 y 20X3 se originan nuevos pasivos por impuestos diferidos por importe de 3.600 cada año, de forma que al final del año 20X3 el saldo de la cuenta asciende a 10.800 euros. A partir del año 20X4 comienza la reversión de la diferencia por importe de 5.400

(años 4 y 5). Al final de la vida útil se han saldado los pasivos por impuestos diferidos.

CUADRO 3.17

Diferencias temporarias imponibles y pasivos por impuesto diferido

	Gasto contable (1)	Gasto fiscal (2)	Valor contable (3)	Base fiscal (4)	Diferencia temporaria temporal (5) (3) − (4)	Variación de la diferencia temporaria (6)	Pasivo por impuesto diferido a final de año (7) = 30% (5)	Variación del pasivo fiscal (8) = 30% (6)
20X1	7.000	10.585,81	28.000	24.414,20	3.585,80	3.585,80	1.075,74	1.075,74
20X2	7.000	11.213,37	21.000	13.200,82	7.799,18	4.213,38	2.339,75	1.264,01
20X3	7.000	12.137,36	14.000	1.063,44	12.936,56	5.137,38	3.880,97	1.541,21
20X4	7.000	1.063,44	7.000	—	7.000,00	(5.936,56)	2.100,00	(1.780,97)
20X5	7.000	—	—	—	—	(7.000,00)	—	(2.100,00)

(1) y (2) Según datos del cuadro 3.16.

(3) *Valor contable*. Diferencia entre 35.000 y la amortización contable acumulada al final de cada año.

(4) *Base fiscal*. Se obtiene restando a 35.000 el gasto fiscal acumulado al final de cada año. Es lo que queda pendiente de deducir.

(5) *VC − BF*. Es el importe de la diferencia temporaria al final de cada año.

(6) *Variación de la diferencia*. Se obtiene restando la diferencia temporaria del año en curso menos la diferencia temporaria del año anterior. En el arrendamiento financiero al final de la vida útil del activo las diferencias se compensan. A las diferencias temporarias que con el paso del tiempo se acaban saldando se les denomina también diferencias temporales.

(7) *Pasivo por impuesto diferido*. Se obtiene aplicando el tipo impositivo (30 por 100) al saldo de la diferencia temporaria al final de cada ejercicio.

(8) *Variación del pasivo por impuesto diferido*. Se puede obtener de dos maneras: aplicando el tipo impositivo (30 por 100) a la columna (6) o mediante la resta entre el pasivo por impuesto diferido del año en curso y el valor del año anterior.

El pasivo por impuesto diferido a reconocer en el ejercicio 20X1 asciende a 1.075,74.

CUADRO 3.18

Diferencias temporarias y pasivos por impuesto diferido a fin de ejercicio

Año	Valor contable	Base fiscal	Diferencia temporaria imponible		Pasivo por impuesto diferido	
			Al final del ejercicio	Variación	Al final del ejercicio	Variación
20X1	72.000	60.000	12.000	12.000	3.600	3.600
20X2	54.000	30.000	24.000	12.000	7.200	3.600
20X3	36.000	—	36.000	12.000	10.800	3.600
20X4	18.000	—	18.000	(18.000)	5.400	(5.400)
20X5	0	—	0	(18.000)	0	(5.400)

El pasivo por impuesto diferido a reconocer en el ejercicio 20X1 asciende a 3.600.

Corrección valorativa en clientes (cuadro 3.19)

El cuadro 3.19 permite seguir las diferencias temporarias surgidas como consecuencia de la diferente valoración de los créditos contra clientes en los ámbitos contable y fiscal. Se trata de una diferencia temporaria surgida en el año 20X1 que da lugar a la aparición de un activo por impuesto diferido por importe de 1.800 euros (derecho a menores pagos en ejercicios futuros). En el ejercicio siguiente (año 20X2) desaparecerá la diferencia, provocando la cancelación del activo por impuesto diferido.

CUADRO 3.19

Diferencias temporarias y activos por impuesto diferido a fin de ejercicio

Año	Valor contable	Base fiscal	Diferencia temporaria deducible		Activo por impuesto diferido	
			Al final del ejercicio	Variación	Al final del ejercicio	Variación
20X1	44.000	50.000	−6.000	−6.000	1.800	1.800
20X2	0	0	0	6.000	0	(1.800)

El activo por impuesto diferido a reconocer en el ejercicio 20X1 es 1.800.

Activos financieros a valor razonable con cambios en el patrimonio neto

Valoración inicial de los activos financieros	2.000 × 20 = 40.000
Valoración al cierre del ejercicio	2.000 × 22 = 44.000
Variación imputable al neto	4.000
Pasivo por impuesto diferido (30 por 100)	1.200

El reconocimiento contable de la variación de los activos financieros, su imputación a cuentas de patrimonio neto y el reconocimiento del pasivo por impuestos diferidos se plasma mediante los siguientes asientos:

Por la aplicación del valor razonable y su imputación a la cuenta (900):

Cuenta		Debe	Haber
250	Inversiones financieras a largo plazo en instrumentos de patrimonio	4.000	
900	Beneficios en activos financieros a valor razonable con cambios en el patrimonio neto		4.000
8301	Impuesto diferido	1.200	
479	Pasivo por diferencias temporarias imponibles		1.200

Regularización de los grupos 8 y 9 y reconocimiento de la variación de neto patrimonial:

Cuenta		Debe	Haber
900	Beneficios en activos financieros a valor razonable con cambios en el patrimonio neto	4.000	
8301	Impuesto diferido		1.200
133	Ajustes por valoración en activos financieros a valor razonable con cambios en el patrimonio neto		2.800

Tras la realización de estas anotaciones, el balance de situación al final del año 20X1 mostrará un pasivo por impuesto diferido por importe de 1.200.

El cuadro 3.20 presenta las diferencias temporarias correspondientes a cada una de las partidas sobre las que existen divergencias valorativas en los ámbitos contable y fiscal, así como los activos y pasivos por impuestos diferidos reconocidos en la empresa del ejemplo al final del año 20X1.

CUADRO 3.20

Diferencias temporarias y activos/pasivos diferidos al final del ejercicio 20X1

	Valor contable	Base fiscal	Diferencia temporaria	Activo (A) o pasivo (P) por impuesto diferido
Activo en arrendamiento financiero	28.000	24.414,20	3.585,80	1.075,74 (P)
Activo amortización acelerada	72.000	60.000,00	12.000,00	3.600,00 (P)
Crédito clientes	44.000	50.000,00	(6.000,00)	1.800,00 (A)
Activos financieros a valor razonable con cambios en el patrimonio neto	44.000	40.000,00	4.000,00	1.200,00 (P)

Para el cálculo de la base imponible y el impuesto corriente del año 20X1 se puede proceder de acuerdo al siguiente esquema:

Resultado contable (6.500.000 − 6.150.000)	350.000,00
+ Diferencias permanentes	+3.000,00
± Diferencias temporarias:	
Arrendamiento financiero	−3.585,80
Amortización acelerada	−12.000,00
Insolvencia de clientes	+6.000,00
BASE IMPONIBLE	343.414,20
Tipo impositivo	30%

Cuota íntegra	103.024,26
Bonificaciones	−6.000,00
Cuota líquida	97.024,26
Pagos a cuenta	−5.200,00
Deuda tributaria	91.824,26

Como puede verse, la diferencia surgida por la aplicación del valor razonable a los activos financieros a valor razonable con cambios en el patrimonio neto no modifica la base imponible del ejercicio. Esto significa que la aplicación del criterio del valor razonable es neutra fiscalmente, ya que la plusvalía registrada por el incremento de valor no tributa en el ejercicio en que se reconoce la misma, sino en el año en que se realice el activo financiero, generalmente cuando se venda la inversión.

Reconocimiento del impuesto corriente:

Cuenta		Debe	Haber
6300	Impuesto corriente	97.024,26	
6301	Impuesto diferido	2.875,74	
4740	Activos por diferencias temporarias deducibles	1.800,00	
4752	Hacienda Pública, acreedora por impuesto de sociedades		91.824,26
473	Hacienda Pública, retenciones y pagos a cuenta		5.200,00
479	Pasivos por diferencias temporarias imponibles		4.675,74

- Impuesto corriente: coincide con la cuota líquida.
- Impuesto diferido: saldo entre los activos y pasivos por diferencias temporarias.
- Activos por diferencias temporarias deducibles: según cuadro 3.17.
- Pasivos por diferencias temporarias imponibles: según cuadro 3.17 (1.075,74 + + 3.600). Pero, además, el balance de situación deberá informar del pasivo por diferencias temporarias imponibles originado por la revalorización de los activos financieros a valor razonable reconocidos directamente en el momento de la revalorización.
- Hacienda Pública, acreedora por impuesto de sociedades: deuda tributaria reconocida en el ejercicio presente.

Una vez calculado el impuesto sobre beneficios, la cuenta de pérdidas y ganancias deberá contener, en sus últimas líneas, la siguiente información:

Resultado antes de impuestos	350.000
Impuesto sobre beneficios (97.024,26 + 2.875,74)	99.900
Resultado del ejercicio	250.100

Los cuadros 3.21 a 3.24 informan, respectivamente, de las diferencias temporarias al final de los años 20X2 a 20X5, así como de los activos o pasivos por impuestos diferidos que lucirán en los respectivos balances de situación. La variación de los saldos activos y pasivos por impuestos diferidos da la medida del asiento contable a realizar al cierre del ejercicio. Tal y como recoge el enunciado, los activos financieros se venden a lo largo del ejercicio 20X2, por lo que desaparece cualquier referencia a los mismos.

CUADRO 3.21

Diferencias temporarias y activos/pasivos diferidos al final del ejercicio 20X2

	Valor contable	Base fiscal	Diferencia temporaria	Activo (A) o pasivo (P) por impuesto diferido
Activo en arrendamiento financiero	21.000	13.200,82	7.799,18	2.339,75 (P)
Activo amortización acelerada	54.000	30.000,00	24.000,00	7.200,00 (P)
Crédito clientes	0	0	0	0
Activos financieros a valor razonable con cambios en el patrimonio neto	0	0	0	0

Para el año 20X2, por lo que al arrendamiento financiero respecta, el pasivo por impuesto diferido se deberá incrementar en 1.264,01 (2.339,75 − 1.075,74), mientras que por el activo amortizado de forma acelerada el incremento será de 3.600 (7.200 − 3.600).

El activo por diferencias temporarias deducibles se cancela, es decir, se abona por importe de 1.800. Por su parte, la plusvalía generada por la venta de los activos financieros a valor razonable con cambios en el patrimonio neto se integrará en la base imponible del ejercicio 2.

Los ajustes a realizar en los activos y pasivos por diferencias temporarias imponibles en los años 20X3, 20X4 y 20X5 se pueden deducir de forma similar a partir de los datos de los cuadros siguientes.

CUADRO 3.22

Diferencias temporarias y activos/pasivos diferidos al final del ejercicio 20X3

	Valor contable	Base fiscal	Diferencia temporaria	Activo o pasivo por impuesto diferido
Activo en arrendamiento financiero	14.000	1.063,44	12.936,56	3.880,97 (P)
Activo amortización acelerada	36.000	0,00	36.000,00	10.400,00 (P)

CUADRO 3.23

Diferencias temporarias y activos/pasivos diferidos al final del ejercicio 20X4

	Valor contable	Base fiscal	Diferencia temporaria	Activo o pasivo por impuesto diferido
Activo en arrendamiento financiero	7.000	0	7.000	2.100 (P)
Activo amortización acelerada	18.000	0	18.000	5.400 (P)

CUADRO 3.24

Diferencias temporarias y activos/pasivos diferidos al final del ejercicio 20X5

	Valor contable	Base fiscal	Diferencia temporaria	Activo o pasivo por impuesto diferido
Activo en arrendamiento financiero	0	0	0	0
Activo amortización acelerada	0	0	0	0

3.7. EL ESTADO DEL VALOR AÑADIDO

Además de la cuenta de pérdidas y ganancias, de elaboración obligatoria por todas las empresas, la profesión contable ha desarrollado otros modelos explicativos de los resultados generados por la empresa y del reparto efectuado con los mismos. Uno de ellos es la *cuenta de pérdidas y ganancias analítica,* estado contable que, manteniendo la clasificación por naturaleza de la cuenta de pérdidas y ganancias convencional, aporta un enorme potencial analítico al permitir la determinación de magnitudes tan importantes como el *valor de la producción* y el *valor añadido* por la empresa, verdaderamente representativas de la actividad desarrollada por la entidad. Estas magnitudes tienen la ventaja de que son comparables con las obtenidas por otras empresas, dado que en su cálculo no entran ni las amortizaciones ni las pérdidas por deterioro, que, como se sabe, se determinan a partir de estimaciones no exentas de una cierta subjetividad.

3.7.1. Concepto y determinación del valor añadido

La confección de un estado del valor añadido exige determinar previamente el *valor de la producción* sumando a la cifra de negocios la correspondiente a la variación de los productos terminados y en curso de fabricación, así como el importe de las subvenciones a la explotación y los trabajos realizados para el inmovilizado. Determinado el valor de la producción, habrá que restar los consumos de existencias y los gastos agrupados en la categoría de «Otros gastos de explotación», para obtener el *valor añadido de la empresa*. El valor añadido representa, por tanto, la diferencia entre la producción del período y los consumos exteriores; es decir:

$$VA = P - C \qquad [1]$$

donde:

P = Producción.
C = Consumos.

Desde un punto de vista macroeconómico, el valor añadido constituye la aportación que realiza cada empresa al Producto Interior Bruto del país. Se trata, por tanto, de una magnitud indicativa del esfuerzo productivo realizado por la empresa y del excedente generado por la misma.

Sin embargo, el resultado empresarial también es un indicador del excedente empresarial, por lo que conviene precisar acerca de las diferencias entre estas dos magnitudes. La diferencia fundamental radica en el hecho de que mientras que para determinar el resultado empresarial se toman en consideración todos los ingresos y gastos ocurridos en la empresa a lo largo del ejercicio económico, para la determinación del valor añadido solamente se tienen en cuenta el valor de la producción y los consumos de bienes y servicios que proceden del exterior.

Dado que la empresa se sitúa en un lugar intermedio entre el mercado de aprovisionamiento, del que obtiene los factores necesarios, y el de consumo final, al que va destinada la producción, existen dos procedimientos para la determinación del valor añadido. El primero de ellos, conocido como método sustractivo, consiste en restar del valor de la producción el importe de los consumos intermedios empleados en la misma (véase ecuación 1). El otro procedimiento, en cambio, determina el valor añadido sumando la retribución de los factores que han contribuido a la generación de dicho valor añadido. Es el método aditivo o de distribución:

$$VA = S + I + D + T + A + F \qquad [2]$$

donde:

S = Retribución del personal, incluidas cargas sociales.
I = Intereses de la deuda.
D = Dividendos satisfechos a los accionistas.
T = Impuestos directos.
A = Amortizaciones.
F = Resultado retenido por la empresa (reservas).

En realidad, se trata de las dos vertientes de un concepto cuya presentación en forma de estado contable permite visualizar la generación del valor añadido y el reparto del mismo entre los partícipes que han intervenido en su generación. El cuadro 3.25 presenta, de forma esquemática, el reparto del valor añadido entre los agentes que han contribuido a su formación.

Así, la participación de los trabajadores viene determinada por el importe de los salarios recibidos —incluidas las cotizaciones a la Seguridad Social— y salarios diferidos como aportaciones a sistemas de pensiones. El capital ajeno encuentra su retribución en forma de intereses, registrados en la empresa como gastos financieros. Adicionalmente, el Estado también participa de la distribución del valor añadido de la empresa a través de los impuestos sobre beneficios y otros tributos pagados de forma periódica a la Administración. Por último, el capital propio y la propia empresa también encuentran su remuneración. El primero, a través de los dividendos pagados a los accionistas, y la segunda, mediante la dotación de amortizaciones y correcciones valorativas que garantizan la continuidad de la misma y mediante la constitución de reservas que fortalecen la estructura empresarial.

Conviene matizar, no obstante, que la retribución de los partícipes anteriores proviene no solamente del valor añadido de la empresa, sino que, en muchos casos, habrá que tener en cuenta otras rentas que llegan a la empresa a través de dividendos e intereses pagados por otras unidades económicas y otros ingresos no relacionados con actividades productivas (por ejemplo, por venta de inmovilizado). El cuadro 3.26 recoge la diferencia entre el valor añadido y el valor distribuido.

CUADRO 3.25

La distribución del valor añadido

Valor añadido	Empleados	Sueldos y salarios Cargas sociales Aportación a sistemas de pensiones
	Capital ajeno	Gastos financieros
	Participación de la empresa	Amortizaciones Correcciones valorativas Reservas
	Estado	Impuesto de sociedades Otros atributos
	Accionistas	Dividendos

CUADRO 3.26

Valor añadido y valor distribuido

+ Cifra de negocios y otros ingresos de explotación (producción) − Costes externos = VALOR AÑADIDO
+ Intereses recibidos + Otros ingresos = VALOR DISTRIBUIDO
+ Retribución del personal + Impuestos directos + Intereses satisfechos + Dividendos + Autofinanciación (amortizaciones, provisiones y reservas)

3.7.2. Modelo de estado del valor añadido

La presentación de la información contenida en el cuadro 3.26 puede adoptar la forma de estado contable, de manera que permita obtener datos acerca de la obtención del valor añadido y de la distribución del mismo entre los partícipes que han contribuido a su generación. Se trata de un estado contable no normalizado por los organismos reguladores, no exento de cierta controversia dadas las diferentes opciones de tratar la información contenida en el mismo. El Estado del Valor Añadido puede definirse como un estado económico-financiero, que recoge información histórica acerca de la corriente real de la empresa, y muestra el valor económico generado por una unidad productiva y su distribución entre quienes han contribuido a su creación.

El ejemplo 3.10, que se desarrolla a continuación, presenta la cuenta de pérdidas y ganancias de la empresa COMETA, S. A., correspondiente al ejercicio *n* (cuadro 3.27), de la que se obtiene el estado del valor añadido y su distribución (cuadro 3.28). Para la confección de este último estado contable se ha supuesto que el resultado del ejercicio se destina en un 50 por 100 a pago de dividendos y en el otro 50 por 100 a constituir reservas.

El tratamiento otorgado a la partida «Otros ingresos» exige efectuar algunas precisiones. Cuando la empresa obtiene resultados sin transformar los factores de producción en producto o servicio (venta de un inmovilizado o imputación de una subvención de capital), no se produce valor añadido para la economía, aunque las plusvalías generadas se puedan repartir entre los diferentes agentes. En el caso de la empresa COMETA, S. A., los 6.100 euros de beneficio que se obtienen como consecuencia de la venta del inmovilizado y de la imputación a resultados de la subvención de capital no forman parte del valor añadido generado, pero deben incluirse

CUADRO 3.27

Cuenta de pérdidas y ganancias de COMETA, S. A.

	Importe año *n*
1. Importe neto de la cifra de negocios.	59.000
2. Aumento de existencias de productos terminados y en curso de fabricación.	4.600
4. Aprovisionamientos.	(32.000)
5. Otros ingresos de explotación.	2.400
6. Gastos de personal.	(18.000)
7. Otros gastos de explotación.	(4.000)
8. Amortización del inmovilizado.	(5.000)
9. Imputación de subvenciones de inmovilizado no financiero y otras.	2.600
11. Deterioro y resultado por enajenación del inmovilizado.	3.500
A) RESULTADO DE EXPLOTACIÓN (1 + 2 + 3 + 4 + 5 + 6 + 7 + 8 + 9 + 10 + 11)	13.100
12. Ingresos financieros.	3.200
13. Gastos financieros.	(4.000)
15. Diferencias de cambio.	(1.500)
B) RESULTADO FINANCIERO (12 + 13 + 14 + 15 + 16)	(2.300)
C) RESULTADO ANTES DE IMPUESTOS (A + B)	10.800
17. Impuestos sobre beneficios.	(3.700)
D) RESULTADO DEL EJERCICIO (C + 17)	7.100

como valor o excedente a repartir entre empleados, suministradores de fondos, empresa y Estado, tal y como queda recogido en el cuadro 3.28.

CUADRO 3.28

Estado del valor añadido

Origen	***n***	**Distribución**	***n***	**%**
Ventas netas	59.000	Empleados	18.000	44,66
+ Variación de existencias	4.600	Capital ajeno	5.500	13,65
+ Subvenciones a la explotación	2.400	Propietarios	3.550	8,81
Valor de la producción	**66.000**	Participación de la empresa	8.550	21,22
Compras netas	−32.000	Dotación a la amortización	5.000	
Gastos externos	−4.000	Reservas	3.550	
Valor añadido generado	**30.000**	Participación del Estado	4.700	11,66
Otros ingresos	6.100	Impuesto sobre beneficios	3.700	
Imputación subvenciones capital	2.600			
Resultado venta inmovilizado	3.500			
Ingresos financieros	3.200			
Valor añadido a repartir	**39.300**	**Total**	**39.300**	**100,00**

Adicionalmente, el tratamiento de las subvenciones no está exento de cierta controversia. Las subvenciones de capital destinadas a financiar la estructura fija de la empresa no se incluyen en el cálculo del valor añadido generado por la empresa, dado que no constituyen operaciones relacionadas directamente con la actividad productiva de la misma. No obstante, las rentas generadas en la posterior reversión sí formarán parte del valor a repartir. Las subvenciones de explotación, en cambio, dada la mayor vinculación de las mismas con la actividad productiva de la empresa, pueden integrarse en el valor añadido generado por la firma, tal y como lo entiende la Central de Balances del Banco de España. Por último, con relación a los ingresos financieros, al tratarse de rentas no relacionadas con la actividad de la empresa, no se incluyen en el cálculo del valor añadido generado, aunque sí se incorporan en el valor a repartir.

En definitiva, la principal aportación del EVA proviene de su potencial informativo acerca de la capacidad de la firma para generar rentas. Simultáneamente, la distribución de las mismas entre los diversos estamentos y grupos sociales permite ver la participación de los mismos en la riqueza generada. A pesar de lo anterior, el EVA presenta alguna insuficiencia, derivada, principalmente, de la ausencia de un modelo normalizado común a todas las empresas, lo que dificulta la comparabilidad.

BIBLIOGRAFÍA

AECA (2010).
Alonso, A. y Pousa, R. (2007).
Borrás Amblar, F. y Navarro Alcaraz, J. V. (2021).
Campuzano, M. (2008).
Carrasco y otros (2009).
Gallizo Larraz, J. L. (1993).
— (2011).
Real Decreto 1/2021, de 12 de enero.

ANEXO 3.I. LOS RESULTADOS EN LA CUENTA DE PÉRDIDAS Y GANANCIAS

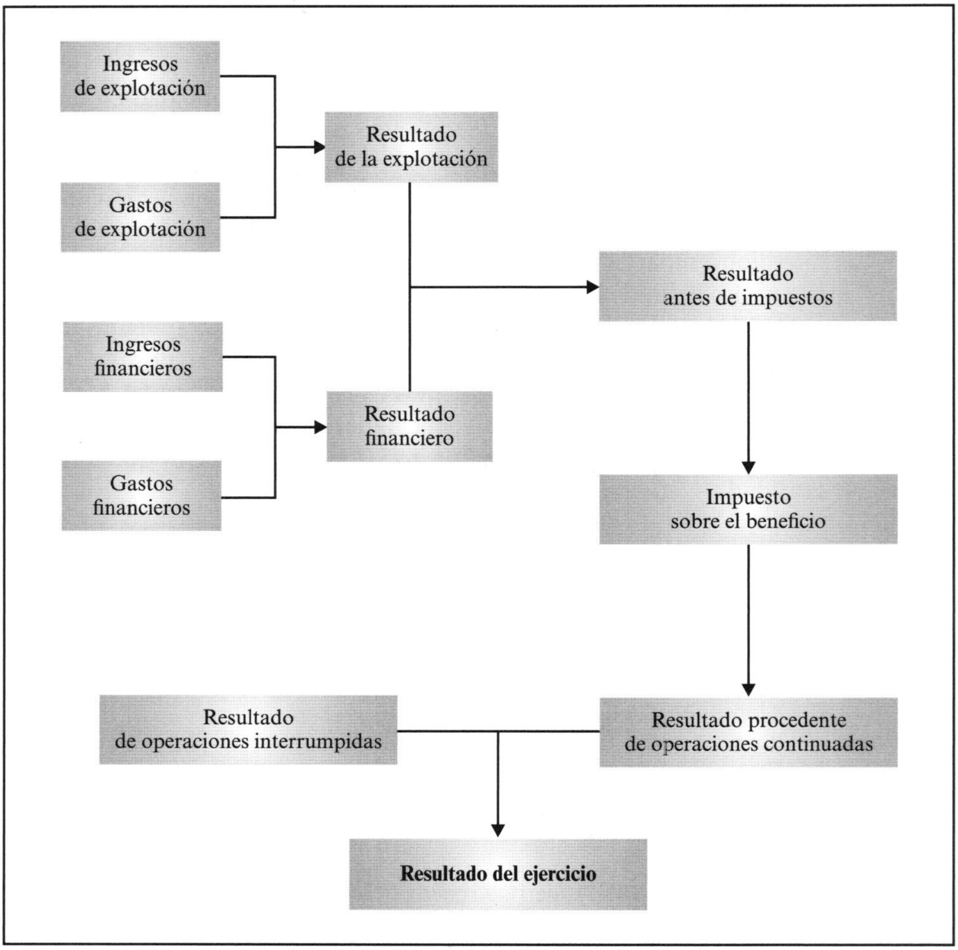

CUESTIONES Y EJERCICIOS

1. El resultado empresarial:

a) Es una magnitud cierta, objetiva, única y singular.
b) Es una cifra obtenida a partir de la asunción de hipótesis con cierta dosis de incertidumbre.
c) Se obtiene comparando magnitudes homogéneas.
d) Es una magnitud libre de condicionantes, tanto desde el punto de vista legal como del fiscal.

2. El resultado de explotación:

a) Es siempre mayor que el resultado financiero.
b) Es siempre mayor que el resultado del ejercicio.
c) Podrá ser mayor, menor o igual que el resultado financiero.
d) Podrá ser mayor o menor, pero nunca igual que el resultado financiero.

3. Una sociedad anónima presenta los siguientes datos relativos a la cuenta de pérdidas y ganancias:

Ingresos de explotación	1.660.075
Ingresos financieros	14.681
Gastos financieros	27.491
Resultado de explotación	321.566

Al cierre del ejercicio no se aprecian diferencias permanentes y tampoco existen operaciones interrumpidas. La sociedad no se ha podido deducir fiscalmente este año la corrección valorativa practicada a un cliente insolvente por importe de 30.000 euros, si bien lo podrá hacer el próximo ejercicio. Existen deducciones de la cuota por importe de 5.620 euros. Sabiendo que el tipo impositivo es el 30 por 100, se pide determinar:

a) Los gastos de explotación.
b) El resultado financiero.
c) El resultado antes de impuestos.
d) La base imponible.
e) La cuota íntegra.
f) El gasto por impuesto corriente (6300) y por impuesto diferido (6301).
g) El activo o pasivo por impuesto diferido.
h) El resultado del ejercicio después de impuestos.

4. En el modelo oficial de cuenta de pérdidas y ganancias las subvenciones de capital traspasadas a resultados del ejercicio forman parte de:

a) Los resultados de la explotación.
b) Los resultados financieros.
c) Pueden figurar de manera indistinta en cualquiera de los dos grandes epígrafes.
d) Los resultados extraordinarios.

5. En el modelo oficial de cuenta de pérdidas y ganancias las diferencias negativas de cambio forman parte de:

a) Los resultados de la explotación.
b) Los resultados financieros.
c) Pueden figurar de manera indistinta en cualquiera de los dos grandes epígrafes.
d) No se incluyen en la cuenta de pérdidas y ganancias.

6. El valor añadido por la empresa:

a) Representa la diferencia entre la producción y los consumos exteriores.
b) Se obtiene sumando la retribución de los trabajadores, las amortizaciones y provisiones, los gastos financieros y los impuestos.
c) Se obtiene sumando la retribución de los trabajadores, los gastos financieros y los impuestos y restando las amortizaciones y provisiones.
d) Son correctas las opciones *a* y *b*.

7. El estado del valor añadido:

a) Recoge todos los gastos e ingresos que intervienen en la determinación del resultado.
b) No recoge todos los gastos e ingresos que intervienen en la determinación del resultado.
c) Constituye la diferencia entre la producción de la empresa y los costes de materiales, mano de obra y amortizaciones.
d) Se elabora siguiendo los mismos criterios que la cuenta de pérdidas y ganancias analítica.

8. Caso TENA.

La empresa TENA comercializa en exclusiva un producto industrial, al tiempo que mantiene una actividad productiva consistente en la fabricación de piezas de plástico a partir de materias primas que adquiere a diversos suministradores. El detalle de las existencias iniciales y finales de mercaderías, materia prima y productos terminados, así como de las compras de materia prima y mercaderías, se muestra en el cuadro adjunto.

Los ingresos de explotación provienen de ventas tanto de mercaderías como de productos terminados. En concreto, a lo largo de 20X9 se vendieron 65.000 unidades del producto que comercializa a un precio de 10 euros la unidad, practicando diversos descuentos comerciales por importe de 3.000 euros. Un cliente (incluido en los anteriores) al que se le facturaron 20.000 unidades se benefició de un *rappel* de 2.000 euros. Por diversos defectos de fabricación, le fueron devueltos a TENA 320 artículos. Por otro lado, las ventas de productos terminados, gravadas al 21 por 100, ascendieron a 300.000 euros, concediendo descuentos por pronto pago incluidos en factura por el 1 por 100 de la venta.

Aprovisionamientos y consumos

	Existencia inicial	**Compras 20X9**	**Existencia final**
Mercaderías	35.000	400.000	20.000
Materia prima	10.000	300.000	40.000
Productos terminados y en curso	20.000	—	15.000

Además de las operaciones anteriores, hay que registrar en la cuenta de resultados los efectos contables de las siguientes operaciones:

1. La empresa se benefició hace 3 años de una subvención de capital de 250.000 euros para financiar la compra de un activo amortizable valorado en 400.000. La vida útil del mismo se estima en 10 años, practicando un método de amortización lineal, sin valor residual (recoger en la cuenta de pérdidas y ganancias tanto la imputación de la subvención como la depreciación del inmovilizado).
2. Los gastos de personal del ejercicio 20X9 ascienden a 60.000 euros, de los que se pagaron 55.000, quedando los 5.000 restantes pendientes de pago por problemas de liquidez.
3. TENA se benefició en 20X9 de una subvención de 2.000 euros para paliar el déficit generado por el hecho de participar en un programa de venta de productos más baratos a familias con dificultades económicas.
4. Los únicos gastos financieros devengados durante el ejercicio son los correspondientes a un préstamo bancario obtenido en enero de 20X5 por importe de 50.000 euros al 6 por 100 de interés, reembolsable en su totalidad en diciembre de 20X9 con una prima del 20 por 100 que sirve para completar la financiación del inmovilizado. En el momento de la concesión el banco aplicó una comisión de 100 euros, por lo que el montante ingresado en cuenta fue de 49.900 euros. El cuadro adjunto permite apreciar el

seguimiento de la operación, cuadro que se ha confeccionado conociendo que el tipo de interés efectivo es el 9,37 por 100.

N.º cuota	Fecha	Interés total	Interés explícito	Resto	Coste amortizado
	01/01/X5				49.900,00 €
1	31/12/X5	4.675,26 €	3.000,00 €	1.675,26 €	51.575,26 €
2	31/12/X6	4.832,22 €	3.000,00 €	1.832,22 €	53.407,49 €
3	31/12/X7	5.003,89 €	3.000,00 €	2.003,89 €	55.411,38 €
4	31/12/X8	5.191,64 €	3.000,00 €	2.191,64 €	57.603,02 €
5	31/12/X9	5.396,98 €	3.000,00 €	2.396,98 €	60.000,00 €
	Total	25.100,00 €	15.000,00 €	10.100,00 €	

5. TENA utiliza el sistema de estimación global para reconocer posibles insolvencias de clientes. La dotación neta efectuada en 20X9 asciende a 50.000 euros.
6. TENA dispone de una cartera de activos financieros con las siguientes características:

   a) 1.000 acciones de REPSOL adquiridas el 1-06-20X9 por 23 euros cada una. La cotización de los títulos al cierre de 20X9 asciende a 25 euros. TENA calificó la inversión como mantenida para negociar. Estos títulos pagaron unos dividendos el 1-08-20X9 de 0,50 €/acción.

   b) 1.000 acciones de INDITEX adquiridas el 1-04-20X9 por 23 cada una. La cotización al cierre de 20X9 es de 26 euros. TENA, en el momento de su reconocimiento inicial, ha realizado la elección irrevocable de presentar los cambios posteriores en el valor razonable directamente en el patrimonio neto.

7. TENA mantiene una tesorería en moneda extranjera formada por 3.000 libras adquiridas cuando una libra se cambiaba por 1,20 euros. La cotización al cierre de 20X9 es 1 libra = 1,28 euros.

Trabajo a realizar

Elaborar la cuenta de pérdidas y ganancias correspondiente al ejercicio 20X9, determinando el resultado de la explotación, el resultado financiero y el resultado antes de impuestos.

9. Caso ITAGÜÍ.

La sociedad ITAGÜÍ tiene dos actividades principales. Por un lado, *comercializa* en exclusiva unas prendas de alta confección adquiridas a diversos proveedores italianos, mientras que, por otro, *fabrica* otro tipo de prendas de vestir, confeccionadas en su factoría de Pamplona, utilizando para ello como única materia prima lana que adquiere a su proveedor australiano. El detalle de las fichas de almacén de las mercaderías, materias primas, productos en curso y productos terminados para el año 20X3 se muestra en la tabla siguiente (en euros):

	Ex. inicial	Compra	Ex. final
Mercaderías	36.540	352.500	19.300
Materia prima	52.000	380.000	45.000
Productos en curso	12.000		9.000
Productos terminados	95.300		60.000

A 31 de diciembre de 20X3 las compras de lana australiana pendientes de pago son las correspondientes a los meses de noviembre y diciembre, cuyo importe asciende a 45.000 dólares australianos. En el momento de la compra la relación de cambio era la siguiente: 1 euro = 1,50 dólares australianos. Sin embargo, dada la fuerte revalorización del euro experimentada en los últimos meses de 20X3, el cambio, a 31 de diciembre de dicho año, es el siguiente: 1 euro = 1,60 dólares australianos. Las diferencias de cambio, positivas o negativas, se llevarán a resultados del ejercicio.

Las ventas de mercaderías ascienden a 650.000 euros, mientras que se han vendido productos terminados por importe de 725.000 euros. Para todo ello se devengaron y pagaron salarios por importe de 125.000 euros, ascendiendo las cargas sociales a 36.000 euros. Otros gastos de explotación son los siguientes: amortización del inmovilizado material, 60.000 euros, servicios exteriores, 24.000 euros, y corrección valorativa en clientes, 10.000 euros.

Además de la maquinaria, cuya amortización se detalla en el párrafo anterior, existe un vehículo adquirido a través de un contrato de arrendamiento financiero cuyo gasto por amortización también deberá incorporarse a la cuenta de pérdidas y ganancias. El detalle del contrato, firmado el 1 de enero de 20X0, se muestra en la siguiente tabla:

Año	Cuota	Intereses	Amortización financiera	Amortización pendiente
20X0	10.000	2.500	7.500	17.500
20X1	10.000	1.700	8.300	9.200
20X2	10.000	800	9.200	0
Total	30.000	5.000	25.000	

Como se deduce fácilmente, ya se ha ejercitado la opción de compra. El vehículo tiene una vida útil de 5 años, amortizándose por el procedimiento lineal (sin valor residual).

Los gastos financieros por descuento de efectos ascienden a 15.000 euros, mientras que los rendimientos de la cartera de valores suponen unos ingresos de 3.800 euros. Al objeto de facilitar los pagos a los proveedores australianos, se cuenta con un depósito bancario por un importe de 4.000 dólares australianos, adquiridos al cambio de 1 euro = 1,25 dólares. Como se ha señalado más arriba, el tipo de cambio, a 31 de diciembre de 20X3, es 1 euro = 1,60 dólares.

Datos fiscales que pueden resultar de interés

Además de tener en cuenta las consecuencias fiscales del contrato de arrendamiento financiero, se sabe que la corrección valorativa en clientes está motivada por una deuda pendiente de cobro valorada contablemente en 90.000 euros, cuya base fiscal asciende a 100.000 euros. Igualmente, se sabe que la empresa se beneficia de una deducción fiscal de 3.000 euros y que a lo largo de 20X3 se han realizado pagos a cuenta del impuesto de sociedades por importe de 500 euros.

Trabajo a realizar

1. En el modelo oficial establecido, presentar la cuenta de pérdidas y ganancias de ITAGÜÍ, S. A., correspondiente a 20X3.
2. Determinar el importe de la base imponible, del impuesto corriente, del impuesto diferido y de la cuota a pagar por impuesto sobre beneficios. Tipo impositivo: 30 por 100.
3. Registrar el asiento de conciliación entre el impuesto y la cuota a pagar.

10. Caso TARFU.

TARFU, S. A., se dedica al montaje de aparatos electrónicos a partir de materiales adquiridos a sus proveedores. Su actividad comprende también la venta de diversos productos del ramo adquiridos a tal efecto a un distribuidor mayorista. Al final del ejercicio 20X2 presenta el siguiente balance de saldos:

Número	Cuenta	Saldos deudores	Saldos acreedores
100	Capital social		250.000
112	Reserva legal		35.605
130	Subvenciones oficiales de capital		7.000
170	Deudas a largo plazo con entidades de crédito		70.000
173	Proveedores de inmovilizado a largo plazo		70.000

Número	Cuenta	Saldos deudores	Saldos acreedores
210	Terrenos y bienes naturales	360.000	
211	Construcciones	291.000	
213	Maquinaria	100.000	
216	Mobiliario	52.610	
2811	Amortización acumulada de construcciones		59.280
2813	Amortización acumulada de maquinaria		10.000
2816	Amortización acumulada de mobiliario		10.000
300	Existencias de mercaderías	19.600	
310	Existencias de materias primas	23.895	
350	Existencias de productos terminados	78.000	
400	Proveedores		52.010
4004	Proveedores moneda extranjera		50.000
479	Pasivo por diferencias temporarias imponibles		3.000
430	Clientes	111.700	
431	Clientes, efectos comerciales a cobrar	62.580	
473	Hacienda Pública, retenciones y pagos a cuenta	35.800	
475	Hacienda pública, acreedora por conceptos fiscales		89.250
5208	Deudas por efectos descontados		36.000
540	Inv. financ. a corto plazo en instrumentos de patrimonio	20.000	
572	Bancos e instituciones de crédito c/c vista, euros	68.500	
600	Compra de mercaderías	351.250	
601	Compra de materias primas	260.000	
606	Descuento sobre compras por pronto pago		11.860
626	Servicios bancarios y similares	12.935	
631	Otros tributos	8.425	
640	Sueldos y salarios	35.470	
642	Seguridad Social a cargo de la empresa	10.360	
662	Intereses de deudas	8.785	
665	Intereses por descuento de efectos	15.500	
671	Pérdidas procedentes del inmovilizado material	19.615	
681	Amortización del inmovilizado material	19.960	
700	Venta de mercaderías		689.480
701	Venta de productos terminados		460.000
706	Descuento sobre ventas por pronto pago	2.000	
709	*Rappels* sobre ventas	7.000	
740	Subvenciones, donaciones y legados a la explotación		52.000
769	Otros ingresos financieros		3.500
771	Beneficios procedentes del inmovilizado material		16.000
	Totales	1.974.985	1.974.985

Información complementaria de interés para completar el balance y la cuenta de resultados

— Según inventario extracontable realizado el último día del ejercicio, las existencias finales de mercaderías ascienden a 22.420 euros, las finales de materias primas a 19.500 euros y las de productos terminados a 56.900 euros.

— La subvención de capital se obtuvo al principio del presente ejercicio para financiar de forma parcial la compra de una nueva maquinaria de vida útil 10 años y amortización mediante cuotas constantes. Como puede deducirse por la información del balance de saldos, todavía no se ha contabilizado la parte correspondiente a su imputación a la cuenta de resultados.

— Tampoco se ha recogido en la cuenta de resultados el efecto de las operaciones en moneda extranjera. A tal efecto, se sabe que la deuda comercial en moneda extranjera corresponde a una compra a un proveedor americano por importe de 65.000 dólares cuando el tipo de cambio euro/dólar era de 1 euro = 1,30 dólares. La empresa había pactado que la liquidación total de la deuda se efectuase en marzo de 20X3. Se sabe que, a 31 de diciembre de 20X2, la relación euro/dólar es de 1 euro = 1,4 dólares.

— En enero del presente año se compró mobiliario diverso valorado en 20.000 euros, acordando con el proveedor de inmovilizado un pago aplazado de 2 años, al final del cual la empresa debería pagar 20.500 euros. Si bien la compra ya fue convenientemente registrada, falta por incorporar a la cuenta de pérdidas y ganancias el gasto financiero correspondiente a 20X2 por el aplazamiento del pago. También se adquirió maquinaria por importe de 16.000 euros que se pagó al contado.

— TARFU, S. A., posee una cartera de acciones mantenidas para negociar de 2.000 títulos de una empresa cotizada cuyo valor razonable en el momento de la adquisición fue de 10 euros por acción. La cotización a 31 de diciembre del presente ejercicio es de 15 euros por acción. Está pendiente de reconocer en la cuenta de resultados la plusvalía correspondiente.

— La inversión en maquinaria realizada en este ejercicio se beneficia de una deducción fiscal del 10 por 100 en el impuesto de sociedades. El tipo impositivo del impuesto de sociedades es el 30 por 100, no habiendo más diferencias entre el resultado contable y la base imponible que las derivadas de la anterior consideración.

Trabajo a realizar

Presentar el balance de situación y la cuenta de resultados correspondientes al ejercicio 20X2 de acuerdo a los modelos previstos en el PGC.

11. Caso QUIROGA.

La sociedad QUIROGA, S. A., comercializa en exclusiva un artículo del que a lo largo de 20X4 ha vendido a sus clientes por importe bruto de 3.400.000 euros. Como parte de la política comercial, QUIROGA, S. A., practicó descuentos por 12.500 euros, habiendo aplicado diversos *rappels* a sus clientes equivalentes al

1 por 100 de la cifra de ventas. Aun así, por defectos de calidad le fueron devueltos diversos artículos por importe de 20.000 euros. Para poder llevar a cabo toda esta actividad comercial, QUIROGA, S. A., adquirió mercancías por importe de 1.800.000 euros, si bien tuvo que devolver por defectos de calidad productos por importe de 32.000 euros. A comienzos del ejercicio había en los almacenes de QUIROGA, S. A., mercancías por importe de 75.000 euros, mientras que al cierre del ejercicio se han inventariado mercancías por importe de 45.000 euros. No se aprecia la necesidad de practicar correcciones por deterioro de existencias.

Además de la información anterior, se conoce la existencia de las siguientes operaciones, de las que habrá que anotar en la cuenta de resultados aquellos datos que resulten procedentes:

1. QUIROGA, S. A., se benefició a comienzos de 20X2 de una subvención de capital por importe de 200.000 euros para financiar la compra, también a comienzos de 20X2, de un activo amortizable valorado en 400.000 euros. La vida útil del activo se cifra en 10 años, practicando el método de amortización de cuotas constantes sin valor residual. Recoger en la cuenta de resultados tanto la amortización del inmovilizado como la imputación a resultados de la subvención.
2. La firma adquirió el 1 de enero de 20X4 la cantidad de 1.000 bonos de REPSOL de 10 euros de valor nominal cada uno. Se trata de bonos cupón cero, es decir, bonos que no pagan intereses periódicos, sino que su único rendimiento viene dado por la diferencia entre el valor de reembolso y el de adquisición. Su reembolso, previsto para diciembre de 20X5, se efectuará al 110 por 100. La empresa va a mantener la inversión con el objetivo de percibir los flujos de efectivo de principal e intereses derivados de la misma.
3. Los gastos de personal ascendieron a 75.000 euros, de los que 5.000 quedaron pendientes de pago para el próximo enero.
4. Se pagaron 20.000 euros por una sanción medioambiental, al haberse probado judicialmente la culpa de QUIROGA en un episodio contaminante.
5. La estimación global de las insolvencias de clientes asciende a 0,5 por 100 de las ventas brutas, dotándose la correspondiente provisión por insolvencias.
6. De los 3.400.000 euros de ventas, correspondió a clientes británicos la cantidad de 6.000 euros, cuando el tipo de cambio era 1 libra = 1,56 euros. Llegado el 31 de diciembre, las ventas a clientes británicos, que se liquidarán en libras, están todavía sin cobrar, por lo que habrá que reconocer la oportuna pérdida o ganancia de cambio. Es decir, el riesgo de cambio lo soporta QUIROGA. A estos efectos se sabe que el tipo de cambio a 31/12/20X4 es 1 libra = 1,75 euros.

Situación fiscal

a) De la cifra registrada como corrección valorativa de clientes, 10.000 euros no cumplen con los requisitos de antigüedad para ser deducibles fiscalmente en el presente ejercicio.

b) Con relación al elemento del inmovilizado, QUIROGA se acogió desde el principio a los beneficios del programa de amortización acelerada en virtud del cual la inversión de 400.000 euros se puede deducir fiscalmente en los dos primeros años de vida del activo.

c) La multa medioambiental no es deducible fiscalmente ni en este ejercicio ni en futuros.

d) QUIROGA efectuó pagos a cuenta del impuesto de sociedades a lo largo de 20X4 por importe de 35.000 euros.

e) Además, se sabe que QUIROGA contrató a diversos trabajadores en paro, por lo que se beneficia de una deducción especial de la cuota por importe de 9.000 euros.

Trabajo a realizar

1. Completar la cuenta de resultados de QUIROGA correspondiente a 20X4, determinando con claridad los diferentes resultados que la componen. Tipo impositivo 30 por 100.

2. Registrar la contabilización del impuesto corriente y del diferido para la determinación de la cifra del impuesto de sociedades devengado, que penalizará la cuenta de resultados.

4 La memoria y el informe de gestión

4.1. INTRODUCCIÓN

El objetivo de las cuentas anuales es suministrar información al amplio colectivo de usuarios de las mismas al objeto de orientarles en la toma de decisiones empresariales. Como se ha visto en capítulos anteriores, el balance de situación ofrece información cuantitativa de las vertientes financiera e inversora de la empresa, mientras que la cuenta de resultados informa de los flujos que determinan la formación del resultado empresarial. El objetivo de la memoria es complementar, ampliar y comentar la información contenida en el balance y la cuenta de pérdidas y ganancias. Por esta razón, tal y como ha quedado recogido en la clasificación efectuada en el cuadro 1.2, la información que contiene la memoria es, básicamente, cualitativa y de carácter narrativo, sin que esto quiera decir que se excluya la información cuantitativa. Se trata, por tanto, de un estado contable de carácter mixto, de elaboración obligatoria, complementario al resto de documentos que integran las cuentas anuales, que deberá ser auditado si la empresa está obligada a ello. La memoria, que deberá redactarse de forma clara y comprensible, tiene como principal cometido facilitar la comprensión de los restantes estados contables mediante el suministro de información adicional y aclaratoria de los mismos.

4.2. CONTENIDO DE LA MEMORIA

4.2.1. Memoria normal

El artículo 260 de la Ley de Sociedades de Capital regula la información que deberá suministrar la memoria. Son un total de 13 apartados cuyo contenido tiene el carácter de mínimos, por lo que las empresas deberán incorporar a este documento contable cuanta información sea relevante para la comprensión de los restantes documentos contables. Se trata, por tanto, de un documento abierto donde tiene cabida cualquier información no incluida en los documentos anteriores que sea necesaria para la comprensión de las cuentas anuales. La tercera parte del PGC, Cuentas Anuales, desarrolla con mayor extensión los 13 apartados del artículo 260 de la Ley de Sociedades de Capital hasta completar un total de 25 notas aclaratorias sobre las que las empresas deberán revelar información, constituyendo, algunas de ellas, auténticos estados contables por el formato que adoptan y la cantidad de información que contienen. Las 25 notas tienen los títulos y contenidos básicos que se indican a continuación:

Nota 1. Actividad de la empresa

Domicilio y forma legal de la empresa, así como una descripción de su objeto social y actividad o actividades a que se dedique.

Nota 2. Bases de presentación de las cuentas anuales

Imagen fiel

La empresa deberá hacer una declaración explícita de que las cuentas anuales reflejan la imagen fiel del patrimonio, de la situación financiera y de los resultados de la sociedad, así como de la veracidad de los flujos incorporados en el estado de flujos de efectivo. Igualmente, explicará las razones excepcionales por las que hubiera dejado de aplicar disposiciones legales en materia contable o no hubiera aplicado algún principio contable obligatorio.

Estimación de la incertidumbre

La nota 2 deberá dar cabida, asimismo, a información sobre los supuestos clave acerca del futuro, así como de otros datos relevantes sobre la estimación de la incertidumbre en la fecha de cierre del ejercicio, siempre que lleven asociado un riesgo importante que pueda suponer cambios significativos en el valor de los activos o pasivos en el ejercicio siguiente. En el caso de que las cuentas anuales no se elaboren bajo el principio de empresa en funcionamiento, deberá revelarse de forma explícita, junto con las hipótesis alternativas por las que la empresa no pueda ser considerada una empresa en funcionamiento.

Nota 3. Aplicación de resultados

Se informará sobre la propuesta de distribución de resultados, incluidos los dividendos a cuenta y las limitaciones para la distribución de dividendos.

Nota 4. Normas de registro y valoración

Se indicarán los criterios contables aplicados en relación con partidas como inmovilizado intangible, inmovilizado material, arrendamientos, instrumentos financieros, existencias, transacciones en moneda extranjera, subvenciones de capital, provisiones para pensiones, pagos basados en acciones, activos no corrientes mantenidos para la venta, operaciones interrumpidas, etc.

Con relación a los instrumentos financieros, se deberá facilitar información acerca de los criterios empleados para la calificación y valoración de las diferentes categorías de activos y pasivos financieros, así como para el reconocimiento de cambios de valor razonable. Igualmente, este apartado de la memoria deberá informar de los criterios empleados para calcular las correcciones valorativas, de forma especial las relativas a los deudores comerciales y otras cuentas a cobrar.

Nota 5. Inmovilizado material

Análisis del movimiento durante el ejercicio de cada partida del balance incluida en este epígrafe, así como de sus correspondientes amortizaciones acumuladas y correcciones valorativas por deterioro acumuladas, con indicación de las siguientes variables:

a) Saldo inicial.
b) Entradas o dotaciones.
c) Reversión de correcciones valorativas por deterioro.
d) Aumentos/disminuciones por transferencias o traspasos de otras partidas.
e) Salidas, bajas o reducciones.
f) Correcciones valorativas por deterioro, diferenciando las reconocidas en el ejercicio de las acumuladas.
g) Amortizaciones, diferenciando las reconocidas en el ejercicio de las acumuladas.
h) Saldo final.

Además, este epígrafe deberá facilitar una prolija información sobre diversos aspectos relativos a los elementos del inmovilizado material. Sin ánimo de ser exhaustivos, este apartado deberá informar sobre los costes estimados de desmantelamiento incluido como valor de los activos, vidas útiles o coeficientes de amortización utilizados, importe de los gastos financieros capitalizados en el ejercicio, importe de las correcciones por deterioro practicadas, elementos en régimen de arrendamiento financiero, resultado producido por la venta de inmovilizado, etc.

Nota 6. Inversiones inmobiliarias

Descripción de los inmuebles clasificados como inversiones inmobiliarias, informando de los ingresos procedentes de las mismas así como de los gastos para su explotación.

Nota 7. Inmovilizado intangible

Se exige una información con carácter general para todas las partidas, con excepción del fondo de comercio, del que se informará en esta misma nota, pero de forma separada del resto de partidas. Así, con carácter general, se exige el mismo tipo de información que a las partidas del inmovilizado material, es decir, análisis del movimiento durante el ejercicio de cada partida del balance incluida en este epígrafe, así como de sus correspondientes amortizaciones acumuladas y correcciones valorativas por deterioro acumuladas, con indicación de las siguientes variables:

a) Saldo inicial.
b) Entradas o dotaciones.
c) Reversión de correcciones valorativas por deterioro.
d) Aumentos/disminuciones por transferencias o traspasos de otras partidas.
e) Salidas, bajas o reducciones.
f) Correcciones valorativas por deterioro, diferenciando las reconocidas en el ejercicio de las acumuladas.
g) Amortizaciones, diferenciando las reconocidas en el ejercicio de las acumuladas.
h) Saldo final.

Asimismo, se deberá informar de aquellos activos afectos a garantías y reversión (caso de las concesiones administrativas), vidas útiles o coeficientes de amortización utilizados por clases de elementos, importe de los gastos financieros capitalizados en el ejercicio, correcciones valorativas practicadas indicando el tipo de actualización utilizado e importe de los desembolsos por investigación y desarrollo que se hayan reconocido como gasto durante el ejercicio, así como una justificación de las circunstancias que soportan la capitalización de los gastos de I+D.

El fondo de comercio

La memoria exige el suministro de información individualizada de la parte del fondo de comercio correspondiente a cada combinación de negocios que se haya realizado durante el ejercicio. También exige la elaboración de un estado de conciliación entre el importe en libros al comienzo y al final del ejercicio, mostrando el fondo de comercio adicional reconocido durante el ejercicio, las correcciones valorativas por deterioro practicadas, las bajas en el mismo y el saldo final.

Dado que en muchos casos el fondo de comercio se va a vincular a unidades generadoras de efectivo de los negocios adquiridos, la memoria exige una detallada información de las circunstancias intrínsecas a dichas unidades generadoras de efectivo. Así, entre otras cosas, la memoria de la empresa en que se haya reconocido el fondo de comercio deberá describir las unidades generadoras de efectivo que incluya el fondo de comercio, sus pérdidas por deterioro y su hipotética posterior recuperación.

Nota 8. Arrendamientos

Se exige información separada según se trate de arrendamientos financieros u operativos, y según sea el arrendador o el arrendatario el sujeto informante.

Arrendamientos financieros

Los arrendadores deberán dar cuenta de la inversión bruta en arrendamientos financieros, de su valor actual y de los cobros mínimos a recibir por los bienes arrendados. Los arrendatarios, por su parte, deberían informar del importe por el que se haya reconocido inicialmente el activo, así como de los pagos mínimos futuros por arrendamientos.

Arrendamientos operativos

Los arrendadores informarán del importe total de los cobros futuros mínimos del arrendamiento, mientras que los arrendatarios deberán dar cuenta del importe de los pagos futuros mínimos del arrendamiento correspondientes a los arrendamientos no cancelables.

Nota 9. Instrumentos financieros

Uno de los cambios más importantes producidos en la nueva redacción del PGC de 2021 es la modificación de la norma de registro y valoración 9.ª sobre instrumentos financieros. Esta modificación ha supuesto un cambio en la información requerida sobre estos elementos patrimoniales en la memoria. Dicha información se clasifica, de acuerdo con lo indicado en el PGC para esta nota, en los siguientes apartados:

Información relacionada con el balance

Deberán presentarse los saldos de los distintos grupos de activos y pasivos financieros de la empresa según las categorías definidas en la norma 9.ª, separando el corto del largo plazo. Asimismo, se deberá informar sobre el importe de la variación en el valor razonable, durante el ejercicio y la acumulada desde su designación, de los activos financieros y pasivos financieros designados a valor razonable con cambios en la cuenta de pérdidas y ganancias. También deberá informarse de otras operaciones realizadas con estos instrumentos financieros, tales como las reclasificaciones realizadas entre los distintos tipos de activos y pasivos financieros, de las compensaciones realizadas entre activos y pasivos financieros, de los instrumentos financieros usados como garantía, correcciones por deterioro de los activos financieros, etc.

Información relacionada con la cuenta de pérdidas y ganancias

Se deberá informar de las pérdidas o ganancias netas procedentes de las distintas categorías de instrumentos financieros, las ganancias o pérdidas producidas por la baja de activos financieros medidos al coste amortizado, y los ingresos y gastos financieros calculados por aplicación del tipo de interés efectivo.

Otro tipo de información

La memoria deberá recoger, además, otra información sobre asuntos que no afectan de forma directa al balance o a la cuenta de resultados. Así, por ejemplo:

a) Deberá incluir una descripción detallada de las operaciones de cobertura realizadas, así como de los instrumentos financieros designados como instrumentos de cobertura.
b) Deberá comparar el valor razonable de cada instrumento financiero con su correspondiente valor en libros. A estos efectos, deberá indicar el nivel de jerarquía de valor razonable dentro del cual se clasifican las valoraciones, describiendo las técnicas de valoración empleadas para los niveles 2 y 3, requiriéndose una información más detallada sobre los métodos y estimaciones para los instrumentos clasificados en el nivel 3.
c) Detallará información sobre las empresas del grupo, multigrupo y asociadas, revelando el nombre, domicilio y actividad de cada una de ellas, fracción del capital y de derechos de votos que posee de cada inversión, valor en libros de la participación en capital, dividendos recibidos en el ejercicio e información sobre cotización en bolsa.
d) Explicará detalladamente las adquisiciones realizadas durante el ejercicio que hayan llevado a calificar a la empresa como dependiente, indicando la fracción de capital y el porcentaje de derechos de voto adquiridos, así como, también, el resultado derivado de la enajenación o disposición por otro medio de inversiones en empresas del grupo, multigrupo y asociadas.
e) Otro tipo de información, tal como los compromisos firmes de compra o venta de activos financieros, importes disponibles en líneas de descuento o pólizas de crédito, deudas con garantía real, etc.

Información sobre riesgos

La empresa deberá dar cuenta de la naturaleza y el nivel de riesgo procedente de instrumentos financieros, informando de los riesgos de crédito, de liquidez y de mercado (riesgo de tipo de cambio, tipo de interés o precio). Esta información será tanto cualitativa como cuantitativa para cada tipo de riesgo, detallando el área geográfica, la divisa y los mercados en que se concentra cada uno de ellos.

Fondos propios

Se deberá dar cuenta, por último, del número de acciones y valor nominal de cada una de ellas, desembolsos pendientes, ampliaciones de capital en curso y posibles primas de emisión, importe del capital autorizado por la junta de accionistas, restricciones a la disponibilidad de reservas, número y valor nominal de las acciones propias en poder de la sociedad, parte del capital poseído por otra empresa, directa o indirectamente, cuando la participación sea superior al 10 por 100, así como del número de acciones admitidas a cotización.

Nota 10. Existencias

La memoria revelará información sobre las circunstancias que han motivado las correcciones valorativas por deterioro y de sus importes, así como de la reversión de dichas correcciones. También deberá suministrar información de los gastos financieros capitalizados durante el ejercicio, sobre los compromisos firmes de compra y sobre las limitaciones en la disponibilidad de las existencias por garantías, pignoraciones u otras circunstancias análogas.

Nota 11. Moneda extranjera

Se deberá suministrar información de los elementos de activo y pasivo denominados en moneda extranjera, al tiempo que deberán indicarse los importes correspondientes a compras, ventas y servicios recibidos y prestados. Igualmente, la empresa revelará el importe de las diferencias de cambio reconocidas en el resultado del ejercicio por tipos de instrumentos financieros (clientes, proveedores, deudas con entidades de crédito, etc.), diferenciando las provenientes de operaciones ya vencidas de las que estén todavía vivas o pendientes de vencimiento y liquidación a la fecha de cierre del ejercicio.

Nota 12. Situación fiscal

Explicación de la diferencia que exista entre el resultado contable del ejercicio y el resultado fiscal o base imponible. A tal efecto, se elaborará un estado de conciliación entre las dos magnitudes que permita identificar las diferencias permanentes y las temporarias, tanto con origen en el ejercicio como en ejercicios anteriores.

Nota 13. Ingresos y gastos

La nueva redacción del PGC de 2021 modifica la norma de valoración 14.ª sobre ingresos por ventas y prestación de servicios. Consecuencia de dicha modificación, se amplía notablemente la información requerida en la memoria sobre los ingresos y gastos de la empresa, con el objetivo de que los usuarios de la información financiera puedan comprender mejor los ingresos y los flujos de efectivo de las operaciones de tráfico de la empresa. El PGC establece tres aspectos sobre los cuales debe proporcionarse información en esta nota de la memoria:

Los contratos con los clientes: la empresa debe desagregar los ingresos de sus actividades ordinarias por categorías homogéneas en función de su naturaleza, importe o incertidumbre. Algunas posibles categorías que menciona el PGC son el tipo de bien o servicio, el área geográfica, el mercado o tipo de cliente, el tipo de contrato o su duración, el calendario de transferencia o los canales de venta empleados. Sobre estos contratos la empresa deberá informar del saldo de apertura y cierre de las cuentas por cobrar y los activos y pasivos del contrato derivados de los acuerdos con los clientes (en caso de que no se encuentren ya desglosados en balance). Asimismo, deberá suministrar información sobre la forma en la que se cumplen las obligaciones asumidas como consecuencia del contrato, tales como cuándo se cumplen las obligaciones frente al cliente, los términos de pago del mismo, la naturaleza de los bienes o servicios que ha comprometido la empresa, las posibles obligaciones por devolución o reembolso, y los tipos de garantías y obligaciones relacionadas.

Los juicios aplicados: la norma 14.ª determina que la empresa tendrá que realizar una serie de juicios para determinar tanto el momento en el que se puede realizar el registro del ingreso como la valoración del mismo, informando en la memoria sobre dichos juicios. Así, deberá indicarse el calendario en que se estima que se cumplirán las obligaciones asumidas frente al cliente, el precio de la transacción y los importes asignados a cada una de las obligaciones surgidas como consecuencia del contrato.

Información sobre los activos reconocidos por los costes para obtener o cumplir un contrato con un cliente: se detallarán los juicios realizados para determinar el importe de los costes incurridos, el método empleado para su imputación en la cuenta de pérdidas y ganancias, los saldos de cierre de los activos reconocidos por los costes incurridos y el importe del gasto por imputación a la cuenta de pérdidas y ganancias.

Finalmente, esta nota también señala la necesidad de desglosar las partidas de gastos de aprovisionamientos y gastos de personal para proporcionar un mayor detalle sobre las mismas.

Nota 14. Provisiones y contingencias

Provisiones

Por cada provisión reconocida en el balance deberá indicarse un análisis del movimiento de cada partida del balance durante el ejercicio, indicando el saldo inicial, las dotaciones, las aplicaciones, otros ajustes realizados y el saldo final. Además, se deberá informar del aumento producido a lo largo del ejercicio, de los saldos actualizados al tipo de descuento por causa del paso del tiempo, así como del efecto que haya podido tener cualquier cambio en el tipo de descuento.

Contingencias

Se deberá realizar una breve descripción de la naturaleza de cada contingencia y de su evolución previsible, efectuando, en la medida de lo posible, una estimación cuantificada de los posibles efectos en los estados financieros.

Importe y características de las subvenciones que aparecen en el balance y en la cuenta de pérdidas y ganancias.

Nota 15. Información sobre el medio ambiente

En la medida en que sea relevante, la empresa deberá describir las características de los sistemas, equipos e instalaciones más significativos incorporados al inmovilizado material cuyo fin sea la minimización del impacto medioambiental y la protección y mejora del medio ambiente, así como el valor contable y la amortización acumulada de los mismos. Igualmente, la empresa deberá informar de los riesgos cubiertos por las provisiones por actuaciones medioambientales, indicando los litigios en curso. La memoria deberá, igualmente, suministrar información sobre los gastos incurridos en el ejercicio cuyo fin sea la protección y mejora del medio ambiente, lo mismo que de las inversiones realizadas por razones medioambientales.

Nota 16. Retribuciones a largo plazo al personal

Cuando la empresa tenga reconocidos sistemas de retribución a largo plazo a los trabajadores de aportación o prestación definida, deberá incluir una descripción general del tipo de plan de que se trate. Adicionalmente, para las retribuciones de prestación definida, la empresa deberá informar de aquellos extremos recogidos en la nota 14 de la memoria, correspondiente a las provisiones, al tiempo que deberá revelar información sobre los activos y pasivos reconocidos en el balance afectos al plan de pensiones.

Nota 17. Transacciones con pagos basados en instrumentos de patrimonio

Para aquellos supuestos en los que la empresa tenga establecidos sistemas de pagos basados en instrumentos de patrimonio (casi siempre acciones propias), la memoria deberá informar de los tipos de acuerdos vigentes, debiendo indicar el beneficiario. De manera particular, si los pagos están basados en opciones sobre acciones, se deberá suministrar la misma información que la exigida en el punto 14 de la memoria, relativo a las provisiones, además de facilitar datos sobre los precios de las opciones existentes al comienzo y final del ejercicio.

Nota 18. Subvenciones, donaciones y legados

La memoria deberá informar sobre el importe de las subvenciones recibidas que aparecen en el balance (subvenciones de capital) y también de las reconocidas en la cuenta de pérdidas y ganancias (subvenciones de explotación).

Nota 19. Combinaciones de negocios

La memoria de la empresa adquirente deberá dar cuenta de los nombres de las empresas adquiridas, fecha de adquisición, forma jurídica empleada para llevar a cabo la combinación, factores que dan lugar al reconocimiento del fondo de comercio y coste de la combinación (desagregando por categorías, tales como efectivo, otros activos o pagos contingentes), entre otros. Igualmente, se informará de los importes reconocidos para los activos y pasivos de la empresa adquirida, así como, en la medida de lo posible, de la parte de los ingresos y del resultado imputable a la combinación desde la fecha de la adquisición.

Nota 20. Negocios conjuntos

La memoria de la empresa deberá facilitar una descripción tanto de los negocios gestionados de forma conjunta como de los activos controlados conjuntamente, dando cuenta de cualquier compromiso de inversión de capital que haya asumido con su participación en negocios conjuntos. Igualmente, se deberá desglosar para cada partida significativa del balance, de la cuenta de pérdidas y ganancias, del estado de flujos de efectivo y del estado de cambios en el patrimonio neto de los importes correspondientes a cada negocio conjunto.

Nota 21. Operaciones interrumpidas y activos no corrientes mantenidos para la venta

Operaciones interrumpidas

Ingresos, gastos y resultado antes de impuestos de las actividades interrumpidas que han sido reconocidas en la cuenta de pérdidas y ganancias. También hay que informar de los flujos netos de efectivo atribuible a las actividades de explotación, inversión y financiación de las actividades interrumpidas, así como de los elementos patrimoniales afectos a ellas.

Activos no corrientes mantenidos para la venta

Descripción detallada de los elementos patrimoniales, indicando su importe y las circunstancias que han motivado tal clasificación. Igualmente, para los elementos significativos, hay que informar del resultado reconocido en la cuenta de pérdidas y ganancias o en el estado de cambios en el patrimonio neto imputable a los mismos.

Nota 22. Hechos posteriores al cierre

La empresa deberá informar de los hechos posteriores que pongan de manifiesto circunstancias que ya existían en la fecha de cierre del ejercicio y que por aplicación de la norma de registro y valoración no hayan supuesto la inclusión de un ajuste en las cifras contenidas en los documentos que integran las cuentas anuales. Igualmente, la memoria deberá informar de los hechos que no supongan modificación en las cifras de las cuentas anuales, pero que exijan modificaciones en la memoria, tal y como ocurre, por ejemplo, con las ampliaciones de capital en curso al cierre del ejercicio, cuya inscripción registral se produce con posterioridad al cierre del mismo. Por último, se deberá informar de cuantos hechos ocurran con posterioridad al cierre del ejercicio que muestren condiciones que no existían antes del cierre y que sean de tal importancia que si no se suministrara dicha información, podría verse afectada la capacidad de evaluación de los usuarios de las cuentas anuales.

Nota 23. Operaciones con partes vinculadas

Consideraciones generales

La importancia de las operaciones con las partes vinculadas, es decir, con aquellas empresas sobre las que existe bien control operativo o bien acuerdos conjuntos o influencia notable, exige que la memoria de la empresa dominante presente una relación detallada de las empresas del grupo, de las empresas multigrupo y de las asociadas. Dado que la política de precios que se establece con las partes vinculadas puede ser diferente a la establecida para otras empresas que no tienen esta consideración, la memoria de la empresa dominante deberá informar de esta circunstancia, dando cuenta, asimismo, del resultado de las operaciones con las partes vinculadas, así como del importe de los saldos pendientes por este tipo de operaciones.

Información sobre operaciones

Además de la información recogida en el apartado anterior, la memoria de la empresa dominante deberá informar sobre las operaciones realizadas con partes vinculadas, revelando datos, entre otros asuntos, sobre las ventas y compras de activos corrientes y no corrientes, prestación de servicios, contratos de arrendamiento financiero, acuerdos sobre licencias, transferencias de investigación y desarrollo, acuerdos de financiación, dividendos distribuidos, acuerdos de condonación de deuda, aportaciones a planes de pensiones, etc.

Información sobre directivos y miembros del órgano de administración

La memoria informará en este apartado del importe de los sueldos, dietas y remuneraciones devengados por el personal de alta dirección y los miembros del órgano de administración, así como de las obligaciones contraídas en materia de pensiones o seguros de vida de los miembros antiguos y actuales del órgano de dirección. También se deberá informar de las indemnizaciones y otros pagos a este personal basados en instrumentos de patrimonio (generalmente opciones sobre acciones de la propia compañía). En este mismo sentido, se deberá informar de los anticipos y créditos concedidos al personal de alta dirección y a los miembros del órgano de administración, indicando el tipo de interés y los importes devueltos. Esta información se podrá dar de forma agregada por cada categoría, diferenciando los correspondientes al personal de alta dirección y los relativos a los miembros del órgano de administración.

Además de todo lo anterior, las sociedades anónimas deberán especificar la participación de los administradores en el capital de otra sociedad que tengan el mismo o análogo objeto social, con indicación del cargo o función ejercido en dicha sociedad.

Nota 24. Otra información

Información sobre trabajadores

La memoria de la empresa debe dar cuenta del número de personas empleadas en el ejercicio, expresado por categorías. También se debe informar de la distribución por sexos al cierre del ejercicio, con indicación de categorías y niveles, incluyendo altos directivos y miembros del órgano de administración.

Normas internacionales de contabilidad

Las empresas que hayan emitido valores admitidos a cotización en un mercado regulado de cualquier país de la Unión Europea y que solo publiquen cuentas individuales, deberán informar sobre las principales variaciones que se originarían en el patrimonio neto y cuenta de pérdidas y ganancias si se hubieran aplicado las NIC/NIIF.

Honorarios de auditoría

Se deberá desglosar los honorarios por auditoría de cuentas y otros servicios prestados por los auditores, como, por ejemplo, asesoría fiscal.

Nota 25. Información segmentada

En el capítulo 1 de este manual se hace mención a un tipo de información resultante de la desagregación de la información contable tradicional atendiendo a diversos aspectos con características homogéneas con el fin de proporcionar una visión más detallada del negocio empresarial. Se trata de la información por segmentos, cuya divulgación está regulada en la nota 25 de la memoria. En su virtud, se deberá informar de la distribución del importe neto de la cifra de negocios correspondiente a las actividades ordinarias de la empresa, por categoría de actividades y por mercados geográficos, siempre que las categorías y mercados difieran entre sí de forma significativa. Esta información no se exigirá a las empresas que puedan formular cuenta de pérdidas y ganancias abreviada.

4.2.2. Importancia de la memoria como documento complementario

La memoria es, pues, un documento de elaboración obligatoria que cumple una triple finalidad. En primer lugar, se trata de un documento que contiene información relevante relativa a aspectos no contemplados en el resto de documentos que integran las cuentas anuales, básicamente el balance y la cuenta de resultados. Así, por ejemplo, la información sobre partes vinculadas demandada en la nota 23 permite conocer el alcance de las operaciones y los acuerdos con empresas que constituyen una unidad de dirección. En segundo lugar, la memoria cumple un papel descriptivo, al incluir información necesaria para identificar a la empresa, su actividad, objeto social, principios contables utilizados, normas y criterios de valoración aplicados, etc. Pero, en tercer lugar, la memoria también ayuda a interpretar la información contenida en los otros estados contables, gracias al suministro de información complementaria que amplía y mejora la contenida en el balance y cuenta de pérdidas y ganancias. Así, por ejemplo, la clasificación por categorías y clases de instrumentos financieros propuesta en la nota 9 de la memoria permite tener una visión desglosada de los activos y pasivos financieros de la empresa, visión que no la aporta el balance de situación por sí solo.

Esta triple función que cumple la memoria hace que estemos ante un documento esencial para todo usuario de la información contable que pretenda obtener una visión global de la posición económica y financiera de la entidad y de los riesgos asumidos por la firma. La demanda de información sobre las actividades y riesgos de las empresas son mayores a medida que las operaciones empresariales se vuelven más complejas, con productos financieros más sofisticados y con un creciente número de agentes interesados en conocer la naturaleza y el significado de cada una de las partidas del balance y de la cuenta de resultados.

4.2.3. La memoria abreviada

Al igual que para el resto de estados contables, la normativa contable española regula también el contenido de la memoria abreviada al objeto de aliviar las obligaciones informativas de las pequeñas y medianas empresas. Los límites para la presentación de la memoria abreviada son los mismos que para la presentación del balance abreviado, por lo que las empresas que deseen acogerse al modelo de memoria abreviada deberán acreditar, durante dos ejercicios consecutivos, dos de las tres circunstancias siguientes:

- Que el total de las partidas del activo no supere la cifra de 4.000.000 euros. A estos efectos, se entenderá por total del activo el que figure como cifra total en el modelo de balance.
- Que el importe neto de su cifra anual de negocios no supere los 8.000.000 euros.
- Que el número medio de trabajadores empleados durante el ejercicio no sea superior a 50.

Hay que tener en cuenta, no obstante, que, si la empresa formase parte de un grupo de empresas, para la cuantificación de los importes arriba señalados se deberá tener en cuenta la suma del activo, del importe neto de la cifra de negocio y del número medio de trabajadores del conjunto de sociedades que conforman el grupo. Esto significa que una empresa de reducida dimensión podría tener que recurrir al modelo normal de memoria si el conjunto de las sociedades del grupo al que pertenece rebasa, en su conjunto, los límites que estamos comentando, siempre que el grupo no haya elaborado cuentas consolidadas

En cualquier caso, la reforma contable de 2016 redujo significativamente el contenido informativo de la memoria abreviada, ofreciendo un texto con menores exigencias informativas. Así, la memoria abreviada deberá contener datos sobre la identificación de la empresa, bases de presentación de las cuentas anuales y normas de registro y valoración, si bien con menor contenido informativo que la memoria normal. Por su parte, el análisis del movimiento de las partidas del activo inmovilizado y sus amortizaciones acumuladas, tanto material como intangible e inversiones inmobiliarias, se limitará a informar, en nota única, del saldo inicial, las entradas, las salidas y el saldo final.

Al contrario que el modelo de memoria normal, que contempla un único apartado para los instrumentos financieros (sean activos, pasivos o de patrimonio), la memoria abreviada contempla tres notas específicas para informar, respectivamente, de los activos financieros, de las deudas y de los fondos propios. Así, con relación a las inversiones financieras, la memoria abreviada ya no exige el cuadro que recoge las distintas categorías de activos financieros, aunque habrá que detallar, para cada clase de activos financieros no corrientes, un análisis del movimiento durante el ejercicio y de las cuentas correctoras de valor. Igualmente, con relación a los pasivos financieros, no se exige el cuadro previsto en la memoria normal para informar de las categorías y clases de estos instrumentos, si bien la memoria abreviada deberá informar del importe de las deudas que venzan en cada uno de los cinco años siguientes al cierre del ejercicio. Por lo que a los fondos propios respecta, la memoria abreviada informará del importe del capital autorizado por la junta de accionistas, así como de las operaciones realizadas con acciones propias.

Otros asuntos, como moneda extranjera, información medioambiental, retribuciones a largo plazo al personal o información segmentada, no están regulados en el modelo de memoria abreviada, lo cual no exime de facilitar este tipo de información, en caso de presentarse, a las pequeñas empresas que opten por el modelo de memoria abreviada. En este sentido, el apartado 10 de la memoria abreviada sirve para recoger una información heterogénea relativa a cuestiones varias, como número medio de personas empleadas en el curso del ejercicio, información sobre subvenciones, compromisos existentes en materia de pensiones o información sobre las consecuencias financieras de las circunstancias que se produzcan tras la fecha de cierre del balance y que no se reflejen en la cuenta de pérdidas y ganancias o en el balance de situación. El cuadro 4.1 compara la información exigida por la memoria normal y la memoria abreviada.

CUADRO 4.1

Información exigida por la memoria normal y la memoria abreviada

Memoria normal	Memoria abreviada
1. Actividad de la empresa. 2. Bases de presentación de las cuentas anuales. 3. Aplicación de resultados. 4. Normas de registro y valoración. 5. Inmovilizado material. 6. Inversiones inmobiliarias. 7. Inmovilizado intangible. 8. Arrendamientos. 9. Instrumentos financieros. 10. Existencias. 11. Moneda extranjera. 12. Situación fiscal. 13. Ingresos y gastos. 14. Provisiones y contingencias. 15. Información sobre medio ambiente. 16. Retribuciones a largo plazo al personal. 17. Pagos basados en instrumentos de patrimonio. 18. Subvenciones, donaciones y legados. 19. Combinaciones de negocios. 20. Negocios conjuntos. 21. Activos no corrientes mantenidos para la venta. 22. Hechos posteriores al cierre. 23. Operaciones con partes vinculadas. 24. Otra información. 25. Información segmentada.	1. Actividad de la empresa. 2. Bases de presentación de las cuentas anuales. 3. Normas de registro y valoración. 4. Inmovilizado material, intangible e inversiones inmobiliarias (incluye información sobre arrendamientos financieros). 5. Activos financieros. 6. Pasivos financieros. 7. Fondos propios. 8. Situación fiscal. 9. Operaciones con partes vinculadas. 10. Otra información (incluye información sobre número de empleados, sobre subvenciones y sobre compromisos en materia de pensiones, entre otros asuntos).

4.3. EL INFORME DE GESTIÓN

4.3.1. Introducción

Además de la información requerida por la memoria, y ante la imposibilidad de que dicho documento regule el suministro de toda la información necesaria para la comprensión de la situación de la firma, su evolución, sus riegos y sus expectativas, la complejidad de los negocios aconseja la elaboración de otro documento donde los gestores de la compañía expliquen de forma narrativa la posición de la entidad ante las variables anteriormente mencionadas. Estas explicaciones toman cuerpo en el informe de gestión, documento que no constituye una cuenta anual (su formato no aparece en el PGC), por lo que es la Ley de Sociedades de Capital la que regula por medio del artículo 253 la obligación de los administradores de formular dicho informe, reservando el artículo 262 para regular el contenido del mismo. El informe de gestión, por tanto, es un documento que acompaña a las cuentas anuales, que contiene información no financiera que complementa a la información financiera de los estados financieros, cuyo principal cometido es contribuir a que los accionistas y resto de usuarios puedan tomar mejores decisiones ofreciendo información acerca de la evolución de la sociedad y una proyección de su actuación en el futuro. Ahora bien, aunque no tenga la consideración de cuenta anual, el informe de gestión debe depositarse en el Registro Mercantil junto a las cuentas anuales y el informe de auditoría, si procede.

4.3.2. Contenido del informe de gestión

El informe de gestión es un documento de elaboración obligatoria para todas las sociedades, excepto para las que puedan presentar balance y estado de cambios en el patrimonio neto abreviados. Deberá contener una exposición fiel sobre la evolución de los negocios y la situación de la sociedad, junto con una descripción de los principales riesgos e incertidumbres a los que se enfrenta, incluida la información sobre cuestiones relativas al medio ambiente, al personal y al cumplimiento de reglas en materia de igualdad, no discriminación y discapacidad. Igualmente, el informe de gestión deberá suministrar información acerca de los siguientes aspectos:

- — Acontecimientos importantes para la sociedad ocurridos después del cierre del ejercicio.
- — Evolución previsible de la sociedad.
- — Actividades de investigación y desarrollo.
- — Adquisiciones de acciones propias.
- — Uso de instrumentos financieros.
- — Un estado de información no financiera.

Acontecimientos ocurridos después del cierre

A falta de un desarrollo normativo del contenido del informe de gestión, puede decirse que la información sobre los *acontecimientos ocurridos después del cierre del ejercicio* hará referencia a los hechos económico-financieros que pudieran tener un efecto significativo en el desarrollo de la actividad de la entidad, pudiendo incluso modificar el importe de las partidas del balance y de la cuenta de resultados.

Evolución previsible de la sociedad

Sin duda, además de la armonización de las prácticas contables de las empresas españolas en el contexto internacional, el otro de los grandes objetivos perseguidos por la reforma contable fue garantizar que la información a terceros que pudieran tener intereses directos o indirectos sobre la compañía fuera amplia, rigurosa, relevante y fiable. La elaboración de una información contable con tales requisitos recae en los administradores de la sociedad, por lo que será responsabilidad de los mismos la inclusión de datos en el informe de gestión acerca de *la evolución previsible de la sociedad.* La información a divulgar se referirá a las condiciones económicas en que se ha desarrollado el negocio, mencionando las variables más significativas y realizando una proyección acerca de los parámetros más relevantes de la empresa.

Actividades de investigación y desarrollo

En tercer lugar, dada la creciente importancia que tiene la realización de *actividades de investigación y desarrollo,* el informe de gestión debe incluir una nota informativa sobre las mismas. Ante la ausencia de pautas que indiquen qué tipo de información se debe ofrecer, cada empresa cumplimentará este apartado de acuerdo a su propio modelo. Hay que tener presente que la realización de este tipo de actividades se afronta en la mayoría de los casos con gran sigilo y secreto profesional, al objeto de no desvelar datos a sus empresas competidoras, que podrían estar interesadas en conocer el estado de las investigaciones emprendidas. En todo caso, el informe de gestión debería suministrar datos acerca de los recursos, tanto humanos como materiales, comprometidos en la realización de tales actividades. En muchas ocasiones el informe de gestión suele recoger información sobre la procedencia de los recursos con los que se afrontan los proyectos de investigación, la existencia o no de acuerdos de colaboración con otras empresas o universidades y la opción contable adoptada para el registro de los mismos (activación o traslado a resultados), así como sobre los resultados obtenidos de la realización de estas actividades.

Acciones propias

En cuarto lugar, aunque el artículo 262 de la Ley de Sociedades de Capital no desarrolle el tipo de información que habrá de incluirse en el informe de gestión con relación a las operaciones con acciones propias, de acuerdo al artículo 148.d) de la Ley de Sociedades de Capital el informe de gestión deberá mencionar, como mínimo:

a) Los motivos de *las adquisiciones y enajenaciones de acciones propias* realizadas durante el ejercicio.
b) El número y valor nominal de las acciones adquiridas y enajenadas durante el ejercicio, y la fracción de capital social que representan.
c) En caso de adquisición o enajenación a título oneroso, la contraprestación por las acciones.
d) El número y valor nominal del total de las acciones adquiridas y conservadas en cartera por la propia sociedad o por persona interpuesta, con indicación de la fracción del capital social que representan.

Instrumentos financieros

En quinto lugar, con relación al uso de instrumentos financieros por la sociedad, y siempre que sea relevante para la valoración de sus activos, pasivos, situación financiera y resultados, el informe de gestión incluirá lo siguiente:

a) Objetivos y políticas de gestión del riesgo financiero de la sociedad, incluida la política aplicada para cubrir cada tipo significativo de transacción prevista para la que se utilice la contabilidad de cobertura.
b) La exposición de la sociedad al riesgo de precio, riesgo de crédito, riesgo de liquidez y riesgo de flujo de efectivo.

Estado de información no financiera

A partir de la publicación de la Ley 11/2018 de 28 de diciembre, las sociedades de capital deberán incluir en el informe de gestión un estado de información no financiera o elaborar un informe separado (véase el capítulo 7) cuando concurran los siguientes requisitos:

a) Que el número medio de trabajadores empleados durante el ejercicio sea superior a 500.
b) Que o bien tengan la consideración de entidades de interés público (de conformidad con la legislación de auditoría de cuentas), o bien que durante dos ejercicios consecutivos reúnan, a la fecha de cierre de cada uno de ellos, al menos dos de las circunstancias siguientes:

    1. Que el total de las partidas de activo sea superior a 20.000.000 de euros.
    2. Que el importe neto de la cifra anual de negocios supere los 40.000.000 de euros.

3. Que el número medio de trabajadores empleados durante el ejercicio sea superior a 250.

El estado de información no financiera incluirá tanto indicadores financieros como no financieros. En particular, estos últimos harán mención a cuestiones relativas al medio ambiente, al personal y al cumplimiento de reglas en materia de igualdad, no discriminación y discapacidad. Las sociedades cesarán en la obligación de elaborar el estado de información no financiera si dejan de reunir, durante dos ejercicios consecutivos, cualquiera de los requisitos anteriormente establecidos.

Por último, y solo para las sociedades que hayan emitido valores admitidos a cotización en un mercado regulado de cualquier Estado miembro de la Unión Europea, incluirán en el informe de gestión su informe de gobierno corporativo.

Consideraciones finales

A diferencia de lo que ocurre con el resto de los estados contables anteriores (balance, cuenta de resultados y memoria), la normativa contable española no dispone de un modelo normalizado para la presentación del informe de gestión. Sin embargo, la mayoría de las empresas que elaboran dicho informe siguen el guion descrito en el artículo 262 de la Ley de Sociedades de Capital, si bien cada empresa lo adapta a sus circunstancias particulares, creando su propio estilo de divulgación.

Conviene señalar, no obstante, que una práctica bastante extendida, de manera particular en el seno de la gran empresa, consiste en utilizar el informe de gestión no solamente para informar de los aspectos regulados por la Ley de Sociedades Anónimas, que, en todo caso, deben ser auditados, sino también para divulgar de forma voluntaria otro tipo de información de carácter no obligatorio, que la dirección de la compañía estima conveniente se conozca en el ámbito externo de la empresa. Así, en los últimos tiempos es frecuente encontrar en el informe de gestión información sobre la gama de productos y servicios de la compañía acompañado de comentarios acerca de la calidad y prestaciones de los mismos. Igualmente, es frecuente encontrar información sobre las prácticas medioambientales de la empresa, sobre la política de personal y, también, sobre la labor social desarrollada en forma de patrocinios, mecenazgo, donaciones u obras sociales. Con relación a estos últimos apartados, y dada la importancia que está adquiriendo la divulgación de información social y medioambiental, en un capítulo posterior se analizan con mayor detalle diversos aspectos relacionados con la elaboración y divulgación de este tipo de información.

Por último, hay que tener en cuenta que una parte importante de la información que suministra el informe de gestión tiene un marcado carácter subjetivo, por lo que muchas veces se convierte en un documento excesivamente laudatorio y autocomplaciente con la propia compañía. Además, la ausencia de un modelo normalizado para el informe de gestión común a la generalidad de las empresas supone una dificultad añadida a la hora de establecer comparaciones con los informes de gestión de otras empresas, por lo que sería conveniente establecer algunas pautas que permitieran una elaboración más homogénea y, consecuentemente, más comparable.

BIBLIOGRAFÍA

Carrasco y otros (2009).
Ley de Sociedades de Capital (2010).
Ley 11/2018.
Guía de aplicación de la Ley 11/2018.
Real Decreto 1/2021, de 12 de enero.

CUESTIONES Y EJERCICIOS

Indicar la verdad o falsedad de las siguientes afirmaciones: V F

a) Las sociedades que elaboran balance abreviado no deben elaborar informe de gestión. ☐ ☐

b) El informe de gestión es obligatorio para todas las empresas. ☐ ☐

c) La obligación de auditar las cuentas se extiende también al informe de gestión. ☐ ☐

d) Solamente las sociedades anónimas que rebasen los límites legales para la presentación de cuentas anuales abreviadas estarán obligadas a presentar informe de gestión. ☐ ☐

e) El contenido de la memoria debe ajustarse a lo establecido en la Ley de Sociedades de Capital. ☐ ☐

f) La memoria es una cuenta anual donde se pueden encontrar auténticos estados contables relativos a la firma. ☐ ☐

g) La obligación de depositar las cuentas anuales se limita al balance de situación, cuenta de resultados, estado de cambios en el patrimonio neto y estado de flujos de efectivo. El depósito de la memoria se hará una vez aprobadas las cuentas anteriores. ☐ ☐

h) La memoria abreviada no contempla información sobre la base de presentación de las cuentas anuales. ☐ ☐

i) La información exigida sobre la moneda extranjera es la misma en la memoria normal que en la simplificada. ☐ ☐

j) En la memoria simplificada se deberá informar de las subvenciones de explotación, pero no es necesario informar de las subvenciones de capital. ☐ ☐

k) La memoria abreviada debe recoger información sobre los sueldos, dietas y remuneraciones devengados por los miembros del órgano de administración, cualquiera que sea su causa. ☐ ☐

l) El informe de gestión es una cuenta anual que se deberá depositar obligatoriamente en el Registro Mercantil. ☐ ☐

m) El informe de gestión debe contener información específica sobre las actividades de investigación y desarrollo. ☐ ☐

n) El informe de gestión debe informar del número y valor nominal de las acciones propias adquiridas y enajenadas durante el ejercicio. ☐ ☐

o) El informe de gestión de las sociedades anónimas de más de 500 trabajadores debe incluir el informe de gobierno corporativo. ☐ ☐

5 El estado de cambios en el patrimonio neto

5.1. INTRODUCCIÓN

El estado de cambios en el patrimonio neto (ECPN) es un documento contable que informa de la variación en el patrimonio neto de la empresa a lo largo del ejercicio. Ahora bien, mientras que la variación en el patrimonio neto se puede obtener de la mera comparación de dos balances consecutivos, el ECPN informa de los motivos que han causado tal variación. A este respecto, las variaciones en el patrimonio neto pueden tener su origen en:

1. El resultado de la cuenta de pérdidas y ganancias.
2. Ingresos y gastos imputados directamente al patrimonio (grupos 8 y 9 del PGC).
3. Operaciones con socios y propietarios, tales como ampliaciones y reducciones de capital o reparto de dividendos, entre otras.
4. Ajustes derivados de errores o cambios de criterios contables.

Se trata, por tanto, de un documento contable independiente del balance de situación que potencia y realza las posibilidades de la información financiera y contable en el cumplimiento de su objetivo fundamental: suministrar información útil para la toma de decisiones económicas.

La elaboración del ECPN se reguló por primera vez en nuestro país a raíz de la entrada en vigor de la reforma mercantil realizada a lo largo de 2007, pasando a formar parte del catálogo de cuentas anuales de elaboración obligatoria por las empresas. No obstante lo anterior, no se trata de un documento totalmente ajeno a la tradición contable española, dado que la nota 10 de la memoria del anterior PGC ya reservaba un espacio para informar acerca de «los movimientos ocurridos durante el ejercicio de cada partida del balance incluida en los Fondos Propios, indicándose los orígenes de los aumentos y las causas de las disminuciones, así como los saldos iniciales y finales». Dado que en el modelo contable inaugurado en 2008 los fondos propios representan tan solo una parte del patrimonio neto, el ECPN habilita secciones específicas para informar en detalle de las variaciones en el patrimonio neto que tengan su origen en cualquiera de sus componentes.

La reforma contable de 2016 rebajó las exigencias informativas para las pequeñas empresas, de forma que la elaboración del ECPN es obligatoria únicamente para las empresas que no puedan formular balance y memoria abreviados. Esto quiere decir que la elaboración de un ECPN será obligatoria para todas las empresas, salvo para las que durante dos ejercicios consecutivos reúnan, a la fecha de cierre, al menos dos de las tres circunstancias siguientes:

— Que el total de las partidas del activo no supere la cifra de 4.000.000 euros. A estos efectos, se entenderá por total del activo el que figure como cifra total en el modelo de balance.
— Que el importe neto de su cifra anual de negocios no supere los 8.000.000 euros.
— Que el número medio de trabajadores empleados durante el ejercicio no sea superior a 50.

Los cambios en la clasificación y valoración de instrumentos financieros introducidos en la reforma contable de 2021 afectaron también a la denominación de algunos de los epígrafes que componen el ECPN.

5.2. COMPONENTES DEL ECPN

El ECPN tiene dos partes:

1. Una primera parte, denominada «Estado de ingresos y gastos reconocidos», donde se recogerán los cambios en el patrimonio neto derivados de:
   a) El resultado del ejercicio de la cuenta de pérdidas y ganancias.
   b) Los ingresos y gastos que, según lo requerido por las normas de registro y valoración, deban imputarse directamente al patrimonio neto de la empresa.
   c) Las transferencias realizadas a la cuenta de pérdidas y ganancias según lo dispuesto en el PGC.
2. Una segunda parte, denominada «Estado total de cambios en el patrimonio neto», para informar de todos los cambios habidos en el patrimonio neto derivados de:
   a) El saldo total de los ingresos y gastos reconocidos, es decir, el saldo que luzca en la primera parte.

b) Las variaciones originadas en el patrimonio neto por operaciones con los socios o propietarios de la empresa cuando actúen como tales, como, por ejemplo, aumentos de capital o reparto de dividendos.
c) Las restantes variaciones que se produzcan en el patrimonio neto, como, por ejemplo, la aplicación del resultado a cuentas de reservas.
d) También se informará de los ajustes al patrimonio neto debidos a cambios en criterios contables y correcciones de errores.

Los cuadros 5.1 y 5.2 presentan las dos partes en que se divide el ECPN en su modelo normal.

CUADRO 5.1

Estado de ingresos y gastos reconocidos (EIGR)

Número de cuenta		Notas de la memoria	200X	200X-1
	A) Resultados de la cuenta de pérdidas y ganancias			
	Ingresos y gastos imputados directamente al patrimonio neto.			
	I. Por valoración de instrumentos financieros.			
(800), (89), 900, 991, 992	1. Activos financieros a valor razonable con cambios en el patrimonio neto.			
	2. Otros ingresos/gastos.			
(810), 910	II. Por coberturas de flujos de efectivo.			
94	III. Subvenciones, donaciones y legados recibidos.			
(85), 95	IV. Por ganancias y pérdidas actuariales y otros ajustes.			
(8300)*, 8301*, (833), 834, 835, 838	V. Efecto impositivo.			
	B) Total ingresos y gastos imputados directamente en el patrimonio neto (I + II + III + IV + V)			
	Transferencias a la cuenta de pérdidas y ganancias			
	VI. Por valoración de instrumentos financieros.			
(802), 902, 993, 994	1. Activos financieros a valor razonable con cambios en el patrimonio neto.			
	2. Otros ingresos/gastos.			
(812), 912	VII. Por coberturas de flujos de efectivo.			
(84)	VIII. Subvenciones, donaciones y legados recibidos.			
8301*, (836), (837)	IX. Efecto impositivo.			
	C) Total transferencias a la cuenta de pérdidas y ganancias (VI + VII + VIII + IX)			
	TOTAL DE INGRESOS Y GASTOS RECONOCIDOS (A + B + C)			

* Su signo puede ser positivo o negativo.

Estado total d

	Capital		Prima de emisión	Reservas
	Escriturado	No exigido		
A. SALDO, FINAL DEL AÑO 200X-2				
I. Ajustes por cambios de criterio 200X-2 y anteriores.				
II. Ajustes por errores 200X-2 y anteriores.				
B. SALDO AJUSTADO, INICIO DEL AÑO 200X-1				
I. Total ingresos y gastos reconocidos.				
II. Operaciones con socios o propietarios.				
1. Aumentos de capital. 2. (–) Reducciones de capital. 3. Conversión de pasivos financieros en patrimonio neto (conversión de obligaciones, condonaciones de deudas). 4. (–) Distribución de dividendos. 5. Operaciones con acciones o participaciones propias (netas). 6. Incremento (reducción) de patrimonio neto resultante de una combinación de negocios. 7. Otras operaciones con socios o propietarios.				
III. Otras variaciones del patrimonio neto.				
C. SALDO, FINAL DEL AÑO 200X-1				
I. Ajustes por cambios de criterio 200X-1.				
II. Ajustes por errores 200X-1.				
D. SALDO AJUSTADO, INICIO DEL AÑO 200X				
I. Total ingresos y gastos reconocidos.				
II. Operaciones con socios o propietarios.				
1. Aumentos de capital. 2. (–) Reducciones de capital. 3. Conversión de pasivos financieros en patrimonio neto (conversión de obligaciones, condonaciones de deudas). 4. (–) Distribución de dividendos. 5. Operaciones con acciones o participaciones propias (netas). 6. Incremento (reducción) de patrimonio neto resultante de una combinación de negocios. 7. Otras operaciones con socios o propietarios.				
III. Otras variaciones del patrimonio neto.				
E. SALDO, FINAL DEL AÑO 200X				

patrimonio neto

	(Acciones y participaciones en patrimonio propias)	Resultados de ejercicios anteriores	Otras aportaciones de socios	Resultado del ejercicio	(Dividendo a cuenta)	Otros instrumentos de patrimonio neto	Ajustes por cambios de valor	Subvenciones, donaciones y legados recibidos	Total

El segundo componente del ECPN es el estado total de cambios en el patrimonio neto (ETCPN), que informará de la totalidad de las variaciones en el patrimonio neto (cuadro 5.2). Las diversas secciones que lo conforman informan del saldo de los ingresos y gastos reconocidos, explicados en detalle en la primera parte (cuadro 5.1), así como de las variaciones del patrimonio neto a consecuencia de operaciones con los propietarios.

Los siguientes epígrafes presentan en detalle el contenido de cada una de las partes del modelo normal del ECPN y proporcionan unas pautas para su elaboración. A tal efecto, se aborda en primer lugar el análisis del estado de ingresos y gastos reconocidos (EIGR), para, a continuación, analizar en detalle el estado total de cambios en el patrimonio neto (ETCPN).

5.3. EL ESTADO DE INGRESOS Y GASTOS RECONOCIDOS (EIGR)

El estado de ingresos y gastos reconocidos (EIGR) es uno de los dos documentos que componen el estado de cambios en el patrimonio neto (ECPN), y su elaboración, bien en formato sencillo bien en el modelo normal, resulta obligatoria para todas las empresas. Las líneas que vienen a continuación informan del contenido del EIGR y proponen una metodología de elaboración.

5.3.1. Contenido del EIGR

El EIGR informa de las modificaciones patrimoniales fruto de:

a) El resultado del ejercicio de la cuenta de pérdidas y ganancias.
b) Los ingresos y gastos reconocidos que, según lo requerido por las normas de registro y valoración, deban imputarse directamente en el patrimonio neto.
c) Las transferencias realizadas a la cuenta de pérdidas y ganancias, según lo dispuesto en el Plan General de Contabilidad.

A este respecto, conviene tener presente que, a diferencia de los gastos e ingresos reconocidos en la cuenta de pérdidas y ganancias (y, por tanto, incorporados de forma automática a los fondos propios), los gastos e ingresos imputados directamente al patrimonio neto no se incorporan de forma inmediata a los fondos propios, sino que hay que esperar a su efectiva enajenación (caso de activos financieros a valor razonable con cambios en el patrimonio neto) o a su consumo (caso de los activos financiados con subvenciones de capital) para su efectiva incorporación a los fondos propios. Analizamos detenidamente cada una de las secciones del EIGR.

a) Resultado del ejercicio de la cuenta de pérdidas y ganancias

Es el resultado obtenido por la entidad económica durante el ejercicio, es decir, el saldo de la cuenta 129, «Resultado del ejercicio», después de regularizar los saldos de las cuentas de los grupos 6 y 7.

b) Ingresos y gastos imputados directamente al patrimonio neto

Como se ha explicado en varias ocasiones, las variaciones en el valor razonable de determinados instrumentos financieros se imputan directamente a cuentas de patrimonio neto. Por otra parte, la obtención de subvenciones de capital exige, igualmente, el reconocimiento de un ingreso imputado al patrimonio neto. Pues bien, estas dos operaciones, junto con las coberturas de flujos de efectivo y las pérdidas y ganancias actuariales, conforman el catálogo de ingresos y gastos imputados directamente al patrimonio neto, tal como se muestra en el cuadro 5.3.

CUADRO 5.3

Ingresos y gastos imputados directamente al patrimonio neto

Número de cuenta		**Notas de la memoria**	**200X**	**200X-1**
	Ingresos y gastos imputados directamente al patrimonio neto.			
	I. Por valoración de instrumentos financieros.			
(800), (89), 900, 991, 992	1. Activos financieros a valor razonable con cambios en el patrimonio neto.			
	2. Otros ingresos/gastos.			
(810), 910	II. Por coberturas de flujos de efectivo.			
94	III. Subvenciones, donaciones y legados recibidos.			
(85), 95	IV. Por ganancias y pérdidas actuariales y otros ajustes.			
(8300)*, 8301*, (833), 834, 835, 838	V. Efecto impositivo.			
	B) Total ingresos y gastos imputados directamente en el patrimonio neto (I + II + III + IV + V)			

* Su signo puede ser positivo o negativo.

c) Transferencias realizadas a la cuenta de pérdidas y ganancias

En esta sección se incluyen aquellos gastos e ingresos reconocidos directamente en el patrimonio neto que, a consecuencia de la enajenación, uso o baja definitiva de los activos que motivaron la variación patrimonial, deban imputarse/transferirse a la cuenta de pérdidas y ganancias. Piénsese, por ejemplo, en el caso de la recepción de una subvención de capital no reintegrable; por la subvención recibida se registrará un ingreso reconocido directamente como incremento de patrimonio neto (cuenta 940) que se integra en la sección B del EIGR (véase cuadro 5.3). Con posterioridad, a medida que la subvención de capital se va incorporando al resultado del ejercicio, se debe registrar la transferencia de dicho resultado a la cuenta de pérdidas y ganancias (sección C del EIGR). El cuadro 5.4 muestra las partidas representativas de transferencias a la cuenta de pérdidas y ganancias.

CUADRO 5.4

Transferencias a la cuenta de pérdidas y ganancias

Número de cuenta		**Notas de la memoria**	**200X**	**200X-1**
	Transferencias a la cuenta de pérdidas y ganancias.			
	VI. Por valoración de instrumentos financieros.			
(802), 902, 993, 994	3. Activos financieros a valor razonable con cambios en el patrimonio neto.			
	4. Otros ingresos/gastos.			
(812), 912	VII. Por coberturas de flujos de efectivo.			
(84)	VIII. Subvenciones, donaciones y legados recibidos.			
8301*, (836), (837)	IX. Efecto impositivo.			
	C) Total transferencias a la cuenta de pérdidas y ganancias (VI + VII + VIII + IX)			

* Su signo puede ser positivo o negativo.

5.3.2. Metodología de elaboración

Como se acaba de exponer, el EIGR contempla tres secciones, que recogen, respectivamente: *A*) el resultado de la cuenta de pérdidas y ganancias; *B*) el total de ingresos y gastos imputados directamente en el patrimonio neto, y *C*) el total de transferencias a la cuenta de pérdidas y ganancias. Dado que el resultado de la cuenta de pérdidas y ganancias se obtiene directamente de la cuenta de resultados, las líneas que vienen a continuación explican con detalle la obtención de los otros dos componentes (secciones B y C) del EIGR.

5.3.2.1. *Determinación del total de ingresos y gastos imputados directamente en el patrimonio neto*

Tal y como se muestra en el cuadro 5.3, el total de ingresos y gastos imputados directamente en el patrimonio neto se obtiene mediante la suma de sus cinco componentes:

— Por valoración de instrumentos financieros.
— Por coberturas de flujos de efectivo.
— Subvenciones, donaciones y legados recibidos.
— Por ganancias y pérdidas actuariales y otros ajustes.
— Efecto impositivo.

Por valoración de instrumentos financieros

Como se ha explicado en el capítulo 2, las variaciones en el valor razonable de los activos financieros se pueden imputar bien a resultados o bien directamente a cuentas de patrimonio neto, siendo el propósito con el que se realizó la inversión el criterio que determinará la opción contable. Así, mientras que las variaciones en el valor razonable de los activos financieros mantenidos para negociar se imputan a la cuenta de pérdidas y ganancias, los activos financieros a valor razonable con cambios en el patrimonio neto se imputan directamente a cuentas de patrimonio neto, hasta que el activo financiero cause baja en el balance, momento en el que la variación reconocida se trasladará a la cuenta de pérdidas y ganancias.

EJEMPLO 5.1

La empresa NUEVA, S. A., presenta el siguiente balance de situación a 31 de diciembre de X1. Tal y como se puede apreciar, NUEVA, S. A., no ha obtenido resultados durante los dos ejercicios de referencia:

Balance de situación de NUEVA, S. A. (en miles de euros)

Activo	X1	X0	Pasivo	X1	X0
A) ACTIVO NO CORRIENTE	**178,5**	**125**	**A) PATRIMONIO NETO**	**187,9**	**190**
I. Inmovilizado intangible.	10	10	A-1) Fondos propios	190	190
II. Inmovilizado material.	120	115	I. Capital suscrito.	190	190
V. Inversiones financieras a largo plazo.	47	0	A-2) Ajustes por cambios de valor	(2,1)	0
VI. Activos por impuesto diferido.	1,5	0	I. Activos financieros a valor razonable con cambios en el patrimonio neto.	(2,1)	0
			B) PASIVO NO CORRIENTE	0,6	0
			IV. Pasivos por impuesto diferido.	0,6	0
B) ACTIVO CORRIENTE	**89**	**130**	**C) PASIVO CORRIENTE**	**79**	**65**
II. Existencias.	24	20	III. Deudas a corto plazo.	39	20
III. Deudores.	55	50	V. Acreedores comerciales y otras deudas a pagar.	40	45
VII. Efectivos y otros medios líquidos equivalentes.	10	60			
TOTAL ACTIVO	**267,5**	**255**	**TOTAL PASIVO Y P. NETO**	**267,5**	**255**

En la memoria de NUEVA, S. A. (nota 9), se puede leer que las *inversiones financieras a largo plazo* están formadas por una cartera de activos financieros de renta variable que la empresa ha clasificado de forma irrevocable como activos financieros a valor razonable con cambios en el patrimonio:

- Acciones de la sociedad «X» valoradas inicialmente por 10 miles de euros. La valoración a final de ejercicio de X0 asciende a 12 miles de euros.
- Acciones de la sociedad «Y» valoradas inicialmente por 40 miles de euros. La valoración a 31 de diciembre de X0 asciende a 35 miles de euros.

La confección del EIGR exige revisar las siguientes anotaciones contables:

Incremento de valor de los títulos de la sociedad «X»:

Cuenta		Debe	Haber
(250)	Inversiones financieras en instrumentos de patrimonio a L/P	2	
(900)	Beneficios en activos financieros a valor razonable con cambios en patrimonio neto		2

Disminución de valor de los títulos de la sociedad «Y»:

Cuenta		Debe	Haber
(800)	Pérdidas en activos financieros a valor razonable con cambios en patrimonio neto	5	
(250)	Inversiones financieras en instrumentos de patrimonio a L/P		5

Efecto fiscal del cambio de valor en los títulos de la sociedad «X»:

Cuenta		Debe	Haber
(8301)	Impuesto diferido	0,6	
(479)	Pasivo por diferencias temporarias imponibles		0,6

Efecto fiscal del cambio de valor en los títulos de la sociedad «Y»:

Cuenta		Debe	Haber
(474)	Activo por diferencias temporarias deducibles	1,5	
(8301)	Impuesto diferido		1,5

Regularización de los ingresos y gastos reconocidos directamente en patrimonio neto:

Cuenta		Debe	Haber
(900)	Beneficios en activos financieros a valor razonable con cambios en patrimonio neto	2	
(8301)	Impuesto diferido	0,9	
(800)	Pérdidas en activos financieros a valor razonable con cambios en el patrimonio neto		5
(133)	Ajustes por cambios de valor en activos a valor razonable con cambios en el patrimonio neto	2,1	

Para elaborar el EIGR basta con recoger en el epígrafe correspondiente los saldos de las cuentas de los grupos 8 y 9 antes de su regularización, tal y como se muestra en el cuadro 5.5.

CUADRO 5.5

Ingresos y gastos imputados directamente al patrimonio neto

Número de cuenta		Nota de la memoria	X1
	Ingresos y gastos imputados directamente al patrimonio neto.		
	I. Por valoración de instrumentos financieros.		(3)
(800), (89), 900, 991, 992	1. Activos financieros a valor razonable con cambios en el patrimonio neto.	Nota 9	
	2. Otros ingresos/gastos.		(3)
(810), 910	II. Por coberturas de flujos de efectivo.		
94	III. Subvenciones, donaciones y legados recibidos.		
(85), 95	IV. Por ganancias y pérdidas actuariales y otros ajustes.		0,9
(8300)*, 8301*, (833), 834, 835, 838	V. Efecto impositivo.		
	B) Total ingresos y gastos imputados directamente en el patrimonio neto		**(2,1)**

* Su signo puede ser positivo o negativo.

Dado que en X1 NUEVA, S. A., no ha obtenido resultado económico alguno, la variación experimentada por el patrimonio neto (190 − 187,9) se corresponde con la variación del total de ingresos y gastos imputados directamente en el patrimonio neto (EIGR), como fácilmente se puede comprobar.

Por cobertura de flujos de efectivo

La norma novena de valoración del PGC define, en su apartado sexto, las coberturas de flujos de efectivo como instrumentos financieros que sirven para «cubrir la exposición a la variación de los flujos de efectivo que se atribuyan a un riesgo concreto asociado a la totalidad o a un componente de un activo o pasivo reconocido (tal como la contratación de una permuta financiera para cubrir el riesgo de una financiación a tipo de interés variable), o a una transacción prevista altamente probable (por ejemplo, la cobertura del riesgo de tipo de cambio relacionado con compras y ventas previstas de inmovilizados materiales, bienes y servicios en moneda extranjera), y que pueda afectar a la cuenta de pérdidas y ganancias. La pérdida o ganancia del instrumento de cobertura, en la parte que constituya una cobertura eficaz, se reconocerá directamente en el patrimonio neto».

EJEMPLO 5.2

La empresa CUBIERTA, S. A., presenta el siguiente balance de situación a 31 de diciembre de X1. Tal y como se puede apreciar, CUBIERTA, S. A., no ha obtenido resultados durante los dos ejercicios de referencia:

Balance de situación de CUBIERTA, S. A. (en miles de euros)

Activo	X1	X0	Pasivo	X1	X0
A) ACTIVO NO CORRIENTE	**155,2**	**140**	**A) PATRIMONIO NETO**	**202,8**	**200**
II. Inmovilizado material.	150	140	A-1) Fondos propios	200	200
V. Inversiones financieras a largo plazo.	5,2*	0	I. Capital suscrito.	200	200
			A-2) Ajustes por cambios de valor	2,8	0
			II. Operaciones de cobertura.	2,8	0
			B) PASIVO NO CORRIENTE	**1,2**	**0**
			IV. Pasivos por impuesto diferido.	1,2	0
B) ACTIVO CORRIENTE	**134**	**90**	**C) PASIVO CORRIENTE**	**85,2**	**30**
II. Existencias.	10	5	III. Deudas a corto plazo.	35,2	0
III. Deudores.	76	70	V. Acreedores comerciales y otras deudas a pagar.	50	30
VII. Efectivos y otros medios líquidos equivalentes.	48	15			
TOTAL ACTIVO	**289,2**	**230**	**TOTAL PASIVO**	**289,2**	**230**

* Importe pagado por la prima (1, 2) + revalorización del derivado [40 × (0,8 − 0,7) = 5,2].

De la memoria de CUBIERTA, S. A. (notas 5 y 9), se extrae que la empresa, el 1 de enero de X1, ha encargado a una compañía norteamericana la construcción de una máquina cuyo coste ascenderá a 40 miles de dólares. Por tanto, siempre que el tipo de cambio dólar/euro se mantenga en 0,7 euros por cada dólar, el precio de la máquina ascenderá a 28 miles de euros. La entrega de la máquina está prevista para el 1 de julio de X2, momento en el que la empresa deberá abonar el importe de la misma. Para cubrirse del riesgo de tipo de cambio, CUBIERTA, S. A., acudió a un mercado de derivados para adquirir cuatro opciones de compra *call,* con vencimiento dentro 18 meses, tamaño 10 miles de dólares y precio de ejercicio de 0,7 euro/dólar. La contratación de las cuatro opciones *call* le dan derecho a adquirir, el 1 de julio de X2, 40 miles de dólares al tipo de cambio 0,7 euro/dólar. La prima pagada por dicho derecho asciende a 1,2 miles de euros. A 31 de diciembre de X1 el tipo de cambio dólar/euro es de 0,8 euros por dólar.

Comentario

Si a 31 de diciembre se produjera la liquidación del instrumento de cobertura, CUBIERTA, S. A., tendría el derecho a comprar 40 miles de dólares a 0,7 euros cada dólar. Como el tipo de cambio en el momento de cierre de ejercicio es de 0,8 euros/dólar, procede reconocer un beneficio de 4 miles de euros [40 × (0,8 − 0,7)].

El registro contable previo a la elaboración del balance de situación y necesario para elaborar el EIGR es el siguiente:

Beneficio en la valoración del instrumento de cobertura:

Cuenta		Debe	Haber
(2553)	Activos por derivados financieros a largo plazo, instrumentos de cobertura	4	
(910)	Beneficios por coberturas de flujos de efectivo		4

Efecto fiscal del beneficio en el instrumento de cobertura:

Cuenta		Debe	Haber
(8301)	Impuesto diferido	1,2	
(477)	Pasivo por diferencias temporarias deducibles		1,2

Regularización de ingresos y gastos reconocidos directamente en patrimonio neto:

Cuenta		Debe	Haber
(910)	Beneficio por coberturas de flujos de efectivo	4	
(8301)	Impuesto diferido		1,2
(1340)	Cobertura de flujos de efectivo		2,8

Para elaborar el EIGR basta con recoger en el epígrafe correspondiente los saldos de las cuentas de los grupos 8 y 9 antes de proceder a su regularización, tal y como se muestra en el cuadro 5.6.

Al igual que en el ejemplo anterior, ante la ausencia de resultados en el ejercicio, la variación experimentada por el patrimonio neto, reflejada en el balance de situación (202,8 − 200), es coincidente con el total de ingresos y gastos imputados directamente en el patrimonio neto (EIGR).

CUADRO 5.6

Ingresos y gastos imputados directamente al patrimonio neto

Número de cuenta		**Notas de la memoria**	**20X1**
	Ingresos y gastos imputados directamente al patrimonio neto.		
	I. Por valoración de instrumentos financieros.		
(800), (89), 900, 991, 992	1. Activos financieros a valor razonable con cambios en el patrimonio neto.		
	2. Otros ingresos/gastos.		
(810), 910	II. Por coberturas de flujos de efectivo.	Notas 5 y 9	4
94	III. Subvenciones, donaciones y legados recibidos.		
(85), 95	IV. Por ganancias y pérdidas actuariales y otros ajustes.		
(8300)*, 8301*	V. Efecto impositivo.		(1,2)
	B) Total ingresos y gastos imputados directamente en el patrimonio neto		**2,8**

* Su signo puede ser positivo o negativo.

Subvenciones, donaciones y legados recibidos

Tal y como se explica en el capítulo 2, las subvenciones de capital, donaciones y legados recibidos se reconocen directamente en el patrimonio neto, al tratarse de una fuente de financiación sin contraprestación.

EJEMPLO 5.3

La empresa SUBVENCIONA, S. A., presenta el siguiente balance de situación a 31 de diciembre de X1. Tal y como se puede apreciar, SUBVENCIONA, S. A., no ha obtenido resultado económico alguno durante los dos ejercicios de referencia:

Balance de situación de SUBVENCIONA, S. A. (en miles de euros)

Activo	X1	X0	Pasivo	X1	X0
A) ACTIVO NO CORRIENTE	**265**	**160**	**A) PATRIMONIO NETO**	**270**	**200**
I. Inmovilizado intangible. II. Inmovilizado material. V. Inversiones financieras a largo plazo.	5 245 15	5 140 15	A-1) Fondos propios. I. Capital suscrito. A-3) Subvenciones, donaciones y legados.	200 200 70	200 200 0
			B) PASIVO NO CORRIENTE	**30**	**0**
			IV. Pasivos por impuesto diferido.	30	0
B) ACTIVO CORRIENTE	**90**	**80**	**C) PASIVO CORRIENTE**	**55**	**40**
II. Existencias. III. Deudores. VII. Efectivos y otros medios líquidos equivalentes.	25 55 10	20 45 15	III. Deudas a corto plazo. V. Acreedores comerciales y otras deudas a pagar.	30 25	25 15
TOTAL ACTIVO	**355**	**240**	**TOTAL PASIVO Y P. NETO**	**355**	**240**

La nota 18 de la memoria informa de que a finales del ejercicio X1 se recibió una subvención de 100 miles de euros para financiar la compra de un inmovilizado material, valorado inicialmente en 150 miles de euros y para el que se estima una vida útil de 4 años. Se supone un tipo impositivo del 30 por 100.

El registro contable previo a la elaboración del balance de situación y necesario para elaborar el EIGR es el siguiente:

Por la concesión de la subvención:

Cuenta		Debe	Haber
(572)	Banco	100	
(940)	Ingresos por subvenciones		100

Por el reconocimiento del impuesto diferido:

Cuenta		Debe	Haber
(8301)	Impuesto diferido	30	
(479)	Pasivo por diferencias temporarias imponibles		30

Regularización de ingresos y gastos reconocidos directamente en patrimonio neto:

Cuenta		Debe	Haber
(940)	Ingresos por subvenciones	100	
(8301)	Impuesto diferido		30
(130)	Subvenciones de capital		70

Para elaborar el EIGR basta con recoger en el epígrafe correspondiente los saldos de las cuentas de los grupos 8 y 9 antes de su regularización, tal y como se muestra en el cuadro 5.7.

Efecto impositivo

La tercera parte del PGC, relativa a las normas de elaboración de las cuentas anuales, señala que los ingresos y gastos reconocidos directamente en el patrimonio neto se incorporarán al EIGR por su importe bruto, registrando en cuenta separada su correspondiente efecto impositivo. Como se ha podido apreciar en los ejemplos anteriores, el EIGR recoge los ingresos y gastos (grupos 9 y 8, respectivamente) imputados al patrimonio neto por sus importes brutos, registrándose en cuenta separada (8301, «Impuesto diferido») su efecto impositivo. La diferencia entre el importe bruto y el efecto impositivo equivale al incremento o la disminución del patrimonio neto, que se abonará o cargará, respectivamente, en la cuenta correspondiente del subgrupo 13, tal como ha quedado reflejado en los ejemplos 5.1, 5.2 y 5.3.

CUADRO 5.7

Ingresos y gastos imputados directamente al patrimonio neto

Número de cuenta		Notas de la memoria	X1
	Ingresos y gastos imputados directamente al patrimonio neto.		
	I. Por valoración de instrumentos financieros.		
(800), (89), 900, 991, 992	1. Activos financieros a valor razonable con cambios en el patrimonio neto.		
(810), 910	2. Otros ingresos/gastos.		
94	II. Por coberturas de flujos de efectivo.	Nota 18	100
(85), 95	III. Subvenciones, donaciones y legados recibidos.		
(8300)*, 8301*	IV. Por ganancias y pérdidas actuariales y otros ajustes.		(30)
	V. Efecto impositivo.		
	B) Total ingresos y gastos imputados directamente en el patrimonio neto		**70**

* Su signo puede ser positivo o negativo.

5.3.2.2. *Determinación del total de transferencias a la cuenta de pérdidas y ganancias*

La relación de gastos e ingresos (grupos 8 y 9) que pueden ocasionar transferencias a la cuenta de pérdidas y ganancias es la siguiente:

- Por valoración de instrumentos financieros.
- Por coberturas de flujos de efectivo.
- Subvenciones, donaciones y legados recibidos.
- Efecto impositivo.

Por valoración de instrumentos financieros

Como se ha comentado en el apartado 5.3.1, al producirse la enajenación o baja definitiva de los activos financieros mantenidos para la venta, es decir, cuando se produce la realización efectiva de sus beneficios o pérdidas, se traspasarán a la cuenta de pérdidas y ganancias dichos resultados, integrándose en los fondos propios y, por tanto, en el patrimonio neto.

EJEMPLO 5.4

La empresa NUEVA, S. A., del ejemplo 5.1 presenta en X2 el siguiente balance de situación, que contiene también información relativa al año anterior. La memoria de NUEVA, S. A., informa de la enajenación de los activos financieros a valor razonable con cambios en el patrimonio neto. Las acciones de la sociedad X se venden por 18 euros cada una y las de la sociedad Y por 34 euros:

Balance de situación de NUEVA, S. A. (en miles de euros)

Activo	X2	X1	Pasivo	X2	X1
A) ACTIVO NO CORRIENTE	**130**	**178,5**	**A) PATRIMONIO NETO**	**191,4**	**187,9**
I. Inmovilizado intangible.	10	10	A-1) Fondos propios	191,4	190
II. Inmovilizado material.	120	120	I. Capital suscrito.	190	190
V. Inversiones financieras a largo plazo.	0	47	IV. Resultado del ejercicio.	1,4	
VI. Activos por impuesto diferido.	0	1,5	A-2) Ajustes por cambios de valor.	0	(2,1)
			I. Activos financieros a valor razonable con cambios en el patrimonio neto.		(2,1)
			B) PASIVO NO CORRIENTE	**0**	**0,6**
			IV. Pasivos por impuesto diferido.		0,6

Activo	X2	X1	Pasivo	X2	X1
B) ACTIVO CORRIENTE	**141**	**89**	**C) PASIVO CORRIENTE**	**79,6**	**79**
II. Existencias.	24	24	III. Deudas a corto plazo.	39	39
III. Deudores.	55	55	V. Acreedores comerciales y otras deudas a pagar.	40,6	40
VII. Efectivos y otros medios líquidos equivalentes.	62	10			
TOTAL ACTIVO	**271**	**267,5**	**TOTAL PASIVO Y P. NETO**	**271**	**267,5**

La venta de las acciones incrementa el saldo de la tesorería en 52 miles de euros, dando de baja simultáneamente los activos financieros a valor razonable con cambios en el patrimonio neto. Adicionalmente, la deuda con Hacienda, resultante de traspasar los ingresos y gastos reconocidos a la cuenta de pérdidas y ganancias, queda pendiente de pago, integrándose en la partida «Acreedores comerciales y otras deudas a pagar». A continuación, se detalla el registro contable necesario para elaborar el EIGR:

Incremento de valor de los títulos de la sociedad X:

Cuenta		Debe	Haber
(250)	Inversiones financieras en instrumentos de patrimonio a L/P	6	
(900)	Beneficios en activos financieros a valor razonable con cambios en el patrimonio neto.		6
	Resultado = 18 − 12 = 6		

Disminución de valor de los títulos de la sociedad Y:

Cuenta		Debe	Haber
(800)	Pérdidas en activos financieros en activos financieros a valor razonable con cambios en el patrimonio neto	1	
(250)	Inversiones financieras en instrumentos de patrimonio a L/P		1
	Resultado = 34 − 35 = −1		

Efecto fiscal del cambio de valor en los títulos de la sociedad X:

Cuenta		Debe	Haber
(8301)	Impuesto diferido	1,8	
(479)	Pasivo por diferencias temporarias imponibles		1,8

Efecto fiscal del cambio de valor en los títulos de la sociedad Y:

Cuenta		Debe	Haber
(474) (8301)	Activo por diferencias temporarias deducibles Impuesto diferido	0,3	 0,3

Transferencia de los resultados obtenidos en la venta de los títulos de la sociedad X:

Cuenta		Debe	Haber
(802) (7632)	Transferencia de beneficios en activos financieros a valor razonable con cambios en el patrimonio neto Beneficios de activos financieros por su valor razonable con cambios en el patrimonio neto (18 − 10) Del ejercicio anterior 2 Del ejercicio presente 6	 8	 8

Efecto fiscal de la transferencia a resultados de los beneficios obtenidos con los títulos de la sociedad X:

Cuenta		Debe	Haber
(479) (8301)	Pasivo por diferencias temporarias imponibles Impuesto diferido Del ejercicio anterior 0,6 Del ejercicio presente 1,8	2,4	 2,4

Transferencia de los resultados obtenidos en la venta de los títulos de la sociedad Y:

Cuenta		Debe	Haber
(6632) (902)	Pérdidas de activos financieros por su valor razonable con cambios en el patrimonio neto Transferencia de pérdidas en activos financieros a valor razonable con cambios en el patrimonio neto (34 − 40) Del ejercicio anterior −5 Del ejercicio presente −1	 6	 6

Efecto fiscal de la transferencia a resultados de los beneficios obtenidos con los títulos de la sociedad Y:

Cuenta		Debe	Haber
(8301)	Impuesto diferido	1,8	
(474)	Activo por diferencias temporarias deducibles Del ejercicio anterior 1,5 Del ejercicio presente 0,3		1,8

Regularización de los ingresos reconocidos directamente en patrimonio neto por operaciones con acciones de la sociedad X:

Cuenta		Debe	Haber
(900)	Beneficios en activos financieros a valor razonable con cambios en el patrimonio neto	6	
(8301)	Impuesto diferido	0,6	
(133)	Ajustes por valoración en activos financieros a valor razonable con cambios en el patrimonio neto	1,4	
(802)	Transferencia de beneficios en activos financieros a valor razonable con cambios en el patrimonio neto		8

Regularización de los ingresos reconocidos directamente en patrimonio neto por operaciones con acciones de la sociedad Y:

Cuenta		Debe	Haber
(902)	Transferencia de pérdidas en activos financieros a valor razonable con cambios en el patrimonio neto	6	
(800)	Pérdidas en activos financieros a valor razonable con cambios en el patrimonio neto		1
(8301)	Impuesto diferido		1,5
(133)	Ajustes por valoración en activos financieros a valor razonable con cambios en el patrimonio neto		3,5

Determinación del resultado antes de impuestos:

Cuenta		Debe	Haber
(7632)	Beneficios en activos financieros a valor razonable con cambios en el patrimonio neto	8	
(6632)	Pérdidas en activos financieros a valor razonable con cambios en el patrimonio neto		6
(129)	Resultado del ejercicio		2

Registro del impuesto corriente y reconocimiento de la deuda con Hacienda:

Cuenta		Debe	Haber
(6300)	Impuesto corriente	0,6	
(4752)	Hacienda Pública, acreedora por impuesto sobre sociedades		0,6

Regularización del impuesto corriente:

Cuenta		Debe	Haber
(129)	Resultado del ejercicio	0,6	
(6300)	Impuesto corriente		0,6

La elaboración del EIGR exige reconocer en el epígrafe correspondiente del modelo los saldos de las cuentas de los grupos 8 y 9 antes de su regularización. El estado resultante (cuadro 5.8) informa de las variaciones en el patrimonio fruto del

CUADRO 5.8

Estado de ingresos y gastos reconocidos

Número de cuenta		Notas de la memoria	X2
	A) Resultado de la cuenta de pérdidas y ganancias		**1,4**
	Ingresos y gastos imputados directamente al patrimonio neto.		
	I. Por valoración instrumentos financieros.		5
(800), 900	1. Activos financieros a valor razonable con cambios en el patrimonio neto.		5
(8300)*, 8301*	V. Efecto impositivo.		(1,5)
	B) Total ingresos y gastos imputados directamente en el patrimonio neto		**3,5**
	Transferencias a la cuenta de pérdidas y ganancias.		
	I. Por valoración instrumentos financieros.		(2)
(802), 902	1. Activos financieros a valor razonable con cambios en el patrimonio neto.		(2)
8301*	IX. Efecto impositivo.		0,6
	C) Total transferencias a la cuenta de pérdidas y ganancias		**(1,4)**
	TOTAL DE INGRESOS Y GASTOS RECONOCIDOS (A + B + C)		**3,5**

* Su signo puede ser positivo o negativo.

resultado del ejercicio, de los ingresos y gastos imputados directamente al patrimonio y de las transferencias a la cuenta de pérdidas y ganancias.

En esta ocasión, el EIGR presenta variaciones en el patrimonio neto en sus tres componentes: el resultado de la cuenta de pérdidas y ganancias por 1,4; el total de ingresos y gastos imputados directamente en el patrimonio neto por 3,5, y el total de transferencias a la cuenta de pérdidas y ganancias por −1,4. La variación total asciende a 3,5, coincidente con el incremento del patrimonio neto de los dos balances de situación consecutivos de NUEVA, S. A.

Por coberturas de flujos de efectivo

Los instrumentos financieros adquiridos para cubrir un riesgo de efectivo suelen tener un vencimiento similar a la duración de la situación de riesgo, por lo que una vez tal situación desaparece, el instrumento es liquidado. El resultado obtenido en la liquidación se traspasará a la cuenta de pérdidas y ganancias.

EJEMPLO 5.5

La empresa CUBIERTA, S. A., del ejemplo 5.2 presenta en X2 el siguiente balance de situación, que contiene también información relativa al año anterior. La memoria de CUBIERTA, S. A., informa de la entrega de la máquina por parte del proveedor norteamericano. En el momento de la entrega (1 de julio de X2) el tipo de cambio fue de 0,6 euros por dólar USA.

Consideraciones previas

Conviene recordar que las opciones *call* se adquirieron a un precio de ejercicio de 0,7 euros/dólar, por lo que CUBIERTA, S. A., tiene el derecho a comprar el 1 de julio (momento de entrega de la maquinaria) 40 miles de dólares por 28 miles de euros. Sin embargo, debido a la apreciación del euro respecto al dólar, se pueden comprar en el mercado de divisas los 40 miles de dólares a 24 miles de euros (40.000 × 0,6). En estas circunstancias, CUBIERTA, S. A., decidió no ejercer la opción de compra y perder la prima pagada por la opción *call.*

Balance de situación de CUBIERTA, S. A. (en miles de euros)

Activo	X2	X1	Pasivo	X2	X1
A) ACTIVO NO CORRIENTE	**174**	**155,2**	**A) PATRIMONIO NETO**	**199,16**	**202,8**
II. Inmovilizado material.	174	150	A-1) Fondos propios	200	200
Maquinaria	34	10	I. Capital suscrito.	200	200
Resto inmovilizado material.	140	140	V. Resultado del ejercicio.	(0,84)	
V. Inversiones financieras a largo plazo.	0	5,2	A-2) Ajustes por cambios de valor		2,8
			I. Operaciones de cobertura.		2,8
			B) PASIVO NO CORRIENTE	**0**	**1,2**
			IV. Pasivos por impuesto diferido.		1,2
B) ACTIVO CORRIENTE	**110,36**	**134**	**C) PASIVO CORRIENTE**	**85,2**	**85,2**
II. Existencias.	10	10	III. Deudas a corto plazo.	35,2	35,2
III. Deudores.	76,36	76	V. Acreedores comerciales y otras deudas a pagar.	50	50
VII. Efectivos y otros medios líquidos equivalentes.	24	48			
TOTAL ACTIVO	**284,36**	**289,2**	**TOTAL PASIVO Y P. NETO**	**284,36**	**289,2**

Registro contable

Por la renuncia a ejercer la opción se reconocerá, en primer lugar, la pérdida en el instrumento de cobertura, que será igual al beneficio reconocido directamente en el patrimonio neto del ejemplo 5.3 (4 miles) más la pérdida de la prima pagada por la opción de compra (1,2 miles):

Cuenta		Debe	Haber
(810)	Pérdidas por coberturas de flujos de efectivo	5,2	
(2553)	Activos por derivados financieros a largo plazo, instrumentos de cobertura		5,2

Reconocimiento del activo por diferencias temporarias (30 por 100 de 5,2 miles):

Cuenta		Debe	Haber
(474)	Activo por diferencias temporarias deducibles	1,56	
(8301)	Impuesto diferido		1,56

Transferencia de la pérdida en el instrumento de cobertura a la cuenta de pérdidas y ganancias (4 − 5,2):

Cuenta		Debe	Haber
(663)	Pérdidas de instrumentos de cobertura	1,2	
(912)	Transferencia de pérdidas por coberturas de flujos de efectivo		1,2

Reversión del efecto impositivo ocasionado por la valoración del instrumento de cobertura (30 por 100 de 1,2 miles):

Cuenta		Debe	Haber
(8301)	Impuesto diferido	0,36	
(474)	Activo por diferencias temporarias deducibles		0,36

Regularización de ingresos y gastos reconocidos directamente en patrimonio neto por operaciones de cobertura:

Cuenta		Debe	Haber
(912)	Transferencia de pérdidas por coberturas de flujos de efectivo	1,2	
(8301)	Impuesto diferido	1,2	
(1340)	Cobertura de flujos de efectivo	2,8	
(812)	Transferencia de beneficios por coberturas de flujos de efectivo		5,2

También será necesario determinar el resultado del ejercicio, para lo que se requiere la realización de las siguientes operaciones:

Determinación del resultado antes de impuestos:

Cuenta		Debe	Haber
(129)	Resultado del ejercicio	1,2	
(663)	Pérdidas de instrumentos de cobertura		1,2

Registro del impuesto corriente y reconocimiento de la deuda con Hacienda:

Cuenta		Debe	Haber
(6300)	Impuesto corriente	0,36	
(4752)	Hacienda Pública, acreedora por impuesto sobre sociedades		0,36

Regularización del impuesto corriente:

Cuenta		Debe	Haber
(129) (6300)	Resultado del ejercicio Impuesto corriente	0,36	 0,36

La elaboración del EIGR exige reconocer en el epígrafe correspondiente del modelo los saldos de las cuentas de los grupos 8 y 9 antes de su regularización. El estado resultante (cuadro 5.9) informa de las variaciones en el patrimonio producto de los ingresos y gastos imputados directamente al patrimonio y de las transferencias a la cuenta de pérdidas y ganancias.

CUADRO 5.9

Estado de ingresos y gastos reconocidos

Número de cuenta		**Notas de la memoria**	**X2**
	A) Resultado de la cuenta de pérdidas y ganancias		**(0,84)**
  (810), 910 (8300)*, 8301*	**Ingresos y gastos imputados directamente al patrimonio neto.** II. Por coberturas de flujos de efectivo. V. Efecto impositivo.		 (5,2) 1,56
	B) Total ingresos y gastos imputados directamente en el patrimonio neto		**(3,64)**
 (812), 912 8301*	**Transferencias a la cuenta de pérdidas y ganancias.** VII. Por coberturas de flujos de efectivo. IX. Efecto impositivo.		 1,2 (0,36)
	C) Total transferencias a la cuenta de pérdidas y ganancias		**0,84**
	TOTAL DE INGRESOS Y GASTOS RECONOCIDOS (A + B + C)		**(3,64)**

* Su signo puede ser positivo o negativo.

En esta ocasión el EIGR presenta variaciones en el patrimonio neto en sus tres componentes: el resultado de la cuenta de pérdidas y ganancias por −0,84; el total de ingresos y gastos imputados directamente en el patrimonio neto por −3,64, y el total de transferencias a la cuenta de pérdidas y ganancias por 0,84. La variación total asciende a −3,64, coincidente con la disminución del patrimonio neto entre los dos balances de situación consecutivos de CUBIERTA, S. A. (202,8 − 199,16).

Subvenciones, donaciones y legados recibidos

Las subvenciones, donaciones y legados recibidos es otro de los componentes que forman parte del total de transferencias a la cuenta de pérdidas y ganancias, por lo que el EIGR habilita una partida específica para informar de las subvenciones, donaciones y legados traspasados a resultados del ejercicio.

EJEMPLO 5.6

La empresa SUBVENCIONA, S. A., del ejemplo 5.3 presenta a finales de X2 el siguiente balance de situación. Como se puede apreciar, los únicos resultados que lucen en el balance de situación proceden de la transferencia a resultados de la subvención de capital y de la amortización del activo financiado con la misma:

Balance de situación de SUBVENCIONA, S. A. (en miles de euros)

Activo	X2	X1	Pasivo	X2	X1
A) ACTIVO NO CORRIENTE	**227,5**	**265**	**A) PATRIMONIO NETO**	**243,75**	**270**
I. Inmovilizado intangible.	5	5	A-1) Fondos propios	191,25	200
II. Inmovilizado material.	207,5	245	I. Capital suscrito.	200	200
V. Inversiones financieras a largo plazo.	15	15	V. Resultado del ejercicio.	(8,75)	
			A-3) Subvenciones, donaciones y legados	52,5	70
			B) PASIVO NO CORRIENTE	**22,5**	**30**
			IV. Pasivos por impuesto diferido.	22,5	30
B) ACTIVO CORRIENTE	**93,75**	**90**	**C) PASIVO CORRIENTE**	**55**	**55**
II. Existencias.	25	25	III. Deudas a corto plazo.	30	30
III. Deudores.	58,75	55	V. Acreedores comerciales y otras deudas a pagar.	25	25
VII. Efectivos y otros medios líquidos equivalentes.	10	10			
TOTAL ACTIVO	**321,25**	**355**	**TOTAL PASIVO Y P. NETO**	**321,25**	**355**

Tal y como se informa en el ejemplo 5.3, a finales de X1 se recibió una subvención de 100 miles de euros para financiar la adquisición de un activo material valorado inicialmente en 150 miles de euros amortizable por el método lineal a lo largo de los 4 próximos años. El registro contable previo a la elaboración del balance de situación a finales de X2, y necesario para elaborar el EIGR, es el siguiente:

Transferencia de la subvención a resultados (100/4):

Cuenta		Debe	Haber
(840) (746)	Transferencia de subvenciones Traspaso de subvenciones a resultados del ejercicio	2,0	 25,0

Reversión del pasivo fiscal por la parte de la subvención transferida a resultados (30 por 100 de 25):

Cuenta		Debe	Haber
(479) (8301)	Pasivo por diferencias temporarias imponibles Impuesto diferido	7,5	 7,5

Regularización de ingresos y gastos reconocidos directamente en patrimonio neto:

Cuenta		Debe	Haber
(8301) (130) (840)	Impuesto diferido Subvenciones de capital Transferencia de subvenciones	7,5 17,5	 25,0

Amortización del inmovilizado material a finales de X2:

Cuenta		Debe	Haber
681 281	Amortización del inmovilizado material Amortización acumulada del inmovilizado material	37,5	 37,5

También será necesario determinar el resultado del ejercicio, para lo que se requiere la realización de las siguientes operaciones:

Determinación del resultado antes de impuestos:

Cuenta		Debe	Haber
(746) (129) (681)	Traspaso de subvenciones a resultado del ejercicio Resultado del ejercicio Amortización del inmovilizado material	25,0 12,5	 37,5

Registro del impuesto corriente y reconocimiento de la deuda con Hacienda:

Cuenta		Debe	Haber
(4745) (6301)	Créditos por pérdidas a compensar Impuesto diferido	3,75	 3,75

Regularización del impuesto corriente:

Cuenta		Debe	Haber
(6301) (129)	Impuesto diferido Resultado del ejercicio	3,75	 3,75

El resultado del ejercicio después de impuestos asciende a −8,75 (−12,5 + 3,75).

La elaboración del EIGR exige reconocer en el epígrafe correspondiente del modelo los saldos de las cuentas de los grupos 8 y 9 antes de su regularización. El estado resultante (cuadro 5.10) informa de variaciones en el patrimonio neto, fruto de los ingresos y gastos imputados directamente al patrimonio y de las transferencias a la cuenta de pérdidas y ganancias.

CUADRO 5.10

Estado de ingresos y gastos reconocidos

Número de cuenta		Notas de la memoria	X2
	A) Resultado de la cuenta de pérdidas y ganancias		**(8,75)**
	B) Total ingresos y gastos imputados directamente en el patrimonio neto		**0**
 (84) 8301*	**Transferencias a la cuenta de pérdidas y ganancias.** VIII. Subvenciones, donaciones y legados recibidos. IX. Efecto impositivo.		 (25,0) 7,5
	C) Total transferencias a la cuenta de pérdidas y ganancias		**(17,5)**
	TOTAL DE INGRESOS Y GASTOS RECONOCIDOS (A + B + C)		**(26,25)**

* Su signo puede ser positivo o negativo.

La variación total asciende a −26,25, coincidente con la disminución del patrimonio neto entre los dos balances de situación consecutivos de SUBVENCIONA, S. A. (243,75 − 270).

Efecto impositivo

De igual forma que los ingresos y gastos reconocidos directamente en el patrimonio neto se incorporan por su importe bruto, las transferencias a la cuenta de pérdidas y ganancias (epígrafes VI, VII y VIII del EIGR) también se reconocerán por su importe bruto, registrándose en cuenta separada su correspondiente efecto impositivo (epígrafe IX del EIGR), tal y como ha quedado recogido en los ejemplos 5.4, 5.5 y 5.6.

5.4. EL ESTADO TOTAL DE CAMBIOS EN EL PATRIMONIO NETO (ETCPN)

Como se ha señalado en un epígrafe anterior, el estado total de cambios en el patrimonio neto (ETCPN) es uno de los dos documentos que integran el estado de cambios en el patrimonio neto y recoge la totalidad de las variaciones producidas en el patrimonio neto durante el ejercicio. Se incluirán, por tanto, además del saldo de ingresos y gastos reconocidos (primero de los documentos que forman el estado de cambios en el patrimonio neto), las demás variaciones en el patrimonio neto, como las realizadas con los socios o propietarios de la empresa o las reclasificaciones que puedan producirse en el patrimonio neto, entre otras causas.

Teniendo en cuenta los diferentes componentes del patrimonio neto, la información contenida en el ETCPN se presenta en un cuadro de doble entrada, recogiendo en el eje horizontal las partidas que forman parte del patrimonio neto y en el eje vertical las causas de las variaciones experimentadas por dichas partidas durante el ejercicio (véase cuadro 5.2).

A este respecto, la norma 8.ª de elaboración de las cuentas anuales (tercera parte del PGC) agrupa de la siguiente manera todas las posibles causas de variación del patrimonio neto, que se explican a continuación:

a) Saldo total de ingresos y gastos reconocidos.
b) Operaciones con socios o propietarios.
c) Otras variaciones de patrimonio neto.
d) Ajustes en el patrimonio neto debidos a cambios en criterios contables y corrección de errores.

Analizamos de forma independiente cada uno de los supuestos anteriores, presentando más tarde un ejemplo de aplicación.

5.4.1. Total de ingresos y gastos reconocidos

En este primer apartado se recogerá el saldo total de los ingresos y gastos reconocidos (EIGR), determinado tal y como se ha explicado en detalle en el epígrafe anterior.

5.4.2. Operaciones con socios o propietarios

En este bloque se recogen las variaciones del patrimonio neto a causa de las operaciones realizadas por la empresa con sus socios o propietarios. Aunque existe una gran variedad de transacciones que una empresa puede realizar con sus socios o propietarios, el modelo previsto en el PGC para la elaboración del ETCPN (véase sección D.II del cuadro 5.2) las limita al siguiente catálogo:

1. Ampliaciones de capital.
2. Reducciones de capital.
3. Conversión de pasivos financieros en patrimonio neto (por ejemplo, si se convierten obligaciones en acciones).
4. Distribución de dividendos.
5. Operaciones con acciones o participaciones propias (adquisición de acciones propias, por ejemplo).
6. Incremento o reducción del patrimonio neto resultante de una combinación de negocios.
7. Otras operaciones con socios o propietarios.

En el epígrafe 5.4.5 se presenta un ejemplo que desarrolla de forma práctica el contenido de las anteriores operaciones.

5.4.3. Otras variaciones de patrimonio neto

En el apartado «Otras variaciones de patrimonio neto» tienen cabida las variaciones cualitativas del patrimonio neto, es decir, aquellas que no modifican su cuantía, sino que responden a una mera reclasificación de sus diversos componentes. Por ejemplo, una distribución de resultados en forma de pago de dividendos se deberá recoger en el epígrafe «Operaciones con socios o propietarios», mientras que la parte de los resultados que se incorporen a cuentas de reservas se ubicará en el epígrafe «Otras variaciones de patrimonio neto», al no representar variación alguna en su cuantía.

5.4.4. Ajustes en el patrimonio neto por cambios en criterios contables y corrección de errores

A lo largo de la vida de una compañía pueden aparecer diferentes causas, como el cambio de tamaño, ciclo de vida, expansión internacional, etc., que pueden motivar cambios en los criterios y políticas contables inicialmente adoptados. Piénsese, por ejemplo, en los primeros años de vida de una empresa, a lo largo de los cuales la lucha por obtener cuota de mercado puede afectar al saldo final de la cuenta de pérdidas y ganancias, al no poder recuperar a través de las ventas todos los gastos realizados. En estos años la adopción del método de los dígitos crecientes para la amortización del inmovilizado puede ser una política interesante para que la cuenta de resultados no resulte excesivamente penalizada. Sin embargo, una vez la empresa haya alcanzado su madurez, la repercusión que el método anterior ocasiona en la cifra de resultados puede incidir negativamente en la percepción del riesgo en el conjunto de usuarios, aconsejando, por ejemplo, la utilización del método de amortización lineal. Este cambio de criterio producirá, a su vez, una dotación diferente de gasto por amortización que el que se hubiese producido en el caso de mantener el método de dígitos crecientes y, por tanto, un cambio en la valoración del patrimonio neto.

La norma 8.ª de elaboración del ETCPN (tercera parte del PGC) obliga a informar de los efectos que los cambios políticos y de criterio contable ocasionan en la valoración de las diferentes partidas que componen el patrimonio neto. En concreto, cuando los cambios afecten al ejercicio comparativo respecto al de presentación de las cuentas anuales, se informará en el epígrafe C.I del mencionado estado, mientras que los correspondientes a ejercicios anteriores al comparativo, además de informar en el mismo estado (epígrafe A.I), deberá incluirse una nota informativa en la memoria.

Del mismo modo, cuando se detecten errores que modifiquen la valoración del patrimonio neto, deberá informase en el apartado C.II correspondiente a errores detectados en el ejercicio de presentación de las cuentas anuales que afecten al ejercicio inmediatamente anterior al comparativo, mientras que se inscribirán en el epígrafe A-II y en la memoria cuando afecten a ejercicios anteriores al comparativo.

5.4.5. Un ejemplo de aplicación

La empresa CONSERVAS ALEGRÍA, S. A., fue constituida por 90 socios el 1 de enero de X0 con el propósito de suministrar al mercado diversos productos agrícolas. A pesar de la buena evolución del negocio, la fuerte competencia existente en el sector requiere realizar diversas inversiones para consolidar posiciones. Para financiar las inversiones la empresa ha decidido ampliar capital y permitir la entrada de nuevos accionistas. El banco que se encarga de la colocación de las nuevas acciones le exige a la firma la elaboración del estado total de cambios en el patrimonio neto. Para ello se dispone de la siguiente información:

Composición del patrimonio neto a 31 de diciembre de X4:

Número de cuenta	Patrimonio neto	X4
	A) PATRIMONIO NETO	**915.000**
	A-1) FONDOS PROPIOS	**915.000**
	I. Capital suscrito.	**700.000**
	1. Capital escriturado.	800.000
	2. (Capital no exigido).	(100.000)
	III. Reservas.	**140.000**
	1. Reserva legal y estatutaria.	40.000
	2. Otras reservas.	100.000
	VII. Resultado del ejercicio.	**75.000**

Información complementaria para elaborar el ETCPN de X5:

— El capital inicial está compuesto por 8.000 acciones de 100 euros de valor nominal cada una. Durante el ejercicio de X5 se solicitó el dividendo pasivo, que, a la hora de elaborar el ECPN, está pendiente de desembolso.

— Una vez desembolsados los dividendos pasivos pendientes, a lo largo de X5 se realizó una segunda ampliación de capital en la proporción de una nueva por cada cuatro antiguas. Las acciones se emitieron con una prima del 20 por 100. En el momento de la ampliación se desembolsó el mínimo requerido por la Ley de Sociedades Anónimas (25 por 100 del nominal y el 100 por 100 de la prima de emisión), no habiéndose exigido todavía el pago de ningún dividendo pasivo adicional.

— La junta de accionistas decidió repartir el resultado obtenido en X4 en las siguientes partidas:

- 10 por 100: reserva legal.
- 25 por 100: reserva estatutaria.
- El resto se repartió entre los socios.

— Durante el ejercicio de X5 el beneficio obtenido fue de 81.520 euros, habiéndose acordado un dividendo a cuenta de 12.000 euros.

— Durante X5 se ha detectado que las existencias finales de mercaderías correspondientes al ejercicio de X4 estaban sobrevaloradas en 5.000 euros, ya que no se había practicado la correspondiente corrección valorativa.

Propuesta de solución comentada

	Capital		Prima de emisión	Reservas	Rdo. ejercicios anteriores	Rdo. ejercicio	(Dividendo a cuenta)	Total
	Escriturado	No exigido						
C. SALDO, FINAL DEL AÑO X4	800.000	(100.000)	0	140.000	0	75.000	0	915.000
I. Ajustes por cambios de criterio X4.								
II. Ajustes por errores X4.				(5.000)				(5.000)
D. SALDO AJUSTADO, INICIO DEL AÑO X5	800.000	(100.000)	0	135.000	75.000		0	910.000
I. Total ingresos y gastos reconocidos.						81.520		81.520
II. Operaciones con socios o propietarios.								
1. Aumentos de capital.	200.000	(150.000)	40.000					90.000
4. (–) Distribución de dividendos.					(48.750)		(12.000)	(60.750)
7. Otras operaciones con socios o propietarios.		100.000						100.000
III. Otras variaciones del patrimonio neto.				26.250	(26.250)			0
E. SALDO, FINAL DEL AÑO X5	1.000.000	(150.000)	40.000	161.250	0	81.520	(12.000)	1.120.770

Capital

El capital social escriturado representa el compromiso de aportación. Su saldo ha pasado de 800.000 a 1.000.000 de euros, una vez realizada la ampliación de capital.

Por su parte, el cambio experimentado en el capital no exigido se debe, en primer lugar, al desembolso de los dividendos pasivos (100.000 euros) y, en segundo lugar, a la ampliación de capital realizada a lo largo de X5 por un importe de 200.000 euros, de los que han quedado pendientes de desembolso el 75 por 100, es decir, 150.000 euros.

Prima de emisión

La variación experimentada en esta partida tiene su origen en la emisión de nuevas acciones por encima de la par. Cada acción nueva incorpora una prima de 20 euros (120 − 100), por lo que al emitirse 2.000 acciones resulta una prima de emisión de 40.000 euros.

Reservas

El 35 por 100 de los beneficios obtenidos durante X4 se destinaron a incrementar el saldo de reservas, es decir, 26.250 (75.000 × 0,35). Por otra parte, tal y como recoge la norma contable, los errores detectados correspondientes a ejercicios anteriores se cargarán o abonarán, según corresponda, contra reservas de libre disposición. Por tanto, CONSERVAS ALEGRÍA redujo el saldo de reservas en 5.000 euros, arrojando un saldo final de 161.250 euros.

Resultados de ejercicios anteriores

La norma 8.ª de elaboración de cuentas anuales establece que el resultado del ejercicio anterior se presentará en el ejercicio al que se refieren las cuentas anuales en el epígrafe correspondiente a resultados de ejercicios anteriores. Dado que los beneficios obtenidos en X4 se reparten a los socios en un 65 por 100 (48.750) y el resto se reclasifica como reservas en un 35 por 100 (26.250), el saldo final de la mencionada columna es cero.

Dividendo a cuenta

Durante el ejercicio X5 se repartió un dividendo activo a cuenta por 12.000, reduciendo el valor del patrimonio neto en ese mismo importe.

Ajustes por errores

Si en el ejercicio de X4 se hubiese producido un deterioro de mercaderías, el resultado correspondiente a dicho ejercicio debería haber disminuido en 5.000 euros. La detección del error en el presente ejercicio motiva la corrección recogida en el epígrafe A.II del ETCPN, minorando el saldo de las reservas disponibles.

5.5. EL ESTADO DE CAMBIOS EN EL PATRIMONIO NETO Y EL ANÁLISIS CONTABLE

La introducción del valor razonable como criterio de valoración para determinados activos financieros produce efectos directos tanto en la cuantía como en la composición del patrimonio neto. Esta circunstancia, unida a la creciente demanda de determinados grupos de usuarios requiriendo al regulador contable mayor cantidad de información acerca de los movimientos de los fondos propios y otras partidas integrantes del patrimonio neto, otorga gran relevancia al contenido del ETCPN. De ser una simple nota en la memoria en el anterior modelo contable, ha pasado a constituir un estado contable integrante de las cuentas anuales, de elaboración obligatoria para todas las empresas.

La información contenida en el ECPN se dirige principalmente a accionistas (reales o potenciales), ya que contiene valiosa información acerca de la política de dividendos, reservas que pueden ser distribuidas, evolución del negocio, política de autofinanciación o rentabilidad de las inversiones en activos financieros, entre otros asuntos, aspectos clave en las decisiones de inversión o desinversión. Sin embargo, teniendo en cuenta que la cifra del patrimonio neto constituye, teóricamente, el valor contable de una empresa, no solo los accionistas están interesados en el conocimiento de este estado contable, sino que también otros usuarios, como prestamistas, trabajadores o la Administración, pueden tener interés en el mismo. En caso de liquidación o cese de actividad, será precisamente este último conjunto de usuarios los más interesados en conocer el valor del patrimonio neto, ya que constituye la garantía última para recuperar su inversión en la empresa declarada en situación concursal.

La incorporación al análisis contable del ECPN puede hacerse desde dos vertientes:

a) Analizando las operaciones relacionadas con socios o propietarios (ETCPN).
b) Valorando los rendimientos obtenidos en la gestión de los recursos existentes (EIGR).

La primera vertiente es de gran utilidad para conocer la forma y el tiempo en que un accionista puede recuperar su inversión y la probabilidad de que este tenga que realizar futuros desembolsos dependiendo de la propensión de la empresa a utilizar la financiación propia para acometer proyectos de inversión. El ETCPN suministra información sobre estos dos aspectos. En primer lugar, la política de reparto de beneficios se puede apreciar tanto en la distribución de beneficios como en la evolución de las reservas de libre disposición. Si una empresa sigue una política de no reparto de dividendos, la consecuencia es que todos los excedentes económicos obtenidos son reinvertidos, incrementándose el saldo de reservas. En este caso los accionistas solo podrán recuperar su inversión a través de la venta de sus acciones. Sin embargo, si la política seguida por la empresa es la de repartir dividendos periódicamente, los accionistas podrán recuperar su inversión a través del cobro de los mismos y podrán estimar el tiempo necesario para recuperarla. En segundo lugar, si una empresa es propensa a la utilización de fuentes de financiación propias para acometer sus proyectos de inversión, los accionistas antiguos tendrán que realizar nuevos desembolsos si no quieren que su poder relativo en la sociedad se vea disminuido. Estos dos aspectos pueden determinar la decisión de un accionista o de un fondo de inversión (actual o potencial) de invertir o desinvertir en una empresa.

Por lo que respecta a la segunda vertiente del análisis, si bien las operaciones con socios o propietarios son importantes para la toma de decisiones de inversión, la eficacia y eficiencia en la utilización de los recursos son factores que también determinan o pueden determinar la decisión finalmente adoptada. Sabido es que la eficacia y eficiencia en la utilización de los recursos quedan recogidas en los excedentes económicos que una empresa es capaz de obtener en la gestión de los mismos. A este respecto, la normativa contable contempla la existencia de dos tipos de excedentes económicos, que se recogen en el EIGR: *a*) los realizados, y *b*) los no realizados. El excedente realizado se refiere a los resultados obtenidos por la empresa recogidos en la cuenta de pérdidas y ganancias, sobre los que no existen dudas acerca de su efectiva materialización, o sobre los que el grado de incertidumbre es reducido (caso de los activos financieros mantenidos para negociar). Sin embargo, en cuanto a los segundos, los excedentes no realizados (únicamente el EIGR recoge información acerca de sus movimientos), su evolución definitiva es mucho más incierta, por lo que los analistas deberán ser capaces de valorar la probabilidad de realización de dichos rendimientos, evaluando al mismo tiempo la forma en que pueden afectar a su rentabilidad futura.

BIBLIOGRAFÍA

Arimany Serrat, N. (2008).
Blanco, M. y Navarro, A. (1993).
Gonzalo Angulo, J. A. (2003).
Real Decreto 1/2021, de 12 de enero.
Rejón López, M. (2007a y 2007b).
Villacorta Hernández, M. A. (2006).

CUESTIONES Y EJERCICIOS

1. El estado de ingresos y gastos reconocidos informa acerca de:

a) Las variaciones experimentadas por el patrimonio neto a lo largo del ejercicio.
b) Los ingresos y gastos realizados reconocidos en la cuenta de pérdidas y ganancias.
c) Los ingresos y gastos reconocidos directamente en el patrimonio neto.
d) Los ingresos y gastos realizados reconocidos en la cuenta de pérdidas y ganancias y de los reconocidos directamente en el patrimonio neto.

2. La valoración posterior de los activos financieros, cualquiera que sea su clasificación, afectará:

a) Únicamente a la cuenta de pérdidas y ganancias.
b) Al EIGR exclusivamente.
c) A los dos estados anteriores, pero solamente los clasificados como activos financieros a valor razonable con cambios en el patrimonio neto.
d) A ninguna de las anteriores opciones.

3. Las transferencias de beneficios en activos financieros a valor razonable con cambios en el patrimonio neto suponen:

a) Incrementos de patrimonio neto.
b) Incrementos de fondos propios.
c) Disminuciones de patrimonio neto.
d) Un gasto en la cuenta de pérdidas y ganancias.

4. Señalar la respuesta correcta:

a) El ETCPN informa de las variaciones de patrimonio neto por operaciones realizadas con socios o propietarios.
b) El ETCPN solo lo deben elaborar las empresas que depositan sus cuentas anuales en formatos normales.
c) El ETCPN recoge exclusivamente las variaciones en valor razonable experimentadas por los activos financieros a valor razonable con cambios en el patrimonio neto.
d) El ETCPN suministra información sobre la variación de ingresos y gastos reconocidos y de los movimientos de las demás partidas que afectan al patrimonio neto.

5. La obtención de una subvención de capital no reintegrable:

a) Aumenta el patrimonio neto por el importe obtenido e incrementa el pasivo exigible por la diferencia temporaria.

b) Aumenta el patrimonio neto por el importe obtenido, sin afectar al pasivo exigible por ser una subvención no reintegrable.
c) Incrementa los fondos propios desde el momento de su obtención.
d) Incrementa los fondos propios, pero solamente cuando se traspasa a la cuenta de pérdidas y ganancias.

6. Una sociedad adquirió, el 1 de julio de X, 100 acciones de una empresa cotizada por 12 euros cada acción. La inversión fue calificada de activos financieros a valor razonable con cambios en el patrimonio neto, y la cotización, a 31 de diciembre de X, fue de 15 euros por acción. La variación total de ingresos y gastos reconocidos ascenderá a:

a) 300 euros.
b) 150 euros.
c) 210 euros.
d) 105 euros.

7. Se obtiene una subvención, el 1 de enero de X, por un importe de 45.000 euros para la adquisición de una maquinaria cuya vida útil se estima en 9 años. Se pide calcular la variación de patrimonio neto a 31 de diciembre de X:

a) 31.500 euros.
b) 28.000 euros.
c) 45.000 euros.
d) 40.000 euros.

8. El EIGR:

a) Informa de los rendimientos realizados.
b) Informa de los rendimientos no realizados.
c) Informa tanto de los rendimientos no realizados como de los realizados.
d) Informa solamente de los ingresos y gastos reconocidos directamente en el patrimonio neto.

9. Una empresa realizó una ampliación de capital, emitiendo 400 acciones nuevas por un valor nominal de 300 euros cada una. Se exigió el desembolso del 75 por 100 de la inversión, quedando pendiente un desembolso pasivo del 25 por 100 restante. Además, antes de realizar la ampliación se exigió el desembolso de un dividendo pasivo pendiente de 30.000 euros. Se pide calcular la variación de patrimonio neto:

a) 120.000 euros.
b) 90.000 euros.
c) 150.000 euros.
d) 60.000 euros.

10. Elaborar el ECPN de la empresa PATRIMONIO, S. A., utilizando la información contenida en su balance de situación y en su memoria:

Balance de situación de PATRIMONIO, S. A. (en miles de euros)

Activo	X1	X0	Patrimonio neto y pasivo	X1	X0
A) ACTIVO NO CORR.	**18.470**	**13.600**	**A) PATRIMONIO NETO**	**11.455,77**	**8.895**
I. Inmovilizado intangible.	**2.000**	**2.500**	**A-1) Fondos propios**	**10.895,77**	**8.051,50**
2. Concesiones.	2.000	2.500	**I. Capital suscrito.**	**8.250**	**6.000**
II. Inmovilizado material.	**11.950**	**8.700**	1. Capital escriturado.	9.000	6.000
1. Terrenos.	2.000	1.000	2. (Capital no exigido).	(750)	0
2. Construcciones.	3.500	5.000	**II. Prima de emisión.**	**1.200**	**0**
3. Instalaciones técnicas.	4.500	2.200	**III. Reservas.**	**1.002,07**	**652,26**
4. Elementos de transporte.	1.950	500	1. Reserva legal.	267,18	127,26
IV. Inversiones en empresas del grupo y asociadas a largo plazo.	**2.000**	**2.000**	2. Estatutaria.	734,89	525
1. Acciones en empresas del grupo y asociadas.	2.000	2.000	**IV. (Acciones propias).**	**(1.000)**	**0**
V. Inversiones financieras a largo plazo.	**2.400**	**400**	**VII. Resultado del ejercicio.**	**1.443,70**	**1.399,24**
1. Acciones a largo plazo.	2.400	400	**A-2) Ajustes por cambios de valor**	**(140)**	**56**
VI. Activos por impuesto diferido.	**120**	**0**	I. Activos financieros a valor razonable con cambios en el patrimonio neto	(140)	56
			A-3) Subvenciones, donaciones y legados recibidos	**700**	**787,50**
B) ACTIVO CORRIENTE	**1.296,77**	**1.005**	**B) PASIVO NO CORR.**	**6.910**	**4.405**
II. Existencias.	**205,10**	**180**	**I. Provisiones a largo plazo.**	**2.000**	**1.043,50**
1. Comerciales.	205,10	180	2. Actuación medioambiental.	2.000	1.043,50
III. Deudores.	**360,82**	**295**	**II. Deudas a largo plazo.**	**4.550**	**3.000**
1. Clientes por ventas y prestaciones de servicios.	360,82	295	2. Deudas con entidades de crédito.	4.550	3.000
V. Inversiones financieras a corto plazo.	**255**	**205**	**IV. Pasivos por impuesto diferido.**	**360**	**361,50**
1. Acciones a corto plazo.	255	205	**C) PASIVO CORRIENTE**	**1.401**	**1.305**
VII. Efectivos y otros medios líquidos equivalentes.	**475,85**	**325**	**III. Deudas a corto plazo.**	**555**	**600**
1. Tesorería.	475,85	325	2. Deudas con entidades de crédito.	555	600
			V. Acreedores comerciales y otras deudas a pagar.	**846**	**705**
			1. Proveedores.	846	705
TOTAL ACTIVO	**19.766,77**	**14.605**	**TOTAL PASIVO Y P. NETO**	**19.766,77**	**14.605**

FUENTE: información adicional extraída de la memoria para elaborar el ECPN.

Capital social

La sociedad se constituyó con un capital social inicial formado por 60.000 acciones de 100 euros de valor nominal cada una. Durante el ejercicio X1 PATRIMONIO, S. A., realizó una ampliación de capital en la proporción de una nueva por cada dos antiguas, emitiéndose las nuevas acciones al 140 por 100 sobre la par. A 31 de diciembre de X1 quedaba pendiente de desembolso un dividendo pasivo por valor de 750.000 euros.

Previamente a la ampliación, PATRIMONIO, S. A., adquirió 5.000 acciones propias a diversos accionistas por un importe total de 1.000 miles de euros.

Activos financieros a valor razonable con cambios en el patrimonio neto

Las inversiones financieras a largo plazo del balance cerrado a 31 de diciembre de X0 corresponden a acciones del Banco Santander, valoradas inicialmente por 320.000 euros. La inversión fue calificada de manera irrevocable como activos financieros a valor razonable con cambios en el patrimonio neto, ascendiendo su valoración bursátil, a 31 de diciembre de X0, a 400.000 euros.

A lo largo del ejercicio X1 se vendieron las acciones del Banco de Santander por el valor reconocido en libros. De forma adicional, PATRIMONIO, S. A., adquirió en el mercado de capitales español acciones de TELEFÓNICA y de AZKOYEN valoradas, respectivamente, en 1.400.000 euros y 1.200.000 euros. Su valoración bursátil, a 31 de diciembre de X1, es, respectivamente, de 1.600.000 euros y 800.000 euros. Los activos financieros se clasificaron en la cartera valorada a valor razonable con cambios en el patrimonio neto.

Subvenciones de capital

A comienzos del año X0 PATRIMONIO, S. A., recibió una subvención de capital por un importe bruto de 1.250.000 euros, con los que financió el 50 por 100 de la compra de un inmovilizado valorado en 2.500.000 euros. Vida útil de 10 años.

Distribución del resultado

En junta de accionistas se decidió repartir el resultado del ejercicio anterior en las siguientes proporciones:

- 10 por 100 a reserva legal.
- 15 por 100 a reservas estatutarias.
- 75 por 100 a pago a los accionistas.

6 El estado de flujos de efectivo

6.1. INTRODUCCIÓN: LA NECESIDAD DE UN ESTADO DE FLUJOS DE EFECTIVO

Durante muchos años el objetivo de los estados contables tradicionales se ha limitado a determinar la situación patrimonial de la entidad a través del balance de situación y a proporcionar una cifra de resultado mediante la elaboración de la cuenta de pérdidas y ganancias. De hecho, puede decirse que una parte importante del edificio contable se sostiene sobre la base del principio de devengo, pieza fundamental en la determinación del resultado del ejercicio y, por tanto, en la elaboración y presentación de los estados contables tradicionales. Sin embargo, a pesar del enorme potencial informativo que acumulan el balance y la cuenta de resultados, es evidente que no contienen toda la información financiera que genera una empresa, por lo que resultan insuficientes para colmar las necesidades de los usuarios cuando estos tienen que tomar decisiones económico-financieras que rebasan los contenidos de los dos estados contables tradicionales. La insuficiencia de estos (balance y cuenta de pérdidas y ganancias) para suministrar datos que satisfagan las crecientes necesidades informativas de los usuarios de la información contable justifica el nacimiento de una corriente de opinión que ya desde los años setenta del pasado siglo demandaba la presentación de un estado de flujos en términos de movimientos de tesorería.

La demanda de un estado que explique la variación de la tesorería empresarial se produce en un contexto de profundos cambios en los objetivos de la contabilidad y de la información financiera elaborada por las empresas. Si, hasta el último tercio del siglo XX, el paradigma que guiaba la construcción de los estados contables era el del *beneficio verdadero,* los últimos años de ese mismo siglo son testigos de un cambio con relación a los objetivos de la información financiera, al primar el criterio de *utilidad para la toma de decisiones* sobre el de la determinación del resultado.

En este sentido, el estado de flujos de efectivo (EFE) hay que entenderlo como un estado contable que no sustituye a ninguno de los ya existentes, sino que complementa a los anteriores, proporcionando información específica de las variaciones de tesorería y de las causas que las motivan.

La utilidad del EFE se ve acrecentada, además, por la dificultad de manipular las cifras de cobros y pagos, principales ingredientes del mismo, cosa que no ocurre con otras magnitudes contables construidas sobre la base del principio de devengo como, por ejemplo, el resultado, integrado por variables que, como amortizaciones y correcciones por deterioro, no suponen movimiento de efectivo. La determinación de este último tipo de variables se efectúa, en muchos casos, a partir de estimaciones fácilmente manipulables en función de la imagen que se quiera presentar. La cifra de cobros y pagos, en cambio, es mucho más objetiva y de difícil manipulación, lo que realza el valor de un estado contable construido a partir de los movimientos de efectivo.

Con la entrada en vigor del PGC 2007, la elaboración de un estado de flujos de efectivo es obligatoria para las empresas que no puedan formular balance y estado de cambios en el patrimonio neto abreviados. Es decir, según dispone el artículo 257 de la Ley de Sociedades de Capital, la elaboración de un estado de flujos de efectivo es obligatoria para todas las empresas, salvo para las que durante dos ejercicios consecutivos reúnan, a la fecha de cierre de cada uno de ellos, al menos dos de las tres circunstancias siguientes:

- Que el total de las partidas del activo no supere la cifra de 4.000.000 euros. A estos efectos, se entenderá por total del activo el que figure como cifra total en el modelo de balance.
- Que el importe neto de su cifra anual de negocios no supere los 8.000.000 euros.
- Que el número medio de trabajadores empleados durante el ejercicio no sea superior a 50.

6.2. DEFINICIONES

6.2.1. El estado de flujos de efectivo

El estado de flujos de efectivo es un documento que informa sobre el origen y la utilización de los activos monetarios representativos de efectivo y otros activos líquidos equivalentes, clasificando los movimientos por actividades e indicando la variación neta de dicha magnitud en el ejercicio. Se trata, por tanto, de un documento (véase cuadro 6.1) que ordena y agrupa por categorías o tipos de actividades los cobros y los pagos habidos en una entidad, con el fin de informar acerca de los movimientos de efectivo producidos en el ejercicio, así como de ayudar al entendimiento de la evolución de la tesorería y demás medios líquidos manejados por la empresa durante el mismo.

CUADRO 6.1

Estado de flujos de efectivo

	Nota	200X	200X-1
A) FLUJOS DE EFECTIVO DE LAS ACTIVIDADES DE EXPLOTACIÓN			
1. Resultado del ejercicio antes de impuestos.			
2. Ajustes del resultado.			
a) Amortización del inmovilizado (+).			
b) Correcciones valorativas por deterioro (+/–).			
c) Variación de provisiones (+/–).			
d) Imputación de subvenciones (–).			
e) Resultados por bajas y enajenaciones del inmovilizado (+/–).			
f) Resultados por bajas y enajenaciones de instrumentos financieros (+/–).			
g) Ingresos financieros (–).			
h) Gastos financieros (+).			
i) Diferencias de cambio (+/–).			
j) Variación de valor razonable en instrumentos financieros (+/–).			
k) Otros ingresos y gastos (+/–).			
3. Cambios en el capital corriente.			
a) Existencias (+/–).			
b) Deudores y otras cuentas a cobrar (+/–).			
c) Otros activos corrientes (+/–).			
d) Acreedores y otras cuentas a pagar (+/–).			
e) Otros pasivos corrientes (+/–).			
f) Otros activos y pasivos no corrientes (+/–).			
4. Otros flujos de efectivo de las actividades de explotación.			
a) Pagos de intereses (–).			
b) Cobros de dividendos (+).			
c) Cobros de intereses (+).			
d) Cobros (pagos) por impuesto sobre beneficios (+/–).			
e) Otros.			
5. Flujos de efectivo de las actividades de explotación (+/–1+/–2+/–3+/–4).			
B) FLUJOS DE EFECTIVO DE LAS ACTIVIDADES DE INVERSIÓN			
6. Pagos por inversiones (–).			
a) Empresas del grupo y asociadas.			
b) Inmovilizado intangible.			
c) Inmovilizado material.			
d) Inversiones inmobiliarias.			
e) Otros activos financieros.			
f) Activos no corrientes mantenidos para la venta.			
g) Otros activos.			
7. Cobros por desinversiones (+).			
a) Empresas del grupo y asociadas.			
b) Inmovilizado intangible.			
c) Inmovilizado material.			
d) Inversiones inmobiliarias.			
e) Otros activos financieros.			
f) Activos no corrientes mantenidos para la venta.			
g) Otros activos.			
8. Flujos de efectivo de las actividades de inversión (7 – 6).			
C) FLUJOS DE EFECTIVO DE LAS ACTIVIDADES DE FINANCIACIÓN			
9. Cobros y pagos por instrumentos de patrimonio.			
a) Emisión de instrumentos de patrimonio (+).			
b) Amortización de instrumentos de patrimonio (–).			
c) Adquisición de instrumentos de patrimonio propio (–).			
d) Enajenación de instrumentos de patrimonio propio (+).			
e) Subvenciones, donaciones y legados recibidos (+).			
10. Cobros y pagos por instrumentos de pasivo financiero.			
a) Emisión:			
1. Obligaciones y valores similares (+).			
2. Deudas con entidades de crédito (+).			
3. Deudas con empresas del grupo y asociadas (+).			
4. Otras deudas (+).			
b) Devolución y amortización de:			
1. Obligaciones y valores similares (–).			
2. Deudas con entidades de crédito (–).			
3. Deudas con empresas del grupo y asociadas (–).			
4. Otras deudas (–).			
11. Pagos por dividendos y remuneraciones de otros instrumentos de patrimonio.			
a) Dividendos (–).			
b) Remuneración de otros instrumentos de patrimonio (–).			
12. Flujos de efectivo de las actividades de financiación (+/–9+/–10–11).			
D) EFECTO DE LAS VARIACIONES DE LOS TIPOS DE CAMBIOS			
E) AUMENTO/DISMINUCIÓN NETA DEL EFECTO O EQUIVALENTES (+/–A+/–B+/–C+/–D)			
Efectivo o equivalentes al comienzo del ejercicio.			
Efectivo o equivalentes al final del ejercicio.			

Son varias las ventajas que presenta el estado de flujos de efectivo frente a otros estados contables. En primer lugar, está la facilidad de su comprensión, debido a la naturaleza de las operaciones que explica. Los flujos financieros ligados al movimiento de la tesorería son sencillos de interpretar incluso para quien carezca de una especial formación contable. En segundo lugar, es preciso destacar la objetividad que impera en la elaboración del EFE, puesto que, por lo general, se trata de movimientos que no admiten criterios contables alternativos, cosa que no ocurre en la confección de otros estados contables. Por último, las operaciones que se incluyen en el EFE no son objeto de periodificación, por lo que el aumento o disminución de la tesorería se reflejará en dicho estado contable en el ejercicio en que efectivamente se produzca el cobro o el pago, sin posibilidad de repartir los mismos en varios ejercicios.

6.2.2. Efectivo y otros activos líquidos equivalentes

Los organismos internacionales que se han ocupado de la elaboración de un EFE han adoptado una definición amplia de efectivo, de forma que comprenda no solo las disponibilidades líquidas de la entidad, sino también sus equivalentes de efectivo, dada la facilidad de su conversión o la proximidad de su vencimiento. Así lo asume el PGC, que entiende por *efectivo y otros activos líquidos equivalentes* la tesorería depositada en la caja de la empresa y los depósitos a la vista. Pero, además, también forman parte de esta categoría aquellos instrumentos financieros que sean fácilmente convertibles en efectivo. Así, cualquier instrumento financiero que en el momento de su adquisición tenga un vencimiento no superior a tres meses y carezca de riesgo significativo de cambios en su valor se asimilará al efectivo siempre que forme parte de la política de gestión normal de la tesorería de la empresa.

Hay que tener en cuenta, no obstante, que a los efectos de presentar el EFE no se considerarán los movimientos habidos entre las propias partidas de efectivo y otros medios líquidos equivalentes.

6.3. CONTENIDO DEL EFE

La existencia de diferentes tipos de operaciones que puedan condicionar la posición financiera de la compañía aconseja estudiar el EFE a partir de la naturaleza de las mismas. En este sentido, cabe distinguir tres tipos de operaciones con efectos sobre la tesorería y otros medios líquidos equivalentes:

1. Operaciones que tienen su origen en la actividad de explotación.
2. Operaciones que se deben a la actividad de inversión.
3. Operaciones que tienen su origen en la actividad de financiación.

6.3.1. Flujos de efectivo por actividades de explotación

Al definir los flujos de efectivo procedentes de las actividades de explotación hay que tener en cuenta que el concepto de *explotación* que adopta el EFE es más amplio que el que se corresponde con el de la cuenta de resultados. Los flujos de efectivo procedentes de actividades de explotación son los ocasionados por las transacciones que intervienen en lo que podría denominarse *resultado ordinario* de la empresa. Es decir, se trata de flujos líquidos que obtienen las empresas con sus ingresos ordinarios y habituales (ventas, prestación de servicios, subvenciones de explotación, intereses, dividendos, etc.) y los que se corresponden con los pagos que tienen su origen en los gastos ordinarios de la actividad empresarial (compras, personal, servicios exteriores, gastos financieros, pago de impuestos, etc.). Por tanto, en la determinación de los flujos líquidos originados por las actividades de explotación, además de los que constituyen la actividad propia de explotación en sí, hay que incluir los originados por los gastos e ingresos financieros. La literatura contable se refiere a la magnitud neta resultante con el nombre de *tesorería generada por las operaciones ordinarias* (TGO).

La característica más importante de los flujos líquidos por actividades de explotación es su repetición periódica a lo largo de varios ejercicios, de forma que se presume que la fuente de generación de beneficios y flujos netos de tesorería seguirá produciéndose en los ejercicios futuros. Conviene precisar, no obstante, que tanto los cobros de las subvenciones vinculadas al ciclo de la explotación como los pagos de impuestos se consideran flujos de la explotación, aunque no tengan por qué repetirse en todos los ejercicios. En cambio, los flujos líquidos originados por la venta de activos no corrientes encuentran su acomodo en el apartado correspondiente a las actividades de inversión.

El importe del efectivo y equivalentes generado por las actividades de explotación constituye un indicador clave para analizar y evaluar si la actividad de explotación ha proporcionado efectivo y equivalentes en cuantía suficiente para poder reembolsar préstamos, mantener o aumentar el nivel de sus inversiones y retribuir al capital mediante el pago de dividendos.

6.3.2. Flujos de efectivo por actividades de inversión

Son actividades de inversión las relativas a la adquisición y venta de activos no corrientes y otras inversiones no vinculadas al ciclo de las actividades ordinarias de explotación. Por tanto, los flujos de efectivo por actividades de inversión serán los pagos que tienen su origen en la adquisición de activos no corrientes, tales como inmovilizados intangibles o materiales, inversiones inmobiliarias, cartera de control e inversiones financieras a largo y a corto plazo, así como los cobros procedentes de su venta o de su amortización al vencimiento.

Al contrario de lo que ocurre con las actividades de explotación, las de inversión no se producen de forma regular, sino que son esporádicas y no se repiten de forma sistemática todos los ejercicios. Para la elaboración del estado de flujos de efectivo hay que tener en cuenta que en el caso de que el activo inmovilizado se hubiera financiado a plazo, los pagos correspondientes a esta partida se considerarán propios de la actividad de financiación, dado que se trata de la devolución de un préstamo. De la misma manera, los pagos realizados en virtud de contratos de arrendamiento financiero deberán clasificarse también como propios de las actividades de financiación, por la parte del principal, ya que se trata de una fórmula de financiación del inmovilizado. El excedente de las actividades de inversión, positivo o negativo, muestra el esfuerzo inversor de la empresa en el período de referencia.

6.3.3. Flujos de efectivo por actividades de financiación

Las actividades de financiación son aquellas que producen cambios cualitativos en la estructura financiera de la entidad, exceptuadas las que se refieran a las actividades de explotación. Por tanto, se incluirán en este capítulo todas aquellas operaciones relacionadas con los cobros y pagos derivados de los instrumentos de patrimonio (fondos propios) y de los pasivos financieros (financiación ajena a corto y largo plazo no relacionada con el ciclo de la explotación). En cambio, las transformaciones o renovaciones de préstamos, así como la conversión de deuda en capital, no tendrán espacio en el EFE. A título de ejemplo, los cobros procedentes de la adquisición por terceros de títulos valores emitidos por la empresa, los recursos concedidos por entidades financieras o terceros en forma de préstamos u otro instrumento de financiación y los cobros por subvenciones de capital, así como los pagos realizados por amortización o devolución de préstamos, son algunas de las operaciones más significativas que deberán asentarse en el apartado de actividades de financiación del EFE. Igualmente, se considerarán flujos de efectivo de actividades de financiación los pagos de dividendos, al tener la misma consideración que una disminución de los fondos propios. Por el contrario, aquellas operaciones de financiación que no se traduzcan en aumento de los recursos líquidos, tales como aportaciones en especie, préstamos y subvenciones recibidos en forma diferente al efectivo, no tendrán acomodo en el EFE.

6.4. METODOLOGÍA DE ELABORACIÓN

La elaboración del EFE requiere contar con dos balances de situación consecutivos y con la cuenta de pérdidas y ganancias de la entidad correspondiente al ejercicio. El modelo de estado de flujos de efectivo habilitado por la normativa contable española combina dos metodologías para la determinación de la variación del efectivo de la empresa: *a*) un método indirecto para la determinación de los flujos de efectivo de las actividades de explotación, y *b*) un método directo para la determinación de los flujos de efectivo de las actividades de inversión y de financiación.

6.4.1. Determinación de los flujos de efectivo de las actividades de explotación

La obtención de los flujos de efectivo por actividades de explotación se realiza a partir de un método indirecto, consistente en determinar la variación del efectivo y equivalentes a partir de la cifra del resultado contable antes de impuestos. Ciertamente, el resultado antes de impuestos casi nunca será igual a la tesorería generada, pues una cosa son los ingresos y gastos recopilados en la cuenta de resultados y otra bien distinta los cobros y pagos que determinarán la variación del efectivo. Pero, a partir de la cifra del resultado, se puede obtener la tesorería generada en ese mismo conjunto de actividades, siempre que a la primera magnitud se le practiquen los ajustes y transformaciones necesarios que conviertan los flujos económicos en movimientos de liquidez. Así, el resultado del ejercicio será objeto de corrección para eliminar los gastos e ingresos que no hayan producido un movimiento de efectivo y para incorporar las transacciones de ejercicios anteriores cobradas o pagadas en el actual. Los ajustes a realizar a la cifra del resultado antes de impuestos pueden ser de cuatro tipos:

1. Ajustes por correcciones valorativas, es decir, ajustes que pretenden eliminar el efecto que, sobre la cifra del resultado, producen los flujos económicos que no suponen movimientos de efectivo. Tal es el caso de las amortizaciones, provisiones, correcciones por deterioro o imputación a resultados de las subvenciones de capital, entre otros.
2. Ajustes procedentes de operaciones que deben ser clasificadas como actividades de inversión o financiación, tales como resultados por enajenación de inmovilizado o de instrumentos financieros.
3. Ajustes para eliminar los cambios en el capital corriente que tengan su origen en una diferencia en el tiempo entre la corriente real de bienes y servicios de las actividades de explotación y su corriente monetaria o de efectivo.
4. Ajustes relacionados con flujos por intereses, cobro de dividendos e impuesto sobre beneficios. Son una mera consecuencia de la estructura elegida para su presentación en el EFE.

Analizamos detalladamente los cuatro tipos de ajustes.

6.4.1.1. *Ajuste por correcciones valorativas*

Dado que la cuenta de resultados es un estado contable que alberga flujos económicos, que podrán o no producir al mismo tiempo flujos de efectivo, este primer tipo de ajuste tiene por objeto eliminar de la cuenta de resultados todas las magnitudes que, por sistema, nunca provocan variación del efectivo. Con el fin de presentar la casuística de estos ajustes, se presentan tres escenarios diferentes. El primer escenario corresponde a una empresa en la que la totalidad de los flujos económicos de la cuenta de resultados provocan al mismo tiempo variación de efectivo, no siendo necesaria la realización de este primer tipo de ajustes. El segundo escenario responde al caso en el que uno de los flujos económicos de la cuenta de resultados no provoca flujo de efectivo, por lo que será preciso eliminar el efecto de esa variable de perfil exclusivamente económico. El tercer escenario responde al caso más general en el que coexisten distintos flujos económicos y variaciones de efectivo, siendo necesario ajustar la diferencia entre ambos.

Escenario 1. Todos los gastos e ingresos de la cuenta de resultados provocan cobros y pagos

La sociedad FOTO presenta, al cierre del ejercicio N-1, el siguiente balance de situación:

Activo	Ej. N-1	Patrimonio neto y pasivo	Ej. N-1
ACTIVO NO CORRIENTE	**600**	**PATRIMONIO NETO**	**1.300**
Inmovilizado material.	600	Capital. Reservas. Resultado del ejercicio.	1.000 200 100
		PASIVO NO CORRIENTE	**0**
ACTIVO CORRIENTE	**800**	**PASIVO CORRIENTE**	**100**
Existencias. Clientes. Tesorería.	400 — 400	Proveedores.	100
TOTAL ACTIVO	**1.400**	**TOTAL PASIVO Y P. NETO**	**1.400**

Por su parte, la cuenta de resultados de FOTO del ejercicio N es la siguiente:

Ingresos de explotación	800
Compras (= consumos)	(300)
Resultado antes de impuestos	500

Al objeto de simplificar al máximo las operaciones, vamos a suponer que el resultado de N-1 se ha trasladado a reservas y que los saldos de proveedores y clientes no experimentan variación alguna a lo largo del período, es decir, las ventas coinciden con los cobros de clientes y las compras coinciden con los pagos a proveedores.

Además, al consumirse una cantidad equivalente a la comprada, tampoco hay variación en el saldo de existencias.

En este escenario tan particular el resultado del ejercicio por importe de 500 se materializa en un aumento similar de la tesorería (también 500). Es decir, el flujo económico (resultado contable) coincide con el flujo financiero (variación de efectivo), según se puede apreciar en el balance de FOTO al cierre del ejercicio N.

Balance de situación de FOTO al cierre del ejercicio N. Escenario 1:

Activo	Ej. N	Patrimonio neto y pasivo	Ej. N
ACTIVO NO CORRIENTE	**600**	**PATRIMONIO NETO**	**1.800**
Inmovilizado material.	600	Capital. Reservas. Resultado del ejercicio.	1.000 300 500
		PASIVO NO CORRIENTE	**0**
ACTIVO CORRIENTE	**1.300**	**PASIVO CORRIENTE**	**100**
Existencias. Clientes. Tesorería.	400 — 900	Proveedores.	100
TOTAL ACTIVO	**1.900**	**TOTAL PASIVO Y P. NETO**	**1.900**

Escenario 2. Algunos gastos e ingresos no provocan cobros y pagos. Un solo ajuste

Sin embargo, lo normal será que no todos los gastos e ingresos de la cuenta de resultados provoquen a la vez cobros y pagos. En esta situación la cifra del resultado no coincidirá con la variación de la tesorería, por lo que será preciso efectuar algún ajuste para obtener la tesorería generada a partir de la cifra del resultado antes de impuestos. Supóngase, pues, que la cuenta de resultados registra la amortización del inmovilizado por importe de 100, lo que determina que la cuenta de resultados de FOTO sea la siguiente:

Cuenta de resultados de FOTO del ejercicio N

Ingresos de explotación	800
Compras/consumos	(300)
Amortización	(100)
Resultado antes de impuestos	400

El cargo por amortización penaliza, lógicamente, la cuenta de resultados, pero no tiene efectos sobre la tesorería generada a lo largo del ejercicio al tratarse de un gasto que no supone salida de efectivo. El balance de situación correspondiente a N presenta los siguientes datos:

Balance de situación de FOTO al cierre del ejercicio N. Escenario 2:

Activo	Ej. N	Patrimonio neto y pasivo	Ej. N
ACTIVO NO CORRIENTE	**500**	**PATRIMONIO NETO**	**1.700**
Inmovilizado material.	500	Capital. Reservas. Resultado del ejercicio.	1.000 300 400
		PASIVO NO CORRIENTE	—
ACTIVO CORRIENTE	**1.300**	**PASIVO CORRIENTE**	**100**
Existencias. Clientes. Tesorería.	400 — 900	Proveedores.	100
TOTAL ACTIVO	**1.800**	**TOTAL PASIVO Y P. NETO**	**1.800**

Al liquidarse al contado la totalidad de las compras y las ventas, los saldos de proveedores y clientes no experimentan variación alguna. Además, al consumirse una cantidad equivalente a la comprada, tampoco hay variación en la cuenta de existencias. Sin embargo, el inmovilizado material del año N aparece minorado en 100 unidades como consecuencia de la amortización practicada al mismo. Por este motivo, el resultado el año N es 400 en lugar de las 500 unidades del escenario 1.

Ahora ya no puede decirse que todo el beneficio (400) se identifique con la variación de tesorería (500). Sin embargo, la cifra del resultado económico sigue siendo un punto de partida para la determinación de la tesorería generada en el ejercicio si se practican los oportunos ajustes. En el ejemplo que estamos estudiando, si a la cifra del beneficio se le suma la correspondiente a las amortizaciones (gastos que no han supuesto salida de efectivo), se obtiene la tesorería generada por las operaciones de explotación a lo largo del ejercicio. La obtención de un flujo financiero a partir de un flujo económico exige practicar un ajuste de signo positivo, en este caso por el importe de la amortización (gasto que no ha supuesto salida de efectivo):

Resultado antes de impuestos	400
Ajustes al resultado	
+ Amortizaciones	+100
Efectivo generado	500

Similar razonamiento tenemos que efectuar cuando nos enfrentamos a otras operaciones que modifican el resultado contable, pero que no suponen ni entradas ni salidas de efectivo, tal y como ocurre con las correcciones valorativas por deterioro, la imputación a resultados de las subvenciones de capital, algunas diferencias de cambio o los cambios en el valor razonable de determinados instrumentos financieros, por poner algunos ejemplos. Así, si en un supuesto escenario 3 la cuenta de resultados de FOTO recogiera, además de la amortización por 100 del inmovilizado, la corrección valorativa por deterioro de un inmovilizado por importe de 50 y la imputación a resultados de una subvención de capital por importe de 40, arrojaría un resultado antes de impuestos de 390, según se detalla a continuación.

Escenario 3. Algunos gastos e ingresos no provocan cobros y pagos. Más de un ajuste

El tercer escenario refleja el caso más general en el que, además de las amortizaciones, la cuenta de resultados incluye otros gastos/ingresos que no provocan variación de efectivo. Se presenta la cuenta de resultados de la misma empresa FOTO, pero con mayor número de variables.

Cuenta de resultados de FOTO del ejercicio N

Ingresos de explotación	800
Compras/consumos	(300)
Amortización	(100)
Pérdida por deterioro	(50)
Imputación a resultados de subvenciones de capital	40
Resultado antes de impuestos	390

Sin embargo, el incremento experimentado por la cuenta de efectivo seguiría siendo el mismo que en la situación anterior, es decir, de 500 unidades, dado que ni la pérdida por deterioro supone disminución del efectivo ni la imputación a resultados de la subvención de capital modifica la cifra de tesorería del ejercicio presente (el efectivo se modificó cuando se concedió la subvención). Por tanto, para poder determinar la variación del efectivo a partir de la cifra del resultado resulta necesario efectuar los siguientes ajustes:

Resultado antes de impuestos	390
Ajustes al resultado	
+ Amortizaciones	+100
+ Corrección valorativa	+50
– Imputación de subvenciones de capital	–40
Efectivo generado	500

La transformación de una variable económica (resultado) en una variable financiera (tesorería generada) pasa por la realización de unos ajustes a la cifra del resultado.

En un intento de simplificar la metodología, puede decirse que:

> Los gastos que no suponen salidas de tesorería en el mismo ejercicio exigen la realización de un ajuste positivo, mientras que los ingresos que no provocan entrada de tesorería en el mismo ejercicio exigen realizar ajustes de signo negativo.

6.4.1.2. *Ajustes por operaciones que deben ser clasificadas como actividades de inversión o financiación*

El segundo tipo de ajustes está motivado por la necesidad de clasificar adecuadamente el efectivo generado por la venta de activos no corrientes, tangibles o financieros.

El resultado de estas operaciones, beneficio o pérdida, queda recogido en la cuenta de resultados y, por tanto, afecta a la cifra del resultado antes de impuestos. Pero no son flujos procedentes de actividades de explotación, sino más bien flujos procedentes de actividades de inversión o financiación, según el caso. Por este motivo, a la hora de determinar los flujos de efectivo procedentes de actividades de explotación hay que descontar el efecto que las operaciones de inversión o financiación producen en el resultado antes de impuestos.

EJEMPLO 6.1

De la memoria y cuenta de resultados de MARCO correspondiente al ejercicio N se obtiene información relativa a la venta al contado por 5.500 euros de un inmovilizado registrado contablemente por 5.000.

Cuenta de resultados de MARCO correspondiente al ejercicio N:

	Ejercicio N
Importe neto de la cifra de negocios	56.000
Aprovisionamientos	(35.000)
Gastos de personal	(12.000)
Otros gastos de explotación	(3.000)
Amortización del inmovilizado	(2.000)
Resultado por enajenaciones de inmovilizado	500
RESULTADO DE EXPLOTACIÓN	4.500
RESULTADO ANTES DE IMPUESTOS	4.500

Para determinar los flujos de efectivo procedentes de las actividades de explotación, además de efectuar el ajuste por los gastos que no hayan supuesto movimientos de efectivo (amortizaciones), hay que dejar fuera de los flujos de efectivo de actividades de explotación la cifra de 500 euros correspondiente a la venta del inmovilizado, pues se trata de una operación de (des)inversión. Además, la tesorería generada por la venta de inmovilizado asciende a 5.500 (valor contable + beneficio), de la que habrá que dar cuenta en el apartado correspondiente a los flujos de inversión. Por tanto, en ausencia de otras operaciones distintas a las descritas en el enunciado, los ajustes a practicar a la cifra del resultado antes de impuestos adoptarán el siguiente esquema:

Resultado antes de impuestos	4.500
Ajustes al resultado	
+ Amortizaciones	+2.000
− Beneficio por venta de inmovilizado	–500
Efectivo generado	6.000

La conversión de la variable resultado (4.500) en tesorería generada (6.000) se ha logrado mediante la realización de dos ajustes: un ajuste positivo por importe de 2.000 y otro negativo por importe de 500.

La cifra 6.000 responde a la variación de tesorería por actividades de explotación, que se deberá inscribir en el estado de flujos de efectivo.

6.4.1.3. *Ajustes en el capital corriente*

En los casos vistos anteriormente se ha supuesto que la totalidad de las compras y ventas se liquidaban al contado y que no había variación de existencias, por lo que tampoco se producía variación en las cuentas de clientes, proveedores y existencias.

En el supuesto de que la cifra de cobros a clientes sea diferente a la de ventas, o que la de pagos por compra de mercaderías sea diferente a la de compras, a los efectos de obtener los flujos de efectivo de las actividades de explotación se hace preciso ajustar la cifra del resultado antes de impuestos para computar solamente las ventas cobradas y las compras pagadas, magnitudes que determinarán la variación del efectivo y equivalentes. Los flujos de efectivo relacionados con impuesto de sociedades e IVA se analizan en 6.4.2 y 6.4.3, respectivamente.

EJEMPLO 6.2

La sociedad ENSAYO, S. A., presenta, a finales de los ejercicios N-1 y N, los balances de situación que se reflejan en el cuadro 6.2.

CUADRO 6.2

Balances de situación de ENSAYO, S. A., al cierre de los ejercicios N-1 y N

Activo	Ej. N	Ej. N-1	Patrimonio neto y pasivo	Ej. N	Ej. N-1
ACTIVO NO CORRIENTE	**3.000**	**3.100**	**PATRIMONIO NETO**	**4.250**	**3.800**
II. Inmovilizado material.	3.000	3.100	Fondos propios I. Capital. II. Reservas. III. Resultado del ejercicio.	4.250 3.000 800 450	3.800 3.000 600 200
			PASIVO NO CORRIENTE	**500**	**500**
			II. Deudas con entidades de crédito.	500	500
ACTIVO CORRIENTE	**1.885**	**1.340**	**PASIVO CORRIENTE**	**135**	**140**
II. Existencias. III. Deudores. VII. Efectivo y equivalente.	300 700 885	500 730 110	V. Acreedores comerciales. Proveedores.	135	140
TOTAL ACTIVO	**4.885**	**4.440**	**TOTAL PASIVO Y P. NETO**	**4.885**	**4.440**

A lo largo del año N se producen una serie de operaciones que quedan plasmadas en la cuenta de resultados del ejercicio N, tal y como se muestra en el cuadro 6.3.

CUADRO 6.3

Cuenta de pérdidas y ganancias de ENSAYO, S. A., del ejercicio N

		Ejercicio N
A)	OPERACIONES CONTINUADAS	
	1. Importe neto de la cifra de negocios	850
	4. Consumo de mercaderías	(300)
	8. Amortización del inmovilizado	(100)
A-1)	RESULTADO DE EXPLOTACIÓN	450
A-3)	RESULTADO ANTES DE IMPUESTOS	450

De la memoria de ENSAYO, S. A., se obtiene que:

— No ha habido operaciones de inversión ni de financiación. La variación experimentada en el inmovilizado material tiene su origen en la amortización contable.
— Los resultados del ejercicio N-1 se han trasladado en su totalidad a reservas.

Se pide determinar los flujos de efectivo de las actividades de explotación tras realizar los oportunos ajustes a la cifra del resultado contable.

Ajustes del resultado

Debe ajustarse la amortización por 100, tal y como se ha explicado anteriormente.

Ajustes en el capital corriente

La cuenta de resultados no distingue si las ventas han sido cobradas o no. Tanto las efectuadas al contado como las ventas a plazo incrementan la cifra del resultado. En el ejemplo que estamos explicando, no solamente se han cobrado todas las ventas, sino que además se han cobrado 30 unidades (730 − 700) correspondientes a ventas de ejercicios anteriores, cifra que se obtiene observando la variación de la cuenta de clientes entre dos ejercicios consecutivos.

El ajuste practicado a las existencias encuentra su explicación en el hecho de que la tesorería viene determinada por la cifra de compras pagadas, no por los consumos. Pasar de la cifra de consumos que aparece en la cuenta de resultados a la de compras exige corregir los consumos con la variación de existencias (compras = consumo − − existencias iniciales + existencias finales). Así pues, compras = 300 − 500 + 300 = 100. Frente a una cifra de consumos de 300 unidades, la cifra de compras es tan solo de 100, lo que obliga a efectuar un ajuste positivo por importe de 200 (ya que se ha comprado una cifra inferior a la determinada por la cifra de consumos). Pero esto sería así si todas las compras se hubieran pagado. Observando el saldo de proveedores a lo largo de los ejercicios N y N-1 se constata que la deuda saldada con ellos es superior en 5 unidades (140 − 135) a las compras efectuadas. La variación del saldo de proveedores determina el importe del ajuste adicional a practicar, que en este caso es por importe de 5 (tesorería inferior en 5 unidades). El cuadro 6.4 resume los anteriores ajustes.

CUADRO 6.4

Flujos de efectivo de las actividades de explotación de ENSAYO, S. A.

	Ejercicio N
FLUJOS DE EFECTIVO DE LAS ACTIVIDADES DE EXPLOTACIÓN	
1. Resultado del ejercicio antes de impuestos	450
2. Ajustes del resultado	
Amortización del inmovilizado	+100
3. Cambios en el capital corriente	
a) Existencias	+200
b) Deudores y otras cuentas a cobrar	+30
d) Proveedores y otras cuentas a pagar	–5
5. Flujos de efectivo de las actividades de explotación	775

6.4.1.4. *Ajustes relacionados con flujos de intereses e impuestos*

Consiste en ajustar (eliminando) el efecto de los gastos e ingresos financieros en el apartado A-2 recolocando (de forma directa) el efecto de ambos sobre la tesorería generada en el apartado A-4.

6.4.2. Ejemplo de aplicación 1

Se presenta un primer ejemplo de aplicación al objeto de elaborar el estado de flujos de efectivo de la sociedad comercial FLUJO, S. A. Para ello se parte del balance de situación adjunto (cuadro 6.5) y de la cuenta de resultados (cuadro 6.6). Toda la información en miles de euros.

CUADRO 6.5

Balance de FLUJO, S. A., al cierre de los ejercicios N-1 y N

Activo	Ej. N	Ej. N-1	Patrimonio neto y pasivo	Ej. N	Ej. N-1
ACTIVO NO CORRIENTE	**2.260**	**2.740**	**PATRIMONIO NETO**	**2.405**	**2.210**
II. Inmovilizado material.	2.160	2.640	Fondos propios	2.405	2.210
III. Inversiones financieras a largo plazo.	100	100	I. Capital.	2.200	2.200
			VI. Resultado del ejercicio.	205	10
			PASIVO NO CORRIENTE	**950**	**1.200**
			II. Deudas con entidades de crédito.	950	1.200
ACTIVO CORRIENTE	**1.450**	**1.220**	**PASIVO CORRIENTE**	**355**	**550**
II. Existencias.	480	450	V. Acreedores comerciales y otras cuentas a pagar.	355	550
III. Deudores.	820	690	Proveedores.	300	500
VII. Efectivo y equivalente.	150	80	Administraciones Públicas.	55	50
TOTAL ACTIVO	**3.710**	**3.960**	**TOTAL PASIVO Y P. NETO**	**3.710**	**3.960**

CUADRO 6.6

Cuenta de pérdidas y ganancias de FLUJO, S. A.

	Ejercicio N
A) OPERACIONES CONTINUADAS	
1. Importe neto de la cifra de negocios	2.600
4. Consumo de mercaderías	(1.070)
5. Otros ingresos de explotación	10
6. Gastos de personal	(900)
a) Sueldos y salarios	(700)
b) Cargas sociales	(200)
7. Otros gastos de explotación	(70)
a) Servicios exteriores	(70)
8. Amortización del inmovilizado	(300)
11. Resultado por enajenación del inmovilizado	30
A-1) RESULTADO DE EXPLOTACIÓN	**300**
12. Ingresos financieros	10
13. Gastos financieros	(30)
A-2) RESULTADO FINANCIERO	**(20)**
A-3) RESULTADO ANTES DE IMPUESTOS	**280**
17. Impuesto sobre beneficios	(75)
A-4) RESULTADO DEL EJERCICIO PROCEDENTE DE OPERACIONES CONTINUADAS	**205**
A-5) RESULTADO DEL EJERCICIO	**205**

De la memoria de FLUJO, S. A., correspondiente al ejercicio N se extrae la siguiente información:

Nota 3. Distribución de resultados

El resultado del ejercicio N-1 se destinó en su totalidad al pago de dividendos.

Nota 5. Inmovilizado material

	Saldo inicial	Entradas/ dotaciones	Salidas	Saldo final
Inmovilizado material	4.440	—	180	4.260
Amortizaciones	1.800	300	0	2.100
Valor neto contable	2.640	(300)	(180)	2.160

Nota 12. Situación fiscal

Resultado antes de impuestos	280
Diferencias permanentes	0
Diferencias temporarias	0
Base imponible	280
Cuota íntegra	84
Bonificaciones	(9)
Cuota líquida	75
Pagos a cuenta	(20)
Deuda tributaria	55

PROPUESTA DE SOLUCIÓN COMENTADA

A) FLUJOS DE EFECTIVO DE LAS ACTIVIDADES DE EXPLOTACIÓN

A-1) *Resultado del ejercicio antes de impuestos*

A-2) *Ajustes del resultado*

Los cargos por amortización no penalizan la tesorería, por lo que se debe practicar un ajuste de signo positivo por importe de 300. El ajuste practicado por el beneficio obtenido a consecuencia de la venta del inmovilizado se explica en el párrafo dedicado a los flujos de efectivo por actividades de inversión. Por otra parte, y dada la importancia de los flujos de efectivo generados por los ingresos y gastos financieros, parece más razonable informar de forma separada de su impacto en la tesorería en un apartado específico. Por esta razón, se deberá practicar un ajuste en el resultado por el importe de los ingresos y gastos financieros para, acto seguido, recolocarlos de forma directa y por el importe efectivamente cobrado/pagado en el epígrafe A-4, «Otros flujos de efectivo de las actividades de explotación».

A-3) *Cambios en el capital corriente*

Los ajustes practicados a las partidas del capital corriente obedecen a la diferencia en el tiempo entre la corriente real de bienes y servicios de las actividades de explotación (compras y ventas) y su correspondiente partida monetaria. Se presenta a continuación una explicación detallada de los mismos.

Clientes

De acuerdo a la información mostrada por los balances de situación, el saldo de clientes aumenta en 130 unidades. Esto significa que no se han cobrado todas las ventas, por lo que si se quiere pasar del resultado contable (determinado por la cifra de ventas) al flujo de tesorería hay que descontar la cifra de ventas no cobradas. El aumento de clientes exige practicar un ajuste de signo negativo por importe de 130.

Existencias

El aumento de existencias en 30 (480 − 450) exige realizar un ajuste de signo negativo. Hay que tener en cuenta que la variación de tesorería la determina la cifra de compras, no la de consumos. Según se aprecia en el balance de situación, las existencias finales son superiores a las iniciales, por lo que se puede concluir que se ha comprado una cantidad de existencias mayor que la consumida. Esto significa que la salida de tesorería es superior a la expresada por la cifra de consumos.

Proveedores

Siguiendo con el argumento del párrafo anterior, si bien es cierto que la variación de tesorería la determina la cifra de compras, el estado de flujos de efectivo recoge únicamente las compras pagadas. Además del ajuste anterior, el examen de la variación de los saldos de proveedores permite cerrar el círculo. La disminución en 200 (500 − 300) de la deuda con proveedores induce a pensar que se han pagado 200 unidades más que las representadas por la cifra de compras. La tesorería final será, por tanto, inferior en 200 unidades. La disminución del saldo de proveedores obliga a practicar un ajuste negativo.

A-4) *Otros flujos de efectivo de las actividades de explotación*

Pagos de intereses, cobro de dividendos

Tal y como se ha comentado más arriba, los pagos de intereses y cobros de dividendos e intereses se registran en este apartado por el importe que aparece en la cuenta de resultados, al no haber ingresos pendientes de cobro ni gastos pendientes de pago.

Impuesto de sociedades

Del contenido de la memoria se deduce que, si bien el gasto por impuesto de sociedades asciende a 75, el pago realizado a la Administración ha sido de 70. Por la cancelación de la deuda tributaria del ejercicio N-1, la cantidad de 50 y 20 por los pagos a cuenta efectuados durante el N. El incremento del pasivo fiscal en 5 unidades significa que el pago por impuesto ha sido de 70 (75 − 5).

B) FLUJOS DE EFECTIVO DE LAS ACTIVIDADES DE INVERSIÓN

El examen conjunto de la cuenta de pérdidas y ganancias y la memoria permite obtener la cifra cobrada por la venta del inmovilizado. Para ello hay que sumar al valor neto contable del activo enajenado el resultado de la operación:

Valor neto contable del activo enajenado	180
Resultado de la enajenación	+30
Precio de venta	210

Al no haber en el balance información de cuentas pendiente de cobro por la desinversión realizada, hay que suponer que toda la operación ya se ha cobrado al momento de presentar el balance de situación. La variación de tesorería la proporciona la cifra del cobro (en nuestro ejemplo, 210). Con el fin de no reflejar dos veces la tesorería generada por el beneficio de la venta, se ajustan (en el apartado A-2e) las 30 unidades del resultado (ya están incluidas dentro de las 210 del cobro) y se inscribe la cifra de 210 en la casilla correspondiente a los flujos de efectivo por actividades de inversión.

C) FLUJOS DE EFECTIVO DE LAS ACTIVIDADES DE FINANCIACIÓN

Dos han sido las transacciones que afectan al efectivo por actividades de financiación: (i) el reembolso de deuda a largo plazo, operación que ha minorado la tesorería por importe de 250 unidades (1.200 − 950), y (ii) el pago de dividendos por 10.

Tras estas operaciones, el estado de flujos de efectivo de FLUJO, S. A., se muestra en el cuadro 6.7.

CUADRO 6.7

Estado de flujos de efectivo de FLUJO, S. A., para el ejercicio N

A) FLUJOS DE EFECTIVO DE LAS ACTIVIDADES DE EXPLOTACIÓN			
1. Resultado del ejercicio antes de impuestos		280	
2. Ajustes del resultado		+290	
a) Amortización del inmovilizado	+300		
c) Resultado por enajenación del inmovilizado	–30		
g) Ingresos financieros	–10		
h) Gastos financieros	+30		
3. Cambios en el capital corriente		–360	
a) Existencias	–30		
b) Clientes	–130		
d) Proveedores	–200		
4. Otros flujos de efectivo de las actividades de explotación		– 90	
a) Pagos de intereses	–30		
b) Cobro de dividendos	+10		
d) Cobros (pagos) por impuesto sobre beneficios	–70		
5. Flujos de efectivo de las actividades de explotación			**120**
B) FLUJOS DE EFECTIVO DE LAS ACTIVIDADES DE INVERSIÓN			
7. Cobros por desinversiones		**210**	
c) Inmovilizado material	210		
8. Flujos de efectivo por las actividades de inversión			**210**
C) FLUJOS DE EFECTIVO DE LAS ACTIVIDADES DE FINANCIACIÓN			
10. Cobros y pagos por instrumentos de pasivo financiero		–250	
b) Devolución de deudas con entidades de crédito	–250		
11. Pagos por dividendos y remuneraciones de otros instrumentos de patrimonio		–10	
12. Flujos de efectivo de las actividades de financiación	–10		**–260**
E) AUMENTO NETO DEL EFECTIVO O EQUIVALENTES			**70**
Efectivo o equivalentes al comienzo del ejercicio			**80**
Efectivo o equivalentes al final del ejercicio			**150**

6.4.3. Ejemplo de aplicación 2

Se presenta un segundo ejemplo de aplicación. Se trata de la sociedad ALFA, S. A., cuyos estados contables se muestran en los cuadros 6.8 y 6.9 (información en miles de euros).

De los registros de la sociedad se obtiene la siguiente información:

— El aumento experimentado por la partida de inmovilizado material corresponde a la compra al contado de un terreno por importe de 25.

CUADRO 6.8

Cuenta de pérdidas y ganancias de ALFA, S. A.

	Ejercicio N
A) OPERACIONES CONTINUADAS	
1. Importe neto de la cifra de negocios	3.350
2. Variación de existencias de productos terminados y en curso de fabricación	(30)
4. Aprovisionamientos/consumos	(2.050)
5. Otros ingresos de explotación	20
Subvenciones de explotación	20
6. Gastos de personal	(1.095)
a) Sueldos y salarios	(810)
b) Cargas sociales	(285)
8. Amortización del inmovilizado	(50)
9. Imputación de subvenciones de inmovilizado no financiero	10
A-1) RESULTADO DE EXPLOTACIÓN	155
12. Ingresos financieros	5
a) De participaciones en instrumentos de patrimonio	5
13. Gastos financieros	(15)
b) Por deudas con terceros	(15)
16. Deterioro y resultado por enajenación de instrumentos financieros	(5)
a) Deterioros y pérdidas	(5)
A-2) RESULTADO FINANCIERO	(15)
A-3) RESULTADO ANTES DE IMPUESTOS	140
17. Impuesto sobre beneficios	(35)
A-4) RESULTADO DEL EJERCICIO PROCEDENTE DE OPERACIONES CONTINUADAS	105
A-5) RESULTADO DEL EJERCICIO	105

— El inmovilizado financiero corresponde a una cartera de control de la sociedad BETA. A lo largo del ejercicio se ha incrementado dicha participación adquiriendo títulos adicionales por importe de 20, que fueron totalmente pagados en efectivo. Como se deduce de la información de la cuenta de pérdidas y ganancias, se ha practicado una corrección valorativa por importe de 5.

— Se ha emitido deuda a largo plazo por importe de 100, habiéndose cancelado anticipadamente la deuda a largo plazo por importe de 40.

— Del resultado del año N-1 se trasladaron 20 a reservas, habiéndose pagado dividendos por 50.

— Se amplió el capital en un 5 por 100 mediante la emisión de acciones a la par. La ampliación resultó totalmente suscrita y desembolsada en los plazos previstos, no quedando dividendos pasivos pendientes.

— Tanto los ingresos como los gastos financieros han sido liquidados en efectivo.

CUADRO 6.9

Balance de situación a 31 del 12 de ALFA, S. A.

Activo	Ej. N	Ej. N-1	Patrimonio neto y pasivo	Ej. N	Ej. N-1
ACTIVO NO CORRIENTE	**690**	**700**	**PATRIMONIO NETO**	**609**	**541**
II. Inmovilizado material.	595	620	A-1) FONDOS PROPIOS		
V. Inversiones financieras a largo plazo.	95	80	I. Capital.	420	400
			II. Reservas.	70	50
			III. Resultado del ejercicio.	105	70
			A-3) SUBVENCIONES	14	21
			PASIVO NO CORRIENTE	**166**	**109**
			II. Deudas con entidades de crédito.	160	100
			IV. Pasivos por impuesto diferido.	6	9
ACTIVO CORRIENTE	**275**	**175**	**PASIVO CORRIENTE**	**190**	**225**
II. Existencias.	60	75	V. Acreedores comerciales y otras cuentas a pagar.	190	225
III. Deudores.	99	70	1. Proveedores.	120	135
VII. Efectivo y equivalente.	116	30	2. Administraciones Públicas.	70	90
			Por IVA.	45	35
			Por impuesto de sociedades.	25	55
TOTAL ACTIVO	**965**	**875**	**TOTAL PASIVO Y P. NETO**	**965**	**875**

— La deuda con las Administraciones Públicas corresponde a liquidaciones de IVA por 45 y 35 y al impuesto de sociedades por 25 y 55 en los ejercicios N y N-1, respectivamente. No existen diferencias entre criterios contables y fiscales ni deducciones en cuota. Los pagos a cuenta efectuados durante el ejercicio N ascienden a 10. Además, se canceló la deuda tributaria por impuesto de sociedades del ejercicio anterior.

PROPUESTA DE SOLUCIÓN COMENTADA

A) FLUJOS DE EFECTIVO DE LAS ACTIVIDADES DE EXPLOTACIÓN

A-1) *Resultado del ejercicio antes de impuestos*

La cifra del resultado antes de impuestos, magnitud con la que se inicia el proceso de transformación del flujo económico en flujo financiero, se toma directamente de la cuenta de resultados del ejercicio. En este caso la cifra toma el valor de 140.

A-2) ***Ajustes del resultado***

Los ajustes correspondientes a las amortizaciones y gastos e ingresos financieros no presentan ninguna particularidad con lo ya explicado en el caso anterior. Se comentan de forma más detallada las novedades que presenta el caso ALFA, S. A.

Imputación de subvenciones

La cuenta de resultados de ALFA, S. A., informa de la imputación a resultados de una subvención de capital por importe de 10. Dado que dicha imputación a resultados no supone variación en la tesorería generada en el ejercicio, se hace necesario practicar un ajuste de signo negativo a la cifra del resultado.

Correcciones valorativas por deterioro

La cuenta de resultados informa también de una pérdida por deterioro atribuido a la cartera de control. Es, sin embargo, un gasto que no supone disminución de la tesorería, por lo que se deberá practicar un ajuste de signo positivo por importe de 5.

A-3) ***Cambios en el capital corriente***

La disminución de existencias por importe de 15 es la señal que nos permite conocer que las compras han sido menores que los consumos. La menor cifra de compras exige practicar un ajuste de signo positivo. De la misma manera, el aumento de clientes en 29 (99 − 70) evidencia menores cobros que los representados por la cifra de ventas. Se debe practicar un ajuste de signo negativo. Por lo que a los proveedores respecta, la disminución en su saldo indica un mayor pago que el representado por la cifra de compras. Al ser mayor la reducción de tesorería, se practica un ajuste de signo negativo por 15 (135 − 120).

Por su parte, la deuda por IVA se ha incrementado en 10 (pasa de 35 a 45), lo que indica un mayor cobro por IVA repercutido sobre el soportado. La deuda por impuesto de sociedades correspondiente a N-1 por importe de 55 se ha pagado en su totalidad (junto con los 10 de pagos a cuenta), ya que el importe pendiente de pago al cierre del ejercicio N se corresponde con la deuda tributaria de dicho ejercicio.

A-4) ***Otros flujos de efectivo de las actividades de explotación***

Los cobros por intereses y los pagos por gastos financieros encuentran su lugar en este apartado, con el fin de conocer de manera separada el importe de estas operaciones. Para ello ha sido necesario ajustar (eliminar) sus importes de la cifra del resultado. El pago por impuesto sobre sociedades se podría determinar también sumando al gasto por impuesto reconocido en el ejercicio (35) la cantidad correspondiente a la disminución de la deuda tributaria con Hacienda (55 − 25).

FLUJOS NETOS DE TESORERÍA POR ACTIVIDADES DE INVERSIÓN

Las inversiones efectuadas se limitan a la adquisición del terreno por 25 miles de euros y a la adquisición de títulos que refuerzan la cartera de control. El detalle de las dos operaciones queda reflejado en el cuadro 6.10.

CUADRO 6.10

Estado de flujos de efectivo de ALFA, S. A.

A) FLUJOS DE EFECTIVO DE LAS ACTIVIDADES DE EXPLOTACIÓN			
1. Resultado del ejercicio antes de impuestos		140	
2. Ajustes del resultado		55	
a) Amortización del inmovilizado	+50		
b) Correcciones valorativas por deterioro	+5		
c) Imputación de subvenciones	−10		
g) Ingresos financieros	−5		
h) Gastos financieros	+15		
3. Cambios en el capital corriente		−19	
a) Existencias	+15		
b) Clientes	−29		
d) Proveedores	−15		
e) Otros pasivos corrientes (IVA)	+10		
4. Otros flujos de efectivo de las actividades de explotación		−75	
a) Pagos de intereses	−15		
b) Cobros de dividendos	+5		
d) Cobros (pagos) por impuesto sobre beneficios	−65		**101**
5. Flujos de efectivo de las actividades de explotación			
B) FLUJOS DE EFECTIVO DE LAS ACTIVIDADES DE INVERSIÓN			
6. Pagos por inversiones		−45	
a) Empresas del grupo y asociadas	−20		
c) Inmovilizado material	−25		
8. Flujos de efectivo por las actividades de inversión			**−45**
C) FLUJOS DE EFECTIVO DE LAS ACTIVIDADES DE FINANCIACIÓN			
9. Cobros y pagos por instrumentos de patrimonio		20	
a) Emisión de instrumentos de patrimonio	20		
10. Cobros y pagos por instrumentos de pasivo financiero		60	
a) Emisión de deudas con entidades de crédito	100		
b) Devolución de deudas con entidades de crédito	−40		
11. Pagos por dividendos y remuneraciones de otros instrumentos de patrimonio		−50	
a) Dividendos	−50		
12. Flujos de efectivo de las actividades de financiación			**30**
E) AUMENTO NETO DEL EFECTIVO O EQUIVALENTES			**86**
Efectivo o equivalentes al comienzo del ejercicio			**30**
Efectivo o equivalentes al final del ejercicio			**116**

FLUJOS NETOS DE TESORERÍA POR ACTIVIDADES DE FINANCIACIÓN

En primer lugar, al no quedar dividendos pasivos pendientes de pago, la ampliación de capital supone un aumento de la tesorería de la empresa por importe de 20, que queda recogido en el epígrafe correspondiente a los cobros por instrumentos de patrimonio. En segundo lugar, la información disponible da cuenta de dos operaciones con pasivos financieros: por un lado, se ha emitido deuda por importe de 100 y, por otro, se cancela deuda a largo de forma anticipada por importe de 40. Al no poder compensarse los importes, el EFE deberá informar de forma separada de las dos operaciones. Puede apreciarse cómo aparecen debidamente identificados los reembolsos de capitales ajenos por importe de 40 y la suscripción de nueva deuda por importe de 100. Por último, se han pagado dividendos por 50.

6.5. INCORPORACIÓN DEL ESTADO DE FLUJOS DE EFECTIVO AL ANÁLISIS CONTABLE

Se han comentado en el epígrafe introductorio al presente capítulo los profundos cambios vividos en el último tercio del siglo pasado en cuanto a los objetivos de la información contable, que deja de priorizar la determinación de la cifra del resultado para pasar a preocuparse por que la información contable emitida por las empresas sirva a los usuarios de la misma en el proceso de toma de decisiones. En este contexto, los organismos internacionales encargados de la emisión de normativa contable comenzaron a publicar, a comienzos de los años setenta, diversos documentos donde se demandaba la elaboración de estados de flujos de efectivo como pieza fundamental para evaluar la posición de la firma y su capacidad para generar tesorería en el futuro.

La interpretación del EFE en el análisis suele centrarse en dos aspectos: la interrelación de los tres componentes del estado (actividades de explotación, de financiación y de inversión) y la conciliación entre los excedentes económico y financiero derivados de la actividad de explotación:

a) *Interrelación entre los tres componentes del estado (actividades de explotación, de inversión y de financiación).* El EFE presentado desde una perspectiva funcional (por actividades) ofrece una secuencia lógica del conjunto de operaciones que intervienen en la variación de la tesorería de la empresa, de tal modo que, si una firma presenta problemas de liquidez, permite identificar si estos provienen de las actividades de explotación, de un excesivo recurso a la deuda o por un programa de inversiones inadecuado.

En el desarrollo de su actividad la empresa debe ser capaz de generar flujos de efectivo y equivalentes internamente para poder hacer frente a las necesidades propias, no ya del crecimiento, sino, simplemente, del mantenimiento de su capacidad operativa, así como para cumplir los compromisos asumidos con los distintos agentes económicos implicados en la misma. Si de las operaciones de explotación se derivan flujos de tesorería negativos, es decir, que apliquen más liquidez de la que generan, la empresa estará en un escenario en el que los fondos necesarios para atender el pago de deudas, hacer efectivos los dividendos comprometidos, realizar inversiones, etc., deberán provenir del endeudamiento a corto o largo plazo, de nuevas aportaciones de socios o de ventas de activos no planificadas. Acudir a estas fórmulas de financiación desencadena una espiral que pone en peligro la continuidad de la empresa y va poco a poco estrangulando la solvencia empresarial. Los flujos de efectivo de las actividades de explotación, como indicador que primero detecta los problemas de liquidez, deben ser el punto de partida del análisis del EFE. Sin embargo, su evolución ha de considerarse junto con la de otras variables, tanto financieras (flujos de tesorería de las actividades de inversión y financiación) como económicas (rentabilidad y recursos procedentes de las operaciones).

b) *Conciliación entre los excedentes económico y financiero derivados de la actividad de explotación.* Esta operación permite relacionar los términos de rentabilidad y de liquidez, conceptos que no deben confundirse, ya que, aunque en el largo plazo la solvencia de una compañía depende de su rentabilidad, en el corto plazo ambos aspectos no se mueven necesariamente al mismo ritmo. La información para evaluarlos es distinta, siendo necesaria una conciliación que permita conocer el camino recorrido, valorando cada uno de los ajustes que provocan su distanciamiento.

No hay que olvidar que el ciclo de la explotación no termina con la venta del producto o prestación del servicio. En su vertiente financiera, el ciclo termina cuando se transforma en efectivo el importe de la operación. El estado de conciliación entre el excedente económico y el financiero analiza el proceso de transformación del beneficio obtenido por la entidad en tesorería.

En todo caso, a la hora de enjuiciar la evolución y posición relativa de la tesorería generada por la actividad ordinaria deben, asimismo, tenerse en consideración los factores intrínsecos al sector en el que desarrolla la actividad, la longitud del período medio de maduración de la firma o la fase del ciclo de vida en el que se encuentran inmersos tanto la empresa como cada uno de sus productos: *introducción, crecimiento, madurez* y *declive.*

En las fases de *introducción,* y como consecuencia de las necesarias inversiones para su *crecimiento,* tanto en fijo como en circulante, la empresa generará resultados y flujos de tesorería negativos; estos últimos tanto en su actividad ordinaria como de inversión. Conforme se acelere el crecimiento, la actividad ordinaria comenzará a hacerse rentable y a generar tesorería; esta última se destinará de forma inmediata a financiar nuevos activos circulantes netos que continúen respondiendo a las expectativas de ventas, por lo que los flujos de efectivo de las actividades de explotación tardarán más en hacerse positivos que variables como el resultado. La fase de crecimiento inicial no tiene por qué presentar el mismo patrón de comportamiento en todas las empresas. Así, por ejemplo, en sectores como el de distribución al por menor (hipermercados), en el que las grandes cadenas trabajan habitualmente con necesidades de fondo de rotación negativas, los flujos de efectivo de las actividades de explotación serán los primeros de los tres indicadores en hacerse positivos, al aprovechar las fuentes que de forma espontánea proporciona la actividad de explotación (proveedores) para financiar tanto las necesidades que provoca dicha actividad como la infraestructura técnica.

En situaciones de *madurez* es de esperar, por un lado, que tanto el resultado neto (RN) como los flujos de efectivo de las actividades de explotación tiendan a coincidir, debido a la ausencia de oscilaciones en los niveles de actividad. Se tratará normalmente de empresas con productos claramente posicionados en el mercado en los que las ventas no tenderán a variar. La liquidez proporcionada por la actividad ordinaria servirá para financiar las inversiones de mantenimiento de la infraestructura y para remunerar deuda o pagar dividendos.

En la fase de declive el primer indicador en caer suele ser la rentabilidad, para, más tarde, acabar arrastrando a los flujos de efectivo de las actividades de explotación. Desde un punto de vista financiero, resulta obvio que si el motor principal (la actividad de explotación) no genera rentabilidad, tampoco generará liquidez. La segunda parte de este manual aborda en mayor profundidad el análisis de los estados financieros y de la información en ellos contenida.

BIBLIOGRAFÍA

AECA (2014).
Gonzalo Angulo, J. A. (1996).
Gonzalo Angulo, J. A. y Jiménez Herrero, J. A. (2008).
Lizarraga Dallo, F. (1997).
Maseda, A. (1995).

CUESTIONES Y EJERCICIOS

1. El denominado estado de flujos de efectivo (EFE) es un estado contable que informa:

a) De los cobros y pagos ocurridos en una entidad a lo largo del ejercicio.
b) De los ingresos y gastos ocurridos en una entidad a lo largo del ejercicio.
c) De los cobros, pagos, gastos e ingresos ocurridos en una entidad a lo largo del ejercicio.
d) Solo de los ingresos y pagos ocurridos en una entidad a lo largo del ejercicio.

2. Señalar la respuesta correcta:

a) El EFE no precisa de elaboración obligatoria en la normativa española, entre otras razones por lo sencilla que resulta la manipulación de las cifras que lo componen.
b) El EFE no es de elaboración obligatoria porque la información de flujos de tesorería ya queda recogida en el cuadro de financiación.
c) El EFE informa de los movimientos habidos en las partidas tesorería y otros medios líquidos equivalentes.
d) Ninguna de las respuestas anteriores es cierta.

3. Los flujos de tesorería de la actividad de financiación:

a) Son siempre mayores que los de la actividad de explotación.
b) Son siempre menores que los de la actividad de explotación.
c) Pueden ser mayores, menores o iguales que los de la actividad de explotación.
d) Pueden ser mayores o iguales, pero nunca menores que los de la actividad de explotación.

4. A la empresa XXX, a comienzos de año, sus clientes le deben 600. Las ventas registradas en la cuenta de pérdidas y ganancias ascienden a 400. Al final del ejercicio el saldo de clientes aparece por 100. ¿A cuánto asciende el importe cobrado a clientes?:

a) 700.
b) 800.
c) 900.
d) 1.000.

5. En la empresa XXX las deudas a largo plazo ascendían a 600 a comienzo del ejercicio. A lo largo del ejercicio se emitió deuda por importe de 300. Al final del ejercicio la deuda pendiente de pago se eleva a 200. ¿Cuál será el importe de las casillas 10.a.2 («Emisión de deudas con entidades de crédito») y 10.b.2 («Devolución de deudas con entidades de crédito»)?:

a) 300 y 600.
b) 300 y 700.
c) 300 y 800.
d) 300 y 900.

6. Siendo:

[1] Flujos líquidos por actividades de explotación.
[2] Flujos líquidos por actividades de financiación.
[3] Flujos líquidos por actividades de inversión.

Asociar cada operación con la casilla correspondiente:

	[1]	[2]	[3]
a) Pago a proveedores comerciales	☐	☐	☐
b) Obtención de una subvención de capital	☐	☐	☐
c) Pago de dividendos	☐	☐	☐
d) Pago por adquisición de inversiones financieras	☐	☐	☐
e) Pago de salarios del personal adscrito a un proyecto de I+D que finaliza con éxito y se decide capitalizar	☐	☐	☐
f) Cobro de intereses de títulos de renta fija	☐	☐	☐
g) Pago al vencimiento de la deuda con un proveedor de inmovilizado.	☐	☐	☐

7. En la interpretación del estado de flujos de efectivo:

a) Deberá valorarse si los flujos de efectivo por actividades de financiación suponen el auténtico motor de generación de liquidez.
b) Deberán analizarse las posibles diferencias entre el resultado neto y los flujos de efectivo por actividades de inversión.
c) Deberá estudiarse la posición relativa de los flujos de efectivo por actividades de explotación con respecto a los flujos procedentes de las otras dos actividades (inversión y financiación).
d) Ninguna de las anteriores.

8. PLANASA presenta a 31 del 12 de N y N-1 los siguientes balances de situación:

Balances de situación de PLANASA al cierre de los ejercicios N y N-1

Activo	Ej. N	Ej. N-1	Patrimonio neto y pasivo	Ej. N	Ej. N-1
ACTIVO NO CORRIENTE	**2.760**	**3.100**	**PATRIMONIO NETO**	**4.010**	**3.800**
II. Inmovilizado material.	2.760	3.100	Fondos propios	4.010	3.800
			I. Capital.	3.000	3.000
			II. Reservas.	700	600
			VII. Resultado del ejercicio.	310	200
			PASIVO NO CORRIENTE	**500**	**500**
			II. Deudas con entidades de crédito.	500	500
ACTIVO CORRIENTE	**2.015**	**1.340**	**PASIVO CORRIENTE**	**265**	**140**
II. Existencias.	300	500	V. Acreedores comerciales.		
III. Deudores.	700	730	Proveedores.	135	140
VII. Efectivo y equivalente.	1.015	110	H. P. acreedora por IS.	130	0
TOTAL ACTIVO	**4.775**	**4.440**	**TOTAL PASIVO Y P. NETO**	**4.775**	**4.440**

A lo largo del año N se producen una serie de operaciones que quedan plasmadas en la cuenta de resultados, tal y como se muestra en el cuadro siguiente:

Cuenta de pérdidas y ganancias de PLANASA del ejercicio N

	Ejercicio N
A) OPERACIONES CONTINUADAS	
1. Importe neto de la cifra de negocios	850
4. Consumo de mercaderías	(300)
8. Amortización del inmovilizado	(100)
10. Pérdida procedente venta inmovilizado material	(10)
A-1) RESULTADO DE EXPLOTACIÓN	440
A-3) RESULTADO ANTES DE IMPUESTOS	440
17. Impuesto de sociedades	(130)
RESULTADO DESPUÉS DE IMPUESTOS	310

De la memoria de PLANASA se obtiene que:

— Un inmovilizado valorado inicialmente por 300 y amortizado por 60 se ha vendido a lo largo de N por 230, cobrando todo el importe al contado. No ha habido nuevas operaciones de inversión.

— Los resultados del ejercicio N-1 se han trasladado en un 50 por 100 a reservas y en el otro 50 por 100 se han repartido en forma de dividendos a lo largo de N.
— El gasto por impuesto devengado coincide con la cuota líquida que queda pendiente de pago.
— Prescíndase del IVA.

Confeccionar estado de flujos de efectivo de PLANASA para el ejercicio N.

9. Caso BALAITÚS.

A partir de los estados contables de BALAITÚS, S. A., y de la información adicional extraída de la memoria, se pide elaborar el EFE para el ejercicio N:

Balance de situación de BALAITÚS, S. A. (en millones de euros)

Activo	Ej. N	Ej. N-1	Patrimonio neto y pasivo	Ej. N	Ej. N-1
ACTIVO NO CORRIENTE	**1.800**	**1.740**	**PATRIMONIO NETO**	**1.030**	**800**
II. Inmovilizado material.	1.800	1.740	A-1) FONDOS PROPIOS	1.030	800
			I. Capital.	300	200
			III. Reservas.	600	600
			VII. Resultado del ejercicio.	130	0
			PASIVO NO CORRIENTE	**464**	**300**
			II. Deudas con entidades de crédito.	464	300
ACTIVO CORRIENTE	**940**	**900**	**PASIVO CORRIENTE**	**1.240**	**1.540**
II. Existencias.	400	300	III. Deudas a corto plazo.	770	890
III. Deudores.			V. Acreedores comerciales y otras cuentas a pagar.	470	650
Clientes.	400	500	1. Proveedores.	340	500
Accionistas por desembolsos exigidos.	50	0	2. Remuneraciones pendientes de pago.	70	150
VII. Efectivo y equivalente.	84	100	5. Hacienda Pública, acreedora por IS.	60	0
TOTAL ACTIVO	**2.734**	**2.640**	**TOTAL PASIVO Y P. NETO**	**2.734**	**2.640**

Cuenta de pérdidas y ganancias de BALAITÚS, S. A. (en millones de euros)

	Ejercicio N
A) OPERACIONES CONTINUADAS	
1. Importe neto de la cifra de negocios	2.000
2. Variación de existencias de productos terminados y en curso de fabricación	100
4. Aprovisionamientos	(1.100)
6. Gastos de personal	(400)
7. Otros gastos de explotación	(250)
8. Amortización del inmovilizado	(100)
11. Resultado por enajenación del inmovilizado	50
A-1) RESULTADO DE EXPLOTACIÓN	300
12. Ingresos financieros	0
13. Gastos financieros	(100)
A-2) RESULTADO FINANCIERO	(100)
A-3) RESULTADO ANTES DE IMPUESTOS	200
17. Impuesto sobre beneficios	(70)
A-4) RESULTADO DEL EJERCICIO PROCEDENTE DE OPERACIONES CONTINUADAS	130
A-5) RESULTADO DEL EJERCICIO	130

Información complementaria extraída de la memoria.

Nota 5. Inmovilizado material

El movimiento del inmovilizado material a lo largo del año N es el siguiente:

	Saldo inicial	Entradas/ dotaciones	Salidas	Saldo final
Inmovilizado material	2.000	400	300	2.100
Amortizaciones	260	100	(60)	300
Valor neto contable	1.740	300	(240)	1.800

Nota 9. Instrumentos financieros

Fondos propios

El capital está compuesto por 20.000.000 acciones de 10 euros de valor nominal cada una. Con fecha 18/07/N se ha producido una ampliación de capital de 10.000.000 acciones a la par. La ampliación se ha desembolsado en un 50 por 100. En noviembre se solicitó un dividendo pasivo por el resto, estando previsto su total desembolso para febrero de N+1.

Pasivos financieros

A comienzos del año N se solicitó un préstamo bancario cuyo reembolso asciende a 426 millones de euros, a devolver en su totalidad transcurridos 5 años. La cantidad ingresada en cuenta fue de 350 millones de euros, correspondiendo la diferencia a los intereses implícitos de la operación. A finales del ejercicio N el coste amortizado de la deuda asciende a 364 millones de euros.

A lo largo del ejercicio N se han trasladado a corto plazo deudas a largo por importe de 200 millones de euros. El movimiento de la cuenta «Deudas con entidades de crédito a corto plazo» durante el ejercicio es el siguiente (en millones de euros):

Saldo inicial	890
Traspaso de largo a corto	200
Cancelación o pago	(320)
Saldo final	770

Nota 12. Impuesto sobre sociedades y situación fiscal

Durante el ejercicio no se han producido diferencias entre los ámbitos contable y fiscal. Se han efectuado pagos a cuenta por 10.

10. Caso ABENDUA

El supuesto facilita datos del balance de situación y de la memoria de ABENDUA, S. A. Se deberán confeccionar la cuenta de resultados y el estado de flujos de efectivo.

Balances de situación a 31 de diciembre de 20X4 y 20X5

Activo	20X5	20X4	Pasivo y patrimonio neto	20X5	20X4
ACTIVO NO CORRIENTE	**2.690.000**	**2.640.000**	**PATRIMONIO NETO**	**1.690.000**	**1.050.000**
Inmovilizado material	1.850.000	1.800.000	Capital	800.000	800.000
Inversiones emp. del grupo l. p.	¿?	840.000	Reservas	250.000	250.000
			Resultado del ejercicio	¿?	0
			Subvenciones de capital	133.000	0
			PASIVO NO CORRIENTE	**2.457.000**	**2.600.000**
			Pasivo impuesto diferido	57.000	0
			Deudas a largo plazo	2.400.000	2.600.000
ACTIVO CORRIENTE	**2.595.000**	**2.260.000**	**PASIVO CORRIENTE**	**1.138.000**	**1.250.000**
Existencias (mercaderías)	890.000	950.000	Proveedores	670.000	720.000
Clientes	275.000	675.000	Deuda ent. financieras c. p.	250.000	350.000
− Deterioro	−50.000	0	Hacienda Pública, acreedora concept. fiscales	¿?	180.000
Inversiones financieras c. p.	370.000	400.000			
Activo imp. diferido	¿?	0	Remuneraciones pendientes de pago	20.000	0
Tesorería	1.095.000	235.000			
TOTAL ACTIVO	**5.285.000**	**4.900.000**	**TOTAL PASIVO Y P. NETO**	**5.285.000**	**4.900.000**

De la memoria de 20X5 se extrae la siguiente información.

Nota 1. Actividad de la empresa

ABENDUA, S. A., es una sociedad comercial que se dedica a la compraventa de diversos materiales de construcción. Es cabecera de un grupo de sociedades, cuya valoración contable al cierre de 20X4 y 20X5 se refleja en los balances de situación expuestos más arriba.

Nota 5. Inmovilizado material

El inmovilizado material ha tenido el siguiente movimiento:

	31/12/20X4	Altas/ dotaciones	Bajas	31/12/20X5
Inmovilizado material	2.200.000	200.000	(80.000)	2.320.000
Amortización	(400.000)	(100.000)	30.000	(470.000)
Valor neto contable	1.800.000	100.000	(50.000)	1.850.000

No quedan deudas pendientes por la compra del inmovilizado material. Como se aprecia en la tabla superior, se ha vendido un inmovilizado cuyo valor contable era de 50.000. La cantidad cobrada por la venta de dicho inmovilizado ascendió a 90.000 euros.

Nota 9. Activos financieros

A) Cartera de control

La cartera de control se corresponde con el 100 por 100 de las acciones de la única sociedad filial, adquirida por 840.000 euros para facilitar la comercialización de unos materiales peligrosos. Su valor recuperable (medido al través del valor neto contable de la filial) se estima, al cierre del ejercicio 20X5, en 930.000 euros.

B) Activos financieros a corto plazo

La firma posee también diversos títulos (acciones) con el fin de colocar excedentes de tesorería en el corto plazo. Por el tipo de inversión se califican como mantenidos para negociar. Su valor razonable al cierre de 20X5 es de 370.000 euros.

Nota 10. Pasivos financieros

A lo largo de 20X5 se ha cancelado deuda a corto plazo por importe de 300.000, habiéndose traspasado a corto plazo deuda por un total de 200.000 euros.

Nota 12. Ingresos y gastos

a) Las compras del ejercicio ascendieron a 850.000 euros, mientras que las ventas netas del ejercicio ascienden a 2.000.000. Se estima que ventas por un importe de 50.000 euros serán difícilmente recuperables, por lo que se practicó la correspondiente corrección valorativa en clientes, tal y como se aprecia en el balance.

b) En cuanto a los gastos de personal, los salarios devengados durante 20X5 ascienden a 300.000 euros, si bien se deja pendiente de pago para enero de 20X6 un total de 20.000 euros.

c) Fruto de las diversas inversiones, ABENDUA ingresó por dividendos abonados por su filial la cifra de 50.000 euros, no habiendo sufrido retención alguna.

Nota 13. Subvenciones

El 1 de julio de 20X5 se obtuvo una subvención de capital de 200.000 euros para financiar la compra de las infraestructuras descritas en la nota 5 (Inmovilizado). El importe obtenido se ingresó en banco para poder pagar la inversión, cosa que se hizo pocos días después. La vida útil de las nuevas estructuras es de 10 años, amortizándose por el método lineal. La amortización del inmovilizado adquirido ya está incluida en la información de la nota 5 de esta memoria.

Nota 14. Situación fiscal

El gasto de 50.000 euros reconocido en la cuenta de resultados a consecuencia de la estimación de clientes fallidos no reúne las condiciones de deducibilidad fiscal. A lo largo de 20X5 se ha cancelado la totalidad de la deuda tributaria correspondiente al IS de 2014, habiéndose realizado, además, pagos a cuenta por importe de 20.000 euros. ABENDUA, S. A., se beneficia de una deducción de la cuota por importe de 10.000 euros por haber contribuido a la creación de empleo joven para graduados en ADE. El tipo impositivo es el 30 por 100.

SE PIDE:

1. Completar los datos del balance de situación y confeccionar la cuenta de resultados y el estado de flujos de efectivo correspondientes al ejercicio 20X5.
2. Breve comentario del EFE.

7 La información de base social y medioambiental

7.1. INTRODUCCIÓN

A lo largo de los capítulos anteriores se ha señalado repetidamente que el objetivo de la contabilidad es suministrar información que satisfaga las necesidades de los usuarios para la toma de decisiones. Son precisamente los estados contables los soportes que acogen la información financiera y no financiera elaborada por la empresa para orientar a los usuarios en la toma de decisiones económicas. En este sentido, hasta fechas relativamente recientes los destinatarios de la información contenida en los estados contables eran, básicamente, accionistas y acreedores de la compañía, por lo que el trabajo de los organismos reguladores de la contabilidad estaba orientado a satisfacer, casi en exclusiva, las demandas informativas de este reducido grupo de agentes.

Sin embargo, el reconocimiento de otros agentes con intereses en la empresa, diferentes a los tradicionales suministradores de fondos, está cambiando el papel de las empresas en la sociedad. Si desde el punto de vista de la teoría económica clásica la responsabilidad social termina con la producción de bienes y servicios demandados por el consumidor, una corriente de pensamiento muy extendida en estos momentos sostiene que la actuación empresarial debe estar condicionada y limitada por la posición de otros grupos o personas con intereses en la actividad de la firma, reconociendo, en consecuencia, un grupo de partícipes más amplio que los tradicionales suministradores de fondos. Son estos agentes sociales —clientes, proveedores, empleados, organizaciones de consumidores, colectivos ecologistas y sociedad en general— quienes demandan a las empresas comportamientos social y medioambientalmente responsables, exigiendo que estas no sean únicamente consumidoras de recursos con el único objetivo de maximizar el beneficio a corto plazo, sino que su función objetivo incluya otros valores, como prácticas medioambientalmente sostenibles o maximización del bienestar de toda la comunidad globalmente considerada.

El concepto de responsabilidad social en las organizaciones no es una idea cerrada y acotada, sino que depende de la concepción que cada uno tenga del mundo que es y del que debería ser, por lo que existe un gran número de enfoques y de teorías que han abordado el estudio de la responsabilidad social de la empresa. El debate sobre la existencia de una responsabilidad social de la empresa ha llegado, incluso, a las instituciones supranacionales, como la ONU o la UE. Cabe citar, en este sentido, la iniciativa de la Comisión de las Comunidades Europeas, que presentó a mediados de 2001 un Libro Verde sobre los nuevos modos de fomentar la responsabilidad social de las empresas. Según se señala en dicho documento, al afirmar su responsabilidad social y asumir voluntariamente compromisos que van más allá de las obligaciones reglamentarias y convencionales, que deberían cumplir en cualquier caso, las empresas intentan elevar los niveles de desarrollo social, protección medioambiental y respeto de los derechos humanos y adoptan un modo de *gobernanza* abierto que reconcilia intereses de diversos agentes en un enfoque global de calidad y viabilidad.

En el ámbito interno, las prácticas responsables en lo social afectan en primer lugar a los trabajadores, y se refieren a cuestiones como la inversión en recursos humanos, la salud y la seguridad y la gestión de los recursos naturales utilizados en la producción. En el ámbito externo, la responsabilidad social de la empresa se extiende hacia las comunidades locales, e incluye, además de a los trabajadores y accionistas, un amplio abanico de interlocutores: socios comerciales y proveedores, consumidores, autoridades públicas y ONG defensoras de los intereses de las comunidades locales y del medio ambiente.

El reconocimiento de una responsabilidad empresarial se proyecta, pues, más allá de accionistas y acreedores. Además de influir en las actuaciones y estrategias de las empresas, el reconocimiento de esta responsabilidad está propiciando un cambio en las tendencias informativas empresariales, que, de manera creciente, abordan la divulgación de información, no solo desde el punto de vista económico y financiero, sino también desde otros ángulos, como el de la responsabilidad social y medioambiental. Por tanto, la información divulgada por la empresa aborda también cuestiones que rebasan el tradicional ámbito financiero y económico de la misma, incluyendo tanto la dimensión interna de la empresa como la externa. La información divulgada suele abordar aspectos relacionados con los trabajadores, con el compromiso de la empresa frente a la sociedad y con su comportamiento medioambiental.

La existencia de este amplio abanico de usuarios, si bien, por lo general, no tiene trascendencia en la determinación de magnitudes financieras como el beneficio, abre unas posibilidades de desarrollo de un área de la contabilidad como es la elaboración y suministro de un determinado tipo de información, fundamentalmente narrativa, que nunca habría alcanzado la importancia que se le está comenzando a dar de no existir esos potenciales usuarios de este tipo de información. Se trata, en definitiva, de lo que se ha dado en llamar información de base social, que se puede definir como la suministrada por empresas y otras instituciones acerca de una amplia gama de aspectos económicos y sociales de la compañía que rebasan el ámbito estrictamente financiero; generalmente se refiere a información sobre grupos de interés diferentes a accionistas y acreedores, tales como empleados y la sociedad en general, incluido el medio ambiente.

A partir de los elementos contemplados en la anterior definición, el presente capítulo aborda la divulgación de este tipo de información de acuerdo al siguiente esquema:

- Información para empleados.
- Información sobre empleados.
- Información sobre la labor social.
- Información medioambiental.

Es preciso destacar que la divulgación de este tipo de información está, por lo general, escasamente regulada, por lo que se carece de un modelo de referencia, circunstancia que dificulta enormemente su comparación. No obstante lo anterior, el PGC 2007 exige que la memoria de las empresas dedique notas específicas para informar sobre algunos aspectos medioambientales de sus actividades y sobre la distribución de los trabajadores por sexos y categorías, así como de los compromisos en materia de pensiones. Salvo estas cuestiones, el resto de información de índole social y medioambiental divulgado por las empresas es de carácter voluntario, por lo que al no estar sometida a la opinión del auditor corre el riesgo de convertirse en una información que destaca los aspectos positivos de la firma, que oculta las malas noticias y que, en ocasiones, resulta excesivamente autocomplaciente con la propia compañía.

7.2. INFORMACIÓN PARA EMPLEADOS

La elaboración y divulgación de información para empleados está vinculada al reconocimiento del derecho de los trabajadores a conocer datos empresariales de interés para los mismos. En este sentido, conviene precisar que el factor humano ha permanecido durante mucho tiempo al margen de las decisiones empresariales y de los informes financieros, ya que no se consideraba usuario directo de la información empresarial. Sin embargo, la mayor implantación sindical y los cambios en el estilo de dirección han propiciado la incorporación de los empleados a la categoría de usuarios y destinatarios de los diversos tipos de informes que elaboran las empresas.

Los temas abordados por este tipo de información son muy diversos y varían de una compañía a otra debido al carácter voluntario de la misma y a la total ausencia de un modelo de referencia seguido por las empresas. La periodicidad también es diversa, pudiendo limitarse a informaciones puntuales ante hechos destacados o, por el contrario, ser publicaciones con periodicidad definida. En el caso de las grandes empresas, es normal encontrar más de una publicación con diversas periodicidades, cada una con un tipo de información definida. Por lo general, la información divulgada hace referencia a cuestiones de estrategia empresarial, planes estratégicos, inversiones previstas, composición y evolución de la plantilla, cursos de formación, negociación colectiva, resultados de la producción, información económica, etc. Si bien el papel es el principal soporte informativo, en los últimos años se está generalizando la difusión de información para empleados a través de redes internas como intranet, debido a la rapidez, agilidad, economía y accesibilidad que presenta este formato. Sin ánimo de ser exhaustiva, el cuadro 7.1 efectúa una aproximación a algunos de los asuntos generalmente tratados en los informes periódicos dirigidos a empleados.

CUADRO 7.1

Información para empleados

Tipo de información	Asuntos tratados
Comunicación institucional	— Entrevistas con miembros del personal directivo para dar cuenta de asuntos estratégicos de la firma, como inversiones, nuevos productos, ampliación de mercados, políticas de personal, etc. — Desarrollo de la negociación colectiva. — Información sobre infraestructuras, acuerdos con instituciones e información sobre recursos humanos. — Actividades de formación para el personal. — Política de prevención de riesgos laborales, sistemas de gestión de riesgos, etc.
Información sobre procesos y productos	— Características del producto. — Novedades en los procesos productivos. — Información sobre los principales mercados de destino del producto.
Otros	— Habilitación de espacios reservados a los trabajadores para difundir experiencias profesionales y vitales.

7.3. INFORMACIÓN SOBRE EMPLEADOS

En amplios círculos académicos y profesionales existe la convicción de que el modelo contable tradicional, que ha podido describir con éxito las operaciones empresariales durante medio milenio, está comenzando a fallar a la hora de presentar información acerca de uno de los activos más valiosos de la compañía, como es el personal. La necesidad de suministrar información que recoja datos sobre el capital humano utilizado se hace todavía más urgente en un momento en el que la capacitación de los empleados se configura como un elemento imprescindible para el cumplimiento de los objetivos básicos de la empresa, como son la supervivencia y la expansión.

En efecto, el acelerado cambio tecnológico característico de la actividad económica de los últimos años obliga a la empresa a dotarse de los elementos más capaces para el desempeño de su actividad. Esto se traduce en una importante asignación de recursos, tanto en la selección y reclutamiento de nuevo personal como en la formación, reciclaje y capacitación del mismo. Sin embargo, a la hora de comunicar información sobre los recursos humanos las empresas se encuentran con serios problemas derivados de la ausencia de criterios de valoración generalmente aceptados e incluso del contenido mismo de la información a divulgar. Sin duda, el mayor problema está relacionado con la dificultad que entraña la medición y valoración de aspectos relacionados con el personal, problema que se acrecienta cuando se quieren trasladar al balance de situación y cuenta de resultados los costes derivados del mantenimiento y formación del mismo.

El modelo contable actual impide la activación de los costes de formación del personal, por lo que deberán ser, en caso de suministrar alguna información al respecto, los estados contables complementarios (memoria, informe de gestión o información voluntaria) los que recojan los aspectos relacionados con este asunto. La información exigida por la normativa contable evita entrar a valorar los recursos humanos, limitándose a exigir el suministro de datos de carácter más descriptivo. En particular, el PGC, a través de las notas 16, 23 y 24 de la memoria, obliga a las empresas a suministrar información sobre los siguientes aspectos:

a) Número medio de personas empleadas en el curso del ejercicio, distribuido por categorías.

b) Distribución por sexos al término del ejercicio del personal de la sociedad, desglosado en un número suficiente de categorías y niveles, entre los que figurarán el de altos directivos y el de consejeros.

c) Importe de los sueldos, dietas y remuneraciones de cualquier clase devengados en el curso del ejercicio por el personal de alta dirección y los miembros del órgano de administración, cualquiera que sea su causa, así como de las obligaciones contraídas en materia de pensiones o de pago de primas de seguros de vida respecto de los miembros antiguos y actuales del órgano de administración y personal de alta dirección. Asimismo, la memoria deberá dar cuenta de las indemnizaciones por cese basadas en instrumentos de patrimonio.

d) Importe de los anticipos y créditos concedidos al personal de alta dirección y a los miembros de los órganos de administración, con indicación del tipo de interés y sus características esenciales.

e) Cuando la empresa tenga concertados sistemas de retribuciones a largo plazo al personal de prestación definida (planes de pensiones), se deberá presentar un análisis del movimiento de la cuenta de provisiones para pensiones y obligaciones similares, indicando el saldo inicial, dotaciones, aplicaciones y saldo final. De forma adicional, la memoria deberá detallar: *a*) una conciliación entre los activos y pasivos reconocidos en el balance; *b*) el importe de las partidas incluidas en el valor razonable de los activos afectos al plan de pensiones, y *c*) las principales hipótesis actuariales utilizadas.

Así, por ejemplo, la memoria del Grupo Gas Natural correspondiente a 2005 incluye un desglose de las provisiones relativas a las obligaciones con el personal (cuadro 7.2), así como un estado de conciliación entre las obligaciones reconocidas y los activos afectos al plan de pensiones, con el fin de determinar el importe de la provisión para pensiones y obligaciones similares (cuadro 7.3).

CUADRO 7.2

Provisiones relativas a obligaciones con el personal (millones de euros)

	Pensiones	**Provisiones adecuación plantilla**	**Fondo de permanencia**	**Total**
A 31/12/2004	52	15	21	88
Dotaciones/reversión con cargo a resultados	3	4	—	7
Pagos en el ejercicio	(7)	(17)	—	(24)
Traspasos	—	1	—	1
Diferencias de conversión	10	—	—	10
A 31/12/2005	58	3	21	82

CUADRO 7.3

Reconocimiento de las provisiones en balance (millones de euros)

	31/12/2005	**31/12/2004**
Valor actual de las obligaciones consolidadas	172	174
Valor razonable de los activos afectos al plan	(169)	(170)
Valor actual de las obligaciones no consolidadas	23	23
Pérdidas/ganancias actuariales no reconocidas	(7)	(7)
Coste de servicios pasados no reconocido	—	
Provisiones para pensiones y obligaciones similares	19	20

Junto a estos elementos de difusión obligatoria, un número considerable de empresas viene incluyendo en los informes anuales información adicional voluntaria relativa al personal, que hace referencia, entre otros asuntos, a cuestiones como cursos de formación para los empleados, salud y seguridad en el trabajo, conflictividad laboral, métodos de organización y gestión de los recursos humanos y promociones internas. A modo de ejemplo, el cuadro 7.4 presenta datos del informe de gestión de la Empresa Nacional del Uranio (ENUSA) correspondientes a 2005, donde se recoge la siguiente información referida al personal de la empresa.

CUADRO 7.4

Información sobre el personal en el informe de gestión

Durante el año 2005 la plantilla global de ENUSA ha permanecido estable, sin cambios significativos, como se aprecia en el siguiente detalle:

	a 31/12/2005	**a 31/12/2004**
C. T. Madrid	187	182
C. T. Juzbado	320	312
C. T. Ciudad Rodrigo	55	55
C. T. Don Benito	2	2
TOTAL	**564**	**551**

En relación al tipo de contrato, la plantilla de la sociedad dominante está compuesta de la siguiente manera:

	a 31/12/2005	**a 31/12/2004**
Personal fijo	543	530
Personal temporal	21	21
Plantilla media	533	547

La estructura de la plantilla en la sociedad dominante respecto a grupos laborales se distribuye de la siguiente forma:

GRUPO LABORAL	**a 31/12/2005**		**a 31/12/2004**	
	Número	**%**	**Número**	**%**
Directivos	9	1,6	9	1,6
Titulados superiores	172	30,5	166	30,1
Titulados medios	45	8,0	45	8,2
Técnicos y administración	202	35,8	204	37,0
Obreros y subalternos	136	24,1	127	23,1
TOTAL	**564**	**100,0**	**551**	**100,0**

7.4. INFORMACIÓN SOBRE LA LABOR SOCIAL

La actividad empresarial se desarrolla en un entorno abierto en el que, además de los tradicionales suministradores de capital, accionistas y prestamistas, toman parte activa otros agentes, como los trabajadores, la clientela, el Estado o la sociedad en general. La consideración de este planteamiento supone asumir que la empresa es una coalición de intereses de los diferentes estamentos que hacen posible su actividad (accionistas, prestamistas, trabajadores, Estado, sociedad, etc.) que tienen sus propios objetivos y que requieren la correspondiente satisfacción a partir de la actividad desplegada por la empresa. La inclusión de la sociedad como uno de los estamentos con derecho a participar del excedente empresarial supone reconocer la existencia de una responsabilidad social de la empresa, que deberá devolver a la sociedad parte de los recursos que ha tomado de la misma.

El reconocimiento de esta responsabilidad social modifica de forma notable no solo la manera de administrar y gestionar las organizaciones empresariales, sino también los métodos de medición, registro y comunicación externa de la gestión de recursos y resultados. Así, frente al tradicional enfoque de la información financiera cuyos destinatarios preferenciales son accionistas y acreedores, está emergiendo, sobre todo en el seno de la gran empresa, otro tipo de información, complementaria a la anterior, destinada a destacar la proyección social de la firma con el objeto de comunicar a todas las partes interesadas la posición empresarial en materia de responsabilidad social empresarial (RSE).

La divulgación de este tipo de información es totalmente voluntaria, razón por la que se carece de un modelo de presentación. Son, por tanto, las propias empresas las que deciden el contenido y la forma que adoptará la información a revelar. A este respecto, tanto el lugar de la memoria donde se ubica esta información como el catálogo de temas sobre los que se informa difieren de una empresa a otra, estando en función de la labor social realizada, del interés de la firma en divulgarla y de otros factores, como el tamaño empresarial, el sector de actividad o las presiones externas. Por lo general, el informe de gestión es el espacio mayoritariamente elegido para albergar este tipo de información. Algunos de los asuntos sobre los que se facilita información hacen referencia, entre otros, a los siguientes aspectos:

- Aportación a organizaciones benéficas.
- Patrocinio y mecenazgo de espectáculos.
- Compromiso con clientes y consumidores.
- Soporte de fundaciones artísticas, culturales, benéficas o de otro tipo.
- Convenios con universidades o centros de investigación.
- Apoyo a iniciativas sociales.
- Promoción e integración de minorías.
- Etcétera.

El cuadro 7.5 reproduce de forma parcial la información de contenido social divulgada por el Grupo Gas Natural en el informe anual correspondiente a 2006.

CUADRO 7.5

Información social en el Grupo Gas Natural

COMPROMISO CON LA SOCIEDAD

El Grupo Gas Natural continuó colaborando con las comunidades donde está presente, consciente de la importancia de esta política, que forma parte de la misión, visión y valores de la compañía, y contribuyendo en su desarrollo con sus conocimientos, capacidad de gestión y creatividad. Como parte de este compromiso con la sociedad, el Grupo dedicó parte de sus beneficios económicos a diferentes actividades, manteniendo un diálogo permanente con la sociedad para conocer sus necesidades y procurar su satisfacción.

Con esta voluntad, durante 2006 la compañía destinó 13 millones de euros para financiar 337 iniciativas de interés general, de las que diez se desarrollaron en España, incrementando por tercer año consecutivo el número de acciones sociales y culturales puestas en marcha.

Proyectos culturales

Parte de las acciones de patrocinio cultural del Grupo Gas Natural se concentraron en actividades relacionadas con el fomento de la música clásica en las comunidades donde se lleva a cabo su actividad empresarial. En este sentido, el Grupo colaboró en la organización de 14 conciertos, que contaron con la presencia de más de 21.000 asistentes. Asimismo, con motivo del Año Lebaniego, el Grupo patrocinó tres conciertos en el Palacio de Festivales de Santander. También se participó activamente en diferentes iniciativas con la Orquesta Sinfónica de Barcelona y Nacional de Cataluña.

También hay que destacar los programas educativos que bajo el nombre «El gas en la escuela» se mantuvieron en Brasil, Colombia, Argentina y México. A través de ellos se dieron a conocer las ventajas medioambientales del gas natural entre los alumnos y se repartió material pedagógico entre el profesorado para reforzar su labor docente. Estos programas formaron a 109.687 niños en los países donde el Grupo desarrolla su actividad.

Acción social

El Grupo Gas Natural presta una especial atención a aquellos proyectos sociales que generan un mayor valor para la sociedad, reforzando el compromiso de la compañía en la integración de manera positiva en cada comunidad y país donde está presente. El Grupo entiende el apoyo a la investigación como una etapa fundamental en el proceso de mejora de la calidad de vida de los enfermos y de sus familiares, por lo que en 2006 se continuó apoyando al Centro Nacional de Investigaciones Cardiovasculares (CNIC).

En línea con la política de integración de colectivos desfavorecidos, el Grupo Gas Natural mantuvo los convenios de colaboración con la Fundación Tallers de Catalunya, la Fundación Adecco y Femarec. A través de estas medidas de apoyo, el Grupo contrató a personas con diversas discapacidades físicas y psíquicas para el desarrollo de diferentes proyectos.

Compromiso con los consumidores

El compromiso histórico de la compañía con los representantes de los consumidores y sus asociaciones se materializa a través del desarrollo de herramientas promotoras del diálogo, fomentando la relación de cooperación. En este sentido, Gas Natural celebró en 2006 su ronda anual de reuniones con representantes de clientes en ocho comunidades autónomas, que contaron con la presencia de 161 delegados de asociaciones de consumidores y oficinas municipales de información al consumidor. En el transcurso de estas reuniones se trataron los cambios de normativa en el sector, la actividad de la Oficina de Garantía de Servicio al Cliente y su balance en el primer año de funcionamiento, así como los distintos planes de expansión de las compañías distribuidoras en sus respectivas comunidades autónomas.

7.5. INFORMACIÓN MEDIOAMBIENTAL

Son pocos los que discuten los efectos beneficiosos generados por la actividad empresarial: creación de empleo, incremento de la riqueza, mejoras en el nivel de vida, etc. Sin embargo, junto a estos indudables efectos, las empresas —especialmente aquellas que basan su sistema de producción en la utilización de recursos no renovables y las que usan bienes de propiedad común, como el agua o el aire— producen también una serie de efectos negativos sobre el medio ambiente. Si a lo anterior se le une la creciente sensibilización y preocupación de amplias capas de la sociedad por el deterioro medioambiental causado por la actividad industrial, resultan lógicas las demandas de información dirigidas a las empresas por agentes sociales, grupos de ciudadanos e instituciones gubernamentales que exigen control e información tanto de las actuaciones empresariales como de los impactos que las mismas producen en el medio ambiente. Adicionalmente, los usuarios tradicionales (inversores) de los estados financieros necesitan información acerca de la repercusión de los riesgos y responsabilidades medioambientales en la posición financiera de la empresa, de su actitud frente al medio ambiente y de su trayectoria medioambiental, en la medida en que puedan repercutir en la salud financiera de la misma y, por tanto, en los flujos de caja futuros. De forma más reciente, la existencia de un importante número de inversores que exigen comportamientos responsables a las empresas financiadas con sus inversiones ha motivado la aparición de los *fondos de inversión éticos,* cuyos criterios de inversión exigen un comportamiento social y medioambiental responsable.

7.5.1. Información obligatoria versus información voluntaria

La creciente demanda de información acerca de las prácticas medioambientales de las empresas, solicitada por el amplio abanico de agentes interesados, y la positiva respuesta empresarial a estas demandas han producido un espectacular aumento de la información medioambiental emitida por las empresas, que se divulga bien en el informe de gestión, junto con el resto del informe anual, o bien en informes específicos elaborados de forma separada a las cuentas anuales. Sin embargo, la ausencia de unas directrices armonizadas y autorizadas en relación con las cuestiones ambientales y la información financiera y no financiera a divulgar hace que la información medioambiental se facilite con arreglo a fórmulas heterogéneas que dependen de cada empresa, lo que dificulta la posibilidad de establecer comparaciones entre las mismas.

A este respecto, merece la pena destacar la iniciativa surgida en el seno de la Comisión Europea en mayo de 2001, recomendando a las empresas que, independientemente de que elaboren de forma separada el informe medioambiental, incluyan en las cuentas anuales información sobre las cuestiones ambientales en la medida en que sean pertinentes para la posición o el rendimiento financiero de la entidad informante. Esta información afecta tanto al balance como a la memoria:

a) *Publicación en el balance.* Adoptará la forma de provisiones como consecuencia del reconocimiento de una responsabilidad medioambiental, siempre que se pueda realizar una estimación fiable del gasto destinado a liquidar la operación.
b) *Publicación en la memoria.* Se deberá precisar información sobre los métodos de valoración aplicados a las cuestiones medioambientales, así como sobre los gastos medioambientales extraordinarios cargados en la cuenta de pérdidas y ganancias. Igualmente, se deberán indicar los pormenores de las provisiones medioambientales incluidas en el balance.

Dado el carácter voluntario de la *Recomendación,* la traslación del espíritu y la letra a la legislación de los países miembros de la UE está siendo desigual. Por lo que respecta a España, ya con anterioridad a la publicación de la *Recomendación,* el ICAC había regulado la inclusión de información medioambiental de las cuentas anuales de las empresas pertenecientes a sectores potencialmente causantes de impactos medioambientales. Así, en 1998 se produjeron las adaptaciones sectoriales del Plan General de Contabilidad a las empresas del sector eléctrico y de abastecimiento de agua, con la exigencia de incorporar en la memoria información relativa a los impactos que la actividad industrial produce en el medio ambiente. La información requerida hacía referencia a los siguientes aspectos:

a) Descripción de los sistemas y equipos incorporados al inmovilizado material cuyo fin sea la minimización del impacto medioambiental, indicando su valor contable y la amortización acumulada.
b) Gastos del ejercicio cuyo fin sea la protección y mejora del medio ambiente, diferenciando los ordinarios de los extraordinarios.
c) Riesgos y gastos cubiertos por provisiones medioambientales, indicando el saldo inicial, dotaciones, aplicaciones y saldo final.
d) Contingencias relacionadas con la protección y mejora del medio ambiente, incluyendo los riesgos transferidos a otras entidades, así como los sistemas de evaluación de los mismos, con indicación de los eventuales efectos sobre el patrimonio y los resultados.

Tras las adaptaciones sectoriales del Plan General de Contabilidad a las empresas eléctricas y de abastecimiento de agua, vinieron las adaptaciones sectoriales a las sociedades concesionarias de autopistas, túneles y otras vías de peaje, a las empresas del sector vitivinícola y sociedades anónimas deportivas, que también obligaron a informar en la memoria, mediante la correspondiente nota, con un contenido idéntico al exigido para las empresas eléctricas.

7.5.2. La regulación de la información medioambiental en España

Como era de prever, el alto grado de dispersión existente en la normativa reguladora del suministro de información medioambiental era una fuente de confusión, cuando no de excusa, para eludir la obligación de incluir información medioambiental en las cuentas anuales, por lo que fue necesario condensar en un solo texto las obligaciones empresariales en materia de información medioambiental. A tal efecto, la Resolución de 25 de marzo de 2002 del Instituto de Contabilidad y Auditoría de Cuentas, por la que se aprueban normas para el reconocimiento, valoración e información de los aspectos medioambientales en las cuentas anuales (BOE 4 de abril de 2002) hizo extensiva a la generalidad de las empresas la obligación de incluir en sus cuentas anuales toda información significativa en relación con la previsión, reducción y reparación del impacto medioambiental derivado de su actividad. El espíritu y la letra de la citada Resolución del ICAC han sido tenidos en cuenta por el PGC aprobado en 2007, que, por medio de las notas 14 (provisiones y contingencias) y 15 (información medioambiental) de la memoria, detallan la información medioambiental obligatoria que deberá ser revelada por todas las empresas. Así, con carácter general, deberá facilitarse la siguiente información:

a) Descripción y características de los sistemas, equipos e instalaciones más significativos incorporados al inmovilizado material cuyo fin sea la minimización del impacto medioambiental y la protección y mejora del medio ambiente, indicando su naturaleza y destino, así como el valor contable y la amortización acumulada de los mismos, siempre que pueda determinarse de forma individualizada, así como las correcciones valorativas por deterioro, diferenciando las reconocidas en el ejercicio de las acumuladas.

b) Gastos incurridos en el ejercicio cuyo fin sea la protección y mejora del medio ambiente, indicando su destino.

c) Riesgos cubiertos por las provisiones correspondientes a actuaciones medioambientales, con especial indicación de los derivados de litigios en curso, indemnizaciones y otros; se señalará para cada provisión reconocida en el balance:

Saldo inicial.
Dotaciones.
Aplicaciones.
Otros ajustes realizados.
Saldo final.

Además, se deberá describir la naturaleza de la obligación asumida, al tiempo que se informará del aumento experimentado durante el ejercicio de los saldos actualizados al tipo de descuento por el paso del tiempo.

d) Contingencias relacionadas con la protección y mejora del medio ambiente, con especial indicación de los derivados de litigios en curso, indemnizaciones y otros. Salvo que la salida de recursos sea remota, habrá que efectuar una breve descripción de la contingencia, indicando la evolución previsible de la misma.

e) Inversiones realizadas durante el ejercicio por razones medioambientales.

f) Compensaciones a recibir de terceros.

El suministro de la información medioambiental recogida en los puntos anteriores afecta a las cuentas anuales, individuales y consolidadas de cualquier sujeto contable. Quiere esto decir que, además de las empresas industriales, las de servicios e incluso las organizaciones sin ánimo de lucro, como las fundaciones, están obligadas por el contenido de la memoria, siempre que de sus actuaciones se deriven obligaciones y contingencias medioambientales que afecten o puedan afectar en el futuro a la posición financiera de la entidad. El cuadro 7.6 reproduce de forma parcial la información medioambiental que, ajustada a los parámetros anteriores, publica ENUSA en su informe anual.

CUADRO 7.6

Información medioambiental en la memoria

Nota 18. Información sobre medio ambiente

***a*) Activos afectos a actividades medioambientales**

En relación con la actividad de fabricación de combustible nuclear llevada a cabo en las instalaciones que la sociedad posee en Juzbado (Salamanca), no es posible determinar de forma individualizada una descripción y el valor de los equipos e instalaciones destinados a la protección y mejora del medio ambiente. Ello se explica por tratarse de una instalación compleja y especializada donde todos los procesos realizados deben garantizar el cumplimiento de la normativa medioambiental.

La sociedad abandonó, al cierre del ejercicio de 2002, la actividad de producción de concentrados de uranio. El valor de los activos e instalaciones más significativas asignadas a las labores de restauración y clausura, que se encuentran destinadas a la protección y mejora del medio ambiente a 31 de diciembre de 2005, es el siguiente:

	Miles de euros		
	Coste	**Amortización acumulada**	**Valor neto contable**
Construcciones	7.502	7.502	0
Maquinaria, instalaciones y utillaje	5.503	5.311	192
Elementos de transporte	1.178	1.142	36
Otro inmovilizado material	48	27	21
TOTAL	**14.231**	**13.982**	**249**

CUADRO 7.6 *(continuación)*

b) **Gastos medioambientales**

El detalle de los gastos devengados en el ejercicio 2005, cuya finalidad ha sido la protección y mejora del medio ambiente, es el siguiente:

	Miles de euros
Posclausura del emplazamiento minero de La Haba	163
Provisión para la gestión de residuos sólidos de media y baja intensidad	444
Dotaciones desmantelamiento de la fábrica de combustible nuclear	253
Otros gastos de gestión de residuos	48
Acreditaciones medioambientales	11
TOTAL	**919**

c) **Provisiones constituidas para riesgos medioambientales**

El detalle de las principales provisiones constituidas por la sociedad para actuaciones medioambientales, así como su movimiento durante los ejercicios 2004 y 2005, es el siguiente:

	Miles de euros			
	31/12/04	**Dotaciones**	**Aplicaciones**	**31/12/05**
Restauración y clausura de emplazamientos mineros	30.176	82	(4.752)	25.506
Gestión de residuos sólidos de media intensidad	6.453	444	(361)	6.536
Desmantelamiento fábrica combustible nuclear	1.575	88	0	1.663
TOTAL	**38.204**	**614**	**(5.113)**	**33.705**

La provisión para la restauración y clausura de los emplazamientos mineros tiene por objeto la realización de las labores de restauración del espacio natural y de gastos de clausura de los centros mineros.

d) **Contingencias y responsabilidades relacionadas con la protección y mejora del medio ambiente**

Los administradores de la sociedad estiman que no existen contingencias y responsabilidades significativas relacionadas con la protección y mejora del medio ambiente distintas de las mencionadas en el apartado *c)* anterior.

Posteriormente, en el año 2011, se aprueba y promulga en España la Ley de Economía Sostenible 2/2011, con la que, entre otros asuntos, se pretende mejorar la cantidad y la calidad de la información divulgada por parte de las organizaciones del ámbito privado (art. 39) y público (art. 35). En particular esta Ley obliga a presentar un informe de sostenibilidad anualmente al Consejo Estatal de Responsabilidad Social de las Empresas (CERSE). Este Consejo (creado en 2008) es el órgano encargado de asesorar al Gobierno de España en la temática de la RSC y velar por el correcto cumplimiento de iniciativas gubernamentales como la Ley de Economía Sostenible. Concretamente, en la Ley se especifica que el Gobierno debe proporcionar modelos de informes para facilitar el cumplimiento de la misma por parte de las empresas, organizaciones e instituciones. Sin embargo, la literatura académica pone de manifiesto que dicha Ley no ha conseguido mejorar la cantidad y calidad de la información divulgada ni por parte de las empresas del sector privado ni del público.

Además de la información medioambiental regulada (la incluida en el balance de situación, cuenta de resultados y memoria), algunas empresas publican, de forma voluntaria y en documento independiente del informe anual, información sobre el desempeño económico, social y medioambiental de la firma. Al tratarse de información voluntaria, no existe un modelo oficial que soporte su contenido, por lo que cada empresa adopta su propio formato. Sin embargo, la publicación de la Ley 11/2018, de 28 de diciembre, que traspone la Directiva 2014/95 UE del Parlamento Europeo y del Consejo, de 22 de octubre de 2014, suministra pautas para la elaboración, con carácter obligatorio para las grandes empresas, de un estado de información no financiera que incluya información detallada sobre los efectos de las actividades de la empresa sobre el medio ambiente, sobre las cuestiones sociales relativas al personal y sobre el respeto a los derechos humanos y lucha contra la corrupción (ver capítulo 4). La Ley aprobada no ofrece un modelo propio de *reporting,* sino que se remite a marcos nacionales, europeos o internacionales de referencia para cada materia a reportar. En este sentido, una de las propuestas más avanzadas y que cuenta con el respaldo de un gran número de organizaciones económicas, empresariales y sociales de ámbito internacional es la *Guía para la elaboración de memorias de sostenibilidad sobre actuaciones económicas, medioambientales y sociales de la empresa,* cuyos aspectos más relevantes se presentan en el siguiente epígrafe.

Sin embargo, como afirma la Unión Europea, esta Directiva no ha mejorado suficientemente la calidad de la información divulgada por las empresas, lo que crea una brecha en la rendición de cuentas y tiene efectos colaterales (Comisión Europea, 2021). En este contexto, la Unión Europea se comprometió a proponer una versión revisada de la Directiva en el contexto del Pacto Verde Europeo (Comisión Europea, 2019). La pandemia COVID-19 aceleró el proceso de revisión de la UE, lo que llevó a la publicación en abril de 2021 de la nueva propuesta de directiva bajo el nombre *Directive on Corporate Sustainability Reporting Directive* (CSRD). Esta propuesta amplía el alcance de las empresas que tienen el mandato de informar, al incluir a todas las grandes empresas, así como a las pymes que cotizan en los mercados regulados de la UE. Se espera que el primer grupo de empresas comience a publicar información de sostenibilidad para el año del informe a partir del 1 de enero de 2023, mientras que los requisitos para el segundo entrarán en vigor a partir del 1 de enero de 2026.

Adicionalmente, el CSRD amplía los aspectos y temas que las empresas deberán cubrir en su informe de sostenibilidad. Así, por ejemplo, pide a las empresas que proporcionen información sobre resiliencia, oportunidades y cómo su modelo de negocio y estrategia se conectan con los asuntos de sostenibilidad, así como la manera en que ambos elementos están alineados con la transición a una economía sostenible y los intereses de las partes interesadas. Para fomentar la comparabilidad y orientar a las empresas en la elaboración de sus informes de sostenibilidad, el CSRD requerirá que las empresas apliquen conjuntos de estándares que la propia Comisión Europea está diseñando en colaboración con el EFRAG.

7.6. GUÍA PARA LA ELABORACIÓN DE MEMORIAS DE SOSTENIBILIDAD

7.6.1. Antecedentes

Durante los últimos meses de 1997 y primeros de 1998 la *Coalition for Environmentally Responsible Economies* (CERES), junto con diversas organizaciones no gubernamentales (ONG), profesionales de la inversión responsable desde el punto de vista social, organizaciones religiosas y sindicales, en asociación con el Programa de las Naciones Unidas para el Medio Ambiente (PNUMA), celebraron una serie de reuniones con el objetivo de confeccionar una guía para la elaboración de memorias de sostenibilidad que informe sobre el desempeño económico, social y medioambiental de las organizaciones. Las reuniones tenían como objetivo definir los principios y facilitar las pautas que permitieran a la empresa suministrar información construida sobre lo que se ha dado en llamar *Triple Bottom Line* (TBL), término con el que se quiere referir al desarrollo sostenible que compromete la búsqueda simultánea de la prosperidad económica, la calidad medioambiental y la justicia social.

Con estas intenciones como eje director, tras conseguir la participación activa de corporaciones, ONG, asesorías, organizaciones contables, asociaciones empresariales, universidades y otros núcleos de interés en todo el mundo, se constituyó el *Glogal Reporting Initiative* (GRI), con la misión de elaborar y difundir la *Guía para la elaboración de Memorias de Sostenibilidad,* aplicable globalmente y de manera voluntaria por organizaciones que deseen informar sobre los aspectos económicos, medioambientales y sociales de sus actividades, productos y servicios. Las primeras reuniones del GRI se encaminaron a conseguir un consenso entre los informantes y los usuarios de las memorias respecto a los indicadores específicos que describen las actuaciones sociales, medioambientales y económicas de las organizaciones. La primera fase de los trabajos concluyó en junio de 2000 con la publicación de la primera versión de la *Guía para la Elaboración de Memorias de Sostenibilidad* sobre actuaciones económicas, medioambientales y sociales de la empresa. El contenido de la Guía se sometió a un período de revisión a lo largo de 2001, finalizado el cual, en septiembre de 2002, coincidiendo con la Cumbre Mundial sobre Desarrollo Sostenible celebrada en Johannesburgo, se publicaron las directrices para la elaboración de memorias de sostenibilidad, conocida como la GRI 2002.

7.6.2. De la Guía 2002 a la G4 de 2014 y a los estándares GRI de 2018

La propuesta de la GRI 2002 fue adoptada como modelo para la elaboración de los informes de sostenibilidad por algunas de las más importantes firmas del panorama mundial, de forma que para 2005 más de 750 organizaciones de todo el mundo estaban registradas como informantes GRI. La mayor experiencia de las organizaciones y la evolución observada desde septiembre de 2002 aconsejaban una revisión, tanto en el planteamiento general de la Guía como en el apartado de indicadores propuestos. Los trabajos de revisión culminan en 2006 con la presentación de la tercera generación de memorias de sostenibilidad, conocida como G3, que supuso la consolidación definitiva del modelo. Sin embargo, la necesidad de caminar hacia modelos informativos más sencillos aconsejaba una nueva revisión, que culminó en 2015 con la publicación del modelo G4. La versión G4 era más fácil de usar que las anteriores, ya que hacía hincapié en informar de aquellos asuntos que resultaban *materiales* para la actividad de la empresa y sus principales grupos de interés. GRI-4 ha dado paso a los *estándares* GRI, un compendio de requerimientos, directrices y recomendaciones diseñados para presentar información sobre los impactos económicos, sociales y ambientales de las organizaciones. GRI ha lanzado, hasta el momento, un total de 36 estándares agrupados en cinco bloques: tres universales, el 101, 102 y 103, que se denominan, respectivamente, fundamentos, contenidos generales y enfoque de gestión —que deberán ser usados por cualquier organización que quiera reportar según GRI—, y otros tres más específicos, la serie 200, la 300 y la 400, que abordan, respectivamente, los temas económicos, ambientales y sociales, de los que únicamente deberán reportarse aquellos aspectos materiales para cada organización. El cuadro 7.7 ofrece un esquema del conjunto de estándares GRI.

El documento GRI-101 es el punto de partida de uso de los estándares GRI. Incluye información esencial sobre cómo usar y hacer referencia a los estándares. Después la organización lleva a cabo la selección de entre el conjunto de estándares GRI temáticos para la presentación de informes sobre sus temas materiales, que vienen recogidos en tres series: la 200 (temas económicos), la 300 (temas ambientales) y la 400 (temas sociales). Conviene advertir, en todo caso, que las organizaciones disponen de dos enfoques para el uso de los estándares, esencial versus exhaustiva, según la cantidad de contenidos incluidos.

CUADRO 7.7

Descripción general del conjunto de estándares GRI

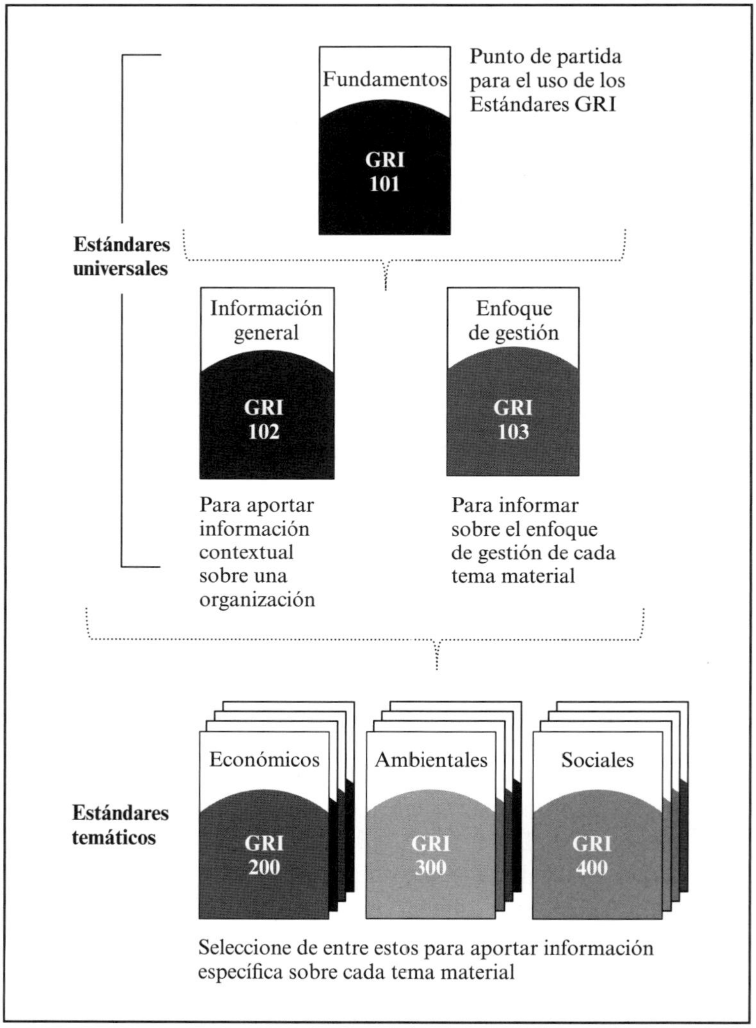

FUENTE: GRI.

7.6.2.1. *Principios para la elaboración de informes (estándar 101)*

Si en el ámbito de la contabilidad financiera los principios contables tienen su origen en unas hipótesis instrumentales congruentes con el entorno en que opera el sistema y de los que se deducen normas concretas para la acción, los principios para la elaboración de memorias de sostenibilidad describen los resultados que una memoria debe conseguir. Los principios en su conjunto están destinados a ayudar a conseguir la transparencia —un valor que constituye la base de todos los aspectos de la elaboración de memorias de sostenibilidad— y que se puede definir como la presentación completa de información sobre asuntos e indicadores necesarios para reflejar los impactos y los procesos, procedimientos e hipótesis utilizados para elaborar dicha información y para permitir que los grupos de interés tomen decisiones. Los principios para la elaboración de informes propuestos por GRI se organizan en dos grupos:

1. Principios para definir el contenido, esto es, para determinar los asuntos e indicadores sobre los que la organización debería informar.
2. Principios para definir la calidad del informe.

Principios para definir el contenido

Con relación al primer apartado, el estándar 101 (fundamentos) enumera los siguientes principios: inclusión de los grupos de interés, contexto de sostenibilidad, materialidad y exhaustividad. El estándar ofrece una definición de cada principio, una descripción y un conjunto de comprobaciones para orientar a las organizaciones que usen dichos estándares.

Inclusión de los grupos de interés: los grupos de interés son las entidades o individuos a los que pueden afectar de manera significativa las actividades, productos o servicios de la organización. La organización informante deberá identificar a sus grupos de interés y describir en la memoria cómo ha dado respuesta a sus expectativas e intereses razonables. Comprender adecuadamente las expectativas y necesidades de los grupos de interés exige habilitar canales de participación que propicien foros de diálogo bilateral entre la organización y dichos grupos. Además, en aras a la transparencia, la participación de los grupos de interés deberá ser verificable, documentando en la memoria su proceso de participación. Si los grupos de interés no participan en la elaboración de la memoria ni se identifican con ella, es menos probable que esta se adecue a sus necesidades, lo que a su vez contribuirá a hacerla menos creíble para dichos grupos.

Contexto de sostenibilidad: el principio *de contexto de sostenibilidad* significa que la memoria ha de presentar el desempeño de la organización en el contexto más amplio de la sostenibilidad. Es decir, las memorias deben relacionar el desempeño de la organización informante con otros conceptos más amplios de la sostenibilidad. Para este propósito resulta necesario exponer el desempeño de la organización en el contexto de los límites y demanda de recursos ambientales en el ámbito local, regional o mundial. Es decir, la organización no solo deberá informar de sus emisiones, por poner un caso, sino que deberá establecer comparaciones con el volumen de emisiones a nivel regional o mundial para situar la información revelada en un contexto más amplio que el definido por la sola entidad informante.

Materialidad: el informe debe tratar temas que reflejen los impactos económicos, ambientales y sociales significativos de la organización informante, o influyan sustancialmente en las valoraciones y decisiones de los grupos de interés. El principio de *materialidad* se revela como uno de los más importantes en la elaboración de los informes de sostenibilidad. Dado que las organizaciones se encuentran ante una amplia gama de temas sobre los que informar, la materialidad significa que los informes incluirán aquellos asuntos que razonablemente se consideren importantes para reflejar el alcance y la medida de los impactos económicos, sociales y medioambientales de la organización, o porque influyen significativamente en las decisiones de los grupos de interés y, por tanto, merecen figurar en la memoria. Es decir, podría decirse que la materialidad define el umbral a partir del cual determinados aspectos se convierten en importantes y deben ser divulgados.

Exhaustividad: el principio de *exhaustividad* resulta especialmente innovador desde el punto de vista de la sostenibilidad. El concepto de *exhaustividad* engloba fundamentalmente el alcance o temas tratados en el informe, la cobertura y el tiempo. En primer lugar, se espera que los temas tratados en el informe en su conjunto sean suficientes como para reflejar los impactos económicos, ambientales y sociales significativos de la organización y para permitir que los grupos de interés la puedan evaluar. Por su parte, la cobertura del tema es la descripción de dónde se producen los impactos de un tema material y la implicación de la organización en estos impactos. En otras palabras, la cobertura hace referencia al conjunto de entidades (incluyendo filiales, subcontratas, etc.) cuyo desempeño se presenta en la memoria. Por último, el «tiempo» hace referencia a la necesidad de contar con toda la información completa correspondiente al periodo de tiempo especificado en el informe. La filosofía con la que el estándar describe el principio de exhaustividad supone un planteamiento avanzado desde el punto de vista de la sostenibilidad, ya que exige revisar el tradicional concepto de entidad, limitado al perímetro jurídico de la empresa, para ir más allá de los límites jurídicos de la organización informante (abarca también a filiales y subcontratas), al tiempo que adopta una perspectiva de largo plazo al exigir información sobre las actividades cuyos impactos se manifestarán más allá del ejercicio al que se refiere la memoria de sostenibilidad.

Principios para definir la calidad del informe

Además de los principios anteriores, que definen y concretan la información que se deberá incluir en la memoria de sostenibilidad, el estándar 101 ofrece una serie de principios que aseguran la calidad de la información incluida. Se trata de los principios de *precisión* (información suficiente y detallada como para que los grupos de interés de la organización informante puedan valorar el desempeño de esta), *equilibrio* (la memoria deberá reflejar los aspectos positivos y negativos del desempeño de la organización), *claridad* (presentación de la información de forma comprensible y accesible), *comparabilidad* (la información incluida deberá permitir a los grupos de interés analizar los cambios experimentados por la organización con el paso del tiempo), *fiabilidad* (la información y los procedimientos seguidos en la preparación de una memoria deberán ser recopilados, registrados y analizados de forma que puedan ser sujetos a examen y establecer la calidad y la materialidad de la información) y *puntualidad* (se deberá seguir un calendario periódico, de modo que la información esté disponible a tiempo para que los grupos de interés tomen decisiones informadas). El cuadro 7.8 presenta la transparencia como valor fundamental de las memorias de sostenibilidad, que se logrará a través de la adecuada implementación de los principios de la información de sostenibilidad contenidos en el documento GRI-101 fundamentos.

CUADRO 7.8

Principios de la información de sostenibilidad en el GRI-101

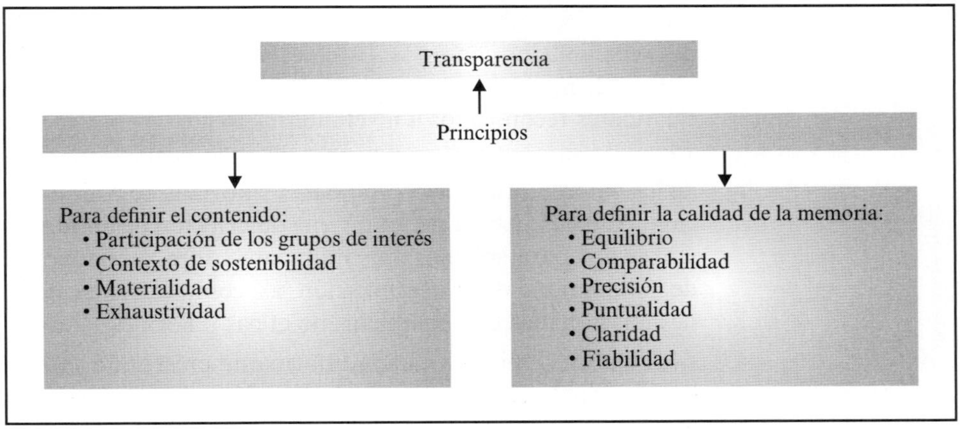

7.6.2.2. Contenidos generales de la información de sostenibilidad (estándar 102)

El estándar 102, contenidos generales, establece los requerimientos para la elaboración de informes en función de la información contextual sobre una organización y sus prácticas de elaboración de informes de sostenibilidad. El estándar especifica el contenido básico que debe figurar en una memoria de sostenibilidad.

Los *contenidos generales* incumben a todas las organizaciones que elaboran memorias de sostenibilidad. Tal y como se ha comentado más arriba, según la opción que cada organización elija, deberá reflejar en la memoria una serie determinada de contenidos generales. A continuación, se presenta una breve descripción:

1. *Perfil de la organización informante*. Los contenidos de esta sección proporcionan una descripción general del tamaño, la ubicación geográfica y las actividades de una organización. El estándar 102 establece unos requeri-

mientos para la presentación de información que se divulgará, tales como nombre, actividades de la organización, productos y marcas, ubicación de la sede, ubicación de las operaciones, régimen de la propiedad y su forma jurídica, mercados a los que sirve, número de empleados (temporales y fijos), cifra de ventas, cadena de suministro de la organización, etc.

2. *Estrategia.* Los contenidos básicos de esta categoría deberán ofrecer una imagen general de la sostenibilidad de la organización que sirva de marco de referencia para ilustrar el resto de los contenidos que se presentarán en los siguientes apartados de la memoria de acuerdo a otros estándares GRI. La organización informante debe presentar una declaración del más alto responsable de la toma de decisiones de la organización sobre la relevancia de la sostenibilidad para la organización y su estrategia para abordar la sostenibilidad. Igualmente se presentará una descripción de los impactos económicos, ambientales y sociales significativos y los retos y oportunidades relacionados con estos. Esta declaración debe incluir los efectos en los grupos de interés y sus derechos, definidos en las legislaciones nacionales y estándares reconocidos a nivel internacional.
3. *Ética e integridad.* La organización informante debe ofrecer una descripción de los valores, principios, estándares y normas de conducta de la organización. Además, deberá presentar una descripción de los mecanismos internos y externos para solicitar asesoramiento sobre la conducta ética y jurídica de la integridad de la organización, así como informar de las preocupaciones relacionadas con conductas no éticas o ilegales.
4. *Gobernanza.* La organización informante presentará información sobre la estructura de gobernanza de la organización, incluidos los comités del máximo órgano de gobierno. Se informará, asimismo, acerca de los comités responsables de la toma de decisiones sobre temas económicos, ambientales y sociales. Igualmente, se deberá informar sobre los procesos de consulta entre los grupos de interés y el máximo órgano de gobierno sobre los temas económicos, ambientales y sociales. Además, también se informará detalladamente sobre la composición del máximo órgano de gobierno y sus comités, entre otros asuntos más como la política de remuneración del máximo órgano de gobierno y altos ejecutivos.
5. *Participación de los grupos de interés.* Se deberá aportar una visión de conjunto de la participación de los grupos de interés en la organización durante el período objeto de análisis. De forma especial, se deberá elaborar una lista de los grupos de interés vinculados a la organización, así como los criterios en los que se basa dicha elección. También habrá que informar de los problemas clave que se hayan identificado a raíz de la participación de los grupos de interés, especificando qué grupo o grupos plantearon cada uno de los temas y problemas clave. Igualmente, el informe deberá incluir el porcentaje total de empleados cubiertos en los acuerdos de negociación colectiva.

6. *Otra información.* El informe deberá ofrecer una lista de las entidades que forman parte de los estados financieros consolidados, indicando las que no aparecen en el informe.

7.6.2.3. *Enfoque de gestión (estándar 103)*

El enfoque de gestión establece los requerimientos para la presentación de información sobre el enfoque que emplea una organización para gestionar un tema material. Este estándar lo pueden usar organizaciones de cualquier tamaño, tipo, sector o ubicación geográfica. De forma particular, para cada tema material se establece como requisito que la organización informante explique el motivo por el que el tema seleccionado es material, incluyendo una explicación de dónde se produce el impacto y la implicación de la organización con relación a los impactos. En definitiva, se trata de que la organización describa para cada tema material una explicación de cómo se gestiona dicho tema.

7.7. LOS ESTÁNDARES DE DESEMPEÑO

Una vez adoptados los fundamentos y principios que deben guiar la elaboración de los informes de sostenibilidad, es el momento de informar acerca del desempeño de la organización en los tres clásicos estamentos: económico, ambiental y social. Las versiones anteriores de la GRI lo hacían a través de indicadores, tanto cuantitativos como cualitativos. A partir del nuevo enfoque adoptado por GRI, hablaremos de estándares de desempeño económico (serie 200), estándares de desempeño ambiental (serie 300) y estándares de desempeño social (serie 400). GRI aclara que se deberán usar los estándares si estos son uno de los temas materiales para la organización informante (según concepto de materialidad definido en 7.6.2.1). En este manual vamos a presentar los contenidos de las series 200, 300 y 400 de forma muy sintética, remitiendo al interesado o interesada a los documentos originales que presentan con detalle la descripción exhaustiva de todos los estándares.

7.7.1. Los estándares de desempeño económico (serie 200)

La dimensión económica de la sostenibilidad está relacionada con el impacto de la organización sobre las condiciones económicas de sus grupos de interés y de los sistemas económicos a nivel local y mundial. El conjunto de estándares económicos está pensado para dar cuenta, en primer lugar, de los flujos económicos entre los diferentes grupos de interés y, en segundo lugar, para informar de los principales impactos económicos de la organización sobre la sociedad. El cuadro 7.9 los presenta de forma resumida.

CUADRO 7.9

Contenidos económicos de la serie 200

Estándar	Contenidos temáticos	Observaciones
201 Desempeño económico	— Valor económico directo generado y distribuido.	Una especie de EVA (véase capítulo 3 epígrafe 7)
202 Presencia en el mercado	— Ratio del salario de la categoría inicial estándar por sexo frente al salario mínimo local. — Proporción de altos ejecutivos contratados de la comunidad local.	
203 Impactos económicos indirectos	— Inversiones en infraestructuras y servicios apoyados, esto es, que proporcionan un beneficio público. — Impactos económicos indirectos significativos.	Los impactos indirectos son las consecuencias adicionales del impacto directo de las transacciones financieras y el flujo de capital entre la organización y sus grupos de interés.
204 Prácticas de adquisición	— Proporción de gasto en proveedores locales. Se indicará el porcentaje de productos y servicios que se compra a nivel local.	Se informa del grado de apoyo de la organización a los proveedores locales.
205 Anticorrupción	— Operaciones evaluadas para riesgos relacionados con la corrupción. — Comunicación y formación sobre políticas y procedimientos anticorrupción. — Casos de corrupción confirmados y medidas tomadas.	Se indicará el número total y el porcentaje de operaciones evaluadas en relación con la corrupción.
206 Competencia desleal	— Acciones jurídicas relacionadas con la competencia desleal y las prácticas monopolísticas y contra la libre competencia.	
207 Enfoque fiscal	— Debe indicarse si la organización tiene una estrategia fiscal y, en tal caso, facilitar un enlace a dicha estrategia si es pública. — Se informará igualmente del órgano de gobierno o cargo ejecutivo que revisa y aprueba la estrategia fiscal. — También se informará sobre la participación de los grupos de interés y la gestión de sus inquietudes en relación con la fiscalidad. — Además, se deberá informar sobre las jurisdicciones fiscales de las entidades incluidas en las cuentas consolidadas. — Por último, se recomienda presentar para cada jurisdicción fiscal los impuestos retenidos y pagados en nombre de los empleados, así como los recaudados de los clientes en nombre de la autoridad fiscal.	Se trata de comprender cómo la organización equilibra el cumplimiento fiscal con las expectativas sociales y éticas y del desarrollo sostenible.

7.7.2. Los estándares de desempeño ambiental (serie 300)

La dimensión ambiental de la sostenibilidad se refiere a los impactos que las actividades de una organización producen, directa o indirectamente, en los sistemas vivos, como los ecosistemas, el suelo, el aire y el agua. El informe de gestión con relación a la dimensión ambiental deberá enunciar la política que defina el compromiso de la entidad con relación a los temas medioambientales. El cuadro 7.10 resume los estándares y contenido temático de la serie 300, dimensión ambiental.

CUADRO 7.10

Contenidos ambientales de la serie 300

Estándar	Contenido temático	Observaciones
301 Materiales	— Peso o volumen de los materiales utilizados para producir y envasar los principales productos y servicios. — El porcentaje de insumos reciclados utilizados para fabricar los principales productos y servicios. — El porcentaje de productos y materiales de envasado recuperados.	$p = \frac{\text{Total insumos reciclados útil}}{\text{Total de insumos utilizados}}$
302 Energía	— Consumo energético dentro de la organización. — Consumo energético fuera de la organización. — Intensidad energética. — Reducción del consumo energético. — Reducción de los requerimientos energéticos de productos y servicios.	Los parámetros pueden ser las unidades de producto, el volumen de producción, n.º de empleados a tiempo completo, ventas netas, etc. $I = \frac{\text{Consumo de energía}}{\text{Valor del parámetro elegido}}$
303 Agua y efluentes	*Contenidos sobre el informe de gestión:* — Interacción con el agua como recurso compartido. — Gestión de los impactos relacionados con los vertidos de agua. *Contenidos temáticos:* — Extracción de agua. — Vertidos de agua. — Consumo de agua.	
304 Biodiversidad	— Información sobre cada centro de operaciones en propiedad, arrendados o gestionados ubicados dentro de o junto a áreas protegidas o zonas de gran valor para la biodiversidad fuera de áreas protegidas. — Descripción de los impactos significativos directos e indirectos en la biodiversidad. — Hábitats protegidos o restaurados. — El número total de especies que aparecen en la Lista Roja de la UICN y en listados nacionales de conservación cuyos hábitats se encuentren en áreas afectadas por las operaciones de la organización, por nivel de riesgo de extinción.	UICN (Unión Internacional para la Conservación de la naturaleza)

CUADRO 7.10 *(continuación)*

Estándar	Contenido temático	Observaciones
305 Emisiones	— Emisiones directas de gases efecto invernadero. — Emisiones indirectas de GEI al generar energía. — Otras emisiones indirectas de GEI. — Intensidad de las emisiones de GEI. — Reducción de las emisiones de GEI. — Emisiones de sustancias que agotan la capa de ozono. — Óxidos de nitrógeno, óxidos de azufre y otras emisiones significativas al aire.	
306 Residuos (2020)	— Generación de residuos e impactos significativos relacionados. — Gestión de impactos significativos relacionados con residuos. — Residuos generados. — Residuos cuya eliminación se ha evitado. — Residuos dirigidos a su eliminación.	Descripción de acciones encaminadas a prevenir la generación de residuos. Con indicación de si los residuos provienen de la actividad directa de la organización o provienen de la cadena de suministro.
307 Cumplimiento ambiental	— Información sobre incumplimiento de la legislación y normativa ambiental.	Información sobre multas y sanciones.
308 Evaluación ambiental de proveedores	— El porcentaje de nuevos proveedores evaluados y seleccionados de acuerdo con los criterios ambientales. — Impactos ambientales negativos en la cadena de suministro y medidas tomadas.	

7.7.3. Los estándares de desempeño social (serie 400)

La dimensión social capta el impacto de la actividad de una organización en la sociedad, distinguiendo cuatro subcategorías: prácticas laborales y trabajo digno, derechos humanos, sociedad y responsabilidad sobre productos. Cada una de estas cuatro subcategorías agrupa varios aspectos que son explicados mediante sus correspondientes estándares (cuadro 7.11).

Los aspectos elegidos para desarrollar las subcategorías de prácticas laborales y derechos humanos lo han sido tomando en consideración la Declaración Universal de Derechos Humanos, los de la Organización Internacional del Trabajo (OIT) y las directrices de la OCDE para empresas multinacionales. En su conjunto, los aspectos y los indicadores buscan reflejar los derechos clave y las prácticas personificadas en los acuerdos internacionales. En segundo lugar, los indicadores de desempeño de la subcategoría de derechos humanos se centran en el suministro de datos sobre los cambios en la capacidad de los grupos de interés para disfrutar y ejercer sus derechos humanos, informando sobre no discriminación, libertad de asociación, negociación colectiva o explotación infantil. Igualmente, el modelo informativo GRI exige que la organización informe de la medida en que son tenidos en cuenta los impactos en los derechos humanos a la hora de seleccionar los proveedores. En tercer lugar, los indicadores que hacen referencia a la sociedad centran su atención en los impactos que las organizaciones tienen en las comunidades donde operan. Por último, en cuarto lugar, los indicadores de desempeño de la responsabilidad sobre productos abordan aquellos aspectos de los productos y servicios ofrecidos por la entidad informante que afectan directamente a los consumidores, como salud, información, protección de datos, etc. El informe correspondiente deberá dar cuenta de la política adoptada por la firma para gestionar los citados aspectos. El cuadro 7.11 presenta una síntesis, limitada a prácticas laborales y derechos humanos, de los estándares sociales de la serie GRI-400.

CUADRO 7.11

Contenidos sociales de la serie 400

Estándar	Contenido temático	Observaciones
401 Empleo	— Nuevas contrataciones de empleados y rotación del personal. — Prestaciones para los empleados a tiempo completo que no se dan a los temporales o a tiempo parcial. — Información sobre permisos parentales por sexo.	Datos extraídos a partir de los publicados en el contenido 102-7 del GRI-102, Información general.
402 Relaciones trabajador-empresa	— Información sobre plazos de aviso mínimos sobre cambios operacionales.	Número mínimo de semanas de aviso que se da a los empleados y sus representantes antes de la aplicación de cambios operacionales.
403 Salud y seguridad en el trabajo	*Contenidos sobre el enfoque de gestión:* — Descripción del sistema de salud y seguridad en el trabajo. — Identificación de los peligros y riesgos laborales. — Participación de los trabajadores en temas de salud y seguridad en el trabajo. — Formación sobre salud y seguridad en el trabajo. *Contenidos temáticos:* — Cobertura del sistema de gestión de la salud y la seguridad en el trabajo. — Lesiones por accidente laboral. — Enfermedades laborales.	La información se extenderá también para todos los trabajadores que no sean empleados, pero cuyos trabajos estén controlados por la organización informante.
404 Formación y enseñanza	— Media de horas de formación por empleado. — Programas para mejorar las aptitudes de los empleados. — Porcentaje de empleados por sexo y categoría laboral que reciben evaluaciones del desempeño profesional.	El estándar da pautas para el cálculo del número medio de horas de formación por sexo y categoría.

CUADRO 7.11 *(continuación)*

Estándar	Contenido temático	Observaciones
405 Diversidad e igualdad de oportunidades	— Diversidad en órganos de gobierno y empleados. — Ratio del salario base y de la remuneración de mujeres frente a hombres.	
406 No discriminación	— Casos de discriminación y acciones correctivas emprendidas.	Según convenios de la OIT, directrices de la OCDE y convenciones de la ONU.
407 Libertad de asociación y negociación colectiva	— Información sobe las operaciones y proveedores cuyo derecho a la libertad de asociación y negociación colectiva podría estar en riesgo.	Se deberá informar del enfoque de gestión de la libertad de asociación y negociación colectiva.
408 Trabajo infantil	— Información sobre operaciones y proveedores con riesgo significativo de casos de trabajo infantil, así como medidas adoptadas para su abolición.	La abolición del trabajo infantil es un principio y un objetivo fundamental de los principales instrumentos y normativas en materia de derechos humanos.
409 Trabajo forzoso	— Información sobre operaciones y proveedores con riesgo significativo de casos de trabajo forzoso u obligatorio, así como medidas adoptadas para su abolición.	De acuerdo con el Convenio n.º 29 de la OIT, el trabajo forzoso u obligatorio se define como «todo trabajo o servicio exigido a un individuo bajo amenaza de una pena cualquiera y para el que dicho individuo no se ofrece voluntariamente».
410 Prácticas en materia de seguridad	— La organización informante debe presentar información sobre el porcentaje del personal de seguridad que haya recibido formación formal en políticas o procedimientos específicos de derechos humanos de la organización y su aplicación a la seguridad.	GRI 410 aborda el tema de las prácticas en materia de seguridad. Este se centra en la conducta del personal de seguridad con respecto a terceros y en un posible riesgo de uso excesivo de la fuerza u otras infracciones de los derechos humanos.
411 Derechos de los pueblos indígenas	— Casos de violación de los derechos de los pueblos indígenas.	
412 Evaluación de derechos humanos	— Información sobre operaciones sometidas a revisiones o evaluaciones de impacto sobre los derechos humanos. — Formación de empleados en políticas o procedimientos sobre derechos humanos. — Acuerdos y contratos de inversión significativos con cláusulas sobre derechos humanos o sometidos a evaluación de derechos humanos.	Las organizaciones pueden generar un impacto directo en los derechos humanos a través de sus propias acciones y pueden generar un impacto indirecto en los derechos humanos a través de sus interacciones con otros, incluidos los gobiernos, las comunidades locales y los proveedores, y a través de sus inversiones.

7.8. ÚLTIMOS DESARROLLOS EN MATERIA DE RSE EN ESPAÑA

Como ha quedado patente a lo largo de los epígrafes anteriores, la revelación de información social y medioambiental es un asunto que va ocupando cada vez más espacio en el ámbito empresarial, en la preocupación de los grupos de interés y en la agenda de los poderes públicos. Sin duda la transparencia informativa mediante la comunicación de la información social y medioambiental constituye uno de los pilares sobre los que descansa la responsabilidad social empresarial (RSE). Como se ha apuntado en 7.6.1, la *transparencia* representa el acceso a la información que la organización proporciona sobre su comportamiento social, que es permeable a las expectativas sociales. La elaboración de información sobre RSE supone traspasar el tradicional enfoque del inversor *(shareholder)* por otro más ambicioso, el enfoque del partícipe de la organización *(stakeholder),* lo que permite hablar con naturalidad de términos como «grupos de interés» o de «rendición de cuentas» (no precisamente financieras) ante los mismos.

A este respecto hay que decir que a lo largo de los últimos años se han desarrollado en nuestro país diversas iniciativas con el objeto de sentar las bases conceptuales de la RSE, unas, de efectuar un diagnóstico sobre la situación en España de este fenómeno, otras, o con el fin de impulsar la responsabilidad social de las empresas españolas, otras varias.

7.8.1. Iniciativas públicas de impulso de la RSE

Hasta la publicación del Libro Verde *Promover un Marco Europeo para la Responsabilidad Social de las Empresas,* la contribución del Gobierno español al debate sobre la RSE fue más bien escasa, limitando su actuación a regular determinados aspectos relacionados con la divulgación de información medioambiental en las cuentas anuales de las empresas. La mayor parte de las iniciativas relacionadas con el análisis, difusión y promoción de la RSE correspondía al sector privado (empresas y sus fundaciones), que durante años ocupó todo el espacio, monopolizando el discurso de la RSE hasta fechas recientes. A este respecto, las empresas transnacionales con mayor presencia en los procesos globalizadores han sido las más activas en la adopción de iniciativas encaminadas a introducir la RSE en sus modelos de gestión y de *reporting,* impulsando la constitución de diversas asociaciones y fundaciones empresariales con el fin de analizar, divulgar y promover modelos de RSE en el conjunto de las empresas.

La publicación del Libro Verde sobre la responsabilidad social de las empresas en julio de 2001, si bien no produjo un efecto inmediato en las políticas públicas de impulso de la RSE en España, contribuyó a incorporar la responsabilidad social en la agenda de los partidos políticos. Desde el lado gubernamental, a partir de 2002 comenzó a experimentarse una tímida actuación pública de aproximación a la RSE, excluyendo cualquier medida reguladora (salvo, como ya se ha señalado anteriormente, lo relacionado con la divulgación de información medioambiental en las cuentas anuales de las empresas), insistiendo en la voluntariedad de la RSE. Por su parte, el Congreso de los Diputados debatió una proposición de Ley presentada por el Grupo Parlamentario Socialista sobre responsabilidad social de las empresas, que no obtuvo el respaldo parlamentario suficiente.

La llegada al gobierno del Partido Socialista Obrero Español (PSOE) en abril de 2004 impulsó el desarrollo de políticas públicas encaminadas a conocer la opinión de los agentes con presencia significativa en el ámbito de la RSE y proponer medidas que la fomenten y desarrollen entre las empresas españolas. El principal objetivo de este proceso de consulta *multistakeholder* era buscar altos grados de consenso que le permitan al gobierno definir el papel a desempeñar en el campo de la RSE. Con este propósito, en un corto espacio de tiempo se desarrollaron tres iniciativas singulares con el propósito de conocer la opinión de los agentes y proporcionar al Gobierno pautas para promover y potenciar la RSE en las empresas. Los espacios de diálogo creados fueron el Foro de Expertos, la Subcomisión Parlamentaria y la Mesa del Diálogo Social.

Foro de Expertos (FE)

Presidido por el Ministro de Trabajo y Asuntos Sociales, el Foro se constituyó formalmente en marzo de 2005 con el objeto de conocer, crear red y canalizar hacia el Gobierno las demandas e iniciativas surgidas en España en materia de RSE. En el Foro se dieron cita un total de 35 expertos provenientes de organizaciones de la sociedad civil (ONG, asociaciones y fundaciones con gran implantación y peso específico en el sector, investigadores de prestigio provenientes de la universidad, etc.) y 14 representantes de diversos Ministerios. A pesar de que se les invitó a participar, las organizaciones empresariales y sindicales del país decidieron autoexcluirse de los trabajos del Foro, al reclamar para ellos un espacio propio de encuentro. Una vez constituido el FE, los trabajos se organizaron en sesiones temáticas que cubrían diferentes aspectos del fenómeno analizado. Las sesiones del Foro se extendieron hasta julio de 2007, fecha en la que finalizaron sus trabajos, haciéndose público un documento, aprobado por unanimidad, con un total de 29 recomendaciones encaminadas a fomentar y desarrollar la RSE en España. El capítulo de recomendaciones concluía proponiendo la creación de un Consejo Estatal de RSE con la participación de empresas, sindicatos, Administración y sociedad civil con el objeto de constituirse como un órgano asesor y consultivo del Gobierno. A lo largo de las sesiones de trabajo del FE se produjo el abandono de alguno de sus miembros, disconformes con el rumbo y orientación que estaban adoptando las sesiones de trabajo. En este sentido, ocho integrantes del Foro, correspondientes a organizaciones de la sociedad civil, suscribieron un texto, publicado como anexo al documento principal, en el que reclamaban al Gobierno un mayor compromiso en el establecimiento de marcos legales y normativos, con la «inclusión de cláusulas de naturaleza social y medioambiental», así como un Consejo de la RSE «equilibrado».

Subcomisión Parlamentaria (SP)

La creación de la *Subcomisión Parlamentaria* en el seno del Congreso de los Diputados se hizo con el objeto de «estudiar las nuevas tendencias vinculadas a la asunción de los principios de responsabilidad social por parte de las empresas con el fin de promover un conjunto de medidas al Gobierno al objeto de potenciar y promover la RS de las empresas». Ante la SP comparecieron representantes de la Administración Pública, de asociaciones empresariales y sindicatos de trabajadores, de miembros de la sociedad civil relacionados con la responsabilidad social de las empresas, de diversas fundaciones con presencia en el ámbito de la RSE, de prestigiosos expertos, de grandes empresas, de los medios de comunicación y de firmas de auditoría, hasta completar un total de 61 comparecencias. Los trabajos de la Subcomisión se extendieron hasta mediados de 2006, concluyendo los mismos con la presentación de un informe cuya parte final daba cuenta de una serie de constataciones, incluyendo un total de 58 recomendaciones, dirigidas a las empresas y asociaciones empresariales (19), a las Administraciones Públicas (30), a consumidores e inversores (2) y a otros actores como medios de comunicación, centros de investigación o asociaciones del tercer sector (7). Todo el documento fue sometido a la consideración de la Comisión Parlamentaria de Trabajo y Asuntos Sociales, que, en sesión celebrada el 27 de junio de 2006, lo aprobó por unanimidad. Con tal motivo, el texto del acuerdo, con sus 58 recomendaciones, fue publicado en el Boletín Oficial de las Cortes Generales y presentado, para su conocimiento, ante el Pleno de Congreso de los Diputados el 13 de diciembre de 2006.

La Mesa del Diálogo Social (MD)

Por último, el tercer escenario en el que se desarrollaron iniciativas tendentes a analizar las prácticas empresariales encaminadas a fomentar la responsabilidad social en las empresas congregó a representantes del Gobierno, de las organizaciones empresariales (CEOE y CEPYME) y de los sindicatos más representativos de España (CCOO y UGT). Se trató de un foro tripartito, cuyo origen habría que situarlo en la larga tradición de diálogo y acuerdos protagonizados a lo largo del tiempo por los tres actores mencionados. Desde los Pactos de la Moncloa de 1977 en el inicio del período democrático, hasta los últimos acuerdos sociolaborales entre patronal y sindicatos, la historia reciente de España ha sido testigo de una cultura de concertación, más que de confrontación, entre los agentes sociales con la tutela del Gobierno sobre los asuntos más importantes. Constituida en marzo de 2007, los trabajos de la MD estuvieron orientados a proporcionar una contribución genuina sobre la cuestión de la RSE, con el objeto de alcanzar «unos mayores niveles de desarrollo económico y competitividad empresarial, de calidad en el empleo, de bienestar social, de cohesión territorial y de sostenibilidad ambiental». Los trabajos de la MD finalizaron el 19 de diciembre de 2007 con la publicación de un documento donde se plasmaban, en primer lugar, los objetivos y principios generales de la RSE para, en segundo lugar, efectuar una decena de propuestas de corte político encaminadas a ampliar el grado de implicación de la empresa en las prácticas de RSE. La última propuesta recoge el compromiso del Ministerio de Trabajo y Asuntos Sociales de crear un Consejo Estatal de RSE como órgano colegiado, asesor y consultivo del Gobierno, encargado de impulsar y fomentar las políticas de RSE.

Las recomendaciones de los tres espacios de diálogo iban dirigidas a los diversos agentes que tienen algo que ver con la RSE: empresas, Administraciones Públicas, consumidores, etc. En el bloque específico de recomendaciones dirigidas a las empresas y a las asociaciones empresariales se sugiere la elaboración y difusión de memorias de sostenibilidad de acuerdo a estándares reconocidos internacionalmente, como el impulsado por la GRI. Por su parte, en el bloque de recomendaciones destinadas a las Administraciones Públicas, al igual que ya se ha hecho en países como Francia, se insta a la regulación de memorias de sostenibilidad para las empresas del IBEX 35. Además, con el fin de dotar a las memorias de sostenibilidad de mayor rigor y credibilidad, se recomienda al Gobierno la implementación de los mecanismos necesarios para la normalización y verificación de la información contenida en las memorias de sostenibilidad. Por este motivo se recomienda regular la verificación o auditoría de las memorias de sostenibilidad, al tiempo que se sugiere penalizar a las empresas que difundan información engañosa en sus memorias de sostenibilidad.

Finalizado el proceso de diálogo, y hechos públicos los textos aprobados por los foros, se constata la existencia de dos discursos bien diferentes a la hora de abordar el fenómeno de la RSE. Por una parte, existe un discurso que podría denominarse *no-problemático,* es decir, un discurso que no ve inconvenientes entre las medidas de RSE y la competitividad de la firma, el logro del beneficio o el crecimiento económico. Este discurso, que presenta la RSE como un fenómeno eminentemente empresarial y de carácter voluntario, es propio de las organizaciones empresariales y sindicales, asociaciones promovidas por las empresas, grandes empresas y una buena parte de los expertos participantes en los foros de diálogo. Frente a este discurso *no-problemático,* emerge otro mensaje diferente (básicamente desde las organizaciones del tercer sector), partidario de mayores exigencias normativas y reguladoras a las empresas, que entiende la RSE como un fenómeno no exclusivamente empresarial, sino de interés para la amplia gama de nuevos actores sensibles ante los impactos sociales de las actividades económicas de las empresas (sindicatos, ONG, sociedad en general...), por lo que reclaman un Consejo Estatal de la RSE más equilibrado y con mayor sensibilidad hacia las demandas de estos agentes.

7.8.2. El Consejo Estatal de la RSE

Con la finalidad de poner en marcha algunas de las recomendaciones de los espacios de diálogo, y al objeto de propiciar un foro de encuentro de todas las partes interesadas en el fenómeno de la RSE que facilite un diálogo multilateral y permanente sobre la responsabilidad social en las empresas, el Gobierno aprobó el Real Decreto 221/2008, de 15 de febrero (BOE 29 de febrero de 2008), por el que se crea y regula el *Consejo Estatal de Responsabilidad Social de las Empresas.* El *Consejo,* que tiene una composición cuatripartita y paritaria (véase cuadro 7.12), está integrado por representantes de las organizaciones empresariales, por los sindicatos más representativos, por la Administración y por organizaciones e instituciones de reconocida representatividad en el ámbito de la RSE. Entre sus funciones, destacan las de analizar el desarrollo de la RSE en España, la UE y países terceros, promover y fomentar las iniciativas de responsabilidad social en las empresas, constituirse como Observatorio de la Responsabilidad Social de las Empresas en España y elaborar un informe anual dirigido al Gobierno sobre la situación de la RSE en España.

En enero de 2009, y presidido por el Ministro de Trabajo e Inmigración, se celebró la primera reunión del Consejo Estatal de la RSE, de la que surgieron cinco grupos de trabajo con el cometido de trabajar en temas específicos, como «la responsabilidad social ante la crisis» o «conceptos de competitividad y desarrollo sostenible», entre otros.

CUADRO 7.12

*Composición inicial del Consejo Estatal de la RSE**

Organizaciones empresariales	Sindicatos	Administración Pública	Otros (expertos y organizaciones e instituciones en el ámbito de la RSC)
14 miembros de CEOE y CEPYME	6 de CCOO 6 de UGT 1 de ELA 1 de CIG	1 adjunto a presidencia del gobierno. 9 ministerios. 3 gobiernos regionales. 1 representante de los ayuntamientos.	*Del ámbito empresarial:* Red Pacto Mundial. FORETICA. Foro de la Reputación. Club de la Excelencia en Sostenibilidad. Fundación Empresa y Sociedad. Fundación Carolina. *De consejos y organizaciones sociales:* Consejo de Consumidores. Consejo de Medioambiente. Consejo de Discapacidad. Consejo de ONG de Acción Social. Observatorio de la RSC. Confederación Empresarial de la Economía Social. *Expertos:* Dos procedentes del ámbito académico.

* De acuerdo a la clasificación y segmentación establecida por el Ministerio de Trabajo.

7.8.3. La Estrategia Española de Responsabilidad Social de las Empresas

Tras la constitución del CERSE, se formaron diversos grupos de trabajo para analizar de forma separada las diversas dimensiones y aspectos de la RSE. Hay que decir, no obstante, que el desencadenamiento de la crisis económica condicionó de forma muy importante el contenido, el ritmo y los resultados de los grupos de trabajo. Así, se constituyeron grupos sobre transparencia, comunicación y estándares de los informes de sostenibilidad, sobre RSE y educación o sobre gestión de la diversidad, entre otros asuntos, hasta que el 7 de julio de 2009 se constituyó formalmente el Grupo de Trabajo del CERSE sobre el papel de la RSE ante la crisis económica. Fruto de los trabajos acometidos, el pleno del CERSE ha aprobado los siguientes documentos:

— El papel de la RSE y la crisis económica.
— Transparencia y comunicación de la RSE.
— Consumo socialmente responsable.
— RSE y educación.
— Gestión de la diversidad, cohesión social y cooperación al desarrollo.
— Gestión y funcionamiento del Consejo.

Además, se han elaborado y presentado ante el Pleno los siguientes documentos:

— Promoción de la RSE: presentación de indicadores CERSE.
— Inversión Socialmente Responsable en Fondos y Planes de Pensiones.

Pero sin duda el documento más ambicioso elaborado por el CERSE es el que aprobaba, en el año 2014, la Estrategia Española de Responsabilidad Social de las Empresas, con el que se pretende dotar al país de un marco común de referencia que permita armonizar las distintas actuaciones que, en relación con la RSE, se están desarrollando tanto en el ámbito público como en el privado. Tomando como horizonte de trabajo el año 2020, la Estrategia describía seis principios, cuatro objetivos, diez líneas de actuación y un total de 60 medidas que confluían en una visión: apoyar el desarrollo de las prácticas responsables de las organizaciones públicas y privadas con el fin de que se constituyan en un motor significativo de la competitividad del país y de su tratamiento hacia una sociedad y una economía más productivas, sostenibles e integradoras. La Estrategia responde a las recomendaciones plasmadas en la Estrategia Renovada de la Unión Europea sobre Responsabilidad Social de las Empresas, que insta a los países miembros a impulsar políticas nacionales en materia de RSE. No obstante, la falta de un presupuesto definido y el carácter voluntario de todas las medidas propuestas se revelan como los principales factores que explican el alcance limitado de las medidas propuestas, que en muchos casos son más cosméticas que sinceras.

Por último, desde la entrada en vigor de la Ley 11/2018, que regula la publicación de un estado de información no financiera, el CERSE elaborará anualmente un informe sobre la calidad, relevancia y materialidad de la información emitida por las empresas en los estados de información no financiera, informe que será presentado, con carácter anual, en el Senado.

BIBLIOGRAFÍA

Archel, P. y Husillos, J. (2009).
GRI (2018).
Guía para la aplicación de la Ley 11/2018, de información no financiera (2019).
Larrinaga, C. y Moneva, J. M. (2002).
Larrinaga, C. y otros (2002).
Moneva, J. M. y Llena, F. (2006).

CUESTIONES Y EJERCICIOS

Indicar la verdad o falsedad de las siguientes afirmaciones: V F

a) La información contenida en los estados contables de las empresas interesa a accionistas y acreedores, siendo estos los únicos destinatarios de la misma. ☐ ☐

b) La incorporación de información social y medioambiental en las cuentas anuales carece de un modelo de referencia, por lo que es difícilmente comparable. ☐ ☐

c) A pesar de que la información sobre empleados se divulga básicamente con carácter voluntario, el PGC habilita unos espacios en la memoria que obligan a las empresas a revelar la plantilla media y su composición por categorías. ☐ ☐

d) La información sobre el movimiento de la cuenta provisión para pensiones se divulga en las cuentas anuales de forma voluntaria. ☐ ☐

e) La normativa mercantil exige que la información medioambiental se divulgue en las cuentas anuales, estando prohibida la divulgación de este tipo de información en informes específicos separados del informe anual. ☐ ☐

f) Las adaptaciones sectoriales del PGC a las empresas eléctricas, de abastecimiento de agua, concesionarias de autopistas de peaje y otras producidas a finales de los años noventa, exigen publicar determinada información medioambiental única y exclusivamente a las empresas pertenecientes a los sectores adaptados. ☐ ☐

g) Las empresas que publiquen memoria simplificada no tendrán que publicar información medioambiental. ☐ ☐

h) De acuerdo a la Resolución de 25 de marzo de 2002 del ICAC, es potestativo para la empresa informar de las subvenciones recibidas con carácter medioambiental. ☐ ☐

i) A partir de la entrada en vigor de la Resolución de 25 de marzo de 2002 del ICAC, la inclusión de información medioambiental es obligatoria para las empresas industriales y de servicios, pero no es vinculante para las organizaciones sin ánimo de lucro, como ONG y fundaciones. ☐ ☐

j) El contenido de la Guía propuesta por la *Global Reporting Initiative* (GRI) distingue tres ámbitos de información: económico, social y medioambiental. ☐ ☐

k) Los indicadores propuestos por la Guía GRI miden únicamente el impacto social y medioambiental de la empresa, sin que se encuentren referencias a indicadores económicos al tratarse de información ya contenida en los estados contables de naturaleza financiera, como el balance y la cuenta de pérdidas y ganancias. □ □

Otras cuestiones

1. Uno de los principios que definen el contenido de las memorias de sostenibilidad (GRI 101-fundamentos) es el de *exhaustividad,* siendo el *alcance,* la *cobertura* y el *tiempo* los elementos que la determinan y enmarcan. Se pide razonar la medida de alcance, cobertura y tiempo que debería cumplir una memoria de sostenibilidad de un grupo cementero, integrado por una matriz y varias filiales, que cuenta con un proveedor que le suministra en exclusiva una parte considerable de la materia prima de la que obtiene el cemento. Además, los hornos de la cementera vienen emitiendo de forma persistente diversas partículas a la atmósfera que podrían resultar peligrosas para la salud.
2. El informe *Brundtland* auspiciado por Naciones Unidas en 1987 define el desarrollo sostenible como aquel que satisface las necesidades de las generaciones actuales sin comprometer las necesidades de las generaciones futuras. A partir de estas premisas, ¿la actividad empresarial es compatible con la definición de DS de Naciones Unidas? ¿Son compatibles la maximización del valor para el accionista y el DS?
3. Comentar la idoneidad (puntos fuertes y débiles) de las siguientes medidas para promover la RSE:

   a) Regulación, es decir, obligar por ley a hacer o dejar de hacer determinadas prácticas (contaminación, contratación, emisión de información, etcétera).
   b) Incentivos al mercado, tales como concesión de premios y galardones, rebajas fiscales o subvenciones a las empresas que más se distinguen.
   c) Concienciación social (presión de grupos ecologistas, sindicatos, ONG, etcétera).

PARTE SEGUNDA
Análisis e interpretación de estados contables

8 El análisis de estados contables

8.1. INTRODUCCIÓN: OBJETIVOS DEL ANÁLISIS DE ESTADOS CONTABLES

Una vez descritos y examinados los principales elementos incluidos en los diferentes estados contables, la segunda parte de este manual se ocupa de los procedimientos existentes para analizar el contenido de los mismos, al objeto de formular juicios útiles que reduzcan la incertidumbre a la que se encuentran expuestos los agentes económicos en sus decisiones de asignación de recursos (de inversión, de crédito o de otro tipo). Se cierra de esta manera el círculo que trazan la mayoría de las definiciones de contabilidad, cuyos objetivos, además de la captación, valoración y representación de la realidad económica, pasan por aplicar una determinada metodología con la que obtener los indicadores necesarios para entender el éxito/fracaso de la empresa en el pasado y así poder proyectar su comportamiento futuro, con el fin de orientar la toma de decisiones de los usuarios.

La teoría financiera moderna conforma la función de utilidad de todo agente asignador de recursos en torno a dos variables: *rentabilidad* y *riesgo,* de manera que su función objetivo consistirá, ante posibles decisiones alternativas, en buscar la mayor rentabilidad posible para un mismo nivel de riesgo o asumir el menor riesgo posible para un nivel de rentabilidad deseado.

De acuerdo con la gama de usuarios de la información contable detallada en el primer capítulo de este manual, el análisis de la misma interesa tanto a los usuarios internos como a los externos a la entidad (véase epígrafe 1.2). Los primeros, los usuarios internos, la utilizarán para orientar sus decisiones de gestión, mientras que los segundos lo harán para orientar y fundamentar acerca de la conveniencia de comprometer recursos en la firma, bien en forma de crédito o bien participando en el capital de la misma, o incluso comprometiendo recursos de otro tipo (por ejemplo, recursos humanos). Por tanto, aunque prestamistas e inversores parezcan ser los principales agentes interesados en el análisis contable (debido al riesgo asumido al comprometer recursos financieros), no son, sin embargo, los únicos agentes interesados en esta tarea.

8.2. ETAPAS A SEGUIR POR EL ANALISTA DE ESTADOS CONTABLES

Para llevar a cabo su trabajo, el analista comenzará su tarea asumiendo como *input* o materia prima básica los estados contables, que constituyen la principal fuente de información cuantitativa sobre las empresas. Sin embargo, es necesario, asimismo, tener en cuenta las circunstancias en que opera la empresa que produce dicha información. El analista deberá evaluar la coyuntura económica del momento, las características específicas del sector al que pertenece la firma y las apuestas estratégicas de la misma, además de, por supuesto, los criterios de reconocimiento y valoración que han llevado a la obtención de los estados contables en los que centrará su análisis.

El análisis de estados contables no puede prescindir de ninguno de los anteriores elementos para poder formar una opinión rigurosa y completa. Toda esta información debe ser tratada metodológicamente aplicando una diversidad de técnicas, métodos o herramientas que proporcionarán como *output* un conjunto de indicadores (históricos y, en su caso, predictivos) que faciliten un diagnóstico sobre la gestión en términos de rentabilidad/riesgo y sobre las acciones a seguir.

A este respecto, las últimas tendencias en el análisis de la información contable suelen estructurar en cinco etapas el análisis de estados contables para que sea llevado a cabo de forma eficiente (véase cuadro 8.1):

1. *Análisis del entorno,* tanto sectorial como macroeconómico, social y político en el que opera la empresa, como punto de referencia no solo de las oportunidades de rentabilidad, sus puntos fuertes y sus limitaciones, sino también de los principales riesgos asumidos. Ejemplos de circunstancias a tener en cuenta por el analista serían la sensibilidad de la demanda del *output* empresarial a las recesiones económicas, la evolución del precio de determinados bienes o servicios, la inestabilidad política, las barreras de entrada al sector, los cambios en la estructura general de dicho sector debidos a la apertura de fronteras, a los avances tecnológicos o al cambio de hábitos de los consumidores, la sensibilidad del negocio a la evolución de los tipos de interés o de los tipos de cambio, etc. Una circunstancia, afortunadamente poco habitual, que ha condicionado de forma extrema la evolución de las empresas en la pandemia de la COVID-19.
2. *Análisis de la estrategia* por la que ha optado la empresa como forma de entender mejor el modelo de negocio, localizando los puntos fuertes y débiles y las posibles barreras de rentabilidad. La identificación de los cambios

estratégicos será fundamental para enjuiciar de forma correcta el éxito o fracaso del negocio a través de la información contable. Ejemplos de apuestas estratégicas a nivel general serían la diversificación geográfica o de producto, la subcontratación, la integración vertical, la diferenciación, el liderazgo en costes, los cambios de posicionamiento en la cadena de valor, etc. Todas ellas se concretan en acciones a ejecutar y su éxito o fracaso deberá verse reflejado a través de los indicadores contables.

3. *Interpretación del contenido de los estados financieros disponibles y de los criterios de reconocimiento y valoración* utilizados en su elaboración. Ello será indispensable no solo para llevar a cabo comparaciones no sesgadas, sino, asimismo, para utilizar de manera fiable dicha información. En ocasiones la empresa puede, incumpliendo o no la normativa contable, llevar a cabo transacciones anormales o seleccionar criterios contables con la finalidad de aparentar una situación diferente a la real (normalmente mejor, aunque en algunos casos quizá peor). La existencia de un informe de auditoría y una buena comprensión del contenido de la memoria serán fundamentales en dicha labor. El analista podrá, si así lo considera oportuno, ajustar aquellas partidas de los estados financieros que, según su criterio, no reflejen la realidad de la situación.

4. *Aplicación de una metodología de análisis de rentabilidad-riesgo.* El análisis de la rentabilidad proporciona la base para juzgar el éxito o fracaso de las estrategias aplicadas por la empresa y proyectar la probabilidad de obtener rendimientos derivados de sus actuaciones futuras. Por otro lado, la valoración de los posicionamientos de riesgo de la empresa y su capacidad para hacer frente a las consecuencias de los mismos permite al analista estimar la probabilidad de que la empresa cumpla o no con sus expectativas, así como la rapidez de su evolución tanto en términos favorables como desfavorables. Mientras que la elaboración de estados contables (al menos de los que constituyen las cuentas anuales de la empresa) está normalizada, existiendo unos formatos específicos a seguir, no existe una única metodología de análisis considerada válida ni obligatoria con carácter general. Así, cada profesional analista o grupo de analistas aplicarán una metodología específica según sus necesidades y objetivos de decisión. Ante la falta de normalización resulta fundamental ser consciente en cada caso de la terminología empleada. En el presente manual se realiza una propuesta metodológica concreta fundamentada en bases suficientemente contrastadas.

5. *Extensión de los resultados del análisis histórico a la proyección futura con vistas a la valoración.* Una de las utilidades más frecuentes del análisis de estados financieros es la destinada a la valoración de empresas o de determinados activos representativos de las mismas. Convertir la información contenida en dichos estados en «precios adecuados» es un auténtico arte y constituye la preocupación primordial de los analistas bursátiles. A partir de la hipótesis

de eficiencia de los mercados de capitales, la investigación contable ha dedicado grandes esfuerzos a valorar la medida en que las cotizaciones de dichos mercados descuentan puntualmente dicha información. El análisis de estados contables puede, por tanto, servir para detectar la existencia de títulos sobrevalorados o infravalorados y, en consecuencia, recomendar la ejecución de órdenes de compra o venta. Teniendo en cuenta que en nuestro país son muy reducidos los grupos empresariales con títulos admitidos a cotización, la utilización del análisis contable a efectos de compraventa de empresas o líneas de negocio de empresas no cotizadas cobra especial importancia.

CUADRO 8.1

Etapas del análisis de estados contables

En definitiva, la tarea a llevar a cabo por el analista no debe limitarse al cálculo mecánico de una larga lista de indicadores (ratios), sino convertirse en un proceso de integración de conceptos tomados de la teoría económica, dirección estratégica, contabilidad y otras disciplinas. Dado que este manual no pretende ser un tratado de dirección estratégica de empresas ni de política macroeconómica, las dos primeras etapas no son expuestas de forma exhaustiva. A la etapa 3 hemos dedicado la primera parte del mismo y el resto del manual se dedica a la etapa 4.

El cuadro 8.2 muestra un ejemplo de cómo establecer (de forma muy simplificada) las etapas del análisis en dos empresas del sector de autoservicios descuento para el período 2002-2006. Se trata de *Dia, S. A.*, y *Lidl Supermercados, S. A*. Aunque ambas trabajan en un entorno económico favorable y un sector relativamente estable en España, puede observase que Dia, S. A., es una cadena nacida en España, con un altísimo porcentaje de negocio en el sector, mientras Lidl, S. A., es filial de un grupo multinacional alemán introducido en nuestro país bastante más tarde, lo que hace que su porcentaje de facturación en el sector sea muy inferior al de Dia, S. A. Ambas empresas plantean, como es lógico, una estrategia de descuento agresivo basada en precios muy competitivos. Sin embargo, mientras Dia, S. A., posee una alta proporción de sus centros en zonas urbanas, Lidl, S. A., abre sus centros principalmente en polígonos industriales de acceso menos directo. Asimismo, el porcentaje de productos de marca es muy superior en Dia, S. A., lo que le permite generar un mayor valor añadido. Ambas empresas aplican los criterios de valoración y se someten a los formatos de cuentas anuales contenidos en el Plan General de Contabilidad español. En cuanto a sus niveles de rentabilidad/riesgo, Dia, S. A., obtiene un margen sobre ventas superior al de Lidl, S. A., lo que, unido a sus altos niveles de rotación y al bajo coste de sus deudas, hace que consiga unos notorios niveles de rentabilidad; ello a pesar de que la diversificación geográfica externa (filiales en países como Portugal, Turquía, Brasil, etc.) no es todavía exitosa, siendo su rentabilidad extrafuncional deficitaria. Por su parte, en Lidl, S. A., la rotación queda muy lejos de los niveles de Dia, S. A., debido principalmente a la gran diferencia en los porcentajes de ventas que ambas empresas alcanzan en el sector. Podríamos decir que al grupo alemán Lidl le ocurre en España algo parecido a lo que a Dia le pasa en los países en los que ha situado sus filiales. Ninguna de las dos compañías cotizaba en bolsa en el período 2002-2006 ni se había sometido a la necesidad de acometer procesos de valoración derivados de la compra o venta de partes de su compañía. Hemos de reconocer, sin embargo, que en los últimos años el escenario habría cambiado sensiblemente para ambas empresas. Por un lado, Dia entró a cotizar en 2011. Por otro lado, Lidl ha ganado cuota de mercado hasta sobrepasar a Dia en el año 2020.

CUADRO 8.2

Materialización de las etapas del análisis de estados contables en Dia, S. A., y Lidl Supermercados, S. A., para el período 2002-2006

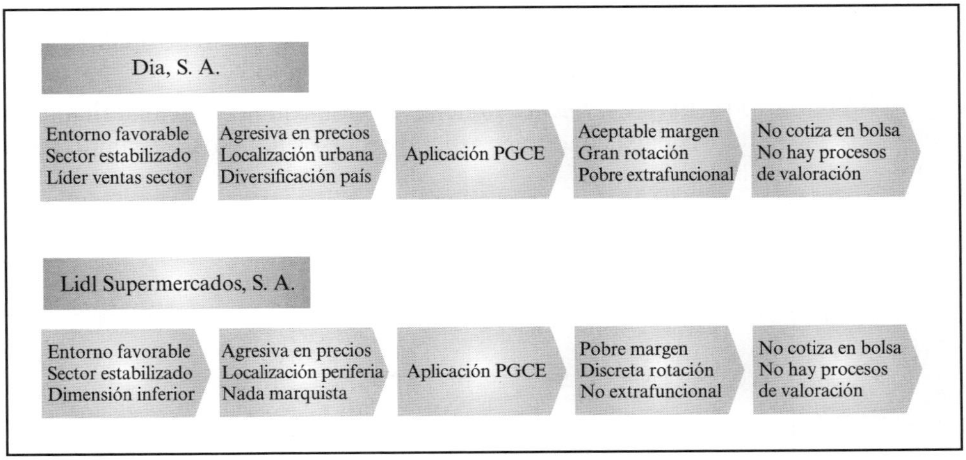

8.3. ÁREAS DE TRABAJO DEL ANÁLISIS CONTABLE

Como ya hemos indicado en páginas anteriores, la teoría financiera moderna conforma las funciones de utilidad en torno a dos factores: la rentabilidad y el riesgo. Por esta razón, el presente manual estructura la metodología de análisis en torno a estos dos aspectos. Hemos de tener presente que, aunque a efectos de su estructuración aparezcan en capítulos diferentes, rentabilidad y riesgo son factores mutuamente dependientes que deberán ser evaluados de forma conjunta.

Por un lado, el analista estudiará los distintos niveles de rentabilidad obtenidos por la empresa, así como su evolución temporal y posición con respecto a otras compañías. La rentabilidad es una variable que puede definirse, de forma genérica, como el cociente entre un resultado y un nivel de inversión. A partir de la expresión de la rentabilidad financiera o final de la firma, la metodología contable propone un desglose de la misma a diferentes niveles, para destacar, desde un punto de vista estratégico, los puntos fuertes en los que la empresa basa su éxito, así como las principales limitaciones o puntos débiles en los que justificar su declive. A todo ello está dedicado el capítulo 9.

Por otro lado, los diferentes riesgos asumidos por una empresa son numerosos y a menudo están interrelacionados, por supuesto, con los niveles de rentabilidad. Si bien es cierto que el analista debe prestar un continuo control a todos los posicionamientos de riesgo, a efectos del análisis, estos suelen ser clasificados en dos categorías: *riesgo económico* y *riesgo financiero,* tal como se expone en el cuadro 8.3:

a) El *riesgo económico* es aquel que incide de forma directa sobre los niveles de rentabilidad, es decir, sobre la velocidad a la que hemos decidido que (para bien o para mal) evolucione dicha rentabilidad. Constituyen posicionamientos de riesgo económico todos aquellos factores que condicionan la evolución de las ventas, así como los dos grados de apalancamiento: el grado de apalancamiento operativo y el grado de apalancamiento financiero, a cuyo estudio se dedica el capítulo 10.

b) El *riesgo financiero* tiene relación con la capacidad financiera, es decir, con la capacidad para generar recursos líquidos. El campo de las finanzas dis-

CUADRO 8.3

Áreas de trabajo del análisis contable

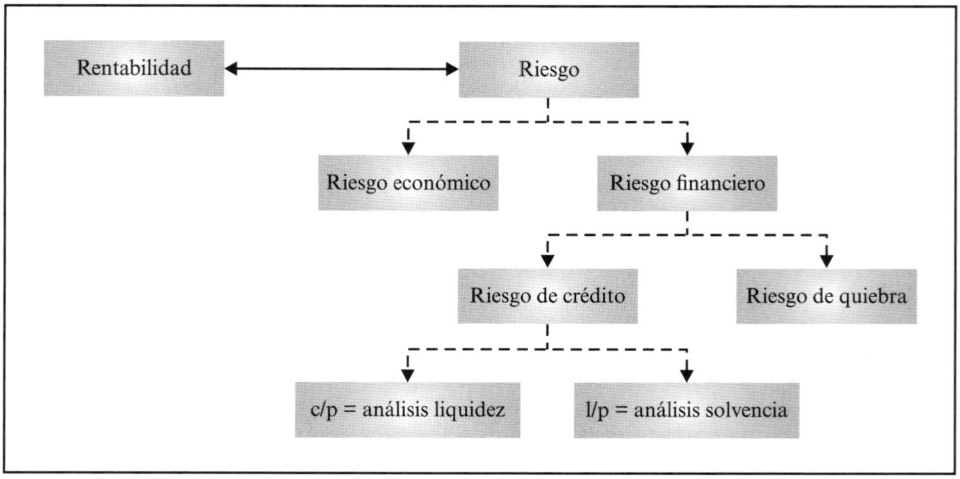

tingue dos niveles de riesgo financiero: el riesgo de crédito y el riesgo de quiebra. El primero hace referencia a la capacidad de la empresa para hacer frente a todo tipo de pagos en el momento oportuno, mientras que el segundo, de mayor gravedad, se relaciona con la probabilidad de que la empresa entre en una situación de descapitalización y pueda acabar liquidándose. Dependiendo del horizonte temporal del análisis, el riesgo financiero se puede estudiar tanto a corto plazo (análisis de liquidez) como a largo plazo (análisis de solvencia). Las aproximaciones contables al análisis de la liquidez se estudiarán en la primera parte del capítulo 11, mientras que las relacionadas tanto con el análisis de la solvencia como con el riesgo de quiebra se estudiarán en el epígrafe 11.7.

Si bien el análisis de la información contable debe abordarse de forma general como un todo integrado, el analista tratará de profundizar en las áreas más próximas a sus intereses. Así, mientras que el inversor (accionista) estará más preocupado por las cuestiones relativas a la rentabilidad de la firma que por evaluar la capacidad de la misma para reembolsar sus deudas a corto plazo, el acreedor a corto plazo querrá investigar de forma prioritaria la capacidad de la firma para devolver este tipo de deudas, quedando en un segundo plano los aspectos relacionados con la rentabilidad. De todas formas, no puede pasarse por alto la íntima conexión existente entre las dos áreas de trabajo, dado que si una firma no es capaz de generar rentabilidad, acabarán surgiendo, más tarde o más temprano, problemas de liquidez que afectarán a los pagos de sus deudas.

8.4. HERRAMIENTAS BÁSICAS A UTILIZAR EN EL ANÁLISIS DE LA INFORMACIÓN CONTABLE

Durante muchos años el procedimiento seguido para analizar la información contable ha consistido en comparar los datos de una compañía en un momento determinado con la posición mantenida por la misma a lo largo de una serie de años o bien con los datos que presentan otras empresas de referencia. Esta comparación se puede efectuar en términos absolutos, si bien resulta más eficiente la comparación en términos relativos mediante porcentajes o ratios. El importe de una cuenta o de una masa patrimonial considerada aisladamente dice muy poco acerca de la posición relativa de la firma y de la gestión realizada, por lo que difícilmente se podrá dar una opinión sólidamente fundamentada. Así, la cifra de ventas de un año proporciona una información escasa, por lo que para extraer mayores conclusiones se hace necesario establecer elementos de referencia, como, por ejemplo, las ventas del año anterior o el nivel de activos en que ha sido necesario invertir para la obtención de dichas ventas.

Los párrafos siguientes ofrecen una relación detallada de las herramientas más frecuentemente utilizadas en el análisis de la información contable, con independencia del objetivo concreto del mismo. Se trata de la técnica de ratios, la de porcentajes verticales y la de números índices o porcentajes horizontales.

8.4.1. Ratios

Denominado también razón o relación, un ratio es el cociente de dos cuentas, masas o magnitudes determinadas tomadas de cualquiera de los estados financieros. Los ratios expresan la relación entre ellas, manifestada en porcentajes o tantos por uno, ofreciendo una información complementaria y distinta a la proporcionada por los valores (numerador y denominador) que lo conforman. El análisis por ratios ha sido una de las herramientas tradicionalmente más utilizadas para la interpretación y evaluación de los estados contables y para la toma de decisiones de gestión, inversión y crédito.

Elaborar un ratio es algo muy sencillo. Sin embargo, un requisito que debe tenerse en cuenta a la hora de definir cualquier ratio es que esté confeccionado de forma consistente, es decir, que relacione magnitudes entre las que exista una relación económico-financiera. Así, por ejemplo, está plenamente justificada la relación entre los gastos financieros de un año y el total de las deudas de la empresa —operación que permite calcular el coste medio de la deuda—, mientras que carecería de sentido relacionar, por ejemplo, los clientes con la provisión para pensiones.

En un estudio global sobre la salud económico-financiera de la empresa deberemos estudiar tantos ratios como sean necesarios para contemplar los principales aspectos determinantes de dicha situación. Teniendo en cuenta que la información proporcionada por los ratios está muchas veces correlacionada (es repetitiva), interesará localizar categorías representativas de la salud económico-financiera de la empresa, para que, tomando un número reducido de ratios de cada una, seamos capaces de ofrecer una visión global de la misma. El cuadro 8.4 presenta algunas de estas categorías.

Aunque los motivos para el uso de ratios pueden ser muy variados, hay tres que destacan sobre todos los demás:

1. Expresan relaciones funcionales entre determinadas variables financieras que están unidas o enfrentadas entre sí por algún tipo de vinculación económica, de forma que la variación de una puede explicar, total o parcialmente, la variación de la otra. Por ejemplo, el ratio Gastos de personal/Ventas permite analizar cómo evoluciona un determinado tipo de gastos (los de personal) con relación a la evolución de las ventas.
2. Reducen la complejidad de la información contenida en los estados financieros a unas pocas variables que ofrezcan una visión lo más sintetizada posible sobre la situación de la empresa, permitiendo de esa forma realizar fácilmente un seguimiento de su evolución, tanto temporal como entre empresas diferentes.

CUADRO 8.4

Categorías clásicas de ratios en el análisis de estados contables

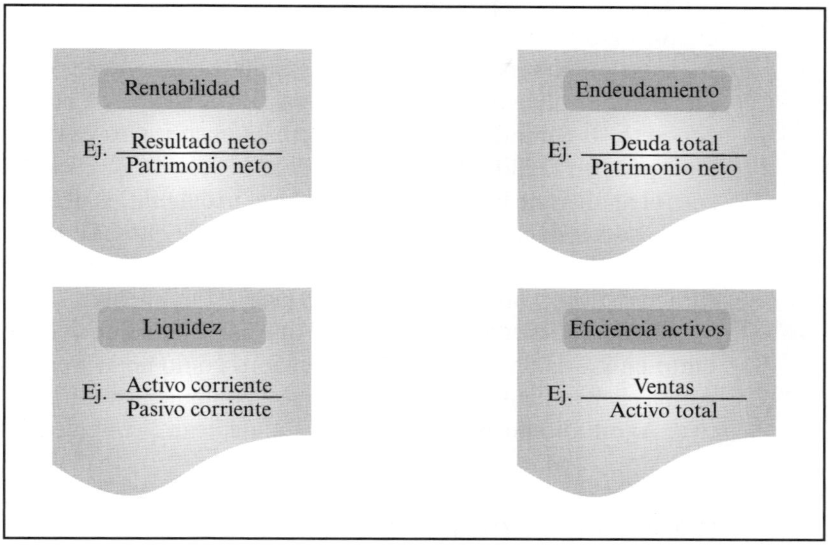

3. Transforman la información contable para que esta pueda ser comparable. Al tomar la forma de proporciones o porcentajes, neutralizan el efecto tamaño, y al relativizar las cifras, hacen que estas puedan ser equiparables entre empresas de diferente dimensión. La disparidad del tejido empresarial (por razones de tamaño, pertenencia a distintos sectores, etc.) hace que la información contable bruta, por muy normalizada que esté, no sea comparable. Gracias al uso de ratios se aísla el efecto de este tipo de disparidades.

El cálculo de ratios es solo un primer paso en el análisis de estados financieros. Pese a que por sí mismos constituyen una valiosa herramienta que extracta y sintetiza la información contable, se necesitan unos elementos de referencia con los que poder establecer una comparación. Esto no implica, sin embargo, la existencia de unos valores ideales para los ratios, fuera de los cuales cualquier desviación deba ser interpretada de forma negativa. Tradicionalmente se ha propuesto la comparación con el valor medio del sector. Sin embargo, ante la mayor disponibilidad de bases de datos con información contable, desde algunos foros se propone como alternativa más idónea la de posicionar el valor obtenido por la empresa dentro de la distribución de frecuencias de dicho ratio en empresas pertenecientes al mismo sector y actividad. Así, si la empresa objetivo del análisis se encuentra en el percentil 80, ello implicará que solo un 20 por 100 de las firmas del sector obtienen valores más altos en dicho ratio, mientras que si la misma se posiciona en el percentil 10, sería un 90 por 100 el porcentaje de las empresas competidoras que estarían obteniendo valores superiores.

Los ratios son, por tanto, la principal herramienta del análisis de estados financieros. Pero los ratios no siempre proporcionan respuestas, sino que muchas veces sugieren preguntas que requieren una mayor investigación sobre la empresa. Así, por ejemplo, el valor de un ratio expresa la situación de la empresa en un momento concreto, al tiempo que aporta información sobre los cambios operados en la entidad, pero no facilita información sobre las causas de dichos cambios. Por esta razón, el análisis de la empresa mediante el uso de ratios debe evitar juicios precipitados basados únicamente en el valor de uno de ellos. Se hace necesario estudiar la empresa desde todas las vertientes, analizar la tendencia, las empresas de similares características y la coyuntura económica del momento.

Un tipo particular de ratios es el que habitualmente se conoce como porcentajes, tanto en su visión vertical (o de posición) como en la horizontal (o de tendencia). Ambas herramientas pueden aplicarse a cualquier estado contable de tipo cuantitativo. Al estudio de este tipo de ratios se dedican los siguientes epígrafes.

8.4.2. Porcentajes verticales

Los porcentajes verticales nos permiten comprobar el peso relativo que una partida, epígrafe o masa patrimonial tiene respecto de otra de nivel superior a la que pertenece dentro de un determinado estado contable. Cuando se dispone de varios estados contables consecutivos, se podrá comprobar si el citado peso específico se mantiene, o, por el contrario, se ha modificado en relación a distintos momentos de tiempo. De esta forma se está recibiendo evidencia, no solamente de la importancia de cada elemento en el conjunto total, sino también de los cambios estructurales producidos en ellos. Asimismo, los valores porcentuales facilitan el análisis comparativo cuando, por ejemplo, se dispone de información sobre la composición patrimonial media del sector y/o rama de actividad a la que pertenece la empresa objeto de análisis.

El cuadro 8.5 presenta, en porcentajes verticales, algunas de las partidas del activo del balance de situación de Dia, S. A., y de Lidl Supermercados, S. A., correspondientes a los ejercicios 2002 a 2006.

El estudio de los porcentajes verticales pone de manifiesto que, a pesar de encuadrarse en el mismo sector industrial, la estructura porcentual de ambas empresas es muy diferente. Así, en el año 2002, mientras el inmovilizado material representaba en Lidl, S. A., un 71 por 100 del total de su activo, en Dia, S. A., alcanzaba solo un 30 por 100. Además, el peso relativo del inmovilizado financiero es en Dia, S. A., muy superior (entre un 13 por 100 y un 30 por 100 entre los años 2002 y 2006) por solo un 1 por 100 en Lidl, S. A., como consecuencia de la creación de filiales en el exterior. Ambas empresas presentan, no obstante, porcentajes bastante similares en las existencias.

CUADRO 8.5

Porcentajes verticales de algunas partidas del balance de situación sobre el total del activo

Dia, S. A.	2002		2003		2004		2005		2006	
	Millones euros	%	Millones euros	%	Millones euros	%	Millones euros	%	Millones euros	%
Inmovilizado material	280	30	304	28	323	23	363	24	460	29
Inmovilizado financiero	119	13	169	16	365	26	493	33	468	30
Existencias	153	16	191	17	202	14	252	17	267	17
TOTAL ACTIVO	942	100	1.092	100	1.424	100	1.505	100	1.576	100

Lidl, S. A.	2002		2003		2004		2005		2006	
	Millones euros	%	Millones euros	%	Millones euros	%	Millones euros	%	Millones euros	%
Inmovilizado material	328	71	356	73	403	57	495	55	647	65
Inmovilizado financiero	5	1	6	1	7	1	6	1	7	1
Existencias	67	14	78	16	82	12	83	9	106	11
TOTAL ACTIVO	465	100	489	100	703	100	901	100	990	100

8.4.3. Porcentajes horizontales (números índices)

En otras ocasiones la información contable se analiza de forma horizontal, comparando el valor de cada elemento con el correspondiente a un año que se toma como referencia o base. En este caso el importe de cada partida se transforma en un índice que toma el valor 100 en el año base para ir aumentando o disminuyendo a lo largo de la serie de años considerada en función de los valores que adopten las correspondientes partidas. La serie de números índices se puede construir de dos maneras: *a*) tomando como año base el primero de la serie, o *b*) de forma que permita efectuar comparaciones entre dos años consecutivos, tal y como se muestra en el cuadro 8.6. En todo caso, el análisis horizontal proporciona una visión de conjunto que señala una tendencia para cada uno de los elementos de los estados contables. El cuadro 8.6 ilustra la evolución horizontal de algunas partidas de la cuenta de pérdidas y ganancias de Dia, S. A., y de Lidl Supermercados, S. A., a lo largo de los ejercicios 2002 a 2006. A la derecha de cada valor se ha inscrito el índice (porcentaje horizontal) correspondiente, tomando como año base el inmediato anterior.

CUADRO 8.6

Porcentajes horizontales de algunas partidas de la cuenta de pérdidas y ganancias (tendencia anual)*

Dia, S. A.	**2002**		**2003**		**2004**		**2005**		**2006**	
	Millones euros	%	**Millones euros**	%	**Millones euros**	%	**Millones euros**	%	**Millones euros**	%
Importe neto cifra negocios	2.805	100	2.996	107	3.222	108	3.385	105	3.564	105
Consumos de explotación	2.433	100	2.482	102	2.660	107	2.798	105	2.932	105
Gastos personal	225	100	260	116	283	109	310	110	348	112
Amortización	56	100	63	111	70	112	75	108	89	118

Lidl, S. A.	**2002**		**2003**		**2004**		**2005**		**2006**	
	Millones euros	%	**Millones euros**	%	**Millones euros**	%	**Millones euros**	%	**Millones euros**	%
Importe neto cifra negocios	946	100	1.170	124	1.410	120	1.543	109	1.736	112
Consumos de explotación	785	100	942	120	1.118	119	1.194	107	1.367	114
Gastos personal	68	100	87	127	100	115	114	114	130	114
Amortización	19	100	20	106	27	132	29	109	34	116

* Año base, el inmediatamente anterior al año de referencia.

Puede observarse cómo en Dia, S. A., se produce un aumento en el importe neto de la cifra de negocios de un 7 por 100 entre 2002 y 2003. En ese mismo año los consumos de existencias crecen en solo un 2 por 100, lo que, teniendo en cuenta que se trata de un coste esencialmente variable, indica que la empresa está actuando de forma eficiente. Por el contrario, el crecimiento de los gastos de personal (16 por 100) duplica con creces al crecimiento de las ventas, al tiempo que las amortizaciones crecen en un 11 por 100. Ambos comportamientos serían ineficientes teniendo en cuenta el esperado carácter fijo de buena parte de dichos costes. Las ventas de Lidl, S. A., han crecido un 12 por 100 entre 2005 y 2006, al tiempo que los consumos de existencias, coste variable ligado al anterior, se han descontrolado un poco (deberían crecer en ese mismo porcentaje y no en un 14 por 100). También en gastos de personal y amortizaciones parece haber un comportamiento ineficiente (crecen 14 por 100 y 16 por 100, respectivamente). En aquellos casos en que el porcentaje horizontal sea inferior a 100, deberemos interpretar que se ha producido una disminución en la partida correspondiente.

8.5. LIMITACIONES DEL ANÁLISIS DE RATIOS

El análisis de la información contable mediante la técnica de ratios se ha convertido en una práctica habitual debido a las indudables ventajas que reporta. Sin embargo, a pesar de estas evidentes ventajas, la técnica de ratios presenta también algunas limitaciones que es preciso considerar. Como principales inconvenientes en el uso de ratios destacan la ausencia de armonización en la preparación de los estados contables, la multiactividad y la ausencia de normalización terminológica.

8.5.1. Ausencia de armonización en la preparación de los estados contables

A lo largo de la primera parte de este manual se han hecho comentarios acerca de la existencia de una normativa contable que permite varias opciones a la hora de contabilizar determinadas operaciones. Dos empresas que sean idénticas en todos los aspectos pueden presentar valores contables diferentes debido a la utilización de distintas políticas contables. A pesar del esfuerzo de los organismos reguladores de la contabilidad en avanzar hacia la armonización de las prácticas contables, todavía existen opciones diferentes en la valoración de las existencias, en la amortización del inmovilizado, en la contabilización de los gastos de I+D, en el reconocimiento del fondo de comercio y un largo etcétera. La consecuencia de esta diversidad contable en el análisis de ratios es obvia: resulta prácticamente imposible conocer si las diferencias observadas en el valor de los ratios cuando se comparan varias empresas son debidas a situaciones económicas diferentes o a la utilización de prácticas contables distintas. Incluso la utilización del coste histórico, de forma particular en épocas de alta inestabilidad de precios, produce efectos en algunos ratios sobre los que es preciso advertir. Así, por ejemplo, en el ratio Resultado neto/Activo total el denominador puede presentar valores totalmente diferentes en el caso de una compañía con activos recientemente adquiridos que en el de otra firma con activos equivalentes adquiridos años atrás a menor precio.

Las diferentes prácticas sobre información financiera adoptadas por las empresas en distintos países también dificultan la comparación de la misma, lo que supone un coste adicional en la interpretación de dicha información. La situación actual, sin embargo, es mucho mejor que la de hace unos años, ya que, al objeto de paliar en lo posible estas deficiencias, desde 2005 la Comisión Europea obliga a los grupos de empresas con títulos admitidos a cotización oficial a que elaboren sus cuentas anuales de acuerdo a los contenidos de las NIC/NIIF, lo que sin duda supone un gran avance en el camino de la comparabilidad de la información contable de los grandes grupos empresariales. Además, la profunda reforma contable llevada a cabo en España a raíz de la adopción del modelo contable del IASB como modelo de referencia para las cuentas individuales de las empresas acerca los usos y prácticas contables de las empresas españolas a los de cualquier empresa de cualquier parte del mundo.

8.5.2. Concentración empresarial y multiactividad

El importante proceso de concentración empresarial experimentado en las últimas décadas, que ha afectado a todos los sectores y a todos los países industrializados, ha dado lugar a la proliferación de los grupos de empresas y con ello a la generalización de la información contable consolidada propia de los mismos. Además, se da la circunstancia de que muchos grupos de empresas operan en varios sectores a la vez, de forma que no resulta extraño ver empresas constructoras que se introducen en el sector de transporte de viajeros (FOCSA), grupos eléctricos con importantes inversiones en el sector de telecomunicaciones (ENDESA) o empresas petroleras que realizan todo el ciclo de actividades, desde el abastecimiento y refino hasta la distribución y el marketing (CEPSA).

En este escenario, el cálculo del resultado, así como de los diferentes ratios basados en la agregación de cantidades, resulta problemático al mezclar partidas pertenecientes a actividades diversas. Una posible solución a este problema pasaría por informar separadamente de los resultados de los segmentos de una compañía que opera en diferentes sectores. Esto facilitaría la comparación, permitiendo el cálculo de ratios no solo del grupo en su conjunto, sino de cada una de las actividades en que opera el mismo. La elaboración de información segmentada ha sido siempre una cuestión delicada en el seno de las empresas, debido tanto a las cautelas adoptadas a la hora de revelar información comprometedora como a la dificultad en asignar a los segmentos los costes comunes a todo el grupo. En todo caso, el artículo 200 de la Ley de Sociedades Anónimas regula la información por segmentos, que deberá comunicarse en la memoria (nota 25) y que hace referencia a la distribución del importe neto de la cifra de negocios correspondiente a las actividades ordinarias de la sociedad, por categoría de actividades y por mercados geográficos, siempre que estas categorías y mercados difieran entre sí de forma considerable.

8.5.3. Ausencia de una normalización terminológica

A todo lo anterior hay que añadir la confusión terminológica existente a la hora de enunciar los componentes de un número considerable de ratios. Los términos liquidez, solvencia, *cash flow,* rentabilidad, etc., pueden tener significados diferentes según el analista que los enuncie al incorporar matices diferenciadores en sus metodologías de cálculo. Por esta razón, al objeto de evitar posibles confusiones, conviene precisar en todo momento el significado atribuido a cada expresión. Incluso ratios denominados de la misma forma, pero calculados de forma distinta, pueden prestarse a confusión. Tal es el caso, por ejemplo, del ratio de solvencia, que en algunos manuales se presenta como Activo total/Pasivo total, mientras que en otros se presenta como Activo corriente/Pasivo corriente, o el caso del ratio de liquidez, que se define en algunos casos como Activo corriente/Pasivo corriente y en otros como Disponible/Pasivo corriente.

En definitiva, a pesar de las deficiencias comentadas, hemos de reconocer que la utilización de ratios en el análisis de la empresa sigue siendo una técnica que se adecúa al fin que persigue. Además, desde hace algunos años el análisis de ratios se ha enriquecido con la utilización de técnicas estadísticas de análisis univariante y multivariante que permiten la generación de modelos predictivos y establecen patrones de comparación que dotan de significado a los datos.

8.6. AJUSTES A REALIZAR SOBRE LOS ESTADOS CONTABLES CON CARÁCTER PREVIO AL ANÁLISIS

Antes de aplicar las diferentes técnicas de análisis a unos estados contables, es necesario, como trabajo previo, preparar dichos estados para que puedan analizarse con una garantía razonable de rigurosidad. Dado que los modelos de cuentas anuales regulados por la normativa mercantil resultan a veces poco operativos para el análisis, puede ser recomendable practicar algunos ajustes (modificaciones a las cuentas anuales elaboradas por la empresa), con el fin de disponer de una información más adecuada a los fines que persigue el analista. Los ajustes suelen ser de dos tipos:

a) *Ajustes derivados de la incorporación de salvedades* existentes en el informe de auditoría. La revisión del informe de auditoría por parte del analista constituye un primer paso imprescindible de cara a otorgar validez a todo su trabajo posterior. Así, por ejemplo, si el auditor en su informe incluye una salvedad en la que propone ajustar a la baja un cliente valorado en 1.000 euros, al no haberse practicado la corrección valorativa oportuna, deberían incorporarse a los estados contables las siguientes modificaciones:

— Una disminución del epígrafe «Clientes» en balance por 1.000 euros.

— Una disminución del epígrafe «Resultado del ejercicio» en balance por 1.000 euros.
— Un incremento del epígrafe «Pérdidas, deterioro y variación de provisiones por operaciones comerciales» en cuenta de resultados por 1.000 euros.

b) *Ajustes derivados de la reordenación funcional* que tratan de convertir los modelos de cuentas anuales inicialmente recibidos por el analista (modelos normalizados) en una estructura operativa o simplificada que únicamente será válida a efectos del análisis. Los ajustes practicados serán función, por una parte, del objetivo concreto pretendido por el analista y, por otra, de la información complementaria, tanto cuantitativa como cualitativa, que este tenga a su disposición. A este respecto, se tendrán en cuenta los siguientes aspectos:

— Temporalidad, estableciendo criterios separación corto-largo plazo.
— Ubicación de partidas especiales que no se ajustan a los modelos operativos necesarios para el análisis contable.
— Funcionalidad, de acuerdo a la naturaleza de la actividad con la que se vinculan activos y pasivos, distinguiendo funcionales, extrafuncionales y antifuncionales.

Por tanto, una cosa son los modelos oficiales previstos por la normativa mercantil, a cuyo formato deberán ajustarse las cuentas anuales elaboradas por todas las empresas, y otra bien distinta son los modelos de cuentas adoptados por el analista, que elegirá los que, sin alterar la información contenida en los estados contables, mejor se adapten a la tarea que tiene que realizar. En este sentido, los ajustes previos, brevemente descritos, son una tarea que puede facilitar el trabajo del analista. El siguiente capítulo presenta con mayor detalle la propuesta de ordenación funcional del balance y cuenta de resultados, propuesta que determinará el contenido del resto del capítulo.

BIBLIOGRAFÍA

González Pascual, J. (2016).
Horrigan, J. O. (1968).
Jiménez Cardoso, S. y otros (2002).
Lev, B. (1978).
Palepu, K., Healy, P. M. y Peek, E. (2021).
Stickney, C. P. y Brown, P. R. (2007).

CUESTIONES Y EJERCICIOS

1. La función de utilidad del suministrador de fondos:

a) Presenta como principal objetivo la obtención de la mayor rentabilidad posible, sin importar el riesgo asumido.
b) Presenta como único objetivo minimizar el riesgo, obteniendo cualquier tipo de rentabilidad.
c) Presenta como principal objetivo la maximización de la rentabilidad, minimizando el riesgo.
d) Presenta como principal objetivo minimizar el riesgo y la rentabilidad.

2. Para la realización del análisis de los estados contables:

a) Debe tenerse en cuenta únicamente la información contable suministrada por la entidad.
b) Además de la información contable, resulta conveniente contar con la información bursátil.
c) Debe tenerse en cuenta la información contable, así como otras circunstancias condicionantes del entorno y las particularidades del sector.
d) Además de la información contable, es importante contemplar las particularidades del sector, pero no tanto los condicionantes económicos.

3. El método de porcentajes horizontales:

a) Sirve para analizar la evolución en el tiempo de las partidas de un estado contable.
b) Se aplica al balance de situación, pero no se puede aplicar a la cuenta de pérdidas y ganancias.
c) Se aplica a la cuenta de pérdidas y ganancias, pero no se puede aplicar al balance de situación.
d) Sirve para analizar la posición de una partida con respecto de otra de nivel superior dentro de un mismo estado financiero.

4. El método de porcentajes verticales:

a) Sirve para analizar la posición de una partida respecto de otra de nivel superior dentro de un mismo estado financiero.
b) Analiza la evolución y tendencia de una partida financiera a lo largo de un período de tiempo.
c) Se aplica al balance de situación, pero no se puede aplicar a la cuenta de pérdidas y ganancias.
d) Se aplica a la cuenta de pérdidas y ganancias, pero no se puede aplicar al balance de situación.

5. Una de las siguientes afirmaciones no es cierta.
El análisis de la información contable mediante la técnica de ratios:

a) Permite comparar empresas de diferente tamaño.
b) Suprime las opciones contables que no son coherentes con la obtención de la imagen fiel.
c) Permite detectar tendencias en partidas contables equivalentes a lo largo de un período de tiempo.
d) Reduce de forma considerable el número de variables necesarias para efectuar el análisis de las cifras contables.

6. En relación con las herramientas clásicas de análisis de estados financieros:

a) Los métodos de porcentajes horizontales y verticales deben analizarse siempre de forma independiente.
b) Siempre será conveniente centrar el análisis de porcentajes horizontales en aquellas partidas que representen una menor proporción en el análisis de porcentajes verticales.
c) Porcentajes verticales es a posición lo que porcentajes horizontales es a tendencia.
d) Ninguna de las respuestas anteriores.

7. Dados los siguientes balances de situación en porcentajes horizontales, tomando como año base el 20X0, determinar los valores de las casillas que aparecen con interrogante:

	20X0		20X1		20X2	
ACTIVO NO CORRIENTE	**11.900**	**100**	**13.900**	**116,80**	**13.900**	**116,80**
ACTIVO CORRIENTE	**9.435**	**100**	**7.751**	**82,15**	**7.252**	**76,84**
Existencias	2.450	100	1.800	73,46	1.675	68,37
Deudores	1.230	100	1.750	142,27	?	95,12
Inversiones financieras temporales	5.320	100	3.875	73,02	3.875	72,84
Tesorería	435	100	326	74,94	?	122,30
TOTAL ACTIVO	**21.335**	**100**	**21.651**	**101,48**	**21.152**	**99,14**
PATRIMONIO NETO	**7.990**	**100**	**8.816**	**110,34**	**9.368**	**?**
PASIVO NO CORRIENTE	**7.500**	**100**	**6.500**	**86,67**	**5.500**	**73,33**
PASIVO CORRIENTE	**5.845**	**100**	**6.335**	**108,38**	**6.284**	**107,51**
Acreedores comerciales	5.235	100	5.735	109,55	5.544	?
Otros acreedores no comerciales	610	100	600	98,36	740	121,31
TOTAL PAT. NETO Y PASIVO	**21.335**	**100**	**21.651**	**101,48**	**21.152**	**99,14**

8. Dada la siguiente información referente a la cuenta de resultados en porcentajes verticales sobre la cifra de ventas correspondientes a los ejercicios indicados, determinar los valores de las casillas que aparecen con interrogante:

	20X0		20X1		20X2	
Ventas netas	27.000	100,00	38.000	100,00	41.000	100,00
Aprovisionamientos	(12.200)	45,19	(16.200)	42,63	(17.500)	42,68
Gastos de personal	(6.100)	22,59	(9.500)	25,00	(10.800)	26,34
Amortizaciones	(500)	1,85	?	1,71	(693)	?
Servicios exteriores	(1.100)	4,07	(1.200)	3,16	?	3,22
Gastos financieros	(600)	2,22	(800)	2,11	(900)	2,20
Resultado neto	6.500	24,07	9.650	25,39	?	23,87

9. El balance de situación, la cuenta de pérdidas y ganancias y el informe de gestión de DOCKSA, S. A., de los años N y N-1 se han obtenido del depósito de cuentas anuales del Registro Mercantil. La sociedad tiene por objeto la comercialización de todo tipo de aparatos electrónicos.

Información extraída del informe de gestión

Durante el año N las condiciones de coyuntura económica general y del sector de la electrónica de consumo en el que se mueve la empresa DOCKSA, S. A., continúan siendo desfavorables para el desarrollo de los negocios. La economía mundial continúa en la fase de recesión iniciada en el año N-2, que está produciendo un retroceso en el consumo de los particulares a todos los niveles, lo que, unido al exceso de oferta del sector, ha propiciado una caída generalizada de los precios, con su consecuente repercusión en los márgenes y resultados.

Por otra parte, la fuerte devaluación sufrida por la moneda de los países a los que DOCKSA dirige sus exportaciones ha afectado enormemente a nuestra cuenta de resultados. A pesar del contexto general desfavorable, las ventas de DOCKSA, S. A., han experimentado un notable crecimiento en este año N debido a las acciones de marketing emprendidas por la propia empresa.

SE PIDE:

Utilizando las técnicas de porcentajes horizontales y verticales, comentar la evolución seguida por las principales magnitudes contables de DOCKSA, S. A., a lo largo de los dos años consecutivos.

Balance de situación (en miles de u. m.)

Activo	Año N	Año N-1	Patrimonio neto y pasivo	Año N	Año N-1
A) ACTIVO NO CORRIENTE	**293.632**	**298.918**	**A) PATRIMONIO NETO**	**167.281**	**221.487**
Inmovilizado intangible	79.211	82.398	Capital suscrito	140.500	140.500
Inmovilizado material	214.421	216.520	Reservas	77.742	74.401
			Resultados neg. ej. anteriores	0	(2.393)
			Resultado del ejercicio	(50.961)	5.540
			Subvenciones de capital	0	3.439
			B) PASIVO NO CORRIENTE	**98.385**	**116.718**
			Provisiones	1.773	1.242
			Deudas largo plazo	96.612	115.476
B) ACTIVO CORRIENTE	**1.737.865**	**1.638.610**	**C) PASIVO CORRIENTE**	**1.765.831**	**1.599.323**
Existencias	358.458	566.563	Deudas entidades crédito	635.733	878.926
Deudores	1.323.447	1.025.267	Deudas con empresas grupo	888.703	546.290
Periodificaciones c/p	14.575	14.898	Acreedores comerciales y otras deudas a pagar	241.395	174.107
Efectivo y otros	41.385	31.882			
TOTAL	**2.031.497**	**1.937.528**	**TOTAL**	**2.031.497**	**1.937.528**

Cuenta de pérdidas y ganancias (en miles de u. m.)

	Año N	Año N-1
Importe neto de la cifra de negocios	2.918.424	2.042.070
Aprovisionamientos	(2.486.482)	(1.624.752)
Otros ingresos de explotación	6.259	578
Gastos de personal	(54.301)	(43.193)
Otros gastos de explotación	(211.070)	(230.616)
Amortizaciones	(10.428)	(10.204)
Deterioro y resultado por enajenación del inmovilizado	(1.300)	6.095
Resultado de explotación	**161.102**	**139.978**
Ingresos financieros	3.817	4.260
Diferencias positivas de cambio	18.021	48.114
Gastos financieros	(148.586)	(138.741)
Diferencias negativas de cambio	(112.755)	(47.272)
Resultado antes de impuestos	**(78.401)**	**6.339**
Impuesto sobre beneficios	27.440	(799)
Resultado neto	**(50.961)**	**5.540**

9 El análisis de la rentabilidad

9.1. INTRODUCCIÓN

La cuenta de pérdidas y ganancias es el estado contable que informa del resultado obtenido por la entidad económica a lo largo de un período de tiempo, con indicación de los ingresos y gastos que lo conforman. Si bien esta información es de gran utilidad para conocer la cifra de resultado obtenida por la empresa en el período considerado, resulta insuficiente para determinar la posición relativa de la compañía, ya que no toma en cuenta los recursos utilizados para la generación de dicho resultado. Se hace necesario, por tanto, una medida que relacione el beneficio obtenido con el esfuerzo realizado en forma de recursos invertidos para su obtención. En este tipo de relativización se basa el análisis de la rentabilidad.

La rentabilidad es una magnitud relativa que puede definirse, de forma genérica, como el cociente entre un resultado y un nivel de inversión. Esta definición genérica tendrá distintas acepciones, a las cuales nos referiremos a continuación, dependiendo de la consideración dada a los conceptos de resultado e inversión, teniendo siempre presente la necesaria vinculación que debe existir entre ambas variables.

Para llevar a cabo el análisis de rentabilidad será necesario disponer de una cuenta de pérdidas y ganancias (de donde se obtendrá el numerador) y de un balance de situación (de donde se obtendrá el denominador). Dado que el numerador (resultado) representa un flujo neto obtenido a lo largo de un período de tiempo, el denominador deberá ser representativo de las inversiones que han contribuido a la generación de dicho flujo. El valor de esta inversión puede variar a lo largo de dicho período, por lo que conviene utilizar una cifra promedio. En vista de que el analista externo solo dispondrá del balance de final de ejercicio y, por precepto legal, también del inicial, dicho promedio se deberá obtener a partir de estos dos datos.

$$\text{Rentabilidad} = \frac{\text{Resultado} \Rightarrow \text{flujo económico (cuenta de P y G)}}{\text{Inversión} \Rightarrow \text{fondo (balance de situación) valor promedio}}$$

Conviene precisar que la rentabilidad de la firma no es un concepto único al que nos podamos referir con carácter general. Al contrario, en función de la cifra de resultado que se tome (antes o después de intereses, antes o después de impuestos) y de los recursos considerados en el denominador (inversión total en activos o inversión de los propietarios), estaremos ante diversas acepciones del término rentabilidad. El presente capítulo aborda el estudio de la rentabilidad empresarial, de sus diversas acepciones y de las relaciones que se establecen entre las mismas.

9.2. REORDENACIÓN FUNCIONAL DE BALANCE Y CUENTA DE RESULTADOS PARA APLICAR LA METODOLOGÍA DE ANÁLISIS DE RENTABILIDAD

Tal y como se apunta en el último epígrafe del capítulo anterior, el analista deberá realizar, con carácter previo, una serie de ajustes sobre los estados contables normalizados que le permitan la posterior aplicación de la metodología de análisis. Nuestra propuesta para el análisis de rentabilidad consiste en la utilización de los *modelos funcionales* de balance y cuenta de resultados que se presentan a continuación (cuadros 9.1 y 9.2).

CUADRO 9.1

Modelo funcional de balance de situación para el análisis de rentabilidad

	01/01/X	**31/12/X**	**Valor medio**		**01/01/X**	**31/12/X**	**Valor medio**
Activo no corriente				Patrimonio neto			
Funcional							
Extrafuncional				Pasivo no corriente			
Activo corriente							
Funcional				Pasivo corriente			
Extrafuncional							
Total activo				Total patrimonio neto y pasivo			

CUADRO 9.2

Modelo funcional de cuenta de resultados para el análisis de rentabilidad

	Año X
Ingresos de explotación (Gastos de explotación) *RAIT* funcional Ingresos financieros o *RAIT* extrafuncional *RAIT* (Gastos financieros) *RAT*	

El modelo funcional de balance no presenta grandes diferencias con el modelo normalizado, con la salvedad de la distinción entre activos funcionales (los vinculados a la actividad principal) y extrafuncionales (los que no son estrictamente necesarios para el desarrollo de dicha actividad). A este respecto, el cuadro 9.3 establece la correspondencia entre las partidas del balance normalizado y las del modelo funcional. De acuerdo a la correspondencia establecida, los activos extrafuncionales se corresponden con las inversiones inmobiliarias, así como con las inversiones financieras, temporales y permanentes. Las temporales pueden tener, en determinados sectores, una influencia más que notable, que el analista, en ningún caso, debe ignorar. Las permanentes incluyen principalmente participaciones de control en filiales.

Aunque determinados analistas vinculan estas participaciones con los activos funcionales de las empresas participadas, el planteamiento adoptado en este capítulo (limitado al análisis de las cuentas individuales) las considera como activos extrafuncionales.

El modelo funcional de cuenta de resultados (cuadro 9.2) parte de la descomposición del resultado antes de intereses e impuestos *(RAIT)* en dos componentes: *RAIT* funcional y *RAIT* extrafuncional.

El *RAIT* funcional se obtiene por la diferencia entre los ingresos de explotación y los gastos de explotación. Por otro lado, los ingresos financieros definen la mayor parte del *RAIT* extrafuncional. Los ingresos procedentes de las inversiones inmobiliarias (descontados los gastos asociados a los mismos) no son financieros pero sí son extrafuncionales. La suma del *RAIT* funcional más el *RAIT* extrafuncional determina el valor del *RAIT*.

Por último, la diferencia entre el *RAIT* y los gastos financieros permite la obtención del resultado antes de impuestos *(RAT)*. En el cuadro 9.4 se establece la correspondencia entre las partidas de la cuenta de resultados normalizada y las del modelo funcional.

CUADRO 9.3

Reordenación de partidas a partir del modelo normalizado de balance de situación

Modelo normalizado (PGCE)	Modelo funcional
A) Activo no corriente	
I. Inmovilizado intangible	Activo no corriente funcional
II. Inmovilizado material	Activo no corriente funcional
III. Inversiones inmobiliarias	Activo no corriente extrafuncional
IV. Inversiones en empresas del grupo y asociadas	Activo no corriente extrafuncional
V. Inversiones financieras a largo plazo	Activo no corriente extrafuncional
VI. Activos por impuesto diferido	(Patrimonio neto)
B) Activo corriente	
I. Activos no corrientes mantenidos para la venta	(Patrimonio neto)
II. Existencias	Activo corriente funcional
III. Deudores	Activo corriente funcional
IV. Inversiones en empresas del grupo y asociadas a corto plazo	Activo corriente extrafuncional
V. Inversiones financieras a corto plazo	Activo corriente extrafuncional
VI. Periodificaciones	Activo corriente funcional
VII. Efectivos y otros medios líquidos equivalentes	Activo corriente funcional
A) Patrimonio neto	
A-1) Fondos propios	Patrimonio neto
A-2) Ajustes por cambios de valor	Patrimonio neto
A-3) Subvenciones, donaciones y legados recibidos	Patrimonio neto
B) Pasivo no corriente	
I. Provisiones a largo plazo	Pasivo no corriente
II. Deudas a largo plazo	Pasivo no corriente
III. Deudas con empresas del grupo y asociadas a largo plazo	Pasivo no corriente
IV. Pasivos por impuesto diferido	Patrimonio neto
C) Pasivo corriente	
I. Pasivos vinculados con activos no corrientes mantenidos para la venta	Patrimonio neto
II. Provisiones a corto plazo	Pasivo corriente
III. Deudas a corto plazo	Pasivo corriente
IV. Deudas con empresas del grupo y asociadas a corto plazo	Pasivo corriente
V. Acreedores comerciales y otras deudas a pagar	Pasivo corriente
VI. Periodificaciones	Pasivo corriente

CUADRO 9.4

Reordenación de partidas a partir del modelo normalizado de cuenta de resultados

1. Importe neto de la cifra de negocios	Ingresos de explotación
2. Variación de existencias de productos terminados y en curso	Ingresos de explotación
3. Trabajos realizados por la empresa para su activo	Ingresos de explotación
4. Aprovisionamientos	Gastos de explotación
5. Otros ingresos de explotación	Ingresos de explotación
6. Gastos de personal	Gastos de explotación
7. Otros gastos de explotación	Gastos de explotación
8. Amortización del inmovilizado	Gastos de explotación
9. Imputación de subvenciones de inmovilizado no financiero y otras	Ingresos de explotación
10. Excesos de provisiones	Ingresos de explotación
11. Deterioro y resultado por enajenaciones del inmovilizado	Excluida
A-1) RESULTADO DE EXPLOTACIÓN	
12. Ingresos financieros	Ingresos financieros
13. Gastos financieros	Gastos financieros
14. Variación de valor razonable en instrumentos financieros	± Ingresos financieros
15. Diferencias de cambio	± Gastos financieros
16. Deterioro y resultado por enajenaciones de instrumentos financieros	± Ingresos financieros
A-2) RESULTADO FINANCIERO	
A-3) RESULTADO ANTES DE IMPUESTOS	
17. Impuestos sobre beneficios	Excluida
A-4) RESULTADO DEL EJERCICIO	
B) OPERACIONES INTERRUMPIDAS	Excluida

La metodología de análisis que se presenta queda simplificada a un entorno sin impuestos ni circunstancias extraordinarias, razón por la que no se efectúa propuesta de reclasificación para los epígrafes 17 «Impuesto sobre beneficios», y 11 «Deterioro y resultado por enajenación del inmovilizado», así como del apartado B), «Operaciones interrumpidas». Estos epígrafes quedan excluidos del análisis. En consecuencia, aquellas partidas del balance directamente relacionadas con los aspectos mencionados (activos netos por impuestos diferidos y activos no corrientes netos mantenidos para la venta) han sido ajustadas contra el patrimonio neto. Esta simplificación, que se propone con la única finalidad de comprender mejor los fundamentos básicos de la metodología de análisis que se propone, no exime de la posterior incorporación de las partidas excluidas. Los epígrafes siguientes desarrollan los aspectos más relevantes de la metodología de análisis de la rentabilidad a partir de la *diferenciación* entre rentabilidad económica y financiera y de la *descomposición* de las expresiones que las definen.

9.3. RENTABILIDAD ECONÓMICA Y RENTABILIDAD FINANCIERA

9.3.1. Relación entre flujos y fondos

Existen dos grandes acepciones del término rentabilidad, según se vinculen únicamente con la gestión económica (de los activos) o tengan en cuenta la gestión financiera (de las fuentes de financiación). A este respecto, la estructura económica de la firma se identifica con los activos, tanto los implicados en la explotación como los catalogados como extrafuncionales, mientras que la estructura financiera comprende los recursos captados por la firma para la financiación de los activos. Estos recursos financieros pueden ser aportados por los accionistas o, alternativamente, por suministradores de fondos diferentes a los propietarios. Nos encontramos, por tanto, ante tres magnitudes de fondo —activos, patrimonio neto y pasivo total—, a cada una de las cuales se le puede asociar un flujo obtenido de la cuenta de resultados, cuya adecuada combinación da lugar a tres magnitudes de acuerdo con el razonamiento que se expone a continuación y que se representa en el cuadro 9.5.

CUADRO 9.5

Relación entre flujos económicos y fondos en la descomposición de la rentabilidad financiera

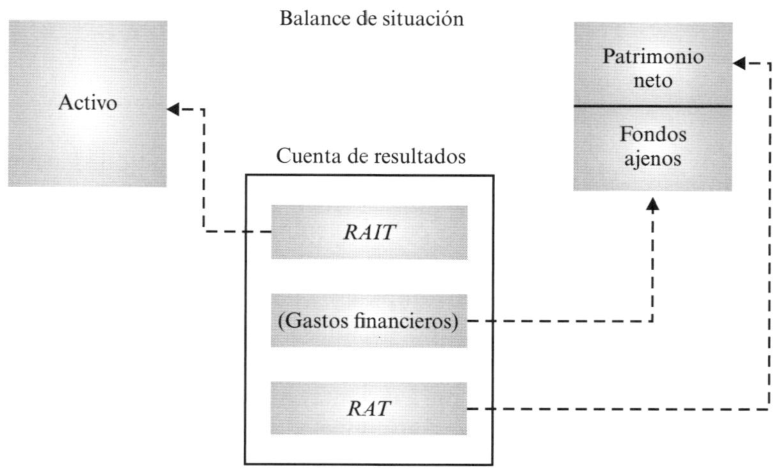

Flujo económico asociado con los activos = *RAIT*
− Flujo económico asociado a la financiación ajena = gastos financieros

= Flujo económico correspondiente a la financiación propia = *RAT*

— El flujo neto generado por la inversión en activos viene determinado por el *RAIT* (ingresos de explotación menos gastos de explotación más ingresos financieros). Se trata del resultado antes de intereses e impuestos o excedente económico, que únicamente depende de las actividades llevadas a cabo por la empresa con su estructura económica o activos, con independencia de la forma en que estos sean financiados.

— El flujo asociado con la financiación ajena es el coste de la misma, es decir, los gastos financieros o intereses abonados a lo largo de un ejercicio económico a los suministradores de fondos ajenos.

— Si al flujo neto correspondiente a la actividad económica *(RAIT)* se le descuenta el flujo asignado a los capitales ajenos (gastos financieros), se obtiene el resultado antes de impuestos *(RAT)*, que es el flujo con el que se remunera al resto de la estructura financiera de la empresa, es decir, a los propietarios de la compañía. Todo ello, claro está, bajo un planteamiento libre de impuestos y de circunstancias extraordinarias, que es el que hemos adoptado por motivos de simplificación.

9.3.2. Conceptos y definiciones

A partir de las consideraciones anteriores, la adecuada combinación entre flujos y fondos permite la obtención de dos magnitudes clave, de interés para cualquier analista: la rentabilidad económica *(RE)* y la rentabilidad financiera *(RF)*.

Rentabilidad económica o de los activos *(RE)*

Es la rentabilidad de las inversiones realizadas por la empresa como unidad económica o de producción. Dichas inversiones se corresponden con el total de activos que aparecen en el balance de situación.

La rentabilidad económica refleja una tasa de rendimiento independiente de la forma en que la empresa financia sus activos, es decir, independiente de la estructura financiera de la misma y de su coste. Al tomar la cifra total de activos como base de la inversión, el flujo asociado a dicho valor debe ser independiente de la forma en que se financia la empresa (una maquinaria produce lo mismo se haya financiado con recursos propios o recurriendo al endeudamiento), excluyendo cualquier efecto que sobre la cuenta de resultados pudiera provocar la elección de las fuentes de financiación. A este respecto, el *RAIT* (resultado antes de intereses e impuestos) es un excedente económico que depende únicamente de las actividades llevadas a cabo por la empresa con sus activos. Su valor no se ve afectado por la estructura financiera de la empresa, por lo que resulta idóneo para el cálculo de la rentabilidad económica. Por tanto:

$$RE = \frac{RAIT}{\text{Activo total}}$$

Rentabilidad financiera, final o de los propietarios *(RF)*

Es la rentabilidad de las inversiones realizadas por los propietarios en calidad de aportantes de financiación al patrimonio empresarial. Se trata, siempre desde un punto de vista contable, de la rentabilidad final de la empresa como alternativa de inversión-negocio-riesgo para el accionista. La rentabilidad financiera o final incorpora, por tanto, la totalidad de los efectos producidos sobre la cifra de resultado a lo largo del período, que, lógicamente, incluirá el efecto en términos de coste provocado por las fuentes de financiación. Dicho efecto se concreta en el importe de los gastos financieros. Si al *RAIT* se le minora el importe de los gastos financieros con los que se ha retribuido a la deuda, se obtiene el resultado antes de impuestos *(RAT)*, magnitud con la que se retribuye al resto de la estructura financiera. Así pues:

$$RF = \frac{RAT}{\text{Patrimonio neto}}$$

La rentabilidad económica debe ser capaz de retribuir de forma satisfactoria tanto a los acreedores como a los propietarios. A este respecto, conviene tener presente que los suministradores de capital propio no están sujetos a una remuneración fija anual, sino que su retribución se hará efectiva una vez atendidos todos los compromisos, incluido el de la remuneración de la deuda, cuya retribución es independiente de la actividad y del resultado de la empresa. La exigencia de una retribución fija para el capital ajeno motiva que cuanto mayor sea la relación entre la deuda y el patrimonio neto en la estructura financiera de una compañía, mayor será también la probabilidad de agotar todo el remanente obtenido en el ejercicio antes de retribuir a los fondos propios. En otras palabras, la existencia de deuda es un factor de riesgo financiero para los accionistas.

El diferente significado asignado a la rentabilidad económica y a la rentabilidad financiera permite discriminar entre las empresas que no son rentables por problemas en el desarrollo de su actividad económica *(RE)* y aquellas otras que no lo son por una deficiente gestión de su política de financiación *(RF)*. Esta distinción es relevante, pues normalmente es más fácil modificar la estructura financiera que la económica. Los siguientes epígrafes están dedicados a profundizar en el análisis de las rentabilidades financiera y económica, a determinar la relación existente entre ambas y a estudiar el efecto que el coste de la financiación ajena tiene sobre la rentabilidad financiera.

9.4. DESCOMPOSICIÓN DE LA RENTABILIDAD FINANCIERA

A partir de la expresión de la rentabilidad financiera *(RF)*, se pueden investigar las razones que justifican su valor mediante un proceso de descomposición de la misma en forma piramidal, tal y como se representa en el cuadro 9.6, esquema que va a determinar el desarrollo del resto del capítulo.

CUADRO 9.6

Pirámide clásica de descomposición de ratios de rentabilidad

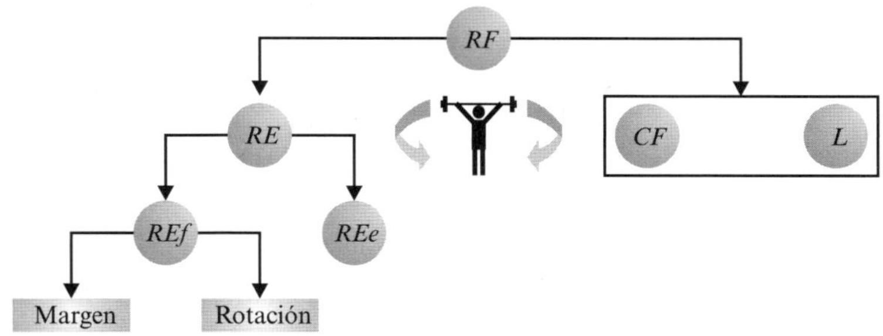

La rentabilidad financiera se puede estudiar como el efecto de dos vectores: en primer lugar, el vector que define la *gestión económica* de los activos, representado por la rentabilidad económica *(RE),* y, en segundo lugar, el vector que determina la *gestión financiera* de la deuda, representado por las variables coste de la deuda *(CF)* y relación de endeudamiento *(L)*. La descomposición de la rentabilidad financiera en estos dos vectores se justifica por la relación existente entre las variables que conforman cada vector, cuya relación analítica se expone a continuación:

Designando por:

PN = Patrimonio neto.
PT = Pasivo total.
AT = Activo total.
Gf = Gastos financieros.
CF = Coste financiero medio de la deuda.
L = Relación de endeudamiento.
RE = Rentabilidad económica.
RF = Rentabilidad financiera.
$RAIT$ = Resultado antes de intereses e impuestos.
RAT = Resultado antes de impuestos.

resulta que:

$$AT = PT + PN \qquad [1]$$

$$L = \frac{PT}{PN} \qquad [2]$$

$$RE = \frac{RAIT}{AT} \qquad [3]$$

$$CF = \frac{Gf}{PT} \qquad [4]$$

$$RF = \frac{RAT}{PN} \qquad [5]$$

En vista de estas funciones, y sabiendo que el $RAT = RAIT -$ Gastos financieros:

$$RF = \frac{RAIT - Gf}{PN} \qquad [6]$$

De las expresiones [3] y [4] se obtienen, respectivamente:

$$RAIT = RE \times AT$$

$$Gf = CF \times PT$$

Sustituyendo estas expresiones en [6], se obtiene:

$$RF = \frac{RE \times AT - CF \times PT}{PN}$$

$$RF = \frac{RE(PT + PN) - CF \times PT}{PN}$$

$$RF = \frac{RE \times PT}{PN} - \frac{CF \times PT}{PN} + \frac{RE \times PN}{PN}$$

Reordenando la expresión anterior y sacando factor común $\frac{PT}{P}$, se obtiene:

$$RF = RE + (RE - CF) \times \frac{PT}{PN}$$

relación que en su expresión más extendida se presenta de la siguiente manera:

$$\boxed{RF = RE + (RE - CF) \times L} \qquad [7]$$

Como se deduce de la expresión final [7], además de considerar los factores que influyen en la rentabilidad económica (gestión de activos), la rentabilidad financiera *(RF)* incorpora el efecto de las fuentes utilizadas por la empresa para la financiación de dichos activos. En consecuencia, la *RF* depende, en primer lugar, de la rentabilidad económica *(RE),* y, en segundo lugar, de la relación Pasivo total/Patrimonio neto *(L)* y del coste de la deuda (*CF*). Dicho en otras palabras, la descomposición de la rentabilidad financiera permite apreciar en qué medida su valor se relaciona con la gestión de los activos (rentabilidad económica) o con la gestión de las fuentes de financiación (estructura financiera y coste de la misma).

La rentabilidad financiera *(RF)* es, por tanto, igual a la rentabilidad económica *(RE)* más/menos un factor adicional debido a la utilización de la financiación ajena. Este factor se conoce como *efecto apalancamiento financiero,* y su signo dependerá de que la rentabilidad de los activos sea o no superior al coste de la deuda, todo ello ponderado por la proporción que dicha deuda represente dentro de la estructura financiera global.

$$RF = RE + \text{Efectos apalancamiento financiero} \quad [8]$$

De esta forma, en la medida en que el interés con el que se retribuya a la financiación ajena sea inferior/superior al rendimiento obtenido por cada euro de inversión en activo, los beneficiados/perjudicados por dicho diferencial serán los aportantes del otro tipo de financiación, es decir, los accionistas. Así pues, la relación existente entre la rentabilidad económica *(RE)* y el coste de la deuda *(CF)* da lugar a tres escenarios posibles, que se representan en el cuadro 9.7:

1. Si $RE > CF$, el diferencial $(RE - CF)$ será positivo, lo que origina un efecto apalancamiento financiero positivo y, por tanto, que *RF* sea superior a *RE.*
2. Si $RE < CF$, el diferencial $(RE - CF)$ será negativo, causa de un efecto apalancamiento financiero negativo, por lo que *RF* será inferior a *RE.*
3. Si $RE = CF$, el diferencial $(RE - CF)$ será nulo, por lo que *RE* es igual a *RF.*

CUADRO 9.7

Relación entre el endeudamiento y la rentabilidad financiera. $RF = f(L)$

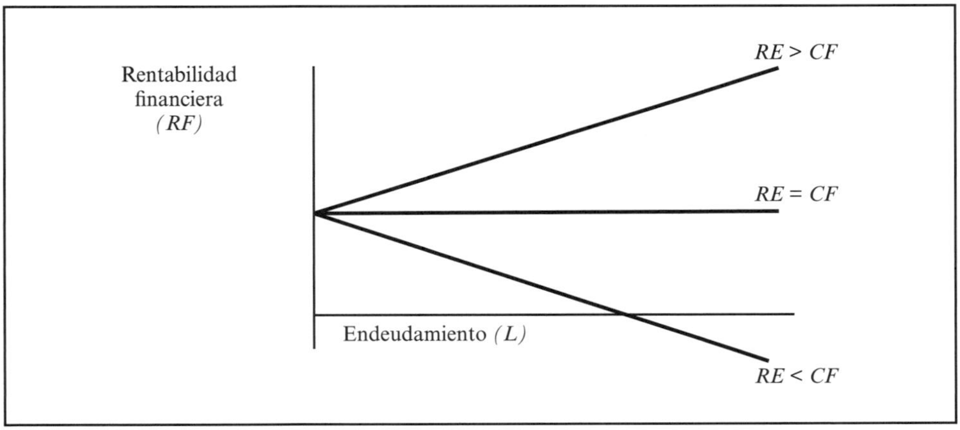

Si la rentabilidad económica es superior al coste medio del pasivo, a medida que crece la relación de endeudamiento la empresa aprovecha el mismo para mejorar la rentabilidad de los accionistas. Si, por el contrario, la rentabilidad económica es inferior al tipo medio de la deuda, la rentabilidad financiera decrece a medida que aumenta el endeudamiento, tanto más cuanto mayor sea el ratio de endeudamiento definido por L. Por último, si la rentabilidad económica es igual al tipo medio de interés, se anula el efecto apalancamiento, de forma que la presencia de deuda no determina el valor de la rentabilidad financiera.

El ejemplo siguiente analiza en detalle la ecuación del apalancamiento financiero en cuatro escenarios diferentes.

EJEMPLO 9.1

Sean los siguientes datos:

Activos totales	100 euros
Pasivo total y patrimonio neto	100 euros
RAIT	6 euros

Escenario 1

La empresa no utiliza financiación ajena, por lo que $RF = RE$:

$$RF = 0{,}06 + (0{,}06 - 0{,}00) \times \frac{0}{100} = 0{,}06$$

Escenario 2

La empresa financia sus activos en un 50 por 100 con recursos ajenos y en otro 50 por 100 con patrimonio neto. Los gastos financieros del ejercicio ascienden a 1,5 euros:

$$RF = 0{,}06 + (0{,}06 - 0{,}03) \times \frac{50}{50} = 0{,}09$$

Escenario 3

El endeudamiento supone un 60 por 100 de la estructura financiera, ascendiendo los gastos financieros a 1,8 euros:

$$RF = 0{,}06 + (0{,}06 - 0{,}03) \times \frac{60}{40} = 0{,}105$$

Escenario 4

La empresa financia sus activos en un 50 por 100 con recursos ajenos, por lo que el ratio de endeudamiento *(L)* es igual a la unidad. Los gastos financieros se elevan hasta 4,5 euros:

$$RF = 0{,}06 + (0{,}06 - 0{,}09) \times \frac{50}{50} = 0{,}03$$

De acuerdo con la ecuación de apalancamiento financiero [8], la rentabilidad financiera *(RF)* será superior a la rentabilidad económica *(RE)* cuando el diferencial *(RE − CF)* sea positivo, siempre y cuando el ratio *L* sea distinto de cero (escenarios 2 y 3). Si la empresa no recurre a la financiación ajena, el ratio de apalancamiento financiero *(L)* será igual a cero, lo que hará que *RE* y *RF* coincidan, siendo el efecto apalancamiento financiero nulo (escenario 1). Por su parte, el ratio *L* produce un efecto palanca o multiplicador en el diferencial *(RE − CF),* con independencia de que este sea positivo o negativo. Así, por ejemplo, en el escenario 3 el diferencial es positivo en 3 puntos, pero al ser $L > 1$, su efecto multiplicador convierte el valor del efecto apalancamiento en 0,045 (0,03 × 1,5). En este caso los acreedores financieros están recibiendo una remuneración menor (0,03) que la que obtiene la firma por la gestión de sus activos (0,06), de forma que esta inferior retribución del capital ajeno revierte en una superior remuneración del capital propio (0,09). Si, por el contrario, la rentabilidad económica *(RE)* es menor que el coste medio de la deuda *(CF),* entonces la rentabilidad financiera *(RF)* será menor que la rentabilidad económica *(RE),* tal y como ocurre en el escenario 4. En este último caso el exceso de la remuneración de la deuda (0,09) implica que los propietarios de la firma van a recibir una retribución por sus aportaciones inferior (0,03) a la que obtiene la entidad por la gestión de sus actividades (0,06).

El efecto apalancamiento financiero permite, con una adecuada combinación de capitales propios y ajenos, afrontar actividades cuya rentabilidad económica es inferior a la rentabilidad financiera mínima exigida por los accionistas. Un ejemplo de empresas que aprovechan de forma importante el efecto apalancamiento financiero son las pertenecientes al sector de distribución de alimentación (hipermercados). Dado el importante poder de negociación que ejercen sobre sus proveedores, empresas como Dia, Lidl, Alcampo, Eroski, etc., trabajan con un coste medio de deuda muy bajo, lo que les permite alcanzar altas rentabilidades financieras sin haber tenido que rentabilizar de la misma forma sus activos.

El cuadro 9.8 presenta la descomposición de la rentabilidad financiera en Dia, S. A., y Lidl Supermercados, S. A., para los años 2003 a 2006. Puede observarse cómo al ser el coste financiero muy bajo, ambas empresas aprovechan de forma muy positiva el efecto apalancamiento financiero en la obtención de sus niveles finales de rentabilidad.

CUADRO 9.8

Descomposición de la rentabilidad financiera

Dia, S. A.	*RF*	*RE*	*Cf*	*L*	Lidl, S. A.	*RF*	*RE*	*Cf*	*L*
2003	0,54	0,12	0,00	3,55	**2003**	0,02	0,02	0,02	1,70
2004	0,33	0,10	0,00	2,18	**2004**	0,21	0,08	0,01	2,03
2005	0,30	0,11	0,00	1,67	**2005**	0,26	0,09	0,01	2,24
2006	0,28	0,11	0,00	1,57	**2006**	0,15	0,06	0,02	2,43

9.5. DESCOMPOSICIÓN DE LA RENTABILIDAD ECONÓMICA

Al igual que ocurre con la rentabilidad financiera, la expresión que define la rentabilidad económica puede descomponerse en los elementos que la integran, al objeto de facilitar su análisis y profundizar en las causas que justifican su evolución. Esta descomposición se lleva a cabo en dos etapas. La primera etapa aborda el estudio de la *RE* según el tipo de activos que la definen (funcional/extrafuncional). La segunda queda limitada al análisis de los activos funcionales a través del estudio de la dualidad margen-rotación. Los siguientes apartados desarrollan con mayor extensión las dos etapas del análisis.

9.5.1. Rentabilidad económica debida a la tenencia de activos funcionales/extrafuncionales

La diferenciación entre activos funcionales y extrafuncionales permite identificar la parte de la rentabilidad económica que proviene de la tenencia de activos implicados en la actividad principal —activos funcionales— y la que proviene de otro tipo de activos —activos extrafuncionales—. Tal y como ha quedado establecido en el cuadro 9.3, las inversiones financieras de todo tipo han sido reclasificadas como activos extrafuncionales. Esta reclasificación, que presenta indudables ventajas por su evidente simplificación, no está, sin embargo, exenta de algunas limitaciones, sobre todo en lo concerniente a la cartera de control, tal y como se expone en el cuadro 9.9.

Tal y como se ha razonado en el epígrafe 9.3, si se descompone el *RAIT* en (1) la parte que proviene de la utilización de activos funcionales *(RAITf)* y (2) la parte que corresponde a la utilización de activos extrafuncionales *(RAITe),* se obtienen las siguientes expresiones:

$$REf = \frac{RAITf}{Af} \qquad [9]$$

CUADRO 9.9

Limitaciones en la consideración de los activos extrafuncionales

A pesar de lo dicho anteriormente, no puede generalizarse la idea de que todas las inversiones financieras sean activos extrafuncionales. Piénsese, por ejemplo, en una matriz que adopta como estrategia de negocio realizar sus actividades a través de empresas filiales. En tal caso, las empresas filiales serán las encargadas de realizar la actividad productiva y comercial bajo la supervisión de la matriz, que se limitará a dictar las líneas estratégicas de actuación del grupo empresarial. En las cuentas individuales de la matriz la inversión en las filiales se recogerá en el epígrafe «Inversiones financieras, participaciones en empresas del grupo». Sin embargo, parece evidente que detrás de estos activos financieros se esconden auténticos activos funcionales (terrenos, instalaciones industriales, etc.) sin los cuales el grupo no podría realizar su encargo empresarial. Por tanto, la catalogación de una inversión financiera como activo funcional o extrafuncional no depende tanto de la naturaleza de la misma, sino de la función estratégica que desempeñe. La mayor parte de los activos financieros son claros ejemplos de activos extrafuncionales, mientras que la cartera de control deberá ser tratada con mayor cautela.

Similar planteamiento cabría hacerse para el caso de las inversiones inmobiliarias cuya clasificación como activo funcional o extrafuncional dependerá de la estrategia adoptada por la firma para la explotación de las mismas.

$$REe = \frac{RAITe}{Ae} \qquad [10]$$

donde:

- REf = Rentabilidad económica funcional (o generada por la tenencia de activos funcionales).
- REe = Rentabilidad económica extrafuncional (o generada por la tenencia de activos extrafuncionales).
- $RAITf$ = *RAIT* funcional (resultado de explotación).
- $RAITe$ = *RAIT* extrafuncional (ingresos financieros + otros ingresos extrafuncionales).
- Af = Activo funcional.
- Ae = Activo extrafuncional.

De acuerdo a lo expresado en [9] y [10], se deduce fácilmente que:

$$\boxed{RE = (REf \times Af / AT) + (REe \times Ae / AT)} \qquad [11]$$

La rentabilidad económica total se descompone, por tanto, en la suma de las rentabilidades generadas por ambos tipos de activos (funcionales y extrafuncionales), ponderadas por la proporción que cada uno de ellos representa en relación con el activo total.

Con independencia de que se trate de activos corrientes o no corrientes, la descomposición expresada en la ecuación [11] permitirá al analista conocer si los puntos de rentabilidad económica se deben a una buena gestión de los activos funcionales (aquellos necesarios para que la empresa desarrolle su actividad económica principal) o al efecto provocado por la tenencia y rentabilización de los activos extrafuncionales (aquellos cuya desaparición no alteraría el desarrollo de dicha actividad principal en las mismas condiciones en que se viene realizando). Hay que tener presente, en todo caso, que los activos extrafuncionales no son antifuncionales, es decir, aportan puntos de rentabilidad, pero lo hacen a través estrategias alternativas a las derivadas de la actividad principal.

El cuadro 9.10 muestra la descomposición de la rentabilidad económica de Lidl, S. A., y Dia, S. A., para el período comprendido entre 2003 y 2006, apreciándose diferencias significativas. Así, mientras Lidl, S. A., obtiene la mayor parte de su rentabilidad por medio de los activos funcionales (el porcentaje de activos extrafuncionales es muy pequeño, lo que hace que *RE* y *REf* sean prácticamente iguales), Dia, S. A., apuesta muy seriamente por los activos extrafuncionales (principalmente inmovilizados financieros por la creación de filiales en el extranjero), que suponen alrededor de un 40-50 por 100 del total de sus activos y hacen que la *RE* resulte muy inferior a la *REf*. Si Dia, S. A., se deshiciera de estos últimos, su *RE* sería mucho mayor.

CUADRO 9.10

Descomposición de la RE en funcional y extrafuncional

Dia, S. A.	***REf***	***%Af***	***REe***	***%Ae***	***RE***	**Lidl, S. A.**	***REf***	***%Af***	***REe***	***%Ae***	***RE***
2003	0,19	0,58	0,02	0,42	0,12	**2003**	0,02	0,99	0,29	0,01	0,02
2004	0,19	0,51	0,01	0,49	0,10	**2004**	0,08	0,90	0,03	0,10	0,08
2005	0,18	0,49	0,05	0,51	0,11	**2005**	0,09	0,87	0,04	0,13	0,09
2006	0,12	0,56	0,10	0,44	0,11	**2006**	0,06	0,91	0,09	0,09	0,06

9.5.2. Rentabilidad económica debida a una estrategia de margen/rotación

En segundo lugar, y de forma adicional, puede plantearse una nueva descomposición de la rentabilidad económica, de aplicación únicamente a la obtenida por los activos funcionales. A tal efecto, a partir de la expresión que define la rentabilidad económica funcional se puede operar la siguiente transformación.

Partiendo de la expresión general:

$$REf = \frac{RAITf}{Af}$$

mediante una sencilla transformación se obtiene que:

$$REf = \frac{RAITf}{Af} \times \frac{\text{Ventas}}{\text{Ventas}} = \frac{RAITf}{\text{Ventas}} \times \frac{\text{Ventas}}{Af}$$

La expresión $\frac{RAITf}{\text{Ventas}}$ [12] representa el *margen económico sobre las ventas,* equivalente a la proporción de ganancia (en términos de *RAIT* funcional) obtenida por cada euro facturado.

El cociente $\frac{\text{Ventas}}{Af}$ [13] se define como *rotación de activos funcionales* y expresa el nivel de facturación (ventas) conseguido por cada euro invertido en activos funcionales; es decir, representa la eficiencia en la utilización de dichos activos.

De este modo, la *REf* se define también como el producto de margen y rotación:

$$REf = \text{Margen económico sobre ventas} \times \text{Rotación de activos funcionales} \quad [14]$$

Esta nueva descomposición de la rentabilidad económica funcional permite explicar la obtención de rentabilidades equivalentes por sociedades cuya estrategia sea vender mucho volumen con un pequeño margen (empresas de distribución o de elaboración de productos de gran consumo) o por sociedades que necesiten vender con menos intensidad gracias a que obtienen un mayor margen (empresas que producen objetos de lujo o especializados). Incluso dentro del mismo sector, por ejemplo, dos empresas de restauración diferentes han podido alcanzar una misma *REf* (por ejemplo, 6 por 100), pero sobre la base de planteamientos estratégicos distintos. Mientras que una de ellas opera con un margen económico del 2 por 100 y una rotación de activos funcionales de 3 (restaurante que sirve comidas rápidas y a buen precio), la otra trabaja con un margen económico del 6 por 100 y una rotación de activos funcionales de 1 (restaurante de lujo que no necesita servir tantas comidas en un mismo día).

El cuadro 9.11 presenta la descomposición de la *REf* de Dia, S. A., y Lidl, S. A., para el período 2003-2006. Puede observarse cómo la rotación de Dia, S. A., duplica prácticamente a la de su competidora, consecuencia de una muy superior cuota de facturación en el sector. Esta circunstancia hace que, a pesar de la equiparación de márgenes en los dos últimos años, Dia, S. A., obtenga una muy superior *REf* que Lidl, S. A. No obstante lo anterior, la enérgica disminución sufrida en el año 2006 en la *REf* de Dia, S. A. (pierde 6 puntos), obliga al analista a profundizar en dos aspectos: el leve retroceso de margen (viene perdiendo un punto desde 2005) y, muy especialmente, la fuerte caída en la rotación (pasa de 5,14 a 4,49). Por su parte, la *REf* de Lidl, S. A., ha evolucionado de forma positiva, con la excepción del último año, en el que se producen caídas tanto de margen como de rotación.

CUADRO 9.11

Descomposición de la REf en margen y rotación

Dia, S. A.	*REf*	Margen	Rotación	Lidl, S. A.	*REf*	Margen	Rotación
2003	0,19	0,035	5,40	**2003**	0,02	0,007	2,50
2004	0,19	0,035	5,45	**2004**	0,08	0,031	2,65
2005	0,18	0,034	5,14	**2005**	0,09	0,043	2,22
2006	0,12	0,027	4,49	**2006**	0,06	0,028	2,02

9.5.3. Profundización en el estudio de margen y rotación: análisis de porcentajes

La descomposición de la *REf* en margen y rotación (cuadro 9.11) no resulta por sí sola suficiente para juzgar la evolución de la rentabilidad económica funcional. Para conocer mejor las razones que explican el comportamiento de estos componentes deberán analizarse los porcentajes verticales y horizontales, tanto del bloque de explotación de la cuenta de pérdidas y ganancias como de los diferentes activos funcionales.

Por lo que respecta a la evolución del *margen,* conviene, en primer lugar, analizar la proporción de cada partida de gasto con relación a las ventas, investigando especialmente aquellas que presenten una mayor importancia relativa. El cuadro 9.12 presenta los porcentajes verticales de la cuenta de resultados de Dia, S. A., y Lidl, S. A. En ambos casos, los aprovisionamientos (consumos de existencias) resultan ser, con diferencia, la partida más importante (por encima del 75 por 100)

CUADRO 9.12

Porcentajes verticales sobre la cifra de ventas

Dia, S. A.	2003	2004	2005	2006	Lidl, S. A.	2003	2004	2005	2006
Ventas	100	100	100	100	Ventas	100	100	100	100
Aprovisionamientos	78	77	77	76	Aprovisionamientos	80	79	77	78
Gastos personal	8	8	8	9	Gastos personal	7	7	7	7
Amortización	2	2	2	2	Amortización	2	2	2	2
Servicios exteriores	9	9	9	10	Servicios exteriores	10	9	9	9
Deterioro comercial	0	0	0	0	Deterioro comercial	0	0	0	0
Otras	0	0	0	0	Otras	0	0	0	0

y, por tanto, aquella a la que se debería prestar más atención. Gastos de personal y servicios exteriores también suponen porcentajes cuyo control puede resultar de interés (9-10 por 100), mientras que amortizaciones y deterioro comercial condicionan muy poco el margen.

En segundo lugar, será necesario estudiar la evolución temporal de los anteriores componentes y relacionarla con la evolución de las ventas. Para emitir un juicio en este sentido resulta de interés comparar la evolución real con una evolución esperada, que dependerá del carácter variable o fijo de cada componente. Para los costes variables la evolución esperada coincidirá con la de las ventas, mientras que los costes fijos no deberían experimentar variación. El cuadro 9.13 presenta los porcentajes horizontales de los componentes de la cuenta de resultados de Dia, S. A., y Lidl, S. A., para el período 2003-2006. En el año 2006 las ventas de Dia, S. A., crecen un 5 por 100, mientras que sus aprovisionamientos (coste variable) lo hacen en otro 5 por 100, porcentaje similar al esperado. Por otro lado, tanto los gastos de personal como los de amortización crecen en porcentajes muy superiores (12 por 100 y 18 por 100, respectivamente) al de las ventas (5 por 100), lo que, a tenor de su carácter eminentemente fijo, sería reflejo de una actuación ineficiente sobre la que resultaría necesario investigar.

CUADRO 9.13

Porcentajes horizontales de la cuenta de resultados (tendencia anual)*

Dia, S. A.	**2003**	**2004**	**2005**	**2006**	**Lidl, S. A.**	**2003**	**2004**	**2005**	**2006**
Ventas	100	108	105	105	Ventas	100	121	109	112
Aprovisionamientos	100	107	105	105	Aprovisionamientos	100	119	107	114
Gastos personal	100	109	110	112	Gastos personal	100	115	114	114
Amortización	100	112	108	118	Amortización	100	132	109	116
Servicios exteriores	100	110	108	113	Servicios exteriores	100	108	115	111
Deterioro comercial	100	–5	529	115	Deterioro comercial	100	386	407	34

* Año base, el inmediatamente anterior al año de referencia.

Por su parte, para profundizar en el comportamiento de la *rotación* es necesario estudiar la eficiencia con que la empresa está utilizando sus activos funcionales. Para ello el analista llevará a cabo los mismos protocolos que en el caso del margen. En primer lugar, analizará la importancia relativa de los activos funcionales (porcentajes verticales) para, posteriormente, comparar la evolución temporal de cada uno de ellos, detectando posibles desajustes que expliquen dicha evolución con la de las ventas (porcentajes horizontales). Los cuadros 9.14 y 9.15 incluyen, respectivamente, porcentajes verticales de los activos funcionales de Dia, S. A., y Lidl, S. A., con respecto al activo total y porcentajes horizontales de tendencia anual de esos mismos activos para el período 2003-2006.

CUADRO 9.14

Porcentajes verticales de los activos funcionales sobre el total del activo

Dia, S. A.	2003	2004	2005	2006	Lidl, S. A.	2003	2004	2005	2006
Inmovilizado material	28	23	24	29	Inmovilizado material	73	57	55	65
Inmovilizado intangible	3	2	2	5	Inmovilizado intangible	4	2	2	1
Existencias	17	14	17	17	Existencias	16	12	9	11
Deudores	5	4	5	5	Deudores	1	1	2	2
Tesorería	4	2	3	4	Tesorería	5	11	22	13

CUADRO 9.15

Porcentajes horizontales de los activos funcionales (tendencia anual)*

Dia, S. A.	2003	2004	2005	2006	Lidl, S. A.	2003	2004	2005	2006
Inmovilizado material	100	106	113	127	Inmovilizado material	100	113	123	131
Inmovilizado intangible	100	100	115	214	Inmovilizado intangible	100	85	93	52
Existencias	100	106	125	106	Existencias	100	106	101	128
Deudores	100	117	130	100	Deudores	100	110	313	106
Tesorería	100	77	142	146	Tesorería	100	341	259	65

* Año base, el inmediatamente anterior al año de referencia.

La incorporación al análisis de la información proporcionada por los cuadros 9.11 a 9.15 permite efectuar las siguientes consideraciones. La importante caída sufrida por la rotación de Dia, S. A. (Ventas/Activos funcionales), que pasa de 5,14 a 4,49 en el año 2006 (cuadro 9.11), se explica por el fuerte incremento experimentado por sus activos funcionales (cuadro 9.15), que, con excepción de deudores, resulta superior al incremento del 5 por 100 en las ventas de ese mismo año (cuadro 9.13). Analizando los activos funcionales, encontramos que el incremento de existencias (6 por 100) resulta un punto superior al de las ventas, lo que indica que la empresa ha empeorado ligeramente su gestión de almacén. Las existencias suponen un nada desdeñable 17 por 100 del total del activo (cuadro 9.14), por lo que Dia, S. A., debería poner los medios para no seguir empeorando su rotación. Por lo que al inmovilizado técnico respecta (el otro gran componente del activo funcional), no deberían producirse variaciones importantes en sus índices siempre que la empresa mantenga la infraestructura actual, menos aún teniendo en cuenta las correcciones por amortización. Sin embargo, los fuertes incrementos encontrados en los inmovilizados material e intangible (27 por 100 y 114 por 100, respectivamente), que solo quedarían justificados por políticas de crecimiento, contribuyen de forma muy significativa a explicar la negativa evolución de los niveles de rotación (no hay que olvidar que las ventas apenas han crecido un 5 por 100). El 27 por 100 de incremento en inmovilizado material resulta más preocupante que el 114 por 100 del inmovilizado intangible por su mayor peso relativo (el primero representa un 29 por 100 del total del activo, por solo un 5 por 100 el segundo, cuadro 9.14).

Por su parte, la rotación de Lidl, S. A., sufre también una ligera caída en 2006, al pasar de 2,22 a 2,02 (cuadro 9.11). Utilizando el mismo razonamiento anterior, dicha disminución vendría explicada por el más que proporcional incremento tanto de las existencias como del inmovilizado material (28 y 31 por 100, respectivamente, cuadro 9.15) con respecto al incremento de las ventas (solo un 12 por 100, cuadro 9.13).

En definitiva, la descomposición de la rentabilidad económica, bien a partir de la distinción entre activos funcionales/extrafuncionales, o bien a través de la relación margen/rotación como factores determinantes de la misma, ofrece al analista una herramienta de primer orden para el establecimiento de previsiones que sirvan de instrumento de enlace con el planteamiento estratégico de la compañía. En muchas ocasiones las diferencias que las empresas suelen mostrar en los valores de sus rentabilidades (funcional/extrafuncional), así como el posicionamiento adoptado en márgenes y rotaciones, son habitualmente un reflejo de dichos planteamientos estratégicos. Ante una determinada situación el gestor de la firma puede intervenir en dichas magnitudes recurriendo a diversas combinaciones, al objeto de modificar las tasas de rentabilidad. Los casos que se presentan en el cuadro 9.16 responden a situaciones reales analizadas a partir de la descomposición de la rentabilidad económica.

CUADRO 9.16

Rentabilidad económica y estrategia de empresa

En el año 1992 la compañía española de distribución mayorista Makro se aprovechaba de los altos tipos de interés vigentes a principios de la década de los años noventa para obtener una rentabilidad económica positiva, a pesar de que la obtenida con la gestión de sus activos funcionales resultaba negativa. Por su parte, en el sector de fabricación de equipos informáticos la principal ventaja competitiva de la compañía norteamericana Dell consiste en ofrecer precios más baratos que sus competidores (trabajando, por tanto, con un menor margen) gracias a que al canalizar sus pedidos a través de Internet apenas necesita invertir en existencias. Por este motivo, además de ahorrar costes de mantenimiento, Dell puede conseguir mayores niveles de rotación (la disminución de facturación por precio se ve claramente compensada por los incrementos en volumen físico). Por su parte, empresas como Microsoft disfrutan de

CUADRO 9.16 *(continuación)*

márgenes muy amplios (en torno al 85 por 100) gracias a su posición de liderazgo en el mercado, casi total, del software. La realización de cambios estratégicos puede tener su reflejo, como ya se ha comentado, en movimientos en los valores de la dualidad margen × rotación. La compañía española de porcelanas Lladró anunciaba públicamente en el año 2001 una sensible reducción de sus puntos de venta para otorgar a sus productos una mayor exclusividad. Tal cambio de estrategia pretendía mejorar la rentabilidad económica a través de la obtención de un mayor margen (ventas a precios más caros), sacrificando, en parte, sus niveles de rotación.

9.6. OTRAS MEDIDAS DE RENTABILIDAD

Resulta prácticamente imposible presentar un catálogo que incluya todas las medidas de la rentabilidad, dada la gran cantidad de combinaciones posibles entre flujos económicos e inversiones. Sin embargo, algunos flujos que determinan el valor de ciertos ratios son especialmente utilizados por los analistas financieros en la selección de carteras de inversión. Tal es el caso del EBITDA, del beneficio por acción o del *PER*.

9.6.1. El EBITDA

El EBITDA *(earnings before interest, taxes, depreciation and amortization)* es uno de los indicadores que en los últimos tiempos mayor difusión está alcanzando en determinados círculos económicos y financieros especializados. El EBITDA, cuyo equivalente en castellano sería «beneficio operativo» o «resultado bruto de la explotación», es un escalón de la cuenta de pérdidas y ganancias que, al igual que los demás, surge al restar diversos gastos a determinados ingresos. El EBITDA se determina restando a los ingresos de la explotación algunos gastos de explotación: los más cercanos al proceso productivo, como aprovisionamientos, salarios y servicios exteriores.

Importe neto de la cifra de negocios. ± Variación de existencias de productos terminados y en curso de fabricación. + Trabajos realizados por la empresa para su activo. − Aprovisionamientos. + Otros ingresos de explotación. − Gastos de personal. ± Otros gastos de explotación.
= EBITDA

Como puede verse, en la determinación del EBITDA no se han restado las amortizaciones ni las pérdidas por deterioro ni los resultados procedentes de enajenación de inmovilizado, por lo que puede decirse que el EBITDA es una aproximación al potencial que tiene la firma de generar tesorería en sus actividades de explotación.

El EBITDA tiene la ventaja de ser una magnitud poco manipulable (para su cálculo no se tienen en cuenta las amortizaciones) y de sencilla determinación, por lo que se ha usado de forma abundante en determinados círculos financieros, tal vez demasiado ávidos de dar buenas noticias de las empresas que basaban buena parte de su crecimiento en la captación de recursos en los mercados de capitales. Dado que para su determinación no se tienen en cuenta ni los gastos de amortización ni los intereses de la deuda (además de los impuestos y deterioro de la cartera de control), su importe es considerablemente superior a otros márgenes que sí tienen en cuenta algunas o todas de las anteriores cargas. Utilizado con profusión por los administradores de empresas de la «nueva economía», que experimentaron crecimientos importantes en la cifra de negocios de los primeros años 2000, el EBITDA tiene suficientes limitaciones como para ser interpretado con prudencia.

La primera limitación viene de su propia definición, al excluir de su cálculo gastos que se han revelado muy importantes, sobre todo a raíz de sonados casos como el de la eléctrica Enron. El EBITDA oculta el endeudamiento de la compañía, lo que merma considerablemente su utilidad, sobre todo para aquellas firmas que basan su crecimiento en el recurso a la deuda. Además, al dejar fuera de su cálculo la amortización del inmovilizado, tanto material como intangible, el EBITDA muestra todas sus carencias y limitaciones al no contemplar las amortizaciones, especialmente cuantiosas en las empresas intensivas en capital. De forma adicional, dado que para su determinación no se tiene en cuenta el impuesto sobre beneficios, el EBITDA se muestra insensible a posibles cambios en el panorama del impuesto de sociedades. Como han reconocido destacados expertos al hacer balance de la crisis financiera de los primeros años del siglo XXI, dado el enorme auge inversor de las empresas, parecía lógico intentar resaltar el EBITDA para no tener en cuenta el coste anual del fuerte apalancamiento y de la amortización de las inversiones realizadas, que aún no tenían rendimientos o eran demasiado bajas.

En definitiva, el EBITDA es un indicador más de los resultados de la compañía, cuyo importe debe administrarse con prudencia, dadas las importantes limitaciones que tiene al dejar fuera de su cálculo gastos tan importantes como los intereses de la deuda, las amortizaciones o el impuesto sobre beneficios.

9.6.2. Beneficio por acción

El beneficio o ganancia por acción *(BPA)* viene definido por el cociente entre los beneficios netos del período y el número medio de acciones en circulación, corregido por el hecho de tener diferentes valores nominales o distinto porcentaje de desembolso:

$$\text{Beneficio por acción} = \frac{\text{Beneficio neto}}{\text{Número medio de acciones ordinarias}} \qquad [15]$$

Se trata de un indicador que goza de gran aceptación entre los analistas financieros debido a la inmediatez de su cálculo y a su sencilla interpretación. No obstante, suele ser frecuente efectuar algunos ajustes, tanto en la determinación del numerador como del denominador. En el numerador es conveniente descontar la cifra de beneficios preferentes (por ejemplo, acciones sin voto), por lo que el denominador deberá referirse a las acciones ordinarias.

9.6.3. El *PER*

El *PER (price-earnings ratio)* se obtiene dividiendo el valor de mercado de las acciones, también denominado valor de capitalización, y el beneficio obtenido en el ejercicio. Referido a una acción, será el cociente de la cotización última del título en el mercado y la ganancia por acción, tal y como se ha definido en [15]:

$$PER = \frac{\text{Cotización}}{\text{Beneficio por acción}} \qquad [16]$$

Son varias las interpretaciones que se han efectuado del *PER*. Una de ellas es la que se refiere a las expectativas del mercado acerca de las ganancias futuras de la empresa. En igualdad de condiciones, cuanto mayor sea el *PER,* mayores serán también las expectativas que el mercado deposita en los títulos de la compañía. Por otra parte, el *PER* también viene a indicar el número de años que deberán transcurrir para —vía resultados— recuperar el coste de la inversión.

En el análisis de este indicador hay que tener en cuenta el fuerte componente subjetivo que la opinión de los inversores transmite al mercado en su percepción sobre las capacidades de la empresa para generar beneficios futuros. En este sentido, un *PER* demasiado elevado puede ser una señal de que el título está sobrevalorado o *sobrecomprado,* por lo que podría ser prudente vender. Por el contrario, un *PER* muy bajo puede ser una oportunidad de compra, al tratarse de un título infravalorado o sobrevendido.

A partir de la expresión [16] se puede calcular la tasa de rentabilidad anual sin más que invertir los términos. Así pues:

$$\text{Tasa de rentabilidad anual} = \frac{1}{PER} \qquad [17]$$

La expresión [17] indica que cuanto mayor sea el *PER*, menor será la tasa de rentabilidad, es decir, más se tarda en recuperar la inversión realizada. Así, por ejemplo, a un *PER* de 20 le corresponderá una tasa de rentabilidad del 5 por 100, mientras que un *PER* de 25 está asociado a una rentabilidad anual del 4 por 100. En el capítulo 13, dedicado al estudio de modelos de valoración de acciones, el epígrafe 5 amplía la información sobre el *PER*.

CUADRO 9.17

BPA y PER de algunos valores del IBEX 35

	***BPA* interanual (junio 2020-julio 2021)**	***PER* (Precio/*BPA*)**
Acciona	59,23 €	16,39
Acerinox	0,92 €	13,15
ACS	1,90 €	11,97
BBVA	0,60 €	9,65
Enagás	1,61 €	12,22
Endesa	1,04 €	17,99
Iberdrola	0,51 €	18,40
Inditex	0,83 €	37,76
Naturgy	−0,20 €	−113,99
Repsol	0,25 €	47,04
Santander	0,30 €	11,28
Siemens Gamesa	−0,71 €	−29,40
Telefónica	1,62 €	2,35
Viscofán	2,78 €	20,03

FUENTE: Invesgrama. Bolsa de Madrid.

9.7. RESUMEN DE LAS ETAPAS A SEGUIR EN EL ANÁLISIS DE LA RENTABILIDAD

La metodología de análisis adoptada en este manual se basa, como ya se ha apuntado anteriormente, en la diferenciación entre activos funcionales y extrafuncionales. A su vez, con el fin de centrar el análisis en los rendimientos procedentes de las actividades recurrentes (tanto de explotación como financieras), quedan fuera del análisis los resultados procedentes de la enajenación de elementos de inmovilizado y de su deterioro. La consideración de estos supuestos exige al analista practicar algunos ajustes a la información contable normalizada. Una vez practicados los ajustes al balance y cuenta de resultados, se deberán determinar los valores de la rentabilidad económica y financiera para, a continuación, de acuerdo con la pirámide de descomposición de los ratios de rentabilidad representados en el cuadro 9.6, presentar la relación entre ambas rentabilidades con el objeto de analizar la contribución del efecto apalancamiento financiero en la tasa de rentabilidad financiera. A continuación, se procede al análisis de la rentabilidad económica a través de la descomposición de la misma en funcional y extrafuncional. En la base de la pirámide se encuentra la descomposición de la rentabilidad económica funcional en sus componentes (margen y rotación), indicadores que conviene someter al examen de números índices horizontales y verticales con el fin de profundizar en su significado. Por último, en vista de los datos obtenidos, se efectúan los comentarios oportunos teniendo en cuenta no solo los datos contables, sino también, tal y como se señala en el epígrafe 8.2 (véase cuadro 8.1 del capítulo anterior), los condicionantes del entorno y la estrategia empresarial. El cuadro 9.18 presenta de forma esquemática las etapas a seguir en el análisis por descomposición de la rentabilidad.

CUADRO 9.18

Etapas en el análisis de la rentabilidad

Etapas	Epígrafes	Cuadros
1. Ajuste y presentación de la información contable en los modelos funcionales de balance y cuenta de resultados.	9.2	9.1, 9.2, 9.3 y 9.4
2. Obtención de las medidas de rentabilidad de la firma y relación entre ellas.	9.3 y 9.4	9.5, 9.6, 9.7 y 9.8
3. Descomposición de la rentabilidad económica en funcional y extrafuncional.	9.5, 9.5.1	9.9 y 9.10
4. Descomposición de la rentabilidad económica funcional en margen y rotación. Porcentajes.	9.5, 9.5.2 y 9.5.3	9.11, 9.12, 9.13, 9.14 y 9.15
5. Análisis y comentarios.		

BIBLIOGRAFÍA

Berstein, L. y Wild, J. J. (2021).
Esteo Sánchez, F. (2003).
González Pascual, J. (2016).
Jiménez Cardoso, S. y otros (2002).
Palepu, K., Healy, P. M. y Peek, E. (2021).
Stickney, C. P. y Brown, P. R. (2007).

CUESTIONES Y EJERCICIOS

1. Señalar la respuesta correcta:

a) El *RAIT* (resultado antes de intereses e impuestos) es una magnitud cuyo valor depende de la actividad de la empresa y de la forma en que la misma se financia.
b) El *RAIT* (resultado antes de intereses e impuestos) es una magnitud cuyo valor depende únicamente de la actividad realizada por la empresa, cualquiera que sea la forma de financiarse.
c) El *RAIT* (resultado antes de intereses e impuestos) se obtiene restando a los ingresos totales los gastos de explotación.
d) El *RAIT* (resultado antes de intereses e impuestos) será siempre mayor que el *RAT* (resultado antes de impuestos).

2. Los dos factores que actúan de forma multiplicativa en la definición de la rentabilidad económica funcional son:

a) Margen y resultado de explotación.
b) Beneficio y rotación.
c) Margen y rotación.
d) Rotación y endeudamiento.

3. La rentabilidad financiera:

a) Es una magnitud representativa de la retribución que reciben los propietarios de la firma.
b) Se obtiene dividiendo el *RAIT* entre el patrimonio neto.
c) Representa la retribución que reciben los prestamistas de la empresa.
d) Ninguna de las anteriores respuestas es cierta.

4. Señale la respuesta correcta:

a) La rentabilidad económica es igual a la suma de la rentabilidad de los activos funcionales más la rentabilidad de los activos extrafuncionales, con independencia de los porcentajes de ambos tipos de activos en balance.
b) Un aumento en las ventas provocará siempre aumentos en la rentabilidad económica.
c) Cuanto mayores sean los fondos propios, mayor será la rentabilidad económica.
d) A veces ocurre que a pesar del aumento de la rotación de activos, la rentabilidad económica disminuye.

5. La rentabilidad financiera:

a) Es siempre mayor que la rentabilidad económica.
b) Es siempre menor que la rentabilidad económica.
c) Es siempre igual que la rentabilidad económica.
d) Podrá ser mayor, menor o igual que la rentabilidad económica.

6. Señalar la respuesta correcta:

a) El efecto apalancamiento financiero es inversamente proporcional al volumen de deuda en balance.
b) La presencia de deuda posibilita la obtención de altas tasas de rentabilidad financiera sin una elevada rentabilidad económica.
c) En presencia de deuda, la rentabilidad financiera será siempre mayor que la rentabilidad económica.
d) Si la rentabilidad económica es inferior al coste medio de la deuda, nunca podrá ser superior a la rentabilidad financiera.

7. En relación con el análisis de rentabilidad:

a) Los ratios de rentabilidad se calculan generalmente a través de un cociente cuyo numerador se toma del balance y cuyo denominador se toma de la cuenta de resultados.
b) Una empresa en una situación nefasta podría llegar a presentar un ratio de rentabilidad financiera positivo.
c) Los dos únicos factores que actúan sobre la rentabilidad financiera son el margen económico sobre ventas y la rotación de activos.
d) Un crecimiento en ventas provocará siempre una mejora de la rentabilidad financiera.

8. Para aplicar la metodología contable de análisis de rentabilidad:

a) No es necesario llevar a cabo ningún tipo de reordenación funcional.
b) Es necesario reestructurar los activos en dos grupos: funcionales y extrafuncionales.
c) Es necesario reestructurar los pasivos en dos grupos: funcionales y extrafuncionales.
d) Ninguna de las respuestas anteriores.

9. Una sociedad anónima se financia con recursos propios por 600 y con recursos ajenos por 500, que se retribuyen a un tipo medio del 8 por 100. Los activos de la firma ascienden, por tanto, a 1.100. La financiación ajena está constituida por obligaciones convertibles en acciones. Suponiendo que el *RAIT* sea 110, se pide razonar, desde el punto de vista del obligacionista, la conveniencia o no de acudir a la conversión.

10. Supóngase dueño del restaurante TXOKO, cuyos datos contables correspondientes al ejercicio 20X0 son los que se presentan a continuación (supóngase un escenario sin impuestos):

Balance de situación (valores medios del año 20X0 en euros)

Activo		Patrimonio neto y pasivo	
A) ACTIVO NO CORRIENTE	**70.000**	**A) PATRIMONIO NETO**	**50.000**
Inmovilizado material.	70.000	Capital suscrito. Resultado del ejercicio.	49.250 750
		B) PASIVO NO CORRIENTE	**55.000**
		Deudas largo plazo.	55.000
B) ACTIVO CORRIENTE	**55.000**	**C) PASIVO CORRIENTE**	**20.000**
Existencias. Clientes por ventas. Efectivos y otros.	50.000 3.000 2.000	Acreedores comerciales y otras deudas a pagar.	20.000
TOTAL	**125.000**	**TOTAL**	**125.000**

Cuenta de pérdidas y ganancias, año 20X0 (euros)

	20X0
Importe neto de la cifra de negocios (2.500 menús × 50 euros)	125.000
Aprovisionamientos (2.500 menús × 21 euros)	(52.500)
Gastos de personal	(25.000)
Otros gastos de explotación	(30.000)
Amortizaciones	(10.000)
Resultado de explotación	**7.500**
Gastos financieros	(6.750)
Resultado antes de impuestos	**750**

En vista de los resultados, se desea introducir algunos cambios en la estrategia de negocio, de forma que para el próximo ejercicio (20X1) considera la posibilidad de servir menús más económicos, de menor calidad, pero a mitad de precio que los actuales. Este cambio estratégico obliga a mantener una cifra media de existencias superior en 6.000 euros a la actual, permitiendo cobrar al contado y abaratando en 5 euros el coste de las existencias que es necesario consumir para cada menú. Sin embargo, el saldo de tesorería se considera suficiente para no tener desajustes de liquidez. Se desea saber la cifra de menús adicionales que habría que servir para que el cambio de estrategia resultase eficiente en términos de rentabilidad financiera. Razónese la respuesta teniendo en cuenta lo siguiente:

a) Los únicos costes variables son los aprovisionamientos.

b) El coste financiero medio de la deuda y el valor del ratio *L* se mantienen constantes.

11. Caso DALLO.

Se conocen los estados contables (balance de situación y cuenta de pérdidas y ganancias) de la sociedad anónima DALLO, S. A., a 31/12/20X0 (considérese en un mundo sin impuestos):

Balance de situación, valores medios del año 20X0 (miles euros)

Activo		**Patrimonio neto y pasivo**	
A) ACTIVO NO CORRIENTE	**140.491**	**A) PATRIMONIO NETO**	**99.963**
Inmovilizado material.	140.491	Capital suscrito. Resultado del ejercicio.	75.308 24.655
		B) PASIVO NO CORRIENTE	**43.692**
		Deudas largo plazo	43.692
B) ACTIVO CORRIENTE	**17.856**	**C) PASIVO CORRIENTE**	**14.692**
Existencias. Deudores. Efectivos y otros.	2.490 14.738 628	Acreedores comerciales y otras deudas a pagar.	14.692
TOTAL	**158.347**	**TOTAL**	**158.347**

Cuenta de pérdidas y ganancias, año 20X0 (miles euros)

	20X0
Importe neto de la cifra de negocios	169.487
Aprovisionamientos	(60.000)
Gastos de personal	(35.000)
Otros gastos de explotación	(18.264)
Amortizaciones	(25.000)
Resultado de explotación	**31.223**
Gastos financieros	(6.568)
Resultado antes de impuestos	**24.655**

Entre fijos y variables, el reparto de los gastos de explotación es el siguiente:

Partida	Fijos	Variables
Aprovisionamientos	—	60.000
Gastos de personal	20.000	15.000
Amortizaciones	25.000	—
Otros gastos de explotación	8.520	9.744
Total	53.520	84.744

Sobre la base de este planteamiento inicial, se proponen cuatro situaciones alternativas e independientes entre sí a partir de los siguientes acontecimientos que pudieran ocurrir en el año 20X1:

1. Se produce un incremento en la cifra de ventas, que pasan a ser de 176.369 miles de euros. Simultáneamente, se produce un incremento porcentual similar en los costes variables, manteniéndose los fijos en la misma cuantía.
2. Manteniendo la misma cifra de ventas, DALLO, S. A., logra una reducción de 8.475 miles de euros en los costes variables.
3. Se acorta el plazo de cobro a los clientes, lo que provoca una reducción del 50 por 100 de su saldo en balance. Al reducirse las necesidades de financiación, la empresa reduce en la misma cuantía los fondos propios, devolviendo parte de las aportaciones a los propietarios.
4. La empresa modifica la estructura financiera. Los fondos propios disminuyen en 3.554 miles de euros, incrementándose en la misma cuantía la financiación ajena. A pesar de esta modificación, no se produce variación en la cifra de gastos financieros.

TRABAJO A REALIZAR

Razonar las modificaciones de los beneficios y de los indicadores de rentabilidad de DALLO, S. A., para cada una de las cuatro alternativas (independientes entre sí) a ocurrir en el año 20X1 con respecto a la situación de partida (año 20X0).

12. Caso MAKRO.

A continuación, se presentan los estados contables de MAKRO AUTOSERVICIO MAYORISTA, S. A., correspondientes a los ejercicios 1992 y 2002. Aplicando la metodología de análisis de la rentabilidad propuesta en el capítulo 9, razónense las principales diferencias observadas en la forma en que MAKRO, S. A., obtiene su rentabilidad financiera en los años de referencia:

Balance de situación (en miles de euros)

Activo	31/12/92	31/12/91	Patrimonio neto y pasivo	31/12/92	31/12/91
A) ACTIVO NO CORRIENTE	**111.552**	**41.240**	**A) PATRIMONIO NETO**	**62.734**	**46.526**
Inmovilizado intangible.	0	0	Capital suscrito.	22.057	22.057
Inmovilizado material.	110.398	35.533	Prima de emisión.	1.549	1.549
Inmovilizado financiero.	1.154	5.707	Reservas.	27.187	16.781
			Resultado del ejercicio.	11.941	6.139
			B) PASIVO NO CORRIENTE	**8.219**	**695**
			Deudas largo plazo.	8.219	695
B) ACTIVO CORRIENTE	**97.008**	**129.570**	**C) PASIVO CORRIENTE**	**137.607**	**123.589**
Existencias.	50.080	28.583	Deudas con empresas grupo.	944	9.837
Deudores.	13.428	8.759	Acreedores comerciales y otras deudas a pagar.	136.663	113.739
Inversiones financieras c/p.	23.615	82.136	Periodificaciones.	0	13
Periodificaciones c/p.	57	86			
Efectivos y otros.	9.828	10.006			
TOTAL	**208.560**	**170.810**	**TOTAL**	**208.560**	**170.810**

Balance de situación (en miles de euros)

Activo	31/12/02	31/12/01	Patrimonio neto y pasivo	31/12/02	31/12/01
A) ACTIVO NO CORRIENTE	**477.438**	**199.295**	**A) PATRIMONIO NETO**	**116.946**	**101.221**
Inmovilizado intangible.	774	248	Capital suscrito.	30.180	30.180
Inmovilizado material.	222.954	198.522	Prima de emisión.	11.456	11.456
Inmovilizado financiero.	253.710	525	Reservas.	59.629	52.199
			Resultado del ejercicio.	15.656	13.578
			Dividendo a cuenta.	0	(6.311)
			Subvenciones recibidas.	25	119
			B) PASIVO NO CORRIENTE	**17.540**	**2.947**
			Deudas largo plazo.	17.540	2.947
B) ACTIVO CORRIENTE	**244.040**	**218.961**	**C) PASIVO CORRIENTE**	**586.991**	**314.087**
Existencias.	104.983	105.502	Deudas entidades crédito.	15.686	21.803
Deudores.	35.660	30.536	Deudas con empresas grupo.	266.002	1.857
Inversiones financieras c/p.	97.479	62.466	Acreedores comerciales y otras deudas a pagar.	305.303	290.391
Periodificaciones c/p.	48	0	Periodificaciones.	0	36
Efectivos y otros.	5.870	20.457			
TOTAL	**721.478**	**418.256**	**TOTAL**	**721.477**	**418.255**

Cuenta de pérdidas y ganancias (en miles de euros)

	Año 1992	Año 2002
Importe neto de la cifra de negocios	455.712	1.084.824
Aprovisionamientos	(400.662)	(942.585)
Otros ingresos de explotación	7.268	2.809
Gastos de personal	(36.913)	(67.269)
Otros gastos de explotación	(22.992)	(41.529)
Amortizaciones	(4.477)	(11.999)
Deterioro y resultado por enajenación del inmovilizado	4.991	176
Resultado de explotación	**2.927**	**24.427**
Ingresos financieros	9.353	1.866
Gastos financieros	(188)	(2.530)
Resultado antes de impuestos	**12.092**	**23.763**
Impuesto sobre beneficios	(151)	(8.107)
Resultado neto	**11.941**	**15.656**

10 El riesgo económico

10.1. INTRODUCCIÓN

Como ya se ha señalado en varias ocasiones a lo largo de los capítulos anteriores, la teoría financiera moderna conforma la función de utilidad de un agente asignador de recursos a una empresa en torno a dos variables: *rentabilidad* y *riesgo*. En concreto, deberá valorar si los niveles de rentabilidad obtenidos son acordes con los niveles esperados de acuerdo con los niveles de riesgo asumidos.

Las fuentes y tipos de riesgo que puede experimentar una empresa son numerosos y están, a menudo, interrelacionados. En relación con la evaluación del riesgo empresarial, el análisis de estados financieros deberá basarse en indicadores que midan los siguientes aspectos:

1. El posicionamiento de la empresa ante un determinado tipo de riesgo.
2. Las consecuencias económico-financieras de dicho posicionamiento.

Hay que hacer notar, en todo caso, que el posicionamiento de riesgo de una empresa no tiene por qué tener una connotación negativa. Una posición de mayor riesgo implica una mayor probabilidad de perder rentabilidad, pero, al mismo tiempo, la posibilidad de obtener una alta prima por dicho riesgo. El analista deberá valorar: *a*) si el posicionamiento de riesgo es adecuado en relación con las circunstancias del entorno, y *b*) cuáles son las consecuencias financieras de dicho riesgo.

Los posicionamientos de riesgo son muchas veces alternativas estratégicas que la empresa asume de forma voluntaria. Así ocurre, por ejemplo, cuando la empresa diversifica geográficamente o por productos, cuando opta por un determinado modelo de negocio, cuando adopta una determinada estructura de costes o cuando se decanta por una determinada estructura de endeudamiento, entre otros asuntos. No es menos cierto, sin embargo, que en muchas ocasiones los niveles de riesgo son soportados por las empresas de forma involuntaria, como ocurre, por ejemplo, ante variaciones inesperadas en los tipos de interés o en los tipos de cambio, ante modificaciones en la regulación que favorecen la entrada de competidores al sector o ante cambios políticos en un país en el que la empresa tiene intereses comerciales, por citar algunos casos. Cualquiera de las situaciones anteriores puede incrementar de forma notable el riesgo inicialmente asumido por la empresa.

Tal y como se ha señalado en el apartado 8.3, los posicionamientos de riesgo empresarial se pueden estructurar en torno a dos categorías: *riesgo económico* y *riesgo financiero*:

a) *Riesgo económico* es el que incide de forma directa sobre los niveles de rentabilidad.
b) *Riesgo financiero* es el relacionado con la capacidad financiera para generar recursos líquidos con los que poder hacer frente a los compromisos financieros.

El presente capítulo aborda el estudio y la forma de medir el riesgo económico. A este respecto, las medidas de riesgo económico de una empresa se pueden agrupar en torno a tres categorías, cuyo análisis detallado se efectúa a lo largo de los siguientes epígrafes:

a) Las situaciones de riesgo que condicionan la evolución de la cifra de ventas.
b) La estructura empresarial de costes fijos y variables de explotación.
c) El Grado de Apalancamiento Financiero (GAF) o posicionamiento de la empresa en relación con su estructura financiera.

10.2. SITUACIONES DE RIESGO QUE CONDICIONAN LA EVOLUCIÓN DE LA CIFRA DE VENTAS

La cifra de ventas constituye la principal magnitud que determina la evolución del resto de indicadores en los que se basa el análisis de rentabilidad y, por extensión, el análisis de la capacidad financiera de la empresa. En este sentido, diversos factores, tales como las circunstancias del entorno macroeconómico y sectorial en el que opera la empresa, el ciclo de vida de los diferentes productos, servicios o actividades que constituyen su objeto social o sus diferentes posicionamientos a nivel estratégico entrañan situaciones que pueden condicionar su cifra de facturación y, por tanto, todos los indicadores de rentabilidad.

A este respecto, entre los factores de riesgo susceptibles de condicionar la cifra de ventas pueden citarse *la sensibilidad del negocio a los ciclos económicos* (el sector del automóvil es más sensible que los relacionados con productos de primera necesidad, como la alimentación), *los cambios producidos en el sector* (el sector de ordenadores, como consecuencia de la revolución tecnológica, el sector de galletas en España con la entrada de nuevos competidores, o el sector de aerolíneas, con la llegada de las compañías de bajo coste), *la dependencia del precio de determinadas materias primas* (el petróleo o los cereales) o *la duración del ciclo de vida de los productos* (productos de ciclo de vida corto, como teléfonos móviles, frente a productos de ciclo de vida más largo, como refrescos de sabores tradicionales).

La cuenta de pérdidas y ganancias constituye, por sí misma, una extraordinaria fuente de información que permite identificar los factores que determinan el resultado del ejercicio, tomando la cifra de ventas como marco referencial. A este respecto, la presentación de datos en formato vertical, relacionando porcentualmente las partidas que conforman la cuenta de resultados con la cifra de ventas (números índices verticales), facilita el análisis de los elementos determinantes del resultado y de los diversos márgenes sobre la cifra de ventas. Así, por ejemplo, el cuadro 10.1 presenta la cuenta de resultados de una compañía a lo largo de dos ejercicios consecutivos. Se observa el fuerte incremento experimentado por la cifra de ventas en el año N, incremento que no se ve recompensado con mejoras en sus márgenes, ya que el resultado de la explotación cae del 51,41 por 100 al 30,79 por 100, mientras que el correspondiente al resultado antes de impuestos disminuye en el año N en 21,28 puntos porcentuales, a pesar del aumento del resultado en términos absolutos.

CUADRO 10.1

Análisis por descomposición de la cuenta de resultados

	Año N		**Año N-1**	
	Importe	**% sobre ventas**	**Importe**	**% sobre ventas**
Ingresos de explotación	4.712	100,00	2.490	100,00
Gastos de explotación	3.261	69,21	1.210	48,59
Resultado de explotación	1.451	30,79	1.280	51,41
Ingresos financieros	480	10,19	240	9,64
Gastos financieros	(606)	(12,86)	(290)	(11,65)
Resultado financiero	(126)	(2,67)	(50)	(2,01)
Resultado antes de impuestos	1.325	28,12	1.230	49,40

Entre las razones que ayudan a explicar la caída porcentual de los márgenes, a pesar del incremento experimentado en la cifra de ventas, cabe citar el mayor incremento experimentado por los costes de explotación, que pasan de un 48,59 por 100 a representar un 69,21 por 100 sobre la cifra de ventas. A falta de un mayor detalle en la cuenta de resultados, lo que parece evidente es que la nueva cifra de ventas provoca un aumento proporcional en los costes variables, pero exige una mayor estructura empresarial de costes fijos, que no han podido ser absorbidos por dicha cifra de ventas.

Lo que el caso presentado en el cuadro 10.1 nos enseña es que, aunque lograr una buena cifra de ventas supone la base necesaria sobre la que asentar los niveles de rentabilidad, en ocasiones incrementos en la cifra de ventas no se traducen en incrementos de la rentabilidad. Algunos gerentes están tan obsesionados por no perder cuota de mercado que para ello son capaces de llevar a cabo acciones con efectos nocivos sobre su rentabilidad. Como se verá más adelante al estudiar el Grado de Apalancamiento Operativo (GAO), incrementos en la cifra de ventas no traerán consigo incrementos en los niveles de rentabilidad si los primeros son conseguidos alterando de tal manera la estructura de costes que fuercen la desestabilización del GAO. La protección de la cifra de ventas, aunque es un objetivo básico, no debería conseguirse a cualquier precio. Por ello, algunos autores utilizan el término anglosajón *overtrading* para calificar esta obsesión desmesurada por las ventas. Un buen indicador para medir el nivel de *overtrading* es el ratio Ventas/Neto patrimonial. En la medida en que dicho indicador sea superior a las referencias habituales en el sector, la empresa estará obteniendo sus ventas de forma *insana,* es decir, sin una paralela generación de resultado positivo y con un consecuente debilitamiento del neto patrimonial. El cuadro 10.2 presenta el caso de la aerolínea de bajo coste Vueling y su cambio de estrategia en la primavera de 2008, con el fin de mejorar sus niveles de rentabilidad, aun a costa de reducir las ventas.

CUADRO 10.2

El caso de la aerolínea de bajo coste Vueling

Durante la primavera de 2007 Vueling llevó a cabo una agresiva política de precios para incrementar su cuota de mercado en el sector de las aerolíneas de bajo coste. Los resultados, sin embargo, no fueron los esperados y la compañía se resintió tanto en su vertiente operativa como en su cotización bursátil. El número de pasajeros creció, pero el grado de ocupación de los aviones, tras unos inicios esperanzadores, disminuyó, lo que impidió que se cubrieran los costes fijos o de estructura. La obsesión por incrementar los niveles de facturación, entrando en una guerra de precios, cegó a los gestores de la compañía, haciéndoles olvidar su estructura de costes y dañando drásticamente sus niveles de rentabilidad. Los resultados de Vueling en el año 2007 se multiplicaron negativamente por seis respecto a los obtenidos en el año anterior. A raíz de estos datos, la dirección de la empresa hizo público un cambio de estrategia para el año 2008 al objeto de reducir en un 15 por 100 el número de vuelos y de rutas ofrecidos en 2007, manteniendo exclusivamente los trayectos más rentables. Se optó por una menor cifra de ventas con el fin de mejorar la rentabilidad.

10.3. LA ESTRUCTURA EMPRESARIAL DE COSTES FIJOS/VARIABLES

La posición que adopte la empresa en relación a su estructura de costes fijos y variables de explotación constituye un factor de riesgo económico en la medida en que determina diferentes niveles de rentabilidad económica funcional. La medición del riesgo económico derivado de la estructura entre costes fijos y variables se suele analizar a través de dos indicadores: el punto muerto y el grado de apalancamiento operativo (GAO), utilizando a tal efecto información extraída de la cuenta de pérdidas y ganancias.

Aunque la cuenta de pérdidas y ganancias presenta una clasificación de gastos por naturaleza, se puede adoptar una reclasificación alternativa para los gastos que tenga en cuenta su grado de variabilidad respecto a los niveles de actividad. De acuerdo a este criterio, se pueden distinguir dos tipos de costes: costes fijos y costes variables. Los primeros no se modifican ante variaciones en la actividad empresarial (coste de alquiler de una nave industrial que habrá que soportarlo igualmente cualquiera que sea la producción empresarial realizada), mientras que los costes variables son los que varían de forma proporcional a los niveles de actividad (consumo de materia prima, parte de los costes de personal). El cuadro 10.3 presenta una reordenación del bloque de explotación de la cuenta de pérdidas y ganancias en función del carácter fijo/variable de los costes.

CUADRO 10.3

Estructura de la cuenta de pérdidas y ganancias atendiendo a la variabilidad de los costes

Ventas
(Costes variables)
Margen sobre cargas variables *(MCV)*
(Costes fijos de estructura)
Resultado de explotación (*RAIT* funcional)

10.3.1. El punto muerto o umbral de rentabilidad

El punto muerto se define como el nivel mínimo de producción vendida necesario para cubrir la totalidad de las cargas fijas de estructura, además de las cargas variables asociadas a ese nivel de actividad. Para ese volumen de ventas el *RAIT* funcional será cero, razón por la que también se le denomina umbral de rentabilidad. A partir de ese punto, cualquier incremento en la cifra de ventas provocará aumentos en el beneficio empresarial.

Asumiendo la hipótesis de que los costes variables son proporcionales a las ventas, la obtención del punto muerto se puede deducir de la siguiente manera.

Siendo:

CT = Costes totales.
CF = Costes fijos.

CV = Coste variable unitario.
Q = Producción vendida (unidades físicas).
Pv = Precio de venta unitario.
V = Producción vendida (unidades monetarias).
MCV = Margen sobre cargas variables.
$RAITf$ = $RAIT$ funcional.

resulta que:

$$CT = CF + Q \times CV \qquad [1]$$

y que:

$$V = Pv \times Q \qquad [2]$$

Dado que el punto muerto exige que la cifra de ventas iguale a la totalidad de los costes ($V = CT$), el punto muerto o umbral de rentabilidad se corresponderá con el nivel de ventas Q que iguale las expresiones [1] y [2]. Así:

$$CF + Q \times CV = Pv \times Q$$

$$CF = Pv \times Q - Q \times CV = Q\,(Pv - CV)$$

$$Q = \frac{CF}{Pv - CV} \qquad [3]$$

EJEMPLO 10.1

Sea una pequeña empresa, de la que se conocen los siguientes datos:

CF = 300.000 euros.
CV = 7,26 euros la unidad.
Pv = 11,99 euros la unidad.

De la expresión [3] se obtiene que:

$$Q = \frac{300.000}{11{,}99 - 7{,}26} = 63.424{,}94 \text{ unidades físicas}$$

Es decir, la empresa necesita vender 63.425 unidades de producto para entrar en zona de beneficios (en términos de *RAIT* funcional). Ventas por debajo de dicha cantidad conducirán a resultados negativos. Superado el punto muerto, todo incremento en las ventas se traslada al *RAITf*. Para calcular el punto muerto en unidades monetarias bastará con multiplicar el número de unidades físicas Q por el precio de venta unitario Pv. En nuestro caso, $Pv \times Q = 760.465$ euros. El cuadro 10.4 representa, de forma gráfica, el punto muerto y la zona a partir de la cual la firma entra en beneficios.

CUADRO 10.4

Representación gráfica del punto muerto o umbral de rentabilidad

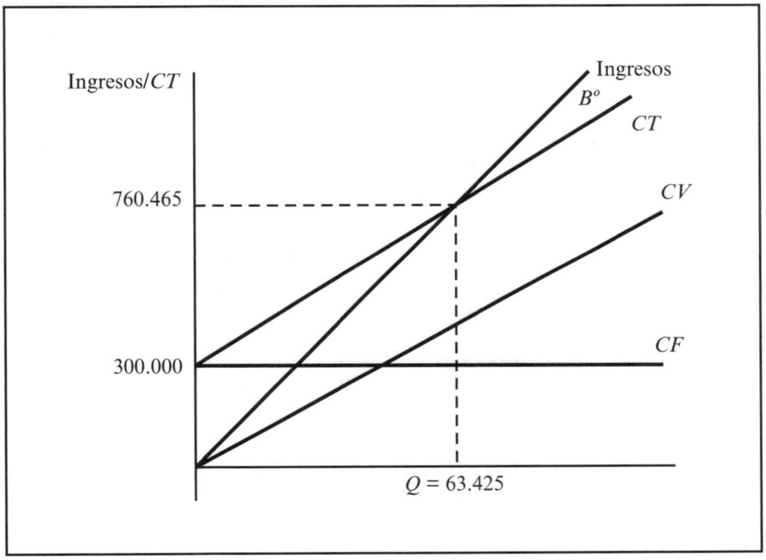

La igualdad entre los costes totales y los ingresos por ventas se puede comprobar sin más que sumar a las cargas fijas el coste variable correspondiente a ese nivel de ventas:

$$CT = 300.000 + 7{,}26 \times 63.425 = 760.465 = \text{Ventas}$$

En algunas ocasiones la información sobre los costes variables suele presentarse en forma de porcentaje (o en tanto por uno) sobre la cifra de ventas. En tal caso, la expresión [3] se transforma en la siguiente:

$$Q = \frac{CF}{1 - \%CV} \qquad [4]$$

donde $\%CV$ indica la proporción de costes variables (en tanto por uno) sobre la cifra de ventas, tal y como se desarrolla en el ejemplo 10.2.

EJEMPLO 10.2

La sociedad ALTUNA, S. A., perteneciente al sector de distribución, trabaja con unos costes variables equivalentes al 60 por 100 de la cifra de ventas, mientras que los costes fijos ascienden a 250.000 euros. El punto muerto se determinará de la siguiente manera.

De acuerdo a la expresión [4], se obtiene que:

$$Q = \frac{250.000}{1 - 0,6} = 625.000 \text{ euros}$$

Es necesario advertir, no obstante, que los resultados obtenidos en el estudio del punto muerto solamente son válidos si las variaciones en la actividad no exceden de la capacidad productiva de las instalaciones. Si la variación en la actividad llegara a superar la capacidad de las instalaciones, habría que pensar en una nueva estructura productiva, con mayor capacidad y, consecuentemente, con un nivel superior de costes fijos, lo que necesariamente obligaría a replantear las estrategias, pudiendo, incluso, desaconsejar la ampliación prevista.

10.3.2. El grado de apalancamiento operativo *(GAO)*

El segundo indicador utilizado para medir el riesgo económico a partir de la clasificación de costes en fijos y variables es el grado de apalancamiento operativo *(GAO)*. El apalancamiento operativo se produce en la empresa en razón de la existencia misma de los costes fijos. La existencia de costes fijos es la causa de que los incrementos en el nivel de actividad produzcan variaciones más que proporcionales en el excedente de explotación, dado que un mismo volumen de cargas fijas se repartirá entre un mayor número de unidades de producción vendida. De esta forma, los costes fijos producen un *efecto palanca* sobre el *RAIT* funcional, de forma que, siempre que sean distintos de cero, toda variación en el volumen de ventas producirá una variación más que proporcional en dicho *RAIT* funcional.

EJEMPLO 10.3

Considérese una empresa que a lo largo de un ejercicio económico alcanza una cifra de ventas de 600.000 euros. Las cargas fijas de estructura ascienden a 80.000 euros, mientras que las variables se cifran en 350.000 euros. De acuerdo a esta información, el *RAIT* funcional asciende a 170.000 euros. Se quiere conocer el nuevo escenario que se dibujaría para una previsión de ventas superior en un 10 por 100 a las actuales. El cuadro 10.5 contiene los datos de partida y la previsión para el nuevo escenario.

CUADRO 10.5

Apalancamiento operativo

	Ejercicio N	Previsión	Incremento (%)
Ventas	600.000	660.000	10
Costes variables	−350.000	−385.000	10
Margen sobre *CV*	250.000	275.000	10
Costes fijos	−80.000	−80.000	—
RAITf	170.000	195.000	14,71

La previsión de un incremento del 10 por 100 en la actividad de la firma implica, para una estructura de costes variables proporcional a las ventas, un incremento equivalente en la cifra de costes variables, que ascenderán a 385.000 euros. Igualmente, el margen sobre costes variables *(MCV)* se incrementa en otro 10 por 100 hasta alcanzar los 275.000 euros. Los costes fijos *(CF)*, sin embargo, no varían y el *RAIT* funcional se sitúa en 195.000 euros, con un incremento del 14,71 por 100, superior al 10 por 100 de incremento de la actividad de la firma.

El grado de apalancamiento operativo *(GAO)* supone un posicionamiento de riesgo voluntario, es decir, la elección, por parte de la empresa, de una estructura de costes más o menos apalancada debido a la mayor o menor importancia de los costes fijos. Incrementar la importancia relativa de estos últimos implica posicionarse en un mayor nivel de riesgo, ya que, en caso de producirse una recesión en las ventas, resulta más difícil recortar costes si estos son fijos. Si las ventas decrecen, la disminución del *RAIT* funcional será proporcionalmente más abultada, y se notará con mayor intensidad cuanto mayor sea el *GAO*. Por otro lado, los crecimientos en las ventas también serán recompensados de forma más intensa cuanto mayor sea este indicador. De esta forma, puede decirse que las empresas con alto *GAO* experimentan una mayor variabilidad en su rentabilidad económica que aquellas que tienen un bajo *GAO*.

De forma analítica, a partir de las variables incluidas en el cuadro 10.5, el grado de apalancamiento operativo *(GAO)* se expresa como el cociente entre la variación porcentual del *RAIT* funcional y la variación porcentual de las ventas, es decir:

$$\text{Grado de apalancamiento operativo} = \frac{\dfrac{\partial RAITf}{RAITf}}{\dfrac{\partial \text{Ventas}}{\text{Ventas}}} = \frac{\Delta RAITf}{\Delta \text{Ventas}} \qquad [5]$$

donde ∂ = Variación en términos absolutos, y Δ = Variación porcentual.

En vista de la expresión [5], puede afirmarse que el *GAO* mide la sensibilidad del *RAIT* funcional ante una determinada variación en la cifra de ventas. El valor del *GAO* presenta como límite mínimo la unidad, valor que tomará cuando no existen costes fijos. En este caso la variación porcentual del *RAIT* funcional coincidirá con la de las ventas. Definido el *GAO* a través de la expresión [5], la variación porcentual del *RAIT* funcional puede expresarse también de la siguiente manera:

$$\boxed{\Delta RAITf = \Delta \text{Ventas} \times GAO} \qquad [6]$$

EJEMPLO 10.4

Una empresa obtiene una cifra de ventas de 5 millones de euros y tiene unos costes variables equivalentes al 40 por 100 de la cifra de ventas. Se pide determinar el grado de apalancamiento operativo suponiendo crecimientos y decrecimientos de la cifra de ventas de un 10 por 100 (véase cuadro 10.6) para cuatro escenarios en los que los costes fijos son, respectivamente, 0 euros, 500.000 euros, 1.500.000 de euros, 4.000.000 de euros.

CUADRO 10.6

Determinación de forma analítica del apalancamiento operativo

	Ejercicio N	Ejercicio N+1	
		Previsión Δ 10 %	Previsión ∇ 10 %
Ventas	5.000.000	5.500.000	4.500.000
Costes variables	2.000.000	2.200.000	1.800.000

Escenario 1

No existen costes fijos (en millones de euros):

	Ejercicio N	Ejercicio N+1			
		Previsión		Previsión	
Ventas	5	Δ 10 %	5,5	∇ 10 %	4,5
Costes variables	2	Δ 10 %	2,2	∇ 10 %	1,8
MCV	3	Δ 10 %	3,3	∇ 10 %	2,7
Costes fijos	0	—	0	—	0
RAIT funcional	3	Δ 10 %	3,3	∇ 10 %	2,7

$$GAO = \frac{\Delta RAITf}{\Delta \text{Ventas}} = \frac{10}{10} = 1$$

$$\Delta RAITf = \Delta \text{Ventas} \times GAO = 10 \times 1 = 10$$

Escenario 2

Costes fijos = 0,5 millones de euros:

	Ejercicio N	Ejercicio N+1			
		Previsión		Previsión	
Ventas	5	Δ 10 %	5,5	∇ 10 %	4,5
Costes variables	2	Δ 10 %	2,2	∇ 10 %	1,8
MCV	3	Δ 10 %	3,3	∇ 10 %	2,7
Costes fijos	0,5	—	0,5	—	0,5
RAIT funcional	2,5	Δ 12 %	2,8	∇ 12 %	2,2

$$GAO = \frac{\Delta RAITf}{\Delta \text{Ventas}} = \frac{12}{10} = 1{,}2$$

$$\Delta RAITf = \Delta \text{Ventas} \times GAO = 10 \times 1{,}2 = 12$$

Escenario 3

Costes fijos = 1,5 millón de euros:

	Ejercicio N	Ejercicio N+1			
		Previsión		Previsión	
Ventas	5	Δ 10 %	5,5	∇ 10 %	4,5
Costes variables	2	Δ 10 %	2,2	∇ 10 %	1,8
MCV	3	Δ 10 %	3,3	∇ 10 %	2,7
Costes fijos	1,5	—	1,5	—	1,5
RAIT funcional	1,5	Δ 20 %	1,8	∇ 20 %	1,2

$$GAO = \frac{\Delta RAITf}{\Delta \text{Ventas}} = \frac{20}{10} = 2$$

$$\Delta RAITf = \Delta \text{Ventas} \times GAO = 10 \times 2 = 20$$

Escenario 4

Costes fijos = 4 millones de euros:

	Ejercicio N	Ejercicio N+1			
		Previsión		Previsión	
Ventas	5	Δ 10 %	5,5	∇ 10 %	4,5
Costes variables	2	Δ 10 %	2,2	∇ 10 %	1,8
MCV	3	Δ 10 %	3,3	∇ 10 %	2,7
Costes fijos	4	—	4	—	4
RAIT funcional	−1	Δ 30 %	−0,7	∇ 30 %	−1,3

$$GAO = \frac{\Delta RAITf}{\Delta \text{Ventas}} = \frac{30}{10} = 3$$

$$\Delta RAITf = \Delta \text{Ventas} \times GAO = 10 \times 3 = 30$$

Comentarios

En el escenario 1 no existen costes fijos, por lo que el *GAO* será igual a uno. El crecimiento/decrecimiento de las ventas en un 10 por 100 hace crecer/decrecer el *RAIT* funcional en esa misma proporción, de forma que la totalidad del incremento/decremento en la cifra de ventas se traslada a la rentabilidad. Esta primera situación, que recoge el límite inferior del *GAO* desde un planteamiento teórico, resulta prácticamente imposible desde un punto de vista práctico. Parece lógico pensar que los costes de explotación de una empresa siempre tendrán un componente fijo, por lo que el *GAO* siempre será mayor que uno. Es decir, todas las empresas están más o menos apalancadas operativamente, debido a la mayor o menor presencia de costes fijos. Por esta razón, en la medida en que la estructura de costes se mantenga constante, el incremento que experimenten los beneficios de explotación será, en términos porcentuales, superior al incremento de las ventas. Lo mismo puede decirse para el caso de producirse decrementos.

El desarrollo de la expresión [6], aplicado a cada uno de los escenarios del ejemplo 10.4, muestra con claridad la influencia del efecto palanca en la variación del *RAITf*. Ante una misma variación porcentual en la cifra de ventas (10 por 100), se producen variaciones diferentes del *RAITf* (10, 12, 20 y 30 por 100) debido a los diferentes valores del *GAO* (1, 1,2, 2 y 3), tal y como resume el cuadro 10.7.

CUADRO 10.7

Influencia del GAO en la variación porcentual de la rentabilidad funcional

Escenario	Variación porcentual de cifra de ventas	Costes fijos	*GAO*	Variación porcentual del *RAITf*
1	10	0,0	1,0	10
2	10	0,5	1,2	12
3	10	1,5	2,0	20
4	10	4,0	3,0	30

El dilema de los costes fijos

Como fácilmente se puede deducir en vista de los razonamientos expuestos, no existe un valor de referencia para el *GAO* que pueda considerarse como óptimo. La apuesta por un *GAO* alto habrá resultado una buena elección si la evolución de las ventas es positiva. Si, por el contrario, las ventas observan una tendencia a la baja, valores elevados del *GAO* provocarán decrementos en el *RAIT* funcional de mayor porcentaje que el descenso experimentado en las ventas.

Las decisiones estratégicas que exigen fuertes dosis de inversión que incrementan de forma notable los costes fijos empresariales (amortización, personal u otros) son apuestas por un *GAO* elevado. Si las ventas futuras crecen, el *RAIT* funcional crecerá más que proporcionalmente, pero si tras la fuerte inversión las ventas decrecen, la apuesta habrá resultado contraproducente y la estructura de costes fijos será la causa de la más rápida caída en el *RAIT* funcional.

10.4. EL GRADO DE APALANCAMIENTO FINANCIERO *(GAF)*

Por último, el tercer indicador al servicio del analista para evaluar la posición de riesgo económico de la firma lo constituye el grado de apalancamiento financiero. Ya en el capítulo anterior se estudió la influencia del endeudamiento en los niveles de rentabilidad financiera. Sin embargo, tal como se ha señalado en el epígrafe introductorio del presente capítulo, la estructura de endeudamiento de la empresa constituye en sí misma un posicionamiento de riesgo económico que incidirá, por tanto, sobre el ritmo de variación (tanto al alza como a la baja) en los niveles finales de rentabilidad. En otras palabras, el grado de apalancamiento financiero es, al mismo tiempo, un factor explicativo del nivel de rentabilidad financiera alcanzado por una empresa en un período de tiempo determinado y de la probabilidad de volver a alcanzar dicho nivel de rentabilidad. A este respecto, el indicador utilizado con mayor frecuencia como medida del grado de apalancamiento financiero es el cociente entre la deuda total y el patrimonio neto, conocido como ratio L o relación de endeudamiento:

$$L = \frac{\text{Deuda total}}{\text{Patrimonio neto}}$$

La utilización de fondos ajenos que requieren una retribución fija en forma de interés puede actuar, en ocasiones, de resorte multiplicador en la rentabilidad obtenida por los accionistas de la firma. El cuadro 10.8 muestra, para las empresas Dia, S. A., y Lidl, S. A., cómo su diferente posicionamiento en relación con su estructura financiera, a lo largo del período 2003-2006, influye sobres los niveles de rentabilidad financiera alcanzados por las mismas.

CUADRO 10.8

Evolución del grado de apalancamiento financiero para Dia, S. A., y Lidl, S. A.

Dia, S. A.	*RE*	*Cf*	*L*	*RF*	Lidl, S. A.	*RE*	*Cf*	*L*	*RF*
2003	0,12	0,00	3,55	0,54	2003	0,02	0,02	1,70	0,02
2004	0,10	0,00	2,18	0,33	2004	0,08	0,01	2,03	0,21
2005	0,11	0,00	1,67	0,30	2005	0,09	0,01	2,24	0,26
2006	0,11	0,00	1,57	0,28	2006	0,06	0,02	2,43	0,15

El cuadro 10.8 muestra, en primer lugar, que la política relacionada con el riesgo de endeudamiento ha sido muy diferente en ambas empresas. Mientras Dia, S. A., ha reducido sensiblemente su posicionamiento de riesgo (su ratio *L* evoluciona de 3,55 en el año 2003 a 1,57 en el año 2006 debido a una importante ampliación de capital), Lidl, S. A., ha optado por utilizar en mayor proporción la financiación ajena (su ratio *L* pasa de 1,70 en el año 2003 a 2,43 en el año 2006). El resultado de la diferente política de endeudamiento provocó que Dia, S. A., redujera paulatinamente sus niveles de rentabilidad financiera (pasó de un 54 por 100 en 2003 a un 28 por 100 en 2006) a causa principalmente de un menor aprovechamiento del efecto apalancamiento financiero. En cambio, la rentabilidad financiera de Lidl, S. A., se incrementó considerablemente (pasó de un 2 por 100 en 2003 a un 15 por 100 en 2006) por el mayor efecto palanca conseguido durante los últimos años. Sin embargo, el posicionamiento adoptado por Lidl, S. A., no está exento de riesgos. La mayor utilización de capitales ajenos puede provocar incrementos en el coste de financiación y reducir el efecto apalancamiento, llegando incluso a convertirse en negativo si la rentabilidad económica no consigue alcanzar el coste del mayor endeudamiento. El año 2006, que coincide con el máximo valor del *GAF* ($L = 2{,}43$), sirve como ejemplo de las consecuencias negativas que podría tener en el futuro una política agresiva de endeudamiento. Por un lado, Lidl, S. A., no ha sido capaz de controlar su rentabilidad económica (cae de un 9 por 100 en 2005 a un 6 por 100 en 2006). Por otro lado, la mayor proporción de financiación ajena incrementa, a su vez, el coste de financiación, reduciendo el diferencial ($RE - CF$). La rentabilidad financiera disminuye de un 26 por 100 en 2005 a un 15 por 100 en 2006, si bien la empresa todavía se aprovecha de forma positiva del efecto apalancamiento financiero. De continuar esta tendencia de estrechamiento del diferencial, el alto *GAF* podría resultar negativo para sus niveles de rentabilidad final.

10.5. INTERRELACIÓN DE LOS TRES TIPOS DE RIESGO ECONÓMICO

A modo de resumen, el cuadro 10.9 muestra de forma gráfica la interrelación existente entre los tres tipos de riesgo económico analizados en el presente capítulo (evolución de las ventas, *GAO* y *GAF*) y la forma en que sus consecuencias sobre los niveles de rentabilidad se autopotencian secuencialmente.

CUADRO 10.9

Interrelación de los tipos de riesgo económico

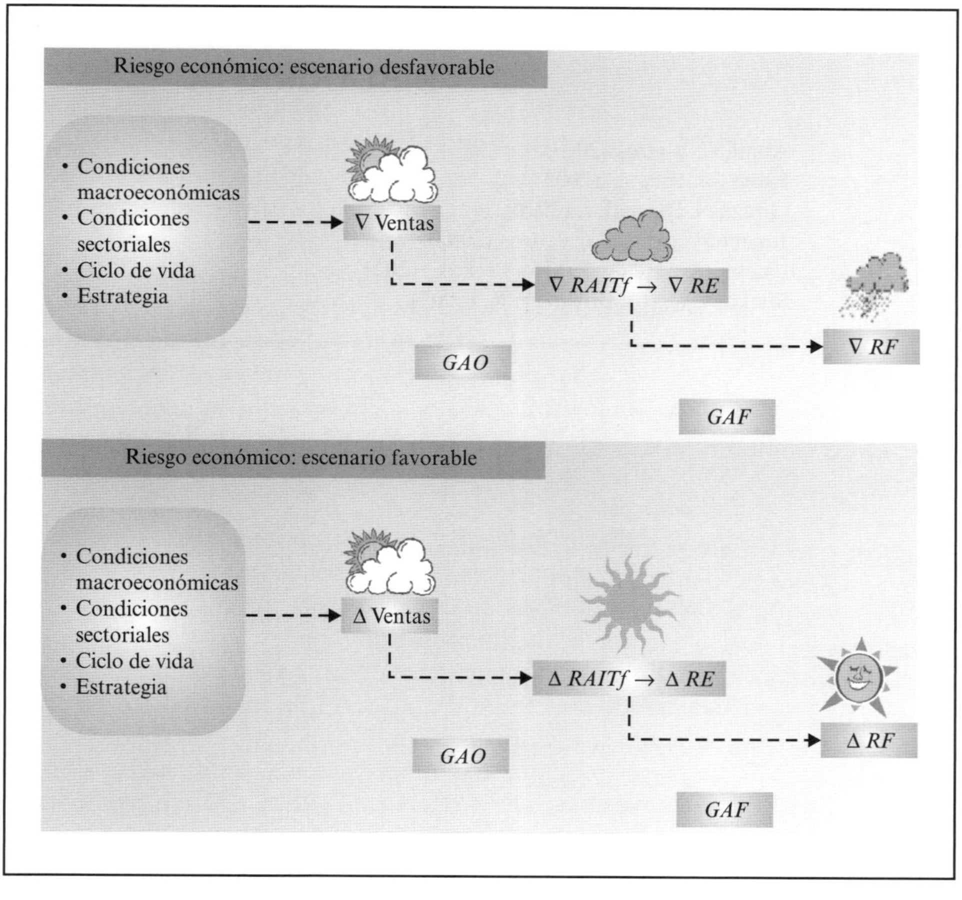

La parte superior del cuadro 10.9 representa un escenario desfavorable en la evolución de las ventas (más nubes que claros). Si la empresa apostó por un alto *GAO*, el castigo en términos de *RAIT* funcional, margen y rentabilidad económica será más que proporcional a la caída de las ventas (lluvia). Asimismo, si apostó por un alto *GAF* (ratio *L*), el castigo final sobre la rentabilidad financiera (efecto apalancamiento financiero negativo) será mayor que el sufrido por la rentabilidad económica (tormenta).

La parte inferior del cuadro 10.9 representa, en cambio, un escenario favorable, en el que la empresa consigue alcanzar un crecimiento en ventas (más claros que nubes). Si la empresa apostó por un alto *GAO*, la recompensa en términos de *RAIT* funcional, de margen económico sobre ventas y, consecuentemente, de rentabilidad económica será más que proporcional al crecimiento de las ventas (sol). Asimismo, si esa misma empresa apostó por un alto *GAF* (ratio *L*), la recompensa en términos de rentabilidad financiera (aprovechamiento del efecto apalancamiento financiero) será aún mayor que la conseguida por la rentabilidad económica (día espléndido).

BIBLIOGRAFÍA

Abad, C. y otros (2007).
Esteo Sánchez, F. (2003).
González Pascual, J. (2016).
Jiménez Cardoso, S. y otros (2002).
Palepu, K., Healy, P. M. y Peek, E. (2021).
Stickney, C. P. y Brown, P. R. (2007).

CUESTIONES Y EJERCICIOS

1. En relación con las aproximaciones contables al riesgo:

a) Tanto el *GAO* como el *GAF* reflejan niveles de riesgo económico, es decir, aquel que incide directamente sobre los niveles de rentabilidad.
b) El *GAO* refleja riesgo económico y el *GAF* riesgo financiero.
c) El *GAO* refleja riesgo financiero y el *GAF* riesgo económico.
d) Ninguna de las respuestas anteriores.

2. Señale la respuesta correcta:

a) Una empresa muy apalancada operativamente estará siempre muy apalancada financieramente.
b) El grado de apalancamiento financiero depende de la proporción costes fijos-variables existente en la estructura productiva y de distribución, mientras que el grado de apalancamiento operativo depende de la proporción de deuda existente en el pasivo del balance.
c) El punto muerto siempre será alcanzado antes por empresas que tengan mayor volumen de costes fijos.
d) Los costes fijos siempre suponen un mayor nivel de riesgo que los variables.

3. En ausencia de otras consideraciones, si dos empresas disminuyen un 20 por 100 su cifra de ventas:

a) La disminución porcentual del *RAIT* funcional será mayor en aquella que tenga un mayor grado de apalancamiento operativo.
b) La disminución porcentual del *RAIT* funcional será mayor en aquella que tenga un menor grado de apalancamiento operativo.
c) La disminución porcentual del *RAIT* funcional será igual en ambas empresas, con independencia de su grado de apalancamiento operativo.
d) Ninguna de las respuestas anteriores.

4. El *RAIT* funcional de las empresas PESA y MESA se obtiene a partir de los siguientes componentes, convenientemente reclasificados según su variabilidad (en millones de euros):

	PESA	MESA
Importe neto cifra negocios	4.800	6.400
Aprovisionamientos (variables)	1.200	4.800
Personal y amortizaciones (fijos)	3.000	600
RAITf	600	1.000

a) ¿Cuál de las dos empresas alcanza antes su punto muerto y por qué?
b) Si PESA aumenta sus ventas en un 20 por 100, ¿cómo aumentará su *RAITf*? ¿En cuánto tiene que aumentar MESA su facturación para que su *RAITf* se incremente en el mismo porcentaje que el experimentado por PESA? ¿Por qué tiene que realizar ese esfuerzo mayor?
c) ¿Cuál de las dos empresas corre más riesgos en época de crisis económica generalizada?

5. Caso MAJÓRICA, S. A.

Se presentan los estados contables de MAJÓRICA, S. A., correspondientes a 1995 y 2000, extraídos de sus depósitos de cuentas en el Registro Mercantil. Aplicando la metodología de análisis de rentabilidad y riesgo expuesta en los capítulos 9 y 10, coméntense las principales diferencias que se observan en los indicadores para los años de referencia.

Como se señala en la información complementaria, MAJÓRICA, S. A., se acogió a un expediente de suspensión de pagos en marzo de 2002 (véanse extractos de prensa adjuntos). ¿Se justificaría la situación de crisis de esta empresa utilizando los mismos argumentos que sus gestores, debidamente reproducidos por la prensa especializada del momento?

Servirá de ayuda la información complementaria y las lecturas que se acompañan.

Balance de situación (en miles de pesetas)

Activo	31/12/95	31/12/94	Patrimonio neto y pasivo	31/12/95	31/12/94
A) ACTIVO NO CORRIENTE	**794.830**	**796.730**	**A) PATRIMONIO NETO**	**2.146.693**	**1.962.906**
Inmovilizado intangible.	0	0	Capital suscrito.	202.748	202.748
Inmovilizado material.	449.871	447.916	Reservas.	1.824.175	1.824.175
Inversiones empresas grupo.	323.682	333.804	Resultados ejercicios anteriores.	(165.392)	(251.118)
Inversiones financieras l/p.	2.799	2.490	Resultado del ejercicio.	285.162	187.101
Activos impuesto diferido.	18.478	12.520	**B) PASIVO NO CORRIENTE**	**15.244**	**8.630**
			Deudas a largo plazo.	309	0
			Pasivos impuesto diferido.	14.935	8.630
B) ACTIVO CORRIENTE	**3.079.763**	**2.765.238**	**C) PASIVO CORRIENTE**	**1.712.656**	**1.590.432**
Existencias.	776.802	683.041	Deudas a corto plazo.	831.479	764.631
Deudores.	2.126.660	1.880.673	Acreedores comerciales y otras deudas a pagar.	881.177	825.801
Efectivos y otros.	176.301	201.524			
TOTAL	**3.874.593**	**3.561.968**	**TOTAL**	**3.874.593**	**3.561.968**

Balance de situación (en miles de pesetas)

Activo	31/12/00	31/12/99	Patrimonio neto y pasivo	31/12/00	31/12/99
A) ACTIVO NO CORR.	**7.868.249**	**8.162.387**	**A) PATRIMONIO NETO**	**(303.420)**	**617.959**
Inmovilizado intangible.	5.861.042	6.436.597	Capital suscrito.	1.000.000	1.000.000
Inmovilizado material.	630.150	652.647	Reservas.	27.004	27.004
Invers. empresas grupo.	639.364	719.917	Resultados ejercicios anteriores.	(304.323)	(347.375)
Inversiones financieras l/p.	737.693	353.226	Resultado del ejercicio.	(1.028.607)	(61.670)
Activos impuesto diferido.	0	0	Subvenciones recibidas.	2.506	0
			B) PASIVO NO CORR.	**8.126.293**	**8.418.596**
			Deudas largo plazo.	8.099.622	8.390.686
			Pasivos impuesto diferido.	26.671	27.910
B) ACTIVO CORRIENTE	**2.385.705**	**4.730.585**	**C) PASIVO CORRIENTE**	**2.431.081**	**3.856.417**
Existencias.	1.087.252	1.224.844	Provisiones corto plazo.	5.625	0
Deudores.	1.215.562	3.437.228	Deudas a corto plazo.	1.291.352	1.144.776
Inversiones financieras c/p.	38.846	0	Acreedores comerciales y otras deudas a pagar.	1.134.104	2.711.641
Periodificaciones c/p.	11.601	14.603			
Efectivos y otros.	32.444	53.910			
TOTAL	**10.253.954**	**12.892.972**	**TOTAL**	**10.253.954**	**12.892.972**

Cuenta de pérdidas y ganancias (en miles de pesetas)

	Año 2000	Año 1995
Importe neto de la cifra de negocios	4.914.913	4.436.582
Variación existencias productos terminados	(148.408)	93.470
Trabajos realizados por la empresa para su activo	0	14.638
Aprovisionamientos	(891.170)	(1.939.662)
Otros ingresos de explotación	291.310	55.297
Gastos de personal	(2.013.470)	(1.178.009)
Otros gastos de explotación	(917.639)	(922.404)
Amortizaciones	(910.252)	(82.002)
Deterioro y resultado por enajenación del inmovilizado	(319.889)	(16.947)
Resultado de explotación	**5.395**	**460.963**
Ingresos financieros	34.992	44.124
Gastos financieros	(1.070.233)	(128.124)
Resultado antes de impuestos	**(1.029.846)**	**376.963**
Impuesto sobre beneficios	1.239	(91.801)
Resultado neto	**(1.028.607)**	**285.162**

Estado de flujos de efectivo (en miles de pesetas)

	Año 2000	Año 1995
A) Flujos de efectivo de las actividades de explotación	802.736	92.917
B) Flujos de efectivo de las actividades de inversión	(630.791)	(83.922)
C) Flujos de efectivo de las actividades de financiación	(193.411)	(34.218)
E) Aumento neto del efectivo o equivalentes	(21.466)	(25.223)
Efectivo o equivalentes al comienzo del ejercicio Efectivo o equivalentes al final del ejercicio	53.910 32.444	201.524 176.301

Información complementaria

— Se sabe que el importe neto de la cifra de negocios ascendió a 3.933.150 miles de pesetas en el año 1994 y a 4.507.406 miles de pesetas en 1999.

— Parte de la disminución producida en la partida deudores del balance en el año 2000 se debe a la disminución de 1.741.061 miles de pesetas del epígrafe *deudores varios* que no se corresponde con clientes por ventas, de cuyo origen no se proporciona más información en la memoria.

— De la memoria de MAJÓRICA, S. A., se obtiene la siguiente información. En abril del año 1998 fue constituida la sociedad Inversiones en perlas de Manacor, S. A., con un capital de 1.000 millones de pesetas. En esta misma fecha esta sociedad solicitó un préstamo bancario por 9.000 millones de pesetas para financiar la adquisición del 100 por 100 de las acciones de MAJÓRICA, S. A. En junio de 1998 se procedió a la fusión por absorción de MAJÓRICA, S. A., por parte de Inversiones en perlas de MANACOR, S. A., sociedad que a partir de ese momento tomó la denominación de la ya disuelta MAJÓRICA, S. A. El valor de los activos y pasivos de la antigua MAJÓRICA, S. A., en el momento de su disolución ascendían a 6.144 y 2.062 millones de pesetas, respectivamente.

— El informe de auditoría de MAJÓRICA, S. A., del año 2000 presenta limitaciones al alcance relacionadas con el área de existencias. Una limitación al alcance es una señal emitida por el auditor en la que manifiesta que no ha podido llevar a cabo las pruebas necesarias para verificar los saldos contables.

— Extractos de prensa (véanse los cuadros que se acompañan).

La firma de perlas MAJÓRICA, S. A., presenta suspensión de pagos (Expansión, *marzo de 2002*)

La compañía de perlas Majórica ha presentado suspensión de pagos. La firma mallorquina no ha podido hacer frente a la caída de las ventas que ha sufrido en los últimos años. En un comunicado oficial la empresa señaló que esta medida se ha debido a la «situación de precariedad de medios financieros y tesorería» que viene arrastrando desde noviembre de 2001, lo que hace inviable la regularidad de los pagos a los que tiene que hacer frente. Según la firma, los atentados contra las Torres Gemelas agravaron la delicada situación de la economía mundial, sobre todo en el sector turístico, al que es muy sensible la compañía mallorquina. Este nuevo escenario obligó a Majórica a llevar a cabo un plan de forma más estricta e irremediablemente más traumática.

Se elaboró un expediente de regulación de empleo que, en principio, afectaba a 188 trabajadores, aunque un acuerdo posterior con los sindicatos permitió que se incluyeran 88 jubilaciones anticipadas y 55 despidos pactados. Este acuerdo también recogía aportaciones del Gobierno Balear y del Ministerio de Trabajo y Asuntos Sociales por valor de 3,8 millones de euros. En el comunicado hecho público ayer la compañía asegura que, en los últimos meses, la situación financiera se ha agravado «por la lenta mejora en la evolución de las ventas, el cierre de las líneas de descuento por parte de las entidades financieras y el aplazamiento en la consecución de los objetivos y acuerdos previstos en el plan».

MAJÓRICA, S. A., no va de perlas (El País, *marzo de 2002*)

Nadie puede comprender por qué Perlas Majórica ha suspendido pagos. Es inexplicable el fracaso del negocio visto desde dentro, yendo la empresa tan lanzada, con 111 años de vida, vendiendo collares y joyas a tope (un millón de unidades al año) en todo el mundo. ¿Por qué se hunde en cuatro años una firma como esta? Isabel, de 32 años, no tiene respuestas. Ni entiende las razones que han llevado a la empresa a suspender pagos con una deuda de 42 millones de euros. Isabel es universitaria y ha sido una de los cientos de mujeres y hombres de Manacor que han trabajado en las factorías mallorquinas de Majórica. El alcalde de Manacor, Miquel Riera, incide en el impacto social y económico de la crisis en la población, de 30.000 habitantes. «Los accionistas deberían ser los primeros implicados en intentar reflotar la empresa y poner dinero. Las instituciones se han implicado», dice el alcalde.

Majórica es una de las doscientas marcas internacionales más arraigadas, con posición en aeropuertos de 120 países y ventas en aviones de cien líneas aéreas. El gran valor de la empresa es su marca. Las familias propietarias la vendieron hace cuatro años al fondo Alpha Private Equity por 12 millones de euros, aunque el 70 por 100 del precio se debió a la marca.

La compra con apalancamiento financiero de la firma centenaria en 1998 la efectuaron fondos de inversiones internacionales. El colectivo de accionistas compró con un crédito y además prestó a la empresa 12 millones de euros al 14 por 100 de interés. Las ventas de perlas eran de 60 millones de euros anuales en la buena época, pero los socios rechazaron en solitario ampliar capital para el reflotamiento general.

En cuatro años ha habido tres directores generales distintos. Durante la gestación de la suspensión de pagos, prevista desde hace meses, para justificar la crisis, aludieron a causas estructurales, a la competencia de nuevas marcas en mercados jóvenes, unidas a la caída del mercado turístico. Majórica pasó de los 3,6 millones de beneficios hace dos años a cero en el último semestre. Los intereses se comían la liquidez generada y las nóminas de febrero no se podían pagar.

6. Caso PIKOLÍN.

El caso tiene dos partes, claramente diferenciadas. La primera de ellas corresponde al ejercicio 1997 y la segunda al ejercicio 2016.

Parte I

Se presentan los estados contables de PIKOLÍN, S. A., correspondientes a 1997, extraídos del Registro Mercantil de Zaragoza. Igualmente, se dispone de información económica extraída de la prensa especializada (artículo de 1998 publicado en *Fomento de la Producción*). Aplicando la metodología de análisis de rentabilidad y riesgo, elabórese un informe en el que se trate de dar respuesta a las siguientes cuestiones:

— Principales posicionamientos de riesgo económico.
— Elementos determinantes de sus niveles de rentabilidad.
— Medidas que podría tomar la dirección de PIKOLÍN, S. A., para incrementar sus niveles de rentabilidad.

PIKOLÍN, S. A., una empresa con alma
(Entrevista con Alfonso Solans, presidente de PIKOLÍN, S. A.
Fomento de la Producción, *octubre de 1998)*

En el momento de recibir a este periodista en sus oficinas de Zaragoza, Alfonso Solans era el hombre más feliz del mundo. Tenía en mano datos fiables reveladores de que por vez primera Pikolín lideraba el mercado nacional de colchones, por encima de su inmediato competidor que es Flex. Explica el presidente que «para desarrollarnos no es suficiente saber vender, sino que es preciso situarse en vanguardia, máxime cuando se ocupa una posición de liderazgo en el mercado». El presidente de Pikolín atribuye el éxito de cualquier empresario al trabajo constante y bien hecho. En el caso de la empresa maña, ha contribuido además a disfrutar de esta posición privilegiada en la cual se encuentra el haber llevado una política de crecimiento propio, de autofinanciación y no repartir de forma constante los beneficios, sino reinvertirlos en gran parte.

Señala Solans que el mercado de colchonería en España es maduro y su crecimiento en unidades alcanza ya cotas bajas. «Debido a esta madurez y al estancamiento de la población española, nuestro reto es el crecimiento en calidad de producto, y ello conlleva un mayor precio. Como, además, el ciudadano español desea invertir más en el descanso, resulta, tras la suma de todas estas circunstancias, que el mercado español crece no en volumen, pero sí en el importe de las ventas». Explica Alfonso Solans que el colchón es un producto difícilmente exportable debido a su volumen y además se trata de un artículo de claro carácter marquista. «El colchón, quizá, como los aparatos electrodomésticos, no se vende fundamentalmente por precio, sino que tiene una gran influencia la marca. Y, por tanto, exportar sin crear previamente una marca es difícil».

Balance de situación de PIKOLÍN, S. A. (en miles de pesetas)

Activo	31/12/97	31/12/96	Patrimonio neto y pasivo	31/12/97	31/12/96
A) ACTIVO NO CORRIENTE	**3.613.422**	**3.858.132**	**A) PATRIMONIO NETO**	**13.451.456**	**12.034.823**
Inmovilizado intangible.	2.982	404	Capital suscrito.	3.000.000	3.000.000
Inmovilizado material.	2.682.877	3.030.050	Reservas.	8.914.769	8.063.733
Inversiones empresas grupo.	471.215	470.259	Resultado del ejercicio.	1.536.645	971.036
Inversiones financieras l/p.	456.348	357.419	Subvenciones recibidas.	42	54
			B) PASIVO NO CORRIENTE	**961**	**1.453**
			Provisiones.	251	743
			Deudas largo plazo.	710	710
B) ACTIVO CORRIENTE	**11.513.020**	**9.832.676**	**C) PASIVO CORRIENTE**	**1.674.025**	**1.654.532**
Existencias.	1.139.204	988.758	Deudas a corto plazo.	529.386	534.841
Deudores.	3.727.882	3.272.694	Deudas con empresas grupo.	2.106	0
Inversiones financieras c/p.	5.464.193	4.241.885	Acreedores comerciales y otras deudas a pagar.	1.041.309	988.377
Periodificaciones c/p.	5.539	10.582	Periodificaciones c/p.	101.224	131.314
Efectivos y otros.	1.176.202	1.318.757			
TOTAL	**15.126.442**	**13.690.808**	**TOTAL**	**15.126.442**	**13.690.808**

Cuenta de pérdidas y ganancias de PIKOLÍN, S. A. (en miles de pesetas)

	Año 1997
Importe neto de la cifra de negocios	14.266.653
Variación existencias productos terminados	70.465
Trabajos realizados por la empresa para su activo	38.256
Aprovisionamientos	(4.667.418)
Otros ingresos de explotación	325.521
Gastos de personal	(4.887.339)
Otros gastos de explotación	(2.512.395)
Amortizaciones	(647.738)
Deterioro y resultado por enajenación del inmovilizado	69.601
Resultado de explotación	**2.055.606**
Ingresos financieros	444.445
Gastos financieros	(178.496)
Resultado antes de impuestos	**2.321.555**
Impuesto sobre beneficios	(784.910)
Resultado neto	**1.536.645**

Estado de flujos de efectivo de PIKOLÍN, S. A. (en miles de pesetas)

	Año 1997
A) Flujos de efectivo de las actividades de explotación	1.566.327
Resultado antes de impuestos	2.321.555
± Ajustes al resultado	(755.228)
Flujos de efectivo de las actividades de explotación	1.566.327
B) Flujos de efectivo de las actividades de inversión	(1.583.427)
Adquisición de inmovilizado intangible	(3.011)
Adquisición de inmovilizado material	(379.447)
Enajenación de inmovilizado material	120.269
Adquisición de inmovilizado financiero	(101.259)
Enajenación de inmovilizado financiero	2.329
Adquisición de inversiones financieras temporales	(1.222.308)
C) Flujos de efectivo de las actividades de financiación	(125.455)
Pago de dividendos	(120.000)
Pago de deuda corto plazo	(5.455)
E) Aumento neto del efectivo o equivalentes	(142.555)
Efectivo o equivalentes al comienzo del ejercicio	1.318.757
Efectivo o equivalentes al final del ejercicio	1.176.202

Parte II

Más de una década después (año 2016) el entorno se ha revolucionado en la industria del colchón, lo que hace que la apuesta estratégica del GRUPO PIKOLÍN por la mejora de calidad y la diferenciación en precios exclusiva para el mercado nacional resulte claramente insuficiente y poco factible, tal y como pone de manifiesto la siguiente nota de prensa de *El País,* cuyas notas más destacadas se presentan a continuación.

Se presentan los estados contables consolidados del GRUPO PIKOLÍN, correspondientes a 2016, extraídos del Registro Mercantil de Zaragoza. Aplicando la metodología de análisis de rentabilidad y riesgo, elabórese un informe en el que se trate de:

— Poner de manifiesto los efectos del nuevo escenario de riesgo económico al que se enfrenta el grupo.
— Valorar el grado de éxito de sus nuevas apuestas estratégicas.

Pikolín no descansa (El País, Economía, *27/04/2014*)

La crisis no le ha dado tregua al sector de los colchones. Presionadas por el fin del *boom* de la vivienda y la caída de la renta de los españoles, las ventas se han hundido literalmente desde el último año bueno: 2007. «Habrán caído a menos de la mitad», reconoce José Antonio González, nuevo consejero delegado de Pikolín. Un cuadro, este, aún más inquietante si añadimos que el precio medio de venta se ha recortado a su vez en un 30 por 100. De este escenario terrorífico no se ha escapado nadie, ni siquiera Pikolín, el líder, la empresa más exitosa del sector y que había logrado «lo más difícil todavía»: triplicar su facturación en 14 años, desde los 93 millones de euros en 1995 a los 310 millones en 2007, para luego caer a los 244 millones en 2009.

Todo esto, el bajón del consumo y otros desafíos como la multiplicación de pequeños fabricantes y la entrada de rivales multinacionales en España, no le ha dejado más salida a Pikolín que buscar soluciones: ha diseñado un plan estratégico que, según explica el nuevo consejero delegado, «pasa por la internacionalización, sobre todo en Asia, donde queremos potenciar las operaciones que tenemos, y también en América Latina si surge alguna oportunidad». Esto, además de mantener las posiciones que tiene en Francia, y reactivar las ventas en España, es el objetivo número uno. La apuesta por la internacionalización no es nueva para la empresa zaragozana, que entró en Portugal en 1998 y compró el 50 por 100 de la francesa Cofel en 2001. Pero en 2009, en plena crisis, decidió hacerse con el ciento por ciento de la empresa francesa, líder del sector en el país vecino (con el 25 por 100 del mercado) y que ya es el primer negocio de Pikolín, por delante de España, con más del 55 por 100 de la producción total del grupo y cinco de las ocho plantas que la compañía tiene en Europa. Dos años después, en 2011, compraba Dunlopillo, una veterana empresa (creada por Dunlop) con dos plantas en Malasia y China, pero con una presencia testimonial en aquellos mercados. A estas dos operaciones habría que añadir la entrada en el mercado italiano, donde fundó en 2012 una *joint venture* con BIT, el líder italiano de las camas. Y su desembarco en el Reino Unido el año pasado. Otra decisión importante, esta de diversificación, fue la compra en 2012 de Industrias Pardo, el líder español de camas articuladas para geriátricos y hospitales.

Cada vez más, quizá debido a la crisis, se multiplican las ofertas de descuentos al 50 por 100 en las cadenas especializadas, las grandes superficies y los portales de internet. La fuerte atomización del sector colchonero está propiciando la aparición de las típicas propuestas «a precio de fábrica». «Unos colchones que vienen básicamente del norte de Portugal, de pequeñas fábricas y talleres, porque resulta fácil fabricar colchones baratos. No hay barreras de entrada», sostiene el responsable de Pikolín.

Al menos, a medio plazo, el grueso del crecimiento tendría que venir de España, azotada por las caídas de ventas y de precios, lo que ha obligado a Pikolín a bajar también los suyos. «Los hemos tenido que ajustar hasta un 20 por 100», admite González. Para lograrlo, la empresa se ha visto obligada a recortar capacidad y a ajustar costes de producción. «Los ajustes de precios afectan a los márgenes y luego obligan a ajustar los costes», explica González. De ahí que la empresa, con 840 trabajadores en España, llevara a cabo una reducción del empleo en 2013, que iba a afectar a 236 personas. «Al final el ERE quedó en 125 personas, de las que 80 fueron jubilaciones y 45 despidos», prosigue el directivo.

Pikolín y los demás fabricantes del mercado nacional han tenido que sufrir, además, la entrada de empresas extranjeras. Una de ellas Hilding Anders, líder europeo del sector, que desembarcó en España en 2008. A Hilding Anders le están yendo bien las cosas en nuestro país. Empezó en el puesto 42 y ya es el tercer operador, después de haber doblado sus ventas entre 2011 y 2013, lo que logró basándose en la fabricación de colchones de marca blanca para la gran distribución. La empresa sueca es un adversario temible y exitoso. Está en 40 países, sobre todo en el norte de Europa, y ha subido sus ventas en un 23 por 100 en los últimos tres años, hasta los 895 millones de euros.

Balance de situación consolidado del GRUPO PIKOLÍN (en miles de euros)

Activo	31/12/2016	31/12/2015	Patrimonio neto y pasivo	31/12/2016	31/12/2015
A) ACTIVO NO CORRIENTE	**353.463**	**289.215**	**A) PATRIMONIO NETO**	**232.486**	**234.125**
Inmovilizado intangible.	58.110	46.540	Capital suscrito.	58.037	58.037
Inmovilizado material.	80.922	42.975	Reservas.	176.715	173.668
Inversiones financieras l/p.	179.404	161.732	Resultado del ejercicio.	109	5.284
Otros activos no corrientes	35.027	37.968	Otros	(2.375)	(2.864)
			B) PASIVO NO CORRIENTE	**126.800**	**100.315**
			Provisiones.	10.673	9.163
			Deudas largo plazo.	116.127	91.152
B) ACTIVO CORRIENTE	**186.263**	**152.030**	**C) PASIVO CORRIENTE**	**180.440**	**106.805**
Existencias.	49.670	42.868	Deudas a corto plazo.	77.227	21.784
Deudores.	97.502	91.246	Acreedores comerciales y otras deudas a pagar.	103.213	85.021
Inversiones financieras c/p.	5.388	590			
Periodificaciones c/p.	1.179	507			
Efectivos y otros.	32.524	16.819			
TOTAL	**539.726**	**441.245**	**TOTAL**	**539.726**	**441.245**

Cuenta de pérdidas y ganancias consolidada del GRUPO PIKOLÍN (en miles de euros)

	Año 2016	Año 2015
Importe neto de la cifra de negocios	429.314	392.008
Variación existencias productos terminados	146	(406)
Trabajos realizados por la empresa para su activo	198	56
Aprovisionamientos	(179.951)	(172.292)
Otros ingresos de explotación	5.570	5.895
Gastos de personal	(105.563)	(93.770)
Otros gastos de explotación	(130.579)	(110.823)
Amortizaciones	(12.258)	(8.207)
Deterioro y resultado por enajenación del inmovilizado y otros	765	27
Resultado de explotación	**7.644**	**12.488**
Ingresos financieros	2.379	566
Gastos financieros	(7.995)	(4.811)
Resultado antes de impuestos	**2.028**	**8.243**
Impuesto sobre beneficios	(1.919)	(2.959)
Resultado neto	**109**	**5.284**

Estado de flujos de efectivo consolidado del GRUPO PIKOLÍN (en miles de euros)

	Año 2016	Año 2015
A) Flujos de efectivo de las actividades de explotación	14.156	21.678
Resultado antes de impuestos	2.028	8.243
± Ajustes al resultado	12.128	13.435
B) Flujos de efectivo de las actividades de inversión	(48.549)	(35.534)
Adquisición de inmovilizado intangible	(1.080)	(1.128)
Adquisición de inmovilizado material	(23.529)	(13.897)
Enajenación de inmovilizado material	1.209	515
Adquisición de activos financieros	(25.149)	(21.024)
C) Flujos de efectivo de las actividades de financiación	50.098	24.556
Pago de dividendos	0	0
Emisión de deuda	63.655	43.611
Pago de deuda	(13.557)	(19.055)
E) Aumento neto del efectivo o equivalentes	15.705	10.700
Efectivo o equivalentes al comienzo del ejercicio	16.819	6.119
Efectivo o equivalentes al final del ejercicio	32.524	16.819

11 El riesgo financiero: análisis de la liquidez y de la solvencia

11.1. INTRODUCCIÓN: EL RIESGO FINANCIERO

Como se ha señalado en el capítulo 8, el análisis económico-financiero busca medir los posicionamientos y consecuencias de los diferentes tipos de riesgo asumidos por la empresa. A tal efecto, el cuadro 8.3, auténtico índice de contenidos de la segunda parte de este manual, estructura el riesgo empresarial alrededor de dos categorías: el *riesgo económico,* o aquel que incide de forma directa sobre los niveles de rentabilidad, y el *riesgo financiero,* o probabilidad de que la empresa sea incapaz de hacer frente a sus pagos. Habiendo sido planteadas en el capítulo anterior las medidas de riesgo económico, el presente capítulo aborda el estudio y la medición del riesgo financiero.

El campo de las finanzas distingue dos niveles de riesgo financiero: el *riesgo de crédito* y el *riesgo de quiebra*. El primero de ellos hace referencia a la capacidad de la empresa para hacer frente a sus pagos en el momento oportuno, mientras que el segundo, de mayor gravedad, se relaciona con la probabilidad de que la empresa entre en una situación de descapitalización y pueda acabar liquidándose.

No conviene olvidar que un alto *riesgo financiero* será, por lo general, consecuencia de un proceso de deterioro económico previo en los niveles de rentabilidad de la empresa. La incapacidad de la misma para generar recursos suficientes a través de su actividad principal le forzará a acudir a fórmulas externas de captación de fondos. El abuso de estas últimas desencadena una espiral que va poco a poco estrangulando la solvencia, pudiendo finalmente poner en peligro su continuidad. Tal y como refleja el cuadro 11.1, el fracaso financiero no solo es consecuencia de un fracaso económico previo, sino que, además, acelera al primero. No atender a los compromisos de pago en el momento oportuno (no antes ni después) generará costes adicionales que acelerarán el deterioro de los niveles de rentabilidad.

Existen diversos mecanismos para medir los niveles de riesgo financiero, si bien, por su mayor aceptación, destacan los dos siguientes:

CUADRO 11.1

Relación entre los fracasos económico y financiero

Fracaso económico = caída en los niveles de rentabilidad
(riesgo económico)

Fracaso financiero = incapacidad para hacer frente a los pagos en el momento oportuno
(riesgo financiero)

1. Aproximaciones contables, que tratan de medir el riesgo de crédito a corto (análisis de la liquidez) y el riesgo de crédito a largo (análisis de la solvencia).
2. Aproximaciones de mercado, basadas en el estudio de la covariabilidad de los rendimientos de una empresa con los retornos conjuntos del mercado, conocido como análisis Beta de mercado.

En este manual nos ocupamos de la primera línea de análisis. Los epígrafes 11.1 a 11.6 están dedicados al estudio del riesgo de crédito a corto plazo, o análisis de la liquidez, mientras que el epígrafe 11.7 se ocupa del estudio del riesgo de crédito a largo plazo, o análisis de la solvencia.

11.2. EL RIESGO DE CRÉDITO

Desde un punto de vista externo, toda asignación de recursos (bienes o servicios) a una empresa conlleva un riesgo financiero determinado por la probabilidad de que la firma se vea incapaz de hacer frente a los compromisos asumidos como consecuencia de dicha asignación. En este sentido, el *riesgo de crédito* se relaciona con la capacidad de la empresa para disponer de la liquidez necesaria para hacer frente a sus compromisos de pago (bien sean por operaciones al contado o bien por el vencimiento de deudas) en el momento inicialmente acordado para ello.

Es preciso advertir que el término *liquidez* suele utilizarse para representar los recursos disponibles de la empresa en forma de tesorería o activos fácilmente transformables en efectivo, como letras y bonos del Tesoro u otros títulos negociables. En este sentido, aunque la liquidez pueda contemplarse desde un punto de vista estático como *posición de liquidez* o saldo disponible en un momento determinado, a efectos de análisis resulta más interesante contemplarla desde un punto de vista dinámico como *capacidad para generar liquidez (capacidad financiera)*. En realidad, el punto más interesante en el análisis del riesgo de crédito es la existencia en la empresa de capacidad para generar liquidez en el momento en que esta resulte necesaria para hacer frente a los pagos (no antes ni después). Tanto disponer de una ociosa posición de liquidez como generarla en un momento posterior al inicialmente previsto traerán consigo consecuencias negativas sobre los niveles de rentabilidad.

La valoración de esta capacidad supone tomar como referencia un determinado horizonte temporal en el cumplimiento de la misma, lo que implica no solamente determinar si la situación actual permite afrontar los pagos presentes, sino evaluar también la capacidad para mantener esta posición en el futuro. Por esta razón, el estudio del riesgo de crédito se lleva a cabo normalmente tomando como referencia dos horizontes temporales básicos: el *corto plazo* y el *largo plazo*:

a) El análisis del *riesgo de crédito a corto plazo,* también denominado análisis de la liquidez o análisis de la solvencia a corto plazo, está relacionado con la capacidad de la empresa para hacer frente a los compromisos de pago en el corto plazo. A este respecto, algunos autores utilizan el término liquidez para evaluar la capacidad de la empresa para solventar sus compromisos de pago en el muy corto plazo (liquidez inmediata). Sin embargo, la ambigüedad e indefinición que entraña la expresión *muy corto plazo,* unida al carácter anual con el que el que se publica la información financiera de la empresa, imposibilita al analista externo juzgar con precisión, homogeneidad y oportunidad la liquidez a muy corto plazo de la firma. Únicamente el analista interno, con toda la información financiera disponible a tiempo, y con la posibilidad de controlar presupuestos de tesorería con una mayor periodicidad (semanal, quincenal, mensual...), podrá llevar a cabo un análisis continuado de la liquidez inmediata.

b) El análisis del *riesgo de crédito a largo plazo* se relaciona con la solvencia. Conviene precisar que la solvencia está relacionada con la estabilidad de la firma y con la capacidad de la misma para hacer frente a todos sus compromisos de pago, incluidos también los de largo plazo. En este sentido, puede ocurrir, y de hecho ocurre con relativa frecuencia, que una firma encuentre dificultades transitorias a la hora de solventar sus compromisos financieros a corto plazo, y que, sin embargo, la solvencia a largo plazo de la misma y, por tanto, su capacidad de sobrevivir en el tiempo esté perfectamente garantizada. En esta situación los gestores de la firma deberán adoptar las medidas oportunas (renegociación de la deuda a corto, realización de activos extrafuncionales, etc.) para superar el desequilibrio financiero temporal de la forma menos costosa posible para hacer que dichos problemas tengan los menores efectos sobre los niveles de rentabilidad.

Análisis de la liquidez a través de las cuentas anuales: limitaciones

El analista externo, necesariamente, tiene que abordar el estudio de la liquidez a partir de la información financiera publicada por las empresas, con las limitaciones que esta presenta como consecuencia no solamente del carácter anual e histórico con el que se publican las cuentas anuales, sino también del retraso con el que dichas cuentas llegan a manos del usuario. Una primera herramienta para este cometido es el balance de situación. No hay que olvidar, sin embargo, que el balance de situación informa de la posición estática de liquidez en un momento determinado, pero no dice nada acerca de las entradas y salidas que de la misma se han producido a lo largo del ejercicio. Para superar esta situación el análisis contable tradicional adopta una posición prudente, exigiendo que el excedente entre los recursos líquidos disponibles o que espera vayan a hacerse disponibles a corto plazo (activos corrientes) supere a los pasivos a los que se espera tener que hacer frente en ese mismo ámbito temporal (pasivos corrientes).

Al objeto de superar el carácter estático del balance de situación, y con la finalidad de incorporar un cierto dinamismo en el análisis, determinadas partidas del balance, tales como existencias, clientes o proveedores, se hacen depender de los niveles de actividad económica recogidos en la cuenta de resultados (ventas, coste de ventas y compras). La cuenta de resultados, sin embargo, no es por sí sola un buen estado contable para estudiar la capacidad para generar liquidez, ya que el reconocimiento de ingresos y gastos no toma como referencia la corriente monetaria o financiera, sino la corriente real o económica (principio de devengo). Así las cosas, la adecuada combinación de magnitudes flujo de la cuenta de resultados con las magnitudes fondo del balance de situación a las que están vinculadas introduce elementos de dinamismo que tratan de superar las limitaciones del análisis estático.

El estado contable que sí informa sobre la capacidad de la empresa para generar liquidez a través de su actividad ordinaria es el estado de flujos de efectivo. Sin embargo, lo hace ofreciendo una visión de conjunto informando de la tesorería generada a lo largo de todo el ejercicio económico, sin poder apreciar los posibles desajustes entre cobros y pagos que se hayan podido producir en un punto intermedio de dicho ejercicio. Por todos estos motivos, dado que el analista externo solo va a disponer de la información pública depositada en el Registro Mercantil, el análisis del riesgo financiero no está exento de limitaciones, derivadas de la propia incapacidad de las cuentas anuales, que, en todo caso, deberán ser tenidas en cuenta por el analista. El cuadro 11.2 resume de manera esquemática las limitaciones de las cuentas anuales para el estudio de la liquidez empresarial.

Como se ha señalado más arriba, ni el balance de situación ni la cuenta de resultados tienen capacidad por sí solos para informar sobre la generación de liquidez de la empresa, si bien una adecuada combinación de sus magnitudes permite efectuar una aproximación dinámica al estudio de la liquidez empresarial. Por este motivo, los siguientes epígrafes abordan el estudio de la liquidez desde una doble vertiente: *a*) desde una visión tradicional (aproximación estática) a partir del balance, y *b*) desde una visión de conjunto (visión dinámica), que combina balance y cuenta de resultados.

CUADRO 11.2

Cuentas anuales y análisis de liquidez

<table>
<tr><th>Información sobre</th><th>Balance de situación</th><th>Cuenta de resultados</th><th>Estado de flujos de efectivo</th></tr>
<tr><td>Posición de liquidez</td><td>Sí</td><td>No</td><td>Sí</td></tr>
<tr><td rowspan="2">Capacidad para generar liquidez</td><td>No (estático)</td><td>No (devengo)</td><td rowspan="2">Sí</td></tr>
<tr><td colspan="2">Aproximación dinámica</td></tr>
<tr><td>Capacidad de generar liquidez en el momento oportuno</td><td>No</td><td>No (visión conjunta anual)</td><td>No (visión conjunta anual)</td></tr>
</table>

11.3. EL RIESGO DE CRÉDITO A CORTO PLAZO: VISIÓN TRADICIONAL

11.3.1. El capital circulante

El análisis del riesgo de crédito a corto plazo se ha centrado durante décadas en el estudio del *capital circulante* o *fondo de maniobra* desde una perspectiva estática (cuadro 11.3). El capital circulante, definido como la diferencia entre el activo corriente y el pasivo corriente, representa la parte del activo corriente que queda libre una vez atendidos los compromisos de pago a corto plazo. Desde el punto de vista de la financiación, el capital circulante representa la parte del activo corriente que no consigue ser financiada con deuda a corto plazo, teniendo que serlo con recursos a largo (sea recurriendo al endeudamiento, sea recurriendo a la financiación propia):

CAPITAL CIRCULANTE = ACTIVO CORRIENTE − PASIVO CORRIENTE

Tradicionalmente ha existido una inquietud por identificar, desde un punto de vista patrimonial, una estructura de circulante que pudiese generalizarse como expresión estática del equilibrio financiero a corto plazo. La visión más conservadora del análisis de la liquidez presume que si los activos corrientes (que se convertirán en liquidez en el corto plazo) son superiores a los pasivos corrientes (que se harán exigibles en ese mismo plazo), la empresa no tendrá problemas para hacer frente a sus pagos en los próximos doce meses. Esta postura tradicional defiende como idónea una posición de capital circulante lo más alta posible, ya que el capital circulante viene a representar el margen (de ahí la denominación de fondo de maniobra) con que cuenta la firma para cumplir con sus obligaciones de pago a corto plazo, aun en el caso de no poder realizar a tiempo alguna partida del activo corriente. Lógi-

CUADRO 11.3

El fondo de maniobra o capital circulante

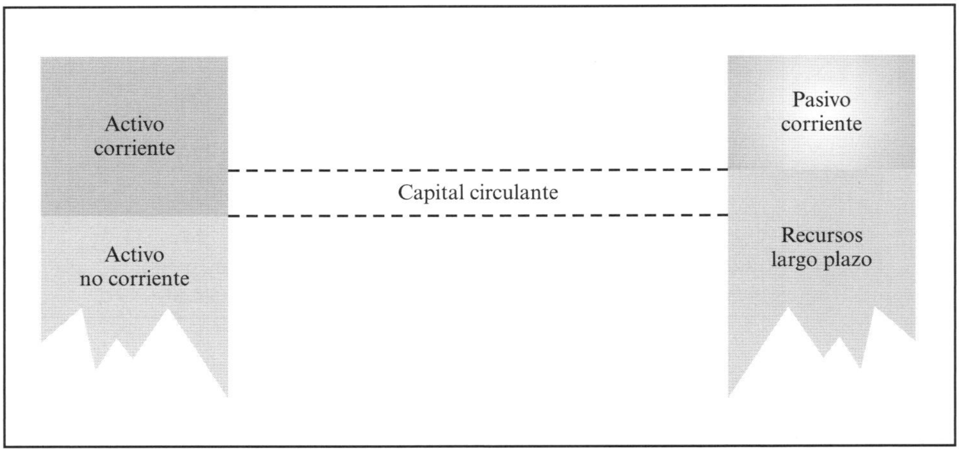

camente, esta visión tradicional ha recibido muchas críticas por las limitaciones que presenta, que pasamos a comentar.

11.3.2. Limitaciones del enfoque tradicional

Por muy positiva que sea la posición de capital circulante en un momento determinado, no existe garantía de que no vayan a producirse desajustes de liquidez en los próximos doce meses. El capital circulante no es sino la agregación de un conjunto heterogéneo de componentes (las cuentas de corto plazo del balance de situación) con distintos grados de acercamiento a la liquidez (activos) o a la exigibilidad (pasivos). Una empresa puede tener muchos más activos corrientes que pasivos corrientes y, sin embargo, los primeros estar representados por existencias de difícil venta o clientes de difícil cobro. También puede suceder, como muestra el ejemplo 11.1, que dos empresas con el mismo capital circulante a principio de año ofrezcan perspectivas diferentes en su capacidad para hacer frente a sus pagos.

EJEMPLO 11.1

Dos empresas presentan los siguientes balances de situación. La empresa A espera tardar 30 días en vender sus mercaderías y 20 días en cobrar a sus clientes, mientras que las deudas con proveedores que aparecen en balance vencerán en un plazo de 25 días. La empresa B espera tardar 20 días en vender sus mercaderías, 10 días en cobrar a sus clientes y las deudas con sus proveedores vencerán en el mismo plazo que A.

Empresa A

Activo		**Patrimonio neto y pasivo**	
Activo no corriente	4.000	Capital	5.000
Mercaderías	3.000	Reservas	1.000
Clientes	1.000	Proveedores	3.000
Tesorería	1.000		
Total	9.000	Total	9.000

Empresa B

Activo		**Patrimonio neto y pasivo**	
Activo no corriente	4.000	Capital	5.000
Mercaderías	2.000	Reservas	1.000
Clientes	2.500	Proveedores	3.000
Tesorería	500		
Total	9.000	Total	9.000

Resulta fácil apreciar que, aunque las dos empresas presenten la misma cifra de capital circulante (2.000), pasados 25 días, es decir, en el momento en que haya que pagar al proveedor, la empresa B dispondrá de 3.000 euros de liquidez, mientras que la empresa A dispondrá de solo 2.000, encontrándose con problemas para hacer frente a su pago.

Del mismo modo, pueden producirse traspasos de una partida a otra que en absoluto afecten a la cifra final del capital circulante, pero que, sin embargo, lleguen a condicionar la posición de liquidez de la firma. Piénsese, por ejemplo, en un escenario en el que habiéndose mantenido el mismo ritmo de aprovisionamiento de materiales, se produzca una reducción de la demanda del producto. Esta circunstancia traería como consecuencia un aumento de los productos en el almacén, al tiempo que disminuiría el saldo de los clientes. En estas circunstancias, si en un intento de reactivar la demanda la firma incrementa los plazos concedidos a sus clientes, podría acontecer que el ritmo de generación de liquidez fuese inferior al de pago a proveedores, disminuyendo de este modo las disponibilidades de la firma, que podría llegar a verse afectada. Y todo eso puede suceder sin que se produzca reducción alguna en el valor del *capital circulante,* también denominado *fondo de maniobra*. Pueden aumentar unos saldos y disminuir otros, pero la suma final permanecer igual. En estos casos la cifra de capital circulante poco o nada contribuye al conocimiento de la entidad; antes al contrario, puede llevar a interpretaciones erróneas.

En resumen, la emisión de una opinión acerca del riesgo de crédito a corto plazo de la firma no puede basarse exclusivamente en la cifra de capital circulante, sino que la misma deberá ser contrastada con otras informaciones complementarias, como tendencia y evolución de dicha magnitud, naturaleza de las partidas que lo componen y, adicionalmente, con otros indicadores extraídos tanto de la información contable de la empresa (niveles de rentabilidad) como de otras fuentes de información extracontable (situación general, coyuntura económica, etc.), tal y como se ha señalado a lo largo de los capítulos anteriores.

La segunda gran limitación del enfoque tradicional se deriva de la falsa creencia de que cifras elevadas de circulante indican estabilidad financiera, aunque defender valores positivos en el capital circulante implica maximizar activos corrientes y minimizar pasivos corrientes. Este planteamiento resulta defendible pensando únicamente en la minimización del riesgo de crédito, pero el analista no debe ignorar las implicaciones que posicionarse en un determinado nivel de riesgo de crédito tiene sobre los niveles de rentabilidad. De hecho, el anterior argumento es totalmente opuesto al defendido desde las más recientes teorías sobre gestión de circulante, que proponen minimizar la inversión necesaria para mantener un determinado nivel de actividad (sistemas *just in time,* de gestión de cobros, etc.) y maximizar aquella financiación que se consiga en las mejores condiciones posibles (aplazamientos conseguidos en buenas condiciones de coste). Todo ello, claro está, siempre que no se provoquen roturas de ningún tipo (de entrega de pedidos, de disponibilidad de materiales o de pagos), roturas que tendrían efectos nocivos sobre la rentabilidad que se trata de cuidar. En el sector de hipermercados, por ejemplo, resulta muy habitual trabajar con una estructura de fondo de rotación negativa, ya que venden rápido, cobran prácticamente al contado y tienen un fuerte poder de negociación con sus suministradores para conseguir aplazamientos de pago en muy buenas condiciones.

La liquidez de una empresa ha de tener una medida *adecuada,* en el sentido de que no presente ni un exceso que conlleve recursos ociosos, que harían perder oportunidades de rentabilidad, ni un defecto que comporte una escasez de los recursos líquidos necesarios para desarrollar una actividad normal, lo que supondría dificultades para atender pagos, imposibilitaría posibles expansiones para abordar nuevos proyectos e impediría un ahorro de costes adicionales, entre otras actuaciones.

En tercer lugar, hay que tener en cuenta que los cobros y pagos que se produzcan a lo largo de un año no serán solo los que provienen de la conversión en liquidez o exigibilidad de los activos y pasivos circulantes que aparezcan en el balance inicial. Ocurre, por lo general, que en la mayor parte de sectores industriales la duración del ciclo de explotación es muy inferior al año, por lo que las partidas que conforman dicho ciclo rotan más de una vez a lo largo del ejercicio. Desde una perspectiva netamente financiera o de equilibrio, la empresa debe procurar que el disponible que van generando los activos corrientes cubra las necesidades para afrontar los vencimientos del pasivo corriente.

Si ambos ciclos de conversión se realizasen a ritmos y frecuencia semejantes, de tal forma que quedase garantizada la cobertura de vencimientos con el disponible generado por la conversión del activo corriente, quedaría garantizado el equilibrio que anteriormente hemos identificado como capacidad para afrontar los pagos. Ahora bien, hay que tener en cuenta dos factores: *a*) que los ritmos previstos de conversión en liquidez y exigibilidad de activos y pasivos corrientes no tienen por qué coincidir, y *b*) que las eventualidades de las que dependen los acontecimientos y la evolución financiera en la empresa están condicionadas a circunstancias diversas que hacen imposible establecer con precisión matemática su evolución. Nadie está libre de sufrir un retraso en el cobro de unos clientes sobre la fecha prevista o en el ritmo de realización del proceso productivo, por lo que bien podría concluirse que la igualdad entre activos y pasivos corrientes no es, por sí misma, prueba del equilibrio que garantice la liquidez.

En definitiva, en vista de las críticas vertidas sobre la visión patrimonialista (estática) del riesgo de crédito, se hace necesario complementar dicho análisis con:

1. Un análisis por descomposición de los diferentes componentes que integran el capital circulante: *análisis de las necesidades del fondo de rotación.*
2. La incorporación de un factor de dinamismo que tenga en cuenta los ritmos de conversión en liquidez de los activos corrientes y de conversión en exigibilidad de los pasivos corrientes vinculándolos con los niveles de actividad: *análisis dinámico del circulante a través del ciclo de explotación.*

11.4. ANÁLISIS DE LAS NECESIDADES DEL FONDO DE ROTACIÓN

El análisis de las *necesidades de fondo de rotación* representa una técnica muy útil en el estudio por descomposición del capital circulante o fondo de rotación. Esta técnica analiza los diferentes componentes del capital corriente a partir de las necesidades de financiación provocadas por el ciclo de explotación. El cuadro 11.4 ofrece un detalle de las partes en que se puede descomponer el fondo de rotación.

CUADRO 11.4

Análisis por descomposición del fondo de rotación

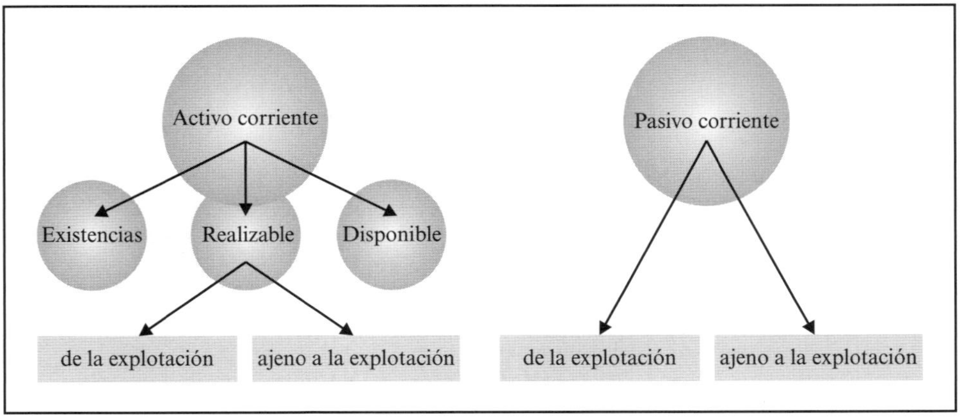

La descomposición del activo corriente no se limita a las tradicionales masas de existencias, realizable y disponible (primer nivel de descomposición), sino que en un segundo nivel se contempla la división del realizable en función de su vinculación o no con el ciclo de explotación. Igualmente, el pasivo corriente también se puede dividir, en función de la naturaleza de las partidas que lo conforman, como *de la explotación* o *ajeno a la explotación*. Así, mientras que partidas como clientes o proveedores se incluyen, respectivamente, dentro del realizable de explotación y del pasivo corriente de explotación, otras, como inversiones financieras temporales o deudas con entidades de crédito, quedarían incluidas, respectivamente, dentro del realizable ajeno a la explotación y del pasivo corriente ajeno a la explotación.

El análisis por descomposición del fondo de rotación permite conocer la medida en que las necesidades de financiación que provocan las inversiones en activos corrientes se corresponden con la actividad de explotación o si, por el contrario, se trata de inversiones a corto plazo no relacionadas directamente con la misma (como inversiones financieras temporales, por ejemplo). Al mismo tiempo, el análisis por descomposición permite conocer el tipo de fuentes que la empresa utiliza para financiar dichas necesidades: *a*) fuentes financieras derivadas espontáneamente de esa misma actividad de explotación (tales como los aplazamientos concedidos por los proveedores), o *b*) fuentes alternativas de la financiación a corto plazo (préstamos o créditos bancarios a corto plazo). En la medida en que algunas de las necesidades no sean cubiertas a través de ninguna de las dos alternativas anteriores, la empresa habrá tenido que acudir a fuentes financieras de carácter permanente y, por tanto, estará incrementando el valor del fondo de rotación. El cuadro 11.5 presenta la disposición vertical de los diversos componentes del capital circulante que van a permitir efectuar el análisis por descomposición del fondo de rotación. Cada uno de los tres subniveles representa la financiación adicional que deberá encontrar la empresa si quiere mantener los niveles de inversión que exige su estructura de activos corrientes.

CUADRO 11.5

Necesidades del fondo de rotación

Existencias
+ Realizable de explotación
− Pasivo corriente de explotación
= *Necesidades del fondo de rotación de la explotación (NFRE)*
+ Otros activos corrientes
− Otros pasivos corrientes
= *Necesidades del fondo de rotación (NFR)*
+ Tesorería
= *FONDO DE ROTACIÓN (FR)*

Necesidades del fondo de rotación de la explotación (NFRE)

El primer nivel es el directamente relacionado con el ciclo de explotación. Para mantener el nivel de existencias decidido por la empresa, así como los saldos de clientes y otras cuentas a cobrar relacionadas con el ciclo de explotación, se cuenta inicialmente con una financiación específica representada por las cuentas a pagar a proveedores. La fusión de las tres partidas con sus respectivos signos determina las *necesidades del fondo de rotación de la explotación (NFRE)*. Si las NFRE son positivas, significa que el ciclo de explotación no es financieramente autosuficiente. Su valor representará la financiación adicional que la empresa debe conseguir fuera de dicho ciclo. Si las NFRE son negativas, significa que la financiación otorgada por proveedores y demás pasivos de la explotación supera a las inversiones exigidas por el ciclo, generándose un sobrante de financiación que la empresa estará utilizando para financiar inversiones ajenas al ciclo. El cuadro 11.6 ilustra un caso de signo positivo para las NFRE en el que el pasivo corriente de la explotación apenas puede financiar el realizable de la explotación y una parte de las existencias. Para mantener ese nivel de circulante vinculado a la explotación se hace necesario que la empresa obtenga recursos financieros adicionales determinados por la cifra de las NFRE.

CUADRO 11.6

Necesidades del fondo de rotación de la explotación

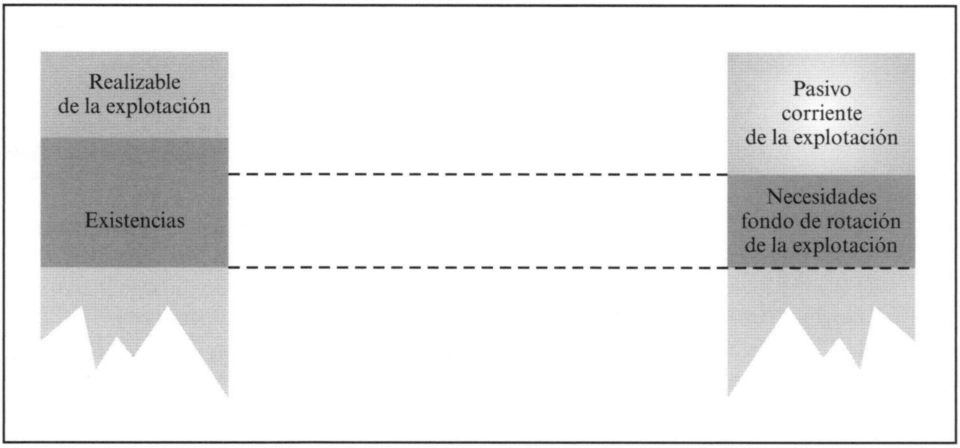

Necesidades del fondo de rotación (NFR)

Si a las *necesidades del fondo de rotación de la explotación* se le suma la cifra de otros activos corrientes (títulos valores a corto plazo, deudores no comerciales, etc.) y se le resta la cifra correspondiente a otras fuentes de financiación a corto plazo no relacionadas directamente con la explotación, se obtienen *las necesidades del fondo de rotación (NFR)*. Valores positivos en las NFR representan la financiación adicional (por encima de la otorgada por proveedores y otros pasivos corrientes) que tendrá que conseguir la empresa para mantener el nivel de inversiones en existencias y realizable de la explotación junto con otros activos corrientes. En otras palabras, las NFR equivalen a los recursos, que necesariamente serán a largo plazo, que financian los activos corrientes, excepción hecha de la tesorería. Por el contrario, valores negativos en las NFR implican que la financiación a corto plazo supera a dichas inversiones, por lo que no es preciso recurrir a fuentes de financiación adicionales.

Fondo de rotación

Por último, si a las *necesidades del fondo de rotación* se les suma la tesorería de la empresa, se obtiene la cifra del capital circulante o *fondo de rotación* (FR). Un fondo de rotación positivo representa la financiación que deberá obtener la empresa (que necesariamente será a largo plazo) para poder mantener las inversiones en todo tipo de activos de corto plazo. Es decir, *el fondo de rotación* está representado por el volumen de recursos a largo plazo que deberá buscar la empresa para financiar la estructura de circulante no financiada con deudas a corto. El ejemplo 11.2 ilustra, a partir de la información contenida en el balance de situación, la forma de calcular las necesidades del fondo de rotación.

EJEMPLO 11.2

Determinación de las necesidades del fondo de rotación a partir de la información suministrada por el siguiente balance de situación:

Activo	N	Pasivo y patrimonio neto	N
Tesorería	80	Proveedores	40
Clientes	70	Deudas con entidades de crédito c/p	30
Existencias	30	Deudas a largo plazo	90
Inversiones financieras temporales	80	Patrimonio neto	1.100
Inmovilizado material	1.000		
TOTAL ACTIVO	1.260	TOTAL PASIVO Y P. NETO	1.260

Necesidades del fondo de rotación de la explotación: 30 + 70 − 40 = 60.

Se necesita una financiación de 60 para garantizar las inversiones en el circulante de la explotación (existencias y clientes).

Necesidades del fondo de rotación: 60 + 80 − 30 = 110.

La cifra de 110 representa la financiación adicional que deberá obtener la firma para mantener la estructura de circulante definida por las cifras del balance.

Fondo de rotación = 110 + 80 = 190.

Si, además, se quiere mantener una cifra de 80 en tesorería, la empresa deberá buscar recursos a largo plazo por importe de 190 = (110 + 80) para mantener esa estructura de circulante.

A modo de resumen, puede decirse que el análisis por descomposición del fondo de rotación permite al analista conocer si las necesidades de financiación de la empresa vienen dadas por actividades de la explotación principal o por otras inversiones a corto plazo no relacionadas directamente con la explotación (por ejemplo, inversiones financieras temporales). Al mismo tiempo, el analista puede conocer el tipo de recursos que utiliza la empresa para financiar dichas necesidades: fuentes financieras derivadas espontáneamente de su actividad principal (tales como los aplazamientos concedidos por los proveedores), otras fuentes de financiación a corto plazo (préstamos o créditos bancarios a corto plazo) o fuentes financieras de carácter permanente. En la medida en que determinadas necesidades sean cubiertas con este último tipo de fuentes financieras, se incrementará el valor del fondo de rotación como magnitud final del análisis.

11.5. ANÁLISIS DINÁMICO DEL CIRCULANTE A TRAVÉS DEL CICLO DE LAS OPERACIONES: ROTACIONES Y PERÍODOS MEDIOS

11.5.1. Flujos empresariales

El análisis dinámico del capital circulante trata de paliar algunas de las deficiencias que presenta el enfoque tradicional, basado únicamente en la consideración de magnitudes del balance de situación. A tal efecto, la consideración de magnitudes, no solamente del balance de situación sino también de la cuenta de resultados, aporta al análisis de la liquidez los elementos de dinamismo de que carece el enfoque tradicional.

La consideración de magnitudes representativas de fondos y de flujos permite visualizar las diferentes fases por las que transcurre el ciclo de la explotación. En una empresa industrial el ciclo comienza a partir de la adquisición de materias primas y otros factores productivos que se almacenan hasta el inicio del proceso de fabricación, momento en que se transforman en productos en curso, primero, y luego en productos terminados. Posteriormente, estos son vendidos a los clientes y finalmente se convierten en tesorería tras el vencimiento de los derechos de cobro generados por la venta de los productos. A partir de aquí comienza de nuevo el ciclo mediante la inversión de la tesorería en la adquisición de nuevos factores productivos (cuadro 11.7). Este ciclo se simplifica en el caso de una empresa comercial o de servicios al desaparecer la fase de transformación.

CUADRO 11.7

Ciclo de las operaciones de explotación

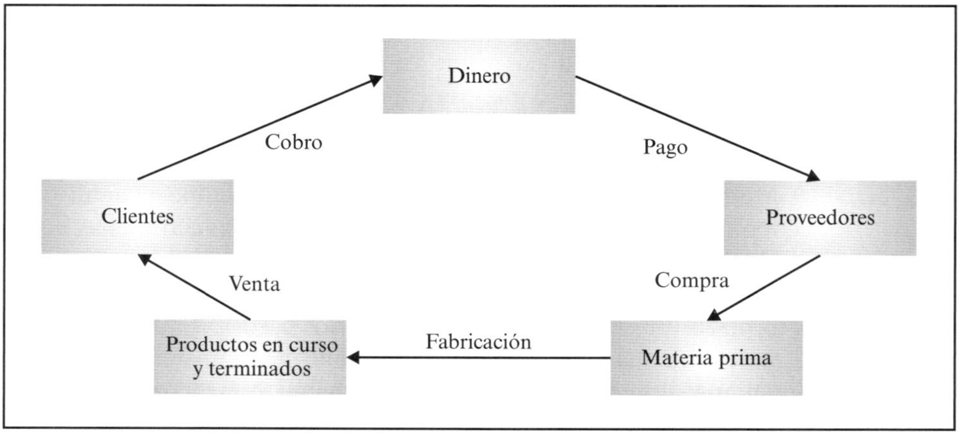

No puede pasarse por alto que las operaciones que se describen en el cuadro 11.7 están íntimamente relacionadas con las partidas que conforman el circulante de la explotación, tanto por el lado del activo como del pasivo. Desde esta perspectiva se establece una asociación entre el *flujo* generado por la actividad empresarial (compra, fabricación, venta, etc.) y los *fondos* o saldos que sostienen dicha actividad (existencias de materia prima, productos terminados, clientes, etc.).

El estudio del fondo de maniobra desde una perspectiva dinámica no puede limitarse únicamente a la determinación de dicha magnitud, sino que debe averiguar si la misma se adecúa al nivel de actividad de la firma, a la política de cobros y pagos adoptada y a los valores que para estos parámetros tengan establecidos otras empresas de similares características. De ahí la necesidad de determinar una magnitud de referencia que aporte los elementos necesarios para poder enjuiciar la situación financiera de la firma con relación a un objetivo determinado. Esta magnitud de referencia —que en la literatura contable recibe el nombre de *capital circulante ideal* o *adecuado*— surge de la comparación de una magnitud *fondo,* medida a través de los saldos del circulante, y de otra magnitud *flujo,* determinada a través de la actividad asociada a dichos saldos, tal y como se verá en un próximo epígrafe.

La conjunción de los dos tipos de variables, una asociada a una magnitud *fondo* y la otra vinculada a la idea de *flujo,* nos introduce en los conceptos de rotación y de período de maduración, cuyo estudio se aborda a continuación.

11.5.2. Rotación

El cuadro 11.7 ha presentado el ciclo de las operaciones a través del cual los elementos del circulante se van transformando en nuevos elementos gracias a la actividad económica de la empresa. Así, mediante la adquisición de materias primas se genera en las mismas un saldo que se verá posteriormente reducido por su incorporación al proceso de fabricación. Dicha incorporación incrementa el saldo de los productos en curso y terminados hasta que, mediante la venta de los mismos, se reduce dicho saldo para dar lugar a la partida de clientes. La liquidación del crédito concedido a los clientes produce un flujo de entrada de tesorería que se podrá utilizar para atender los compromisos con proveedores y otros suministradores de factores productivos.

Pues bien, la rotación es el número de veces que se renueva el saldo de una partida a lo largo de un ejercicio económico como consecuencia de los anteriores flujos. Se trata de una magnitud que relaciona el flujo representativo de cada una de las actividades del ciclo de la explotación (compras, consumos por fabricación, ventas) con el saldo afectado por dicha actividad. Así, los consumos de cada tipo de existencias hacen rotar a sus diferentes saldos, las ventas condicionan el saldo de clientes y las compras hacen lo propio con el saldo de proveedores. La velocidad con que los flujos económicos (magnitudes de la cuenta de resultados) condicionan el valor de sus partidas vinculadas (magnitudes del balance de situación) proporciona la medida de la rotación, que, con carácter general, adopta la siguiente expresión:

$$\text{Rotación} = \frac{\text{Actividad}}{\text{Saldo medio}} \qquad [1]$$

El numerador recoge magnitudes representativas de flujo económico (tomadas de la cuenta de resultados), mientras que el denominador acoge la variable saldo representativa de las partidas que conforman el circulante de explotación de la empresa (tomada del balance de situación). Dado que la actividad se desarrolla a lo largo de todo un ejercicio económico, el saldo debe ser la mejor representación del mismo, por lo que, al igual que se ha hecho en el estudio de la rentabilidad (capítulo 9), se toman saldos medios representativos de todo el período. La traslación de esta expresión general a cada una de las actividades que forman parte del ciclo de explotación aparece en el cuadro 11.8.

CUADRO 11.8

Actividades y saldos relacionados en el ciclo de explotación de una empresa industrial

Actividad	Saldo medio	Rotación
Consumo de materia prima	Existencias de materia prima	De materias primas
Coste industrial fabricación	Existencias de productos en curso	De productos en curso
Coste industrial de ventas	Existencias de productos terminados	De productos terminados
Ventas	Clientes	De clientes
Compras	Proveedores	De proveedores

En una empresa comercial, al no existir la fase de transformación, el ciclo queda reducido a las tres fases que se describen en el cuadro 11.9.

CUADRO 11.9

Actividades y saldos relacionados en el ciclo de explotación de una empresa comercial

Actividad	Saldo medio	Rotación
Consumo de mercaderías Ventas Compras	Existencias de mercaderías Clientes Proveedores	De mercaderías De clientes De proveedores

La concreción de la expresión general a cada una de las partidas del circulante da lugar a las siguientes expresiones:

$$\text{Rotación de materias primas} = \frac{\text{Consumos de materias primas}}{\text{Saldo medio de materias primas}}$$

$$\text{Rotación de productos en curso} = \frac{\text{Coste industrial de fabricación}}{\text{Saldo medio de productos en curso}}$$

$$\text{Rotación de productos terminados} = \frac{\text{Coste industrial de ventas}}{\text{Saldo medio de productos terminados}}$$

$$\text{Rotación de clientes} = \frac{\text{Ventas}}{\text{Saldo medio de clientes}}$$

$$\text{Rotación de proveedores} = \frac{\text{Compras}}{\text{Saldo medio de proveedores}}$$

EJEMPLO 11.3

Supóngase que las compras a crédito a proveedores de una empresa comercial han ascendido, a lo largo del último año, a 600.000 euros y que el valor medio de las deudas con dichos proveedores asciende a 50.000 euros:

$$\text{Rotación de proveedores} = \frac{600.000}{50.000} = 12$$

Este dato significa que el volumen de compras alcanzado permite renovar durante 12 veces al año la cantidad mantenida como saldo medio.

11.5.3. Período medio de maduración

Definida la rotación, la determinación del período medio de maduración resulta inmediata. El período medio de maduración es el tiempo que transcurre desde que se invierte una unidad monetaria en el proceso productivo hasta que se recupera a través del cobro a clientes. Dada la existencia de diversas fases en el proceso productivo y comercial, el período de maduración se suele dividir en varios subperíodos. Así, por ejemplo, el subperíodo medio de maduración de las materias primas es el tiempo que transcurre desde que se adquieren a los proveedores hasta que abandonan el almacén para comenzar el proceso productivo. De la misma manera, el subperíodo de maduración de los productos terminados será el tiempo que transcurre desde que ha finalizado la fabricación de los mismos hasta que son vendidos a los clientes. En la siguiente fase el período medio de maduración de los clientes coincide con el plazo concedido a los mismos para la liquidación de sus créditos. La suma de los períodos medios de maduración parciales (subperíodos) permite calcular la duración del ciclo de explotación.

Teniendo en cuenta que, tal y como ha mostrado el cuadro 11.7, las actividades del ciclo de la explotación están asociadas a una magnitud fondo representativa del saldo de una partida del circulante, la relación existente entre rotación y período medio de maduración resulta inmediata. Si la duración del ejercicio económico se establece en 365 días, el cálculo del período medio de maduración *(PMM)* obedece a la siguiente expresión:

$$PMM = \frac{365}{\text{Rotación}} \qquad [2]$$

La concreción de la expresión general [2] a cada una de las partidas del circulante vinculadas al ciclo de las operaciones da lugar a las siguientes expresiones:

$$PMM \text{ de materias primas} = \frac{365}{\text{Rotación de materias primas}}$$

$$PMM \text{ de productos en curso} = \frac{365}{\text{Rotación de productos en curso}}$$

$$PMM \text{ de productos terminados} = \frac{365}{\text{Rotación de productos terminados}}$$

$$PMM \text{ de clientes} = \frac{365}{\text{Rotación de clientes}}$$

$$PMM \text{ de proveedores} = \frac{365}{\text{Rotación de proveedores}}$$

Llegados a este punto, se hace preciso distinguir entre duración del ciclo de las operaciones (período medio de maduración técnico) y período medio de maduración en sentido financiero. La duración del ciclo de la explotación o de las operaciones ha sido definida como el tiempo que transcurre desde que se invierte una unidad monetaria en el proceso productivo hasta que se recupera a través del cobro a clientes. Ahora bien, teniendo en cuenta que, por lo general, el momento de la adquisición de la materia prima y el del pago a los proveedores no son coincidentes, sino que transcurre un plazo desde que se compra hasta que se paga, el período medio de maduración en sentido financiero es el tiempo transcurrido desde que se paga a los proveedores una unidad monetaria hasta que se recupera a través del cobro a clientes. Lógicamente, cuanto mayor sea el aplazamiento concedido por los proveedores, mayor será la diferencia. El cuadro 11.10 ilustra esta situación.

CUADRO 11.10

Ciclo de la explotación y período medio de maduración

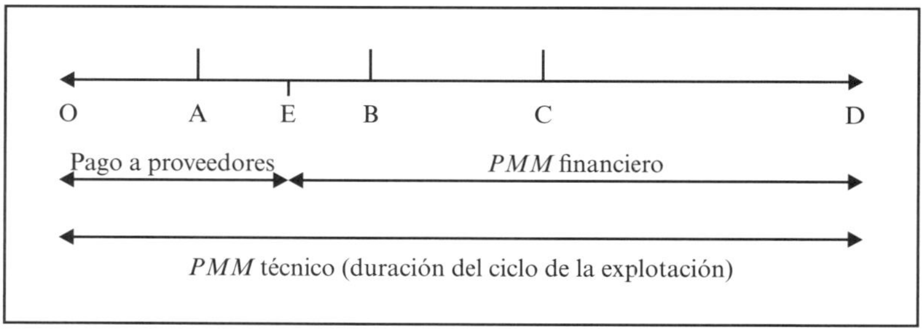

siendo:

- OA = Plazo de almacenamiento de las materias primas.
- AB = Plazo de fabricación.
- BC = Plazo de almacenamiento de productos terminados.
- CD = Plazo de cobro a clientes.
- OE = Plazo de pago a proveedores.

El estudio del ciclo de las operaciones a través del análisis de las rotaciones y de los subperíodos medios de maduración proporciona elementos muy valiosos para el analista. En primer lugar, permite enjuiciar el comportamiento de una compañía a lo largo del tiempo sin más que observar la evolución de las rotaciones. Además, el valor de la rotación de una empresa se puede comparar con el de otras empresas del mismo sector para ver la posición de la firma en el conjunto del mercado. De forma adicional, la gestión del circulante puede ser analizada desde una perspectiva dinámica que proporciona elementos adicionales para el análisis. Para ello, a partir de la expresión general definida en [1]:

$$\text{Rotación} = \frac{\text{Actividad}}{\text{Saldo}}$$

se puede plantear la siguiente expresión:

$$\text{Saldo medio} = \frac{\text{Actividad}}{\text{Rotación}} \qquad [3]$$

El estudio del fondo de rotación de la explotación desde una perspectiva dinámica permite averiguar si los saldos se adecúan al nivel de actividad de la empresa y a las políticas de gestión de circulante (plazos de almacenamiento, fabricación, cobros y pagos) establecidas desde la dirección, tomando siempre como referencia los parámetros establecidos por otras empresas de similares características. Los siguientes ejemplos abordan diversos aspectos presentados a lo largo de los últimos epígrafes.

EJEMPLO 11.4

MENDILLORRI, S. A., es una empresa dedicada a la transformación y comercialización de elementos metálicos que posteriormente son utilizados por diversas empresas del metal. Su principal materia prima es una chapa de acero que debe ser moldeada, lacada y pintada para obtener el producto que comercializa. Se desea conocer el período de maduración del ciclo de la explotación, para lo cual se ha recabado la siguiente información, correspondiente al ejercicio N:

Cuenta de pérdidas y ganancias

	Ejercicio N
Ventas	30.000
Aumento de productos terminados	400
Consumo de materia prima	(15.000)
Otros gastos de explotación	(10.000)
Otros gastos no relacionados con la explotación	(3.000)
Resultado	2.400

Los saldos de las partidas del circulante de explotación son los siguientes:

	Ejercicio N	**Ejercicio N-1**
Materia prima	700	600
Productos en curso	5	5
Productos terminados	1.800	1.400
Clientes	2.900	2.500
Proveedores	2.800	2.900

Propuesta de solución comentada

A partir de la expresión general Rotación = Actividad/Saldo medio, se puede determinar la rotación de los elementos del ciclo de la explotación sin más que relacionar la actividad de cada fase de la explotación (compra de materia prima, coste industrial de fabricación, venta, etc.) con el saldo que sostiene dicha actividad (proveedores, saldo medio de productos en curso, clientes, etc.).

En primer lugar, vamos a obtener la cifra de compras de materia prima a partir del consumo y de la variación de materia prima:

Dado que CONSUMO = Existencia inicial + Compra − Existencia final,

COMPRA = Consumo + Existencia final − Existencia inicial

COMPRA = 15.000 + 700 − 600 = 15.100

Al no haber variación de productos en curso, el coste industrial de fabricación se determina sumando a los consumos de materia prima los gastos de explotación. Una vez determinado el coste industrial de fabricación, se determinará el coste industrial de ventas, teniendo en cuenta la variación de productos terminados. El coste industrial de ventas aumentará si se ha producido una reducción de productos terminados, mientras que se reducirá si se ha producido un aumento de productos terminados:

Consumos de materias primas	15.000
Gastos de explotación	10.000
Coste industrial de fabricación	25.000
– Aumento de productos terminados	400
Coste industrial de ventas	24.600

Con la información que se ha recabado se puede confeccionar la tabla siguiente, donde se han calculado las rotaciones y los períodos medios de las partidas del circulante:

Fase	**Actividad**	**Importe**	**Saldo medio**	**Rotación**	***PMM***
Almacenamiento de materia prima	Consumo de materias primas	15.000	650	23,08	15,82
Fabricación	Coste industrial de fabricación	25.000	5	5.000,00	0,07
Almacenamiento de productos terminados	Coste industrial de ventas	24.600	1.600	15,37	23,75
Cobro a clientes	Ventas	30.000	2.700	11,11	32,85
Pago a proveedores	Compras	15.100	2.850	5,30	68,87

La representación gráfica del ciclo de la explotación podría tener el siguiente esquema:

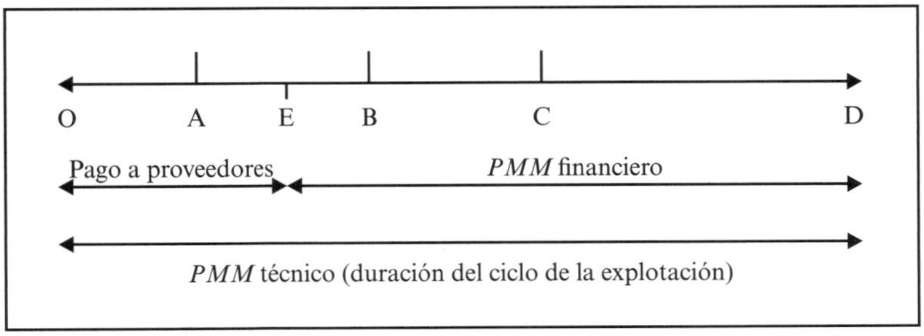

Con estos datos el *PMM* en sentido técnico se determina mediante la suma de los cuatro subperíodos (almacén de *MP*, fabricación, venta y cobro):

$$PMM \text{ técnico} = 15{,}82 + 0{,}073 + 23{,}75 + 32{,}85 = 72{,}49 \text{ días}$$

En un sentido financiero, hay que tener en cuenta la financiación concedida por los proveedores. En este caso:

$$PMM \text{ financiero} = 72{,}49 - 68{,}87 = 3{,}62 \text{ días}$$

De acuerdo a los datos obtenidos, puede decirse que el plazo concedido por los proveedores casi llega a financiar la totalidad del ciclo de la explotación.

Se puede efectuar la siguiente comprobación:

Ventas	30.000
Coste industrial de ventas	(24.600)
Margen industrial	5.400
Otros gastos ajenos a la explotación	(3.000)
Beneficio neto	2.400

Tal y como se ha comentado en el epígrafe 11.5, el análisis dinámico del circulante a través de las rotaciones se puede utilizar también para comparar los saldos que toman las partidas del circulante en un momento dado con los valores que se considerarían adecuados según los datos que se desprenden de las empresas de similares características que se toman como referencia. A este respecto, hay que tener en cuenta que en la determinación de la rotación intervienen dos elementos: la actividad y el saldo medio. Así pues, dada una determinada actividad marcada como objetivo (para compras, ventas, etc.) y conocidas las rotaciones de las empresas del sector para las diversas partidas (clientes, proveedores, existencias, etc.), se puede determinar el saldo de las partidas que integran el balance establecido como objetivo empresarial. La suma de los saldos correspondientes a las partidas del circulante (obtenidas a través de esta metodología) permite la determinación de lo que en la literatura contable y financiera se conoce como *capital circulante ideal,* mínimo o adecuado. Los ejemplos 11.5 y 11.6 ilustran esta situación.

EJEMPLO 11.5

Una empresa comercial estima que los plazos medios más adecuados para el desenvolvimiento de su negocio, de acuerdo a los datos que aportan las empresas del mismo sector y similares características, son los siguientes:

Almacenamiento de existencias comerciales: 15 días.
Cobro a clientes: 30 días.
Pago a proveedores: 45 días.

Según se desprende de sus estados contables, se sabe que los saldos medios de clientes, existencias y proveedores son, respectivamente, 63, 30 y 48 unidades monetarias. Por otra parte, las ventas del ejercicio ascienden a 780, el consumo de existencias a 600 y el importe de las compras a 400.

Como paso previo a un cambio en la política financiera de la empresa se quieren comparar las necesidades del fondo de rotación reales con las necesidades previstas. Para ello habrá que comparar el capital circulante real con el considerado adecuado, de acuerdo a las rotaciones y plazos medios del sector. La duración del ejercicio económico se establece en 360 días.

Propuesta de solución comentada

A partir de la expresión Rotación = Actividad / Saldo medio se pueden obtener los saldos objetivo como relación entre la actividad real de la empresa y la rotación de referencia, considerada también como objetivo:

$$\text{Saldo medio} = \frac{\text{Actividad}}{\text{Rotación}}$$

Así, el saldo objetivo para las existencias se obtiene de la siguiente manera:

$$\text{Saldo medio} = \frac{\text{Consumo real de existencias}}{\text{Rotación objetivo}} = \frac{600}{24} = 25 \text{ unidades monetarias}$$

La siguiente tabla presenta los saldos reales y los saldos objetivo una vez aplicada la fórmula anterior a cada una de las actividades del ciclo de la explotación.

Saldo	Real	Objetivo
Existencias	30	25
Clientes	63	65
(Proveedores)	(48)	(50)
Necesidades del fondo de rotación	45	40

La consecución de los saldos fijados como objetivo ha llevado a la empresa a trabajar con unas necesidades de fondo de rotación de la explotación mayores (45) que las previstas (40), dada la menor financiación obtenida de los proveedores y la mayor necesidad de invertir en existencias. Deberían buscarse las razones de dicha ineficiencia.

EJEMPLO 11.6

Un grupo inversor considera la posibilidad de constituir una sociedad que se ocupará en exclusiva de la comercialización de un producto para cuya venta no necesita transformación. Para tal fin tiene previsto realizar unas inversiones en activos fijos distribuidas de la siguiente manera:

— Terrenos y construcciones: 25.000 euros (10.000 terreno; 15.000 construcción).
— Instalaciones: 75.000 euros.
— Mobiliario: 25.000 euros.

La empresa va a constituirse con un capital social de 100.000 euros, siendo los gastos de notaría y asesoría jurídica de 10.000 euros. El inmovilizado se amortiza de acuerdo al siguiente esquema:

— Construcciones: 10 años de vida útil con 1.000 euros de valor residual.
— Instalaciones: 8 años de vida útil sin valor residual.
— Mobiliario: 5 años de vida útil sin valor residual.

Al cabo de un ejercicio económico (360 días) se espera que la cuenta de pérdidas y ganancias presente, entre otros, los siguientes datos:

Ventas	300.000 euros
Compras	150.000 euros
Gastos personal	80.000 euros
Servicios exteriores	50.000 euros

Por otra parte, se sabe que los usos comerciales habituales del sector referidos a cobros y pagos y mantenimiento de diversos saldos son:

Clientes: cobro a 60 días.
Proveedores: pago a 90 días.
Existencias: 45 días (período medio de almacenamiento).
Caja: 10 días de compras, gastos de personal y servicios exteriores.

De acuerdo a estas previsiones, se pretende:

1. Elaborar el balance de situación y la cuenta de pérdidas y ganancias transcurrido un año de actividad. Como información complementaria, se sabe que no se prevén pérdidas por deterioro en el inmovilizado, que el tipo del impuesto sobre beneficios es del 30 por 100 y que se reconoce una deuda con Hacienda por impuesto de sociedades a corto plazo. No hay diferencias permanentes ni temporarias. Existen deducciones de la cuota por valor de 1.000 euros.
2. Determinar también el importe de la financiación adicional necesaria (créditos a corto y créditos a largo) para que el fondo de maniobra sea el *adecuado*.

Consideraciones previas

El capital circulante ideal, también conocido como fondo de maniobra adecuado, es un concepto no exento de polémica. Cada gerente tendrá un concepto de fondo de maniobra adecuado acorde con su particular situación y con su estrategia. En gran medida el valor de esta magnitud dependerá del riesgo que la dirección de la empresa esté dispuesta a asumir. Para algunos gerentes el importe del fondo de maniobra adecuado puede ser equivalente a la cifra de existencias, y, de esta forma, garantizar que, aunque no se realice la totalidad de los cobros, se pueda hacer frente a los pagos, dada la presencia de un importante «colchón» (la cifra de existencias). Otros gerentes, en cambio, admitirán como cifra adecuada del fondo de maniobra un porcentaje de las existencias, tanto menor cuanto más riesgo estén dispuestos a asumir. La posición adoptada a este respecto no se mantiene invariable, sino que puede variar en función de las circunstancias económicas del momento. En época de recesión, cuando el volumen de impagados aumenta de forma considerable, se puede aumentar la cifra de capital circulante mínimo. A los efectos del presente ejercicio, se entenderá por *fondo de maniobra adecuado* el que iguale a la cifra de existencias.

Propuesta de solución comentada

A partir de la fórmula de la ROTACIÓN se pueden determinar los saldos de las partidas que intervienen en el ciclo de la explotación y que forman parte del circulante. Dado que Rotación = Actividad/Saldo medio:

$$\text{Saldo medio} = \frac{\text{Actividad}}{\text{Rotación}}$$

Los usos comerciales de las empresas del sector marcan la pauta a seguir a la hora de determinar los saldos objetivo de la empresa que se quiere constituir. Es decir, los saldos de las partidas (clientes, proveedores, existencias...) de la empresa en estudio se calculan en función de las rotaciones de las empresas del sector al que pertenece. Así:

Clientes	=	300.000/6 = 50.000 euros
Proveedores	=	150.000/4 = 37.500 euros

La cifra de existencias y tesorería se determinan de acuerdo al requisito del enunciado:

Existencias	=	150.000 × 45/360 = 18.750 euros
Tesorería	=	(150.000 + 80.000 + 50.000) × 10/360 = 7.778 euros

Amortización acumulada de inmovilizado material = 15.775

Construcciones	(15.000 − 1.000)/10 =	1.400
Maquinaria	75.0000/8 =	9.375
Mobiliario	25.000/5 =	5.000

TOTAL GASTOS DE AMORTIZACIÓN	15.775
Gastos de establecimiento (imputados al resultado)	10.000

Cuenta previsional de pérdidas y ganancias

	Ejercicio N
1. Importe neto de la cifra de negocios.	300.000
4. Consumo de mercaderías.	(131.250)
6. Gastos de personal.	(80.000)
7. Otros gastos de explotación.	(60.000)
8. Amortización del inmovilizado.	(15.775)
A) RESULTADO DE EXPLOTACIÓN	12.975
C) RESULTADO ANTES DE IMPUESTOS	12.975,00
17. Impuestos sobre beneficios.	(2.892,50)
D) RESULTADO DEL EJERCICIO	10.082,50

Igualmente hay que formular la cuenta de pérdidas y ganancias al objeto de determinar la cifra correspondiente al resultado del ejercicio. Una vez determinado dicho importe, junto con los saldos del resto de las partidas, se puede comenzar a formar el balance de situación que se ajuste a las previsiones establecidas.

En este caso concreto el gasto por impuesto devengado se corresponde con el pasivo por impuesto corriente o deuda tributaria, que se determina de la siguiente manera:

Resultado contable antes de impuestos	12.975,00
Tipo impositivo	30%
Cuota íntegra	3.892,50
Bonificaciones y deducciones de la cuota	1.000,00
Deuda tributaria	2.892,50

Con estos datos previsionales hay que forzar que el capital circulante alcance la cifra establecida como objetivo. Tal y como se indica en la información complementaria, el fondo de maniobra adecuado, o capital circulante adecuado, es el que toma un valor igual a la cifra de existencias. Por tanto, hay que forzar que:

Capital circulante = existencias = 18.750 euros

de donde se deduce que:

Activo corriente − Pasivo corriente = 18.750 euros

Dado que el activo corriente asciende a 76.528 euros, la determinación del pasivo corriente es inmediata. Conocidos los saldos de proveedores (37.500) y de la deuda tributaria (2.892,50), se pueden determinar fácilmente las necesidades de financiación a corto plazo adicionales que podrán lucir en la cuenta (520), «Deudas a corto plazo con entidades de crédito»:

PASIVO CORRIENTE = 76.528 − 18.750 = 57.778 euros

Deudas a corto plazo con entidades de crédito = 57.778 − 37.500 − 2.892,50 = = 17.385,50 euros.

Como con esta financiación a corto plazo no se alcanza a financiar la totalidad de la estructura del activo al año de funcionamiento, se hace preciso solicitar, tal y como sugiere el enunciado, financiación adicional, que necesariamente será a largo plazo, para cumplir las condiciones del ejercicio.

Conocida la cifra total del activo (185.753) y determinada la cifra de fondos propios disponibles (110.082,50), así como el pasivo a corto plazo (57.778), a través de una simple diferencia se determinará la financiación restante a largo plazo:

Créditos a largo plazo = 185.753 − 110.082,50 − 57.778 = 17.892,50 euros

Con esta información ya se puede confeccionar el balance de situación previsional.

Balance de situación transcurrido un año

Activo	N+1	Pasivo y patrimonio neto	N+1
A) ACTIVO NO CORRIENTE	**109.225**	**A) PATRIMONIO NETO**	**110.082,5**
Terrenos y construcciones.	25.000	Capital suscrito.	100.000,0
Instalaciones.	75.000	Resultado del ejercicio.	10.082,5
Mobiliario.	25.000	**B) PASIVO NO CORRIENTE**	**17.892,5**
(Amortización acumulada).	(15.775)	Créditos a largo plazo.	17.892,5
B) ACTIVO CORRIENTE	**76.528**	**C) PASIVO CORRIENTE**	**57.778,0**
Existencias.	18.750	Proveedores.	37.500,0
Deudores.	50.000	Administraciones Públicas.	2.892,5
Efectivos y otros medios líquidos equivalentes.	7.778	Deudas a corto plazo con entidades de crédito.	17.385,5
TOTAL ACTIVO	**185.753**	**TOTAL PASIVO Y P. NETO**	**185.753**

11.6. OTRAS MEDIDAS DE LA LIQUIDEZ: RATIOS

Además de las limitaciones que presenta el enfoque tradicional o estático del análisis de la liquidez, brevemente expuestas en 11.3.2, el análisis de la liquidez de la empresa, basado únicamente en el valor que adopte la cifra de capital circulante, presenta una limitación adicional derivada de la práctica imposibilidad de establecer comparaciones con otras compañías, incluso pertenecientes al mismo sector. A este respecto, suele ser normal que el capital circulante alcance mayores valores en las grandes compañías que en las firmas de tamaño más reducido, sin que por ello pueda concluirse que la salud financiera de las primeras sea superior a la de las segundas. Los cuadros 11.11 y 11.12 ilustran la situación de los grupos REPSOL y CEPSA correspondiente al ejercicio cerrado a 31 de diciembre de 2019. Puede observarse cómo el capital circulante de REPSOL, que asciende a 1.402 millones de euros, es superior al de CEPSA, que alcanza los 1.357 millones de euros.

CUADRO 11.11

Activo corriente (en millones de euros)

	CEPSA	REPSOL
Activos no corrientes mantenidos para la venta	98	5
Existencias	2.163	4.597
Deudores comerciales y otras cuentas a cobrar	2.174	5.911
Otros activos corrientes	12	195
Otros activos financieros corrientes	87	2.800
Efectivo y otros activos líquidos equivalentes	561	2.979
TOTAL ACTIVO CORRIENTE	5.095	16.487

CUADRO 11.12

Pasivo corriente (en millones de euros)

	CEPSA	REPSOL
Pasivos vinculados con activos no corrientes mantenidos para la venta	17	—
Provisiones a corto plazo	—	865
Deudas a corto plazo	293	6.538
Acreedores comerciales y otras deudas a pagar	3.428	7.682
TOTAL PASIVO CORRIENTE	3.738	15.085

Capital circulante REPSOL = 16.487 − 15.085 = 1.402 millones de euros.
Capital circulante CEPSA = 5.095 − 3.738 = 1.357 millones de euros.

Sin embargo, si en lugar de calcular la diferencia entre el activo corriente y el pasivo corriente se averigua el valor del cociente entre las citadas masas patrimoniales, se obtiene un valor de 1,09 para REPSOL y de 1,36 para CEPSA, tal y como muestran los siguientes datos:

	REPSOL	CEPSA
$\dfrac{\text{Actividad corriente}}{\text{Pasivo corriente}}$	$\dfrac{16.487}{15.085} = 1{,}09$	$\dfrac{5.095}{3.738} = 1{,}36$

La profundización del análisis del circulante, al menos desde el punto de vista estático, exige explorar otros indicadores que superen las limitaciones del estudio de la liquidez basadas en el valor del capital circulante. La relación por cociente de las magnitudes que conforman dicho indicador tiene la virtud de relativizar las cantidades, circunstancia que permite establecer comparaciones entre empresas de diferente tamaño.

11.6.1. Ratio de circulante o de solvencia a corto plazo

El ratio de circulante, también denominado de solvencia a corto plazo, relaciona el activo corriente de una compañía con el pasivo corriente de la misma. Mide la capacidad de la firma para, con sus activos corrientes, hacer frente a las deudas y demás compromisos de pago a corto plazo reconocidos en el balance de situación. Se determina a través de la siguiente relación:

$$\text{Ratio de circulante} = \frac{\text{Activo corriente}}{\text{Pasivo corriente}}$$

La gran ventaja que proporciona esta medida es que al tratarse de una magnitud relativizada permite establecer comparaciones entre compañías de diferente tamaño. En el ejemplo que venimos examinando, aunque REPSOL tenga un capital circulante superior al de CEPSA, motivado sin duda por el tamaño 4 veces mayor de la primera compañía, el ratio de circulante indica una ligera mejor posición de CEPSA.

Por otra parte, mucho se ha discutido acerca del valor adecuado para este ratio. El enfoque tradicional ha venido defendiendo ratios superiores a la unidad, argumentando la mejor disposición de las firmas que presentan valores elevados para este ratio, más todavía teniendo en cuenta que la realización del activo circulante representado por las existencias está condicionada a la transformación y venta de las mismas. Ahora bien, no parece muy aconsejable un valor excesivamente alto (por encima de 2-2,5), ya que esta circunstancia vendría a significar un exceso de inversiones en circulante, una maduración lenta del mismo, un escaso aprovechamiento de la financiación a corto plazo o una combinación de todo lo anterior. No hay que olvidar que cuanto mayor sea el cociente entre el activo corriente y el pasivo corriente, mayores serán también las necesidades de financiación del fondo de rotación, lo que puede lastrar la rentabilidad de la firma.

En todo caso, conviene advertir que debido a la posibilidad de adoptar diferentes prácticas contables en la valoración de las existencias y productos en curso (FIFO, PMP, etc.), pueden surgir problemas a la hora de comparar el valor del ratio de circulante en diferentes empresas. Además, la posibilidad de manipular algunas partidas del circulante para alterar el valor del ratio con el fin de mostrar una mejor posición de la firma aconseja prudencia a la hora de emitir juicios basados únicamente en el valor de dicho ratio. El siguiente ejemplo muestra cómo se puede elevar el valor del ratio de circulante retrasando las compras de existencias hasta una vez finalizado el año, circunstancia que provoca también una disminución del saldo de proveedores.

EJEMPLO 11.7

Supóngase que las previsiones de una compañía señalan que a fin de ejercicio, de mantenerse el ritmo habitual de compra de mercaderías y pagos a proveedores, los saldos de circulante arrojarán los siguientes valores (en euros):

Activo corriente	
Tesorería	3.000
Clientes	5.000
Existencias	8.000
	16.000
Pasivo corriente	
Proveedores	12.000
Capital circulante	4.000

$$\text{Ratio de circulante} = \frac{16.000}{12.000} = 1{,}33$$

En vista de la presente situación, con el fin de mostrar una mejor imagen la dirección de la compañía retrasa la adquisición de existencias por un importe de 5.000 euros hasta primeros de año. Esta estrategia reduce la cifra de existencias en balance hasta 3.000 euros, mientras que la deuda con proveedores desciende hasta los 7.000 euros. Las cifras del circulante pasarían a tener los siguientes saldos:

Activo corriente	
Tesorería	3.000
Clientes	5.000
Existencias	3.000
	11.000
Pasivo corriente	
Proveedores	7.000
Capital circulante	4.000

$$\text{Ratio de circulante} = \frac{11.000}{7.000} = 1{,}57$$

El presente ejemplo muestra que, aunque la posición neta de liquidez, medida a través del capital circulante, se mantiene invariable (4.000 euros), el ratio de circulante pasa de 1,33 a 1,57, circunstancia que puede confundir al analista y viciar el análisis de la información contable.

Otras veces se presenta el caso contrario como consecuencia de problemas de almacén que provocan una acumulación excesiva de existencias. La razón puede estar en una deficiente gestión de almacén, en pérdida de cuota de mercado, ralentización de las ventas, etc. En estas circunstancias, el valor del ratio de circulante podría ser engañoso, induciendo a interpretaciones erróneas, por lo que se hace preciso habilitar un ratio que palíe las deficiencias que se pueden producir al mezclar en el numerador partidas monetarias, como tesorería y deudores, con partidas no monetarias como existencias.

11.6.2. Ratio de liquidez *(acid test)*

Debido a la heterogeneidad de las partidas que integran el numerador de la expresión que define el ratio de solvencia a corto plazo, que incluye desde cuentas de tesorería hasta partidas que precisan varias fases para su conversión en efectivo, se hace necesario un indicador que amortigüe este problema, eliminando del numerador las partidas más alejadas de la posición de liquidez. El ratio de *liquidez,* también denominado prueba ácida, trata de medir la capacidad de la firma para cancelar el pasivo corriente utilizando únicamente elementos que no precisan su transformación o venta para su conversión en efectivo:

$$\text{Liquidez} = \frac{\text{Disponible + Realizable}}{\text{Pasivo corriente}}$$

Al concentrar en el numerador las partidas más próximas a la posición de tesorería, la prueba ácida *(acid test)* proporciona una medida más estricta de la liquidez que la facilitada por el ratio de circulante. Además, al eliminar las existencias de su cálculo se evitan las posibles distorsiones a causa de la valoración de las mismas, lo que proporciona una mejor base de comparación con otras compañías. No obstante, el ratio de liquidez puede verse afectado, igualmente, por prácticas que lo manipulen al objeto de maquillarlo para ganar imagen ante el analista externo.

En definitiva, las ratios de circulante son diferentes formas de medir la distancia a la liquidez. Es conveniente que la valoración de los resultados alcanzados se haga de forma conjunta y teniendo en cuenta una perspectiva histórica. El análisis de la tendencia es fundamental, como también resulta fundamental enmarcar los valores alcanzados en el contexto económico general y en la situación de las empresas de similar tamaño y actividad.

11.7. EL RIESGO FINANCIERO A LARGO PLAZO. ANÁLISIS DE LA SOLVENCIA

El riesgo financiero a largo plazo se relaciona con la solvencia empresarial en su sentido más amplio, es decir, con la estabilidad de la empresa y con la capacidad de la misma para hacer frente a todos sus compromisos de pago, incluidos los de largo plazo. A este respecto, conviene tener en cuenta que, a diferencia del estudio del riesgo financiero a corto plazo, donde las herramientas a disposición del analista permiten realizar pronósticos con un apreciable grado de certidumbre, la heterogeneidad de las partidas que componen el ciclo largo de la empresa y la mayor incertidumbre que rodea a las mismas dificultan la elaboración de una opinión acerca de la capacidad financiera de la empresa en el largo plazo. En este sentido, el activo agrupa partidas que van desde existencias y clientes —con plazos de maduración relativamente cortos— hasta activos inmovilizados con un lento período de maduración y con una mayor incertidumbre en cuanto a su capacidad para generar recursos líquidos en el futuro.

Consideraciones similares a las que se hacían al abordar el estudio de la liquidez se pueden efectuar al analizar la solvencia de la empresa. En consecuencia, el analista externo, que únicamente cuenta con la información contable publicada por la empresa, debe ser consciente de las limitaciones de la misma a causa del retraso con el que se publican las cuentas anuales y de la diversidad de prácticas contables que podrían dificultar la comparabilidad entre diferentes empresas. Además, al utilizar la cifra de activos como indicador de la capacidad financiera a largo plazo de la entidad se está suponiendo la efectiva realización de todos los activos, tanto de los vinculados al ciclo de las operaciones como de los que constituyen la estructura fija de la empresa, lo que, en la práctica, vendría a suponer la paralización de la actividad empresarial. Igualmente, hay que ser consciente de las limitaciones que comporta la utilización de la cifra de pasivo como único indicador de los compromisos de pago, dada la posible existencia de obligaciones no reconocidas en el balance, como compromisos con accionistas, contratos de *leasing* tratados contablemente como operativos o pasivos contingentes sin cuantificar debidamente.

Las limitaciones que rodean el estudio de la solvencia a partir de las cifras del balance de situación no hacen sino reforzar la importancia de otras fuentes de información extracontable que aporten datos sobre las características del sector, sobre la situación económica general o sobre la coyuntura particular. En última instancia, la insuficiencia financiera manifestada de forma persistente puede desembocar en situaciones concursales, exponentes máximos del fracaso empresarial, que podrían determinar la quiebra del proyecto y la consiguiente liquidación de los activos empresariales.

El fracaso empresarial, por tanto, es la situación más extrema de insolvencia y su estudio, debido a los enormes costes económicos y sociales que conlleva, ha focalizado gran parte de las investigaciones llevadas a cabo por la profesión contable. En un primer momento los estudios se centraron en describir aquellas ratios que mejor reflejaban los síntomas causados por el fracaso para ayudar al analista en su proceso de toma de decisiones. Sin embargo, las limitaciones del análisis univariante y la aparición de nuevas herramientas estadísticas propiciaron, en un momento posterior, el estudio conjunto de ratios para tratar de predecir, a través de modelos multivariantes, el fracaso empresarial.

11.7.1. Equilibrio financiero a largo plazo

El análisis de la solvencia a largo plazo trata de determinar si la firma se encuentra en situación de equilibrio financiero. A este respecto, el equilibrio financiero a largo plazo exige que la corriente de cobros sea capaz de hacer frente a los pagos necesarios. Dada la dificultad en hacer previsiones fiables sobre las corrientes de cobros y pagos más allá de un ejercicio económico, el análisis de la solvencia ha venido utilizando las cifras de los activos y pasivos como sustitutiva de las de cobros y pagos. No cabe duda de que el establecimiento de esta presunción puede llegar a distorsionar el análisis de la solvencia, lo que obliga al analista a tomar una serie de precauciones sobre el valor de los activos y pasivos exigibles.

En este sentido, previo a la realización del análisis de la solvencia conviene depurar la información del balance al objeto de ajustar la misma al propósito del análisis. No hay que olvidar que tanto la información que suministra el balance como la propia clasificación del mismo son el resultado de unos convencionalismos contables de general aplicación para las empresas. Sin embargo, reconociendo tal situación, el analista puede realizar una serie de ajustes en aquellas partidas que considere necesarias, utilizando para tal fin tanto la información contable como la extracontable. La necesidad de ajustar la información contable se justifica por, entre otras, las siguientes razones:

- Existencia de pasivos que todavía no han aflorado en el momento de elaboración de la información contable, pero sobre los que existe un compromiso de reconocimiento. Es el caso de los dividendos a pagar a los accionistas, pendientes todavía de aprobación por la junta general de la compañía.
- Reconocimiento de plusvalías ocultas derivadas de la existencia de inmovilizados infravalorados.
- Existencia de un fondo de comercio reconocido en el balance, pero sin capacidad de generar los recursos por los que está valorado.

Desde un enfoque clásico, el análisis de la solvencia pasa por comparar la cifra del activo total con la del pasivo, en un intento de medir la capacidad de la firma de atender la totalidad de los pagos. A este respecto, los cuadros 11.13 y 11.14 ilustran el esquema de dos situaciones clásicas que se pueden presentar.

El cuadro 11.13 ilustra la posición de equilibrio financiero por excelencia. No solamente existe equilibrio financiero a corto plazo ($AC > PC$), sino que también se produce la misma situación de equilibrio al comparar magnitudes a largo plazo (Activo Total > Pasivo). La situación de equilibrio financiero a largo plazo implica la existencia de patrimonio neto positivo que financia una parte importante de la estructura fija empresarial (véase capítulo 2, anexo II).

CUADRO 11.13

Situación clásica de equilibrio financiero

Por el contrario, el cuadro 11.14 ilustra la situación de quiebra técnica, al menos desde un planteamiento conceptual. El valor de los activos resulta insuficiente para hacer frente a la totalidad de los compromisos representados en el pasivo. Las pérdidas acumuladas no solamente han consumido el patrimonio neto, sino que este es negativo.

En todo caso, no puede pasarse por alto la existencia de algunos puntos débiles que presenta el estudio clásico de la solvencia a partir de la información del balance que alertan sobre las limitaciones del análisis. Algunas de estas deficiencias ya se

CUADRO 11.14

Situación de desequilibrio financiero

pusieron de manifiesto al estudiar el riesgo de crédito a corto plazo (retardo con el que se presentan las cuentas anuales, diferentes métodos de valoración de las existencias y productos en curso), a las que habría que añadir las limitaciones propias como consecuencia de la ampliación del campo de observación a las partidas del activo y pasivo no corriente. La ampliación del catálogo de partidas sobre las que centrar la atención exige investigar acerca de las políticas contables seguidas con relación a los activos y pasivos no corrientes. De forma particular se podrán analizar los siguientes aspectos:

- Política de amortización del inmovilizado y existencia de diferentes procedimientos, como el lineal, dígitos crecientes, etc., que pueden afectar a la valoración del mismo.
- Política contable con relación a los intangibles de la entidad, con especial consideración a las actividades de I+D y fondo de comercio. Análisis de la política de amortización de los gastos de I+D, así como de la evaluación del posible deterioro del fondo de comercio.
- Estrategia adoptada en la adquisición de los elementos del activo fijo. Algunas empresas prefieren comprar todo el inmovilizado, mientras que otras lo adquieren a través de contratos de arrendamiento financiero, con presencia en el balance, existiendo también la posibilidad de otras fórmulas como arrendamiento operativo (sin opción de compra) o *renting,* que no tienen reflejo en el balance.
- Política de deterioro de los activos financieros de control, riesgos inmobiliarios ocultos, etc.

A todo lo anterior hay que añadir el hecho de que el análisis clásico de la solvencia se basa en la presunción de que la empresa será capaz de transformar el valor total de sus activos en liquidez y que, además, el ritmo de transformación de los activos será similar al vencimiento de todas sus deudas. Además, la multiactividad, es decir, la existencia de varias líneas de negocio en algunas grandes empresas (por ejemplo, generación de energía, transporte y distribución) exigiría la elaboración de información segmentada al objeto de poder contar con datos específicos de la actividad que se trata de evaluar.

11.7.2. Análisis convencional de la solvencia: expresiones más utilizadas

Establecida la presunción de que el activo es un referente de la corriente de cobros futuros y de que el pasivo es un reflejo de los pagos a realizar, el signo de la diferencia entre estas dos cantidades es un indicador del equilibrio o desequilibrio financiero de la entidad. Sin embargo, al igual que sucedía en el estudio de la liquidez, la magnitud resultante de la mencionada diferencia, en definitiva, el patrimonio neto de la entidad, no sirve para comparar empresas de diferente tamaño dada la lógica tendencia a que el patrimonio neto de las grandes compañías sea, por lo general, superior al de las pequeñas, sin que por ello pueda afirmarse la mejor solvencia de las primeras. Para subsanar esta deficiencia resulta necesario el cálculo de magnitudes relativas en forma de ratios.

Ratio de solvencia

El ratio de solvencia, también denominado de garantía o de cobertura, viene determinado por el cociente entre el activo total de la firma y el pasivo:

$$\text{Ratio de solvencia} = \frac{\text{Activo total}}{\text{Pasivo}}$$

La cifra del activo se obtiene mediante la suma de los elementos del activo corriente y del activo no corriente, mientras que el importe del pasivo comprende el pasivo corriente y el pasivo no corriente, incluidas las provisiones.

Como ya se ha señalado en alguna otra ocasión, no se pueden dar patrones fijos para interpretar el valor de las ratios, y el de garantía o de solvencia a largo plazo de la empresa no es una excepción. En todo caso, una ratio inferior a la unidad (véase cuadro 11.15) pronostica una situación de quiebra técnica dada la imposibilidad de la firma de hacer frente a sus compromisos financieros, aun liquidando la totalidad de los activos. La inexistencia de patrimonio neto conduce irremisiblemente a la liquidación y disolución de la sociedad.

Si el ratio de solvencia es igual a la unidad (cuadro 11.16), la cifra de activos cubre justamente el volumen de deudas, por lo que el patrimonio neto es igual a cero. Se trata de una situación límite, probablemente antesala del desequilibrio financiero.

CUADRO 11.15

Ratio de solvencia inferior a 1

CUADRO 11.16

Ratio de solvencia igual a 1

El ratio de solvencia debe ser superior a la unidad y debe ser holgadamente superior a la unidad. Evidentemente no es lo mismo un entorno económico estable, donde los flujos financieros se cumplen de acuerdo a la actividad desarrollada, que una situación económica caracterizada por la recesión, el incumplimiento de los compromisos financieros o las dificultades crediticias. El valor que alcance el ratio de solvencia puede ser adecuado en un momento determinado, por ejemplo en una situación de estabilidad, pero ese mismo valor puede resultar insuficiente en otro momento de crisis generalizada, dada la existencia de un mayor riesgo financiero y la necesidad de dotar a la empresa de una mayor cobertura. Por otra parte, tampoco resultaría conveniente para la firma un valor excesivamente alto, puesto que se estaría ante una situación en la que la firma recurre poco al endeudamiento, desaprovechando oportunidades de expansión y de negocio por no recurrir a la deuda, renunciando, por tanto, a las potenciales ventajas de un *GAF* adecuado.

Si bien el ratio de solvencia es el indicador más comúnmente utilizado en el análisis de la posición empresarial a largo plazo, las limitaciones que presentan los componentes que lo conforman (brevemente apuntadas al analizar el equilibrio financiero) han motivado la aparición de otros indicadores de solvencia a disposición del analista. Algunos de los más relevantes son los siguientes.

Rotación de activos

El importe neto de la cifra de negocios puede tomarse como una aproximación de la tesorería que generará la firma a medida que se vayan produciendo los vencimientos de las operaciones comerciales. Pero la cifra de negocios no puede ser analizada de forma separada de la inversión efectuada en recursos económicos para alcanzar dicho volumen de operaciones. Por tanto, para dotar de mayor consistencia al análisis propiciando la obtención de magnitudes que posibiliten el establecimiento de comparaciones entre empresas de diferente tamaño, la cifra de ventas debe compararse con la inversión efectuada para alcanzar la citada actividad.

La rotación de activos se define como el cociente entre las ventas de la empresa a lo largo de un ejercicio económico y la cifra de activos medios correspondiente a dicho período. Se trata, en definitiva, del cociente entre una magnitud flujo representativa de la actividad de la firma y la inversión media necesaria para alcanzar el volumen de actividad citado. La consideración de una magnitud flujo en la definición de la rotación de activos introduce elementos de dinamismo en el análisis de la solvencia y trata de paliar algunas de las limitaciones derivadas de la rigidez del análisis basado únicamente en las cifras del balance:

$$\text{Rotación de activos} = \frac{\text{Ventas del ejercicio}}{\text{Activos medios}}$$

La utilización de la cifra de activos medios está plenamente justificada, dado que el importe de las ventas no se corresponde con un momento determinado, sino que es un flujo obtenido a lo largo de todo el ejercicio. En consecuencia, en aras a garantizar la máxima homogeneidad, se comparará el flujo de las ventas con el valor medio de los activos correspondientes al período de referencia.

Como se puso de manifiesto en el capítulo 9, al presentar el análisis de la rentabilidad, la rotación de activos es uno de los elementos en los que se descompone la *RE* funcional. Su valor se analizaba de forma conjunta con el margen económico sobre las ventas para evaluar las diferentes estrategias empresariales. Sin perjuicio de lo que se decía en aquel momento, la rotación de activos es un potente indicador de la eficiencia de la compañía. Representa el número de veces que las ventas superan a los activos. Como bien se sabe, los activos representan las inversiones efectuadas por la compañía, por lo que, dado un nivel de activos, cuanto mayor sea la cifra de ventas, mayor será también la productividad o eficiencia de los activos comprometidos en el negocio.

Rotación del inmovilizado

Relacionando las ventas del ejercicio con el importe de la inversión realizada en activos productivos, esto es, con el inmovilizado técnico de la firma (tangible e intangible), se obtiene la rotación del inmovilizado, indicador que incorpora elementos dinámicos al análisis de la solvencia:

$$\text{Rotación de inmovilizado} = \frac{\text{Ventas del ejercicio}}{\text{Inmovilizado}}$$

La rotación del inmovilizado representa el número de veces que las ventas comprenden a los activos productivos. Al igual que el ratio anterior, se trata de un indicador de eficiencia (cuanto más elevado sea el ratio, mejor se aprovecha la inversión efectuada), pudiéndose utilizar también como una aproximación a la solvencia de la firma. En este sentido, no puede pasarse por alto la validez de la cifra de ventas como variable próxima a la tesorería de la firma, por lo que la comparación con la inversión efectuada en activos productivos determina una medida del aprovechamiento de la inversión y, en definitiva, de las posibilidades de la firma de sobrevivir en el largo plazo.

El ratio de endeudamiento

El endeudamiento de la firma es una magnitud de gran importancia que el analista deberá ponderar adecuadamente en la evaluación del riesgo que conlleva la asignación de recursos adicionales a la empresa. Las entidades financieras analizan con especial atención los indicadores que miden el endeudamiento de la empresa solicitante de recursos al objeto de evitar incurrir en riesgos excesivos, siendo frecuente encontrar entidades financieras que fijan un límite de endeudamiento por encima del cual no prestan recursos adicionales a la empresa.

Una forma de medir el endeudamiento de la firma se puede obtener relacionando la cifra de activos entre el patrimonio neto:

$$\text{Endeudamiento} = \frac{\text{Activo total}}{\text{Patrimonio neto}}$$

Un valor igual a la unidad presenta una empresa sin riesgo financiero, dado que todos los activos están financiados con patrimonio neto. A partir de este valor, cuanto mayor sea la relación entre las dos magnitudes, mayor será también la parte de activos que está financiada con recursos ajenos y, por tanto, mayor también será el riesgo financiero.

Pero, sin duda, la expresión más utilizada para medir el endeudamiento de la empresa, y la que de forma preferente se ha utilizado en los capítulos anteriores al proponer indicadores para la medición del riesgo financiero y en la determinación del *GAF*, es la que surge de la relación entre las deudas y el patrimonio neto de la entidad (ratio *L*):

$$L(\text{Endeudamiento}) = \frac{\text{Pasivo}}{\text{Patrimonio neto}} \times 100$$

Se trata de una definición amplia que puede matizarse en función de la deuda que se considere en el numerador. Si el ratio se refiere al endeudamiento total, la expresión que permite su cálculo se obtendrá a partir del pasivo total, pero si se pretende investigar el valor del endeudamiento a corto o a largo plazo, el numerador deberá ajustarse a los valores adecuados. Así, el ratio de endeudamiento a largo plazo se obtendrá sin más que dividir el pasivo no corriente entre el patrimonio neto de la firma:

$$\text{Endeudamiento a largo plazo} = \frac{\text{Pasivo no corriente}}{\text{Patrimonio neto}} \times 100$$

En todo caso, tan importante como el valor del ratio *L* es el coste total del endeudamiento, dependiente también, como se sabe, del tipo de interés. Cuando los tipos de interés son altos, las empresas tienden a evitar en la medida de lo posible el recurso a la deuda, mientras que en épocas de mayor estabilidad económica los bajos tipos de interés animan a las empresas a asumir mayores niveles de riesgo financiero aumentando el endeudamiento. Incluso se puede dar el caso, tal y como muestra la lectura del cuadro 11.17, de prácticas consistentes en aumentar el endeudamiento aprovechando los bajos tipos de interés, con el único fin de pagar dividendos, aumentando de esta manera la rentabilidad de los accionistas.

CUADRO 11.17

Los recaps: *deuda para pagar dividendos*

La fórmula del *recap* consiste en incrementar la deuda (reapalancamiento) de una compañía con el objeto de repartir a sus accionistas un dividendo extraordinario. Los *recaps* alcanzaron una gran popularidad en los primeros años de la década de 2000 en un entorno de bajos tipos de interés y teniendo como protagonista principal el capital riesgo. Una operación de reapalancamiento supone cambiar la estructura de financiación de la compañía. De esta forma, si la compañía se encuentra suficientemente capitalizada, los accionistas pueden decidir el pago de un dividendo extraordinario mediante el incremento de la deuda.

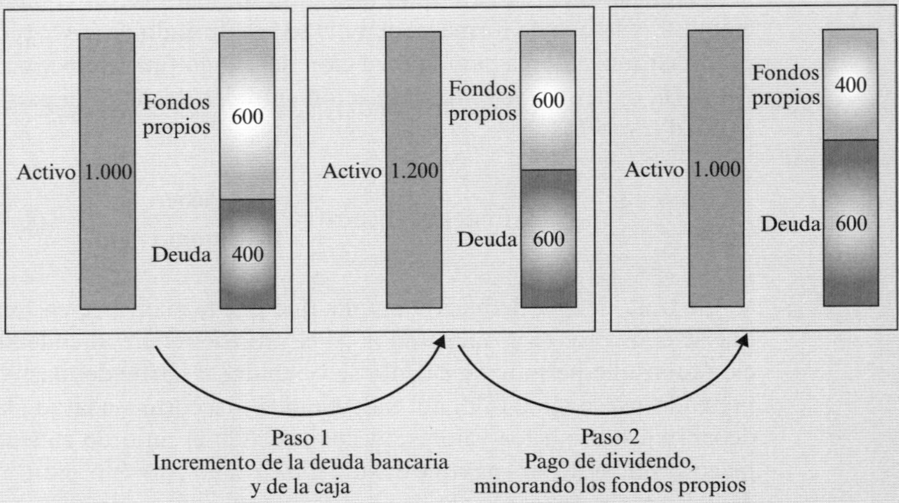

Si bien los *recaps* suelen ser empleados para el pago de un dividendo, existen otros fines que justifican su uso: un cambio en la estructura accionarial, el ahorro fiscal por el ahorro de las cargas financieras, la defensa frente a OPAS hostiles y el incremento de la rentabilidad financiera para el accionista por el efecto endeudamiento.

En 2005 el grupo de capital riesgo Apax Partners adquirió el grupo español de bollería Panrico en una operación cercana a los 1.000 millones de euros. La buena evolución del grupo permitió el repago de la deuda empleada en la compra. Recientemente, los accionistas procedieron a una operación de refinanciación cercana a los 225 millones de euros de deuda, permitiendo a la firma británica abonarse un suculento dividendo. Otro ejemplo ilustrativo es el del grupo Cortefiel, adquirido en 2005 por los grupos financieros PAI, Permira y CVC. El plan de negocio de los nuevos inversores contempló entre otros hitos la desinversión de sus activos inmobiliarios, permitiendo el repago de una parte importante de la deuda empleada en la compra. Poco después, Cortefiel anunció la refinanciación de su pasivo bancario en un importe superior a los 1.300 millones de euros, simultáneamente al pago de un dividendo de más de 100 millones de euros.

FUENTE: *El País Negocios,* febrero de 2008.

BIBLIOGRAFÍA

Abad, C. y otros (2007).
Berstein, L. y Wild, J. J. (2021).
Esteo Sánchez, F. (2003).
González Pascual, J. (2016).
Jiménez Cardoso, S. y otros (2002).
Palepu, K., Healy, P. M. y Peek, E. (2021).
Stickney, C. P. y Brown, P. R. (2007).

CUESTIONES Y EJERCICIOS

1. Además de representar la diferencia entre el activo corriente y el pasivo corriente, el fondo de rotación representa también:

a) La parte del pasivo corriente financiada con recursos permanentes.
b) La financiación ajena, a corto plazo, que deberá conseguir la empresa para mantener el nivel de inversiones del circulante.
c) La financiación ajena, a largo plazo, que deberá conseguir la empresa para mantener el nivel de inversiones del circulante.
d) Ninguna de las anteriores respuestas es correcta.

2. Las necesidades del fondo de rotación de la explotación:

a) Se cubren necesariamente recurriendo al endeudamiento a corto plazo.
b) Se cubren necesariamente recurriendo al endeudamiento a largo plazo.
c) Se pueden cubrir tanto recurriendo al endeudamiento a corto plazo como a través de recursos permanentes.
d) Necesariamente se obtendrán recurriendo a ampliaciones de capital.

3. Necesidades del fondo de rotación negativas por importe de 8.000 significa:

a) Que el activo corriente supera en 8.000 al pasivo corriente.
b) Que el crédito concedido por proveedores y otros pasivos corrientes supera en 8.000 a la cifra de existencias, clientes y otros activos corrientes distintos de la tesorería.
c) Que las existencias son 8.000 más que el realizable de la explotación.
d) Que el realizable de la explotación supera en 8.000 a las existencias.

4. El capital circulante mínimo, ideal o adecuado:

a) Se obtiene combinando la actividad de la empresa con las rotaciones habituales en las empresas del sector.
b) Representa la suma de los saldos del activo corriente de las empresas pertenecientes al mismo sector que la empresa objeto de análisis.
c) Es el mínimo legal exigido por la normativa contable española.
d) Si es igual a la cifra de existencias, representa la parte del pasivo corriente que se destina a la financiación de las mismas.

5. Con motivo de una reestructuración empresarial la nueva dirección financiera acuerda reducir la cifra del capital circulante a la mitad, manteniendo el mismo nivel de inversiones en activos corrientes. Esto significa que:

a) La nueva dirección financiera ha aumentado la deuda a corto plazo.
b) Los fondos propios de la compañía se han aumentado un 50 por 100.

c) La nueva dirección financiera ha reducido la deuda a corto plazo.
d) Los fondos propios de la compañía se han reducido un 50 por 100.

6. En una empresa comercial con un importante volumen de existencias, el ratio de la prueba ácida:

a) Será igual a 1 si $AC = PC$.
b) Será mayor que el ratio de circulante o solvencia a corto plazo.
c) Será menor que el ratio de circulante o solvencia a corto plazo.
d) Será menor que 1.

7. En una empresa comercial las necesidades de fondo de rotación de la explotación del año 1 han sido de 100. En el año 2 suben hasta 150, habiéndose financiado tal diferencia a partes iguales con una deuda bancaria a largo plazo y vía capital. En consecuencia, y sabiendo que la empresa no ha crecido en ventas y que sus saldos medios de existencias y proveedores tampoco han sufrido variación:

a) El fondo de rotación necesariamente ha tenido que disminuir.
b) La empresa está cobrando en el año 2 peor que en el año 1.
c) La empresa está trabajando con un período medio de almacenamiento mayor en el año 2.
d) La rotación de clientes no habrá variado entre los años 1 y 2.

8. Un grupo inversor acude a una consultoría al objeto de solicitar información acerca de la aportación que deberán realizar los socios promotores de una iniciativa comercial. Los primeros sondeos de mercado estiman, para el primer año de funcionamiento, unas ventas de 2.000.000 de euros. El coste de las mercaderías vendidas equivale al 50 por 100 de la cifra de ventas. A lo largo del primer año se pretende que el saldo de existencias se mantenga constante. Tanto las compras como las ventas se realizan a 60 días.

Las empresas del mismo sector y tamaño similar efectúan los pedidos con periodicidad mensual, manteniendo una inversión en activos fijos de 500.000 euros, que se financian en un 80 por 100 con deudas a largo plazo. Además de las deudas comerciales, se necesita financiación a corto plazo (Hacienda, Seguridad Social, etc.) por importe de 50.000 euros. Se sugiere mantener un nivel para las disponibilidades líquidas equivalentes al 10 por 100 del exigible a corto plazo, lo mismo que, por término medio, tienen las empresas del sector.

El trabajo consiste en presentar un balance de situación que permita calcular el importe de la aportación que deberán realizar los socios para mantener la actividad estimada y unos saldos acordes con el sector de pertenencia.

La duración del ejercicio económico se establece en 360 días.

9. Calcular las necesidades de fondo de rotación de la explotación de una empresa comercial de la que conocemos los siguientes datos:

- Ventas anuales: 25.000.
- Existencias iniciales: 900.
- Existencias finales: 1.100.
- Rotación de clientes: 15.
- Rotación de proveedores: 12.
- Período medio de almacenamiento de *stocks:* 24 días.
- La cifra de aprovisionamientos en la cuenta de resultados equivale al 60 por 100 de la cifra de ventas.

La duración del ejercicio económico se establece en 360 días.

10. Comentar el efecto que sobre el ratio de solvencia a largo plazo producen (aumentar, disminuir o dejarlo igual) cada una de las siguientes operaciones independientes entre sí:

a) Ampliación de capital a la par, totalmente suscrita y desembolsada.
b) Compra al contado de activos financieros.
c) Traslado de deuda a largo plazo a deuda a corto plazo.
d) Concesión de una subvención de capital.
e) Venta al contado de un solar con beneficio.
f) Conversión de obligaciones en acciones.
g) Amortización de un elemento del inmovilizado.

11. Llegado el momento de la amortización de un empréstito de obligaciones, la dirección financiera de la empresa acuerda ofertar a los obligacionistas la posibilidad de canjear sus títulos por acciones, que, a tal efecto, se emitirán por la compañía. Se pide señalar el efecto que la materialización de esta propuesta tendrá sobre el ratio de endeudamiento (L):

a) Lo aumentará.
b) Lo disminuirá.
c) Lo dejará igual.
d) Lo aumentará solo en el caso de que acudan al canje todos los obligacionistas.

12. KATOSA es una empresa dedicada a la distribución al por mayor de aparatos electrónicos. Los gerentes de KATOSA se plantearon como objetivo para el año 20X0 mantener sus niveles de rentabilidad, lo que les exige cumplir con los períodos medios considerados como habituales en su sector, que son los siguientes:

Período medio de almacenamiento de existencias: 15 días.
Período medio de cobro a clientes: 30 días.
Período medio de pago a proveedores: 45 días.

La empresa, sin embargo, ha pasado por dificultades financieras y no ha conseguido mantener dicha rentabilidad. Los problemas han tenido su origen en que el capital circulante mínimo del ciclo de explotación, es decir, las necesidades de fondo de rotación de la explotación previstas, no han coincidido con la realidad que se desprende de los datos contables.

Al cierre del ejercicio 20X0 la información obtenida de su depósito de cuentas anuales es la siguiente:

Balance de situación (en valores medios del año 20X0).
Existencias: 4.800.000 euros.
Clientes: 15.000.000 euros
Proveedores: 14.048.000 euros.

Cuenta de resultados del año 20X0.
Importe neto de la cifra de negocios: 154.000.000 euros.
Aprovisionamientos (= Consumo de existencias): 120.000.000 euros.

Memoria del año 20X0.
Las compras de mercaderías ascendieron a 118 millones de euros.
Ejercicio económico de 365 días.

Nota: los niveles de actividad reales (cuenta de resultados) coinciden con los esperados.

Trabajo a realizar

1. Obtener y comentar la diferencia entre las NFRE que la empresa tenía previsto financiar y las que realmente ha tenido que financiar y que constituye el origen del problema.
2. La diferencia entre las NFRE previstas y las reales exige tomar algunas medidas encaminadas a buscar nueva financiación (a corto o permanente) o bien dirigidas a reducir la cifra de activos. Enumerar algunas de ellas y analizar los efectos de las mismas sobre la rentabilidad económica y financiera.
3. Valorar la forma a través de la cual KATOSA ha financiado realmente esa diferencia, bajo cinco escenarios alternativos (E1 a E5). Tratar de determinar el efecto de cada uno de esos cinco escenarios sobre el valor del fondo de rotación y sobre los niveles de rentabilidad de KATOSA:

   E1. La empresa ha solventado sus desajustes de liquidez solicitando aumentos de disponibilidad en sus líneas de crédito a corto plazo. Tipo de interés: 7 por 100.

   E2. La empresa no ha acudido a ninguna fuente adicional de recursos, pero se ve obligada a desprenderse de activos extrafuncionales a corto plazo (por cuantía equivalente al incremento de las necesidades del fondo de rotación de la explotación) que le venían produciendo un rendimiento fijo anual del 4 por 100.

E3. La empresa ha tenido conflictos con la Seguridad Social por haber retrasado el ingreso de sus cotizaciones mensuales, razón por la que ha sufrido recargos por un total de 237.000 euros.

E4. KATOSA tenía previsto ampliar sus instalaciones, para lo que pensaba solicitar un préstamo a largo plazo, al 9 por 100 de interés, por importe de 12 millones de euros. El desajuste experimentado en el ciclo corto de la explotación obliga a desviar una parte de la financiación a largo a financiar el corto plazo, circunstancia que retrasa la puesta en marcha de las nuevas instalaciones.

E5. KATOSA acomete una ampliación de capital por el importe del desfase producido.

13. Caso CARREFOUR.

Los estados financieros de Centros comerciales CARREFOUR, S. A., muestran un fondo de rotación negativo. ¿Bastaría con este dato para certificar problemas de liquidez en CARREFOUR, S. A.? Analizar las necesidades del fondo de rotación para dar una respuesta más concluyente. Obtener de forma razonada los plazos y rotaciones correspondientes al ejercicio y efectuar los comentarios oportunos. Por último, una vez calculados los indicadores más relevantes, efectuar el análisis rentabilidad-riesgo al objeto de ratificar la respuesta anterior. Como se sabe, Centros comerciales CARREFOUR, S. A., es filial de una multinacional francesa dedicada a la explotación de hipermercados.

Balance de situación de Centros comerciales CARREFOUR, S. A. (en miles de euros)

Activo	31/12/20	31/12/19	Patrimonio neto y pasivo	31/12/20	31/12/19
A) ACTIVO NO CORRIENTE	**1.574.009**	**1.667.529**	**A) PATRIMONIO NETO**	**574.483**	**401.346**
Inmovilizado intangible.	213.055	232.566	Capital.	196.822	196.822
Inmovilizado material.	329.594	306.779	Reservas.	47.627	49.528
Inversiones inmobiliarias.	921		Otras aportaciones de socios.	17.795	13.545
Inversiones empresas grupo y asociadas a largo plazo.	970.429	1.069.358	Resultado del ejercicio.	311.327	140.382
			Subvenciones recibidas.	912	1.069
			B) PASIVO NO CORRIENTE	**47.243**	**45.350**
Inversiones financieras a l/p.	21.940	19.163	Provisiones a largo plazo.	28.312	27.483
Activos impuesto diferido.	38.070	39.663	Deudas largo plazo.	9.567	8.576
			Pasivos impuesto diferido.	304	406
			Periodificaciones a l/p.	9.060	8.885
B) ACTIVO CORRIENTE	**1.185.030**	**1.150.218**	**C) PASIVO CORRIENTE**	**2.137.313**	**2.371.051**
Existencias.	569.967	635.373	Provisiones a corto plazo	45.157	50.616
Deudores comerciales y otras cuentas a cobrar.	458.662	474.129	Deudas a corto plazo.	115.676	93.545
			Deudas con empresas del grupo y asociadas a c/p.	7	200.602
Inversiones empresas grupo y asociadas a corto plazo.	118.966				
Inversiones financieras a c/p.	2	1	Acreedores comerciales y otras cuentas a pagar.	1.976.150	2.026.287
Periodificaciones a c/p.	4.554	2.680	Periodificaciones a c/p.	323	1
Efectivos y otros activos líquidos.	32.879	38.035			
TOTAL	**2.759.039**	**2.817.747**	**TOTAL**	**2.759.039**	**2.817.747**

Cuenta de pérdidas y ganancias (en miles de euros)

	Año 2020
Importe neto de la cifra de negocios	8.368.248
Aprovisionamientos	(6.631.676)
Otros ingresos de explotación	122.760
Gastos de personal	(821.865)
Otros gastos de explotación	(732.131)
Amortizaciones	(118.880)
Deterioro y resultado por enajenación del inmovilizado	(9.180)
Resultado de explotación	**177.276**
Ingresos financieros	198.073
Gastos financieros	(894)
Deterioro y resultado por enajenaciones de instrumentos financieros	(21.756)
Resultado financiero	**175.423**
Resultado antes de impuestos	**352.699**
Impuesto sobre beneficios	(41.372)
Resultado neto	**311.327**

Estado de flujos de efectivo

	Año 2020
A) Flujos de efectivo de las actividades de explotación	396.122
B) Flujos de efectivo de las actividades de inversión	(97.688)
C) Flujos de efectivo de las actividades de financiación	(303.590)
E) Aumento neto del efectivo o equivalentes	(5.156)
Efectivo o equivalentes al comienzo del ejercicio	38.035
Efectivo o equivalentes al final del ejercicio	32.879

12 El análisis de las cuentas consolidadas de los grupos de sociedades

12.1. INTRODUCCIÓN: GRUPOS DE EMPRESAS E INFORMACIÓN CONTABLE

La actividad empresarial se puede organizar de forma que todas las actividades empresariales (aprovisionamiento, producción, comercialización, administración, etc.) sean realizadas por una sola empresa o, alternativamente, por varias empresas, cada una de ellas ocupándose de una actividad determinada o un área geográfica concreta, pero actuando todas ellas bajo una misma dirección o control, aunque cada una mantenga su propia personalidad jurídica. La aparición y desarrollo de los grupos de sociedades es una consecuencia de los procesos de crecimiento y concentración empresarial, favorecidos en los últimos años por la proliferación de las sociedades por acciones, la ampliación de los mercados, la necesidad de reducir riesgos empresariales y la búsqueda de sinergias positivas mediante la realización de alianzas estratégicas.

El concepto de grupo de sociedades, al menos en el ordenamiento jurídico español (pero también en el de la mayor parte de ordenamientos europeos), ha sido muy cambiante en el tiempo, existiendo posiciones doctrinales diferentes. El debate se ha centrado (y todavía hoy lo hace) en si el concepto de grupo debe basarse en el dominio (o en la posibilidad de dominio) o en la premisa de dirección unitaria o unidad de decisión. A este respecto, la última reforma, por el momento, de la legislación mercantil española, a través de la Ley 16/2007, de 4 de julio, modificó los artículos del Código de Comercio que regulan la presentación de cuentas consolidadas de los grupos de sociedades, eliminando la referencia a la unidad de decisión como elemento determinante para la obligación de consolidar, apostando por un concepto de control, sea este directo o indirecto. Las Normas de Consolidación, en su artículo primero, se reafirman en este planteamiento, de manera que solo los grupos de subordinación, es decir, los formados por una sociedad dominante y una o varias dependientes controladas por la primera, estarán obligados a presentar cuentas consolidadas. En cualquier caso, conviene tener presente que los grupos de sociedades no tienen personalidad jurídica, residiendo esta en cada una de las partes (sociedades) que los componen.

A partir de estas premisas, y dada la creciente importancia que en el desarrollo de la actividad económica tienen los grupos de sociedades, el sistema informativo contable debe contar con los instrumentos necesarios para proyectar al exterior la imagen fiel de las unidades económicas que los grupos representan. En este sentido, la elaboración de unos estados contables consolidados representativos de la posición económico-financiera y patrimonial del grupo de sociedades se hace necesaria, toda vez que la visión de los estados contables individuales de cada una de las partes que forman el grupo resulta insuficiente para mostrar la imagen global del mismo. Los epígrafes siguientes ofrecen, en primer lugar, unas nociones básicas sobre los conceptos y la técnica de la consolidación; en segundo lugar se explican las partidas específicas de las cuentas consolidadas, para, por último, señalar las particularidades que puede presentar el análisis de las cuentas consolidadas, una vez abordado en los capítulos anteriores el análisis de la información contable.

12.2. DELIMITACIÓN DEL GRUPO DE SOCIEDADES

Conforme a la nueva redacción del artículo 42 del Código de Comercio y artículo 1 de las Normas para la Formulación de Cuentas Consolidadas (NFCAC), existe un grupo de sociedades cuando una sociedad ostente o pueda ostentar, directa o indirectamente, el control de otra u otras. Seguidamente, tanto el Código de Comercio (art. 42) como las NFCAC (art. 2) matizan que se presumirá que existe control cuando una sociedad, que se calificará como dominante, se encuentre en relación con otra sociedad, que se calificará como dependiente, en alguna de las siguientes situaciones:

a) Posea la mayoría de los derechos de voto.
b) Tenga la facultad de nombrar o destituir a la mayoría de los miembros del órgano de administración.
c) Pueda disponer, en virtud de acuerdos celebrados con terceros, de la mayoría de los derechos de voto.
d) Haya designado con sus votos a la mayoría de los miembros del órgano de administración, que desempeñen su cargo en el momento en que deban formularse las cuentas consolidadas y durante los dos ejercicios inmediatamente anteriores. En particular, se presumirá esta circunstancia cuando la mayoría de los miembros del órgano de administración de la sociedad dominada sean miembros del órgano de administración o altos directivos de la sociedad dominante o de otra dominada por esta. Este supuesto no dará

lugar a la consolidación si la sociedad cuyos administradores han sido nombrados está vinculada a otra en alguno de los casos previstos en las dos primeras letras de este apartado.

La anterior redacción, trasladada literalmente al artículo segundo de las Normas de Consolidación, pone de manifiesto dos asuntos importantes. En primer lugar, la normativa española sobre consolidación se refiere a cualquier tipo de sociedad, no exclusivamente a sociedades mercantiles, por lo que sociedades no mercantiles como asociaciones y fundaciones estarán obligadas a formular cuentas consolidadas si reúnen alguno de los requisitos mencionados (piénsese en grandes asociaciones como Cruz Roja, Greenpeace o Médicos sin Fronteras, por poner algunos ejemplos). En segundo lugar, hay que dejar claro que una cosa es el grupo de sociedades y otra la obligación de presentar cuentas consolidadas. La normativa española acota la obligación de la formulación de cuentas consolidadas a los grupos de sociedades en los que se den situaciones de control, sin mencionar en ningún caso el hecho de la dirección única. La redacción del Código de Comercio no menciona la obligación de consolidar de los grupos no organizados mediante situaciones de control. Esta matización podría eximir de la obligación de consolidar, tal y como se ha señalado en la introducción, a algunos grupos horizontales *(holdings)* si no se cumple ninguno de los requisitos recogidos de forma inequívoca en el artículo 42 del Código de Comercio.

12.2.1. Cómputo de los derechos de voto

De acuerdo a lo señalado en la normativa de consolidación (art. 42 del Código de Comercio y art. 3 de las NFCAC), para determinar los derechos de voto se añadirán a los que directamente posea la sociedad dominante los que correspondan a las sociedades dominadas por esta o personas que actúen en su propio nombre, pero por cuenta de la entidad dominante o de otras dependientes, o aquellos de los que disponga concertadamente con cualquier otra persona. En este caso, el número de votos que corresponden a la sociedad dominante, en relación a las sociedades dependientes indirectamente de ella, será el que corresponda a la sociedad dependiente que participe directamente en el capital social de estas. El cómputo de derechos de voto se realiza, por tanto, tomando en consideración el tanto de control efectivo y no el de participación directa. A estos efectos conviene distinguir entre tanto de participación y tanto de control.

El tanto de participación es un concepto de carácter eminentemente patrimonial, equivalente al porcentaje de capital poseído. El tanto de control podría definirse como el porcentaje de votos que controla efectivamente la sociedad dominante. Así, el esquema recogido en el cuadro 12.1 presenta un grupo de sociedades donde M es la sociedad dominante y las sociedades A y B son sociedades dependientes con una participación directa de M. La sociedad C está controlada de forma indirecta a través de A y de B.

Mientras que el tanto de participación de *M* en *C* es del 48 por 100 ([70 × 40] + 20), el tanto de control es del 60 por 100 (40 + 20), por lo que esa cifra será la que determine los derechos de voto de la sociedad *M* en *C*, determinando —en consecuencia— la obligación de consolidar.

En cualquier caso, a efectos de elaborar información contable consolidada es preciso tener en cuenta que el grupo de sociedades proyecta su influencia más allá de las empresas filiales, dado que pueden existir empresas que, sin tener la condición de filiales, se sitúan en el área de influencia del grupo y sobre las que es preciso informar. Se trata de las empresas asociadas y de las sociedades multigrupo, para las que existen procedimientos específicos de consolidación que se expondrán más adelante.

CUADRO 12.1

La determinación de los derechos de voto

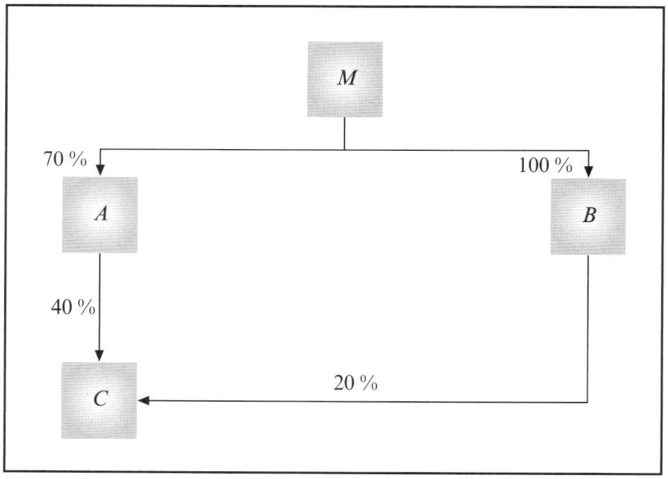

12.2.2. Empresas asociadas

Dada la complejidad del mundo de los negocios, existen otras formas de colaboración entre las empresas diferentes a la que se deriva de la existencia de matriz y filiales. Así, por ejemplo, existen casos en los que la participación de la dominante no llega al 50 por 100 de los títulos con derecho a voto, pero es lo suficientemente relevante como para permitir que la misma ejerza una influencia significativa sobre las decisiones de la participada. Se presume que se ejerce una influencia significativa cuando una o varias sociedades del grupo posean, al menos, el 20 por 100 de los derechos de voto de una sociedad que no pertenezca al grupo. En estos casos la empresa participada recibe el nombre de empresa asociada. Por otra parte, hay que tener en cuenta que el PGC en su norma 13.ª sobre elaboración de cuentas anuales (tercera parte del PGC) entiende que existe influencia significativa cuando se cumplen los dos requisitos siguientes:

1. La empresa o cualquier empresa del grupo participan en la empresa.
2. Se tiene el poder de intervenir en las decisiones de política financiera y de explotación de la participada, sin llegar a tener el control.

Además, la influencia significativa podrá evidenciarse, tal y como recoge el artículo 5.3 de las Normas de Consolidación, a través de vías como la representación en el consejo de administración, la participación en los procesos de fijación de políticas, la existencia de transacciones de importancia entre las sociedades, el suministro de información técnica esencial o el intercambio de personal directivo.

12.2.3. Sociedades multigrupo

Otras veces los acuerdos de colaboración entre sociedades se establecen de forma que ninguna de ellas pueda ejercer el control por separado, sino que la gestión de la empresa participada se hace de forma colegiada en lo que se conoce como gestión conjunta. Se trata de empresas multigrupo, también conocidas como *Joint Ventures*. A los únicos efectos de la consolidación de cuentas, se entiende por sociedades multigrupo aquellas sociedades no incluidas como dependientes, que son gestionadas por una o varias sociedades del grupo, que participan en su capital social conjuntamente con otra u otras ajenas al mismo. En las empresas de construcción son frecuentes las Uniones Temporales de Empresas (UTE), constituidas mediante la aportación de patrimonios al objeto de ejecutar una obra compartiendo gastos e ingresos en proporción a la aportación realizada.

12.3. FORMULACIÓN DE LAS CUENTAS CONSOLIDADAS

En principio toda sociedad dominante estará obligada a presentar cuentas consolidadas e informe de gestión consolidado. Ello, no obstante, no exime a ninguna de las sociedades integrantes del grupo de formular sus propias cuentas anuales y el informe de gestión correspondiente conforme a su régimen específico. Sin embargo, las normas españolas, en consonancia con el resto de la normativa internacional sobre consolidación, contemplan algunos supuestos en los que, a pesar de la existencia del grupo, el mismo queda exento de presentar información contable consolidada. Son los siguientes:

a) Por razón de tamaño.
b) Por pertenencia a otro grupo mayor.

c) Por aplicar el principio de importancia relativa.
d) Cuando todas las filiales puedan quedar excluidas de la aplicación del método de integración global (véase epígrafe 12.4).

12.3.1. Dispensa por razón de tamaño

El primero de los casos está plenamente justificado al objeto de no sobrecargar con excesivas obligaciones contables a los grupos de reducido tamaño. Los límites para la dispensa en la presentación de cuentas consolidadas son los mismos que están vigentes para la formulación de cuenta de pérdidas y ganancias abreviada en las sociedades anónimas. Así, no será obligatoria la presentación de cuentas consolidadas cuando, durante dos ejercicios consecutivos, el conjunto de las sociedades del grupo no rebase, en sus últimas cuentas anuales, dos de los tres límites que se indican a continuación:

— Activos: 11.400.000 euros.
— Cifra de negocio: 22.800.000 euros.
— Número medio de trabajadores no superior a 250.

La dispensa por tamaño no será de aplicación cuando alguna de las sociedades del grupo tenga la consideración de entidad de interés público. A este respecto, según se recoge en la Ley de Auditoría de Cuentas (2015), tendrán la consideración de entidades de interés público:

a) Las entidades emisoras de valores admitidos a negociación, las entidades de crédito y las aseguradoras.
b) Las que se determinen reglamentariamente.
c) Los grupos de sociedades en los que la sociedad dominante sea una entidad de las contempladas en las letras *a*) y *b*) anteriores.

12.3.2. Dispensa de los subgrupos

El segundo motivo por el cual un grupo de sociedades puede quedar dispensado de presentar cuentas consolidadas está relacionado con la pertenencia del mismo a un grupo mayor que ya presenta cuentas consolidadas de todo el conjunto. En este caso la elaboración de cuentas consolidadas por parte de los subgrupos de sociedades generaría un cúmulo de cuentas que poco o nada aportarían a los objetivos perseguidos por la consolidación. Por tanto, no estará obligada a presentar cuentas anuales e informe de gestión consolidado la sociedad dominante, sometida a la legislación española, que sea al mismo tiempo dependiente de otra que se rija por dicha legislación o por la de otro Estado miembro de la Unión Europea, si esta última sociedad posee el 50 por 100 o más de las participaciones sociales de aquellas. En todo caso, para que tal dispensa se pueda aplicar será necesario que los socios minoritarios que detenten el 10 por 100 de las participaciones sociales no hayan solicitado la formulación de cuentas anuales consolidadas seis meses antes de que se cierre el ejercicio.

Así, de acuerdo al esquema de dominio del cuadro 12.2, el subgrupo formado por las sociedades *F* y *H* no estará obligado a presentar cuentas consolidadas, siempre que *M* pertenezca a la UE y elabore cuentas consolidadas que integren al grupo *MFH*. Además, la normativa española (art. 43 del Código de Comercio) exige, para que tal dispensa sea efectiva, que la sociedad dispensada (*F*) indique en sus cuentas la mención de estar exenta, con indicación de la razón social y domicilio de la sociedad dominante. De igual manera, las cuentas consolidadas de la sociedad dominante se deberán depositar en el Registro Mercantil donde tenga su domicilio la sociedad dispensada, traducidas a alguna de las lenguas oficiales de la Comunidad Autónoma donde resida la sociedad dispensada. La última condición para hacer efectiva la dispensa es que la sociedad dispensada no haya emitido valores admitidos a negociación en un mercado regulado de cualquier Estado miembro de la UE.

CUADRO 12.2

Dispensa de la obligación de consolidar de los subgrupos

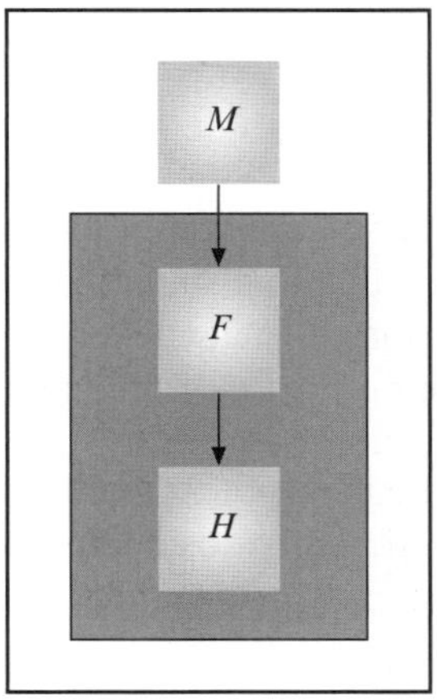

12.3.3. Formulación de las cuentas consolidadas

Una vez establecida la obligación de elaborar cuentas consolidadas, la posición española admite dos campos normativos:

1. Las Normas Internaciones de Información Financiera (NIIF).
2. Las Normas Españolas de Consolidación.

Las NIIF serán de aplicación obligatoria para los grupos de sociedades en los que, a la fecha de cierre del ejercicio, alguna de las sociedades del grupo haya emitido valores admitidos a cotización en un mercado regulado de cualquier Estado miembro de la UE.

Por el contrario, los grupos de sociedades en los que, a la fecha de cierre del ejercicio, ninguna de las sociedades del grupo tenga valores admitidos a cotización en un mercado regulado de la UE, podrán optar por las Normas Españolas de Consolidación contenidas en el Código de Comercio y disposiciones que lo desarrollen, o por las NIIF. Ahora bien, si adoptan esta última opción, las cuentas anuales consolidadas deberán elaborarse de manera continuada de acuerdo con dichas normas.

12.4. MÉTODOS Y PROCEDIMIENTOS DE CONSOLIDACIÓN

En vista de los diferentes grados de participación que se pueden establecer entre las sociedades, el proceso de consolidación se realiza siguiendo pautas distintas según se trate de sociedades sobre las que la matriz ejerce el control, de sociedades multigrupo gestionadas de forma conjunta entre la matriz y otra u otras sociedades, o de sociedades asociadas sobre las que la matriz ejerce una influencia significativa. A este respecto, la normativa sobre consolidación contempla los siguientes métodos:

a) El método de integración global para las sociedades del grupo.
b) El método de integración proporcional para las sociedades multigrupo.
c) El procedimiento de puesta en equivalencia.

El método de integración global se aplicará a las sociedades dependientes. No obstante, existen algunos supuestos que pueden motivar la exclusión de algunas filiales. La reforma de diciembre de 2016 concreta los siguientes casos por los que alguna filial podrá quedar excluida de la consolidación.

I. Cuando para obtener la información necesaria haya que incurrir en gastos desproporcionados o demoras excesivas.
II. Cuando la tenencia de las acciones tenga por objeto su cesión posterior.
III. Cuando existan restricciones que obstaculicen severamente el ejercicio del control de la matriz sobre la dependiente.

Como ya se ha indicado más arriba, si todas las filiales resultan *excluidas,* el grupo queda *dispensado* de elaborar cuentas consolidadas.

Por su parte, el método de integración proporcional se podrá aplicar a las sociedades multigrupo. Por último, el procedimiento de puesta en equivalencia se aplicará en la preparación de las cuentas consolidadas a las inversiones en empresas asociadas y a las sociedades multigrupo cuando no se les aplique el método de integración proporcional.

12.4.1. El perímetro de la consolidación

Habida cuenta de la existencia de diferentes métodos y procedimientos de consolidación, el *conjunto consolidable* está formado por las sociedades a las que se les aplique el método de integración global y proporcional. El conjunto consolidable más las sociedades a las que les sea de aplicación el procedimiento de puesta en equivalencia forman *el perímetro de la consolidación*. El perímetro de la consolidación se define como el conjunto de sociedades relacionadas entre sí cuyos vínculos son tomados en cuenta a la hora de proceder a la consolidación. Estará formado por las sociedades del grupo a las que les sea de aplicación el método de integración global, por las que se consoliden por el método de integración proporcional y por aquellas a las que les sea de aplicación el procedimiento de puesta en equivalencia.

El cuadro 12.3 presenta el mapa que se teje entre varias sociedades relacionadas entre sí con los correspondientes tantos de dominio. Se trata de una empresa matriz con participación directa en las filiales *A*, *B* y *C* y una participación indirecta en *E*. En virtud de un acuerdo suscrito con la sociedad *Z*, gestiona de forma colegiada la empresa *D*. Posee, además, un 20 por 100 de los títulos con derecho a voto de la empresa *F*. Se conoce que *C* es una empresa intervenida judicialmente, por lo que, en vista de las dificultades existentes para controlar sus operaciones, y en aplicación de la legislación vigente, se decide excluirla de la consolidación.

CUADRO 12.3

Determinación del perímetro de consolidación

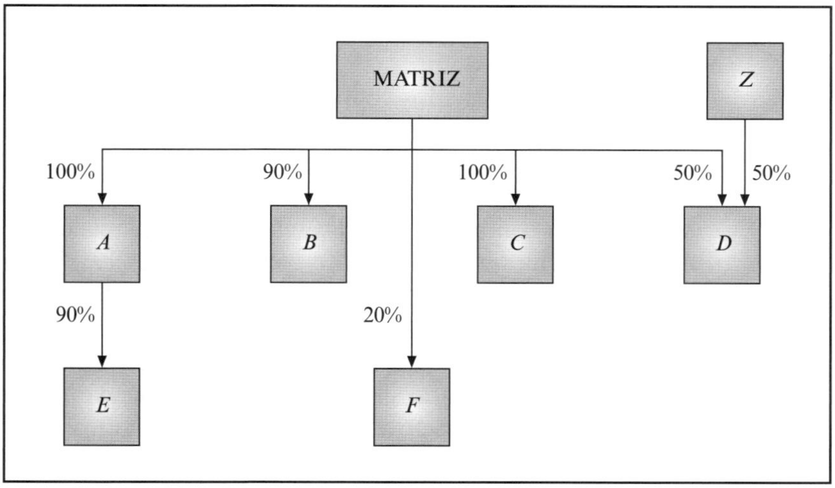

El grupo de sociedades está compuesto por la sociedad matriz y por las sociedades *A*, *B*, *C* y *E*. Las sociedades a las que se les aplica el método de integración global son *A*, *B* y *E*. La sociedad *C* queda excluida del método de integración global al estar intervenida judicialmente y existir restricciones a la libre disposición de fondos. La sociedad *D*, gestionada de forma conjunta por *M* y *Z*, es una empresa multigrupo, a la que le es de aplicación el método de integración proporcional. La sociedad *F* es una asociada, a la que es de aplicación el procedimiento de puesta en equivalencia. El conjunto consolidable está formado por las sociedades *A*, *B*, *E* y *D*, mientras que el perímetro de consolidación lo constituyen, además de la matriz, las sociedades *A*, *B*, *D*, *E* y *F*.

12.4.2. El método de integración global

El método de integración global se aplicará a las sociedades del grupo. La aplicación del método de integración global consiste en sustituir el valor contable de la participación que la sociedad dominante posee de la dominada, por los activos y pasivos de esta última sociedad. Se trata, por tanto, de agregar a los activos y pasivos de la matriz la totalidad de los activos y pasivos de las filiales una vez que las cuentas han sido previamente homogeneizadas. Conviene matizar que el proceso de homogeneización consiste en asegurarse, en primer lugar, de que los estados contables de las sociedades del grupo a consolidar tengan la misma fecha de cierre y se refieran al mismo período de tiempo. También habrá que comprobar que los estados contables a consolidar se han confeccionado siguiendo métodos de valoración uniformes y que todas las sociedades del grupo han contabilizado debidamente las operaciones internas realizadas entre las mismas, no habiendo operaciones internas pendientes de registrar por ninguna sociedad. Por último, habrá que asegurarse de que las sociedades incluidas en la consolidación tengan la misma estructura de cuentas.

Ahora bien, los estados contables agregados no son las cuentas consolidadas. Una vez realizada la agregación de cuentas se hace preciso practicar algunas eliminaciones al objeto de evitar duplicidades. Piénsese, por ejemplo, en una matriz y una filial con sus respectivos balances de situación cerrados a una misma fecha. Supóngase que, como consecuencia de las relaciones comerciales que mantienen matriz y filial, la matriz ha vendido a crédito productos a la filial. Dejando a un lado el problema de la valoración de las existencias y del resultado interno producido en la operación, en el balance de la matriz aparece la cuenta *Clientes empresas del grupo,* mientras que el balance de la filial muestra la cuenta *Proveedores empresas del grupo.* El balance consolidado, en la medida que recoge la posición económico-financiera del grupo con respecto al exterior, debe prescindir y, por tanto, eliminar tanto la cuenta de *clientes empresas del grupo* como la de *proveedores empresas del grupo*, mostrando únicamente los saldos de la posición deudora y acreedora con respecto a terceros ajenos al grupo. Es decir, el proceso de consolidación no es la mera agregación de partidas, sino que exige tener en cuenta determinadas eliminaciones como consecuencia de las transacciones efectuadas entre las sociedades. El cuadro 12.4

presenta de forma esquemática el proceso seguido para, a partir de los estados contables individuales, llegar a las cuentas consolidadas.

CUADRO 12.4

Fases o etapas en la consolidación

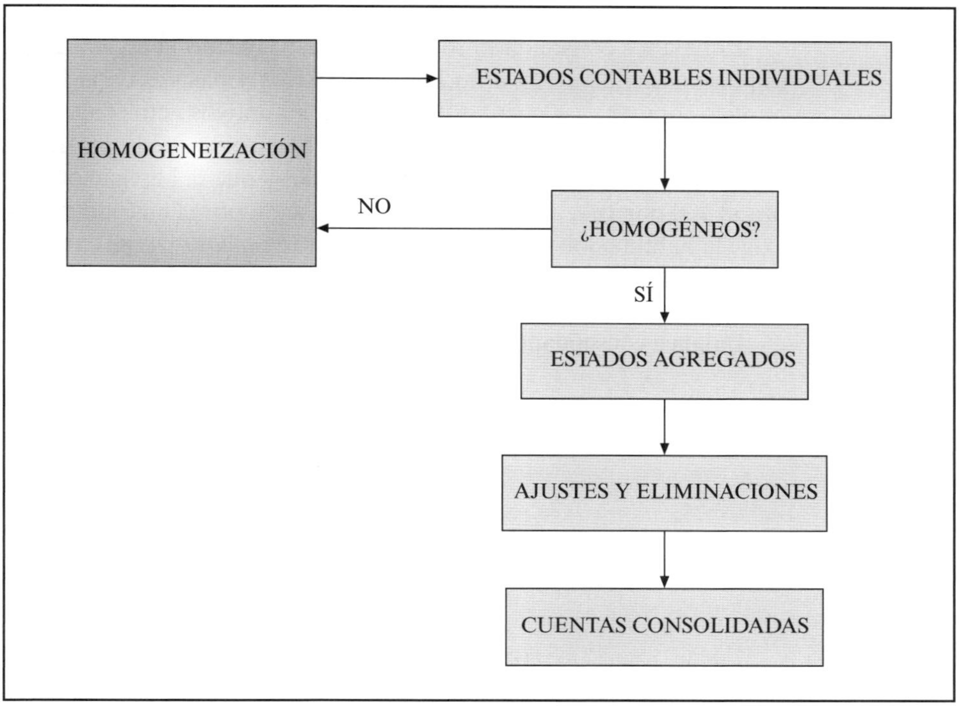

Una característica del método de integración global es que la agregación de partidas se produce al 100 por 100, independientemente del tanto de participación. Esto supone que, al sumar la totalidad de los activos y pasivos de la filial, se está reconociendo el 100 por 100 de los saldos, cuando puede que el tanto de control sea tan solo del 60, 70 o 95 por 100. Esta es la razón de la aparición de la partida *socios externos,* que viene a representar la parte del patrimonio neto y, por tanto, de activos netos, que corresponde a terceros ajenos al grupo.

EJEMPLO 1

Sea una sociedad dominante que posee el 75 por 100 de las acciones de una empresa filial, adquiridas, justamente, por su valor teórico. Los balances a 31 de diciembre son los que a continuación se indican:

Activo			**Pasivo y patrimonio neto**		
	Matriz	*Filial*		*Matriz*	*Filial*
Activos diversos	875	600	Capital	500	200
Inversión en	225	—	Reservas	200	100
			Deudas	400	300
Total Activo	1.100	600	Total	1.100	600

El balance consolidado se formará sustituyendo la cuenta *Inversión en F*, cuyo importe asciende a 225 u. m., por los activos y pasivos de la filial, operación que implica agregar a las cuentas de la matriz los activos netos (activo y pasivo exigible) de la dependiente. Ahora bien, teniendo en cuenta que la participación en el capital de la filial es únicamente del 75 por 100, y que la agregación de partidas se realiza al 100 por 100, el proceso de consolidación por el método de integración global exige la habilitación de la partida *intereses de socios externos,* tal y como se muestra en el balance consolidado.

Balance consolidado MF

Activo		**Pasivo y patrimonio neto**	
Activos diversos	1.475	Capital	500
		Reservas	200
		Pasivo	700
		Socios externos	75 (25% de 300)
Total	1.475	Total	1.475

Puede observarse cómo se ha producido la *sustitución* de la cuenta representativa de la participación por el 100 por 100 de los activos y pasivos de la filial. Como el dominio no es del 100 por 100, se habilita la partida *socios externos*. Obsérvese asimismo cómo en el balance consolidado los únicos fondos propios que existen son los de la matriz, pues al incorporar al balance consolidado los activos netos de la filial, ya se está incorporando el patrimonio neto de la misma. Hay que evitar, por tanto, sumar dos veces el valor de la filial. El texto siguiente lo ilustra de manera sencilla.

> Si a una persona se le dan 20.000 euros y lo coloca en su bolsillo derecho, su activo y capital se han incrementado en 20.000 euros. Si esa persona entonces invierte 5.000 euros en su bolsillo izquierdo, su situación financiera total no ha cambiado. El bolsillo derecho tiene todavía unos activos y capital de 20.000 euros, 15.000 en dinero y 5.000 en títulos representativos de su inversión. El bolsillo izquierdo tiene unos activos y capital de 5.000, representado enteramente por dinero. La posición total de esa persona es que sus activos y capital son todavía 20.000 euros en dinero. Para mostrar la situación global de esa persona en forma consolidada, la inversión del bolsillo derecho y el capital del bolsillo izquierdo deben ser eliminados entre sí (tomado de Sharon McKinnon).

Lo señalado hasta el momento sirve para formular el balance consolidado. Para preparar la cuenta de pérdidas y ganancias consolidada el procedimiento que se sigue consiste en agregar a las partidas de ingresos y gastos de la sociedad dominante la totalidad de los importes de ingresos y gastos de la o las filiales, una vez homogeneizadas las partidas. Posteriormente se realizarán, si procede, las eliminaciones correspondientes al objeto de evitar duplicidades. Así, por ejemplo, en el caso de dos empresas del grupo que hayan realizado operaciones de compraventa entre ellas, el importe de dicha operación intragrupo debe eliminarse con el fin de que la cuenta de pérdidas y ganancias consolidada muestre únicamente la cifra de compras y ventas que el grupo ha realizado con el exterior.

12.4.3. El método de integración proporcional

Propio de las sociedades multigrupo, consiste básicamente en sustituir el valor contable de la participación por los activos y pasivos de la participada, pero no al 100 por 100 como en el caso de la integración global, sino en función del tanto de participación. De esta forma, a los activos y pasivos de la matriz se le incorporan los de la empresa multigrupo únicamente en función de la participación, por lo que no se contempla la existencia de socios externos.

12.4.4. El procedimiento de puesta en equivalencia

La puesta en equivalencia es un método de valoración de las inversiones financieras diferente al del coste de adquisición. De acuerdo al artículo 47.5.a) del Código de Comercio, cuando una sociedad incluida en la consolidación ejerza una influencia significativa en la gestión de otra sociedad (asociada), el valor contable de la participación en las cuentas consolidadas será el importe correspondiente al porcentaje que represente dicha participación, en el momento de la inversión, sobre el valor razonable de los activos adquiridos y pasivos asumidos. Si la diferencia entre el coste de la participación y el valor a que se ha hecho referencia es positiva, se incluirá en el importe en libros de la inversión y se pondrá de manifiesto en la memoria. Es decir, no se reconocerá fondo de comercio de consolidación de sociedades puestas en equivalencia. Si la diferencia es negativa, se llevará a la cuenta de pérdidas y ganancias consolidada.

La puesta en equivalencia no supone agregación de cuentas, por lo que no puede hablarse de método de consolidación propiamente dicho, sino que únicamente se trata de un ajuste valorativo resultado de la aplicación de un método alternativo de valorar la inversión financiera. En consecuencia, al no haber agregación, tampoco se habilita la partida de socios externos. El procedimiento de puesta en equivalencia se aplicará, a los únicos efectos de presentar cuentas consolidadas, para valorar las inversiones financieras en las empresas asociadas y, como se ha señalado, como alternativa a la aplicación del método de integración proporcional en las empresas multigrupo.

12.5. PARTIDAS ESPECÍFICAS DE LAS CUENTAS CONSOLIDADAS

Las cuentas consolidadas presentan una estructura similar a la de las cuentas individuales de la empresa, tal y como se puede apreciar en los modelos habilitados al efecto en el anexo que cierra el capítulo. No obstante, los estados contables consolidados contienen algunas partidas específicas propias, cuyas principales características se exponen a continuación.

12.5.1. Cuentas de activo

Fondo de comercio de sociedades consolidadas

El fondo de comercio de sociedades consolidadas es, sin duda, una de las singularidades del activo del balance consolidado. Cuando el importe de la participación adquirida es *superior* a la parte proporcional del valor razonable de los activos adquiridos y pasivos asumidos (incluidas las provisiones), se produce una diferencia atribuible a diversos factores. La razón por la que se paga más por una participación que lo expresado por el valor razonable de los activos adquiridos y pasivos asumidos obedece, básicamente, al reconocimiento de intangibles no reflejados en los libros de la sociedad vendedora, como prestigio, red de ventas, emplazamiento físico del negocio, expectativas, cartera de clientes, etc. Todos estos factores pueden hacer que la empresa en marcha valga más que la suma de todos los activos que la componen considerados de forma individualizada. Esa diferencia es, precisamente, el fondo de comercio.

Mucho se ha discutido sobre la naturaleza del fondo de comercio y sobre las políticas de amortización para esta partida. A este respecto, la posición de la normativa contable tanto española como internacional ha sido muy cambiante, contemplando plazos cortos de amortización (5 años) en un principio, para más tarde adoptar una política basada en períodos más largos, que podían llegar a los 20 años contemplados por el IASB hasta 2005. La normativa estadounidense, recogida en el Statement of Financial Accounting Standard (SFAS) número 142 *«Goodwill and other intangible assets»* revolucionó el tratamiento contable del fondo de comercio al proponer su no amortización, si bien el valor contabilizado deberá someterse todos los años a un test de deterioro. La postura adoptada por las NIIF quedó convenientemente recogida por el Código de Comercio español y las Normas para la Formulación de Cuentas Consolidadas (art. 26.5), que asumieron la no amortización del fondo de comercio alegando que se trataba de un *activo intangible de vida ilimitada*. En cualquier caso, de no justificarse el saldo contable de dicho intangible, debería registrarse una pérdida por deterioro equivalente al saldo no justificado. Las modificaciones introducidas por el Real Decreto de 2016 en la normativa de consolidación suponen un giro de 180 grados y proponen una nueva redacción para el artículo 26.5, que queda formulado de la siguiente manera:

> «Con posterioridad al reconocimiento inicial, el fondo de comercio se valorará por su precio de adquisición menos la amortización acumulada y, en su caso, el importe acumulado de las correcciones valorativas por deterioro reconocidas.»

Es decir, en lo sucesivo el fondo de comercio es un activo de vida útil definida y, por lo tanto, sujeto a amortización, de forma que la cuenta de resultados consolidada deberá recoger el cargo por amortización de dicha partida. Salvo prueba en contrario, se presume que la vida útil del fondo de comercio es de 10 años.

Si la diferencia fuera *negativa,* se supone que se está pagando por la participación en el patrimonio de la dependiente una cantidad menor que la representada por la parte proporcional de los activos adquiridos y los pasivos asumidos, en lo que se interpreta como una *buena negociación*. Por esta razón, la diferencia resultante deberá llevarse directamente a la cuenta de pérdidas y ganancias consolidada (epígrafe 13 del resultado de la explotación).

EJEMPLO 2

Los balances que se reproducen a continuación corresponden a una matriz y a su filial. La participación es del 80 por 100.

Activo			**Pasivo y patrimonio neto**		
	Matriz	*Filial*		*Matriz*	*Filial*
Inmovilizado	5.000	1.800	Capital	3.000	1.000
Participación en *F*	2.000	—	Reservas	2.800	500
Activo corriente	1.800	1.200	Exigible	3.000	1.500
Total Activo	8.800	3.000	Total Pasivo	8.800	3.000

Se sabe que en la determinación del precio de las acciones adquiridas se ha tenido en cuenta la existencia de un terreno propiedad de la sociedad filial que arroja un valor en libros de 1.200 euros, pero que los expertos tasadores le asignan un valor razonable de 1.500 euros, que es aceptado por la empresa matriz. El resto, hasta completar los 2.000 euros que se pagan por las acciones adquiridas, obedece a la existencia de intangibles.

Observamos que la filial no aplica el método del valor razonable para valorar sus terrenos. Sin embargo, a los efectos de calcular el fondo de comercio de consolidación y de presentar las cuentas consolidadas, la *compensación* a que se refiere el artículo 46.1 del Código de Comercio debe hacerse teniendo en cuenta el valor razonable del terreno, obtenido a partir de una valoración hecha por expertos.

Valor razonable de los activos adquiridos y pasivos asumidos:

Terrenos	1.800 + 300 = 2.100
Activo corriente	1.200
Exigible	(1.500)
TOTAL	1.800

Parte proporcional de los activos netos adquiridos: 80 por 100 de 1.800 = 1.440.

Determinación del fondo de comercio de sociedades consolidadas

Precio pagado por los títulos	2.000
− valor razonable de los activos netos adquiridos	−1.440
= Fondo de comercio de consolidación	**560**

Como la participación no llega al 100 por 100, hay que determinar el importe atribuible a los socios externos. Para ello se calculará la parte proporcional de los activos netos, al valor razonable, correspondiente a terceros.

Socios externos: 20 por 100 de 1.800 = 360

Para elaborar el balance consolidado puede ser de utilidad la plantilla-hoja de trabajo diseñada en el cuadro 12.5, que explica la obtención de algunos saldos.

CUADRO 12.5

Hoja de trabajo para la obtención del balance consolidado

Elementos patrimoniales (1)	Matriz (2)	Filial (3)	Agregado (4)	Ajustes y eliminaciones (5)		Consolidado (6)
Activo						
Inmovilizado	5.000	1.800	6.800	300		7.100
Participación en *F*	2.000	—	2.000		2.000	
Fondo de comercio de consolidación				560		560
Activo corriente	1.800	1.200	3.000			3.000
TOTAL ACTIVO	8.800	3.000	11.800			10.660
Pasivo y P. Neto						
Capital	3.000	1.000	4.000	1.000		3.000
Socios externos	—	—	—		360	360
Reservas	2.800	500	3.300	500		2.800
Exigible	3.000	1.500	4.500			4.500
TOTAL PASIVO	8.800	3.000	11.800	2.360	2.360	10.660

Las columnas (2) y (3) presentan los datos de los balances individuales de la empresa matriz y de la filial. La columna (4) recoge la agregación de los saldos. La columna (5), que tiene dos partes, recoge el ajuste de 300 euros imputados como mayor valor del terreno y de 560 euros del fondo de comercio de consolidación. Igualmente, la columna (5) recoge la eliminación de la cuenta representativa de la inversión (2.000 euros), con los fondos propios de la participada (capital 1.000, reservas 500), el ajuste practicado al terreno y el registro del fondo de comercio de consolidación y socios externos. Por último, la columna (6) presenta el balance consolidado, una vez practicados los ajustes y realizadas las eliminaciones.

En consolidaciones posteriores el fondo de comercio de consolidación deberá amortizarse y, en su caso, someterse a la prueba del deterioro, comprobando si el valor del mismo se ajusta a las expectativas de beneficios. Tal y como señala el artículo 39.4 del Código de Comercio, las pérdidas por deterioro del fondo de comercio tendrán carácter irreversible.

Participaciones puestas en equivalencia

Se ha comentado en un epígrafe anterior la habilitación del procedimiento de puesta en equivalencia para valorar las inversiones en empresas asociadas y las multigrupo a las que no se les aplique el método de integración proporcional. Según el procedimiento de puesta en equivalencia (art. 52.1 de las Normas de Consolidación), la inversión en una sociedad se registrará inicialmente al coste, y se incrementará o disminuirá posteriormente para reconocer el porcentaje que corresponde al inversor en la variación del patrimonio neto producido en la entidad participada, después de la fecha de adquisición. El importe resultante de aplicar lo señalado en el párrafo anterior se inscribirá en el activo del balance bajo la denominación de «participaciones puestas en equivalencia». Si la diferencia que resulta entre el coste de la participación y el valor a que se ha hecho referencia es positiva, se incluirá en el importe en libros de la inversión y se pondrá de manifiesto en la memoria. Si la diferencia es negativa, se llevará a la cuenta de pérdidas y ganancias consolidada.

EJEMPLO 3

La empresa matriz *M*, cabecera de un grupo de sociedades, adquiere por 29.600 euros el 30 por 100 del capital de la sociedad *A*, que pasa, desde ese momento, a ser asociada. El patrimonio neto de la asociada asciende a 80.000 euros. Entre sus activos figura un terreno registrado en libros por un importe de 50.000 euros, si bien su precio de mercado alcanzaría, según expertos tasadores, la cifra de 60.000 euros, cantidad que se considera ajustada al valor razonable.

Determinación de la cuenta «participaciones puestas en equivalencia»:

Valor contable de la asociada = 80.000 euros.
Valor razonable de la asociada = 90.000 euros.

— Coste de la participación 29.600 euros
— Participaciones puestas en equivalencia: 30% de 90.000 = 27.000 euros
— Diferencia 2.600 euros

Como la diferencia entre el coste de la participación y el valor de la participación valorada por puesta en equivalencia es positiva, se incluirá en el importe en libros de la inversión. Esto significa que desaparece la cuenta «fondo de comercio de sociedades puestas en equivalencia», si bien la memoria consolidada deberá dar cuenta de esta diferencia. Por tanto, el valor de la cuenta «participaciones puestas en equivalencia» lucirá en el balance consolidado por un importe de 29.600.

En consolidaciones posteriores la valoración de la participación por puesta en equivalencia se realizará en los mismos términos que se acaban de exponer, si bien habrá que tener en cuenta los incrementos o decrementos patrimoniales experimentados en la sociedad asociada desde el momento de la adquisición, pudiendo aflorar la cuenta «reservas en sociedades puestas en equivalencia» que se explica en el siguiente apartado.

12.5.2. Cuentas de pasivo y neto

La estructura financiera del grupo recoge cuentas que suponen captación de recursos financieros para el mismo, procedan estos bien de sus propietarios, bien de las Administraciones Públicas (subvenciones), de ajustes de cambios de valor o de los acreedores. Una de las particularidades que presenta la estructura financiera del balance consolidado es la ampliación del catálogo de cuentas, al reconocerse la existencia de dos tipos de propietarios: los que ostentan la mayoría y los minoritarios, conocidos en la normativa española bajo la denominación de socios externos. Además, la estructura financiera del grupo se amplía para dar cabida a cuentas que recojan el incremento de recursos generados por el grupo (reservas, subvenciones, donaciones y legados, ajustes por cambios de valor) desde el momento en que el mismo pasó a gestionarse por los socios poseedores de la mayoría de las acciones con derecho a voto (véase modelo en el anexo final). Analizamos seguidamente las partidas de socios externos y reservas en sociedades consolidadas.

Socios externos

Cuando la toma de la participación en los activos netos de la filial es inferior al 100 por 100, la parte de los activos adquiridos y pasivos asumidos adquiridos en poder de terceros ajenos al grupo se incorpora al balance consolidado bajo la denominación de socios externos. La participación de los socios externos viene representada por la parte de los activos netos de la filial que no corresponden a la participación mayoritaria, tal y como se ha reflejado en algunos ejemplos anteriores.

Existe una controversia, no resuelta todavía, acerca de la naturaleza de esta partida. Por un lado, no puede asegurarse que los socios externos gocen de las ventajas de los fondos propios, puesto que no participan de la gestión del grupo. Pero, por otra parte, tampoco se pueden equiparar a los acreedores, ya que no tienen una remuneración garantizada proporcional a su aportación. La postura más extendida pasa por considerar que en el grupo hay dos tipos de propietarios. Unos, que se responsabilizan de la gestión (los mayoritarios), y otros, que no tienen competencias en la gestión (los socios externos o minoritarios). Por este motivo, las Normas de Consolidación (art. 27.2) señalan que la participación en el patrimonio neto de la sociedad dependiente atribuible a terceros ajenos al grupo figurará en la subagrupación «socios externos» del patrimonio neto del balance consolidado.

Reservas en sociedades consolidadas

Una vez que la matriz realiza la inversión en la filial, el patrimonio neto de esta puede aumentar o disminuir a lo largo del tiempo como consecuencia de los resultados de sus operaciones. Las reservas generadas por las sociedades dependientes desde la fecha de la primera consolidación, incluidas aquellas que no hayan pasado por la cuenta de resultados, figurarán en las cuentas consolidadas como una partida específica con la denominación de «reservas en sociedades consolidadas», una vez deducida la parte que de dichas reservas corresponda a los socios externos, que se deberá inscribir en la correspondiente partida del balance de situación consolidado.

Asimismo, la cuenta de reservas en sociedades consolidadas recogerá, en función del tanto de participación, las variaciones experimentadas en el patrimonio neto de la filial desde el momento de la inversión a consecuencia de variaciones en la cuenta de *subvenciones* y *ajustes por cambios de valor*. La parte de la variación correspondiente a socios externos se integrará en la partida de socios externos. En el cálculo de estas partidas se deberán eliminar los traspasos realizados a pérdidas y ganancias de los «ajustes por cambios de valor» y las «subvenciones» ya existentes en el momento de realizar la primera consolidación.

Es decir:

a) Por un lado, se habilita la cuenta de reservas en sociedades consolidadas, cuyo importe se determinará aplicando el tanto de participación al incremento experimentado por las reservas, ajustes por cambios de valor y subvenciones, donaciones y legados, teniendo en cuenta los traspasos ya realizados.

b) El resto, es decir, la parte no imputada a la mayoría, se imputa a los socios externos, cuyo saldo aumentará o disminuirá a medida que aumenten o disminuyan las reservas, ajustes y subvenciones de las empresas participadas. A este respecto, la memoria consolidada deberá desglosar el importe de «socios externos» en los distintos componentes de patrimonio neto que le son atribuibles (capital, reservas, resultado del período, ajustes por cambios de valor y subvenciones, donaciones y legados recibidos).

El signo de la cuenta «reservas en sociedades consolidadas» es un extraordinario indicador de la gestión que la matriz realiza de sus filiales y empresas multigrupo. Dado que las reservas en sociedades consolidadas se comienzan a formar a partir del momento de la inversión, el signo que adopten las mismas indicará la positiva o negativa evolución de las empresas participadas, una vez el grupo ha tomado el control de sus operaciones.

Reservas en sociedades puestas en equivalencia

Se trata de una partida que recoge la parte proporcional, en función del tanto de participación, de los incrementos de neto de la sociedad asociada desde el momento de la inversión hasta el de presentación de cuentas consolidadas. Al explicar la partida de *participaciones puestas en equivalencia* se decía que, en consolidaciones posteriores, la valoración de la participación por puesta en equivalencia se realizará en los mismos términos que en la primera consolidación, si bien habrá que tener en cuenta los incrementos o decrementos patrimoniales experimentados en la sociedad asociada desde el momento de la adquisición, pudiendo aflorar la cuenta «reservas en sociedades puestas en equivalencia». Los ajustes al valor de la participación en la asociada deberán incorporar todas las variaciones en el patrimonio neto de la sociedad puesta en equivalencia (además de los incrementos de reservas, los correspondientes a *ajustes por cambios de valor, subvenciones, donaciones y legados recibidos* y *diferencia de conversión*).

Resultado del ejercicio atribuido a la sociedad dominante

El resultado del ejercicio obtenido por las filiales y empresas multigrupo se añadirá al de la sociedad dominante para determinar el resultado consolidado, cuyo importe se dividirá en dos partes:

a) Por un lado, se determinará el resultado correspondiente a la sociedad dominante, formado por el resultado de la matriz más la parte proporcional, en función del tanto de participación, de los resultados de las filiales y multigrupo.
b) Con la parte del resultado de las filiales no imputado a la empresa dominante se formará la partida de pérdidas y ganancias correspondientes a los socios externos.

Hay que tener en cuenta que para la determinación del resultado consolidado hay que eliminar previamente los resultados internos producidos a consecuencia de operaciones habidas entre empresas del grupo, salvo que los activos correspondientes —mercaderías, inmovilizado o títulos valores— hayan sido consumidos o enajenados a terceros ajenos al grupo. A este respecto, las normas de consolidación establecen que la eliminación de resultados internos se practicará al 100 por 100, con independencia del tanto de participación.

Diferencias de conversión

Dado que los estados contables consolidados se obtienen a partir de la agregación de las cuentas individuales, se hace necesario que dichas cuentas estén expresadas en la misma moneda. Cuando esto no ocurre, hay que homogeneizar la información convirtiendo a la misma divisa las cuentas de las empresas que constituyen el perímetro de la consolidación. La tarea de homogeneización consiste, pues, en convertir todas y cada una de las partidas del balance y cuenta de resultados aplicando el tipo de conversión adecuado para que las cuentas convertidas reflejen la información más acorde con la realidad del grupo empresarial.

Con relación al tipo de conversión, tras la modificación del Código de Comercio de 2007 todas las partidas del balance se convertirán aplicando el *tipo de cambio de cierre*. De acuerdo al método del tipo de cambio de cierre, los bienes, derechos y obligaciones se convertirán a la moneda funcional utilizando el tipo de cambio vigente en la fecha de cierre a que se refieran las cuentas de la sociedad extranjera a integrar en la consolidación. Las partidas de la cuenta de pérdidas y ganancias se podrán convertir utilizando un tipo de cambio medio ponderado en función del volumen de operaciones realizadas en el período.

Dado que cada partida del balance se convierte a la divisa funcional aplicando un tipo de cambio (el de cierre) diferente al vigente cuando esas partidas se incorporaron al mismo (tipo de cambio histórico), surge una diferencia entre el valor patrimonial al tipo de cambio histórico y el valor patrimonial tras la aplicación del tipo de cambio de cierre. Pues bien, la diferencia entre el importe de los activos y pasivos de la sociedad extranjera, incluido el saldo de la cuenta de pérdidas y ganancias conforme se acaba de señalar, convertidos al tipo de cambio histórico, y la situación patrimonial neta que resulte de la conversión de los bienes, derechos y obligaciones convertidos al tipo de cambio de cierre, se inscribirá, con el signo positivo o negativo que le corresponda, en los fondos propios del balance consolidado. Para ello se utilizará la partida «diferencias de conversión», de la que habrá que deducir la parte correspondiente a los socios externos, que se integrará en la cuenta «socios externos». La *diferencia de conversión* solo se podrá trasladar a la cuenta de resultados cuando se enajene la participación.

EJEMPLO 4

Se reproducen a continuación los estados contables de la sociedad Learning, domiciliada en Estados Unidos, filial de la sociedad española Andelos, S. A., obligada a presentar cuentas consolidadas. La moneda de presentación es el euro.

Balance de situación de Learning a 31 de diciembre de 20X9 en dólares estadounidenses

Activo		Pasivo y patrimonio neto	
A) ACTIVO NO CORRIENTE	**70.000**	**A) PATRIMONIO NETO**	**65.000**
Inmovilizado material.	70.000	Fondos propios. Capital suscrito. Resultado del ejercicio.	 58.000 7.000
		B) PASIVO NO CORRIENTE	**12.000**
		Créditos a largo plazo.	12.000
B) ACTIVO CORRIENTE	**20.000**	**C) PASIVO CORRIENTE**	**13.000**
Existencias. Deudores. Efectivos y otros medios.	9.000 8.000 3.000	Deudas a corto plazo.	13.000
TOTAL ACTIVO	**90.000**	**TOTAL PASIVO Y P. NETO**	**90.000**

Cuenta de pérdidas y ganancias correspondiente a 20X9
(en dólares estadounidenses)

	20X9
Importe neto de la cifra de negocios.	66.000
Consumo de mercaderías.	(42.000)
Otros gastos de explotación.	(4.000)
Amortización del inmovilizado.	(5.000)
RESULTADO DE EXPLOTACIÓN	15.000
Gastos financieros.	(5.000)
RESULTADO ANTES DE IMPUESTOS	10.000
Impuestos sobre beneficios.	(3.000)
RESULTADO DEL EJERCICIO	7.000

Los tipos de cambio vigentes entre dólar y euro han sido los siguientes:

- Momento de la constitución de la sociedad: 1 euro = 1,39 dólar.
- Cambio de cierre a 31 de diciembre de 20X9: 1 euro = 1,36 dólar.
- Cambio medio a lo largo de 20X9: 1 euro = 1,41 dólar.

Aplicación del tipo de cambio de cierre

Se convierten en primer lugar las partidas de la cuenta de resultados. Una vez determinado el saldo de la cuenta, se inscribirá en el balance de situación, para posteriormente determinar la diferencia de conversión.

Conversión del saldo de la cuenta de resultados:

Resultado en dólares	Tipo de conversión	Resultado en euros
7.000	1,41	4.964,54

*Balance de situación de Learning a 31 de diciembre de 20X9 expresado en euros**

Activo		Pasivo y patrimonio neto	
A) ACTIVO NO CORRIENTE	**51.470,59**	**A) PATRIMONIO NETO**	**47.794,02**
Inmovilizado material.	51.470,59	Fondos propios. Capital suscrito. Resultado del ejercicio. Diferencia de conversión.	 41.726,60 4.964,64 1.102,78
		B) PASIVO NO CORRIENTE	**8.823,63**
		Créditos a largo plazo.	8.823,63
B) ACTIVO CORRIENTE	**14.705,88**	**C) PASIVO CORRIENTE**	**9.558,82**
Existencias. Deudores. Efectivos y otros medios.	6.617,65 5.882,35 2.205,88	Deudas a corto plazo.	9.558,82
TOTAL ACTIVO	**66.176,47**	**TOTAL PASIVO Y P. NETO**	**66.176,47**

* Los activos y pasivos se han convertido a euros aplicando el tipo de conversión vigente al cierre, es decir, 1 euro = 1,36 $ estadounidenses. Por el contrario, al capital se le aplica el tipo de cambio histórico y al resultado el tipo de cambio medio. La diferencia de conversión se determina por diferencia entre los activos y los pasivos convertidos al cambio de cierre y la situación patrimonial neta (incluido el saldo de la cuenta de resultados convertido al tipo de cambio medio) convertida al cambio histórico. Es decir:

SITUACIÓN PATRIMONIAL «CIERRE»

Activo		66.176,47
Pasivo	(8.823,63 + 9.558,82) =	(18.382,45)
TOTAL CIERRE		47.794,02

SITUACIÓN PATRIMONIAL «HISTÓRICO»

Fondos propios	(58.000/1,39) =	41.726,62
Pérdidas y ganancias	(7.000/1,41) =	4.964,54
TOTAL HISTÓRICO		46.691,16

Diferencia de conversión positiva por importe de 1.102,86, ya que el valor patrimonial al cierre (47.794,02) es superior al valor histórico (46.691,16).

12.5.3. Cuenta de pérdidas y ganancias consolidada

El modelo de la cuenta de pérdidas y ganancias consolidada es muy similar al modelo de cuenta de resultados previsto para las cuentas individuales. Únicamente se añaden algunas cuentas para recoger el traspaso a resultados de la diferencia negativa de consolidación y los resultados por venta de títulos de sociedades asociadas.

Diferencia negativa de consolidación

Al analizar el fondo de comercio de sociedades consolidadas se ha comentado que si la diferencia entre el importe de la participación y el valor razonable de los activos adquiridos y pasivos asumidos era negativa, se supone que se está pagando por la participación en el patrimonio de la dependiente una cantidad menor que la representada por la parte proporcional de los activos adquiridos y los pasivos asumidos. Esta diferencia figurará en la cuenta de pérdidas y ganancias consolidada (epígrafe 13 del resultado de la explotación). Si la diferencia negativa se produce en sociedades asociadas, la misma se incorporará a la cuenta de pérdidas y ganancias en el epígrafe habilitado para la misma (diferencia negativa de consolidación de sociedades puestas en equivalencia).

Participación en beneficios de sociedades puestas en equivalencia

Tal y como se ha descrito en epígrafes anteriores, la valoración por puesta en equivalencia se obtiene aplicando el tanto de participación sobre el valor razonable de los activos adquiridos y pasivos asumidos de la empresa participada. Esta operación hay que efectuarla cuantas veces se presenten estados contables consolidados, de forma que la participación puesta en equivalencia se *actualiza* a medida que varía el patrimonio neto de la empresa participada a consecuencia del incremento de reservas.

Así pues, la parte proporcional de los beneficios (o pérdidas) obtenidos por la empresa puesta en equivalencia se incorpora a la cuenta de pérdidas y ganancias consolidada sin esperar a que la asociada reparta siquiera el beneficio. Es decir, el resultado de la asociada luce en las cuentas consolidadas aunque la primera no reparta beneficios. Sin duda, esta parece ser la razón de que dicho importe no se integre en el resultado financiero (véase modelo de cuenta y pérdidas y ganancias consolidada), aunque, lógicamente, aumentará el resultado antes de impuestos del grupo. A tal efecto, se utilizará la cuenta «Participación en beneficios de sociedades puestas en equivalencia» si la participada ha tenido beneficios, y la cuenta «Participación en pérdidas de sociedades puestas en equivalencia» si la participada ha tenido pérdidas (epígrafe 19 de la cuenta de pérdidas y ganancias consolidada).

Resultado por enajenación de instrumentos financieros

La enajenación de participaciones en el capital de las sociedades que forman el perímetro de la consolidación tiene efectos diferentes en función del tipo de sociedad de que se trate y de la continuidad o no en la relación con la participada cuyos títulos han sido vendidos. Así, por ejemplo, la venta de un paquete de títulos del capital de una filial puede significar la pérdida del control sobre la sociedad, que pasará a las cuentas consolidadas a integrarse por puesta en equivalencia, o incluso puede desaparecer por completo de la información consolidada si la venta alcanza a la totalidad de los títulos. En cualquier caso, tras la venta de los títulos el resultado producido en la enajenación de los mismos deberá figurar en la cuenta de pérdidas y ganancias, utilizando el epígrafe 18 «Resultado por enajenación de instrumentos financieros».

Resultado por enajenación de participaciones puestas en equivalencia

La habilitación de este epígrafe responde al interés de distinguir los resultados producidos por la venta de títulos de sociedades dependientes y de sociedades asociadas valoradas por puesta en equivalencia.

Resultado atribuido a la sociedad dominante y socios externos

Lógicamente, la cuenta de resultados deberá desglosar la parte de resultados obtenidos por el grupo que corresponden a la mayoría y los que se imputan a socios externos en función del tanto de participación.

12.6. EL ANÁLISIS DE LAS CUENTAS CONSOLIDADAS

El análisis de los estados contables consolidados participa de las mismas técnicas y se dota de las mismas herramientas que el análisis de los estados individuales, si bien, debido a la existencia de partidas específicas de la consolidación, conviene adoptar algunas cautelas que el analista deberá conocer. Puede decirse que todas las herramientas de análisis descritas en capítulos anteriores son perfectamente aplicables al análisis de las cuentas consolidadas: la elaboración de números índice, el cálculo de ratios, rotaciones y rentabilidades se hará siguiendo las pautas indicadas en los capítulos anteriores, etc., si bien habrá que tener en cuenta la especial naturaleza de las partidas específicas de las cuentas consolidadas.

12.6.1. La rentabilidad y el riesgo en las cuentas consolidadas

La evaluación del riesgo financiero a corto o a largo plazo a través de los ratios de circulante y de solvencia hay que efectuarlo con cautela. Es posible que se combinen empresas financieramente saneadas con empresas en dificultades financieras. Las cuentas consolidadas, al ofrecer una visión de conjunto, oscurecen la información necesaria para el análisis. Para comprender plenamente la situación financiera de cada uno de los componentes del grupo el analista deberá examinar también los estados contables de cada filial por separado. Se presentan a continuación algunas consideraciones a tener en cuenta por el analista una vez adoptada la metodología de análisis funcional expuesta en el capítulo 9 de este manual.

Activos funcionales y extrafuncionales

La diferenciación entre activos funcionales y extrafuncionales (adoptada en este manual como metodología del análisis de la rentabilidad) se suaviza muchísimo al analizar las cuentas consolidadas, ya que los activos extrafuncionales de las cuentas individuales (inversiones en cartera de control) son, en una buena parte, los activos funcionales de las empresas filiales que se habrán agregado en el proceso de consolidación en sustitución de la cuenta representativa de las inversiones en cartera de control. Ahora bien, siguen teniendo presencia en el balance consolidado las participaciones en empresas asociadas valoradas por puesta en equivalencia, que, como ya se ha explicado, no se eliminan de las cuentas consolidadas. A los efectos del análisis de la información contable consolidada, estas participaciones tendrán la consideración de activos extrafuncionales.

RAIT funcional y extrafuncional

La confección de la cuenta de resultados consolidada, por su parte, habrá exigido eliminar de la misma los ingresos financieros devengados por la sociedad dominante como consecuencia del reparto de beneficios de la o las sociedades dependientes. Esta circunstancia hace que desaparezcan de las cuentas consolidadas la mayor parte de los ingresos extrafuncionales (ya que la mayor parte de los activos del balance consolidado son activos funcionales, como acabamos de ver). En todo caso, los ingresos provenientes de otras inversiones extrafuncionales (inversiones que no se consoliden o rendimiento de títulos de deuda) tendrán la consideración de ingresos extrafuncionales.

Cabría preguntarse por el criterio de clasificación de los beneficios (o pérdidas) de sociedades puestas en equivalencia que, de acuerdo a su ubicación en la cuenta de pérdidas y ganancias consolidada, aparecen en un epígrafe independiente separado del resultado financiero. Sin embargo, no hay que olvidar que el ajuste de la participación obedece a los resultados generados en la sociedad asociada, y que dicho resultado se reconoce en la cuenta de resultados consolidada con independencia de que el mismo se haya repartido o no. Parece razonable, por tanto, considerar esta partida como un tipo especial de ingresos extrafuncionales producidos por la inversión en las asociadas (aunque clasificados en un epígrafe aparte), por lo que el *RAIT* extrafuncional deberá tenerlos en cuenta.

Rentabilidad económica y financiera

La determinación de la rentabilidad económica no plantea problemas, puesto que los activos del grupo no distinguen la parte correspondiente a socios externos (ya que la agregación se ha efectuado al 100 por 100, con independencia del tanto de dominio). Sin embargo, al abordar el análisis de la rentabilidad financiera hay que tener en cuenta la existencia de los socios externos y equipararlos a un tipo especial de propietarios cuya participación forma parte del neto patrimonial del grupo. Por tanto, la rentabilidad financiera total del grupo se determinará mediante el cociente del resultado antes de impuestos y el patrimonio neto total, incluido el saldo de socios externos.

Apalancamiento financiero

Por último, en la determinación del apalancamiento financiero hay que tener en cuenta que el proceso de consolidación implica sumar todos los activos de las filiales, pero también todos los pasivos, con lo que la deuda del grupo se ve sustancialmente incrementada tras el proceso de agregación. Esta circunstancia ha hecho que algunos grupos hayan excluido de la consolidación a sociedades filiales especialmente endeudadas, dando origen a algunos de los fraudes contables más sonados de los primeros años del presente siglo. A este respecto, la normativa sobre consolidación es muy exigente, obligando a consolidar todas las filiales, incluso si desarrollan actividades diferentes a las de la sociedad dominante. El ratio de la deuda, por tanto, se obtendrá mediante el cociente entre el pasivo total del grupo y el patrimonio neto total, que podrá verse incrementado por la partida de socios externos y de reservas en sociedades consolidadas.

12.6.2. La información segmentada

Por otra parte, a la hora de analizar la información contable consolidada no puede pasarse por alto el hecho de que muchos grupos empresariales realizan actividades que pertenecen a diversos sectores. Así, es frecuente encontrar grupos petroleros que realizan tareas de extracción, refinado y distribución, o grupos inmobiliarios con actividades en la construcción, alquiler y reciclado de materiales. La información segmentada trata de paliar algunas de las carencias de una información excesivamente agregada, suministrando datos sobre los segmentos de forma que facilite la labor interpretativa de los datos contables. Sin embargo, la elaboración de información segmentada en España es en buena medida voluntaria, si bien la memoria deberá incluir información sobre la distribución del importe neto de la cifra de negocios correspondiente a las actividades ordinarias del grupo, por categorías de actividades, así como por mercados geográficos, siempre que esas categorías y mercados geográficos difieran entre sí de forma considerable. Igualmente, la memoria consolidada deberá dar cuenta de la aportación de cada sociedad incluida en el perímetro de consolidación a los resultados consolidados, con indicación de la parte que corresponda a los socios externos. El cuadro 12.6, extraído de la memoria del Grupo FENOSA, ilustra esta circunstancia.

Las ventajas que reporta al analista la información segmentada por actividades, algunas de las cuales se citan a continuación, son evidentes. En primer lugar, está la posibilidad de realizar comparaciones homogéneas con las demás empresas del sector o con los sectores similares de otros grupos con varios segmentos. En segundo lugar, la información por segmentos permite conocer la contribución de cada sociedad o línea de actividad a los resultados del grupo, mientras que, en tercer lugar, la información segmentada ofrece la posibilidad de efectuar el cálculo de ratios y otros indicadores para cada tipo de actividad. Los cuadros 12.7 y 12.8 presentan, respectivamente, el activo y el pasivo del Grupo FENOSA de acuerdo a la clasificación por segmentos de actividades. Se distinguen los segmentos propios de las empresas del sector eléctrico, generación, transporte y distribución, a los que habría que añadir otras actividades, como financiación o diversificación no eléctrica, que se han agrupado en un segmento adicional.

CUADRO 12.6

Aportación de las sociedades a los resultados consolidados

Sociedades	Aportación a los resultados consolidados
Unión Eléctrica Fenosa, S. A.	85.775
Unión Fenosa Generación, S. A.	8.324
Cía. Española de Petróleo, S. A.	2.115
Unión Fenosa Distribución, S. A.	3.429
Unión Fenosa Desarrollo y Acción Exterior, S. A.	1.805
Manila Electric Company	1.729
Empresa Distribuidora de Electricidad del Norte, S. A.	(1.586)
Unión Fenosa Inversiones, S. A.	(5.467)
Otras sociedades.	2.460
Resultado consolidado del ejercicio	**98.584**

CUADRO 12.7

Balance consolidado por actividades: Activo

Activo	Generación	Transporte	Distribución	Otras	Total grupo
Accionistas por desembolsos no exigidos				**13**	**13**
1. Inmovilizado	**422.167**	**63.549**	**395.285**	**612.486**	**1.493.487**
1.1. Inmovilizaciones inmateriales.	5.202		2.107	13.314	20.623
1.2. Inmovilizaciones materiales.	405.546	53.942	367.160	89.596	916.244
1.3. Inmovilizaciones financieras.	11.419	9.607	26.018	504.719	551.763
1.4. Acciones de la sociedad dominante.				4.857	4.857

CUADRO 12.7 *(continuación)*

Activo	Generación	Transporte	Distribución	Otras	Total grupo
2. Fondo de comercio consolidación	**191**			**36.031**	**36.222**
3. Otros	**3.010**			**1.384**	**4.394**
4. Activo circulante	**58.143**	**935**	**51.957**	**379.927**	**490.962**
4.1. Existencias.	20.810			5.403	26.213
4.2. Clientes.	13.723		34.943	33.737	82.403
4.3. Otro activo circulante.	23.610	935	17.014	340.787	382.346
Total Activo	**483.511**	**64.484**	**447.242**	**1.029.841**	**2.025.078**

CUADRO 12.8

Balance consolidado por actividades: Pasivo

Pasivo	Generación	Transporte	Distribución	Otras	Total grupo
Fondos propios	92.231	1.061	186.306	449.393	728.991
Financiación corporativa	96.330	61.747	110.261	268.338	
Socios externos	26.256		5	23.916	50.177
Otros	3		2.375	1.860	4.238
Subvenciones capital	2.106	519	19.937	6.906	29.468
Provisiones para riesgos y gastos	16.180		42.913	196.678	255.771
Acreedores a largo plazo	34.708		11.578	298.478	344.764
Acreedores a corto plazo	215.607	1.155	73.867	321.040	611.669
Total Pasivo y Patrimonio neto	483.421	64.482	447.242	1.566.609	2.025.078

12.6.3. Una aplicación práctica: cuentas individuales y consolidadas

Como se ha señalado a lo largo del presente capítulo, la estructura y contenido de las cuentas anuales consolidadas es similar a la de los modelos individuales, con la salvedad de la existencia de algunas partidas específicas en las cuentas consolidadas. El caso siguiente, construido a partir de los estados contables (individuales y consolidados) de Cementos Portland Valderrivas, presenta el análisis de la información contable aplicando la metodología de descomposición de la rentabilidad, ampliamente detallada en los capítulos anteriores.

CEMENTOS PORTLAND VALDERRIBAS, S. A.
Balance de situación al 31 de diciembre de 2008 (miles de euros)

ACTIVO		PASIVO	
ACTIVO NO CORRIENTE	**1.787.518**	**PATRIMONIO NETO**	**972.281**
Inmovilizado intangible	**167.420**	**Fondos propios**	**982.696**
Inmovilizado material	**244.222**	Capital	41.757
Inversiones en empresas del grupo	**1.363.116**	Prima de emisión	26.216
Instrumentos de patrimonio	587.508	Reservas	858.520
Créditos a empresas	775.608	Legal y estatutarias	8.365
Inversiones financieras a largo plazo	**1.845**	Otras reservas	850.155
Instrumentos de patrimonio	1.025	Acciones y participaciones en patrimonio propias	(55.633)
Créditos a terceros	753	Resultado del ejercicio	130.710
Otros activos financieros	67	Dividendo a cuenta	(18.874)
Activos por impuesto diferido	**10.915**	**Ajustes por cambios de valor**	**(15.474)**
		Operaciones de cobertura	(15.474)
		Subvenciones, donaciones y legados recibidos	**5.059**
		PASIVO NO CORRIENTE	**936.255**
		Provisiones a largo plazo	79.964
		Deudas a largo plazo	815.744
		Deudas con empresas del grupo y asociadas a largo plazo	38.523
		Pasivos por impuesto diferido	2.024
ACTIVO CORRIENTE	**294.408**	**PASIVO CORRIENTE**	**173.390**
Existencias	**77.063**	Deudas a corto plazo	115.795
Deudores comerciales y otras cuentas a cobrar	**55.570**	Deudas con empresas del grupo y asociadas a corto plazo	31.125
Inversiones en empresas del grupo y asociadas a corto plazo	**33.090**	Acreedores comerciales y otras cuentas a pagar	25.128
Créditos a empresas	33.090	Periodificaciones a corto plazo	1.342
Inversiones financieras a corto plazo	**2.499**		
Créditos a empresas	2.499		
Periodificaciones a corto plazo	**1.474**		
Efectivo y otros activos líquidos equivalentes	**124.712**		
TOTAL ACTIVO	**2.081.926**	**TOTAL PATRIMONIO NETO Y PASIVO**	**2.081.926**

Cuenta de pérdidas y ganancias del ejercicio 2008 (miles de euros)

	Ejercicio 2008
OPERACIONES CONTINUADAS	
Importe neto de la cifra de negocios	**448.017**
Ventas	432.142
Prestación de servicios	15.875
Variación de existencias de productos terminados y en curso de fabricación	**528**
Trabajos realizados por la empresa para su activo	**7**
Aprovisionamientos	**(115.378)**
Consumo de mercaderías	(133)
Consumo de materias primas y otras materias consumibles	(108.100)
Trabajos realizados por otras empresas	(7.145)
Otros ingresos de explotación	**122.257**
Ingresos accesorios y otros de gestión corriente	31.620
Subvenciones de explotación incorporadas al resultado del ejercicio	90.637
Gastos de personal	**(62.151)**
Sueldos, salarios y asimilados	(49.502)
Cargas sociales	(12.649)
Otros gastos de explotación	**(197.854)**
Servicios exteriores	(113.859)
Tributos	(3.745)
Pérdidas, deterioro y variación de provisiones por operaciones comerciales	(230)
Otros gastos de gestión corriente	(80.020)
Amortización del inmovilizado	**(36.068)**
Deterioro y resultado por enajenaciones del inmovilizado	**(510)**
Deterioros y pérdidas	(342)
Resultados por enajenaciones y otros	(168)
RESULTADO DE EXPLOTACIÓN	**158.848**
Ingresos financieros	**68.357**
De participaciones en instrumentos de patrimonio	**22.400**
— En empresas del grupo y asociadas	22.388
— En terceros	12
De valores negociables y otros instrumentos financieros	**45.957**
— En empresas del grupo y asociadas	34.035
— En terceros	11.922
Gastos financieros	**(43.041)**
Por deudas con empresas del grupo y asociadas	(714)
Por deudas con terceros	(42.327)
Diferencias de cambio	**(95)**
Deterioro y resultado por enajenaciones de instrumentos financieros	**(8.207)**
Deterioros y pérdidas	(8.208)
Resultados por enajenaciones y otros	1
RESULTADO FINANCIERO	**17.014**
RESULTADO ANTES DE IMPUESTOS	**175.862**
Impuestos sobre beneficios	(45.152)
RESULTADO DEL EJERCICIO PROCEDENTE DE OPERACIONES CONTINUADAS	**130.710**
RESULTADO DEL EJERCICIO	**130.710**

Grupo Cementos Portland Valderrivas
Balance de situación consolidado al 31 de diciembre de 2008 (miles de euros)

Activo no corriente	**2008**	**2007**
Inmovilizado material	1.859.848	1.868.250
Fondo de comercio	1.050.092	976.660
Otros activos intangibles	57.342	63.567
Participaciones en empresas asociadas y negocios conjuntos	170.270	164.816
Activos financieros no corrientes	12.857	35.993
Impuestos diferidos	90.948	60.951
Otros activos no corrientes	100.997	177.841
Activo corriente	**832.234**	**859.203**
Activos no corrientes mantenidos para la venta	7.367	—
Existencias	219.606	202.796
Deudores comerciales y otras cuentas por cobrar		
Deudores	296.649	411.597
Administraciones Públicas	8.883	10.147
Otros activos corrientes	3.937	5.026
Otros activos financieros corrientes	13.438	11.477
Efectivo y otros activos líquidos equivalentes	282.354	218.160
Total activo	**4.174.568**	**4.207.281**
Patrimonio neto	**2008**	**2007**
Capital social	41.757	41.757
Prima de emisión	26.216	26.216
Reservas	1.008.125	895.357
(Acciones propias)	(55.782)	(23.201)
Ajustes en patrimonio por valoración	(4.000)	52.110
Resultado del ejercicio atribuido a la sociedad dominante	101.764	201.805
(Dividendo a cuenta entregado)	(18.874)	(30.650)
Patrimonio neto atribuible a accionistas de la Sociedad Dominante	**1.099.206**	**1.163.394**
Intereses minoritarios	269.321	296.885
Total patrimonio neto	**1.368.527**	**1.460.179**
Pasivo no corriente	**2.342.415**	**2.311.940**
Subvenciones	4.083	5.205
Provisiones a largo plazo	49.449	52.960
Obligaciones y otros valores negociables a largo plazo	68.849	65.093
Deudas con entidades de crédito y otros pasivos financieros	1.916.437	1.882.343
Pasivos por impuestos diferidos	303.597	306.339
Pasivo corriente	**465.626**	**434.865**
Deudas con entidades de crédito y otros pasivos financieros	242.998	116.879
Acreedores comerciales y otras cuentas a pagar	222.628	317.986
Total patrimonio neto y pasivo	**4.174.568**	**4.207.281**

Cuenta de pérdidas y ganancias consolidada correspondiente al ejercicio 2008 (en miles de euros)

Importe neto de la cifra de negocios	1.425.060
Trabajos realizados por la empresa para su activo	627
Otros ingresos de explotación	57.874
Variación de existencias de productos terminados y en curso de fabricación	2.158
Aprovisionamientos	(425.365)
Gastos de personal	(222.686)
Otros gastos de explotación	(420.356)
Amortización de inmovilizado	(172.629)
Imputación de subvenciones de inmovilizado no financiero y otras	1.088
Deterioro y resultados por enajenaciones del inmovilizado	(12.752)
Otros resultados	2.584
RESULTADO DE EXPLOTACIÓN	**235.603**
Ingresos financieros	10.804
Gastos financieros	(83.006)
Variación del valor razonable en instrumentos financieros	8
Diferencias de cambio	(426)
Deterioro y resultados por enajenaciones de instrumentos financieros	(455)
RESULTADO FINANCIERO	**(73.075)**
Resultado de entidades valoradas por el método de participación	12.621
RESULTADO ANTES DE IMPUESTOS DE OPERACIONES CONTINUADAS	**175.149**
Impuesto sobre beneficios	(41.034)
RESULTADO DEL EJERCICIO PROCEDENTE DE OPERACIONES CONTINUADAS	**134.115**
RESULTADO CONSOLIDADO DEL EJERCICIO	**134.115**
Atribuible a:	
Accionistas de la Sociedad Dominante	101.764
Intereses minoritarios	32.351
Beneficio por acción (BPA)	
De operaciones continuadas	
Básico	3,78
Diluido	3,78

Extracto del informe de gestión del ejercicio 2008

La actividad principal del Grupo Cementos Portland Valderribas consiste en la explotación de canteras y explotación de fábricas de cemento. El consumo nacional de cemento en España se situó en el año 2008 en 42,7 millones de toneladas, con un significativo descenso del 23 por 100. El mercado de cemento en Estados Unidos, al igual que en el resto de países occidentales, se ha visto afectado por la crisis económica y financiera. El sector de la construcción, y en especial la edificación, redujo su actividad. En nuestros mercados emergentes las previsiones de crecimiento son menores de las estimadas hace un año, pero su evolución seguirá siendo positiva, ya que la crisis económica afectará a estas economías menos que a las occidentales. La restricción del crédito y de sus exportaciones hacia mercados como el americano o el europeo podría reducir su capacidad de expansión.

La cifra de negocio fue de 1.425 millones de euros, lo que representa una disminución sobre la del año anterior, que se situó en 1.779 millones de euros, del 19,9 por 100, debido a la disminución del volumen y del precio de las ventas. El resultado neto de explotación pasa de 401 millones de euros en 2007 a 235,6 millones en 2008, lo que representa un descenso del 41,2 por 100. En el conjunto del grupo, las ventas totales de cemento y *clinker* fueron de 15,4 millones de toneladas, frente a los 18,2 millones de toneladas del año anterior. Se exportó un millón de toneladas, con un aumento del 45 por 100 con respecto al año anterior. Las ventas de hormigón fueron de 6,1 millones de metros cúbicos, con un descenso del 23,4 por 100.

En el ejercicio 2009 el Grupo centrará su actividad en mantener su eficiencia, con una extensiva política de ahorro que le permita conseguir los márgenes de 2008. Asimismo, llevará a cabo una importante reducción de las inversiones en activos fijos, una vez finalizados los procesos de optimización de sus fábricas de cemento e instalaciones del resto de las líneas de negocio.

12.7. METODOLOGÍA DE TRABAJO PARA EL ANÁLISIS DE LA INFORMACIÓN

Consideraciones previas

Los activos de Portland, S. A., ascienden a 2.081 millones de euros, de los que más de la mitad (1.363 millones) corresponden a las inversiones en empresas del grupo y asociadas a largo plazo (587 millones para inversiones en acciones y 775 millones en créditos a empresas del grupo). Está claro que el mayor activo de Portland está constituido por las inversiones financieras, lo que nos sitúa ante una entidad que desarrolla buena parte de sus actividades recurriendo a sus empresas del grupo. De hecho, la matriz acumula una cifra de ventas de 448 millones de euros, mientras que el conjunto del grupo presenta unas ventas consolidadas de 1.425 millones de euros. Lógicamente, la cuenta de resultados de Portland, S. A., informa de la cifra de ingresos financieros (68 millones de euros), provenientes, en gran parte, de los dividendos e intereses recibidos de sus inversiones en filiales y préstamos concedidos a las mismas. Parece, pues, razonable plantearse el análisis de la información consolidada, ya que la empresa matriz no abarca la totalidad de las operaciones que realiza el grupo en su conjunto.

En el activo del balance de situación consolidado se ubica el fondo de comercio, que, con un importe medio de aproximadamente 1.000 millones de euros, viene a representar el 25 por 100 del valor de los activos, lo que evidencia su gran importancia. En segundo lugar, las inversiones valoradas por puesta en equivalencia constituyen el principal activo extrafuncional del grupo. En el patrimonio neto se encuentran los socios externos, en rúbrica aparte para poderla diferenciar del patrimonio neto atribuible a accionistas de la sociedad dominante. La cuenta de resultados consolidada informa del resultado de sociedades valoradas por puesta en equivalencia en epígrafe diferente a los ingresos financieros. Con relación a los ingresos financieros, la cifra de 68,3 millones de euros que lucen en la cuenta de resultados individual es muy superior a la de 10,8 millones de las cuentas consolidadas, debido a que el proceso de consolidación ha exigido eliminar aquellos ingresos financieros consecuencia de pagos de dividendos (de las filiales a la matriz por importe de 22,3 millones de euros) y de pago de intereses entre empresas del grupo por operaciones de préstamo realizadas entre las mismas (por importe de 34 millones de euros).

El balance consolidado informa también de la existencia de pasivos por impuestos diferidos por un importe superior a los 300 millones de euros, aproximadamente el 12 por 100 de la deuda total. Existen también activos por impuesto diferido por un importe medio de 75 millones de euros. Por este motivo, el análisis de la rentabilidad se efectúa a tres niveles. En primer lugar, se analizan las cuentas individuales. En segundo lugar, se analizan las cuentas consolidadas, ajustando los activos y pasivos fiscales contra patrimonio neto, tal y como se ha expuesto en el capítulo 9 (entorno sin impuestos). Pero en tercer lugar, dada la importante cuantía de los activos y pasivos fiscales, se toman todas las partidas de las cuentas anuales consolidadas sin ajuste alguno, si bien se limita el análisis al resultado antes de impuestos, tal y como hemos venido haciendo a lo largo de todo el manual.

PRIMER ESCENARIO: CUENTAS INDIVIDUALES

Resumen de datos del balance en miles de euros (ante la ausencia de información comparable correspondiente a 2007, excepcionalmente se ha tomado como cifra representativa la correspondiente al ejercicio 2008)

Activo funcional	670	32%	Patrimonio neto	964	47%
Activo extrafuncional	1.400	68%	Deuda total	1.106	53%
Total	**2.070**	**100%**	**Total**	**2.070**	**100%**

(Se ha practicado el ajuste de las partidas fiscales contra patrimonio neto.)

Determinación del coste medio de la deuda y de la razón de endeudamiento

$$CF = \frac{\text{Gastos financieros}}{\text{Deuda total}} = \frac{43}{1.106} = 0{,}039$$

$$L = \frac{\text{Deuda total}}{\text{Patrimonio neto}} = \frac{1.106}{964} = 1{,}147$$

Obtención de la rentabilidad financiera

$$RF = \frac{RAT}{PN} = \frac{176}{964} = 0{,}182$$

Obtención de la rentabilidad económica

$$RE = \frac{RAIT}{AT} = \frac{218}{2.070} = 0{,}1053$$

Descomposición de la rentabilidad financiera

$$RF = RE + (RE - CF) \times L = 0{,}1053 + (0{,}1053 - 0{,}039) \times 1{,}147 = 0{,}1053 + 0{,}076 = 0{,}182$$

Descomposición de la rentabilidad económica funcional − extrafuncional

$$REf = \frac{RAITf}{Af} = \frac{159}{670} = 0{,}237$$

$$REe = \frac{RAITe}{Ae} = \frac{68}{1.400} = 0{,}0485$$

$$RE = \left(REf\,\frac{Af}{AT}\right) + \left(REe\,\frac{Ae}{AT}\right) = (0{,}237 \times 0{,}32) + (0{,}0485 \times 0{,}68) =$$

$$= 0{,}075 + 0{,}033 = 0{,}105$$

Descomposición margen × rotación

$$REf = \frac{RAITf}{\text{Ventas}} \times \frac{\text{Ventas}}{Af} = \frac{159}{448} \times \frac{448}{670} = 0{,}3549 \times 0{,}668 = 0{,}237$$

SEGUNDO ESCENARIO: CUENTAS CONSOLIDADAS CON AJUSTES CONTRA PATRIMONIO

Al disponer de información de dos años consecutivos, se puede ofrecer un resumen de los datos del balance en millones de euros tomando valores medios. La razón es que el Grupo Portland ya venía aplicando las NIIF con anterioridad a 2008, por lo que a esa fecha los estados contables de 2007 y 2008 están elaborados de acuerdo a dicha normativa.

Activo funcional	3.900	95%	Patrimonio neto atribuido a la sociedad dominante	1.363	33,21%
			Socios externos	283	6,89%
Activo extrafuncional	204	5%	Deuda total	2.458	59,90%
Total	**4.104**	**100%**	**Total**	**4.104**	**100,00%**

Determinación del coste medio de la deuda y de la razón de endeudamiento

$$CF = \frac{\text{Gastos financieros}}{\text{Deuda total}} = \frac{84}{2.458} = 0{,}034$$

$$L = \frac{\text{Deuda total}}{\text{Patrimonio neto}} = \frac{2.458}{1.646} = 1{,}493$$

Obtención de la rentabilidad financiera

$$RF = \frac{RAT}{PN} = \frac{175}{1.646} = 0{,}106$$

Obtención de la rentabilidad económica

$$RE = \frac{RAIT}{AT} = \frac{258}{4.104} = 0{,}0628$$

Descomposición de la rentabilidad financiera

$$RF = RE + (RE - CF) \times L = 0{,}0628 + (0{,}0628 - 0{,}034) \times 1{,}493 =$$
$$= 0{,}0628 + 0{,}043 = 0{,}106$$

Descomposición de la rentabilidad económica funcional − extrafuncional

$$REf = \frac{RAITf}{Af} = \frac{236}{3.900} = 0{,}0605$$

$$REe = \frac{RAITe}{Ae} = \frac{23{,}4}{204} = 0{,}115$$

$$RE = \left(REf \frac{Af}{AT}\right) + \left(REe \frac{Ae}{AT}\right) = (0{,}0605 \times 0{,}95) + (0{,}115 \times 0{,}05) =$$
$$= 0{,}057 + 0{,}0058 = 0{,}0628$$

Descomposición margen × rotación

$$REf = \frac{RAITf}{\text{Ventas}} \times \frac{\text{Ventas}}{Af} = \frac{236}{1.425} \times \frac{1.425}{3.900} = 0{,}1656 \times 0{,}365 = 0{,}0605$$

Principales diferencias información individual/consolidada

En primer lugar, las cuentas consolidadas muestran una cifra de activos mucho mayor que las individuales, al ser fruto de la agregación, aplicando el valor razonable, de la totalidad de los activos de las filiales. Como era de prever, los activos funcionales de las cuentas consolidadas representan el 95 por 100 del total de los activos (frente al 32 por 100 de las individuales), estando representados los activos extrafuncionales únicamente por las participaciones en las asociadas y alguna otra inversión testimonial. Igualmente, la deuda total es sensiblemente mayor en las cuentas consolidadas, llegando a representar casi el 60 por 100 de la estructura financiera, frente a tan solo un 53 por 100 en las individuales. La importante actividad desarrollada por las sociedades filiales se pone de manifiesto al examinar el importe de la cifra de negocio. Mientras que la sociedad matriz alcanza la cifra de 448 millones de euros, el conjunto del grupo llega a los 1.425 millones de euros. Esta mayor actividad del grupo conduce a un *RAIT* funcional de 236 millones, frente a los 159 millones de la sociedad matriz. Sin embargo, al ponderarlos con la inversión en activos funcionales, la *REf* presenta un mejor resultado en la sociedad matriz (23,7 por 100, frente a apenas un 6 por 100 en las consolidadas). Con relación al *RAIT* extrafuncional, su valor se ha determinado sumando a la cifra de ingresos financieros (10,8 millones) los correspondientes a los ingresos provenientes de sociedades puestas en equivalencia (12,6 millones), tal y como se ha explicado en epígrafes anteriores.

TERCER ESCENARIO: CUENTAS CONSOLIDADAS SIN AJUSTES FISCALES CONTRA PATRIMONIO

Análisis de la rentabilidad sin practicar los ajustes por impuestos diferidos

Las cuentas consolidadas muestran (en valores medios) un pasivo por impuesto diferido superior a los 300 millones de euros y unos activos por impuestos diferidos de 75 millones de euros. Dado lo elevado de estas partidas, parece aconsejable realizar los cálculos de la rentabilidad sin practicar los ajustes contra patrimonio, tal y como se ha venido haciendo a lo largo de todo el manual. De acuerdo a esta propuesta, los activos fiscales tendrán la consideración de activos extrafuncionales, mientras que los pasivos fiscales incrementarán el montante de la deuda total. De esta manera, las cuentas consolidadas del Grupo Portland Valderribas presentarán un patrimonio neto algo inferior al que resultaba tras practicar los ajustes (por el mayor peso de los pasivos por impuestos diferidos), y una deuda superior a la que mostraba el balance consolidado ajustado. Con estas cautelas el patrimonio neto atribuido a la sociedad dominante representa un 27 por 100 del total, mientras que el peso de la deuda sube hasta el 66,25 por 100, correspondiendo el 6,75 por 100 restante a los intereses minoritarios. A partir de estas premisas, el cálculo y descomposición de las rentabilidades se ajusta al guion que hemos venido aplicando en los capítulos anteriores.

Resumen de datos del balance en millones de euros (valores medios)

Activo funcional	3.900	93%	Patrimonio neto atribuido a la sociedad dominante	1.131	27,00%
			Socios externos	283	6,75%
Activo extrafuncional	289	7%	Deuda total	2.776	66,25%
Total	**4.189**	**100%**	**Total**	**4.190**	**100,00%**

Determinación del coste medio de la deuda y de la razón de endeudamiento

$$CF = \frac{\text{Gastos financieros}}{\text{Deuda total}} = \frac{84}{2.776} = 0{,}0302$$

$$L = \frac{\text{Deuda total}}{\text{Patrimonio neto}} = \frac{2.776}{1.413} = 1{,}964$$

Obtención de la rentabilidad financiera

$$RF = \frac{RAT}{PN} = \frac{175}{1.413} = 0{,}123$$

Obtención de la rentabilidad económica

$$RE = \frac{RAIT}{AT} = \frac{258}{4.189} = 0{,}0616$$

Descomposición de la rentabilidad financiera

$$RF = RE + (RE - CF) \times L = 0{,}0616 + (0{,}0616 - 0{,}0302) \times 1{,}964 =$$
$$= 0{,}0616 + 0{,}06153 = 0{,}123$$

Descomposición de la rentabilidad económica funcional – extrafuncional

$$REf = \frac{RAITf}{Af} = \frac{236}{3.900} = 0{,}0605$$

$$REe = \frac{RAITe}{Ae} = \frac{23{,}4}{289} = 0{,}081$$

$$RE = \left(REf\,\frac{Af}{AT}\right) + \left(REe\,\frac{Ae}{AT}\right) = (0{,}0605 \times 0{,}93) + (0{,}081 \times 0{,}07) =$$

$$0{,}056 + 0{,}0056 = 0{,}0616$$

No hace falta insistir mucho más sobre la interpretación de estos datos. Puede llamar la atención el menor valor de la *REe* (0,081 frente al 0,11 que se obtenía practicando los ajustes contra patrimonio neto). Ello es debido a la nula rentabilidad de los activos fiscales, tratados ahora como extrafuncionales. Resulta significativo también el mayor valor del ratio *L*, lógico si se tiene en cuenta la nueva deuda representada tras la adición de los pasivos fiscales por impuestos diferidos y por el menor valor del patrimonio neto, que no ha sido ajustado (aumentado). La combinación de estos dos factores determina el mayor valor del ratio de la deuda. Además, al tratarse de una deuda fiscal que no tiene coste, el efecto apalancamiento es considerablemente mayor en este escenario (0,0615) que en el que ofrecen los datos contables ajustados contra patrimonio neto (0,043).

En cualquier caso, ante la existencia de varias opciones a la hora de analizar la información contable, conviene advertir sobre la importancia de la información consolidada con el fin de tener una imagen total del grupo de sociedades y, en segundo lugar, no dejar fuera del análisis ninguna partida significativa. Si, en un intento de simplificar el proceso, se ha prescindido de algún epígrafe, hay que tener presente que un análisis riguroso debería contemplar todas las partidas, sin excepción.

BIBLIOGRAFÍA

Ley 16/2007, de 4 de julio.

Real Decreto 1159/2010, de 17 de septiembre, por el que se aprueban las Normas para la Formulación de Cuentas Anuales Consolidadas.

Real Decreto 1/2021, de 12 de enero.

Serra, V. y otros (2011).

ANEXO 12.I. MODELOS DE CUENTAS ANUALES CONSOLIDADAS

Balance de situación consolidado: Activo

ACTIVO	Notas de la memoria	200X	200X-1
A) ACTIVO NO CORRIENTE			
I. Inmovilizado intangible.			
II. Inmovilizado material.			
1. Terrenos y construcciones.			
2. Instalaciones técnicas y otro inmovilizado material.			
3. Inmovilizado en curso y anticipos.			
III. Inversiones inmobiliarias.			
IV. Inversiones en empresas del grupo y asociadas a largo plazo.			
1. Participaciones puestas en equivalencia.			
2. Créditos a sociedades puestas en equivalencia.			
3. Otros activos financieros.			
V. Inversiones financieras a largo plazo.			
VI. Activos por impuesto diferido.			
VII. Fondo de comercio de sociedades consolidadas.			
B) ACTIVOS CORRIENTES			
I. Activos no corrientes mantenidos para la venta.			
II. Existencias.			
III. Deudores comerciales y otras cuentas a cobrar.			
1. Clientes por ventas y prestaciones de servicios.			
2. Empresas puestas en equivalencia.			
3. Activos por impuesto corriente.			
4. Otros deudores.			
IV. Inversiones en empresas del grupo y asociadas a corto plazo.			
1. Créditos a empresas puestas en equivalencia.			
2. Otros activos financieros.			
V. Inversiones financieras a corto plazo.			
VI. Periodificaciones a corto plazo.			
VII. Efectivo y otros activos líquidos equivalentes.			
TOTAL ACTIVO (A + B)			

Balance de situación consolidado: Pasivo

PATRIMONIO NETO Y PASIVO	Notas de la memoria	200X	200X-1
A) PATRIMONIO NETO			
A-1) Fondos propios.			
I. Capital suscrito.			
II. Prima de emisión.			
III. Reservas y resultados de ejercicios anteriores.			
1. Reservas distribuibles.			
2. Reservas no distribuibles.			
3. Resultados de ejercicios anteriores.			
IV. Reservas en sociedades consolidadas.			
V. Reservas en sociedades puestas en equivalencia.			
VI. (Acciones y participaciones en patrimonio propias y de la sociedad dominante).			
VII. Otras aportaciones de socios.			
VIII. Resultado del ejercicio atribuido a la sociedad dominante.			
1. Pérdidas y ganancias consolidadas.			
2. (Pérdidas y ganancias con socios externos).			
IX. (Dividendo a cuenta).			
X. Otros instrumentos de patrimonio neto.			
A-2) Ajustes por cambios de valor.			
I. Diferencia de conversión de sociedades consolidadas.			
II. Diferencia de conversión de sociedades puestas en equivalencia.			
III. Otros ajustes por cambios de valor de sociedades consolidadas.			
IV. Otros ajustes por cambios de valor de sociedades puestas en equivalencia.			
A-3) Subvenciones, donaciones y legados recibidos.			
I. En sociedades consolidadas.			
II. En sociedades puestas en equivalencia.			
A-4) Socios externos.			
B) PASIVO NO CORRIENTE			
I. Provisiones a largo plazo.			
II. Deudas a largo plazo.			
1. Obligaciones y otros valores negociables.			
2. Deudas con entidades de crédito.			
3. Acreedores por arrendamiento financiero.			
4. Otros pasivos financieros.			
III. Deudas con empresas del grupo y asociadas a largo plazo.			
1. Deudas con sociedades puestas en equivalencia.			
2. Otras deudas.			
IV. Pasivos por impuesto diferido.			
V. Periodificaciones a largo plazo.			
C) PASIVO CORRIENTE			
I. Pasivos vinculados con activos no corrientes mantenidos para la venta.			
II. Provisiones a corto plazo.			
III. Deudas a corto plazo.			
1. Obligaciones y otros valores negociables.			
2. Deudas con entidades de crédito.			
3. Acreedores por arrendamiento financiero.			
4. Otros pasivos financieros.			
IV. Deudas con empresas del grupo y asociadas a corto plazo.			
1. Deudas con sociedades puestas en equivalencia.			
2. Otras deudas.			
V. Acreedores comerciales y otras deudas a pagar.			
1. Proveedores.			
2. Proveedores empresas puestas en equivalencia.			
3. Pasivos por impuesto corriente.			
4. Otros acreedores.			
VI. Periodificaciones a corto plazo.			
TOTAL PASIVO Y PATRIMONIO NETO (A + B + C)			

Estructura de la cuenta de pérdidas y ganancias consolidada

	Notas de la memoria	(Debe) Haber	
		Ejer. N	Ejer. N-1
A) OPERACIONES CONTINUADAS			
1. Importe neto de la cifra de negocios.			
a) Ventas.			
b) Prestaciones de servicios.			
2. Variación de existencias de productos terminados y en curso de fabricación.			
3. Trabajos realizados por la empresa para su activo.			
4. Aprovisionamientos.			
a) Consumo de mercaderías.			
b) Consumo de materias primas y otras materias consumibles.			
c) Trabajos realizados por otras empresas.			
d) Deterioro de mercaderías, materias primas y otros aprovisionamientos.			
5. Otros ingresos de explotación.			
a) Ingresos accesorios y otros de gestión corriente.			
b) Subvenciones de explotación incorporadas al resultado del ejercicio.			
6. Gastos de personal.			
a) Sueldos, salarios y asimilados.			
b) Cargas sociales.			
c) Provisiones.			
7. Otros gastos de explotación.			
a) Pérdidas, deterioro y variación de provisiones por operaciones comerciales.			
b) Otros gastos de gestión corriente.			
8. Amortización del inmovilizado.			
9. Imputación de subvenciones de inmovilizado no financiero y otras.			
10. Excesos de provisiones.			
11. Deterioro y resultado por enajenación del inmovilizado.			
a) Deterioros y pérdidas.			
b) Resultados por enajenaciones y otras.			
12. Deterioro y resultado por enajenaciones de participaciones consolidadas.			
13. Diferencia negativa de consolidación de sociedades consolidadas.			
A.1) RESULTADO DE EXPLOTACIÓN (1 + 2 + 3 + 4 + 5 + 6 + 7 + 8 + 9 + 10 + 11 + 12 + 13)			
14. Ingresos financieros.			
a) De participaciones en instrumentos de patrimonio.			
b) De valores negociables y otros instrumentos financieros.			
15. Gastos financieros.			
a) Por deudas con empresas del grupo y asociadas.			
b) Por deudas con terceros.			
c) Por actualización de provisiones.			
16. Variación de valor razonable en instrumentos financieros.			
a) Valor razonable con cambios en pérdidas y ganancias.			
b) Transferencias de ajuste de valor razonable con cambios en el patrimonio neto.			
17. Diferencias de cambio.			
18. Deterioro y resultado por enajenación de instrumentos financieros.			
a) Deterioros y pérdidas.			
b) Resultados por enajenaciones y otras.			
A.2) RESULTADO FINANCIERO (14 + 15 + 16 + 17 + 18)			
19. Participaciones en beneficios (pérdidas) de sociedades puestas en equivalencia.			
20. Deterioro y resultados por enajenaciones de participaciones puestas en equivalencia.			
21. Diferencia negativa de consolidación de sociedades puestas en equivalencia.			
A.3) RESULTADO ANTES DE IMPUESTOS (A.1 + A.2 + 19 + 20 + 21)			
22. Impuestos sobre beneficios.			
A.4) RESULTADO DEL EJERCICIO PROCEDENTE DE OPERACIONES CONTINUADAS (A.3 + 22)			
B) OPERACIONES INTERRUMPIDAS			
23. Resultado del ejercicio procedente de operaciones interrumpidas neto de impuestos.			
A.5) RESULTADO CONSOLIDADO DEL EJERCICIO (A.4 + 23)			
Resultado atribuido a la sociedad dominante.			
Resultado atribuido a socios externos.			

El estado de flujos de efectivo

	NOTA	200X	200X-1
A) FLUJOS DE EFECTIVO DE LAS ACTIVIDADES DE EXPLOTACIÓN.			
1. Resultado del ejercicio antes de impuestos.			
2. Ajustes del resultado.			
a) Amortización del inmovilizado (+).			
b) Correcciones valorativas por deterioro (+/−).			
c) Variación de provisiones (+/−).			
d) Imputación de subvenciones (−).			
e) Resultados por bajas y enajenaciones del inmovilizado (+/−).			
f) Resultados por bajas y enajenaciones de instrumentos financieros (+/−).			
g) Ingresos financieros (−).			
h) Gastos financieros (+).			
i) Diferencias de cambio (+/−).			
j) Variación de valor razonable en instrumentos financieros (+/−).			
k) Otros ingresos y gastos (+/−).			
l) Participación en beneficios (pérdidas) de sociedades puestas en equivalencia neto de dividendos (+/−).			
3. Cambios en el capital corriente.			
a) Existencias (+/−).			
b) Deudores y otras cuentas a cobrar (+/−).			
c) Otros activos corrientes (+/−).			
d) Acreedores y otras cuentas a pagar (+/−).			
e) Otros pasivos corrientes (+/−).			
f) Otros activos y pasivos no corrientes (+/−).			
4. Otros flujos de efectivo de las actividades de explotación.			
a) Pagos de intereses (−).			
b) Cobros de dividendos (+).			
c) Cobros de intereses (+).			
d) Cobros (pagos) por impuesto sobre beneficios (+/−).			
e) Otros.			
5. Flujos de efectivo de las actividades de explotación (+/−1+/−2+/−3+/−4).			
B) FLUJOS DE EFECTIVO DE LAS ACTIVIDADES DE INVERSIÓN.			
6. Pagos por inversiones (−).			
a) Empresas del grupo, neto de efectivo en sociedades consolidadas.			
b) Empresas multigrupo, neto de efectivo en sociedades consolidadas.			
c) Empresas asociadas.			
d) Inmovilizado intangible.			
e) Inmovilizado material.			
f) Inversiones inmobiliarias.			
g) Otros activos financieros.			
h) Activos no corrientes mantenidos para la venta.			
i) Otros activos.			
7. Cobros por desinversiones (+).			
a) Empresas del grupo, neto de efectivo en sociedades consolidadas.			
b) Empresas multigrupo, neto de efectivo en sociedades consolidadas.			
c) Empresas asociadas.			
d) Inmovilizado intangible.			
e) Inmovilizado material.			
f) Inversiones inmobiliarias.			
g) Otros activos financieros.			
h) Activos no corrientes mantenidos para la venta.			
i) Otros activos.			
8. Flujos de efectivo de las actividades de inversión (6 + 7).			
C) FLUJOS DE EFECTIVO DE LAS ACTIVIDADES DE FINANCIACIÓN.			
9. Cobros y pagos por instrumentos de patrimonio.			
a) Emisión de instrumentos de patrimonio (+).			
b) Amortización de instrumentos de patrimonio (−).			
c) Adquisición de instrumentos de patrimonio propio y de la sociedad dominante (−).			
d) Enajenación de instrumentos de patrimonio propio y de la sociedad dominante (+).			
e) Adquisición de participaciones de socios externos (−).			
f) Venta de participaciones a socios externos (+).			
g) Subvenciones, donaciones y legados recibidos (+).			
10. Cobros y pagos por instrumentos de pasivo financiero.			
a) Emisión			
1. Obligaciones y valores similares (+).			
2. Deudas con entidades de crédito (+).			
3. Deudas con empresas del grupo y asociadas (+).			
4. Otras deudas (+).			
b) Devolución y amortización de			
1. Obligaciones y valores similares (−).			
2. Deudas con entidades de crédito (−).			
3. Deudas con empresas del grupo y asociadas (−).			
4. Otras deudas (−).			
11. Pagos por dividendos y remuneraciones de otros instrumentos de patrimonio.			
a) Dividendos (−).			
b) Remuneración de otros instrumentos de patrimonio (−).			
12. Flujos de efectivo de las actividades de financiación (+ 9 + 10 + 11)			
D) EFECTO DE LAS VARIACIONES DE LOS TIPOS DE CAMBIOS.			
E) AUMENTO/DISMINUCIÓN NETA DEL EFECTO O EQUIVALENTES (5 + 8 + 12 + D).			
Efectivo o equivalentes al comienzo del ejercicio.			
Efectivo o equivalentes al final del ejercicio.			

Estado de ingresos y gastos reconocidos (EIGR)

	Notas en la memoria	200X	200X-1
A) Resultados de la cuenta de pérdidas y ganancias.			
Ingresos y gastos imputados directamente al patrimonio neto. I. Por valoración instrumentos financieros. 1. Activos financieros a valor razonable con cambios en el patrimonio neto. 2. Otros ingresos/gastos. II. Por coberturas de flujos de efectivo. III. Subvenciones, donaciones y legados recibidos. IV. Por ganancias y pérdidas actuariales y otros ajustes. V. Efecto impositivo.			
B) Total ingresos y gastos imputados directamente en el patrimonio neto (I + II + III + IV + V).			
Transferencias a la cuenta de pérdidas y ganancias. VI. Por valoración de instrumentos financieros. 1. Activos financieros a valor razonable con cambios en el patrimonio neto. 2. Otros ingresos/gastos. VII. Por coberturas de flujos de efectivo. VIII. Subvenciones, donaciones y legados recibidos. IX. Efecto impositivo.			
C) Total transferencias a la cuenta de pérdidas y ganancias (VI + VII + VIII + IX).			
TOTAL DE INGRESOS Y GASTOS RECONOCIDOS (A + B + C).			

Estado abreviado total de

	Capital		Prima de emisión	Reservas y resultados de ejercicios anteriores*
	Escriturado	No exigido		
A. SALDO, FINAL DEL AÑO 200X-2				
I. Ajustes por cambios de criterio 200X-2 y anteriores.				
II. Ajustes por errores 200X-2 y anteriores.				
B. SALDO AJUSTADO, INICIO DEL AÑO 200X-1				
I. Total ingresos y gastos reconocidos.				
II. Operaciones con socios o propietarios.				
1. Aumentos (reducción) de capital. 2. Conversión de pasivos financieros en patrimonio neto. 3. (−) Distribución de dividendos. 4. Operaciones con acciones o participaciones propias y de la sociedad dominante. 5. Incremento (reducción) de patrimonio neto resultante de una combinación de negocios. 7. Otras operaciones con socios o propietarios.				
III. Otras variaciones del patrimonio neto.				
C. SALDO, FINAL DEL AÑO 200X-1				
I. Ajustes por cambios de criterio 200X-1.				
II. Ajustes por errores 200X-1.				
D. SALDO AJUSTADO, INICIO DEL AÑO 200X				
I. Total ingresos y gastos reconocidos.				
II. Operaciones con socios o propietarios.				
1. Aumentos (reducción) de capital. 2. Conversión de pasivos financieros en patrimonio neto. 3. (−) Distribución de dividendos. 4. Operaciones con acciones o participaciones propias y de la sociedad dominante. 5. Incremento (reducción) de patrimonio neto resultante de una combinación de negocios. 7. Otras operaciones con socios o propietarios.				
III. Otras variaciones del patrimonio neto.				
E. SALDO, FINAL DEL AÑO 200X				

* Incluye reservas en sociedades consolidadas y reservas en sociedades puestas en equivalencia.

cambios en el patrimonio

Patrimonio propio y de la sociedad dominante	Otras aportaciones de socios	Resultado del ejercicio atribuido a la sociedad dominante	(Dividendo a cuenta)	Otros instrumentos de patrimonio neto	Ajustes por cambios de valor	Subvenciones, donaciones y legados recibidos	Socios externos	Total

CUESTIONES Y EJERCICIOS

1. La última (por el momento) modificación del Código de Comercio relativa a los grupos de sociedades exige elaborar cuentas consolidadas a los grupos constituidos sobre la base de unidad de dirección, en lugar del criterio de dominio.

   a) Cierto.
   b) Falso.
   c) Cierto, con la condición de que no haya sociedades extranjeras.
   d) Cierto, con la condición de que el conjunto consolidable coincida con el perímetro de consolidación.

2. La participación de *A* en la filial *B*, adquirida hace 2 años, alcanza el 80 por 100 del capital con derecho a voto. En el primer año de funcionamiento la filial *B* obtuvo un beneficio después de impuestos de 80.000 € y en el segundo año de 100.000 €. Suponiendo que la totalidad del resultado de la filial *B* se ha trasladado a cuentas de reservas, determinar el importe de la cuenta «Reservas en sociedades consolidadas».

   a) 16.000.
   b) 64.000.
   c) 80.000.
   d) 144.000.

3. Un grupo empresarial excluye de la aplicación del método de integración global de forma sistemática a todas las filiales cuyo patrimonio neto es inferior a 2 millones de euros por considerarlas poco significativas. ¿Es correcta esta actuación?

   a) Sí, siempre.
   b) No, nunca.
   c) Solo si las filiales excluidas son extranjeras.
   d) Ninguna de las anteriores es correcta.

4. La propuesta de no amortización del fondo de comercio de consolidación, en sustitución al tradicional criterio de amortizarlo en un período limitado de tiempo, permite a los grupos de empresas:

   a) Mejorar el capital circulante de los mismos.
   b) Aumentar la tesorería de los grupos de empresas.
   c) Mejorar la rentabilidad de los grupos.
   d) Disminuir el endeudamiento de los grupos.

5. Un grupo de empresas está formado por las siguiente sociedades: *A*, española, que posee el 80 por 100 de las acciones con derecho a voto de *B*, también española, y el 70 por 100 de las acciones con derecho a voto de *C*, portuguesa. A su vez, *C* posee el 75 por 100 de las acciones de *D*, española. Suponiendo que los minoritarios de *D* no soliciten la formulación de cuentas consolidadas específicas, el perímetro de consolidación estará formado por las sociedades:

a) Todas las sociedades.
b) Todas las sociedades menos la portuguesa.
c) Todas las sociedades menos *D*.
d) Solo por *A* y *B*.

6. El grupo *ABC* está formado por la matriz *A*, la filial *B* y la asociada *C*. Durante el presente ejercicio la sociedad dominante se desprende de un importante paquete de acciones de *B* sobre la que pierde el dominio, manteniendo, no obstante, una participación significativa, pero en todo caso inferior al 50 por 100. Al cierre del ejercicio, la sociedad *A*:

a) Deberá seguir presentando cuentas consolidadas.
b) Ya no tiene obligación de presentar cuentas consolidadas.
c) Será el último que presente cuentas consolidadas.
d) Deberá poner en equivalencia a las sociedades *B* y *C*.

7. En un grupo constituido por una empresa dominante, una filial y una empresa asociada que obtiene beneficio, la cuenta «Participación en beneficios de sociedades puestas en equivalencia» recoge:

a) La parte proporcional del beneficio obtenido por la asociada.
b) La parte proporcional del beneficio repartido por la asociada.
c) La parte proporcional del beneficio correspondiente a los socios mayoritarios.
d) La parte proporcional del beneficio repartido por la asociada, una vez deducida la parte correspondiente a los socios minoritarios.

8. El esquema de dominio adjunto corresponde a un grupo de sociedades que presentan las siguientes características:

— *M*: sociedad dominante, cabecera de un grupo industrial.
— *E*: sociedad gestionada conjuntamente con *H*. Se le aplica el método de integración proporcional.
— *F*: empresa sin actividad, de capital mínimo legal. Se excluye por poco significativa.
— *G*: sociedad de financiación, con actividad no industrial.
— *I*: sociedad intervenida judicialmente.

De acuerdo a la información suministrada, determinar:

a) El grupo de sociedades.
b) El conjunto consolidable.
c) El perímetro de consolidación.

9. Una de las ventajas que proporciona la información segmentada es que:

a) Facilita la integración de los socios minoritarios en el neto de la sociedad dominante.
b) Ofrece la posibilidad de efectuar el cálculo de ratios y otros indicadores para cada tipo de actividad.
c) Presenta siempre mejores ratios y otros indicadores que si la información se presenta de forma agregada.
d) Presenta mejores valores para el ratio de endeudamiento.

10. La aplicación del método de integración global reduce, por lo general, el ratio de endeudamiento del grupo de sociedades con relación al que presenta la sociedad matriz en sus cuentas individuales.

a) Cierto.
b) Falso.
c) Es cierto, pero con la condición de que no quede ninguna sociedad sin consolidar.
d) Es cierto, pero solo si se ha excluido a las sociedades extranjeras con moneda diferente al euro.

13 Valoración de las acciones

13.1. INTRODUCCIÓN

A diferencia de los capítulos anteriores, en los que se ha realizado una revisión exhaustiva de los distintos métodos empleados para la evaluación de inversiones en general, en este capítulo nos centraremos en los métodos empleados para estimar el valor de las inversiones en el capital propio de las empresas. Este tipo de inversiones es bastante frecuente en la práctica empresarial. Baste con recordar que, diariamente, miles de *traders* bursátiles se dedican a analizar cuáles son las acciones en las que conviene invertir y a qué precio, o cuál debería ser el precio de una acción para que fuese conveniente vender su posición en ella. La idea subyacente de estos análisis es identificar aquellas acciones cuyo precio actual en el mercado puede considerarse «barato» y que, por tanto, tenderá a subir en el futuro, así como aquellas otras acciones cuyo precio ya es lo suficientemente «caro» (es decir, se espera que su precio caiga en el futuro) como para pensar en venderlas. En ambos casos la categoría de acción «barata» o «cara» depende de dos variables: por un lado, el precio que tiene la acción en el mercado en el momento actual y que se puede observar directamente en los mercados bursátiles; por otro lado, el precio que estimamos que alcanzará en el futuro, y que no es tan fácil de conseguir, dado que es un valor futuro y, por tanto, no es observable, sino que habrá que estimarlo. El presente capítulo se dedicará, precisamente, a revisar cómo estimar ese precio futuro.

De entre los métodos empleados por los *traders* para tomar sus decisiones de inversión y venta, en este capítulo nos vamos a centrar en el análisis fundamental de las acciones. Este método consiste en estimar el «valor intrínseco» o «valor fundamental» de las acciones a partir de la información relevante disponible sobre ellas, en particular la información contenida en los estados financieros. Este «valor intrínseco» puede definirse como el valor que un inversor consideraría adecuado para unas acciones, dadas sus perspectivas de rentabilidad, crecimiento y riesgo. El análisis fundamental toma como hipótesis de partida que, si los inversores actúan de forma racional y los mercados son lo suficientemente transparentes, el precio de una acción en el mercado tenderá en el tiempo a igualarse con su «valor intrínseco», siendo, por tanto, el «valor intrínseco» de la acción una buena estimación del precio futuro de la misma: cuando una acción cotice por debajo de su valor intrínseco, es de esperar que su precio tienda a subir para igualarse a su valor intrínseco, mientras que si la acción cotiza por encima de su valor intrínseco, podemos esperar que los precios caigan hacia el valor intrínseco.

Aunque la valoración de empresas para la toma de decisiones sobre la compra o venta de acciones en bolsa es, quizá, la aplicación más conocida de las técnicas de valoración de empresas, estas técnicas también resultan de utilidad en muchos otros casos, relacionados o no con las empresas cotizadas. De hecho, la aplicación de las técnicas de valoración de empresas también es frecuente en el caso de empresas cuyas acciones no cotizan en bolsa pero que requieren una estimación del valor de la empresa de su conjunto o de una proporción determinada de su patrimonio propio. Algunos de los casos en los que puede ser necesario recurrir a la valoración del patrimonio propio de empresas no cotizadas se presentan en el cuadro 13.1.

CUADRO 13.1

Casos de valoración del patrimonio propio de empresas no cotizadas

- Para la compraventa parcial o total de una empresa no cotizada.
- Para determinar el precio de salida a bolsa en una Operación Pública de Venta de acciones (OPV).
- Para determinar la valoración de las participaciones de cada una de las partes interesadas en el reparto de un patrimonio que engloba a una empresa o a parte de los fondos propios de la empresa. Por ejemplo, valorar la participación de cada parte en el caso de una herencia o un divorcio.
- En el caso de una escisión de la empresa, para determinar el valor del patrimonio escindido.
- Para determinar el valor razonable que la empresa debería pagar a los accionistas que deseen transmitir sus acciones cuando la empresa haya decidido restringir dicha transmisibilidad (Ley de Sociedades de Capital, artículos 124, 125 y 353).
- Como apoyo a la dirección estratégica de la empresa: además de la estimación del valor de los fondos propios, la valoración de la empresa conlleva un proceso que permite la identificación de los *drivers* de valor de la empresa, lo que permite poder plantear posibles escenarios y analizar su efecto sobre el valor de la empresa. Igualmente, la valoración de las distintas unidades de negocio de la empresa puede ofrecer a la dirección de la misma una información útil para determinar qué unidades de negocio conviene potenciar y cuáles deberían abandonarse o enajenarse.
- Por motivos contables: no es infrecuente que las empresas cuenten entre sus inversiones o sus pasivos con posiciones en el capital de otras empresas y que dichas posiciones deban ser valoradas por su valor razonable en los estados financieros de la empresa. La NIIF 13

CUADRO 13.1 *(continuación)*

y el Plan General Contable de 2021 establecen tres niveles para la estimación de dicho valor razonable:

- Nivel 1: estimaciones que utilizan precios cotizados sin ajustar en mercados activos o pasivos idénticos, a los que la empresa pueda acceder en la fecha de valoración.
- Nivel 2: estimaciones que utilizan precios cotizados en mercados activos para instrumentos similares u otras metodologías de valoración en las que todas las variables significativas están basadas en datos de mercado observables directa o indirectamente.
- Nivel 3: estimaciones en las que alguna variable significativa no está basada en datos de mercado observables.

— En el caso particular del nivel 3, en el que el valor razonable no es observable ni directa ni indirectamente a través de valores razonables de instrumentos similares, la estimación del valor razonable habrá que realizarla recurriendo a modelos de valoración suficientemente contrastados por la comunidad financiera internacional, como es el caso de los modelos que revisamos en este capítulo.

El presente capítulo efectúa un repaso de los distintos métodos de valoración de acciones tanto para empresas cotizadas como no cotizadas. Estos métodos los vamos a dividir en tres grupos, en función de la información que emplean: métodos estáticos, métodos dinámicos y métodos de múltiplos o basados en información de mercado.

13.2. MÉTODOS ESTÁTICOS DE VALORACIÓN DE LAS ACCIONES

Los modelos de valoración estáticos emplean fundamentalmente la información contenida en el balance de la empresa para estimar el valor de las acciones. Estos modelos se caracterizan por no utilizar las previsiones de futuro de la empresa, por lo que incumplirían con el principio de empresa en funcionamiento. Consecuentemente, son modelos limitados y poco usados en la práctica, salvo en casos muy particulares, como en la liquidación de la empresa, si bien pueden aportar cierta información útil, como la estimación de un valor mínimo para las acciones de la empresa.

El presente epígrafe se ocupa de analizar dos modelos de valoración estáticos: el valor contable de la acción y el valor del activo neto real, dejando para el resto de epígrafes los modelos dinámicos y los métodos de múltiplos.

13.2.1. El valor contable de la acción

El valor contable de la acción, también conocido como valor de libros, se obtiene directamente de la información contenida en su balance, sin mayor transformación. Se calcula dividiendo el valor del patrimonio neto de la sociedad entre el número de acciones emitidas.

$$\text{Valor contable} = \frac{\text{Patrimonio neto}}{n} = \frac{\text{Activo} - \text{Pasivo}}{n}$$

La principal ventaja de este sistema de valoración es su sencillez, pues no requiere de mayor información que la que está disponible en el balance de la empresa. No obstante, al ser una variable que incorpora únicamente información contable, presenta importantes desventajas que la configuran como un mal estimador del precio de las acciones. Estas desventajas son las siguientes:

1. La contabilidad es conservadora: en virtud del principio de prudencia, la valoración de los activos y pasivos en contabilidad presenta un sesgo pesimista. Así, se exige una mayor probabilidad de ocurrencia para el reconocimiento de las ganancias no realizadas que para el reconocimiento de las pérdidas aún no realizadas. Ello da lugar a que no se reconozcan en la contabilidad las plusvalías de determinados activos (por ejemplo, inmuebles) en tanto en cuanto no sean realizadas, aunque sí se reconocerían las minusvalías (vía deterioros). Como consecuencia, el valor contable de las acciones tiende a ser inferior al valor real de las mismas.
2. La contabilidad no reconoce todos los activos de la empresa: varios activos intangibles de las empresas, pese a tener valor económico, no son reconocidos en la contabilidad por no cumplir con el necesario grado de verificabilidad. Así, por ejemplo, el valor de la cartera de clientes y su fidelidad, del *know-how*, del conocimiento de la marca, etc., no son valorados en contabilidad si no existe una transmisión previa.
3. La contabilidad puede resultar poco fiable: la elaboración de la información contable requiere la realización de estimaciones y la decisión sobre la aplicación de métodos contables alternativos. Dado que estas estimaciones y decisiones recaen sobre los directivos de las empresas, estos pueden realizar dichas tareas de forma oportunista, intentando que la información contable presente una imagen de la empresa acorde con sus objetivos. Este tipo de prácticas es conocido como «manipulación contable» o «contabilidad creativa».
4. Finalmente, la contabilidad, con algunas excepciones, suele ser una medida de la riqueza «histórica» de la empresa, es decir, registra la riqueza que la empresa ha venido obteniendo en el pasado. Económicamente, parece más acertado basar la valoración de las acciones en lo que es posible obtener de ellas del futuro.

En definitiva, aunque el valor contable puede ser considerado como una primera aproximación al valor de las acciones, no suele ser aceptado como un buen estimador del valor económico de las mismas.

13.2.2. El valor del activo neto real

El valor del activo neto real es un método estático que intenta paliar las limitaciones del valor contable como estimador del valor intrínseco de las acciones. Este método, recogido en la Norma Técnica de Auditoría sobre Valoración de Acciones, consiste en corregir el valor contable del patrimonio neto por las plusvalías o minusvalías que pudieran ponerse de manifiesto en los distintos activos y pasivos de la empresa.

$$\text{Valor según el activo neto real ajustado} = \frac{\text{Patrimonio neto} + \text{Plusvalías} - \text{Minusvalías}}{n}$$

De esta forma evitamos algunos de los problemas señalados para el valor contable, como la no contabilización de plusvalías en virtud del principio de prudencia o de intangibles por su poca verificabilidad. No obstante, esta medida también presenta determinados defectos que deben ser analizados:

1. Valor de los activos por separado, sin tener en cuenta en la valoración las posibles sinergias que puedan surgir por su dirección común.
2. Tiene un marcado carácter liquidatorio, ya que no cuenta con las perspectivas de futuro de la empresa.
3. Mantiene el problema de la fiabilidad, al partir del valor contable de los fondos propios, pero añadiendo la dificultad de la estimación de las plusvalías y minusvalías no registradas.

Si bien la no ponderación de las perspectivas de la empresa hace improbable que este valor se asemeje al valor de mercado de las acciones, sí tiene utilidad como indicador del *valor mínimo* que podemos esperar para las acciones de la empresa. El motivo es que si el precio de las acciones fuera inferior al valor del activo neto real, para los accionistas resultaría más ventajoso liquidar la empresa y cobrar por sus acciones el valor del activo neto real ajustado que mantener la empresa en funcionamiento.

13.3. MÉTODOS DINÁMICOS DE LA VALORACIÓN DE ACCIONES: CONSIDERACIONES PREVIAS

La principal crítica que se puede verter sobre los métodos estáticos es que no consideran las perspectivas futuras de crecimiento y rentabilidad de la empresa, realizando solo una valoración por agregación de los activos y pasivos que configuran el balance de la sociedad.

Los métodos dinámicos, por el contrario, se basan en la noción financiera de valor, según la cual el valor intrínseco de un activo se puede obtener a través de la suma actualizada de las esperanzas de flujos futuros de tesorería que obtendrá el poseedor de dicho activo, usando la tasa de actualización adecuada a cada caso.

Existen varios modelos dinámicos de valoración de acciones, si bien todos ellos comparten unas características comunes. En primer lugar, se presentan las características comunes, para, posteriormente, definir cada uno de los modelos de valoración dinámicos que se abordan. Estos modelos son el modelo del descuento de flujo de dividendos, el modelo del descuento de los flujos de caja libres para el accionista, el modelo del descuento de los flujos de caja libres para la empresa, el modelo del valor económico añadido y, finalmente, el modelo del resultado residual.

13.3.1. Métodos dinámicos para la valoración de acciones: características comunes

En economía financiera se define el valor de un activo como el valor actualizado de los flujos de caja futuros esperados, descontados a la tasa de actualización adecuada a dicho activo. Siguiendo esta definición, nosotros usaremos un tipo de modelo similar para la valoración de las acciones, que se ajustaría a la siguiente formulación general:

$$V_t = \textit{Valor inicial} + \sum_{i=1}^{\infty} \frac{E_t(FC_{t+i})}{(1+K)^i}$$

donde V_t es el valor que se estima para el activo que deseamos valorar en el momento actual (momento t); *Valor inicial* es un valor de partida o de base para ese activo; FC_{t+i} son los flujos de caja que se espera que se perciban por la posesión de ese activo en los períodos futuros; E_t es el operador de la esperanza matemática en el momento actual; y K es la tasa de descuento adecuada a los flujos de caja del activo.

Los cinco modelos dinámicos que vamos a estudiar se ajustan a esta fórmula general, produciéndose diferencias principalmente en el tipo de activo a valorar, el flujo de caja a emplear y la tasa de actualización.

Así, en función de qué tipo de activo estemos valorando, podemos agrupar los modelos en dos tipos:

a) Modelos que estiman el valor de las acciones: el valor de V_t en estos modelos se corresponde con el valor intrínseco de las acciones de la empresa. Consecuentemente, FC_{t+i} serán flujos de caja percibidos por los accionistas y K será la tasa de actualización aplicable a los flujos de caja anteriores. Los modelos que estiman directamente el valor de las acciones son el modelo del descuento de dividendos, el modelo del flujo de caja libre para el accionista y el modelo de resultado residual.

b) Modelos que estiman el valor del activo de la empresa: en estos modelos, V_t indicaría el valor del total del activo de la empresa, obteniéndose el valor del patrimonio neto de la misma restando a V_t el valor de la deuda. Finalmente, dividiendo el valor del patrimonio neto entre el número de acciones se obtendría el valor de una acción. En estos modelos los flujos de caja FC_{t+i} no son flujos percibidos directamente por los accionistas, sino flujos obtenidos por la empresa; asimismo, la tasa de actualización K deberá ser la adecuada para actualizar estos flujos de caja. Los modelos que estiman el valor del activo son el descuento del flujo de caja libre para la empresa y el modelo del valor económico añadido.

A continuación, plantearemos dos problemas comunes a todos los modelos y analizaremos cómo resolverlos. El primer problema es la selección de la tasa de actualización; el segundo problema se refiere a la posibilidad de obtener la suma de una serie infinita de sumandos.

13.3.2. La selección de la tasa de actualización

En economía financiera la tasa de actualización o coste de capital se define como «la rentabilidad mínima que se exige a una determinada inversión». Esta rentabilidad mínima dependerá fundamentalmente de dos factores:

— El valor del dinero en el tiempo, medido como la rentabilidad que se obtendría por unidad de tiempo si se invierte una cantidad de dinero en una inversión carente de riesgo. Generalmente, se consideran inversiones carentes de riesgo las inversiones en deuda monetaria de los países industrializados solventes.

— Del riesgo de la inversión acometida. Bajo la hipótesis de que el inversor presenta aversión al riesgo, se exigirá una mayor rentabilidad mínima a aquellas inversiones que presenten un mayor nivel de riesgo.

Por tanto, la variable clave a la hora de establecer la tasa de descuento es el riesgo asociado a los flujos de caja futuros que se espera obtener con esa inversión. Así, un inversor interesado en adquirir acciones deberá ponderar riesgos como los siguientes:

1. La incertidumbre sobre los resultados del negocio económico de la empresa.
2. El nivel de endeudamiento de la empresa y su situación de liquidez.

3. El riesgo de liquidez que supone la inversión, es decir, la facilidad que tendrá en el futuro para hacer líquida su inversión.
4. Otros riesgos particulares como riesgos de tipo de cambio, riesgo país, riesgo de inflación, etc.

Tal y como hemos expuesto en la sección anterior, hemos definido dos tipos de modelos en función de qué tipo de activo estamos valorando. En cada uno de estos tipos emplearemos una tasa de actualización diferente.

Así, para los modelos que estiman directamente el valor de las acciones usaremos la tasa de actualización que denominaremos *coste de capital de los fondos propios* y simbolizaremos por K_{FP}. Este coste de capital será la rentabilidad mínima que demandarán los inversores en acciones de la empresa.

Por su parte, los modelos que estiman el valor del activo de la empresa emplearán una tasa de actualización que denominaremos *coste de capital de la empresa* o, alternativamente, *coste medio ponderado de capital,* que denotaremos simplemente por K. En este caso la rentabilidad mínima a obtener será el promedio ponderado de la rentabilidad mínima demandada por los accionistas (K_{FP}) y la rentabilidad demandada por los inversores en deuda de la empresa o, en otras palabras, *el coste de los fondos ajenos* de la empresa. Este coste lo simbolizaremos por K_{FA}.

El valor del coste de capital de la empresa se obtendría, finalmente, de la siguiente forma:

$$K = \frac{FP \times K_{FP} + FA \times K_{FA}}{FP + FA}$$

13.3.3. Obtención de la serie infinita de flujos de caja

A diferencia de las inversiones en otros tipos de activos financieros, como las obligaciones, las acciones no tienen, por lo general, una vida definida. Consecuentemente, el modelo teórico de valoración se basa en la suma de una sucesión infinita de flujos de caja. Obviamente, este modelo de infinitos sumandos no puede ser calculado en la práctica a no ser que realicemos algún tipo de simplificación que haga factible la obtención de esa suma infinita, tales como las tres que se presentan a continuación.

a) Suponer que la esperanza de los flujos de caja es constante en el tiempo

Si suponemos que los flujos de caja permanecen constantes en el tiempo, es decir, que $E_t[FC_{t+i}] = FC$ para todo i, podemos calcular la suma infinita como una renta perpetua de término constante. En este caso, el valor de V_t se obtendría como:

$$V_t = Valor\ inicial + \sum_{i=1}^{\infty} \frac{E_t(FC_{t+i})}{(1+K)^i} = Valor\ inicial + \frac{FC}{K}$$

b) Suponer que los flujos de caja se incrementarán en una tasa de crecimiento constante *g*

La suposición de flujos de caja constantes puede considerarse excesivamente simplista, especialmente en situaciones donde existe un nivel de inflación apreciable. En estos casos no parece probable que las empresas puedan contentar a sus inversores ofreciéndoles la misma cantidad de flujo de caja a perpetuidad.

Una suposición más razonable es considerar que los flujos de caja son crecientes en el tiempo, siguiendo una progresión geométrica. En otras palabras, el flujo de caja de un período es igual al del período anterior, incrementado en un determinado porcentaje g:

$$E_t(FC_{t+i}) = E_t(FC_{t+i-1}) \times (1+g)$$

Bajo esta suposición el valor de la suma de infinitos flujos de caja puede calcularse como el valor actual de una renta en progresión geométrica. El valor de V_t sería, en consecuencia:

$$V_t = Valor\ inicial + \frac{E_t(FC_{t+i})}{K-g} \qquad \text{si} \qquad K > g$$

Es necesario señalar que el valor anterior solo se obtiene en el supuesto de que la tasa de crecimiento g sea inferior a la tasa de actualización K. En caso contrario (si es superior o igual), el valor de la suma tendería a infinito.

Si bien la suposición de variación en progresión geométrica es más realista que la consideración de flujos de caja constantes, este método supone la necesidad de estimar una variable adicional, que es precisamente la tasa de crecimiento g. En este sentido, Myron J. Gordon calculó cuál sería la tasa de crecimiento de una empresa bajo las siguientes circunstancias:

1. La empresa seguirá obteniendo la misma rentabilidad sobre sus fondos propios.
2. La empresa mantendrá constante su ratio de *pay-out,* es decir, el ratio dividendo sobre beneficios.
3. La única fuente de financiación de la empresa procede de sus retenciones de beneficios.

Bajo estas circunstancias, Gordon demostró que el crecimiento esperado de una empresa se calcularía como el producto de la rentabilidad sobre los fondos propios por el ratio de retención de beneficios:

$$g = r \times \left(1 - \frac{Dividendo}{Beneficio}\right)$$

Esta tasa es conocida como la tasa de crecimiento de Gordon y puede servir como una estimación del crecimiento de la empresa en ausencia de una mejor estimación.

c) Estimación de los primeros sumandos y uso de un valor terminal

Por lo general, considerar que todos los flujos de caja se mantendrán constantes a perpetuidad o bien que los flujos de caja crecerán perpetuamente a una tasa de crecimiento constante serán suposiciones excesivamente simplificadoras en la mayoría de los casos. Por este motivo, en la práctica suelen emplearse métodos menos restrictivos para estimar el valor de las acciones. La práctica habitual consiste en realizar las estimaciones de los flujos de caja dividiéndolos en dos subgrupos:

1. El primer subgrupo lo constituirían los flujos de caja a corto plazo (dos, tres, cuatro años...). Para estos flujos de caja se realizan estimaciones puntuales, específicas y detalladas. Aun cuando las mismas contendrán un importante nivel de incertidumbre, podemos considerar que tendrán un nivel aceptable de fiabilidad, dado el corto plazo con el que estamos trabajando.
2. Más allá del corto plazo, las estimaciones son mucho más difíciles de realizar y, consecuentemente, su fiabilidad suele resultar bastante baja. Por este motivo, no merece la pena realizar estimaciones detalladas y puntuales de cada flujo de caja. El método habitual consiste, por tanto, en estimar de forma conjunta todos los flujos de caja a largo plazo, utilizando para ello la suposición de que el último flujo de caja estimado en el corto plazo se mantiene constante en el tiempo o bien que el último flujo de caja estimado variará en progresión geométrica de razón g.

En definitiva, usando este método el valor de V_t se calcularía de la siguiente forma:

$$V_t = Valor\ inicial + \sum_{i=1}^{T} \frac{E_t(FC_{t+i})}{(1+K)^i} + \frac{E_t(FC_T)}{K(1+K)^T}$$

si suponemos que los flujos de caja son constantes, o bien:

$$V_t = Valor\ inicial + \sum_{i=1}^{T} \frac{E_t(FC_{t+i})}{(1+K)^i} + \frac{E_t(FC_T)(1+g)}{(K-g)(1+K)^T}$$

si suponemos que los flujos de caja varían en progresión geométrica de razón $1 + g$.

13.4. MÉTODOS DINÁMICOS: ANÁLISIS

Tras haber presentado las características y los problemas comunes a todos los métodos, analizamos de forma separada cada uno de los modelos dinámicos a los que nos referimos en este manual: el modelo de descuento de dividendos, el modelo de descuento del flujo de caja libre para el accionista, el modelo de descuento del flujo de caja disponible para la empresa, el modelo del valor económico añadido y el modelo del resultado residual.

13.4.1. El modelo del descuento de dividendos *(MDD)*

El modelo de descuento de dividendos *(MDD)* es el más simple y tradicional modelo dinámico de estimación del valor de las acciones. Asimismo, es el modelo que mejor se ajusta a la definición teórica de valor de un activo. Así, si el valor de un activo se estima como la suma actualizada de sus flujos de caja esperados futuros, el valor de una acción puede estimarse mediante el descuento de los dividendos esperados futuros, ya que los dividendos son los flujos de caja que pueden esperar los accionistas por sus inversiones en acciones. No obstante, hemos de puntualizar que bajo la denominación genérica de «dividendos» encuadraremos todos los flujos de caja que se produzcan entre la empresa y sus accionistas, tanto activos como pasivos. En concreto, consideraremos como dividendos las siguientes transacciones:

a) Los dividendos activos, incluidos los repartidos a cuenta del ejercicio.

b) Otras remuneraciones monetarias similares a los dividendos, aun cuando no tengan la consideración jurídica de tales, como por ejemplo la remuneración de acciones a través de la reducción de nominal mediante devolución de aportaciones, la recompra de acciones u otras operaciones similares.

c) Los dividendos pasivos, así como las aportaciones de los socios para compensar pérdidas.

Si aplicamos la metodología propuesta en el modelo general al caso específico de los dividendos, obtendremos el *MDD*. Así, tendremos que:

- V_t es el valor de una acción.
- Este modelo no tiene *Valor inicial*.
- FC_{t+i} es el dividendo por acción a percibir en el período $t + i$.
- K es la tasa de descuento aplicable a las acciones, es decir, K_{FP}.

La formulación general del modelo de dividendos será, por tanto:

$$V_t = \sum_{i=1}^{\infty} \frac{E_t(D_{t+i})}{(1 + K_{FP})^i}$$

Si suponemos dividendo constante, el modelo sería el siguiente:

$$V_t = \frac{E_t(D_t)}{(1 + K_{FP})}$$

Finalmente, si suponemos que el dividendo crece en progresión geométrica, el modelo de dividendos quedaría de la siguiente forma:

$$V_{t \text{ si } K_{FP} > g} = \frac{E_t(D_t)}{K_{FP} - g}$$

Este modelo es conocido como el modelo de Gordon, ya que fue inicialmente propuesto por Myron J. Gordon en 1959.

En el ejemplo siguiente estimaremos el valor de las acciones de Iberdrola usando el *MDD* en distintos supuestos.

Ejemplo 13.1

Disponemos de los siguientes datos referidos a Iberdrola para el año 2020:

Dividendo por acción	0,40 €
Beneficio por acción	0,50 €
Valor contable de la acción	5,88 €

Supongamos que un inversor estima una rentabilidad mínima del 13,1 por 100 a las acciones de Iberdrola. ¿Cuál sería el valor de una acción de Iberdrola si esperamos que el dividendo por acción se mantenga constante en el tiempo?

$$V_t = \frac{E_t(D_t)}{K_{FP}} = \frac{0{,}40}{13{,}1\,\%} = 3{,}05\ €$$

Podemos considerar la estimación anterior como excesivamente conservadora, dado que estamos suponiendo que el valor del dividendo de Endesa se mantendrá igual al presente en los próximos años. Supongamos ahora, en cambio, que los dividendos crecerán a una tasa esperada igual a la tasa de Gordon. ¿Cuál sería nuestra estimación del valor de las acciones de Iberdrola?

La tasa de Gordon se obtiene como el producto de la tasa de retención de beneficios y la rentabilidad financiera de la empresa:

$$\text{Tasa de retención de beneficios} = 1 - 0{,}40/0{,}50 = 20\%$$

$$\text{Rentabilidad financiera} = 0{,}5/5{,}88 = 8{,}50\%$$

$$\text{Tasa de Gordon} = 20\% \times 8{,}50\% = 1{,}70\%$$

Aplicando la tasa de Gordon, la estimación del valor de Iberdrola sería la siguiente:

$$V_t = \frac{E_t(D_t)}{K_{FP} - g} = \frac{0{,}40}{13{,}1\% - 1{,}70\%} = 3{,}51\ €$$

Estimemos, finalmente, el valor de las acciones de Iberdrola realizando una predicción más elaborada sobre sus dividendos. Para ello consideraremos la información que publica Iberdrola en su propia página web, en la que indica que espera que el valor del dividendo por acción repartido aumente hasta 0,56 en 2025. Para estimar el valor de la acción supondremos que el dividendo por acción crecerá 0,03 € cada año hasta 2025, a partir del cual el crecimiento se estabilizará en la tasa de Gordon antes calculada. De esta forma la estimación del valor de las acciones de Iberdrola sería la siguiente:

Año	Dividendo esperado	Dividendo descontado
2021	0,44	$\frac{0{,}44}{1{,}131} = 0{,}389$
2022	0,47	$\frac{0{,}47}{1{,}131^2} = 0{,}387$
2023	0,50	$\frac{0{,}50}{1{,}131^3} = 0{,}346$
2024	0,53	$\frac{0{,}53}{1{,}131^4} = 0{,}324$
2025	0,56	$\frac{0{,}56}{1{,}131^4(13{,}1\% - 1{,}70\%)} = 3{,}002$
Suma		4,428 €

Con lo que el precio estimado de acuerdo a las previsiones realizadas sobre el crecimiento de los dividendos sería de 4,428 €.

Ventajas e inconvenientes del *MDD*

La principal ventaja del *MDD* es su adecuación al modelo teórico de valoración, ya que los flujos de caja que puede esperar un inversor en acciones son, precisamente, los dividendos que decida la empresa repartir a sus acciones.

Otra ventaja del modelo de *MDD* es la relativa facilidad para la estimación de los dividendos. Por un lado, los dividendos son cantidades directamente observables y el analista no necesita realizar ningún tipo de estimación para obtenerlos. Por otro lado, los dividendos suelen ser menos variables en el tiempo que otras variables relacionadas con el valor de la empresa, tales como el beneficio o los flujos de caja. El motivo es que las empresas suelen seguir políticas conservadoras en el reparto del beneficio, porque se ha demostrado que las caídas en los dividendos suelen tener una repercusión muy negativa en las cotizaciones de las acciones. Por tanto, las estimaciones de los dividendos suelen contener un menor error de estimación que las estimaciones de otros tipos de flujos de caja.

Sin embargo, este modelo presenta también inconvenientes que cuestionan su utilidad a la hora de valorar acciones. Un primer problema para el uso de este modelo es que la valoración se basa en cómo se reparte la riqueza generada por la empresa y no en cuánta riqueza genera. Para entender este problema comparemos dos empresas que obtienen el mismo beneficio, pero con políticas de dividendos totalmente contrapuestas: mientras que la empresa *A* no reparte dividendo alguno, la empresa *B* decide dedicar todo su beneficio a dividendos. En este caso, siguiendo el modelo de dividendos, podríamos concluir que, a igualdad de otras condiciones, la empresa *A* debería tener menor valor que la *B*, puesto que su dividendo es inferior. En otras palabras, las empresas podrían aumentar el valor de sus acciones simplemente decidiendo repartir un mayor dividendo.

No obstante, no parece económicamente razonable que esto sea así. De hecho, Modigliani y Miller demostraron que, en un mercado eficiente y sin fricciones, la política de dividendos no debería afectar al valor de una empresa.

Una posible solución al problema anterior es considerar que el dividendo no repartido por la empresa *A* se repartirá en el futuro. Bajo esta suposición sería posible, en teoría, aplicar el *MDD* a las empresas que no reparten dividendos. Sin embargo, en la práctica no es viable, dado que se desconoce en qué momento las empresas que no reparten dividendos cambiarán esa política, así como qué dividendo sería el que se decidiría repartir. Cualquier estimación hecha al respecto, al encontrarse por norma general en el largo plazo, sería escasamente fiable.

Cabría preguntarse si el hecho de que haya empresas que no reparten dividendos supone un problema importante. Para ilustrar la profundidad de este problema indicaremos que Fama y French observaron en 2001 que el porcentaje de empresas estadounidenses que repartía dividendos se había reducido de un 66,5 por 100 en

1978 a un 20,8 por 100 en 1999. Esta reducción en la proporción de empresas que usan el dividendo se debe a dos causas:

a) En primer lugar, la mayor proliferación de empresas en sectores en crecimiento (biotecnología, tecnología de información y comunicaciones, etc.). Las empresas de estos sectores suelen necesitar fondos para financiar su crecimiento y, por tanto, son menos proclives a repartir sus fondos a los accionistas si, como consecuencia, han de acceder posteriormente a fuentes financieras más caras.
b) La reducción en la proporción no se debe solo al aumento de empresas en sectores de crecimiento, sino a una menor propensión al pago de dividendos por parte de las empresas de sectores en fase de madurez.

Por tanto, el principal problema del modelo de dividendos es su incapacidad para producir estimaciones fiables de los precios de aquellas empresas que, por estar generalmente en procesos de crecimiento, no reparten dividendo alguno. Este problema se intensifica si tenemos en cuenta que estas empresas son cada vez más numerosas en los mercados de capitales.

Un segundo problema que presenta el *MDD* es el enfoque implícito en la valoración de las acciones. Bajo el *MDD* estamos considerando implícitamente el caso de un inversor en una pequeña porción del capital de la empresa. Efectivamente, en este caso el inversor solo recibirá los dividendos acordados en junta general como remuneración a su inversión. Sin embargo, si consideramos la posibilidad de un inversor que se plantea la adquisición de la mayor parte del capital de la empresa, esta consideración no es correcta, puesto que al adquirir la mayor parte del capital de la empresa tendrá control sobre el destino de los flujos de caja de la empresa, pudiendo incluso decidir cambiar la política de dividendos. Por tanto, no parece adecuado valorar con el modelo de dividendos cuando se considera la posibilidad de invertir en la empresa para obtener el control de la misma.

Un tercer problema asociado al *MDD* es su tendencia a producir estimaciones excesivamente conservadoras del valor de las acciones. Esta tendencia se produce por las políticas de dividendos conservadoras seguidas en general por las empresas y que, como hemos señalado anteriormente, facilitan la predicción de los dividendos. Así, se ha observado empíricamente que los recortes en los dividendos suelen tener efectos muy perjudiciales sobre la valoración de las acciones. En consecuencia, los directivos de las empresas prefieren no repartir todo el beneficio disponible en forma de dividendos. Con ello reducen la posibilidad de que al año siguiente el beneficio no sea lo suficientemente elevado como para mantener el dividendo, además de crear una «reserva» que puede emplearse para mantener constante la política de dividendos en los años con bajos beneficios. Esta práctica es conocida como el alisamiento del dividendo. Por tanto, si los dividendos reales son inferiores a los que potencialmente podría repartir la empresa, las valoraciones basadas en estimaciones realizadas a partir de los dividendos reales suelen estar sesgadas hacia abajo.

En definitiva, el modelo de dividendos no suele ser apropiado para todo tipo de empresas. La valoración mediante el *MDD* puede resultar apropiada si se cumplen las siguientes condiciones:

1. Empresas con una política de dividendos consolidada (generalmente empresas no en crecimiento).
2. Cuando el objeto de la inversión sea la obtención de rentabilidad y no el control de la empresa.

13.4.2. El modelo del descuento del flujo de caja libre para el accionista (*MDFCLA*)

Ya hemos visto que el *MDD* presenta importantes problemas como modelo de valoración. Por ejemplo, no es viable valorar una de las unidades de negocio de la empresa empleando este sistema. Asimismo, no es adecuado para valorar aquellas empresas que no reparten dividendos o aquellas empresas cuyos dividendos no están relacionados con la riqueza generada en la empresa. Como ya hemos expuesto, el deseo de los directivos de las empresas de mantener constante la política de dividendos puede hacer que la cantidad entregada como dividendo guarde escasa relación con el beneficio obtenido. Finalmente, el *MDD* solo es aplicable en el caso de adquisiciones cuyo objetivo no sea el control final de la empresa.

En este epígrafe estudiaremos un modelo alternativo al *MDD*, conocido como el modelo del descuento del flujo de caja libre para el accionista. En este modelo sustituiremos el dividendo realmente pagado por la empresa por la cantidad de dinero que la empresa *podría* pagar como dividendo, es decir, el «dividendo máximo potencial» que la empresa podría repartir a sus accionistas en un período determinado. A este dividendo máximo posible lo denominaremos flujo de caja libre para el accionista (*FCLA*).

El *MDFCLA* tiene la ventaja de que puede aplicarse en varios casos en los que el *MDD* no es aplicable. En concreto:

- Cuando una empresa no reparte dividendos, no puede emplearse el *MDD* al no tener datos sobre los que estimar el dividendo real que se repartirá. Sin embargo, sí es posible estimar sus «dividendos potenciales», es decir, el *FCLA*.
- Cuando como consecuencia del mantenimiento de la política de dividendos las empresas reparten un dividendo con escasa relación con la generación de riqueza de la empresa, el *MDD* producirá una valoración sesgada. El *MDFCLA*, sin embargo, no estará afectado por este sesgo, ya que su estimación se basa en la cantidad de dividendo que se podría repartir en función de la riqueza generada, no en la realmente repartida.

— Finalmente, dado que la política de dividendos es definida por los accionistas que controlan la empresa, el *MDD* no es adecuado para la valoración cuyo objetivo último sea la adquisición de las acciones para obtener el control de la empresa. Sin embargo, el *MDFCLA* puede aplicarse a estos casos de adquisición, dado que se basa en la riqueza generada distribuible, y no en la política de dividendos.

No obstante, el *MDFCLA* también presenta inconvenientes en comparación con el *MDD*. El principal inconveniente es que, mientras que el valor de los dividendos es directamente observable y fácilmente predecible, el *FCLA* debe ser estimado por el analista en función de diversas variables de la empresa. Cabe esperar, por tanto, un mayor error de estimación en el *MDFCLA*, porque hay que estimar un mayor número de variables y porque estas variables son, por lo general, más volátiles que los dividendos.

Esta desventaja, sin embargo, es considerada por los analistas como un punto a favor del *MDFCLA*, ya que es necesario realizar un examen más profundo del funcionamiento y la idiosincrasia de la empresa y de su entorno que la mera observación de sus corrientes de dividendos. Todo ello desemboca en un conocimiento más detallado de la realidad de la empresa, que suele propiciar estimaciones con mayor conocimiento de causa.

El cálculo del *FCLA*

El *FCLA* se define como el flujo de caja generado en la actividad normal de la empresa en un período (generalmente un ejercicio contable) y que sería potencialmente distribuible a los accionistas en forma de dividendos. Veamos cómo podemos estimar cuál sería el *FCLA* de una empresa en un momento determinado *t*.

El *FCLA* se calcula de la siguiente forma:

$$FCLA_t = Beneficio_t + FC\ CAPEX\ neto_t + FC\ Var.\ Capital\ corriente_t + FC\ Var.\ deuda$$

A continuación, revisamos cada uno de los componentes del *FCLA*:

El primer componente es el *beneficio de la empresa*. Dado que el *FCLA* es el flujo de caja generado por la empresa y que podría estar disponible para remunerar a sus accionistas, comenzamos su cálculo utilizando el beneficio, el cual puede considerarse como el volumen de recursos generados en el ejercicio. Este dato lo podemos obtener fácilmente de la cuenta de pérdidas y ganancias del ejercicio.

Aunque la empresa haya generado un determinado beneficio, es posible que no pueda repartir todo ese beneficio si necesita retener parte (o la totalidad) del mismo para financiar el futuro crecimiento de la empresa. Asimismo, si en lugar de crecer la empresa se encuentra en fase de declive, es posible que pueda repartir a sus accionistas no solo el resultado obtenido en el ejercicio, sino también el flujo de caja que ha conseguido como consecuencia de las desinversiones que realice debidas a su decrecimiento. Por tanto, para calcular el *FCLA* debemos ajustar el beneficio en los flujos de caja que suponga bien la financiación del crecimiento de la empresa, bien la enajenación de activos consecuencia del decrecimiento de la empresa. Estos flujos de caja serán los dos siguientes:

El primer flujo de caja será el obtenido como consecuencia del *CAPEX neto*. El *CAPEX* puede definirse como el flujo de caja que la empresa paga (obtiene) como consecuencia de la adquisición (enajenación) de activos fijos. Para obtener el *CAPEX neto* debemos ajustar dicho *CAPEX* en el importe de las amortizaciones de los activos fijos del ejercicio.

Veamos la influencia del *CAPEX* con un pequeño ejemplo. Supongamos una empresa que ha obtenido un beneficio de 100; ese beneficio ha sido calculado tras deducir unas amortizaciones de los activos fijos de 30; asimismo, la empresa ha adquirido activos fijos por valor de 70 en ese ejercicio. Suponiendo que no ha habido más operaciones que afecten al *FCLA*, el valor del mismo sería:

$$FCLA = Beneficio + FC\ CAPEX\ neto = 100 + (-70 + 30) = 60$$

Disponemos de dos formas alternativas de poder calcular el *CAPEX* de la empresa. Por un lado, podemos emplear la información contenida en el Estado de Flujos de Efectivo, concretamente dentro del epígrafe de Flujo de Efectivo de las Actividades de Inversión. Por otro lado, podemos estimar el *CAPEX* a partir de dos balances consecutivos, en cuyo caso se obtendría a partir de la diferencia entre el volumen de activos fijos del año anterior y el volumen de activos fijos del año actual.

El segundo flujo de caja será el que se obtenga como consecuencia del *incremento o reducción de los capitales corrientes de la empresa*. Así, la inversión de la empresa no se realiza solo en activos fijos, sino que puede requerir incrementar sus capitales corrientes en respuesta a una mayor actividad; igualmente, una reducción de la actividad puede conducir a una reducción en los capitales corrientes que generen un flujo de caja como consecuencia de la liquidación de los mismos. El flujo de caja por incremento o reducción de los capitales corrientes de la empresa puede obtenerse asimismo de dos fuentes alternativas, como en el caso del *CAPEX*. La primera de ellas sería el Estado de Flujo de Efectivo, dentro del apartado de Flujo de Efectivo de las Actividades de Explotación, en el Epígrafe 3. Cambios en capital corriente. La segunda de ellas sería a partir de dos balances consecutivos, por la diferencia entre el capital corriente (excluyendo tesorería) del ejercicio anterior menos el capital corriente (excluyendo tesorería) del ejercicio en curso.

Hasta ahora hemos visto que el *FCLA* se obtendría como el beneficio generado por la empresa más/menos el flujo de caja que suponen las reducciones o incrementos de los activos. Sin embargo, es posible que la empresa pueda financiar parcial o totalmente esos incrementos de activos recurriendo a fuentes financieras alternativas a la retención de beneficios, en particular contratando financiación ajena. Igualmente es posible que, en lugar de destinar los recursos generados por la empresa a remunerar a los accionistas, la empresa prefiera usar esos recursos para amortizar esa financiación ajena. En definitiva, para poder complementar el cálculo del *FCLA* tenemos que tener en cuenta el *flujo de caja que se genera como consecuencia de las variaciones en la deuda de la empresa.*

Una vez más, disponemos de dos posibles enfoques para calcular este componente del *FCLA*. Así, podemos emplear el enfoque del Estado de Flujos de Efectivo, donde el flujo de caja por variaciones en la deuda se encontraría dentro del capítulo de Flujo de Efectivo de Actividades de Financiación, en el Epígrafe 10. Cobros y pagos por instrumentos de pasivo financiero. El segundo enfoque sería el de balance, usando dos balances consecutivos: el flujo de caja por variaciones en deuda se obtendría como la diferencia entre la deuda del ejercicio en curso menos la deuda del ejercicio anterior. A este respecto, téngase en cuenta que no debe incluirse en la deuda el pasivo corriente generado por las operaciones de tráfico de la empresa, dado que ya se habrán tenido en cuenta en el cálculo del capital corriente.

La formulación del modelo del descuento del *FCLA* puede obtenerse simplemente sustituyendo en el modelo general los siguientes datos:

- V_t es el valor de una acción.
- Este modelo no tiene *Valor inicial.*
- FC_{t+i} es el *FCLA* por acción generado en el período $t + i$.
- K es la tasa de descuento aplicable a las acciones, es decir, K_{FP}.

Con lo que la fórmula quedaría como sigue:

$$V_t = \sum_{i=1}^{\infty} \frac{E_t(FCLA_{t+i})}{(1 + K_{FP})^i}$$

Ventajas e inconvenientes del *FCLA*

Al iniciar el epígrafe hemos revisado las ventajas del *MDFCLA*. Por ejemplo, puede aplicarse a una mayor cantidad de casos que el *MDD* (empresas que no reparten dividendos, empresas cuyos dividendos guardan poca relación con la riqueza generada, empresas que se quieren adquirir para obtener su control o unidades de negocio individuales). Asimismo, otra ventaja notable del *MDFCLA* es la independencia de la valoración de las decisiones sobre dividendos que tome la dirección de la empresa.

Sin embargo, el *MDFCLA* presenta varios problemas que condicionan también su aplicación práctica. El problema más importante es la dificultad que pueden suponer las estimaciones a realizar: mientras que en el *MDD* solo era necesario estimar una única variable (la corriente de dividendos), en el caso del *MDFCLA* será necesario estimar los tres flujos de efectivo. Este incremento en el número de variables aumentará el posible error de estimación del modelo.

Por este motivo, el *MDFCLA* se aplicará más fácilmente cuando sus componentes resulten relativamente estables en el tiempo, es decir, cuando el beneficio, *CAPEX neto,* variación de capital corriente y variación de deuda no sufran grandes variaciones temporales. En otras palabras, aunque el *MDFCLA* puede aplicarse *a priori* a cualquier tipo de empresa, los mejores resultados se conseguirán en la valoración de empresas situadas en sectores de escaso crecimiento, con ventas estabilizadas y políticas de financiación estables.

En particular, la aplicación del *MDFCLA* puede resultar compleja en empresas en crecimiento si dicho crecimiento hace que el *FCLA* resulte negativo. Las empresas con un rápido crecimiento presentan una gran demanda de efectivo para financiar sus inversiones, por lo que no generan fondos suficientes como para financiar ese crecimiento y, además, poder remunerar a sus accionistas. Aunque es de esperar que, si esas inversiones son rentables, en el futuro se obtendrán *FCLA* positivos, se produce un problema similar al observado en el *MDD* para aquellas empresas que no repartían dividendo: es necesario estimar, a partir de una serie de valores negativos del *FCLA*, en qué momento futuro dicho *FCLA* pasará a ser positivo, por qué cuantía y cómo evolucionará.

13.4.3. El modelo del descuento del flujo de caja disponible para la empresa (*MDFCLE*)

Hemos visto que el principal problema para la estimación del valor de las acciones usando el *MDFCLA* es la dificultad en el pronóstico de los distintos flujos de caja que forman el *FCLA*. Una forma de mitigar ese problema es reducir el número de variables a estimar. Esto se puede conseguir estimando el flujo de caja libre *para la empresa* (*FCLE*).

El *FCLE* sería el flujo de efectivo que, tras afrontar los pagos de explotación y de las actividades de inversión de la empresa, queda disponible para la remuneración de los partícipes de la estructura financiera, es decir, aportantes de deuda y aportantes de capital de la empresa. Por tanto, el *FCLE* sería igual al *FCLA* más la cantidad de efectivo que la empresa pagará a sus aportantes de deuda, es decir, el flujo de caja del pasivo y los intereses de la deuda (netos de impuestos):

$$FCLE = FCLA + Intereses(1-t) - FC\ Var.\ deuda$$

Sustituyendo el *FCLA* por sus componentes, podemos ver que el *FCLE* puede calcularse como la suma de las siguientes variables:

$$FCLE = Beneficio + FC\ CAPEX\ neto + FC\ Var.\ Capital\ corriente +$$
$$+ FC\ Var.\ Deuda + Intereses(1-t) - FC\ Var.\ Deuda \Leftrightarrow$$

$$FCLE = Resultado\ explotación(1-t) + FC\ CAPEX\ neto +$$
$$+ FC\ Var.\ Capital\ corriente$$

Por tanto, el uso del *FCLE* elimina la necesidad de realizar pronósticos sobre la estructura financiera futura de la empresa, ya que se calcula como la suma de tres componentes:

El primero de ellos es el resultado de explotación, neto de impuestos. Dicho resultado representaría el volumen de recursos que la empresa ha generado con sus operaciones de tráfico y que, tras pagar el impuesto correspondiente, se podría utilizar para remunerar tanto a sus aportantes de deuda como a sus aportantes de capital. Los otros dos componentes (*FC CAPEX neto* y *FC Var. Capital corriente*) son los mismos empleados en el cálculo del *FCLA*.

Hay que tener en cuenta, no obstante, que el *FCLE* es el flujo de caja destinado a remunerar *al total de la estructura financiera de la empresa*. Esto nos lleva a dos diferencias con respecto al *MDFCLA*:

El valor obtenido al descontar el *FCLE* será el valor total de la estructura financiera de la empresa, es decir, el valor conjunto del patrimonio propio y la deuda de la empresa o, lo que es equivalente, el total del activo de la empresa calculado como la suma de activo no corriente más capitales corrientes. Por tanto, para obtener el valor del patrimonio propio será necesario deducir del valor actualizado de los *FCLE* el valor de la deuda.

Para actualizar el *FCLE* tendremos que emplear el *coste de capital de la empresa* (no el del patrimonio neto).

En definitiva, los datos a introducir en el modelo general del descuento para obtener el *MDFCLE* serán los siguientes:

- V_t es el valor del activo de la empresa, calculado como activo no corriente más capitales corrientes.
- Este modelo no tiene *Valor inicial.*
- FC_{t+i} es el *FCLE* generado en el período $t + i$.
- K es el coste medio ponderado de capital de la empresa.

La fórmula resultante sería la siguiente:

$$V_t = \sum_{i=1}^{\infty} \frac{E_t(FCLE_{t+i})}{(1 + K)^i}$$

Este modelo es más adecuado que el *MDFCLA* si existe una incertidumbre importante sobre la política financiera futura de la empresa, dado que el valor obtenido mediante el modelo del *FCLE* no se ve afectado por las suposiciones realizadas sobre la política de financiación. No obstante, el modelo no solucionará completamente el problema de la inestabilidad futura de la estructura financiera de la empresa, dado que, aunque dicha inestabilidad no afectará al *FCLE*, sí podrá tener influencia en el coste medio ponderado de capital.

Además, este modelo presenta sus propios problemas. Por un lado, este modelo comparte con el *MDFCLA* el problema de valoración para los flujos de caja negativos, que ya describimos en el epígrafe anterior. Por otro, utiliza como tasa de actualización el coste medio ponderado del capital, lo cual, como vimos en el epígrafe 13.3.2.2, suele ser más complejo de estimar que el coste de capital propio.

A continuación, realizaremos un ejemplo de estimación del valor de las acciones usando los dos últimos modelos: *MDFCLA* y *MDFCLE.*

Ejemplo 13.2

Disponemos de la siguiente información sobre la empresa Deoleo, S. A. Los datos están expresados en miles de euros:

	Ejercicio 2017	**Ejercicio 2018**	**Ejercicio 2019**	**Ejercicio 2020**
Resultado de explotación	(29.634)	14.346	27.859	80.895
Resultado antes de impuestos	(55.898)	(111.945)	(5.503)	293.889
Impuesto	18.319	(21.372)	(3.819)	(5.103)
Resultado del ejercicio	(37.579)	(133.317)	(10.606)	290.070
Amortización del inmovilizado	24.128	24.013	14.580	12.426
Cambios en el capital corriente	(11.715)	(6.581)	(7.090)	21.864
Flujo de efectivo de las actividades de inversión	(4.957)	(4.801)	9.218	(6.419)
Cobros y pagos por instrumentos de patrimonio	0	25.018	48.976	0
Cobros y pagos por instrumentos de pasivo financiero	47.986	(40.559)	(104.690)	25.468

Calcularemos a continuación el *FCLA* y el *FCLE* para cada uno de los años.

	Ejercicio 2017	**Ejercicio 2018**	**Ejercicio 2019**	**Ejercicio 2020**
Resultado del ejercicio	(37.579)	(133.317)	(10.606)	290.070
CAPEX neto	19.171	19.212	23.798	6.007
Flujo de efectivo de las actividades de inversión	(4.957)	(4.801)	9.218	(6.419)
Amortización del inmovilizado	24.128	24.013	14.580	12.426
Cambios en capital corriente	(11.715)	(6.581)	(7.090)	21.864
Cobros y pagos por instrumentos de pasivo financiero	47.986	(40.559)	(104.690)	25.468
FCLA	17.863	(161.245)	(98.588)	343.409

	Ejercicio 2017	Ejercicio 2018	Ejercicio 2019	Ejercicio 2020
Resultado de explotación	(29.634)	14.346	27.859	80.895
Tipo impositivo (= Impuesto/Resultado antes de impuestos)	32,77%	(19,09%)	(69,40%)	1,74%
Resultado de explotación después de impuestos	(39.346)	11.607	8.525	82.300
CAPEX neto	19.171	19.212	23.798	6.007
Cambios en capital corriente	(11.715)	(6.581)	(7.090)	21.864
FCLE	(31.890)	24.238	25.233	110.171

Estimamos ahora el valor de una acción de la empresa Deoleo usando el *MDFCLA*. Para ello supondremos que los *FCLA* para los próximos tres años serán de 33.000, 40.000 y 45.000, respectivamente, tras los cuales crecerá a perpetuidad un 1 por 100. El número de acciones en circulación de Deoleo es de 500.000 miles de acciones y se estima una tasa de actualización para los fondos propios del 12 por 100.

La estimación del valor de la acción sería:

	2021	2022	2023	Valor terminal	Suma
FCLA estimado (miles €)	33.000	40.000	45.000	413.182	
FCLA estimado por acción	0,070 €	0,080 €	0,090 €	0,830 €	
FCLA descontado	0,059 €	0,064 €	0,064 €	0,588 €	0,775 €

El valor mostrado en la columna Valor terminal se calcula como el valor estimado para 2023 incrementado en un 1 por 100 y descontado a perpetuidad con la tasa de actualización del 12 por 100 y la tasa de crecimiento del 1 por 100. Estos valores han sido divididos por el número de acciones para obtener el *FCLA* estimado por acción y descontados al inicio del año 2021 para calcular el valor de la acción en el momento actual.

La suma de los valores actualizados de los *FCLA* nos da la estimación del valor de la acción, que, en nuestro caso, asciende a 0,775 euros por acción.

Calcularemos ahora la estimación del precio de la acción usando los datos del *FCLE*. Consideremos que el *FCLE* va a seguir una evolución similar, siendo los valores estimados para los próximos años de 37.000, 40.000 y 43.000, respectivamente, creciendo un 1 por 100 a perpetuidad tras 2023. Se estima, asimismo, el coste de capital de la empresa en un 9 por 100, y el valor del pasivo de la empresa a principios de 2021 en 150.000 miles de euros.

Los cálculos necesarios para la estimación serían los siguientes:

	2021	2022	2023	Valor terminal	Suma
FCLE estimado (miles €)	37.000	40.000	43.000	620.429	
FCLE descontado	33.945	33.667	33.204	419.199	520.015
Valor pasivo					150.000
Valor Patrimonio neto					370.015
Valor acción					0,740

El Valor terminal se ha obtenido incrementando el valor del *FCLE* de 2023 en un 1 por 100 y descontándolo a perpetuidad con la tasa de actualización del 9 por 100 y la tasa de crecimiento del 1 por 100. La suma de estos valores, descontados al momento inicial, nos da como resultado la estimación del valor del activo de la empresa, que asciende a 520.015 miles de euros.

Para obtener el valor de una acción deducimos al valor estimado del activo el valor de la deuda, obteniendo así una estimación del valor de los fondos propios. Finalmente, esa estimación es dividida por el número de acciones para obtener la estimación del precio de la acción. Esta estimación es, en nuestro caso, de 0,740 euros.

13.4.4. El modelo del valor económico añadido (*EVA*)

El valor económico añadido (*EVA*) es una marca registrada por su desarrollador (Stern Steward & Co.) y representa a una medida del incremento de riqueza esperado para la empresa en el futuro.

Para poder definir el concepto de *EVA* recordemos primero que hemos definido el coste de capital de la empresa como la rentabilidad mínima que tendrá que conseguir la empresa para satisfacer las demandas de sus inversores, tanto en fondos propios como en fondos ajenos. Pero, ¿qué ocurriría si la empresa obtiene una rentabilidad distinta de este coste de capital?

Cuando la rentabilidad de la empresa resulta inferior a su coste de capital, los inversores no se sentirán satisfechos, puesto que la empresa no ha sido capaz de proporcionarles la remuneración que ellos deseaban. Consecuentemente, estos inversores pueden decidir vender sus inversiones en la empresa, tendiendo el valor de esas inversiones a caer. Lo contrario ocurrirá cuando la rentabilidad de la empresa sea superior al coste de capital: los inversores obtendrán una remuneración que excederá sus aspiraciones; asimismo, otros inversores se verán también atraídos por la alta rentabilidad que la empresa está proporcionando, por lo que demandarán las inversiones en el pasivo de esta empresa y aumentará el valor de las mismas.

En resumen, una rentabilidad inferior al coste de capital de la empresa producirá un reducción en el valor de la misma, mientras que una rentabilidad superior al coste de capital supondrá un incremento en el valor de la empresa. Si la rentabilidad y el coste de capital coinciden, el valor de la empresa permanecerá constante.

A partir de este argumento podemos estimar cuánto valor genera la empresa en un momento determinado para sus inversores a través de la diferencia entre la rentabilidad de su activo y su coste de capital. A la expresión monetaria de esta diferencia es a lo que llamaremos *EVA* y se calcularía como:

$$EVA_t = (Rentabilidad\ económica\ después\ de\ impuestos_t - K) \times Activo_{t-1} =$$
$$= Resultado\ de\ explotación_t \times (1 - t) - K \times Activo_{t-1}$$

siendo la *Rentabilidad económica después de impuestos* la ratio entre el resultado de explotación neto de impuestos y el valor del activo a comienzos del ejercicio, K el coste de capital de la empresa y A el valor de los activos de la empresa a comienzos del ejercicio.

Podemos ver que, en el caso de que la rentabilidad económica que obtenga la empresa para sus activos resulte inferior a K, el valor del *EVA* será negativo, lo cual contribuirá a reducir el valor del activo de la empresa; si dicha rentabilidad supera el valor de K, por el contrario, el *EVA* será positivo, incrementando el valor del activo de la empresa.

Es conveniente subrayar que el *EVA* es una medida de excedente económico, no financiero (o, en otras palabras, un excedente para *todos* los inversores de la empresa y no solo para los accionistas). Por tanto, la actualización de los *EVA* futuros esperados debe realizarse utilizando el coste de capital medio ponderado de la empresa (K), obteniéndose como resultado la variación que se espera que sufra el valor actual del activo de la empresa en el futuro. Por tanto, el modelo de valoración del *EVA* se obtendría a partir del modelo genérico de valoración utilizando los siguientes datos:

- V_t es el valor del activo de la empresa, interpretado como el activo no corriente más el capital corriente de la empresa (diferencia entre activo corriente y pasivo corriente generado por las operaciones de la empresa).
- El *Valor inicial* de este modelo es A_t, es decir, el valor de los activos en el momento de la valoración.
- FC_{t+i} es el *EVA* obtenido en el período $t+i$.
- K es el coste medio ponderado de capital de la empresa.

Con lo que el modelo de descuento del *EVA* quedaría como sigue:

$$V_t = A_t + \sum_{j=1}^{\infty} \frac{EVA_{t+j}}{(1 + K)^j}$$

Este modelo presenta varias ventajas en comparación con los modelos dinámicos anteriores. Por un lado, no requiere que las empresas paguen dividendos (problema del *MDD*) ni le supone un problema particular obtener estimaciones negativas de la variable de flujo de caja (problema de los métodos *MDFCLA* y *MDFCLE*), ya que tanto los valores positivos como negativos o cero del *EVA* son perfectamente interpretables y no implican problema alguno para la estimación de las variables del modelo.

Pero, posiblemente, la mayor ventaja operativa de este modelo es la posibilidad de obtener buenas estimaciones del valor usando solo estimaciones a corto plazo del *EVA*. Los modelos que hemos revisado hasta el momento (*MDD*, *MDFCLA* y *MDFCLE*) suelen ser muy sensibles al valor terminal del modelo. Esto supone un problema porque el valor terminal es, simultáneamente, la parte más importante del valor y la más difícil de estimar (dado que es la más alejada en el tiempo y supone la suma actualizada de infinitos flujos de caja futuros). Por tanto, pequeñas variaciones en las suposiciones realizadas para estimar el valor terminal de estos modelos conducen a estimaciones muy dispares del valor de las empresas. El modelo del *EVA*, sin embargo, resulta mucho menos sensible al valor residual, dado que una suposición razonable sobre el futuro del *EVA* es que, a largo plazo, tenderá a desaparecer. Así, cuando una empresa consigue un *EVA* positivo (su rentabilidad supera a su coste de capital), conseguirá que aumente el valor de sus activos, lo que, salvo que la empresa logre otros negocios que le permitan seguir incrementando su *EVA*, supondrá una reducción de la rentabilidad futura que hará reducir el *EVA* futuro, hasta que este se anule y el activo deje de aumentar. Un proceso similar ocurrirá si el *EVA* es negativo: el activo irá disminuyendo, lo cual hará aumentar la rentabilidad, haciendo que rentabilidad y coste de capital converjan anulando el valor futuro esperado del *EVA*. Por tanto, suponer que, a partir de determinado período, el *EVA* esperado de una empresa será nulo es una suposición bastante plausible. Esto nos permite prescindir del concepto de valor terminal (una suma infinita de *EVA* nulos sería igual a cero), sin que ello implique una importante pérdida de exactitud en la valoración.

El modelo del *EVA*, no obstante, también cuenta con sus propios problemas prácticos que pueden reducir su aplicabilidad. Uno de los problemas más relevantes es la medición del «valor actual de los activos». Como una primera aproximación, cabría emplear el valor contable de los activos. Sin embargo, ya hemos comentado que la contabilidad suele introducir sesgos (generalmente conservadores) en la valoración de los activos, por lo que el uso del valor contable puede no ser la solución óptima. Por este motivo se suelen realizar una serie de ajustes sobre el valor contable de los activos para incorporar las diferencias en la valoración introducidas por las normas contables, tales como, por ejemplo, la integración de intangibles no contabilizados, el tratamiento de los gastos de investigación y desarrollo como activos y no como gastos del ejercicio, y la eliminación del fondo de comercio de los balances.

A continuación, ilustraremos la estimación del valor de las acciones de una empresa con el método del *EVA* en el siguiente ejemplo.

EJEMPLO 13.3

Disponemos de la siguiente información financiera previsional sobre la empresa Grifols (datos en millones; los datos correspondientes a 2021, 2022 y 2023 son previsiones):

	2020	2021p	2022p	2023p
Total activo	13.167	13.758	13.930	14.170
Deuda	6.447			
Resultado de explotación	996	1.142	1.329	1.421
Beneficio antes de impuestos	879	958	1.154	1.269
Impuestos	170	192	231	254

El coste de capital de Grifols se estima en el 5,7 por 100. Estimaremos el valor del patrimonio propio de Grifols mediante el modelo del *EVA*. Para ello usaremos las previsiones anteriores y, como valor terminal, supondremos que el *EVA* de 2023 irá desapareciendo progresivamente a una tasa del 15 por 100 interanual. Los cálculos necesarios se presentan en la siguiente tabla:

	2021	2022	2023	2024	Terminal	Suma
Activo a principios del ejercicio	13.167	13.758	13.930	14.170		
Tipo impositivo	19,34%	20,04%	20,02%	20,02%		
Resultado de explotación tras impuestos	803	913	1.063	1.137		
EVA	53	129	269	329	1.350	
EVA descontado	50	115	228	263	1.082	1.739
Valor activo						14.906
Valor deuda						6.447
Valor *FP*						8.459

La explicación de los cálculos es la siguiente:

1. **Tipo impositivo:** es el cociente entre el impuesto y el beneficio antes de impuestos
2. ***EVA*:** se obtiene por la diferencia entre el beneficio antes de intereses e impuestos, multiplicado por 1 menos el tipo impositivo, y el producto del coste de capital por el valor del activo a principios del ejercicio. En el caso de la columna «Terminal», es igual al *EVA* del período anterior, minorado en un 15 por 100 y descontado a perpetuidad usando como tasa de descuento el 5,7 por 100 y como tasa de variación −15 por 100.

3. ***EVA* descontado:** es el valor del *EVA* calculado en la fila previa, descontado al coste de capital. En la columna «Suma» se presenta la suma de los *EVA* descontados.
4. **Valor activo:** es la estimación que se realiza del valor del activo con el modelo del *EVA*. Se obtiene sumando el valor del activo en el momento de la valoración (a principios de 2021) y la suma de los valores del *EVA* descontado.
5. **Valor deuda:** es el valor de la deuda a principios de 2021.
6. **Valor *FP*:** es el valor estimado de los fondos propios a principios de 2021, obtenido por diferencia entre el valor activo y el valor deuda.

13.4.5. El modelo del resultado residual (*RR*)

El modelo del resultado residual (*RR*)[1] sería la aplicación del concepto del *EVA* a la rentabilidad obtenida por los accionistas. Recordemos que el *EVA* es la diferencia entre el resultado económico después de impuestos de la empresa y el resultado requerido por sus inversores (tanto accionistas como acreedores). El *RR*, por su parte, puede definirse como la diferencia entre el resultado obtenido por la empresa y el resultado mínimo que le demandan sus accionistas o, lo que es igual, la diferencia entre la rentabilidad financiera de la empresa y su coste de capital propio, expresando esta diferencia en unidades monetarias. En definitiva, la fórmula de cálculo del *RR* es la siguiente:

$$RR_{t+i} = (RF_{t+i} - K_{FP}) \times B_{t+i-1}$$

donde *RF* es la rentabilidad financiera, calculada como el resultado del ejercicio entre el valor del patrimonio neto a principios del ejercicio, K_{FP} es el coste de capital del patrimonio neto y *B* es el valor contable de una acción al principio del ejercicio, tal y como se definió en el apartado 13.2.1.

La interpretación del *RR* es muy similar al *EVA*, con la diferencia de que se aplicaría al valor de las acciones en lugar de al valor de los activos. Esto se debe a que el *RR* es una renta de los accionistas, y no del conjunto total de inversores de la empresa. Así, si la rentabilidad financiera que obtiene la empresa es inferior a su coste de capital propio, el valor de las acciones caerá. Alternativamente, si la rentabilidad financiera es superior al coste de capital propio, se producirá un incremento en el valor de las acciones. El *RR* nos indicará, por tanto, cuánto puede aumentar o disminuir el valor de las acciones en un período determinado.

---

[1] Este modelo también es conocido como el modelo del resultado anormal o el modelo EBO (Edwards-Bell-Ohlson).

El modelo de valoración del *RR* se obtiene a partir del modelo genérico de valoración utilizando los siguientes valores:

— *Vt* es el valor de una acción.
— El *Valor Inicial* de este modelo es B_t, es decir, el valor contable actual de una acción.
— FC_{t+i} es el *RR* obtenido en el período $t + i$.
— K es el coste de capital del patrimonio propio, es decir, K_{FP}.

Con lo que el modelo quedaría como sigue:

$$V_t = B_t + \sum_{j=1}^{\infty} \frac{RR_{t+j}}{(1 + K_{FP})^j}$$

Una condición importante de este modelo es que supone implícitamente que se cumple la condición de «excedente limpio» (*clean surplus* en inglés), según la cual todos los cambios en el valor teórico de la acción se producirán bien a través del resultado del ejercicio, bien por intercambio de fondos entre la empresa y sus accionistas (dividendos o aportaciones de capital). Es decir, esta condición supone que no existen ingresos o gastos que no se reconozcan en la cuenta de resultados (es decir, imputables directamente al patrimonio neto de la empresa). En caso de cumplirse la condición de excedente limpio, el modelo del *RR* es matemáticamente equivalente al modelo de descuento de dividendos, con la única diferencia del cambio de enfoque en el modelo: en vez de valorar las acciones observando cómo distribuye la empresa la riqueza generada (dividendos), se analiza cómo se genera esa riqueza (*RR*). Asimismo, la condición de excedente limpio nos permite estimar los valores teóricos futuros de la acción, ya que la condición de excedente limpio puede expresarse como sigue:

$$B_{t+1} = B_t \times (1 + RF_{t+1} - pay\ out_{t+1})$$

siendo B el valor contable de la acción, RF la rentabilidad financiera y *pay out* la ratio dividendo sobre beneficio[2].

El modelo del *RR* presenta varias ventajas en comparación con los otros modelos:

— Su base teórica, si se cumple la condición de excedente limpio, es tan sólida como la del modelo de descuento de dividendos, dado que son matemáticamente equivalentes.

[2] A estos efectos, consideraremos el concepto amplio de dividendo, es decir, la suma de todos los flujos de caja entre la empresa y sus accionistas, tanto activos como pasivos.

— Comparte con el modelo del *EVA* su menor sensibilidad frente al valor terminal. Así, es razonable suponer que el *RR* irá reduciéndose en el tiempo conforme el precio de las acciones tiende a su equilibrio.
— Puede aplicarse tanto a empresas que no repartan dividendos como a empresas con valores negativos esperados para sus *FCLE* o *FCLA* en los próximos años.
— La información necesaria (rentabilidad financiera de la empresa, ratio *payout* y coste de capital de las acciones) suele ser más sencilla de obtener que la de otros modelos (flujos de caja o resultados económicos de la empresa).

El modelo del *RR*, sin embargo, también cuenta con determinadas dificultades que conviene subrayar. Algunas de estas dificultades son las siguientes:

— Los datos a introducir en el modelo son variables contables de renta y, por tanto, están más sujetas a la posible manipulación de la contabilidad por parte de la dirección de la empresa que las variables de flujo de caja. Por este motivo, es recomendable analizar la fiabilidad de los datos contables empleados en el modelo.
— Tal y como hemos visto en el caso del *EVA*, es posible que necesitemos aplicar determinados ajustes sobre los datos contables para poder aplicar el modelo. Por ejemplo:

  • Reconocer determinados activos intangibles con valor económico que no cumplen los requisitos necesarios para ser contabilizados.
  • La eliminación del fondo de comercio y su posible deterioro.
  • La consideración de los activos y pasivos fuera de balance.
  • El ajuste, cuando sea posible, del valor de los activos y pasivos a su valor razonable.

— Finalmente, recordemos que este modelo supone el cumplimiento de la condición de «excedente limpio». El analista tendrá que estudiar la importancia que puedan tener las violaciones de esta condición. En este sentido, es conveniente recordar que los ingresos y gastos imputados directamente a patrimonio neto suelen acabar imputándose a pérdidas y ganancias en períodos posteriores. Una forma de superar este problema es calcular la rentabilidad financiera usando el «resultado comprensivo», esto es, la suma del resultado de la cuenta de pérdidas y ganancias más los ingresos y gastos imputados directamente a patrimonio.

En el siguiente ejemplo estimaremos el valor de las acciones de una empresa usando el método del resultado residual.

EJEMPLO 13.4

Disponemos de la siguiente información sobre la empresa Acerinox. La información está expresada en euros por acción. Los datos de 2020 son datos reales, procedentes de los estados financieros de la empresa, mientras que los datos correspondientes a 2021, 2022 y 2023 son estimaciones realizadas para cada una de las variables:

	2020	2021	2022	2023
Beneficio por acción	0,18 €	1,47 €	1,39 €	1,17 €
Valor contable de la acción	5,93 €	6,91 €	7,76 €	8,38 €

Considerando un coste de capital del patrimonio propio del 9 por 100 y que el valor terminal se obtendrá reduciendo el resultado residual estimado para 2023 en un 10 por 100 anual, estimaremos el valor de una acción de Acerinox.

	2021	2022	2023	Valor terminal	Suma
Resultado residual	0,91 €	0,73 €	0,43 €	2,05 €	
Resultado residual descontado	0,83 €	0,62 €	0,33 €	1,58 €	3,37 €
Valor estimado de la acción					9,30 €

La descripción de los cálculos realizados es la siguiente:

1. **Resultado residual:** se calcula restando al beneficio por acción el producto del coste de capital del patrimonio propio por el valor contable de la acción del período precedente, excepto para el caso de la columna Valor terminal, en cuyo caso se calcula como el 90 por 100 del valor del período precedente, descontado a perpetuidad con una tasa de actualización del 9 por 100 y una tasa de crecimiento del −10 por 100.
2. **Resultado residual descontado:** se obtiene descontando los valores del resultado residual al momento actual con el coste de capital propio del 9 por 100.
3. **Valor estimado de la acción:** se obtiene como la suma de los valores del resultado residual descontado y el valor contable de la acción actual (correspondiente a la columna 2020).

13.4.6. Resumen de los métodos dinámicos

Los métodos dinámicos tratan de estimar el valor de las acciones de la empresa a partir de las previsiones sobre la actividad futura de la empresa. Todos los métodos dinámicos revisados se ajustan a la siguiente formulación general:

$$V_t = Valor\ inicial + \sum_{i=1}^{\infty} \frac{E_t(FC_{t+i})}{(1+K)^i}$$

Las diferencias entre unos modelos y otros son, por tanto, las variables empleadas en la anterior formulación general.

En la siguiente tabla se presenta un resumen de los modelos estudiados, indicando la información empleada en el modelo general, su aplicabilidad, ventajas y desventajas.

Modelo	Variables	Ventajas	Inconvenientes	Aplicabilidad
Dividendos (*MDD*)	• V_t es el valor de una acción. • Este modelo no tiene *Valor inicial*. • FC_{t+i} es el dividendo por acción a percibir en el período $t + i$. • K es la tasa de descuento aplicable a las acciones, es decir, K_{FP}.	• Adecuación teórica. • Dividendos fácilmente observables y estimables.	• Los dividendos pueden ser discrecionales. • Dificultad para valorar empresas que no reparten dividendos. • Posible escasa correlación entre dividendos y generación de riqueza. • Valoración, en general, conservadora. • No adecuado para operaciones cuyo objetivo sea el control. • Alta sensibilidad al valor terminal.	• Empresas que reparten dividendos, guardando estos dividendos relación con la riqueza generada. No es adecuado para valorar cuando el objetivo es obtener el control de la empresa.
Flujo de caja libre para el accionista (MDF-CLA)	• V_t es el valor de una acción. • Este modelo no tiene *Valor inicial*. • FC_{t+i} es el *FCLA* por acción generado en el período $t + i$. • K es la tasa de descuento aplicable a las acciones, es decir, K_{FP}.	• Mayor aplicabilidad que el *MDD*. • Independencia de la discrecionalidad sobre los dividendos.	• Información más difícil de obtener y pronosticar. • Difícil de aplicar en empresas en crecimiento. • Difícil de aplicar en empresas con *FCLA* negativo en el corto plazo. • Alta sensibilidad al valor terminal.	• Puede aplicarse a empresas que no reparten dividendos o con dividendos poco relacionados con la generación de riqueza de la empresa; también puede emplearse cuando el objetivo sea el control de la empresa. • Resulta más conveniente en empresas de sectores en madurez y con escasa variabilidad de su estructura financiera.

Modelo	Variables	Ventajas	Inconvenientes	Aplicabilidad
Flujo de caja libre para la empresa (*FCLE*)	• V_t es el valor de toda la estructura financiera de la empresa. • Este modelo no tiene *Valor inicial.* • FC_{t+i} es el *FCLE* generado en el período $t + i$. • *K* es el coste medio ponderado de capital de la empresa, es decir, *K*.	• Mayor aplicabilidad que los modelos anteriores. • No afectado por la discrecionalidad de los dividendos. • Aplicable a empresas en crecimiento y con importantes variaciones en su estructura financiera.	• Información más difícil de obtener y pronosticar. • Difícil de aplicar en empresas con *FCLE* negativo en el corto plazo. • Alta sensibilidad al valor terminal.	• Puede aplicarse a empresas que no reparten dividendos, o con dividendos poco relacionados con la generación de riqueza de la empresa; también puede emplearse cuando el objetivo sea el control de la empresa. • Puede emplearse en empresas con endeudamiento poco estable.
Valor económico añadido (*EVA*)	• V_t es el valor de toda la estructura financiera de la empresa. • El *Valor inicial* de este modelo es A_t, es decir, el valor actual de los activos. • FC_{t+i} es el *EVA* obtenido en el período $t + i$. • *K* es el coste medio ponderado de capital de la empresa, es decir, *K*.	• No afectado por la discrecionalidad de los dividendos o el valor negativo de los flujos de caja. • Aplicable a empresas en crecimiento y con importantes variaciones en su estructura financiera. • Poca sensibilidad al valor terminal.	• Necesidad de realizar ajustes a los datos contables. • Información más difícil de obtener y pronosticar.	• Aplicable en general a cualquier empresa para la que sea factible la estimación de las variables.
Resultado residual (*RR*)	• V_t es el valor de una acción. • El *Valor inicial* de este modelo es *Bt*, es decir, el valor teórico actual de una acción. • FC_{t+i} es el *RR* obtenido en el período $t + i$. • *K* es el coste de capital del patrimonio propio, es decir, K_{FP}.	• Adecuación teórica. • Poca sensibilidad al valor terminal. • No afectado por la discrecionalidad de los dividendos o el valor negativo de los flujos de caja. • Variables relativamente más fácilmente observables y estimables.	• Posibilidad de manipulación contable. • Necesidad de realizar ajustes a los datos contables. • Dependencia de la condición de «excedente limpio».	• Aplicable en general a cualquier empresa para la que sea factible la estimación de las variables.

13.5. MÉTODOS DE VALORACIÓN POR MÚLTIPLOS

Los modelos dinámicos estudiados hasta ahora se caracterizan por ser modelos muy intensivos en conocimiento sobre la empresa a valorar. Para poder aplicar un modelo dinámico hemos de tener conocimientos bastante amplios sobre el futuro previsible de la empresa (previsibles dividendos, flujos de caja, beneficios, evolución de su estructura financiera...) y sobre los costes de capital de la misma. Es, por tanto, una valoración que requiere tiempo y recursos para obtener un valor suficientemente fiable.

Un sistema de valoración alternativo es la valoración por múltiplos. Este sistema intenta estimar si la valoración actual de una acción es adecuada o, por el contrario, si existe una situación de infra o sobrevaloración de la misma, analizando la relación que existe entre el precio actual de la acción y determinadas variables clave de la actividad económica y financiera de la empresa. La valoración mediante múltiplos tiene el atractivo de su simplicidad, la cual facilita el análisis extensivo de múltiples empresas sin la necesidad de un conocimiento tan intensivo como en el caso de los modelos dinámicos. Sin embargo, mientras que los modelos dinámicos pueden aplicarse a la valoración tanto de empresas cotizadas como no cotizadas, la valoración de múltiplos solo es aplicable a empresas cotizadas.

Un «múltiplo» es un ratio financiero en el que el numerador es el valor de la acción y el denominador es alguna medida representativa de la actividad económica de la empresa, como por ejemplo su beneficio por acción, el valor teórico de la acción o las ventas por acción. La lógica subyacente en estos modelos consiste en analizar si el valor del «múltiplo» es o no apropiado. Para ello se realiza la comparación del valor actual del múltiplo de una empresa en tres sentidos:

a) En primer lugar, se realiza la comparación temporal del valor del múltiplo, analizando si el valor actual es el resultante de una tendencia determinada observada en los valores pasados. Si el valor actual es excesivamente grande (pequeño) en comparación con los valores pasados, la acción puede encontrarse sobrevalorada (infravalorada).

b) En segundo lugar, se realiza una comparación de corte transversal, analizando la adecuación del valor actual del múltiplo a los valores obtenidos por empresas similares (generalmente empresas del mismo sector económico). Al igual que en el caso anterior, si el valor actual del múltiplo es demasiado grande (pequeño) en comparación con los valores obtenidos para las empresas similares, puede considerarse que la empresa se encuentra sobrevalorada (infravalorada).

c) En tercer lugar, se realiza una comparación del valor actual con el valor «teórico» del múltiplo. Para ello se estudia el sentido económico del ratio y se analiza si el valor actual del mismo es compatible con las variables económicas que definirían, en teoría, el ratio.

A continuación, analizaremos los múltiplos más frecuentemente empleados: el ratio precio-beneficio (*Price-earnings ratio* o *PER*), el ratio mercado-libros (*Book-to-market ratio* o *BTM*), y el ratio mercado-ventas (*Price-to-sales ratio* o *PS*). Asimismo, siguiendo la misma lógica, pueden construirse otros múltiplos con otras variables que el analista considere que sirven como base de comparación. Algunos de los ratios que son empleados por los analistas (pero que, sin embargo, no desarrollaremos en este tema) son el ratio precio-EBITDA, el ratio precio-flujo de caja libre para la empresa o el ratio precio-dividendo.

13.5.1. El ratio precio-beneficio (*PER*)

Tal y como ya se adelantaba en el capítulo 9, el ratio precio-beneficio (*Price-earnings ratio* o *PER*) es la relación entre el valor de la acción y el beneficio por acción de una empresa:

$$PER = \frac{p}{BPA}$$

Este múltiplo es, probablemente, el ratio más extendido en la evaluación de la adecuación del precio de una empresa. El ratio suele interpretarse como el número de años que la empresa debería estar consiguiendo el beneficio actual (*BPA*) para poder pagar con ellos el precio de la acción.

Las ventajas del uso del *PER* son su generalización en el ámbito financiero, la facilidad para la obtención de los datos necesarios para su cálculo y la sencillez de su interpretación. Sin embargo, el *PER* presenta también problemas que hay que tener en cuenta a la hora de emplearlo. Sus principales problemas son:

— El *PER* carece de sentido económico cuando el *BPA* es negativo. Por tanto, no puede aplicarse al análisis del valor de las empresas que están obteniendo pérdidas.

— El *PER* se basa en el beneficio final de la empresa, el cual puede tener componentes volátiles o transitorios que disfracen la real situación de la empresa.

— El beneficio, como ya se ha señalado anteriormente, es una medida contable que puede ser manipulada por la directiva de la empresa.

Los determinantes económicos del *PER*

En el apartado 13.3.3 definimos el modelo de Gordon de la siguiente forma:

$$P_{t \text{ si } K_{FP}>g} = \frac{E_t(D_t)}{K_{FP} - g} = \frac{E_t(Beneficio_t) \times (1 - pay\ out)}{K_{FP} - g}$$

Si sustituimos el valor de la acción según el modelo de Gordon en el ratio *PER*, obtendremos:

$$PER = \frac{P_t}{Beneficio_t} = \frac{\dfrac{\cancel{Beneficio_t} \times pay\ out}{K_{FP} - g}}{\cancel{Beneficio_t}} = \frac{pay\ out}{K_{FP} - g} = \frac{pay\ out}{K_{FP} - RF \times (1 - pay\ out)}$$

Por lo que obtenemos que el *PER* de una empresa dependerá de:

— El coste del capital propio de las acciones, el cual, a su vez, depende del riesgo asociado a las acciones. Podemos ver que, a mayor riesgo, mayor coste de capital y, por tanto, menor *PER*.

— La tasa de crecimiento de la empresa *g*. A mayor crecimiento, mayor valor del ratio *PER*.

— El ratio de *pay out*. La relación entre este ratio y el *PER* es más compleja, ya que, aunque el ratio de *pay out* se encuentra con signo positivo en el numerador, hemos de recordar que el crecimiento de la empresa según Gordon (g) también depende del ratio de *pay out,* siendo la influencia de este ratio en el crecimiento negativa. Por tanto, la influencia del ratio de *pay out* en el ratio *PER* dependerá de la relación que exista entre la rentabilidad financiera de la empresa (*RF*) y el coste de capital propio (K_{FP}):

  - Si $RF > K_{FP}$, un alto nivel de reparto de dividendos reducirá el valor del *PER*.
  - Si $RF < K_{FP}$, un alto nivel de reparto de dividendos aumentará el valor del *PER*.
  - Finalmente, si ambas magnitudes son iguales, el ratio de *pay out* no afectará al valor del *PER*.

Las tres variables anteriores se conocen como «los fundamentales» del *PER*. Las empresas que, en un sector, presentan el mayor nivel de riesgo, la menor tasa de crecimiento o el menor valor de rentabilidad financiera, son las que deberían presentar un menor *PER*. Asimismo, las empresas menos arriesgadas, con mayor nivel de crecimiento o mayor rentabilidad financiera, deberían presentar mayor *PER*.

13.5.2. El ratio mercado-libros (*MTB*)

El ratio mercado-libros o *MTB (market-to-book)* es otro de los múltiplos más frecuentemente empleados por los analistas bursátiles. En este ratio el valor de mercado de la acción se compara con el valor teórico de la acción según la contabilidad.

El ratio *MTB* presenta ciertas ventajas en comparación con el ratio *PER*, como por ejemplo:

— Puede aplicarse a las empresas con pérdidas, siempre y cuando mantengan un valor teórico de la acción positivo.
— Suele ser más estable que el *PER*, por lo que el *MTB* es más aconsejable en el caso de empresas con valores extremos en su *BPA* o con *BPA* muy volátil.
— Puede ser un método más apropiado que el *PER* para el caso de empresas cuya continuidad futura esté en duda.

No obstante, también tiene una serie de problemas que conviene tener en cuenta:

— Igual que el beneficio, el valor teórico de la acción procede de la información contable de la empresa, la cual puede estar manipulada por la gerencia.
— El ratio *MTB* es también muy sensible al conservadurismo contable, por lo que las diferencias en el conservadurismo aplicado a la contabilidad pueden hacer menos comparables los ratios de *MTB* entre empresas.
— Los valores contables pueden resultar subóptimos estimadores del valor teórico de las acciones en situaciones de alta inflación, dificultando la comparación entre empresas y países.

Los determinantes económicos del *MTB*

Si sustituimos el precio de la acción en el *MTB* por su valor según Gordon, obtendremos los determinantes económicos del *MTB*:

$$PER = \frac{P_t}{B_t} = \frac{\dfrac{BPA_t \times pay\ out}{K_{FP} - g}}{B_t} = \frac{RF \times pay\ out}{K_{FP} - g} = \frac{RF - g}{K_{FP} - g}$$

Los determinantes económicos del *MTB* serán, por tanto:

— La rentabilidad financiera de la empresa (*RF*): a mayor rentabilidad, mayor *MTB*.
— El riesgo de la empresa (K_{FP}): a mayor riesgo, menor valor del *MTB*.
— La tasa de crecimiento de la empresa: la influencia de la tasa de crecimiento dependerá de la relación entre la rentabilidad y el coste de capital. Así:

- Si $RF > K_{FP}$, a mayor crecimiento, mayor *MTB*.
- Si $RF < K_{FP}$, a mayor crecimiento, menor *MTB*.
- Si $RF = K_{FP}$, el crecimiento no afectará al *MTB*.

En consecuencia, las empresas con mayor rentabilidad financiera y menor riesgo serán las que obtengan un mayor ratio *MTB*, mientras que las empresas más arriesgadas o con menor rentabilidad financiera cabrá esperar que presenten un menor ratio *MTB*.

13.5.3. El ratio precio-ventas (*PV*)

El múltiplo precio-ventas relaciona el valor de la acción con las ventas de la empresa, divididas entre el número de acciones de la empresa. Este ratio se popularizó para valorar empresas en sus primeros estadios de crecimiento, especialmente en sectores en los que los beneficios y, posiblemente, también los valores teóricos de las acciones resultan negativos en esas primeras fases de crecimiento. El ejemplo típico son las empresas tecnológicas surgidas en los años noventa, las cuales presentaban un alto potencial de crecimiento, si bien los pronósticos no auguraban beneficios en el corto plazo.

El ratio *PV* tiene una serie de ventajas con respecto a los dos ratios anteriores:

- No tiene valores negativos para los que el ratio no tiene sentido económico.
- La cifra de ventas es menos susceptible de manipulación contable que el beneficio o el valor de libros.
- Suelen ser más estables que el *PER*, por lo que son más aceptables en los casos de empresas con *BPA* muy volátil o con valores extremos.

Sin embargo, el ratio *PV* presenta como principal inconveniente el hecho de que solo tiene en cuenta la eficiencia comercial de la empresa, pero no su eficiencia productiva. Por tanto, no resulta adecuado para comparar empresas que pueden tener importantes diferencias en sus sistemas productivos o de costes.

Los determinantes económicos del *PV*

De nuevo sustituiremos el precio de la acción por su valor según el modelo de Gordon. El resultado sería el siguiente:

$$PV = \frac{P_t}{V_t} = \frac{\dfrac{BPA_t \times pay\ out}{K_{FP} - g}}{V_t} = \frac{\text{Margen} \times pay\ out}{K_{FP} - g}$$

Por lo que el valor del ratio *PV* dependerá de:

- El margen de las ventas, calculado como beneficio dividido por ventas. A mayor margen, mayor valor del ratio *PV*.
- El riesgo de la empresa: a mayor riesgo, menor valor del ratio.
- El crecimiento de la empresa: a mayor crecimiento, mayor valor del ratio.

— El ratio de *pay out*. La influencia de este ratio en el *PV* es la misma que la vista para el *PER*.

Por tanto, es de esperar que las empresas de un sector que presenten los valores más altos en el margen y el crecimiento, así como más bajos en el riesgo, sean las que tengan un valor más alto para el ratio *PV*. Asimismo, las empresas con peor margen, con menor tasa de crecimiento o con mayor riesgo serán las que tengan el *PV* más bajo.

A continuación, aplicaremos el método de valoración mediante múltiplos en el siguiente ejemplo.

EJEMPLO 13.5

Conocemos la siguiente información de varias empresas, pertenecientes todas ellas al mismo sector de actividad:

Empresa	Precio acción	*BPA*	Valor libros	Ventas/ acción	Dividendo por acción	Coste *FP*
A	16,12 €	1,20 €	11,20 €	3,80 €	0,70 €	9,2%
B	21,12 €	1,12 €	8,70 €	3,88 €	0,67 €	8,4%
C	9,61 €	0,93 €	7,60 €	8,12 €	0,64 €	10,5%
D	26,12 €	1,41 €	10,90 €	3,13 €	0,96 €	9,8%
E	13,99 €	1,35 €	15,10 €	2,76 €	1,01 €	10,1%
F	12,00 €	1,62 €	14,80 €	8,53 €	0,96 €	8,4%
G	13,12 €	1,95 €	13,90 €	7,51 €	1,70 €	10,3%
H	32,05 €	2,91 €	25,40 €	10,23 €	2,02 €	9,7%

Realizaremos a continuación un análisis de los precios de estas empresas a través de sus múltiplos. Para ello comenzaremos calculando el valor real de los múltiplos que tiene cada una de las empresas:

Empresa	*PER*	*MTB*	*PV*
A	13,4	1,4	4,2
B	18,8	2,4	5,4
C	10,4	1,3	1,2
D	18,6	2,4	8,3
E	10,3	0,9	5,1
F	7,4	0,8	1,4
G	6,7	0,9	1,7
H	11,0	1,3	3,1
Promedio	12,1	1,4	3,8
Desviación	4,6	0,6	2,5

En el siguiente gráfico se realiza un estudio comparativo de los valores de los tres múltiplos para las ocho empresas. Para facilitar la comparación con la media del sector se presentan los valores de los ratios estandarizados, es decir, el resultado de dividir por la desviación típica del múltiplo la diferencia entre el valor de cada empresa y la media del sector.

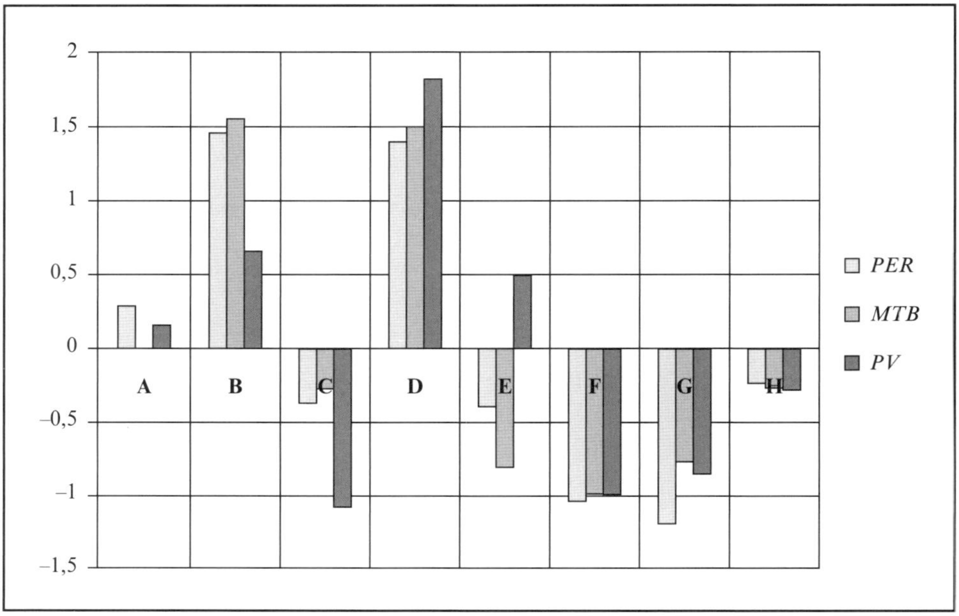

Del análisis del gráfico podemos destacar lo siguiente:

a) Las empresas B y D destacan por presentar elevados valores de las tres ratios en comparación con la media.

b) Las empresas C, F, G y H presentan ratios inferiores a la media. No obstante, el comportamiento más extremo para las tres ratios se observa en las empresas F y G.

Sin profundizar más en el análisis, podríamos señalar a las empresas B, D, F y G como posibles empresas en situación de valoración errónea: B y D pueden estar sobrevaloradas en el mercado, dados los elevados múltiplos que presentan; por su parte, F y G pueden estar infravaloradas en el mercado porque sus ratios son muy inferiores a la media del sector.

No obstante, el hecho de tener un valor extremo no justifica de por sí la mala valoración de la acción. Para cerciorarnos de la incorrecta valoración de estas empresas calcularemos los valores teóricos de los diferentes múltiplos. Para ello en primer lugar obtendremos las siguientes variables, que nos servirán para calcular esos valores teóricos:

Empresa	*Pay-out*	1 − *Pay out*	Rentabilidad	Crecimiento	Margen
A	58,3%	41,7%	10,7%	4,5%	31,6%
B	59,6%	40,4%	12,9%	5,2%	29,0%
C	69,2%	30,8%	12,2%	3,8%	11,4%
D	68,2%	31,8%	12,9%	4,1%	45,0%
E	74,7%	25,3%	9,0%	2,3%	49,0%
F	59,2%	40,8%	10,9%	4,5%	19,0%
G	87,0%	13,0%	14,1%	1,8%	26,0%
H	69,5%	30,5%	11,4%	3,5%	28,4%

Los cálculos realizados para obtener estos datos han sido:

1. ***Pay-out:*** dividendo por acción entre *BPA*.
2. **1 − *Pay out:*** 1 menos el dato anterior.
3. **Rentabilidad:** *BPA* entre valor de libros de la acción.
4. **Crecimiento:** producto de los dos datos anteriores.
5. **Margen:** *BPA* entre ventas por acción.

Los valores teóricos calculados para cada empresa y múltiplo se presentan en la siguiente tabla:

Empresa	*PER* real	*PER* teórico	*MTB* real	*MTB* teórico	*PV* real	*PV* teórico
A	13,43	12,32	1,44	1,32	4,24	3,89
B	18,78	18,76	2,43	2,42	5,44	5,44
C	10,39	10,25	1,26	1,25	1,18	1,17
D	18,55	11,98	2,40	1,55	8,35	5,39
E	10,34	9,54	0,93	0,85	5,07	4,67
F	7,41	15,04	0,81	1,65	1,41	2,86
G	6,72	10,26	0,94	1,44	1,75	2,67
H	11,02	11,20	1,26	1,28	3,13	3,18

Realizando la comprobación de las empresas que habíamos señalado como posiblemente mal valoradas, obtenemos que:

1. La empresa B obtiene unas ratios teóricas muy similares a las reales. Por tanto, a pesar de que esas ratios son muy superiores a la media del sector,

los datos indican que tienen fundamento económico. Es decir, podemos descartar la idea de que la empresa está sobrevalorada.

2. La empresa D, sin embargo, tiene unas ratios teóricas notablemente inferiores a las ratios reales. Ello sirve para afianzar la intuición de que esta empresa está sobrevalorada, es decir, el precio de 26,12 € por una acción de D es excesivo.
3. Tanto para la empresa F como para la G observamos que los datos teóricos son superiores a los reales. Este dato corrobora la hipótesis de que estas dos empresas se encuentran infravaloradas, es decir, que sus acciones valen realmente más que los precios que se están pagando por ellas actualmente en el mercado (12 y 13,12 euros, respectivamente).

BIBLIOGRAFÍA

Damodaran, A. (2006).
Fernández, P. (2004).
Stowe, J. D., Robinson, T. R., Pinto, J. E. y McLeavy, D. W. (2002).

CUESTIONES Y EJERCICIOS

1. Los métodos estáticos de valoración de acciones:

a) Estiman el valor de la acción en función del riesgo de la misma.
b) Usan los flujos de caja del actual ejercicio para calcular el valor de la acción.
c) Se basan principalmente en el resultado del ejercicio.
d) No tienen en cuenta las expectativas de generación de flujos de caja de la empresa para estimar el valor de la acción.

2. Los métodos dinámicos de valoración de acciones se diferencian de los estáticos principalmente en que:

a) Los dinámicos emplean información sobre la evolución previsible de la empresa.
b) Los dinámicos no emplean información contable para la valoración de las acciones.
c) Los dinámicos solo son aceptables en situaciones de liquidación de la empresa.
d) Los dinámicos solo pueden aplicarse a empresas cotizadas en bolsa.

3. Los principales problemas del método del descuento de dividendos son:

a) Solo es aplicable a empresas que repartan dividendos.
b) No es aplicable a las adquisiciones cuyo objetivo sea obtener el control de la empresa valorada.
c) Ofrecen una valoración generalmente conservadora de la acción.
d) Es muy dependiente del valor terminal.
e) Todas las anteriores son correctas.

4. La principal ventaja del método del flujo de caja libre para la empresa (*FCLE*) sobre el método del flujo de caja libre para el accionista (*FCLA*) es que:

a) El *FCLE* no puede ser negativo.
b) Con el método del *FCLE* no es necesario realizar previsiones sobre la evolución de la estructura financiera de la empresa.
c) El método del *FCLA* no puede aplicarse a las adquisiciones cuyo objetivo sea obtener el control de la empresa valorada.
d) Todas las anteriores son correctas.

5. Los métodos del valor económico añadido (*EVA*) y del resultado residual (*RR*) presentan una importante ventaja técnica sobre el resto de métodos dinámicos. Esta ventaja es:

a) Que ni el *EVA* ni el *RR* pueden ser negativos.
b) Que son los únicos métodos apropiados cuando el objetivo de la adquisición de las acciones sea obtener el control de la compañía.
c) Que tienen menor sensibilidad con respecto al valor terminal.
d) Todas las anteriores son correctas.

6. Podemos considerar que es una buena inversión adquirir acciones de una empresa cuando:

a) Su *PER* es demasiado alto, ya que ello indica que en el mercado obtiene más valoración por cada euro de beneficio y, por tanto, es previsible que su precio suba en el futuro.
b) Su *PER* es demasiado bajo, ya que ello indica que el mercado está infravalorando la empresa, por lo que es previsible que el precio de la acción suba en el futuro.
c) Su *PER* es aproximadamente igual al del sector, ya que no existen problemas de infravaloración ni sobreapreciación.
d) Su *PER* es positivo, porque indica que la empresa está obteniendo beneficios.

7. El *PER* es el múltiplo más frecuentemente utilizado. Sin embargo, presenta determinadas limitaciones que hay que tener en cuenta a la hora de interpretarlo. Una de estas limitaciones es que:

a) El *PER* no puede calcularse para las empresas que no reparten dividendos.
b) El *PER* no tiene sentido en empresas con una fuerte tasa de crecimiento o de decrecimiento.
c) El *PER* no tiene sentido en empresas que no obtienen beneficios.
d) El *PER* solo se puede aplicar a empresas cuya rentabilidad exceda su coste de capital.

8. Señale cuál de estas afirmaciones no es correcta:

a) Un aumento en la rentabilidad financiera implicaría un aumento en los ratios del *PER* y del *MTB*, suponiendo que el resto de variables permanece constante.
b) Un aumento en el margen sobre ventas hará que aumente el ratio *PV*, suponiendo que el resto de variables permanece constante.
c) Un aumento en la tasa de crecimiento de la empresa hará que aumenten el ratio *PER*, el *MTB* y el ratio *PV*, suponiendo que el resto de variables permanece constante.
d) Un aumento en el riesgo financiero de la empresa reducirá el valor de los ratios *PER*, *MTB* y *PV*, suponiendo que el resto de variables permanece constante.

9. Caso práctico. Pino del Bosque.

La empresa «Pino del Bosque, sociedad anónima» se dedica a la fabricación y venta de muebles de madera. Su fundador, don Silvestre Pino del Bosque, ha dirigido la empresa desde sus inicios, consiguiendo un negocio bastante exitoso en su sector. Actualmente, sin embargo, dado lo avanzado de su edad y la carencia de algún familiar que pueda sucederle al frente de la empresa, se está planteando la venta de la misma a la multinacional Wood X-penser. Para acordar el posible valor de venta de la empresa ha acudido a usted para que realice la valoración de la misma. Tras arduos trabajos de recopilación de información y estimaciones del negocio futuro de la empresa, ha obtenido los siguientes datos:

Balance actual y valores futuros previstos

Ejercicio	0	1e	2e	3e	4e	5e
Activo no corriente	**14.884**	**16.615**	**18.192**	**19.453**	**20.224**	**20.341**
• Fondo de comercio	2.500	2.500	2.500	2.500	2.500	2.500
• Otro inmovilizado	14.920	17.904	20.947	23.879	26.505	28.625
• Amortización acumulada	−2.536	−3.789	−5.255	−6.926	−8.781	−10.784
Activo corriente	**17.035**	**18.803**	**20.759**	**22.941**	**25.164**	**27.547**
• Existencias	3.900	4.172	4.463	4.775	5.109	5.466
• Deudores	10.635	11.379	12.175	13.027	13.938	14.913
• Tesorería	2.500	3.252	4.121	5.139	6.117	7.168
Total activo	**31.919**	**35.418**	**38.951**	**42.394**	**45.388**	**47.888**
Patrimonio neto	**12.540**	**14.335**	**16.183**	**18.107**	**20.146**	**22.352**
Pasivo no corriente	**12.150**	**13.275**	**14.355**	**15.255**	**15.615**	**15.345**
Pasivo corriente	**7.229**	**7.808**	**8.413**	**9.032**	**9.627**	**10.191**
• Deudas con entidades de crédito	740	865	985	1.085	1.125	1.095
• Acreedores comerciales	6.489	6.943	7.428	7.947	8.502	9.096
Total pasivo	31.919	35.418	38.951	42.394	45.388	47.888

Cuenta actual de pérdidas y ganancias y valores futuros previstos

Ejercicio	0	1e	2e	3e	4e	5e
Ventas	13.115	14.033	15.015	16.066	17.190	18.393
Coste de ventas	−8.262	−8.840	−9.459	−10.121	−10.829	−11.587
Amortización	−1.044	−1.253	−1.466	−1.671	−1.855	−2.003
Resultado de explotación	**3.809**	**3.940**	**4.090**	**4.274**	**4.506**	**4.803**
Gastos financieros por deudas con terceros	−556	−610	−662	−705	−723	−710
Resultado antes de impuestos	**3.253**	**3.330**	**3.428**	**3.569**	**3.783**	**4.093**

Ejercicio	0	1e	2e	3e	4e	5e
Impuesto sobre beneficios	−748	−765	−788	−820	−870	−941
Resultado del ejercicio	**2.505**	**2.565**	**2.640**	**2.749**	**2.913**	**3.152**
Distribución del resultado						
A dividendos	−752	−770	−792	−825	−874	−946
A reservas	1.753	1.795	1.848	1.924	2.039	2.206

Estado de flujos de efectivo

Ejercicio	0	1e	2e	3e	4e	5e
Flujo de caja de explotación	**3.501**	**3.256**	**3.504**	**3.775**	**4.078**	**4.417**
Flujo de caja de inversión	**−3.283**	**−2.984**	**−3.043**	**−2.932**	**−2.626**	**−2.120**
Flujo de caja de financiación	**−672**	**480**	**408**	**175**	**−474**	**−1.246**
• Por instrumentos de pasivo financiero	80	1.250	1.200	1.000	400	−300
• Por dividendos	−752	−770	−792	−825	−874	−946
Efectivo al comienzo del ejercicio	**2.954**	**2.500**	**3.252**	**4.121**	**5.139**	**6.117**
Variación total de efectivo	**−454**	**752**	**869**	**1.018**	**978**	**1.051**
Efectivo al final del ejercicio	**2.500**	**3.252**	**4.121**	**5.139**	**6.117**	**7.168**

Notas: los valores anteriores están expresados en miles de euros; los datos correspondientes al período 0 son los referentes al último ejercicio aprobado, mientras que los datos correspondientes a los períodos 1e hasta 5e son las estimaciones para los próximos períodos.

Asimismo, de acuerdo a los estudios que usted ha realizado sobre el coste de capital de la empresa, estima que el coste de capital del patrimonio propio sería del 8 por 100, mientras que el coste de capital del activo de la empresa se situaría en el 6 por 100.

TRABAJO A REALIZAR

1. Indique por qué en este caso no sería aconsejable emplear el modelo del descuento de dividendos para estimar el valor de las acciones.
2. Estime el valor de las acciones de la empresa por el método del descuento del flujo de caja libre para el accionista (*FCLA*). Considere tres posibles escenarios para el valor Terminal:

   a) Escenario pesimista: el *FCLA* se reducirá un 1 por 100 interanual a perpetuidad.

b) Escenario más probable: el *FCLA* se mantendrá constante a perpetuidad.

c) Escenario optimista: el *FCLA* aumentará un 5 por 100 a perpetuidad.

Analice el efecto que tiene la estimación del valor terminal en la valoración del patrimonio neto de la empresa.

3. Estime el valor de las acciones de la empresa por el método del descuento del flujo de caja libre para la empresa (*FCLE*). Considere los tres posibles escenarios anteriores, pero aplicando las tasas de variación al *FCLE*. Analice, asimismo, el efecto que tiene la estimación del valor terminal en la valoración del patrimonio neto de la empresa.
4. Estime el valor de las acciones de la empresa usando el modelo del valor económico añadido (*EVA*). A estos efectos, considere como valor terminal que el *EVA* irá desapareciendo progresivamente a una tasa interanual del 25 por 100. Analice el efecto que tiene la estimación del valor terminal en la estimación del valor del patrimonio neto de la empresa por este método.
5. Estime el valor de las acciones de la empresa usando el modelo del resultado residual (*RR*). Considere como valor terminal que el *RR* irá desapareciendo progresivamente a una tasa interanual del 25 por 100. Analice el efecto que tiene la estimación del valor terminal en la estimación del valor del patrimonio neto de la empresa por este método.

Propuesta de solución a las cuestiones y ejercicios

CAPÍTULO 1. PROPUESTA DE SOLUCIÓN A LOS EJERCICIOS

1. *c.*	2. *a.*	3. *d.*	4. *d.*	5. *d.*	6. *c.*
7. *b.*	8. *c.*	9. *c.*	10. *c.*	11. *a.*	12. *b.*

13. El cálculo del tipo de interés efectivo exige plantear la siguiente equivalencia financiera:

$29.900.000 = 1.800.000(1 + i)^{-1} + 1.800.000(1 + i)^{-2} + ... + 1.800.000(1 + i)^{-5} +$
$+ 31.500.000 (1 + i)^{-5}$
$i = 6{,}951487$ por 100.

Gasto financiero total, intereses explícitos y diferencia

Fecha	Gasto financiero total	Intereses explícitos	Diferencia	(Coste amortizado)
01-01-20X4				29.900.000
31-12-20X4	2.078.494	1.800.000	278.494	30.178.494
31-12-20X5	2.097.854	1.800.000	297.854	30.476.348
31-12-20X6	2.118.559	1.800.000	318.559	30.794.907
31-12-20X7	2.140.704	1.800.000	340.704	31.135.611
31-12-20X8	2.164.388	1.800.000	364.388	31.500.000
TOTALES	10.600.000	9.000.000	1.600.000	

Obligaciones y bonos en el momento de la emisión: 29.900.000.
Intereses explícitos correspondientes a 20X4: 30.000.000 × 0,06 = 1.800.000.

Intereses implícitos correspondientes a 20X4: (29.900.000 × 0,06951487) − − 1.800.000 = 278.494 euros.
Coste amortizado a finales de 20X8: 29.900.000 + 278.494 = 30.178.494.

14. Determinación del tipo de interés efectivo:

Rendimiento total de la operación: 110.000 − 101.500 = 8.500, que se distribuyen a lo largo de los 3 años mediante la aplicación del tipo de interés efectivo:

$$101.500 = 110.000(1 + i)^{-3}$$

$$i = 2{,}7169 \text{ por } 100$$

Intereses correspondientes a 20X1: 101.500 × 0,027169 = 2.757,66.
Coste amortizado a 31 de diciembre de 20X1: 101.500 + 2.757,66 = 104.257,66.
Intereses correspondientes a 20X2: 104.257,66 × 0,027169 = 2.832,59.
Coste amortizado a 31 de diciembre de 20X2: 104.257,66 + 2.832,59 = 107.090,25.
Intereses correspondientes a 20X3: 107.090,25 × 0,027169 = 2.909,58.
Coste amortizado a 31 de diciembre de 20X3: 107.090,25 + 2.909,58 = 110.000.

15. Créditos a largo plazo = 7.000 $(1 + 0{,}04)^{-2}$ = 6.471,89:

Número de cuenta		Debe	Haber
281	Amortización acumulada inmovilizado	25.000,00	
572	Banco	3.000,00	
253	Créditos a largo plazo venta inmovilizado	6.471,89	
213	Maquinaria		30.000,00
771	Beneficio procedente inmovilizado material		4.471,89

Pasado un año procede actualizar el crédito por venta de inmovilizado, es decir, hay que calcular el coste amortizado del mismo sumando al importe inicial los intereses devengados, que no se cobrarán sino hasta el final del segundo año.

Intereses devengados a lo largo del primer año: 6.471,89 × 0,04 = 258,87.

Coste amortizado del crédito pasado un año: 6.471,89 + 258,87 = 6.730,76.

16.

1. X
2. X
3. X
4. G
5. G
6. X
7. X
8. I
9. X
10. G
11. G
12. G
13. I

CAPÍTULO 2. PROPUESTA DE SOLUCIÓN A LOS EJERCICIOS

1. *d.* 2. *b.* 3. *b.* 4. *c.*

5.

Cuestión	Opción
Provisión para reestructuraciones	V
Efectos comerciales impagados	F
Acreedores por prestación de servicios	V
Ingresos anticipados	V
Dividendo activo a cuenta	F

6. *c.* 7. *c.*

8.

Deudas a largo plazo a 1 de enero de 20X0	38.570,43	
Coste amortizado a 31/12/20X1		26.455,08
Coste amortizado a 31/12/20X2		13.612,81

9.

Crédito a corto por venta de inmovilizado	56.603,77	
Crédito a largo por venta de inmovilizado		53.399,78
Pérdida de la operación		9.996,45

10. Solución caso ARMONÍA.

Número de cuenta	Activo	20X8
	A) ACTIVO NO CORRIENTE	**130.617**
	II. Inmovilizado material.	**13.617**
	2. Instalaciones técnicas y otro inmovilizado material.	13.617
	IV. Inversiones en empresas del grupo.	**45.000**
	1. Instrumentos de patrimonio.	45.000
	V. Inversiones financieras a largo plazo.	**72.000**
	1. Instrumentos de patrimonio.	72.000
	B) ACTIVO CORRIENTE	**83.025**
	II. Existencias.	**10.000**
	1. Comerciales.	10.000
	III. Deudores.	**35.000**
	1. Clientes por ventas.	35.000
	V. Inversiones financieras a corto plazo.	**13.600**
	1. Instrumentos de patrimonio	13.600
	VII. Efectivos y otros activos líquidos equivalentes.	**24.425**
	1. Tesorería.	24.425
	TOTAL ACTIVO (A + B)	**213.642**

Número de cuenta	Patrimonio neto y pasivo	20X8
	A) PATRIMONIO NETO	**162.914,42**
	A-1) Fondos propios.	**155.214,42**
	I. Capital suscrito	100.000
	VII. Resultado del ejercicio.	55.214,42
	A-2) Ajustes por cambios de valor.	**4.200**
	I. Activos financieros a valor razonable con cambios en el patrimonio neto.	4.200
	A-3) Subvenciones, donaciones y legados.	**3.500**
	B) PASIVO NO CORRIENTE	**32.612,23**
	I. Provisiones a largo plazo.	**2.857,15**
	2. Actuaciones medioambientales.	2.857,15
	II. Deudas a largo plazo.	**26.455,08**
	2. Deudas con entidades de crédito.	26.455,08
	IV. Pasivos por impuesto diferido.	**3.300**
	C) PASIVO CORRIENTE	**18.115,35**
	III. Deudas a corto plazo.	**12.115,35**
	2. Deudas con entidades de crédito.	12.115,35
	V. Acreedores comerciales y otras deudas a pagar.	**6.000**
	1. Proveedores.	5.000
	6. Otras deudas con las Administraciones Públicas.	1.000
	TOTAL PASIVO y PATRIMONIO NETO (A + B + C)	**213.642**

Capital social: 100.000 euros.

Subvención de capital

Importe concedido = 20.000
Vida útil inmovilizado financiado con la subvención = 4
Parte imputada en cada ejercicio = 20.000/4 = 5.000

Seguimiento de las cuentas relacionadas con la subvención:

	Enero X6	31/12/X6	31/12/X7	31/12/X8
Subvención de capital	14.000	10.500	7.000	3.500
Pasivo por impuesto diferido	6.000	4.500	3.000	1.500

Maquinaria

Importe facturado	50.000
Gastos de montaje	2.000
Coste inicial descontaminación	2.468
Coste total a 1/1/X6	54.468
Depreciación anual (54.468/4 = 13.617)	
Amortización acumulada a 31/12/20X8	(40.851)
Valor contable a 31/12/20X8	13.617
No hay datos sobre el importe recuperable	

Provisión medioambiental

Valor en el momento inicial: $3.000 \times (1{,}05)^{-4}$	2.468,11
Valor provisión transcurridos tres años: $2.468{,}11 \times (1{,}05)^{3}$	2.857,15

Inversiones financieras

Títulos mantenidos para negociar (Activos financieros a valor razonable con cambios en la cuenta de pérdidas y ganancias)	13.600
Títulos valorados como activos financieros a valor razonable con cambios en el patrimonio neto	72.000

Ajustes por cambio de valor en los activos financieros a valor razonable con cambios en el patrimonio neto

Plusvalía bruta: 3.000 × (24 − 22)	6.000
Ajuste por cambio de valor importe neto: 6.000 × 70 por 100	4.200
Pasivo por impuesto diferido: 6.000 × 30 por 100	1.800

Total pasivo por impuesto diferido (1.500 + 1.800)	3.300

Cartera de control (Activos financieros a coste)	
Coste de adquisición	45.000
Importe recuperable	52.000
Prevalece el coste de adquisición, no hay deterioro.	

Tesorería

Tesorería en euros	15.000
Tesorería moneda diferente euro: 6.500 × 1,45	9.425

Préstamo bancario

Una vez pagada la primera cuota, saldo a 31/12/20X8	38.750,43
Deuda a corto	12.115,35
Deuda a largo	26.455,08

Patrimonio neto

PN = Activos − Pasivo total: 213.642 − 32.612,23 − 18.115,35		162.914,42
PN (sin resultado)		107.700,00
Capital	100.000,00	
Ajustes cambio valor	4.200,00	
Subvenciones	3.500,00	
Resultado del ejercicio (la diferencia)		55.214,42

11. Solución caso TAULA.

Número de cuenta	Activo	20X7
	A) ACTIVO NO CORRIENTE	**326.839,65**
	II. Inmovilizado material.	**224.589,65**
	2. Instalaciones técnicas y otro inmovilizado material.	224.589,65
	IV. Inversiones en empresas del grupo.	**92.250**
	1. Instrumentos de patrimonio.	92.250
	V. Inversiones financieras a largo plazo.	**10.000**
	1. Instrumentos de patrimonio.	10.000
	B) ACTIVO CORRIENTE	**123.700**
	II. Existencias.	**40.000**
	1. Comerciales.	40.000
	III. Deudores.	**5.000**
	2. Clientes por ventas.	5.000
	V. Inversiones financieras a corto plazo.	**8.700**
	1. Instrumentos de patrimonio.	8.700
	VII. Efectivos y otros activos líquidos equivalentes.	**70.000**
	1. Tesorería.	70.000
	TOTAL ACTIVO (A + B)	**450.539,65**

Número de cuenta	Patrimonio neto y pasivo	20X7
	A) PATRIMONIO NETO	**328.328,27**
	A-1) Fondos propios.	**327.628,27**
	I. Capital suscrito.	**303.750**
	1. Capital escriturado.	315.000
	2. (Capital no exigido).	(11.250)
	II. Prima de emisión.	**1.500**
	VII. Resultado del ejercicio.	**38.128,27**
	VIII. Dividendo a cuenta.	**(15.750)**
	A-2) Ajustes por cambios de valor.	**700**
	I. Activos financieros a valor razonable con cambios en el patrimonio neto.	**700**
	B) PASIVO NO CORRIENTE	**87.211,38**
	I. Provisiones a largo plazo.	**31.500**
	2. Actuaciones medioambientales.	31.500
	II. Deudas a largo plazo.	**55.411,38**
	2. Deudas con entidades de crédito.	55.411,38
	IV. Pasivos por impuesto diferido.	**300**
	C) PASIVO CORRIENTE	**35.000**
	V. Acreedores comerciales.	**35.000**
	1. Proveedores.	35.000
	TOTAL PASIVO y PATRIMONIO NETO (A + B + C)	**450.539,65**

Capital

Inicial: 30.000 acciones × 10 euros valor nominal	300.000
Ampliación: 1.500 acciones × 10 euros valor nominal	15.000
Pendiente de desembolso: 75 por 100 × 15.000	(11.250)

Prima emisión

15.000 × 0,1 =	1.500

Deuda bancaria a 31/12/X7	55.411,38

Instalaciones industriales

Importe facturado	200.000
Gastos de montaje	30.000
Coste inicial descontaminación	30.000
Gastos financieros (X5 y X6)	9.507,48
Coste total a 31/12/X6	269.507,48
Depreciación anual (269.507,48/6)	(44.917,83)
Valor contable a 31/12/X7	224.589,65

Importe recuperable	236.405

No hay que practicar corrección valorativa por deterioro

Provisión medioambiental

Saldo a 31/12/X7 = 30.000 × 1,05 =	31.500

Inversiones financieras

Títulos REPSOL mantenidos para negociar (Activos financieros a valor razonable con cambios en la cuenta de pérdidas y ganancias): 300 × 29 =	8.700
Títulos IBERDROLA valorados como activos financieros a valor razonable con cambios en el patrimonio neto: 500 × 20 =	10.000

Ajustes por cambio de valor en los activos financieros a valor razonable con cambios en el patrimonio neto

Plusvalía bruta: 500 × (20 − 18)	1.000
Cambio de valor importe neto: 1.000 × 70 por 100	700
Pasivo por impuesto diferido: 1.000 × 30 por 100	300

Cartera de control (Activos financieros a coste)

Coste de adquisición	96.000
Importe recuperable	92.250
Prevalece el menor de ambos, lo que exigirá reconocer una corrección valorativa por deterioro	(3.750)

Clientes (coste amortizado)

Valoración inicial	20.000
Reembolsos efectuados en 20X7	(15.000)
Saldo a 31/12/X7	5.000

Dividendo a cuenta = 31.500 × 0,5 =	(15.750)
Existencias	40.000
Tesorería	70.000

Patrimonio neto

PN = Activo − Pasivo total: 450.539,65 − 122.211,38 =	328.328,27
PN (sin resultado) = 315.000 − 11.250 + 1.500 − 15.750 + 700 =	290.200
Resultado del ejercicio	38.128,27

12. Arrendamiento financiero:

Firma del contrato de arrendamiento (30/06/X6)

Número de cuenta		Debe	Haber
217	Equipos para procesos de información	35.000,00	
524	Acreedores por arrendamiento financiero a corto plazo		10.221,07
174	Acreedores por arrendamiento financiero a largo plazo		24.778,93

Pago de la primera cuota (30/06/X6)

Número de cuenta		Debe	Haber
524	Acreedores por arrendamiento financiero a corto plazo	1.125,13	
472	Hacienda Pública, IVA soportado	236,27	
572	Tesorería		1.361,40

Pago de la cuota 31/12/20X6 (principal más intereses)

Número de cuenta		Debe	Haber
524	Acreedores por arrendamiento financiero a corto plazo	826,49	
662	Intereses de deudas	298,64	
472	Hacienda Pública, IVA soportado	236,27	
572	Tesorería		1.361,40

Reclasificación de la deuda a 31/12/20X6

Número de cuenta		Debe	Haber
174	Acreedores por arrendamiento financiero a largo plazo	940,63	
524	Acreedores por arrendamiento financiero a corto plazo		940,63

Registro de la amortización contable correspondiente al segundo semestre de 20X6

Número de cuenta		Debe	Haber
681	Amortización del inmovilizado material	3.500,00	
281	Amortización acumulada del inmovilizado material		3.500,00

13. Solución caso SABANETA:

Número de cuenta	Activo	20X1
	A) ACTIVO NO CORRIENTE	**625.800**
	II. Inmovilizado material.	**534.500**
	1. Terrenos y construcciones.	512.000
	2. Instalaciones técnicas y otro inmovilizado material.	22.500
	V. Inversiones financieras a largo plazo.	**91.300**
	1. Instrumentos de patrimonio.	91.300
	B) ACTIVO CORRIENTE	**265.372**
	II. Existencias.	**96.000**
	1. Comerciales.	96.000
	III. Deudores comerciales y otras cuentas a cobrar.	**100.000**
	1. Clientes por ventas y prestaciones de servicios.	100.000
	VII. Efectivos y otros activos líquidos equivalentes.	**69.372**
	1. Tesorería.	69.372
	TOTAL ACTIVO (A + B)	**891.172**

Número de cuenta	Patrimonio neto y pasivo	20X1
	A) PATRIMONIO NETO	**677.585,19**
	A-1) Fondos propios.	**646.771,19**
	I. Capital suscrito.	**622.500**
	1. Capital escriturado.	630.000
	2. (Capital no exigido).	(7.500)
	II. Prima de emisión.	**3.000**
	III. Reservas.	**14.850**
	1. Reserva legal y estatutaria.	1.485
	2. Otras reservas.	13.365
	VII. Resultado del ejercicio.	**6.421,19**
	A-2) Ajustes por cambios de valor.	**4.214**
	I. Activos financieros a valor razonable con cambios en el patrimonio neto.	**4.214**
	A-3) Subvenciones, donaciones y legados recibidos.	**26.600**
	B) PASIVO NO CORRIENTE	**97.600,47**
	I. Provisiones a largo plazo.	**54.080**
	2. Actuaciones medioambientales.	54.080
	II. Deudas a largo plazo.	**30.314,47**
	2. Deudas con entidades de crédito.	13.612,81
	3. Acreedores por arrendamiento financiero.	16.701,66
	IV. Pasivos por impuesto diferido.	**13.206**
	C) PASIVO CORRIENTE	**115.986,34**
	III. Deudas a corto plazo.	**16.286,34**
	2. Deudas con entidades de crédito.	12.842,27
	3. Acreedores por arrendamiento financiero.	3.444,07
	V. Acreedores comerciales y otras deudas a pagar.	**99.700**
	1. Proveedores.	76.800
	5. Pasivos por impuesto corriente.	2.000
	6. Otras deudas con las Administraciones Públicas.	20.900
	TOTAL PASIVO y PATRIMONIO NETO (A + B + C)	**891.172**

Capital

Inicial: 60.000 acciones × 10 euros valor nominal	600.000
Ampliación: 3.000 acciones × 10 euros valor nominal	30.000
Pendiente de desembolso: 25 por 100 × 30.000	7.500

Prima emisión

3.000 acciones × 1 euro (11 − 10)	3.000

Ajustes por cambio de valor en los activos financieros a valor razonable con cambios en el patrimonio neto

Valoración inicial: (5.000 × 17) + 280	85.280
Valoración a 31/12/20X1: 5.000 × 18,26	91.300
Cambio de valor importe bruto: 91.300 − 85.280	6.020
Cambio de valor importe neto: 6.020 × 70 por 100	4.214
Efecto impositivo (diferencia temporaria): 6.020 × 30 por 100	1.806

Subvenciones de capital

Importe inicial concedido	40.000
Parte correspondiente a patrimonio neto	28.000
Parte correspondiente al efecto impositivo	12.000
Saldo de la subvención no traspasada a resultados: 28.000 − [2 × (28.000/40)]	26.600
Saldo de la diferencia temporaria no traspasada: 12.000 − [2 (12.000/40)]	11.400

Provisiones por actuaciones medioambientales

$50.000\ (1 + 0{,}04)^2$	54.080

Deudas a largo plazo

Deudas con entidades de crédito
Una vez pagada la segunda cuota, la deuda viva a largo plazo (véase cuadro amortización) asciende a: 13.612,81

Acreedores por arrendamiento financiero
Únicamente se ha pagado la primera cuota, por lo que la deuda viva asciende a: 16.701,51

Deudas a corto plazo

Deudas con entidades de crédito
La deuda a corto plazo es la devolución del principal correspondiente a la tercera cuota: 12.842,27

Acredores por arrendamientos financieros
La deuda a corto plazo corresponde a la amortización financiera de la segunda cuota: 3.444,07

Instalaciones industriales

No amortizables (Terreno)	200.000
Amortizables (Construcción): 300.000 + 50.000	350.000
	550.000

Vehículo industrial (Leasing)	25.000

Amortización acumulada

Construcción: (350.000/40) × 2	17.500
Vehículo industrial *(Leasing)*: (25.000/10) × 1	2.500
Total	20.000

Prueba del deterioro

Valor contable de las instalaciones: (550.000 − 17.500)	532.500
Valor recuperable	512.000
Deterioro	20.500

Patrimonio neto

Activos − Pasivo: (891.172 − 115.986,34 − 97.600,47)	677.585,19

Una vez determinada la cifra del patrimonio neto, la obtención del resultado del ejercicio resulta inmediata:

PN (sin resultado) = 622.500 + 3.000 + 14.850 + 4.214 + 26.600 = 671.174

Resultado del ejercicio: 677.585,19 − 671.174 = 6.421,19

CAPÍTULO 3. PROPUESTA DE SOLUCIÓN A LOS EJERCICIOS

1. *b.* 2. *c.*

3. Esquema solución

Ingresos de explotación	1.660.075
Gastos de explotación	1.338.509
Resultado de explotación	321.566
Ingresos financieros	14.681
Gastos financieros	27.491
Resultado financiero	−12.810
Resultado antes de impuestos	308.756
Diferencias temporales	+30.000
Base imponible	338.756

Tipo	30%
Cuota íntegra	101.626,8
Deducción de la cuota	5.620
Cuota líquida	96.006,8

Resultado antes de impuestos	308.756
Impuesto corriente	96.006,8
Impuesto diferido	(9.000)
Resultado después de impuestos	221.749,2
Activo por impuesto diferido	9.000

4. *a.* 5. *b.* 6. *a.* 7. *b.*

8. Caso TENA.

IMPORTE NETO DE LA CIFRA DE NEGOCIOS	938.800
Venta de mercaderías: 65.000 × 10 =	650.000
Descuento comercial, *rappels* y devoluciones (3.000 + 2.000 + 3.200) =	(8.200)
Venta de productos terminados =	300.000
Descuento por pronto pago =	(3.000)

VARIACIÓN DE EXISTENCIAS DE PRODUCTOS TERMINADOS Y EN CURSO (5.000)

La minoración en el saldo de productos en curso y terminados por importe de 5.000 euros significa que se ha vendido más de lo fabricado. Es decir, se ha fabricado menos de lo que se ha vendido. En la cuenta de resultados se ha recogido una cifra de gastos menor a la correspondiente a la producción vendida, por lo que hay que considerar como gasto del ejercicio el correspondiente a toda la producción vendida, tanto la fabricada en este ejercicio como la vendida en este, pero fabricada en el anterior (5.000). En consecuencia, la cifra de 5.000 euros tiene signo negativo.

CONSUMO DE MERCADERÍAS:
35.000 + 400.000 − 20.000 = (415.000)

CONSUMO DE MATERIA PRIMA:
10.000 + 300.000 − 40.000 = (270.000)

AMORTIZACIÓN DEL INMOVILIZADO: 400.000/10 = (40.000)

SUBVENCIÓN DE CAPITAL
- Importe de la subvención: 250.000
- Años de imputación: 10 años
- Cada año se imputa a resultados la décima parte: 25.000

GASTOS DE PERSONAL
Se devengan gastos por importe de: (60.000)
No importa que parte de ellos no se paguen.

SUBVENCIÓN DE EXPLOTACIÓN 2.000

INSOLVENCIAS DE CLIENTES (50.000)

INGRESOS FINANCIEROS
a) Por dividendos de REPSOL: 1.000 × 0,5 = 500
b) REPSOL: Activos financieros a valor razonable con cambios en PYG: 1.000 (25 − 23) = 2.000
c) INDITEX: Activos financieros a valor razonable con cambios en el patrimonio neto: la plusvalía de esta cartera se lleva a patrimonio neto.

MONEDA EXTRANJERA
Se ha producido una ganancia financiera por importe de:
3.000 × (1,28 − 1,20) = 240

GASTOS FINANCIEROS
Se imputan al ejercicio los intereses implícitos y los explícitos correspondientes al ejercicio 20X9: (5.396,98)

Cuenta de pérdidas y ganancias de TENA correspondiente a 20X9

	(Debe) Haber 20X9
A) OPERACIONES CONTINUADAS	
1. Importe neto de la cifra de negocios.	**938.800**
a) Ventas.	938.800
2. Variación de existencias de productos terminados y en curso de fabricación.	**(5.000)**
4. Aprovisionamientos.	**(685.000)**
a) Consumo de mercaderías.	(415.000)
b) Consumo de materias primas y otras materias consumibles.	(270.000)
5. Otros ingresos de explotación.	**2.000**
b) Subvenciones de explotación incorporadas al resultado del ejercicio.	2.000
6. Gastos de personal.	**(60.000)**
a) Sueldos, salarios y asimilados.	(60.000)
7. Otros gastos de explotación.	**(50.000)**
c) Pérdidas, deterioro y variación de provisiones.	(50.000)
8. Amortización del inmovilizado.	**(40.000)**
9. Imputación de subvenciones de inmovilizado no financiero y otras.	**25.000**
A-1) RESULTADO DE EXPLOTACIÓN	**125.800**
12. Ingresos financieros.	**500**
b_2) De terceros.	500
13. Gastos financieros.	**(5.396,98)**
b) Por deudas con terceros.	(5.396,98)
14. Variación de valor razonable en instrumentos financieros.	**2.000**
a) Valor razonable con cambios en pérdidas y ganancias.	2.000
15. Diferencias de cambio.	**240**
A-2) RESULTADO FINANCIERO	**(2.656,98)**
A-3) RESULTADO ANTES DE IMPUESTOS	**123.143,02**

9. Propuesta de solución caso ITAGÜÍ:

Determinación de los consumos y variación de productos en curso y terminados

	Ex. inicial	Compra	Ex. final	Consumo
Mercaderías	36.540	352.500	19.300	369.740
Materia prima	52.000	380.000	45.000	387.000
Productos en curso	12.000	—	9.000	Reducción de 38.300
Productos terminados	95.300	—	60.000	

Diferencias de cambio por deuda a proveedores

Fecha de referencia	Dólar australiano	Tipo de conversión	Euros
Adquisición	45.000	1 euro = 1,50 dólares	30.000
Cierre	45.000	1 euro = 1,60 dólares	28.125
Diferencia positiva			1.875

Diferencias de cambio por mantenimiento de divisa en efectivo

Fecha de referencia	Dólar australiano	Tipo de conversión	Euros
Adquisición	4.000	1 euro = 1,25 dólares	3.200
Cierre	4.000	1 euro = 1,60 dólares	2.500
Diferencia negativa			700

Diferencia de cambio neta: 1.875 − 700 = 1.175 (diferencia positiva).

Efectos fiscales del arrendamiento financiero

El artículo 115.6 de la Ley del Impuesto de Sociedades admite como gasto fiscalmente deducible las cantidades destinadas a la recuperación del coste del bien. La deducción fiscal se llevará a cabo a lo largo de 20X0, 20X1 y 20X2. En 20X3 y 20X4 se compensa a Hacienda por los menores pagos de impuestos de los 3 años anteriores (reversión de la diferencia). El siguiente esquema puede ayudar a una mejor comprensión de lo expuesto:

Año	Gasto contable registrado	Gasto fiscal admitido	Diferencia temporaria-temporal
20X0	5.000	7.500	−2.500
20X1	5.000	8.300	−3.300
20X2	5.000	9.200	−4.200
20X3	5.000	0	5.000
20X4	5.000	0	5.000
Total	25.000	25.000	0

Durante los tres primeros años se generan diferencias temporarias imponibles que, al ser también temporales, revierten a lo largo de 20X3 y 20X4. En el ejercicio 20X3 la reversión de la diferencia temporaria imponible provoca un incremento de 5.000 euros en la base imponible.

Efectos fiscales de la insolvencia de clientes

Año	Gasto contable registrado	Gasto fiscal admitido	Diferencia temporaria-temporal
20X3	10.000	0	10.000
20X4	0	10.000	(10.000)
Total	10.000	10.000	0

La corrección valorativa por la insolvencia de clientes debidamente reflejada en los libros contables, al no ser fiscalmente deducible en 20X3, produce un aumento en la base imponible de ese ejercicio por importe de 10.000 euros:

Beneficio antes de impuestos	309.935
+/− Diferencias permanentes	0
RESULTADO CONTABLE AJUSTADO	309.935
+/− Diferencias temporarias	
Reversión *leasing*	5.000
Insolvencia clientes	10.000
BASE IMPONIBLE	324.935
Tipo impositivo	30%
Cuota íntegra	97.480,50
Deducciones de la cuota	(3.000)
Cuota líquida	94.480,50
Pagos a cuenta	(500)
DEUDA TRIBUTARIA	93.980,50

El reconocimiento del impuesto corriente, del diferido y la reversión de la diferencia temporaria imponible se ajustarían al siguiente asiento contable:

Reconocimiento del impuesto corriente

Cuenta		Debe	Haber
6300	Impuesto corriente	94.480,50	
4752	Hacienda Pública, acreedora por impuesto sobre sociedades		93.980,50
473	Hacienda Pública, retenciones y pagos a cuenta*		500,00

* Hay que tener presente que la cuenta (473) se habrá cargado con anterioridad, con abono a Banco c/c, por el pago «a cuenta» realizado. Una vez contabilizado el impuesto, la cuenta (473) queda saldada.

Reconocimiento del impuesto diferido

Cuenta		Debe	Haber
6301	Impuesto diferido		4.500,00
479	Pasivos por diferencias temporarias imponibles	1.500,00	
4740	Activo por diferencias temporarias deducibles	3.000,00	

Con estos datos, la cuenta de pérdidas y ganancias ofrecerá la siguiente información:

Resultado antes de impuestos	309.935,00
Impuesto sobre beneficios: (94.480,50 − 4.500)	(89.980,50)
Resultado del ejercicio	219.954,50

Cuenta de pérdidas y ganancias de ITAGÜÍ

	Año 20X3
A) OPERACIONES CONTINUADAS	
1. Importe neto de la cifra de negocios.	**1.375.000**
a) Ventas.	1.375.000
2. Variación de existencias de productos terminados y en curso de fabricación.	**(38.300)**
4. Aprovisionamientos.	**(756.740)**
a) Consumo de mercaderías.	(369.740)
b) Consumo de materias primas y otras materias consumibles.	(387.000)
6. Gastos de personal.	**(161.000)**
a) Sueldos, salarios y asimilados.	(125.000)
b) Cargas sociales.	(36.000)
7. Otros gastos de explotación.	**(34.000)**
a) Servicios exteriores.	(24.000)
c) Pérdidas, deterioro y variación de provisiones por operaciones comerciales.	(10.000)
8. Amortización del inmovilizado.	**(65.000)**
A-1) RESULTADO DE EXPLOTACIÓN	**319.960**
12. Ingresos financieros.	**3.800**
a) De participaciones en instrumentos de patrimonio.	
a_2) En terceros.	3.800
13. Gastos financieros.	**(15.000)**
b) Por deudas con terceros.	(15.000)
15. Diferencias de cambio.	**1.175**
A-2) RESULTADO FINANCIERO	**(10.025)**
A-3) RESULTADO ANTES DE IMPUESTOS (A-1 + A-2)	**309.935**
17. Impuestos sobre beneficios.	(89.980,50)
A-4) RESULTADO DEL EJERCICIO PROCEDENTE DE OPERACIONES CONTINUADAS	**219.954,50**
A-5) RESULTADO DEL EJERCICIO (A-4 + 18)	**219.954,50**

10. Propuesta de solución caso TARFU:

Balance de situación de TARFU, S. A., a 31 de diciembre de 20X2

Activo	20X2	Pasivo y patrimonio neto	20X2
A) ACTIVO NO CORRIENTE	**724.330**	**A) PATRIMONIO NETO**	**624.736,58**
II. Inmovilizado material.	**724.330**	A-1) Fondos propios.	**618.436,58**
1. Terrenos y construcciones.	591.720	I. Capital suscrito.	**250.000**
3. Instalaciones técnicas y otro inmovilizado material.	132.610	1. Capital escriturado.	250.000
		III. Reservas.	**35.605**
		1. Legal y estatutarias.	35.605
		VII. Resultado del ejercicio.	**332.831,58**
		A-3) Subvenciones, donaciones y legados recibidos.	**6.300**
		B) PASIVO NO CORRIENTE	**142.948,46**
		II. Deudas a largo plazo.	**140.248,46**
		2. Deudas con entidades de crédito.	70.000
		5. Otros pasivos financieros	70.248,46
		IV. Pasivos por impuesto diferido.	**2.700**
B) ACTIVO CORRIENTE	**371.600**	**C) PASIVO CORRIENTE**	**328.244,96**
II. Existencias.	**98.820**	III. Deudas a corto plazo.	**36.000**
1. Comerciales.	22.420	2. Deudas con entidades de crédito.	36.000
2. Materias primas y otros aprovisionamientos.	19.500	V. Acreedores comerciales y otras cuentas a pagar.	**292.244,96**
4. Productos terminados.	56.900	1. Proveedores.	98.438,57
III. Deudores.	**174.280**	5. Pasivos por impuesto corriente.	104.556,39
1. Clientes por ventas y prestaciones de servicios.	174.280	6. Otras deudas con las Administraciones. Públicas.	89.250
V. Inversiones financieras a corto plazo.	**30.000**		
1. Instrumentos patrimonio	30.000		
VII. Efectivos y otros activos líquidos equivalentes.	**68.500**		
1. Tesorería.	68.500		
TOTAL ACTIVO (A + B)	**1.095.930**	**TOTAL PASIVO Y P. NETO (A + B + C)**	**1.095.930**

Cuenta de pérdidas y ganancias de TARFU, S. A., correspondiente a 20X2

	(Debe) Haber 20X2
A) OPERACIONES CONTINUADAS	
1. Importe neto de la cifra de negocios.	**1.140.480**
a) Ventas.	1.140.480
2. Variación de existencias de productos terminados y en curso de fabricación.	**(21.100)**
4. Aprovisionamientos.	**(600.965)**
a) Consumo de mercaderías.	(336.570)
b) Consumo de materias primas y otras materias consumibles.	(264.395)
5. Otros ingresos de explotación.	**52.000**
b) Subvenciones de explotación incorporadas al resultado del ejercicio.	52.000
6. Gastos de personal.	**(45.830)**
a) Sueldos, salarios y asimilados.	(35.470)
b) Cargas sociales.	(10.360)
7. Otros gastos de explotación.	**(21.360)**
a) Servicios exteriores.	(12.935)
b) Tributos.	(8.425)
8. Amortización del inmovilizado.	**(19.960)**
9. Imputación de subvenciones de inmovilizado no financiero y otras.	**1.000**
11. Deterioro y resultado por enajenación del inmovilizado.	**(3.615)**
b) Resultados por enajenaciones y otras.	(3.615)
A-1) RESULTADO DE EXPLOTACIÓN	**480.650**
12. Ingresos financieros.	**3.500**
b_2) De terceros.	3.500
13. Gastos financieros.	**(24.533,46)**
b) Por deudas con terceros.	(24.533,46)
14. Variación de valor razonable en instrumentos financieros.	**10.000**
a) Valor razonable con cambios en pérdidas y ganancias.	10.000
15. Diferencias de cambio.	**3.571,43**
A-2) RESULTADO FINANCIERO	**(7.462,03)**
A-3) RESULTADO ANTES DE IMPUESTOS	**473.187,97**
17. Impuestos sobre beneficios.	(140.356,39)
A-4) RESULTADO DEL EJERCICIO PROCEDENTE DE OPERACIONES CONTINUADAS	**332.831,58**
A-5) RESULTADO DEL EJERCICIO	**332.831,58**

Comentarios a algunas cifras del balance y de la cuenta de pérdidas y ganancias:

Importe neto de la cifra de negocios

Ventas de mercaderías	689.480
Ventas de productos terminados	460.000
− Descuento sobre ventas pronto pago	(2.000)
− *Rappels* sobre ventas	(7.000)
	1.140.480

Variación existencias productos terminados

Existencias finales	56.900
− Existencias iniciales	(78.000)
	(21.100)

Consumo de mercaderías y materias primas

Partida	Ex. inicial	Compra neta	Ex. final	Consumo
Mercaderías	19.600	351.250-11.860	22.420	336.570
Materias primas	23.895	260.000	19.500	264.395

Subvención de capital

Parte correspondiente al patrimonio neto: 10.000 × 70 por 100 = 7.000.
Parte correspondiente al pasivo: 10.000 × 30 por 100 = 3.000 (diferencia temporaria).

Imputación subvenciones del inmovilizado

Imputación anual: 10.000/10 (años) = 1.000.
Disminución diferencia temporaria: 3.000/10 (años) = 300.
Disminución subvención oficial: 7.000/10 (años) = 700.

Diferencias de cambio

Deuda inicial con el proveedor: 65.000 dólares/1,3	50.000,00
Deuda a 31 de diciembre: 65.000 dólares/1,4	46.428,57
Diferencia positiva de cambio	3.571,43

Intereses implícitos deuda con el proveedor de inmovilizado

Deuda inicial: 20.000.
Valor de reembolso: 20.500.
Intereses devengados el primer año: $20.000 = 20.500\ (1+ i)^{-2}$:

$$i = 1{,}242 \text{ por } 100$$

Montante al final del primer año: 20.000 × (1 + 0,01242) = 20.248,46.
Gastos por intereses: 248,46.
Gastos financieros totales: 248,46 + 15.500 + 8.785 = 24.533,46

Proveedores de inmovilizado a largo plazo

Saldo inicial	70.000,00
Intereses implícitos	248,46
Saldo final	70.248,46

Proveedores

Saldo inicial	52.010,00
Proveedores moneda extranjera	46.428,00
Saldo final	98.438,57

Inmovilizado material

Terrenos y construcciones	651.000
Amortización acumulada	(59.280)
Saldo neto al cierre	591.720
Instalaciones técnicas y maquinaria	152.610
Amortización acumulada	(20.000)
Saldo neto al cierre	132.610

Inversiones financieras a corto plazo: actualización a valor razonable

Precio de adquisición: 2.000 acciones × 10 euros = 20.000.
Valor razonable a 31 de diciembre: 2.000 acciones × 15 euros = 30.000.
Incremento patrimonial: 10.000.

Se reconoce un ingreso por la misma cuantía en la cuenta de pérdidas y ganancias (763), «Beneficios por valoración de instrumentos financieros por su valor razonable».

Impuesto devengado

De acuerdo a la Norma de valoración decimotercera:

Beneficio antes de impuestos	473.187,97
+ Diferencias permanentes	0,00
+ Diferencias temporarias	0,00
Base imponible	473.187,97
Tipo impositivo	30%
Cuota íntegra	141.956,30
− Deducciones de la cuota	1.600,00
Cuota líquida	140.356,39
− Pagos a cuenta	35.800,00
Deuda tributaria	104.556,39

Pasivo por impuesto corriente

La contabilización de un gasto por impuesto de sociedades de 140.356,39 euros conlleva el reconocimiento de un pasivo por impuesto corriente de 104.556,39 euros, dando de baja la cuenta (473), «Hacienda Pública, retenciones y pagos a cuenta».

11. Propuesta de solución del caso QUIROGA.

Cuenta de pérdidas y ganancias de QUIROGA, S. A., correspondiente a 20X4

	(Debe) Haber 20X4
A) OPERACIONES CONTINUADAS	
1. Importe neto de la cifra de negocios.	**3.333.500**
a) Ventas.	3.333.500
4. Aprovisionamientos.	**(1.798.000)**
a) Consumo de mercaderías.	(1.798.000)
b) Consumo de materias primas y otras materias consumibles.	
6. Gastos de personal.	**(75.000)**
a) Sueldos, salarios y asimilados.	(75.000)
7. Otros gastos de explotación.	**(17.000)**
c) Pérdidas, deterioro y variación de provisiones por operaciones comerciales.	(17.000)
8. Amortización del inmovilizado.	**(40.000)**
9. Imputación de subvenciones de inmovilizado no financiero y otras.	**20.000**
11. Deterioro y resultado por enajenación del inmovilizado.	**(20.000)**
c) Gastos excepcionales.	(20.000)
A-1) RESULTADO DE EXPLOTACIÓN	**1.403.500**
12. Ingresos financieros.	**488**
a) De participaciones en instrumentos de patrimonio.	
a2) En terceros.	488
15. Diferencias de cambio.	**730,76**
A-2) RESULTADO FINANCIERO	**1.218,76**
A-3) RESULTADO ANTES DE IMPUESTOS	**1.404.718,76**
17. Impuestos sobre beneficios.	(418.415,62)
A-4) RESULTADO DEL EJERCICIO PROCEDENTE DE OPERACIONES CONTINUADAS	**986.303,14**
A-5) RESULTADO DEL EJERCICIO	**986.303,14**

Comentario a algunas cifras:

Importe neto de la cifra de negocios

Ventas de mercaderías	3.400.000
Descuentos	(12.500)
Rappels	(34.000)
Devoluciones	(20.000)
	3.333.500

Consumo de mercaderías

Compras brutas	1.800.000
Devoluciones	−32.000
	1.768.000

Imputación de subvenciones del inmovilizado

Imputación anual: 200.000/10 (años)	20.000

Amortización del inmovilizado

Amortización anual: 400.000/10	40.000

Gastos de personal

Gastos devengados, independientemente de su pago	75.000

Deterioro de clientes

0,5% 3.400.000	17.000

Diferencias de cambio

Se ha convenido cobrar en libras la cifra equivalente a 6.000 euros en el momento de la transacción.
En el momento de la transacción 6.000 euros equivalen a 3.846,15 libras (cambio: 1 libra = 1,56 euros).
Momento de cierre: 3.846 libras equivalen a (1,75 euros) 6.730,76 euros. Por lo tanto:

Valoración al cierre (en euros)	6.730,76
Valoración del crédito inicial (en euros)	(6.000)
Diferencia positiva	730,76

Ingresos financieros (Bonos de REPSOL)

Determinación del tipo de interés implícito
$10.000\ (1+ i)^2 = 11.000$
$i = 4,88$ por 100
El primer año se imputan a resultados 488 euros y el resto hasta 1.000 el segundo ejercicio.

Impuesto devengado

De acuerdo con la norma de valoración decimotercera:

Beneficio antes de impuestos	1.404.718,76
+/− Diferencias permanentes	20.000
Resultado contable ajustado	1.424.718,76
+/− Diferencias temporales	
Amortización	40.000
Corrección clientes	10.000
Base imponible	1.474.718,76
Tipo impositivo	30%
Cuota íntegra	442.415,6
− Deducciones por creación de empleo	(9.000)
Cuota líquida	433.415,62
− Pagos a cuenta	(35.000)
Deuda tributaria	398.415,62

Se reconocerá un impuesto anticipado por la diferencia que surge en el ejercicio (30 por 100 de 10.000), al tiempo que se produce la reversión parcial (30 por 100 de 40.000) del pasivo por impuesto diferido generado en los dos primeros ejercicios por la amortización del inmovilizado según cuadro adjunto:

Año	Gasto contable	Gasto fiscal	Diferencia
20X2	40.000	200.000	−160.000
20X3	40.000	200.000	−160.000
20X4	*40.000*	*0*	*40.000*
...	...	...	...
20X11	40.000	0	40.000
TOTAL	**400.000**	**400.000**	**0**

Reconocimiento del impuesto corriente:

Cuenta		Debe	Haber
6300	Impuesto corriente	433.415,62	
4752	Hacienda Pública, acreedora por impuesto sobre sociedades		398.415,62
(473)	Hacienda Pública, retenciones y pagos a cuenta		35.000

Reconocimiento del impuesto diferido:

Cuenta		Debe	Haber
6301	Impuesto diferido		15.000
479	Pasivos por diferencias temporarias imponibles	12.000	
4740	Activo por diferencias temporarias deducibles	3.000	

Resumen de las principales magnitudes:

Resultado antes de impuestos	1.404.718,76
Impuesto de sociedades (433.415,62 − 15.000)	(418.415,62)
Resultado del ejercicio	986.303,14

CAPÍTULO 4. PROPUESTA DE SOLUCIÓN A LOS EJERCICIOS

Indicar la verdad o falsedad de las siguientes afirmaciones: V F

a) Las sociedades que elaboran balance abreviado no deben elaborar informe de gestión. ☒ ☐

b) El informe de gestión es obligatorio para todas las empresas. ☐ ☒

c) La obligación de auditar las cuentas se extiende también al informe de gestión. ☒ ☐

d) Solamente las sociedades anónimas que rebasen los límites legales para la presentación de cuentas anuales abreviadas estarán obligadas a presentar informe de gestión. ☒ ☐

e) El contenido de la memoria debe ajustarse a lo establecido en la Ley de Sociedades de Capital. ☐ ☒

f) La memoria es una cuenta anual donde se pueden encontrar auténticos estados contables relativos a la firma. ☐ ☒

g) La obligación de depositar las cuentas anuales se limita al balance de situación, cuenta de resultados, estado de cambios en el patrimonio neto y estado de flujos de efectivo. El depósito de la memoria se hará una vez aprobadas las cuentas anteriores. ☐ ☒

h)	La memoria abreviada no contempla información sobre la base de presentación de las cuentas anuales.	☐	☒
i)	La información exigida sobre la moneda extranjera es la misma en la memoria normal que en la simplificada.	☐	☒
j)	En la memoria simplificada se deberá informar de las subvenciones de explotación, pero no es necesario informar de las subvenciones de capital.	☒	☐
k)	La memoria abreviada debe recoger información sobre los sueldos, dietas y remuneraciones devengados por los miembros del órgano de administración, cualquiera que sea su causa.	☐	☒
l)	El informe de gestión es una cuenta anual que se deberá depositar obligatoriamente en el Registro Mercantil.	☒	☐
m)	El informe de gestión debe contener información específica sobre las actividades de investigación y desarrollo.	☒	☐
n)	El informe de gestión debe informar del número y valor nominal de las acciones propias adquiridas y enajenadas durante el ejercicio.	☐	☒
o)	El informe de gestión de las sociedades anónimas de más de 500 trabajadores debe incluir el informe de gobierno corporativo.	☐	☒

CAPÍTULO 5. PROPUESTA DE SOLUCIÓN A LOS EJERCICIOS

1. *d.* 2. *d.* 3. *b.* 4. *d.* 5. *d.*

6. 210.

   100 × (15 − 12) = 300.
   30 por 100 × 300 = 90: impuesto diferido.
   300 − 90 = 210: variación total de ingresos y gastos reconocidos.

7. 28.000.

   Saldo a 1 de enero de 2010: 45.000 × 70 por 100 = 31.500.
   Traspaso de la subvención año 2010: 31.500/9 = 3.500.
   Saldo a 31 de diciembre de 2010: 31.500 − 3.500 = 28.000.

8. *c.*

9. 120.000.

   Ampliación de capital: 400 × 300 = 120.000.
   Importe desembolsado: 120.000 × 75 por 100 = 90.000.
   Desembolso del dividendo pasivo pendiente de ejercicios anteriores: 30.000.
   Variación total de patrimonio neto: 90.000 + 30.000 = 120.000.

10. Propuesta de solución caso PATRIMONIO, S. A.:

En primer lugar se muestran las operaciones necesarias para completar el EIGR.

Operaciones relativas al año 20X0

Acciones del Banco Santander. De acuerdo con la Norma novena del PGC, los activos financieros clasificados a valor razonable con cambios en el patrimonio neto se valorarán por su valor razonable, debiendo registrar las posibles plusvalías directamente en el patrimonio neto. A 31 de diciembre el valor bursátil, valor razonable, de las acciones era de 400 miles de euros, es decir, existía una plusvalía potencial de 80 miles de euros (400 − 320). El registro contable del incremento es el siguiente.

Por el reconocimiento del incremento de valor del activo financiero:

Cuenta		Debe	Haber
(250)	Inversiones financieras en instrumentos de patrimonio a l/p	80	
(900)	Beneficios en activos financieros a valor razonable con cambios en el patrimonio neto		80

A 31 de diciembre deberá reconocerse el efecto fiscal del anterior incremento:

Cuenta		Debe	Haber
(8301)	Impuesto diferido	24	
(479)	Pasivo por diferencias temporarias imponibles		24

Y regularizar los grupos 8 y 9, obteniéndose como resultado el incremento patrimonial correspondiente a la operación anterior:

Cuenta		Debe	Haber
(900)	Beneficios en activos financieros a valor razonable con cambios en el patrimonio neto	80	
(8301)	Impuesto diferido		24
(133)	Ajustes por cambio de valor en activos financieros a valor razonable con cambios en el patrimonio neto		56

Subvención de capital concedida a comienzos del año 20X0:

Cuenta		Debe	Haber
(572)	Banco	1.250	
(940)	Ingresos por subvenciones		1.250

Al finalizar el ejercicio habrá de contabilizarse el reconocimiento del impuesto diferido:

Cuenta		Debe	Haber
(8301)	Impuesto diferido	375	
(479)	Pasivo por diferencias temporarias imponibles		375

Transferencia de la subvención a resultados:

Cuenta		Debe	Haber
(840)	Transferencia de subvenciones	125	
(746)	Traspaso de subvenciones a resultados del ejercicio		125

Reversión del efecto impositivo correspondiente a la imputación de la subvención a la cuenta de pérdidas y ganancias:

Cuenta		Debe	Haber
(479)	Pasivo por diferencias temporarias imponibles	37,5	
(8301)	Impuesto diferido		37,5

Regularización de los grupos 8 y 9 para recoger la variación patrimonial:

Cuenta		Debe	Haber
(940)	Ingresos por subvenciones	1.250	
(8301)	Impuesto diferido		337,5
(840)	Transferencia de subvenciones		125
(130)	Subvenciones de capital		787,5

El efecto de la concesión de la subvención a comienzos de año supone un incremento en el patrimonio neto de 787,5 [1.250 × 70 por 100 − (875/10)] y una diferencia temporaria de 337,5 [1.250 × 30 por 100 − (375/10)].

El estado de ingresos y gastos reconocidos en el patrimonio neto durante el ejercicio 20X0 se presentará conjuntamente con el del ejercicio 20X1.

Operaciones correspondientes a 20X1

Venta de las acciones del Banco Santander:

Cuenta		Debe	Haber
(572)	Banco	400	
(250)	Inversiones financieras en instrumentos de patrimonio a l/p		400

Traspaso del incremento patrimonial a la cuenta de pérdidas y ganancias por la realización del beneficio potencial:

Cuenta		Debe	Haber
(802)	Transferencia de beneficios de activos financieros a valor razonable con cambios en el patrimonio neto	80	
(76)	Beneficios en activos financieros a valor razonable con cambios en el patrimonio neto		80

Reversión del pasivo por impuesto diferido generado en el ejercicio anterior:

Cuenta		Debe	Haber
(479)	Pasivo por diferencias temporarias imponibles	24	
(8301)	Impuesto diferido		24

Regularización de los grupos 8 y 9, dando de baja el incremento patrimonial:

Cuenta		Debe	Haber
(133)	Ajustes por cambio de valor en activos financieros a valor razonable con cambios en el patrimonio neto	56	
(8301)	Impuesto diferido	24	
(802)	Transferencia de beneficios de activos financieros a valor razonable con cambios en el patrimonio neto		80

Cambio en el valor razonable de las acciones de TELEFÓNICA:

Cuenta		Debe	Haber
(250)	Inversiones financieras en instrumentos de patrimonio a l/p	200	
(900)	Beneficios en activos financieros a valor razonable con cambios en el patrimonio neto		200

Efecto fiscal de la revalorización contable reconocida en las acciones de TELEFÓNICA:

Cuenta		Debe	Haber
(8301)	Impuesto diferido	60	
(479)	Pasivo por diferencias temporarias imponibles		60

Cambio en el valor razonable de las acciones de TELEFÓNICA:

Cuenta		Debe	Haber
(800)	Pérdidas en activos financieros a valor razonable con cambios en el patrimonio neto	400	
(250)	Inversiones financieras en instrumentos de patrimonio a l/p		400

Reconocimiento de la diferencia temporaria causado por el diferente tratamiento fiscal:

Cuenta		Debe	Haber
(474)	Activos por diferencias temporarias deducibles	120	
(8301)	Impuesto diferido		120

Regularización de los grupos 8 y 9:

Cuenta		Debe	Haber
(900)	Beneficios en activos financieros a valor razonable con cambios en el patrimonio neto	200	
(133)	Ajustes por cambio de valor en activos financieros a valor razonable con cambios en el patrimonio neto	140	
(8301)	Impuesto diferido	60	
(800)	Pérdidas en activos financieros a valor razonable con cambios en el patrimonio neto		400

Imputación a la cuenta de pérdidas y ganancias de la subvención concedida en el ejercicio 20X0:

Cuenta		Debe	Haber
(840) (746)	Transferencia de subvenciones Traspaso de subvenciones a resultados del ejercicio	125	 125

Reversión del efecto impositivo correspondiente:

Cuenta		Debe	Haber
(479) (8301)	Pasivo por diferencias temporarias imponibles Impuesto diferido	37,5	 37,5

Regularización de los grupos 8 y 9:

Cuenta		Debe	Haber
(8301) (130) (840)	Impuesto diferido Subvenciones de capital Transferencia de subvenciones	37,5 87,5	 125

Por último, después de presentar todos los registros correspondientes a los grupos 8 y 9, debemos traspasar los saldos de las cuentas de los referidos grupos, antes de realizar su regularización, al estado de ingresos y gastos reconocidos en el patrimonio neto.

	Capital		Prima de emisión	Reservas	(Acciones propias)	Resultado del ejercicio anterior	Resultado del ejercicio	Ajustes por cambios de valor	Subven-ciones	Total
	Escriturado	No exigido								
A. SALDO, FINAL DEL AÑO 20X0	6.000			652,26			1.399,24	56	787,50	8.895
I. Ajustes cambios de criterio 20X0.										
II. Ajustes por errores 20X0.										
B. SALDO AJUSTADO INICIO 20X1	6.000			652,26		1.399,24		56	787,50	8.895
I. Total ingresos y gastos reconocidos.							1.443,70	(196)	(87,50)	1.160,20
II. Operaciones con socios.										
1. Aumentos de capital.	3.000	(750)	1.200							3.450
4. (−) Distribución de dividendos.						(1.043,43)				(1.049,43)
5. Operaciones con acciones o participaciones propias (netas).					(1.000)					(1.000)
III. Otras variaciones del patrimonio neto.				349,81		(349,81)				0
E. SALDO, FINAL DEL AÑO 20X1	9.000	(750)	1.200	1.002,07	(1.000)	0	1.443,70	(140)	700	11.455,77

Estado de ingresos y gastos reconocidos

Número de cuenta		20X1	20X0
	A) Resultados de la cuenta de pérdidas y ganancias	**1.443,70**	**1.399,24**
	Ingresos y gastos imputados directamente al patrimonio neto.		
(800), 900	I. Por valoración de instrumentos financieros.	(200)	80
	1. Activos financieros a valor razonable con cambios en el patrimonio neto.	(200)	80
94	III. Subvenciones, donaciones y legados recibidos.		1.250
8301*	V. Efecto impositivo.		(399)
	B) Total ingresos y gastos imputados directamente en el patrimonio neto	**(140)**	**931**
	Transferencias a la cuenta de pérdidas y ganancias.		
	VI. Por valoración de instrumentos financieros.	(80)	
(802), 902	1. Activos financieros a valor razonable con cambios en el patrimonio neto.	(80)	
(84)	VIII. Subvenciones, donaciones y legados recibidos.	(125)	(125)
8301*	IX. Efecto impositivo.	61,5	(37,5)
	C) Total transferencias a la cuenta de pérdidas y ganancias	**(143,5)**	**(87,5)**
	TOTAL DE INGRESOS Y GASTOS RECONOCIDOS (A + B + C)	**1.160,02**	**2.242,72**

* Su signo puede ser positivo o negativo.

Para verificar que el EIGR se ha elaborado correctamente hay que comprobar que la variación experimentada en las partidas del balance entre dos ejercicios consecutivos, «Ajustes por cambios en el patrimonio neto» y «Subvenciones, donaciones y legados recibidos», se corresponde exactamente con la suma de las partidas B y C del EIGR.

Capital

De la ampliación de capital únicamente se desembolsaron 2.250, quedando como dividendo pasivo pendiente 750. En ETCPN se recoge el incremento de capital escriturado por 2.250 y el incremento de capital no exigido por las 750 no desembolsadas.

Prima de emisión

Debido a que la ampliación de capital se realizó sobre la par, la partida prima de emisión se ha incrementado en 1.200 (40 × 3.000 acciones).

Reservas

El 25 por 100 de los beneficios obtenidos durante 20X0 se destinaron a incrementar el saldo de reservas, hasta alcanzar la cifra de 841,66 euros.

Ajustes por cambios de valor

La variación de −196 está motivada por: *a*) la venta de las acciones del Banco Santander (transferencias a la cuenta de pérdidas y ganancias), que supone una disminución de patrimonio neto de efecto impositivo de −56 (−80 + 24), y *b*) por la adquisición de las acciones de Telefónica y Azkoyen durante el ejercicio, que supusieron conjuntamente una disminución patrimonial de −140:

Azkoyen = −400 + 120 = −280
Telefónica = 200 − 60 = 140

Variación total durante el ejercicio 20X1: −56 − 280 +140 = −196.
Saldo inicial de ajustes por cambios de valor: 56.
Variación durante el ejercicio 20X1: −196.
Saldo final de ajustes por cambios de valor: −140, tal y como aparece en el ETCPN.

Subvenciones

El saldo final de subvenciones (700) se obtiene de minorar al saldo inicial (787,75) la transferencia a resultados y la reversión del efecto impositivo de la parte correspondiente al ejercicio de presentación de las cuentas anuales (787,75 − 125 + 37,5).

CAPÍTULO 6. PROPUESTA DE SOLUCIÓN A LOS EJERCICIOS

1. *a.* 2. *d.* 3. *c.*

4. *c.* 5. *b.*

6. Clasificación de flujos:

	[1]	[2]	[3]
a) Pago a proveedores comerciales	☒	☐	☐
b) Obtención de una subvención de capital	☐	☒	☐
c) Pago de dividendos	☐	☒	☐

d) Pago por adquisición de inversiones financieras	☐	☐	☒
e) Pago de salarios del personal adscrito a un proyecto de I+D que finaliza con éxito y se decide capitalizar	☐	☐	☒
f) Cobro de intereses de títulos de renta fija	☒	☐	☐
g) Pago al vencimiento de la deuda con un proveedor de inmovilizado.	☐	☒	☐

7. *c*.

8. Caso PLANASA.

Estado de flujos de efectivo de PLANASA

A) FLUJOS DE EFECTIVO DE LAS ACTIVIDADES DE EXPLOTACIÓN			
1. Resultado del ejercicio antes de impuestos.		440	
2. Ajustes del resultado.		110	
a) Amortización del inmovilizado.	100		
c) Resultado por enajenación del inmovilizado.	10		
3. Cambios en el capital corriente.		225	
a) Existencias.	200		
b) Clientes.	30		
d) Proveedores.	(5)		
5. Flujos de efectivo de las actividades de explotación.			**775**
B) FLUJOS DE EFECTIVO DE LAS ACTIVIDADES DE INVERSIÓN			
7. Cobros por desinversiones.		230	
c) Inmovilizado material.	230		
8. Flujos de efectivo por las actividades de inversión.			**230**
C) FLUJOS DE EFECTIVO DE LAS ACTIVIDADES DE FINANCIACIÓN			
11. Pago de dividendos.		(100)	
12. Flujos de efectivo de las actividades de financiación.			**(100)**
E) AUMENTO NETO DEL EFECTIVO O EQUIVALENTES			905
Efectivo o equivalentes al comienzo del ejercicio.			110
Efectivo o equivalentes al final del ejercicio.			1.015

Comentarios

Salvo los flujos líquidos generados por la venta de inmovilizado y pago de dividendos, el resto de operaciones generan flujos líquidos por actividades de explotación. Al no pagarse el impuesto, se genera un crédito a favor de Hacienda Pública, lo que evita la realización del ajuste en el EFE.

9. Caso BALAITÚS

Estado de flujos de efectivo de BALAITÚS, S. A.

A) FLUJOS DE EFECTIVO DE LAS ACTIVIDADES DE EXPLOTACIÓN			
1. Resultado del ejercicio antes de impuestos.		200	
2. Ajustes del resultado.		150	
a) Amortización del inmovilizado.	+100		
c) Resultado por enajenación del inmovilizado.	−50		
h) Gastos financieros.	+100		
3. Cambios en el capital corriente.		−240	
a) Existencias.	−100		
b) Clientes.	+100		
d) Proveedores.	−160		
e) Otros pasivos corrientes.	−80		
4. Otros flujos de efectivo de las actividades de explotación.		−96	
a) Pagos de intereses.	−86		
d) Pagos (cobros por impuesto sobre beneficios).	−10		
5. Flujos de efectivo de las actividades de explotación.			14
B) FLUJOS DE EFECTIVO DE LAS ACTIVIDADES DE INVERSIÓN			
6. Pagos por inversiones.		−400	
c) Inmovilizado material.	−400		
7. Cobros por desinversiones.		290	
c) Inmovilizado material.	290		
8. Flujos de efectivo por las actividades de inversión.			−110
C) FLUJOS DE EFECTIVO DE LAS ACTIVIDADES DE FINANCIACIÓN			
9. Cobros y pagos por instrumentos de patrimonio.		50	
a) Emisión de instrumentos de patrimonio.	50		
10. Cobros y pagos por instrumentos de pasivo financiero.		30	
a) Emisión de deudas con entidades de crédito.	350		
b) Devolución de deudas con entidades de crédito.	−320		
12. Flujos de efectivo de las actividades de financiación.			80
E) AUMENTO NETO DEL EFECTIVO O EQUIVALENTES			−16
Efectivo o equivalentes al comienzo del ejercicio.			100
Efectivo o equivalentes al final del ejercicio.			84

Algunos comentarios

El análisis conjunto de la cuenta de pérdidas y ganancias y de la memoria informa de la venta de un inmovilizado amortizable cuyo valor contable era de 240 (300 − 60) con un beneficio de 50. El precio de venta asciende, por tanto, a 290 (240 + 50). Toda la operación está ya cobrada, al no quedar partidas pendientes de cobro. La confección del EFE exige practicar un ajuste negativo por el beneficio de la operación (50) e inscribir la totalidad del cobro (240 + 50) en el epígrafe de operaciones de inversión.

Por lo que a los ajustes practicados en el capital corriente respecta, además de los ya habituales de existencias, clientes y proveedores, hay que tener en cuenta que la deuda con los trabajadores ha disminuido en 80 unidades, de las que hay que dejar constancia en el EFE practicando un ajuste de signo negativo.

Es importante destacar que, aunque el gasto financiero reflejado en la cuenta de pérdidas y ganancias asciende a 100, el pago de intereses es únicamente de 86. La explicación de esta divergencia descansa en el hecho de que dentro de las 100 unidades se contabiliza el cargo por 14 de los intereses implícitos devengados, pero no vencidos, correspondientes a la deuda a largo plazo, consecuencia de la aplicación del criterio del coste amortizado en la valoración de los pasivos financieros, tras la determinación del tipo de interés implícito (4 por 100). La salida de efectivo por impuestos se corresponde con la cifra de 10 correspondiente a los pagos a cuenta.

Las actividades de financiación se concretan en un aumento de capital de 100, de las que solo se han desembolsado 50, que son las únicas que deben aparecer en el EFE. Por otra parte, se ha emitido deuda a largo que supuso un aumento de tesorería por 350, por lo que es esa cantidad, y no la del reembolso, la que deberá aparecer en el EFE. Por último, a tenor de la información del balance de situación, la deuda a corto plazo ha tenido la siguiente evolución:

Saldo inicial	890
Traspaso de largo a corto	+200
Devolución	?
Saldo final	770

Así pues, la deuda amortizada asciende a 320.

10. Caso ABENDUA.

Cuenta de pérdidas y ganancias año 20X5

Número de cuentas		(Debe) Haber
	A) OPERACIONES CONTINUADAS	
	1. Importe neto de la cifra de negocios.	
700, 701, 702, 703, 704, (706), (708), (709)	*a)* Ventas.	2.000.000
705	*b)* Prestaciones de servicios.	
71*, (6930), 7930	**2. Variación de existencias de productos terminados y en curso de fabricación.**	
73	**3. Trabajos realizados por la empresa para su activo.**	
	4. Aprovisionamientos.	
(600), 6060, 6080, 6090, 610*	*a)* Consumo de mercaderías.	(910.000)
(601), (602), 6061, 6062, 6081, 6082, 6091 6092, 611*, 612*	*b)* Consumo de materias primas y otras materias consumibles.	
(607)	*c)* Trabajos realizados por otras empresas.	
(6931), 7931, (6932), 7932, (6933), 7933	*d)* Deterioro de mercaderías, materias primas y otros aprovisionamientos.	
	5. Otros ingresos de explotación.	
75	*a)* Ingresos accesorios y otros de gestión corriente.	
740, 747	*b)* Subvenciones de explotación incorporadas al resultado del ejercicio.	
	6. Gastos de personal.	
(640), (641), (645)	*a)* Sueldos, salarios y asimilados.	(300.000)
(642), (649)	*b)* Cargas sociales.	
(643), (6440), (6457), 7950, 7957	*c)* Provisiones.	
	7. Otros gastos de explotación.	
(62)	*a)* Servicios exteriores.	
(631), (634), 636, 639	*b)* Tributos.	
(650), (694), (695), 794, 7954	*c)* Pérdidas, deterioro y variación de provisiones por operaciones comerciales.	(50.000)
(651), (659)	*d)* Otros gastos de gestión corriente.	
(68)	**8. Amortización del inmovilizado.**	(100.000)
746	**9. Imputación de subvenciones de inmovilizado no financiero y otras.**	10.000
7951, 7952, 7955, 7956	**10. Excesos de provisiones.**	
	11. Deterioro y resultado por enajenación del inmovilizado.	
(690), (691), (692), 790, 791, 792	*a)* Deterioros y pérdidas.	
(670), (671), (672), 770, 771, 772	*b)* Resultados por enajenaciones y otras.	40.000
	A-1) RESULTADO DE EXPLOTACIÓN (1 + 2 + 3 + 4 + 5 + 6 + 7 + 8 + 9 + 10 + 11)	**690.000**

Número de cuentas		(Debe) Haber
	12. Ingresos financieros.	
	a) De participaciones en instrumentos de patrimonio.	
7600, 7601	*a*1) En empresas del grupo y asociadas.	
7602, 7603	*a*2) En terceros.	50.000
	b) De valores negociables y otros instrumentos financieros.	
7610, 7611, 76200, 76201, 76210, 76211	*b*1) De empresas del grupo y asociadas.	
7612, 7613, 76202, 76203, 76212, 767, 769	*b*2) De terceros.	
	13. Gastos financieros.	
(6610), (6611), (6615), (6620), (6621), (6640), (6641), (6650), (6651), (6654), (6655)	*a*) Por deudas con empresas del grupo y asociadas.	
(6612), (6613), (6617), (6618), (6622), (6623), (6624), (6642), (6643), (6652), (6653), (6656), (6657), (669)	*b*) Por deudas con terceros.	
(660)	*c*) Por actualización de provisiones.	
	14. Variación de valor razonable en instrumentos financieros.	
(6630), (6631), (6633), 7630, 7631, 7633	*a*) Valor razonable con cambios en pérdidas y ganancias	(30.000)
(6632), 7632	*b*) Transferencias de ajustes de valor razonable con cambios en el patrimonio neto	
(668), 768	**15. Diferencias de cambio.**	
	16. Deterioro y resultado por enajenación de instrumentos financieros.	
(696), (697), (698), (699), 796, 797, 798, 799	*a*) Deterioros y pérdidas.	
(666), (667), (673), (675), 766, 773, 775	*b*) Resultados por enajenaciones y otras.	
	A.2) RESULTADO FINANCIERO (12 + 13 + 14 + 15 + 16)	**20.000**
	A.3) RESULTADO ANTES DE IMPUESTOS (A.1 + A.2)	**710.000**
6300*, 6301*, (633), 638	**17. Impuestos sobre beneficios.**	(203.000)
	A.5) RESULTADO DEL EJERCICIO (A.4 + 18)	**507.000**

* Su signo puede ser positivo o negativo.

Una vez obtenida la cifra de 710.000 euros correspondiente al resultado antes de impuestos, se puede calcular el gasto por impuesto de sociedades. Para ello nos valemos del conocido esquema expuesto en detalle en el capítulo 3.

Determinación del gasto por impuesto de sociedades (en miles de euros)

Resultado antes de impuestos		710
Diferencia temporal		
Insolvencia clientes		+50
Base imponible		760
Tipo		30%
Cuota íntegra		228
Deducciones empleo		(10)
Cuota líquida		218
Pagos a cuenta		(20)
Deuda tributaria		198
Impuesto corriente:	218	
Impuesto diferido:	−15	
Impuesto devengado:	**203**	

Resumen de las principales magnitudes para reconstruir el balance de situación

Resultado del ejercicio: 710 − 203 = 507
Activo por impuesto diferido: 30 por 100 de 50 = 15
Hacienda Pública acreedora por I. S. (es la deuda tributaria) = 198
Inversiones empresas del grupo = 840 (la cartera de control se valora al coste)

Balances de situación a 31 de diciembre de 20X4 y 20X5

ACTIVO	20X5	20X4	PASIVO Y PAT. NETO	20X5	20X4
Activo no corriente	**2.690.000**	**2.640.000**	**Patrimonio neto**	**1.690.000**	**1.050.000**
Inmovilizado material	1.850.000	1.800.000	Capital	800.000	800.000
Inversiones emp. grupo	840.000	840.000	Reservas	250.000	250.000
			Resultado del ejercicio	507.000	0
			Subvenciones de capital	133.000	0
			Pasivo no corriente	**2.457.000**	**2.600.000**
			Pasivo impuesto diferido	57.000	0
			Deudas largo plazo	2.400.000	2.600.000
Activo corriente	**2.595.000**	**2.260.000**	**Pasivo corriente**	**1.138.000**	**1.250.000**
Existencias (mercad.)	890.000	950.000	Proveedores	670.000	720.000
Clientes	275.000	675.000	Deuda entidades financ. CP	250.000	350.000
− Deterioro	−50.000	0	HP, acre. conceptos fiscales	198.000	180.000
Inv. financ. c. p.	370.000	400.000	Remuneraciones pts. pago	20.000	0
Activo imp. diferido	15.000	0			
Tesorería	1.095.000	235.000			
TOTAL ACTIVO	**5.285.000**	**4.900.000**	**TOTAL PASIVO Y P. NETO**	**5.285.000**	**4.900.000**

ESTADO DE FLUJOS DE EFECTIVO	Año 20X5	
A) FLUJOS DE EFECTIVO DE LAS ACTIVIDADES DE EXPLOTACIÓN		
1. Resultado del ejercicio antes de impuestos.	710	
2. Ajustes del resultado.		**80**
a) Amortización del inmovilizado (+).	+100	
b) Correcciones valorativas por deterioro (+/−).	+50	
c) Variación de provisiones (+/−).		
d) Imputación de subvenciones (−).	−10	
e) Resultados por bajas y enajenaciones del inmovilizado (+/−).	−40	
f) Resultados por bajas y enajenaciones de instrumentos financieros (+/−).		
g) Ingresos financieros (−).	−50	
h) Gastos financieros (+).		
j) Variación de valor razonable en instrumentos financieros (+/−).	+30	
k) Otros ingresos y gastos (+/−).		
3. Cambios en el capital corriente.		**430**
a) Existencias (+/−).	+60	
b) Deudores y otras cuentas a cobrar (+/−).	+400	
c) Otros activos corrientes (+/−).		
d) Acreedores y otras cuentas a pagar (+/−).	−50	
e) Otros pasivos corrientes (+/−).		
f) Otros activos y pasivos no corrientes (+/−).	+20	
4. Otros flujos de efectivo de las actividades de explotación.		**−150**
a) Pagos de intereses (−).		
b) Cobros de dividendos (+).	+50	
c) Cobros de intereses (+).		
d) Cobros (pagos) por impuesto sobre beneficios (+/−).	−200	
e) Otros.		
5. Flujos de efectivo de las actividades de explotación (+/− 1 +/− 2 +/− 3 +/− 4).		**1.070**
B) FLUJOS DE EFECTIVO DE LAS ACTIVIDADES DE INVERSIÓN		
6. Pagos por inversiones (−).		
b) Inmovilizado intangible.		
c) Inmovilizado material.	−200	
d) Inversiones inmobiliarias.		
e) Otros activos financieros.		
f) Activos no corrientes mantenidos para la venta.		
g) Otros activos.		
7. Cobros por desinversiones (+).		
a) Empresas del grupo y asociadas.		
b) Inmovilizado intangible.		
c) Inmovilizado material.	+90	
e) Otros activos financieros.		
f) Activos no corrientes mantenidos para la venta.		
g) Otros activos.		
8. Flujos de efectivo de las actividades de inversión (7 − 6).		**−110**

ESTADO DE FLUJOS DE EFECTIVO	Año 20X5	
C) FLUJOS DE EFECTIVO DE LAS ACTIVIDADES DE FINANCIACIÓN		
9. Cobros y pagos por instrumentos de patrimonio.		
a) Emisión de instrumentos de patrimonio (+).		
c) Adquisición de instrumentos de patrimonio propio (−).		
d) Enajenación de instrumentos de patrimonio propio (+).		
e) Subvenciones, donaciones y legados recibidos (+).	200	
10. Cobros y pagos por instrumentos de pasivo financiero.		
a) Emisión.		
1. Obligaciones y valores similares (+).		
2. Deudas con entidades de crédito (+).		
3. Deudas con empresas del grupo y asociadas (+).		
4. Otras deudas (+).		
b) Devolución y amortización de:		
1. Obligaciones y valores similares (−).		
2. Deudas con entidades de crédito (−).	−300	
3. Dudas con empresas del grupo y asociadas (−).		
4. Otras deudas (−).		
11. Pagos por dividendos y remuneraciones de otros instrumentos de patrimonio.		
a) Dividendos (−).		
12. Flujos de efectivo de las actividades de financiación (+/− 9 +/− 10 − 11).		**−100**
D) Efecto de las variaciones de los tipos de cambios		
E) AUMENTO/DISMINUCIÓN NETA DEL EFECTO O EQUIVALENTES (+/− A +/− B +/− C +/− D)		**860**
Efectivo o equivalentes al comienzo del ejercicio		**235**
Efectivo o equivalentes al final del ejercicio		**1.095**

Breve comentario al EFE

Sabíamos que la tesorería generada iba a coincidir con el incremento de efectivo expresado en el balance de situación (1.095 − 235 = 860). Además de proporcionar la variación de la cifra de tesorería, el EFE nos informa de las causas de dicha variación. En el caso que nos ocupa, el EFE nos informa de que la tesorería generada por actividades de explotación es de 1.070 (miles de) euros, lo que puede ser indicativo de una tesorería generada de forma sana. Con esta importante tesorería se ha podido invertir en la adquisición de inmovilizado material (200) y se ha podido amortizar una cifra importante (300) de deuda financiera. Todo ello tras haber pagado en 20X5 200 (miles) por impuesto sobre beneficios (180 del año anterior y 20 más como pago a cuenta del beneficio de este año). En definitiva, a falta de otra información, puede decirse que las actividades de explotación explican de manera potente la variación de la cifra de tesorería.

Además, es importante destacar la positiva gestión financiera del circulante en términos globales, pues los datos del EFE muestran un incremento de tesorería en 430 (miles de) euros a consecuencia de la reducción de saldos a cobrar con clientes (400), que mejoran la tesorería, junto con una minoración de la deuda con proveedores (50), que exige sacrificios de tesorería. Podría decirse que hemos cobrado antes a los clientes, pero también estamos pagando antes a proveedores, aunque en menor medida. Por otra parte, también se ha reducido el *stock* de existencias, generando mayor tesorería (60).

CAPÍTULO 7. PROPUESTA DE SOLUCIÓN A LOS EJERCICIOS

Indicar la verdad o falsedad de las siguientes afirmaciones:	V	F
a) La información contenida en los estados contables de las empresas interesa a accionistas y acreedores, siendo estos los únicos destinatarios de la misma.	☐	☒
b) La incorporación de información social y medioambiental en las cuentas anuales carece de un modelo de referencia, por lo que es difícilmente comparable.	☒	☐
c) A pesar de que la información sobre empleados se divulga básicamente con carácter voluntario, el PGC habilita unos espacios en la memoria que obligan a las empresas a revelar la plantilla media y su composición por categorías.	☒	☐
d) La información sobre el movimiento de la cuenta provisión para pensiones se divulga en las cuentas anuales de forma voluntaria.	☐	☒
e) La normativa mercantil exige que la información medioambiental se divulgue en las cuentas anuales, estando prohibida la divulgación de este tipo de información en informes específicos separados del informe anual.	☐	☒
f) Las adaptaciones sectoriales del PGC a las empresas eléctricas, de abastecimiento de agua, concesionarias de autopistas de peaje y otras producidas a finales de los años noventa, exigen publicar determinada información medioambiental única y exclusivamente a las empresas pertenecientes a los sectores adaptados.	☐	☒
g) Las empresas que publiquen memoria simplificada no tendrán que publicar información medioambiental.	☐	☒
h) De acuerdo con la Resolución de 25 de marzo de 2002 del ICAC, es potestativo para la empresa informar de las subvenciones recibidas con carácter medioambiental.	☐	☒

i) A partir de la entrada en vigor de la Resolución de 25 de marzo de 2002 del ICAC, la inclusión de información medioambiental es obligatoria para las empresas industriales y de servicios, pero no es vinculante para las organizaciones sin ánimo de lucro, como ONG y fundaciones. ☐ ☒

j) El contenido de la Guía propuesta por la *Global Reporting Initiative* (GRI) distingue tres ámbitos de información: económico, social y medioambiental. ☒ ☐

k) Los indicadores propuestos por la Guía GRI miden únicamente el impacto social y medioambiental de la empresa, sin que se encuentren referencias a indicadores económicos al tratarse de información ya contenida en los estados contables de naturaleza financiera, como el balance y la cuenta de pérdidas y ganancias. ☐ ☒

CAPÍTULO 8. PROPUESTA DE SOLUCIÓN A LOS EJERCICIOS

1. *c.* 2. *c.* 3. *a.*

4. *a.* 5. *b.* 6. *c.*

7. Porcentajes horizontales:

	20X0		20X1		20X2	
		%		%		%
ACTIVO NO CORRIENTE	**11.900**	**100**	**13.900**	**116,80**	**13.900**	**116,80**
ACTIVO CORRIENTE	**9.435**	**100**	**7.751**	**82,15**	**7.252**	**76,86**
Existencias	2.450	100	1.800	73,46	1.675	68,37
Deudores	1.230	100	1.750	142,27	1.170	95,12
Inversiones financieras temporales	5.320	100	3.875	73,02	3.875	72,84
Tesorería	435	100	326	74,94	*532*	122,30
TOTAL ACTIVO	**21.335**	**100**	**21.651**	**101,48**	**21.152**	**99,14**
PATRIMONIO NETO	**7.990**	**100**	**8.816**	**110,34**	**9.368**	**117,25**
PASIVO NO CORRIENTE	**7.500**	**100**	**6.500**	**86,67**	**5.500**	**73,33**
PASIVO CORRIENTE	**5.845**	**100**	**6.335**	**108,38**	**6.284**	**107,51**
Acreedores comerciales	5.235	100	5.735	109,55	5.544	105,90
Otros acreedores no comerciales	610	100	600	98,36	740	121,31
TOTAL P. NETO Y PASIVO	**21.335**	**100**	**21.651**	**101,48**	**21.152**	**99,14**

8. Porcentajes verticales:

	20X0		20X1		20X2	
		%		%		%
Ventas netas	27.000	100	38.000	100	41.000	100
Aprovisionamientos	12.200	45,19	16.200	42,63	17.500	42,68
Gastos de personal	6.100	22,59	9.500	25,00	10.800	26,34
Amortizaciones	500	1,85	650	1,71	693	1,69
Servicios exteriores	1.100	4,07	1.200	3,16	1.320	3,22
Gastos financieros	600	2,22	800	2,11	900	2,20
Resultado neto	6.500	24,07	9.650	25,39	9.787	123,87

9. Caso DOCKSA, S. A.:

Balance de situación simplificado de DOCKSA años N y N-1

	Vertical				Horizontal N (considerando el año N-1 base 100)
	N		N-1		
		%		%	%
ACTIVO NO CORRIENTE					
Inmovilizado intangible	79.211	4	82.398	4	96
Inmovilizado material	214.421	11	216.520	11	99
ACTIVO CORRIENTE					
Existencias	358.458	18	566.563	29	63
Deudores	1.323.447	65	1.025.267	53	129
Otros activos corrientes	55.960	2	46.780	3	120
TOTAL ACTIVO	**2.031.497**	**100**	**1.937.528**	**100**	**105**
PATRIMONIO NETO	**167.281**	**8**	**221.487**	**11**	**76**
PASIVO NO CORRIENTE	**98.385**	**5**	**116.718**	**6**	**84**
PASIVO CORRIENTE					
Acreedores comerciales	241.395	12	174.107	9	139
Otros pasivos corrientes	1.524.436	75	1.425.216	74	107
TOTAL P. NETO Y PASIVO	**2.031.497**	**100**	**1.937.528**	**100**	**105**

Partidas más significativas de la cuenta de resultados de DOCKSA años N y N-1

	Vertical				Horizontal N (considerando el año N-1 base 100)
	N		N-1		
		%		%	%
Importe neto cifra negocios	2.918.424	100	2.042.070	100	143
Aprovisionamientos	2.486.482	85	1.624.752	80	153
Gastos personal	54.301	2	43.193	2	126
Otros gastos explotación	211.070	7	230.616	11	92
Amortizaciones	10.428	0	10.204	0	102
Gastos financieros	148.586	5	138.741	7	107
Diferencias negativas cambio	112.755	4	47.272	2	239
Diferencias positivas cambio	18.021	1	48.114	2	37

Del análisis de porcentajes del balance destaca especialmente el pequeño porcentaje que el patrimonio neto supone con relación al total de la estructura financiera. La disminución del 24 por 100 se debe principalmente a los resultados negativos sufridos por la empresa en el año N. No parece habitual que un primer año de resultados negativos (los de N-1 fueron positivos) implique una disminución tan fuerte en el patrimonio neto de una empresa. Lógicamente, DOCKSA, S. A., debe buscar soluciones a los problemas surgidos en su cuenta de resultados, ya que, de seguir esta tendencia, no tardará mucho en hacer negativo su patrimonio neto (actualmente supone un discreto 8 por 100, siendo el 92 por 100 de sus fuentes de financiación ajenas).

Resulta sorprendente la fuerte disminución de existencias (37 por 100) y el incremento de deudores (29 por 100). Si bien el segundo se justifica por el incremento en la cifra de negocios, el primero hacer pensar que la empresa podría estar dando salida a sus *stocks* a precios inferiores a los habituales.

Respecto a la cuenta de resultados, la partida de aprovisionamientos merece un mayor esfuerzo de control, al suponer un 85 por 100 de las ventas de DOCKSA, S. A. Sorprende, en este sentido, el incremento del 53 por 100 en los aprovisionamientos cuando las ventas están incrementando en solo un 43 por 100. A pesar de que los primeros suponen un coste puramente variable, es interesante considerar que ambas magnitudes (aprovisionamientos y ventas) no son sino el producto de tres posibles factores (Unidad física × Precio × Tipo de cambio) y que la idea de variabilidad solo se relaciona con el primero de dichos factores. Teniendo en cuenta que, según lo apuntado por DOCKSA, S. A., en su informe de gestión, buena parte de sus ventas se destinan a mercados exteriores y que la moneda en la que opera ha sufrido serias devaluaciones, el tercer componente debería haber hecho caer las ventas. Parece, por tanto, que, tal y como reconoce en su informe de gestión, la empresa ha acelerado las unidades físicas de venta a costa de tener que ofrecer para ello precios más competitivos, con el consecuente perjuicio en su cuenta de resultados. Es este un caso claro en el que un crecimiento de ventas (43 por 100) forzado a través de disminuciones de precios no tiene una respuesta en resultados y, por tanto, no resulta aconsejable. La variabilidad de los aprovisionamientos habrá coincidido con la de las ventas en términos físicos, pero no así en términos de precios, lo que hace que el crecimiento final sea 10 puntos superior.

Los gastos de personal crecen y las amortizaciones se mantienen prácticamente iguales, pero suponen porcentajes muy pequeños en relación con la cifra de ventas.

La desfavorable evolución de los tipos de cambio también se ve reflejada en las diferencias negativas de cambio, que crecen muy significativamente, pasando de constituir un 2 por 100 a un 4 por 100 del total de las ventas.

Debe tenerse en cuenta que el crecimiento de las ventas es un tanto engañoso por la forma en que se ha conseguido. Así, por ejemplo, los gastos financieros pasan en el año N a suponer un porcentaje vertical inferior que en el año N-1, pero sobre unas ventas muy infladas. En porcentajes horizontales, incrementan en un 7 por 100, quizá como consecuencia del cada vez mayor volumen de deuda de la empresa.

CAPÍTULO 9. PROPUESTA DE SOLUCIÓN A LOS EJERCICIOS

1. *b.*	2. *c.*	3. *a.*	4. *d.*
5. *d.*	6. *b.*	7. *b.*	8. *b.*

9. Conversión de obligaciones en acciones:

Resumen de datos:

PN	600
PT	500
AT	1.100
CF	8%
RAIT	110
RAT	70
RE	10%
RF	11,66%

La rentabilidad financiera de la firma (*R*) es superior a la retribución que obtiene el obligacionista, por lo que parece conveniente acudir a la conversión. A medida que la deuda se convierte en recursos propios, la rentabilidad financiera va disminuyendo de forma gradual hasta que desaparece la financiación ajena, momento en el que $RE = RF = 10\%$.

10. Caso restaurante TXOKO:

a) *Escenario actual:*

Rentabilidades obtenidas en el año 20X0

$$RF = \frac{RAT}{PN} = \frac{750}{50.000} = 0{,}015$$

$$RE = \frac{RAIT}{AT} = \frac{7.500}{125.000} = 0{,}06$$

Descomposición de la rentabilidad financiera obtenida en el año 20X0

$$CF = \frac{GF}{PT} = \frac{6.750}{75.000} = 0{,}09 \qquad L = \frac{PT}{PN} = \frac{75.000}{50.000} = 1{,}5$$

$$RF = RE + (RE - CF) \times L = 0{,}06 + (0{,}06 - 0{,}09) \times 1{,}5 = 0{,}015$$

Descomposición de la rentabilidad económica obtenida en el año 20X0

$$RE = RE \text{ funcional} = \text{Margen económico sobre ventas} \times \text{Rotación activos}$$

$$\text{funcionales} = \frac{RAITf}{\text{Ventas}} \times \frac{\text{Ventas}}{Af} = \frac{7.500}{125.000} \times \frac{125.000}{125.000} = 0{,}06 \times 1 = 0{,}06$$

b) *Escenario esperado para el año 20X1 tras el cambio estratégico:*

Puesto que CF y L se mantienen constantes, el nuevo plan estratégico planteado por la dirección se marca como objetivo directo mejorar la rentabilidad económica de la empresa. Cualquier mejora en la rentabilidad económica provocará una mejora en la rentabilidad financiera. Al no existir activos extrafuncionales, las medidas a adoptar se centran en la rentabilidad de activos funcionales. Se sacrifica el margen económico sobre ventas a cambio de mejoras en la rotación de dichos activos.

Calculemos, en primer lugar, el número de menús (N) que sería necesario servir para mantener la rentabilidad económica en el 6 por 100 actual.

$$\text{Nuevo } RAITf = \text{Ventas} - \text{Aprovisionamientos} - \text{Resto de gastos de explotación}$$

$$\text{Nuevo } RAITf = (25 \times N) - (16 \times N) - 25.000 - 30.000 - 10.000 =$$
$$= 9 \times N - 65.000$$

$$\text{Nuevo } Af = 125.000 + 6.000 - 3.000 = 128.000$$

(El aumento en los activos por importe de 3.000 se debe al incremento de las existencias en 6.000 y a la reducción a cero del saldo de clientes por cobrarse al contado. El saldo de tesorería se mantiene en las 2.000, consideradas como necesarias para no tener desajustes de liquidez.)

$$\text{Nueva } RE = \text{Nuevo } RAITf/\text{Nuevo } Af$$

Manteniendo la rentabilidad económica en el 6 por 100, el problema se limita a calcular el número de menús que satisfaga la igualdad.

$$0{,}06 = [(9 \times N) - 65.000]/128.000$$

$$7.680 = (9 \times N) - 65.000$$

$$72.680 = 9 \times N$$

$$N = 72.680/9 = 8.075{,}55$$

Con el nuevo *RAITf* y el nuevo volumen de *Af*, el restaurante deberá servir 8.075,55 menús si quiere mantener su *RE*. Si sirve 8.075 menús, su *RE* será ligeramente inferior, pero si sirve 8.076 menús la rentabilidad será superior al 6 por 100.

Dado que al mantenerse iguales *CF* y *L* cualquier incremento en *RF* pasará por incrementar la *RE*, la respuesta a la pregunta planteada es la siguiente:

El restaurante Txoko deberá servir, al menos, 8.076 menús para que la medida estratégica resulte eficiente en términos de rentabilidad financiera.

Puede efectuarse la siguiente comprobación:

Sirviendo 8.076 menús:

— Nuevo *RAITf* = (25 × 8.076) − (16 × 8.076) − 25.000 − 30.000 − 10.000 = = 7.684.
— Nueva cifra de ventas = 8.076 × 25 = 201.900.
— Nuevo *Af* = 125.000 + 6.000 − 3.000 = 128.000

Al no haber activos extrafuncionales, se cumple que *RE* = *REf*.

Por tanto:

$$\text{Nueva } RE = \text{Margen económico sobre ventas} \times \text{Rotación de activos funcionales} = \frac{RAITf}{\text{Ventas}} \times \frac{\text{Ventas}}{Af} = \frac{7.684}{201.900} \times \frac{201.900}{128.000} = 0{,}0381 \times 1{,}58 = 0{,}0601 > 0{,}06$$

$$\text{Nueva } RF = RE + (RE - CF) \times L = 0{,}0601 + (0{,}0601 - 0{,}09) \times \frac{75.000}{50.000} = 0{,}01525 > 0{,}015$$

Como puede apreciarse, sirviendo 8.076 menús la nueva $RE > 0,06$ y la nueva RF aumenta con relación a la obtenida en el escenario anterior.

11. Caso DALLO, S. A.:

Opción 1. Incremento de las ventas hasta 176.369

Cuenta de pérdidas y ganancias

Concepto	Situación de partida	Opción 1	Variación (%)
Ventas	169.487	176.369	4,06
Costes variables	84.744	88.185	4,06
Margen sobre costes variables	84.743	88.184	4,06
Costes fijos	53.520	53.520	—
Resultado de explotación (*RAIT*)	31.223	34.664	11,02
Gastos financieros	6.568	6.568	—
Resultado antes de impuestos (*RAT*)	24.655	28.096	13,95

Dada la existencia de costes fijos de estructura, el aumento de las ventas en un 4,06 por 100 provoca un incremento en el *RAIT* del 11,02 por 100. A su vez, debido a la existencia de gastos financieros, el aumento del *RAIT* en un 11,02 por 100 provoca un incremento en el *RAT* del 13,95.

Las variaciones del *RAIT* y del *RAT* se trasladan, respectivamente, a la rentabilidad económica y financiera, que toman los siguientes valores:

Situación de partida	Opción 1	Variación
$RF = \frac{RAT}{PN} = \frac{24.655}{99.963} \times 100 = 24,66\%$	$RF_1 = \frac{28.096}{99.963} \times 100 = 28,10\%$	13,95%
$RE = \frac{RAIT}{AT} = \frac{31.223}{158.347} \times 100 = 19,72\%$	$RE_1 = \frac{34.664}{158.347} \times 100 = 21,89\%$	11,02%
$L = \frac{58.384}{99.963} = 0,58$	$L_1 = 0,58$	
$RF = 0,197 + (0,197 - 0,112) \times 0,58 = 0,247$	$RF_1 = 0,219 + (0,219 - 0,112) \times 0,58 = 0,281$	

Opción 2. Reducción de costes variables en 8.475

Cuenta de pérdidas y ganancias

Concepto	Situación de partida	Opción 2	Variación %
Ventas	169.487	169.487	—
Costes variables	84.744	76.269	−10
Margen sobre costes variables	84.743	93.218	10
Costes fijos	53.520	53.520	—
Resultado de explotación *(RAIT)*	31.223	39.698	27,14
Gastos financieros	6.568	6.568	—
Resultado antes de impuestos *(RAT)*	24.655	33.130	34,37

La existencia de costes fijos de estructura es la causa de que la reducción de los costes variables en un 10 por 100 se traduzca en un aumento del *RAIT* en un 27,14 por 100. A su vez, la existencia de gastos financieros provoca que este aumento del *RAIT* se traslade a un incremento en el *RAT* del 34,37 por 100.

Las variaciones del *RAIT* y del *RAT* modifican a su vez la rentabilidad económica y financiera.

Situación de partida	Opción 2	Variación
$RF = \frac{RAT}{PN} = \frac{24.655}{99.963} \times 100 = 24,66\%$	$RF_2 = \frac{33.130}{99.963} \times 100 = 33,14\%$	34,37%
$RE = \frac{RAIT}{AT} = \frac{31.223}{158.347} \times 100 = 19,72\%$	$RE_2 = \frac{39.698}{158.347} \times 100 = 25,07\%$	27,14%
$L = \frac{58.384}{99.963} = 0,58$	$L_1 = 0,58$	
$RF = 0,197 + (0,197 - 0,112) \times 0,58 = 0,247$	$RF_2 = 0,251 + (0,251 - 0,112) \times 0,58 = 0,331$	

Opción 3. Se reduce el saldo de clientes en un 50 por 100

Balance de situación

ACTIVO	Actual	Opción 3	PASIVO y PN	Actual	Opción 3
Inmovilizado	140.491	140.491	Patrimonio neto	99.963	92.594
Existencias	2.490	2.490	Deudas largo plazo	43.692	43.692
Clientes	14.738	7.369	Deudas corto plazo	14.692	14.692
Tesorería	628	628			
TOTAL	158.347	150.978	TOTAL	158.347	150.978

Cuenta de pérdidas y ganancias

Concepto	Situación de partida	Opción 3	Variación
Ventas	169.487	169.487	—
Costes variables	84.744	84.744	—
Margen sobre costes variables	84.743	84.743	—
Costes fijos	53.520	53.520	—
Resultado de explotación (*RAIT*)	31.223	31.223	—
Gastos financieros	6.568	6.568	—
Resultado antes de impuestos (*RAT*)	24.655	24.655	—

Si bien el *RAIT* y el *RAT* no experimentan variación alguna, las modificaciones en la estructura económica (menor importe de clientes) y financiera (menor patrimonio neto) hacen variar la rentabilidad económica y financiera.

De forma simultánea, la relación de endeudamiento se modifica al disminuir el patrimonio neto:

$$L = \frac{58.384}{92.594} = 0{,}630$$

Situación de partida	Opción 3
$RF = \frac{RAT}{PN} = \frac{24.655}{99.963} \times 100 = 24{,}66\%$	$RF_3 = \frac{24.655}{92.594} \times 100 = 26{,}63\%$
$RE = \frac{RAIT}{AT} = \frac{31.223}{158.347} \times 100 = 19{,}72\%$	$RE_3 = \frac{31.223}{150.978} \times 100 = 20{,}68\%$
$L = \frac{58.384}{99.963} = 0{,}58$	$L_3 = \frac{58.384}{92.594} = 0{,}63$
$RF = 0{,}197 + (0{,}197 - 0{,}112) \times 0{,}58 = 0{,}247$	$RF_3 = 0{,}206 + (0{,}206 - 0{,}112) \times 0{,}63 = 0{,}266$

El acortamiento del plazo de cobro a los clientes y la simultánea reducción en los saldos de clientes y patrimonio neto produce ligeras mejoras en la rentabilidad económica y financiera de DALLO, S. A.

Opción 4. Disminución de los fondos propios. Incremento de la financiación ajena

Balance de situación

ACTIVO	Actual	Opción 4	PASIVO y PN	Actual	Opción 4
Inmovilizado	140.491	140.491	Patrimonio neto	99.963	96.409
Existencias	2.490	2.490	Deudas largo plazo	43.692	43.692
Clientes	14.738	14.738	Deudas corto plazo	14.692	18.246
Tesorería	628	628			
TOTAL	158.347	158.347	TOTAL	158.347	158.347

Cuenta de pérdidas y ganancias

Concepto	Situación de partida	Opción 4	Variación
Ventas	169.487	169.487	—
Costes variables	84.744	84.744	—
Margen sobre costes variables	84.743	84.743	—
Costes fijos	53.520	53.520	—
Resultado de explotación *(RAIT)*	31.223	31.223	—
Gastos financieros	6.568	6.568	—
Resultado antes de impuestos *(RAT)*	24.655	24.655	—

Al no haber variación en la actividad ni en la estructura de costes, el *RAIT* y el *RAT* toman los mismos valores que en la situación de partida. Como tampoco se modifica la estructura económica (misma cifra de activos medios), la rentabilidad económica es la misma. No obstante, la diferente composición de la estructura financiera (menor importe del patrimonio neto e incremento de la financiación ajena) modifica la relación de endeudamiento aumentándola, lo que, debido su efecto multiplicador, provoca un ligero incremento en la rentabilidad financiera, que pasa del 24,66 por 100 al 25,57 por 100.

Situación de partida	Opción 4
$RF = \frac{RAT}{PN} = \frac{24.655}{99.963} \times 100 = 24{,}66\%$	$RF_4 = \frac{24.655}{96.409} \times 100 = 25{,}57\%$
$RE = \frac{RAIT}{AT} = \frac{31.223}{158.347} \times 100 = 19{,}72\%$	$RE_4 = \frac{31.223}{158.347} \times 100 = 19{,}72\%$
$L = \frac{58.384}{99.963} = 0{,}58$	$L_4 = \frac{61.938}{96.409} = 0{,}64$
$RF = 0{,}197 + (0{,}197 - 0{,}112) \times 0{,}58 = 0{,}247$	$RF_4 = 0{,}197 + (0{,}197 - 0{,}112) \times 0{,}64 = 0{,}255$

Costes variables
84.744
88.185
76.269
84.744
84.744

RAIT
31.223
34.664
39.698
31.223
31.223

Costes fijos
53.520
53.520
53.520
53.520
53.520

Margen económico
0,18
0,20
0,23
0,18
0,18

REC
0,20
0,22
0,25
0,21
0,20

Ventas
169.487
176.369
169.487
169.487
169.487

Rotación
1,07
1,11
1,07
1,12
1,07

Activo fijo
140.491
140.491
140.491
140.491
140.491

RFIN
0,25
0,28
0,33
0,27
0,26

Activo total
158.347
158.347
158.347
150.978
158.347

Activo circulante
17.856
17.856
17.856
10.487
17.856

Gastos financieros
6.568
6.568
6.568
6.568
6.568

CF
0,112
0,112
0,112
0,112
0,106

Deuda total
58.384
58.384
58.384
58.384
61.938

L
0,58
0,58
0,58
0,63
0,64

Fondos propios
99.963
99.963
99.963
92.594
96.409

12. Caso MAKRO:

El estudio del caso se aborda en tres etapas. En primer lugar, se presentan los datos del balance y cuenta de resultados de acuerdo a la clasificación funcional. En segundo lugar, se obtienen algunos indicadores clave para, en tercer lugar, efectuar los comentarios oportunos.

Plantillas propuestas para el análisis de rentabilidad correspondiente a 1992

Balances de situación de MAKRO, S. A.

	31/12/92	31/12/91	Medio		31/12/92	31/12/91	Medio
Activo no corriente				Patrimonio neto	62.734	46.526	54.630
Funcional	110.398	35.533	72.966				
Extrafuncional	1.154	5.707	3.430	Pasivo no corriente	8.219	695	4.457
Activo corriente							
Funcional	73.393	47.434	60.414	Pasivo corriente	137.607	123.589	130.598
Extrafuncional	23.615	82.136	52.875				
Total activo	208.560	170.810	189.685	Total patrimonio neto y pasivo	208.560	170.810	189.685

Cuenta de resultados de MAKRO, S. A.

	Año 1992
Ingresos de explotación	462.980
(Gastos de explotación)	(465.044)
RAIT funcional	(2.064)
Ingresos financieros (*RAIT* extrafuncional)	9.353
RAIT	7.289
(Gastos financieros)	(188)
RAT	7.101

Resumen de datos del balance

Activo funcional	133.380	70%	Patrimonio neto	54.630	29%
Activo extrafuncional	56.305	30%	Deuda total	135.055	71%
Total	189.685	100%	Total	189.685	100%

Determinación del coste medio de la deuda y de la razón de endeudamiento

CF = Gastos financieros / Deuda total = 188 / 135.055 = 0,001.
L = Deuda total / Patrimonio neto = 135.055 / 54.630 = 2,47.

Obtención de la rentabilidad financiera

$RF = RAT / PN$ = 7.101 / 54.630 = 0,13.

Obtención de la rentabilidad económica

$RE = RAIT / AT$ = 7.289 / 189.685 = 0,0384.

Descomposición de la rentabilidad financiera

$RF = RE + (RE - CF) \times L = 0{,}038 + (0{,}0384 - 0{,}001) \times 2{,}47 =$
$= 0{,}0384 + 0{,}091 = 0{,}1294.$

Descomposición de la rentabilidad económica

Descomposición funcional – extrafuncional

$REf = RAITf / Af = -2.064/133.380 = -0{,}015.$
$REe = RAITe / Ae = 9.353/56.307 = 0{,}166.$
$RE = (REf \times Af / AT) + (REe \times Ae/AT) = (-0{,}015 \times 0{,}7) + (0{,}166 \times 0{,}3) =$
$= -0{,}01 + 0{,}048 = 0{,}038.$

Descomposición margen × rotación

$REf = RAITf/$Ventas × Ventas$/Af = -2.064/462.980 \times 462.980/133.380 =$
$= -0{,}0044 \times 3{,}47 = -0{,}015.$

Plantillas propuestas para el análisis de rentabilidad correspondiente a 2002

Balances de situación de MAKRO, S. A.

	31/12/02	31/12/01	Medio		31/12/02	31/12/01	Medio
Activo no corriente				Patrimonio neto	116.946	101.221	109.083
Funcional	223.728	198.770	211.249				
Extrafuncional	253.710	525	127.118	Pasivo no corriente	17.540	2.947	10.243
Activo corriente							
Funcional	146.561	156.495	151.528	Pasivo corriente	586.992	314.088	450.540
Extrafuncional	97.479	62.466	79.972				
Total activo	721.478	418.256	569.867	Total patrimonio neto y pasivo	721.478	418.256	569.866

Cuenta de resultados de MAKRO, S. A.

	Año 2002
Ingresos de explotación	1.087.633
(Gastos de explotación)	(1.063.382)
RAIT funcional	24.251
Ingresos financieros (*RAIT* extrafuncional)	1.866
RAIT	26.117
(Gastos financieros)	(2.530)
RAT	23.587

Resumen de datos del balance

Activo funcional	362.777	64%	Patrimonio neto	109.083	19%
Activo extrafuncional	207.090	36%	Deuda total	460.783	81%
Total	569.867	100%	Total	569.866	100%

Determinación del coste medio de la deuda y de la razón de endeudamiento

CF = Gastos financieros / Deuda total = 2.530 / 460.783 = 0,005.
L = Deuda total / Patrimonio neto = 460.783 / 109.083 = 4,22.

Obtención de la rentabilidad financiera

$RF = RAT / PN = 23.587 / 109.083 = 0{,}216.$

Obtención de la rentabilidad económica

$RE = RAIT / AT = 26.117 / 569.866 = 0{,}046.$

Descomposición de la rentabilidad financiera

$RF = RE + (RE - CF) \times L = 0{,}046 + (0{,}046 - 0{,}005) \times 4{,}22 =$
$= 0{,}046 + 0{,}17 = 0{,}216.$

Descomposición de la rentabilidad económica

Descomposición funcional − extrafuncional

$REf = RAITf / Af = 24.251 / 362.777 = 0{,}07.$
$REe = RAITe / Ae = 1.866 / 207.090 = 0{,}01.$
$RE = (REf \times Af / AT) + (REe \times Ae / AT) = (0{,}07 \times 0{,}64) + (0{,}01 \times 0{,}36) =$
$= 0{,}046 + 0{,}00 = 0{,}046.$

Descomposición margen × rotación

$REf = RAITf /$ Ventas × Ventas$/Af$ = 24.251/1.087.633 × = 0,022 × 2,99 = 0,07.

Comentarios

MAKRO, S. A., obtiene en el año 1992 una rentabilidad financiera del 13 por 100, al tiempo que en el año 2002 ese mismo indicador sube hasta el 22 por 100. En ambos períodos la clave para la obtención de dicha rentabilidad se centra más en el buen aprovechamiento del efecto apalancamiento financiero que en la gestión de sus activos. En 1992 el efecto apalancamiento financiero aporta 9 de los 13 puntos de rentabilidad, mientras que en 2002 aporta 17 de los 22 puntos de rentabilidad. Ello es posible gracias al bajísimo coste financiero de su deuda, que en ninguno de los dos años llega a alcanzar el 1 por 100.

La rentabilidad económica obtenida por MAKRO, S. A., ronda el 4 por 100 en ambos períodos. Aun sin ser muy elevada, resulta suficiente para aprovechar el efecto palanca de la deuda. Dicho aprovechamiento es, sin embargo, mucho mayor en el año 2002 debido al muy superior valor del ratio L. Así, mientras en el año 1992 la deuda suponía un 71 por 100 del total de su estructura financiera, diez años después esta llega a alcanzar el 81 por 100 de dicha estructura. El ratio L pasa de 2,47 a 4,22, por lo que, al mantenerse prácticamente iguales el resto de parámetros, MAKRO, S. A., obtiene una muy superior rentabilidad financiera.

Asimismo, resulta singular la forma tan diferente con que MAKRO, S. A., consigue su rentabilidad económica, que, como hemos indicado, resulta necesaria para obtener un diferencial ($RE - CF$) positivo. En el año 1992 la estrategia se basa en la rentabilización de los activos extrafuncionales, que, si bien suponen un porcentaje inferior que el de los funcionales (30 por 100 frente a 70 por 100), aportan 4,8 puntos porcentuales a la generación de la rentabilidad económica. De hecho, en aquel momento, la actividad de comercialización a la que se dedicaba la empresa era deficitaria, es decir, la rentabilidad de activos funcionales resultaba negativa, restando un punto porcentual a la rentabilidad económica.

En el año 2002 la estrategia cambia, quizá en parte por la mayor dificultad para rentabilizar inversiones extrafuncionales al ser muy inferiores los tipos de interés (mientras en 1992 rondaban el 12 por 100, diez años después habían caído hasta el 4 por 100). En 2002 toda la rentabilidad económica se obtiene a través de la gestión de activos funcionales. De hecho, los activos extrafuncionales siguen constituyendo un porcentaje significativo (36 por 100 del total del activo), pero prácticamente no aportan nada.

Para conseguir mejorar la rentabilidad funcional, MAKRO, S. A., ha mejorado el margen económico sobre ventas (de ser negativo al principio, se sitúa en el 2,2 por 100 en 2002), pese a haber disminuido ligeramente la rotación de sus activos funcionales (pasa de 3,47 a 2,99), si bien es cierto que una alta rotación se vuelve en contra de la empresa si esta no consigue márgenes positivos. ¿Interesa vender mucho si se vende con pérdida?

CAPÍTULO 10. PROPUESTA DE SOLUCIÓN A LOS EJERCICIOS

1. *a.* 2. *d.* 3. *a.*

4. Caso PESA y MESA:

a) *Cálculo del punto muerto:*

	PESA	MESA
% *Cv*	0,25	0,75
Costes fijos	3.000	600
Punto muerto = $\dfrac{CF}{1 - \%\,CV}$	$\dfrac{3.000}{1 - 0{,}25} = 4.000$	$\dfrac{600}{1 - 0{,}75} = 2.400$

MESA alcanza antes el punto muerto. Mientras PESA tiene que facturar 4.000 millones de euros para alcanzarlo, MESA solo tiene que facturar 2.400 millones. Aunque MESA tiene un menor margen sobre costes variables, sus costes fijos son muy inferiores a los de PESA.

b) *Evolución del RAITf ante un aumento de ventas del 20 por 100:*

	PESA
Ventas (4.800 × 1,2)	5.760
Costes variables (0,25)	1.440
Costes fijos	3.000
RAITf	1.320

ΔVentas = 5.760/4.800 = 1,2 $\qquad \Delta$ = 20 por 100
Δ*RAITf* = 1.320/600 = 2,2 $\qquad \Delta$ = 120 por 100
GAO = 120/20 = 6

	MESA
RAITf (1.000 × 2,2)	2.200
Costes fijos	600
Costes variables	0,75 × *V*
Ventas	*V*

siendo *V* la cifra de ventas necesaria para que el *RAITf* crezca un 120 por 100:

$V - 0{,}75V - 600 = 2.200$
$0{,}25V = 2.800$
$V = 11.200$

ΔVentas = 11.200/6.400 = 1,75 $\qquad \Delta$ = 75 por 100
Δ*RAITf* = 2.200/1.000 = 2,2 $\qquad \Delta$ = 120 por 100
GAO = 120/75 = 1,6

MESA tiene que hacer mucho más esfuerzo porque su *GAO* es muy inferior al de PESA. Por cada incremento de un punto porcentual en sus ventas, PESA consigue incrementar seis puntos porcentuales en su *RAITf* (1 × 6 = 6), mientras que MESA solo consigue hacerlo en 1,6 puntos porcentuales (1 × 1,6 = 1,6).

c) *Discusión de los riesgos ante situaciones de crisis:*

En época de crisis económica generalizada en la que caigan las ventas corre más riesgo PESA por tener un mayor *GAO*, ya que ante una misma disminución porcentual de sus ventas las disminuciones porcentuales en su *RAITf* serán muy superiores a las sufridas por MESA.

5. Caso MAJÓRICA:

Se propone un estudio del caso en dos etapas: *A*) presentación de datos en los modelos funcionales y cálculo de los indicadores más relevantes (*RF*, *RE* y descomposición de ambos), y *B*) análisis e interpretación de los resultados.

A) Presentación de los datos en los modelos funcionales y obtención de los indicadores:

Plantillas propuestas para el análisis de rentabilidad correspondiente a 1995

Balances de situación de MAJÓRICA, S. A.

	31/12/95	**31/12/94**	**Medio**		**31/12/95**	**31/12/94**	**Medio**
Activo no corriente				Patrimonio neto	2.143.150	1.959.016	2.051.083
Funcional	449.871	447.916	448.894				
Extrafuncional	326.481	336.294	331.387	Pasivo no corriente	309	0	154
Activo corriente							
Funcional	3.079.763	2.765.238	2.922.500	Pasivo corriente	1.712.656	1.590.432	1.651.544
Extrafuncional	0	0	0				
Total activo	3.856.115	3.549.448	3.702.781	Total patrimonio neto y pasivo	3.856.115	3.549.448	3.702.781

Cuenta de resultados de MAJÓRICA, S. A.

	Año 1995
Ingresos de explotación	4.599.987
(Gastos de explotación)	(4.122.077)
RAIT funcional	477.910
Ingresos financieros (*RAIT* extrafuncional)	44.124
RAIT	522.034
(Gastos financieros)	(128.124)
RAT	393.910

Resumen de datos del balance

Activo funcional	3.371.394	91%	Patrimonio neto	2.051.083	55%
Activo extrafuncional	331.387	9%	Deuda total	1.651.698	45%
Total	3.702.781	100%	Total	3.702.781	100%

Determinación del coste medio de la deuda y de la razón de endeudamiento

CF = Gastos financieros / Deuda total = 128.124 / 1.651.698 = 0,077.
L = Deuda total / Patrimonio neto = 1.651.698 / 2.051.083 = 0,81.

Obtención de la rentabilidad financiera

$RF = RAT / PN = 393.910 / 2.051.083 = 0,19.$

Obtención de la rentabilidad económica

$RE = RAIT / AT = 522.034 / 3.702.781 = 0,14.$

Descomposición de la rentabilidad financiera

$RF = RE + (RE - CF) \times L = 0,14 + (0,14 - 0,077) \times 0,81 = 0,14 + 0,05 = 0,19.$

Descomposición de la rentabilidad económica

Descomposición funcional – extrafuncional

$REf = RAITf / Af = 477.910 / 3.371.394 = 0,14.$
$REe = RAITe / Ae = 44.124 / 331.387 = 0,13.$
$RE = (REf \times Af / AT) + (REe \times Ae / AT) = 0,14 \times 0,91 + 0,13 \times 0,09 = 0,13 + 0,01.$

Descomposición margen – rotación

$$REf = \frac{RAITf}{\text{Ventas}} \times \frac{\text{Ventas}}{Af} = \frac{477.910}{4.599.987} \times \frac{4.599.987}{3.371.394} = 0,10 \times 1,36 = 0,14.$$

Plantillas propuestas para el análisis de rentabilidad correspondiente a 2000

Balances de situación de MAJÓRICA, S. A.

	31/12/00	31/12/99	Medio		31/12/00	31/12/99	Medio
Activo no corriente				Patrimonio neto	(276.749)	645.869	184.560
Funcional	6.491.192	7.089.244	6.790.218				
Extrafuncional	1.377.057	1.073.143	1.225.100	Pasivo no corriente	8.099.622	8.390.685	8.245.153
Activo corriente							
Funcional	2.346.859	4.730.585	3.538.722	Pasivo corriente	2.431.081	3.856.418	3.143.750
Extrafuncional	38.846	0	19.423				
Total activo	10.253.954	12.892.972	11.573.463	Total patrimonio neto y pasivo	10.253.954	12.892.972	11.573.463

Cuenta de resultados de MAJÓRICA, S. A

	Año 2000
Ingresos de explotación	5.057.815
(Gastos de explotación)	(4.732.531)
RAIT funcional	325.284
Ingresos financieros (*RAIT* extrafuncional)	34.992
RAIT	360.276
(Gastos financieros)	(1.070.233)
RAT	(709.957)

Resumen de datos del balance

Activo funcional	10.328.940	89%	Patrimonio neto	184.560	2%
Activo extrafuncional	1.244.523	11%	Deuda total	11.388.903	98%
Total	11.573.463	100%	Total	11.573.463	100%

Determinación del coste medio de la deuda y de la razón de endeudamiento

CF = Gastos financieros / Deuda total = 1.070.233 / 11.388.903 = 0,094.
L = Deuda total / Patrimonio neto = 11.388.903 / 184.560 = 61,7.

Obtención de la rentabilidad financiera

$RF = RAT / PN = -709.957 / 184.560 = -3{,}85.$

Obtención de la rentabilidad económica

$RE = RAIT / AT = 360.276 / 11.573.463 = 0{,}03.$

Descomposición de la rentabilidad financiera

$RF = RE + (RE - CF) \times L = 0{,}03 + (0{,}03 - 0{,}094) \times 61{,}7 = 0{,}03 - 3{,}88.$

Descomposición de la rentabilidad económica

Descomposición funcional – extrafuncional

$REf = RAITf / Af = 325.284 / 10.328.940 = 0{,}03.$
$REe = RAITe / Ae = 34.992 / 1.244.523 = 0{,}028.$
$RE = (REf \times Af/AT) + (REe \times Ae/AT) = (0{,}03 \times 0{,}89 + 0{,}028 \times 0{,}11) = 0{,}03 + 0{,}00.$

Descomposición margen × rotación

$$REf = \frac{RAITf}{\text{Ventas}} \times \frac{\text{Ventas}}{Af} = \frac{325.284}{5.057.815} \times \frac{5.057.815}{10.328.940} = 0{,}06 \times 0{,}49 = 0{,}03.$$

B) Análisis e interpretación de los resultados:

Situación de partida, año 1995

De la observación de los balances de situación medios de MAJÓRICA, S. A., en los años que abarca el estudio (1995 y 2000) se aprecian grandes diferencias. En 1995 se encontraba en una posición de equilibrio patrimonial estable (posición 2), con un 55 por 100 de fondos propios sobre el total de la estructura financiera. Si bien aparecen pérdidas acumuladas en su balance, estas van remitiendo gracias a la generación de resultados positivos. MAJÓRICA, S. A., obtenía en aquel año una rentabilidad financiera más que destacable (19 por 100) conseguida en buena medida gracias a una eficiente gestión de sus activos (*RE* = 14 por 100, obtenido casi en su totalidad a través de los activos funcionales) y a un aprovechamiento del efecto apalancamiento financiero (5 por 100). Todo ello a pesar de que el coste financiero medio de su deuda tampoco resultaba excesivamente bajo (cercano al 8 por 100). MAJÓRICA obtenía un nada despreciable margen del 10 por 100 (teniendo en cuenta que se trata de una empresa con una no muy alta intensidad de capital fijo) y una rotación un tanto discreta (1,36), pero suficiente para elevar su *REf* hasta el 14 por 100). En conjunto, la situación en 1995 era estable.

Nuevo escenario, año 2000

Cinco años más tarde el balance de situación de MAJÓRICA, S. A., muestra sensibles diferencias:

1. En primer lugar, el patrimonio neto pasa a suponer un pobrísimo 2 por 100 del total de las fuentes de financiación, es decir, la empresa se encuentra en una posición 3 muy avanzada y prácticamente a las puertas de la quiebra técnica (neto patrimonial negativo).
2. El activo total prácticamente se ha triplicado en estos años, tanto en su parte funcional como en la extrafuncional. Incrementos tan fuertes en los activos, al menos en los funcionales, no se ven acompañados de crecimientos similares en las ventas (que pasan de 4.436 millones de pesetas en 1995 a 4.914 millones en 2000, es decir, crecen solo en un 10,7 por 100, frente al más del 206 por 100 de crecimiento de los activos funcionales. No es necesario profundizar mucho para observar que dicho aumento se debe principalmente al inmovilizado intangible, más en concreto, y según se desprende de la información complementaria, al epígrafe «Fondo de comercio».
3. Como es lógico, la disminución del neto y el incremento del activo han tenido que venir acompañados con fuertes incrementos de las deudas de MAJÓRICA, S. A., que se han multiplicado casi por siete en este lapso de tiempo.

¿Resulta justificado que en tan pocos años el balance de situación de una empresa sufra una revolución tan grande? La respuesta lógica es no, al menos no por la evolución del mercado, que no ha sido tan negativa como los gestores tratan de mostrar. Los gestores justifican la entrada en suspensión de pagos en la fuerte caída de los mercados, pero lo cierto es que hasta el año 2000 la cifra de ventas, lejos de disminuir, ha experimentado un leve crecimiento. Pero para el año 2000 el balance ya estaba prácticamente descapitalizado.

La clave del deterioro podría estar en la operación de fusión-absorción, cuyos registros contables, de manera simplificada, se muestran en los siguientes apuntes (en miles de pesetas):

En abril de 1998 se constituye la sociedad Inversiones en Perlas de Manacor, S. A. (NIF: A07333560):

Número de cuenta	Abril de 1998	Debe	Haber
572	Banco	1.000.000	
100	Capital social		1.000.000

Después Inversiones en Perlas de Manacor, S. A., solicita un préstamo bancario para comprar el 100 por 100 de las acciones de MAJÓRICA, S. A. (NIF: A0700242):

Número de cuenta	Abril de 1998	Debe	Haber
572	Banco	9.000.000	
170	Deudas a largo plazo con entidades crédito		9.000.000

Número de cuenta	Abril de 1998	Debe	Haber
240	Participaciones a l/p en partes vinculadas	9.936.000	
572	Banco		9.936.000

En junio de 1998 Inversiones en Perlas de Manacor, S. A., decide llevar a cabo la fusión por absorción (impropia) de MAJÓRICA, S. A.

Número de cuenta	Junio de 1998	Debe	Haber
XX	Activos recibidos	6.144.000	
204	Fondo de comercio	5.853.000	
XX	Pasivos recibidos		2.062.000
240	Participaciones a l/p en partes vinculadas		9.936.000

Con la fusión se produce la disolución jurídica de MAJÓRICA, S. A. (NIF: A0700242).

Con posterioridad Inversiones en Perlas de Manacor, S. A. (NIF: A07333560) cambia su denominación, pasando a denominarse MAJÓRICA, S. A. (NIF:

A07333560), es decir, la nueva MAJÓRICA, S. A., en cuyo balance se han introducido un fondo de comercio y una deuda bancaria por importes muy elevados, es en realidad una empresa con la misma denominación, pero un NIF diferente.

Comentarios derivados del análisis de rentabilidad-riesgo

Tras la operación de fusión cabe destacar la aparición de un fondo de comercio de casi 6.000 millones de pesetas, financiado con el recurso a la deuda bancaria por un importe cercano a los 9.000 millones. Estos dos datos son determinantes para entender la profunda crisis en la que se ve inmersa MAJÓRICA, S. A.

El fuerte incremento en los activos funcionales, al no verse acompañado de otro similar en ventas, provoca una fuerte caída de la rotación de activos funcionales (pasa de un discreto 1,36 a un pobrísimo 0,49).

El fuerte incremento en las deudas en balance hace que el ratio *L* pase de un conservador 0,81 en 1995 a un exorbitado 61,7 en 2000. Dicho incremento, que coloca a la empresa en un altísimo nivel de riesgo, no tendría efectos negativos si esta siguiera aprovechándose del efecto apalancamiento financiero como en 1995 (apalancamiento financiero positivo), pero para ello debería haber mantenido sus niveles de *RE* y *CF*, cosa que no ha ocurrido.

El fuerte incremento en los activos funcionales, en su mayor parte activos fijos, revoluciona la partida amortizaciones de la cuenta de resultados, que pasa de suponer un 1,8 por 100 de las ventas en 1995 a un 18,5 por 100 en 2002. Ello modifica drásticamente su estructura de costes de explotación, pasando a situarla en un muy superior *GAO* y haciendo que su *RAITf* caiga sensiblemente. Entre 1995 y 2000 el *RAITf* pasa de 477 a 325 millones, disminuyendo un 32 por 100, mientras que las ventas han crecido en un 10,7 por 100. Caídas de *RAITf* acompañadas de pequeños crecimientos en las ventas suponen importantes disminuciones en el margen económico sobre ventas, que pasa del 10 por 100 en 1995 al 6 por 100 en 2000. Todo ello, unido a la caída de la rotación, hace que la rentabilidad económica quede en un pobre 3 por 100, esto es, 11 puntos por debajo de la de 1995.

Como era de esperar, el fuerte incremento en la deuda trae consigo un crecimiento paralelo de los gastos financieros y del coste financiero medio, haciendo que el diferencial ($RE - CF$), que en 1995 tomaba el valor de 0,063, pase a ser $-0{,}064$. Observando la expresión que relaciona *RF* y *RE* se comprueban las tremendas consecuencias que un diferencial ($RE - CF$) negativo tiene en una empresa cuyo ratio *L* es igual a 61,7.

Son, pues, las amortizaciones y los gastos financieros, y no la caída de ventas, los que destrozan literalmente la cuenta de resultados de MAJÓRICA, S. A. Sin una cuenta de resultados saneada y con esa situación en balance las perspectivas resultan catastróficas. Todo ello sin haber considerado la disminución en el peso vertical de la partida aprovisionamientos, que pasa de suponer un 43,7 por 100 a solo un 18 por 100 de las ventas. Esta circunstancia resulta extraña teniendo en cuenta el carácter variable de dichos costes (no hay señales de fuertes disminuciones en los precios de las materias primas consumidas). La disminución en la cifra de aprovisionamientos solo resulta explicable si tenemos en cuenta la limitación al alcance incluida por el auditor en su informe. No parece creíble que si entre 1995 y 2000 las ventas aumentaron un 10,7 por 100, los aprovisionamientos hayan podido disminuir en un 54 por 100.

Por último, si se presta atención a los estados de flujos de efectivo, aunque parece que en ambos casos la imagen dada por MAJÓRICA, S. A., es similar (tanto en 1995 como en 2000 la principal fuente de tesorería son las actividades de explotación), la forma en que obtiene sus flujos de efectivo por actividades de explotación es muy diferente. Así, mientras en 1995 dicha cifra parte de un resultado y unos recursos procedentes de las operaciones positivos, siendo los ajustes de corto plazo negativos, en el año 2000 basó todo el valor positivo de los flujos de efectivo por actividades de explotación en unos ajustes de corto plazo muy positivos (disminuciones de existencias y especialmente de deudores). Teniendo en cuenta que, tal y como se recoge en la información complementaria, la mayor parte de dicha disminución no tiene su origen en clientes por ventas y la memoria de MAJÓRICA, S. A., no aporta mayor información, no parece oportuno pensar que esta forma de generar tesorería pueda mantenerse en el futuro.

En resumen, hasta 1995 MAJÓRICA, S. A., no tenía altos niveles de riesgo financiero. Las caídas en la rentabilidad que se aprecian a partir de 2000 no parecen deberse a caídas en las ventas. Al contrario, el fuerte aumento del grado de apalancamiento financiero tras la operación de fusión, unido al deterioro de la cuenta de resultados por las mayores amortizaciones y gastos de personal, serían los factores que explican la situación de deterioro financiero y patrimonial de la firma.

6. Caso PIKOLÍN:

Solución Parte I:

Plantillas propuestas para el análisis de rentabilidad correspondiente a 1997: balances de situación de PIKOLÍN, S. A.

	31/12/97	**31/12/96**	**Medio**		**31/12/97**	**31/12/96**	**Medio**
Activo no corriente				Patrimonio neto	13.451.456	12.034.823	12.743.140
Funcional	2.685.859	3.030.454	2.858.156				
Extrafuncional	927.563	827.678	877.621	Pasivo no corriente	961	1.453	1.207
Activo corriente							
Funcional	6.048.827	5.590.791	5.819.809	Pasivo corriente	1.674.025	1.654.532	1.664.278
Extrafuncional	5.464.193	4.241.885	4.853.039				
Total activo	15.126.442	13.690.808	14.408.625	Total patrimonio neto y pasivo	15.126.442	13.690.808	14.408.625

Cuenta de resultados de PIKOLÍN, S. A.

	Año 1997
Ingresos de explotación	14.700.895
(Gastos de explotación)	(12.714.890)
RAIT funcional	1.986.005
Ingresos financieros (*RAIT* extrafuncional)	444.445
RAIT	2.430.450
(Gastos financieros)	(178.496)
RAT	2.251.954

Resumen de datos del balance

Activo funcional	8.677.965	60%	Patrimonio neto	12.743.140	88%
Activo extrafuncional	5.730.660	40%	Deuda total	1.665.485	12%
Total	14.408.625	100%	Total	14.408.625	100%

Determinación del coste medio de la deuda y de la razón de endeudamiento

CF = Gastos financieros/Deuda total = 178.496/1.665.485 = 0,11.
L = Deuda total/Patrimonio neto = 1.665.485/12.743.140 = 0,13.

Obtención de la rentabilidad financiera

$RF = RAT/PN = 2.251.954/12.743.140 = 0{,}18.$

Obtención de la rentabilidad económica

$RE = RAIT/AT = 2.430.450/14.408.625 = 0{,}17.$

Descomposición de la rentabilidad financiera

$RF = RE + (RE - CF) \times L = 0{,}17 + (0{,}17 - 0{,}11) \times 0{,}13 = 0{,}17 + 0{,}01.$

Descomposición de la rentabilidad económica

Descomposición funcional − extrafuncional

$REf = RAITf/Af = 1.986.004/8.677.965 = 0{,}23.$
$REe = RAITe/Ae = 444.446/5.730.660 = 0{,}08.$
$RE = (REf \times Af/AT) + (REe \times Ae/AT) = (0{,}23 \times 0{,}60) + (0{,}08 \times 0{,}40) = 0{,}14 + 0{,}03.$

Descomposición margen × rotación

$$REf = \frac{RAITf}{\text{Ventas}} \times \frac{\text{Ventas}}{Af} = \frac{1.986.004}{14.700.895} \times \frac{14.700.895}{8.677.965} = 0{,}135 \times 1{,}7 = 0{,}23.$$

Comentarios: una primera visión

- Un alto porcentaje de los activos (40 por 100 en valores medios) son extrafuncionales, constituidos por inversiones financieras, en su mayor parte temporales, en las que PIKOLÍN, S. A., invierte 4.800 de los 14.400 millones de pesetas que constituyen su activo total medio.
- En relación con su activo funcional, invierte más en activos corrientes que en no corrientes. En el balance cerrado a 31 de diciembre de 1997 solamente los deudores representan un 25 por 100 del total del activo, mientras que el inmovilizado material apenas llega un 18 por 100.
- En relación con su estructura financiera, PIKOLÍN, S. A., se encuentra en una posición de gran estabilidad, con un patrimonio neto que en valores medios supone un 88 por 100 del total de sus fuentes de financiación. Esto significa que practica una fuerte acumulación de resultados positivos en forma de reservas, que dan una gran solidez al valor de su patrimonio.
- En relación con su cuenta de resultados, se observa que obtiene un resultado de explotación positivo, afectado de forma muy poco significativa por los gastos financieros como consecuencia de la poca deuda contraída, mientras que, por el contrario, los ingresos financieros derivados de sus inversiones extrafuncionales alcanzan valores destacados.

Aun a pesar de la solidez mostrada por la empresa, el análisis de rentabilidad-riesgo nos permite llevar a cabo algunas matizaciones.

Principales posicionamientos de riesgo económico

- En primer lugar, debemos indicar que los costes puramente variables, como serían los aprovisionamientos, constituyen un 33 por 100 de su cifra de ventas, porcentaje relativamente pequeño que hace pensar en la existencia de un *GAO* notable debido a la importancia de los costes fijos. Con relación a la elevada proporción que los gastos de personal representan sobre la cifra de ventas (34 por 100), cabe suponer que una empresa como PIKOLÍN, S. A., con una larga tradición, contará con una plantilla con un elevado porcentaje de personal fijo.
- Por otro lado, se muestra extremadamente conservadora en términos de *GAF*. Su ratio L es muy pequeño (0,13), lo que implica un nivel de riesgo sorprendentemente bajo, con las implicaciones que ello puede tener sobre sus niveles de rentabilidad.

Elementos determinantes en sus niveles de rentabilidad

- En 1997 PIKOLÍN, S. A., obtiene una rentabilidad financiera del 18 por 100. Teniendo en cuenta que los tipos de interés en aquel año en España se situaban en un entorno del 7-8 por 100 (según datos del INE), la empresa parece estar concediendo a sus accionistas una prima por el riesgo asumido de casi 10 puntos.

— La descomposición de la rentabilidad financiera muestra que 17 de esos 18 puntos provienen de la gestión de activos, correspondiendo al efecto apalancamiento financiero el punto restante. Esto no resulta sorprendente, ya que, a pesar de que el diferencial ($RE - CF$) es positivo en 6 puntos, el *GAF* es, tal y como ya se ha señalado, bajísimo ($L = 0{,}13$). PIKOLÍN, S. A., parece tener pocos gastos financieros, pero, teniendo en cuenta que su deuda también es muy pequeña, el coste financiero asciende a un nada desdeñable 11 por 100.

— En relación con la descomposición de su rentabilidad de activos (17 por 100), podemos observar cómo la mayor parte de la *RE* proviene de sus activos funcionales (14 de los 17 puntos), mientras que solo tres puntos porcentuales se atribuyen a los extrafuncionales, y ello a pesar de que estos últimos constituyen un 40 por 100 del total de activos. En vista de estos datos, cabría preguntarse si a PIKOLÍN, S. A., le merece la pena la tenencia de un porcentaje tan alto de activo extrafuncional. Lo cierto es que, si se deshiciese de ellos, su rentabilidad económica subiría hasta el 23 por 100, valor alcanzado por su *REf*.

— No parece que los activos extrafuncionales formen parte de la apuesta estratégica de la compañía al tratarse básicamente de inversiones temporales, que PIKOLÍN, S. A., rentabiliza en solo un 8 por 100. Da la sensación de que le sobran recursos (según se deduce de la observación del estado de flujos de efectivo) y que no sabe dónde invertirlos. De hecho, los accionistas (téngase en cuenta que es una compañía familiar) reciben dividendos en un porcentaje muy pequeño (*pay-out* = 8 por 100), quedando en su mayor parte en forma de reservas.

— Como hemos indicado, la *REf* es alta (23 por 100), lo que supone el reflejo de un modelo de negocio muy efectivo. La clave para ello se basa en la obtención de un buen margen (14 por 100) junto con una más que considerable rotación (1,7), si pensamos que se trata de una empresa industrial.

Sugerencias para mejorar los niveles de rentabilidad

PIKOLÍN, S. A., podría reinvertir los recursos autogenerados en el crecimiento de su propio negocio más que en cartera de valores. Sin embargo, para ello parece necesario que la empresa acometa de forma más determinante la búsqueda de mercados exteriores. Cuando la lectura habla del mercado nacional y de las dificultades para exportar, parece que no se atreve a dar el salto al extranjero. El informe de gestión emitido siete años más tarde ratifica los temores apuntados por los gestores de la compañía, convenientemente recogidos en la prensa del momento. Le sobran recursos para crecer, pero no lo hace. Si el mercado nacional de colchones no da más de sí para crecer rentabilizando activos funcionales al 23 por 100, podrían explorar las posibilidades del mercado exterior o diversificar.

Solución Parte II:

Plantillas propuestas para el análisis de rentabilidad correspondiente a 2016: balance de situación consolidado de GRUPO PIKOLÍN, S. L.

	31/12/2016	31/12/2015	Medio		31/12/2016	31/12/2015	Medio
Activo no corriente				Patrimonio neto	232.486	234.125	233.306
Funcional	139.032	89.515	114.274				
Extrafuncional	214.431	199.700	207.066	Pasivo no corriente	126.799	100.315	113.557
Activo corriente							
Funcional	180.875	151.440	166.157	Pasivo corriente	180.441	106.805	143.623
Extrafuncional	5.388	590	2.989				
Total activo	539.726	441.245	490.486	Total patrimonio neto y pasivo	539.726	441.245	490.486

Cuenta de resultados consolidada de GRUPO PIKOLÍN, S. L.

	Año 2016	Año 2015
Ingresos de explotación	435.082	397.959
(Gastos de explotación)	(428.205)	(385.498)
RAIT funcional	6.877	12.461
Ingresos financieros (*RAIT* extrafuncional)	2.379	566
RAIT	9.256	13.027
(Gastos financieros)	(7.995)	(4.811)
RAT	1.261	8.216

Resumen de datos del balance

Activo funcional	280.431	57%	Patrimonio neto	233.306	48%
Activo extrafuncional	210.055	43%	Deuda total	257.180	52%
Total	490.486	100%	Total	490.486	100%

Determinación del coste medio de la deuda y de la razón de endeudamiento

CF = Gastos financieros/Deuda total = 7.995/257.180 = 0,031.
L = Deuda total/Patrimonio neto = 257.180/233.306 = 1,1.

Obtención de la rentabilidad financiera

$RF = RAT / PN = 1.261 / 233.306 = 0{,}005.$

Obtención de la rentabilidad económica

$RE = RAIT / AT = 9.256 / 490.486 = 0{,}019$

Descomposición de la rentabilidad financiera

$RF = RE + (RE - CF) \times L = 0{,}019 + (0{,}019 - 0{,}031) \times 1{,}1 = 0{,}019 + (0{,}0132) = 0{,}005.$

Descomposición de la rentabilidad económica

Descomposición funcional − extrafuncional

$REf = RAITf / Af = 6.877 / 280.431 = 0{,}025.$
$REe = RAITe / Ae = 2.379 / 210.055 = 0{,}011.$
$RE = (REf \times Af / AT) + (REe \times Ae / AT) = (0{,}025 \times 0{,}57) + (0{,}011 \times 0{,}43) =$
$= 0{,}014 + 0{,}0047.$

Descomposición margen × rotación

$$REf = \frac{RAITf}{\text{Ventas}} \times \frac{\text{Ventas}}{Af} = \frac{6.877}{435.082} \times \frac{435.082}{280.431} = 0{,}016 \times 1{,}55 = 0{,}025.$$

Comentarios

Veinte años más tarde (año 2016) la situación para Pikolín ha cambiado radicalmente. Sus niveles de riesgo económico son notablemente superiores a los de 1997. La cómoda posición de liderazgo de que gozaba en su único mercado (el nacional) se ha desvanecido por los fuertes incrementos de competitividad. Pikolín vive un nuevo escenario caracterizado por *el bajón del consumo y otros desafíos como la multiplicación de pequeños fabricantes y la entrada de rivales multinacionales en España.*

La estructura corporativa del grupo ha cambiado en consonancia con las circunstancias. Así, la matriz del grupo ha pasado a ser una nueva empresa Grupo Pikolín, S. L., en la que se centraliza el nuevo plan estratégico que, en palabras de su consejero delegado, José Antonio González, *pasa por la internacionalización y la adquisición de otros negocios en marcha*. Es por esta razón que el análisis del año 2016 requiere dotarse de las cuentas consolidadas de todo el grupo.

Estructura del balance

En su balance consolidado, paradójicamente, el porcentaje de activos extrafuncionales se mantiene muy alto (43 por 100, superando incluso al de 1997) y que lógicamente no obedece a la cartera de control en filiales sino a activos financieros a valor razonable con cambios en el patrimomonio neto y, muy especialmente, a créditos concedidos a otras empresas. Por otro lado, dentro de los activos funcionales destaca el fuerte incremento del intangible, que pasa de prácticamente no existir a suponer un 10,7 por 100 del activo total en 2016. Ello se debe casi en su totalidad a fondos de comercio surgidos en el proceso de expansión. El fondo de comercio, al ser un activo vinculado con las diferentes unidades generadoras de efectivo (UGE), trae consigo un alto nivel de riesgo, ya que su valor depende de las expectativas de funcionamiento de cada una de ellas. Vemos asimismo que las inversiones financieras temporales, que suponían un 33 por 100 del activo total, prácticamente han desaparecido.

La estructura financiera es, como podemos apreciar, radicalmente distinta. De una posición cómoda y ciertamente conservadora donde el patrimonio neto financiaba la mayor parte de los activos (88 por 100), hemos pasado a otra en la que dicho porcentaje pasa a ser de un 48 por 100, es decir, inferior al de las deudas. El ratio de endeudamiento (L), también conocido como grado de apalancamiento financiero (GAF) pasa de 0,13 a 1,1. Hemos de destacar la lógica aparición de un importante volumen de deuda no comercial (deuda con bancos y emisión de obligaciones, llevada a cabo en ese mismo año).

Elementos determinantes en sus niveles de rentabilidad

El nuevo escenario de fuerte competitividad hace que la apuesta por la expansión geográfica resulte inevitable. Esta apuesta, sin embargo, no parece estar dando sus frutos, al menos, hasta 2016. En este ejercicio la rentabilidad financiera de Grupo Pikolín, S. L., es de tan solo 0,5 puntos porcentuales (0,5 por 100), frente al cómodo 18% (18 puntos porcentuales) de los que gozaba la empresa 20 años atrás. La forma de obtener esta rentabilidad financiera resulta también diferente. Por un lado, la alta rentabilidad económica (17 por 100) cae hasta situarse en un discreto 1,9 por 100, es decir, los nuevos activos han dejado de generar 15 puntos de rentabilidad. A ello cabe añadir que el coste financiero medio de la deuda, aunque discreto (3 por 100) por situarse los tipos generales en niveles mínimos, resulta no obstante insuficiente para aprovechar el mayor grado de apalancamiento financiero que aun con tipos tan favorables se vuelve en contra de la empresa.

Principales posicionamientos de riesgo económico

Como se ha indicado, todas las medidas/posiciones de riesgo económico parecen haberse incrementado mucho, forzadas por el cambio de escenario y el nuevo plan estratégico, no estando la respuesta a dicho incremento de riesgo acorde con sus expectativas de rentabilidad.

El *riesgo de ventas,* quizá el más notable de todos ellos, es evidente. Si bien no poseemos datos de años anteriores (solo de 2015), la lectura deja claro que *la empresa logró triplicar su facturación en 14 años, desde los 93 millones de euros en 1995 a los 310 millones en 2007, para luego caer a los 244 millones en 2009.*

En 2016 no llegan a alcanzar un múltiplo del activo total de 0,8 cuando en el año 1997 multiplicaban 0,94 veces esa cifra. Con respecto al activo funcional, el múltiplo de ventas (rotación de activos funcionales) baja de 1,7 a 1,55. Además, tal y como reconoce la lectura, buena parte de estas ventas se han conseguido bajando precios *(el precio medio de venta se ha recortado a su vez en un 30 por 100, ya que la fuerte atomización del sector colchonero está propiciando la aparición de las típicas propuestas «a precio de fábrica»).* El sostenimiento artificial del mercado de unidades físicas a través de la reducción de precios hace que el efecto negativo se traspase al margen económico sobre ventas, que sufre especialmente, bajando del 13,5 por 100 (1997) a un más que discreto 1,6 por 100. Como bien indica José Antonio González, *los ajustes de precios afectan a los márgenes y luego obligan a ajustar los costes.*

Con respecto *al grado de apalancamiento operativo (GAO),* el fuerte proceso de crecimiento hace que este se expanda inevitablemente, reflejando el riesgo que implica la apertura de nuevos centros de producción y delegaciones en otros países (costes fijos de personal, producción, comercial, etc., junto con la entrada en el universo de los tipos de cambio no siempre fáciles de controlar). A buen seguro y, dada la ausencia de ventas a precios de mercado, este incremento de *GAO* habrá tenido un claro efecto negativo sobre el margen económico.

Por último, y como ya hemos indicado, *la estructura de capital* está mucho más apalancada (*GAF*) con la introducción de nueva deuda (no comercial) que, aunque afortunadamente con un bajo coste, sí que contrapone sus efectos positivos sobre la rentabilidad. Una subida de tipos aceleraría, en este sentido, las caídas de rentabilidad.

El estado de flujos de efectivo

Una señal de la poco favorable situación económica se puede apreciar también examinando los orígenes y aplicaciones de tesorería, esto es, analizando el estado de flujos de efectivo (*EFE*). El contenido de este documento es, también, radicalmente diferente. En 1997 el peso principal (y casi único) de la generación de efectivo venía de la propia explotación de la empresa (tesorería generada por las actividades de explotación) que, como ya se ha comentado en la parte I de esta solución, financiaba un discreto volumen de inversión en infraestructura, un sobrio pago de dividendos y, sobre todo, un altísimo volumen de inversiones financieras temporales, denotando una falta de ideas/intenciones claras sobre su colocación. En 2016, por el contrario, es la actividad de financiación (emisión de deuda no comercial principalmente) la que aporta la mayor parte de recursos líquidos, recursos que son destinados al proceso de crecimiento. La tesorería generada por las actividades de explotación es muy inferior, lo que supone un signo claramente desfavorable si se conjuga con los niveles de rentabilidad anteriormente comentados. Desaparecen, lógicamente, los pagos por inversiones financieras temporales, es decir, la empresa ahora sí tiene muy claro que necesita (no le sobra) liquidez, en qué la ha de invertir y la insuficiencia de la actividad de explotación para generarla. Este nuevo *EFE* conjuga a la perfección, como hemos indicado, con los resultados del análisis de rentabilidad-riesgo llevado a cabo con balance y cuenta de resultados.

Por último, resulta imposible saber con la información disponible si, tal y como considera conveniente el señor González, el grueso de las ventas provienen del mercado nacional. Sería necesario disponer para ello de información segmentada, lo que excede los límites del presente caso.

CAPÍTULO 11. PROPUESTA DE SOLUCIÓN A LOS EJERCICIOS

1. *d.* 2. *c.* 3. *b.* 4. *a.* 5. *a.* 6. *c.* 7. *b.*

8. Al mantenerse el volumen de existencias constante a lo largo del año, no hay variación de existencias, por lo que los consumos son iguales a las compras:

Compras = Consumos = 50 por 100 ventas = 50 por 100 de 2.000.000 = 1.000.000

Como el *PMM* de clientes y proveedores es 60 días, las rotaciones son 6:

$$\text{Rotación clientes} = \frac{\text{Ventas}}{\text{Saldo}}$$

de donde se deduce que:

$$\text{Saldo clientes} = \frac{\text{Ventas}}{\text{Rotación}} = \frac{2.000.000}{6} = 333.333{,}34$$

$$\text{Saldo proveedores} = \frac{\text{Compras}}{\text{Rotación}} = \frac{1.000.000}{6} = 166.666{,}67$$

$$\text{Saldo existencias} = \frac{\text{Consumos}}{\text{Rotación}} = \frac{1.000.000}{12} = 83.333{,}33$$

— Otro pasivo corriente: 50.000.
— Activo no corriente: 500.000.
— Deudas a largo plazo: 80% s/activos no corrientes: 80% de 500.000 = 400.000.
— Tesorería: 10% s/exigible corto plazo: 10% de (50.000 + 166.666,67) = 21.666,67.

Con estos datos el balance de situación queda de la siguiente manera:

Activo			**Patrimonio neto y pasivo**		
No corriente		500.000,00	Patrimonio neto		?
Corriente		438.333,34	Pasivo no corriente		400.000,00
Existencias	83.333,34		Pasivo corriente		216.666,67
Clientes	333.333,34		Proveedores	166.666,67	
Tesorería	21.666,67		Acreedores no com.	50.000	
Total		**938.333,34**	**Total**		**938.333,34**

La aportación de los propietarios deberá ascender, por tanto, a 321.666,67 euros.

9. Rotaciones y períodos medios:

Actividad	Período medio	Saldo medio
Consumo existencias Ventas Compras	Período medio almacenamiento Período medio cobro Período medio pago	Saldo medio existencias Saldo medio clientes Saldo medio proveedores

Actividad	Período medio	Saldo medio
Consumo existencias 25.000 Compras	24 días 360 / 15 = 24 días 360 / 12 = 30 días	1.000 Saldo medio clientes Saldo medio proveedores

Consumo existencias: 60 por 100 Ventas = 60 por 100 s/25.000 = 15.000.
Consumo existencias: Compras ± Variación existencias.
Consumo existencias: Compras − Incremento existencias.
Compras: Consumo existencias + Incremento existencias = 15.000 + 200 = 15.200.
Saldo medio clientes: Ventas / Rotación clientes = 25.000 / 15 = 1.666,6.
Saldo medio proveedores: Compras / Rotación proveedores = 15.200 / 12 = 1.266,6.

Saldo medio existencias	1.000,0
Saldo medio clientes	1.666,6
(Saldo medio proveedores)	(1.266,6)
NFR Explotación	1.400,0

10. Efectos sobre el ratio de solvencia:

Operación	Aumentar	Disminuir	Sin efecto
a) Ampliación de capital a la par, totalmente suscrita y desembolsada.	X		
b) Compra al contado de activos financieros.			X
c) Traslado de deuda a largo plazo a corto plazo.			X
d) Concesión de una subvención de capital.	X		
e) Venta al contado de un solar con beneficio.	X		
f) Conversión de obligaciones en acciones.	X		
g) Amortización de un elemento del inmovilizado.		X	

11. *b*.

12. Caso KATOSA:

1. *Diferencia entre las* NFRE *reales y las previstas. Aplicando el método de las rotaciones:*

$$\text{Rotación} = \frac{\text{Actividad}}{\text{Saldo medio}} \quad [1]$$

$$PMM = \frac{365}{\text{Rotación}} \quad [2]$$

Actividad	Rotación	Período medio	Saldo medio
Consumo existencias Ventas Compras	Rotación existencias Rotación clientes Rotación proveedores	P. medio almacenamiento P. medio cobro P. medio pago	Existencias Clientes (Proveedores)
Necesidades de fondo de rotación de la explotación			

Conocidos los plazos previstos (columna 4), se puede calcular la rotación correspondiente a dichos plazos. Una vez obtenida la rotación y conocida la actividad, se pueden determinar los saldos medios de las partidas del circulante (columna 5), a partir de los cuales se establecerán las necesidades del fondo de rotación de la explotación (*NFRE*).

Situación prevista				
Actividad	**Importe**	**Rotación**	**Período medio**	**Saldo medio**
Consumo	120.000.000	120/Sm = 24,33	365/rotación = 15 días	4.932.182
Venta	154.000.000	154/Sm = 12,16	365/rotación = 30 días	12.664.473
Compra	118.000.000	118/Sm = 8,11	365/rotación = 45 días	(14.549.938)
Necesidades del fondo de rotación de la explotación = 3.046.717				

El mismo esquema del cuadro anterior se puede aplicar a la situación real. Conocida la actividad desarrollada (columna 2) y los saldos reales de las partidas del circulante de la explotación (columna 5), se pueden determinar las rotaciones reales (columna 3). Obtenidas las rotaciones reales de las partidas del circulante de la explotación se calculan los plazos, sin más que practicar una sencilla división (columna 4).

Situación real				
Actividad	**Importe**	**Rotación**	**Período medio**	**Saldo medio**
Consumo	120.000.000	120/4,8 = 25	365/25 = 14,6 días	4.800.000
Venta	154.000.000	154/15 = 10,26	365/10,26 = 35,5 días	15.000.000
Compra	118.000.000	118/14,048 = 8,40	365/8,40 = 43,45 días	(14.048.000)
Necesidades del fondo de rotación de la explotación = 5.752.000				

NFRE reales − *NFRE* previstas = 5.752.000 − 3.046.717 = 2.705.283, lo que implica que la empresa ha tenido más necesidades que las previstas para financiar su ciclo de explotación. El exceso de necesidades habrá tenido que cubrirse ejecutando acciones no previstas inicialmente.

A pesar de que KATOSA ha sido más eficiente en la gestión de sus almacenes (las existencias han salido de almacén por término medio 0,4 días antes de lo previsto), su departamento de gestión de cobros ha tenido un rendimiento inferior al esperado (se ha tardado en cobrar, por término medio, 5,5 días más de lo previsto), lo que, unido a la mayor celeridad de pagos exigida por sus proveedores (1,55 días antes de lo previsto), ha provocado en la empresa los mencionados desajustes de liquidez.

2 y 3. *Valoración de los cinco escenarios alternativos. Implicaciones sobre el valor del fondo de rotación y sobre los niveles de rentabilidad de KATOSA:*

Escenario 1. Recurso a líneas de crédito a corto plazo al 7 por 100 de interés anual

El valor del fondo de rotación no habrá variado, ya que, al haber acudido a deuda bancaria a corto plazo para cubrir el desajuste, el incremento de las *NFRE* se habrá compensado con un incremento similar en «Otros pasivos corrientes».

La rotación de activos se verá penalizada, ya que la empresa ha vendido lo mismo pero invirtiendo en un mayor volumen de activos funcionales (la suma de las inversiones en existencias y clientes ha sido superior a la prevista). En concreto, ha fallado la rotación de clientes. Ello hará que la rentabilidad económica funcional disminuya. Además, se ha cambiado financiación sin coste (proveedores) por financiación a un 7 por 100, por lo que el coste financiero medio se ha tenido que incrementar.

Escenario 2. Activos extrafuncionales

KATOSA se habrá deshecho de activos extrafuncionales que le producían un 4 por 100 para financiar el exceso de *NFRE*. El valor del fondo de rotación no varía, ya que el incremento de *NFRE* (básicamente debido al incremento en clientes) se habrá compensado con una disminución de «Otros activos corrientes». La rentabilidad económica funcional disminuye por la misma razón expuesta anteriormente, si bien no verá incrementado el coste financiero medio de la deuda.

Escenario 3. Sanciones por retrasos en el ingreso de cuotas a la Seguridad Social

El valor del fondo de rotación habrá disminuido por los 237.000 de recargos impuestos a KATOSA. Al haber retrasado pagos a la Seguridad Social incrementarán las deudas con dicho organismo (normalmente a corto plazo) por un importe igual al desajuste en las *NFRE* más los recargos.

A la disminución de la rotación de activos ya comentada se le une en este caso una disminución adicional del margen, debida al recargo sufrido, siempre que este se contabilice como un mayor gasto de explotación. Si fuese recogido como un gasto financiero, haría falta incrementar el coste financiero medio de la deuda.

Escenario 4. Desvío de financiación para infraestructura

El valor del fondo de rotación habrá incrementado en los 2.705.283 del desajuste, ya que, al utilizarse deuda a largo plazo para cubrir dicho desajuste, el incremento de las *NFRE* se habrá arrastrado hasta el valor del fondo de rotación.

Por un lado, la rentabilidad económica funcional habrá disminuido debido a la disminución de la rotación de activos, presente en todos los escenarios. Asimismo, KATOSA habrá recurrido a financiación a un 9 por 100 para una finalidad no prevista. Ello llevará consigo un retraso en la puesta en marcha de las nuevas instalaciones por el desvío de la financiación a fines no previstos que penalizará los niveles de rentabilidad esperados por KATOSA.

Escenario 5. Ampliación de capital

El incremento del fondo de rotación se financia mediante una ampliación de capital. Lógicamente, la rentabilidad financiera deberá haber disminuido simplemente por haber incrementado su denominador (patrimonio neto), sin incremento alguno en el numerador.

13. Caso CARREFOUR:

El fondo de rotación (capital circulante) de CARREFOUR, S. A., efectivamente, es negativo, tanto a 31/12/19 como a 31/12/20, así como, lógicamente, en valores medios. En millones de euros tendremos:

	31/12/20	**31/12/19**	**Medio**
Activo corriente	1.185	1.150	1.167
(Pasivo corriente)	(2.137)	(2.371)	(2.254)
Fondo de rotación	(952)	(1.221)	(1.087)

En principio, y siguiendo el planteamiento más tradicional, la conclusión obtenida sería que CARREFOUR, S. A., presenta problemas de liquidez, es decir, problemas para hacer frente a sus pagos a corto plazo. Sin embargo, es necesario, tal y como hemos propuesto en el capítulo 11, profundizar en algunos aspectos del análisis. Para ello llevaremos a cabo un análisis de las necesidades de fondo de rotación y, posteriormente, aplicaremos el método de las rotaciones para calcular las rotaciones y períodos medios con los que está trabajando CARREFOUR, S. A.

Análisis necesidades fondo rotación, año 2020 (en millones de euros)

Saldo medio existencias	603
Saldo medio deudores comerciales	466
(Saldo medio acreedores comerciales)	(2.001)
NFR Explotación	(932)

Otros activos circulantes		809
Inversiones financieras a c/p y periodificaciones a c/p		
(Otros pasivos corrientes)		(253)
Provisiones a c/p, deudas a c/p y periodificaciones a c/p		
NFR		(1.122)
Tesorería		35
Fondo de rotación		(1.087)

Comentarios

La financiación a corto plazo es obtenida principalmente de los acreedores comerciales (2.001 millones de euros), siendo muy poca la aportación de otros pasivos corrientes (253 millones de euros), fundamentalmente deuda bancaria a corto plazo. Esto es una primera señal para empezar a pensar que el fondo de rotación negativo podría no suponer una circunstancia con connotaciones negativas para la empresa. Si la financiación a corto plazo (que estuviera haciendo negativo el fondo de rotación) fuese principalmente bancaria, la señal sería claramente negativa.

Las necesidades de fondo de rotación de la explotación de CARREFOUR, S. A., son, a valores medios del año 2020, negativas (−932 millones de euros), es decir, el ciclo de explotación no solo es autosuficiente para financiarse, sino que, además, los acreedores comerciales están permitiendo la financiación de otros activos ajenos a dicho ciclo, tanto corrientes (inversiones financieras a corto plazo, efectivo) como no corrientes (al ser el valor del fondo de rotación negativo). Ello puede tener consecuencias muy positivas sobre sus niveles de rentabilidad, como más adelante veremos.

Aplicación del método de las rotaciones, año 2020 (en millones de euros)

Actividad	Rotación	Período medio
Consumo existencias	Rotación existencias	Período medio de almacenamiento
Ventas	Rotación clientes	Período medio de cobro
Compras	Rotación proveedores	Período medio de pago

Actividad	Importe	Rotación	Período medio	Saldo medio
Consumo	6.632	6.632/603 = 11	365/11 = 33 días	603
Venta	8.368	8.368/466 = 17,96	365/17,96 = 20 días	466
Compra	6.567	6.567/2.001 = 3,28	365/2,36 = 111 días	2.001

$$\text{Consumo existencias} = \text{Compras} \pm \text{Variación existencias}$$

$$6.632 = \text{Compras} + 65$$

$$\text{Compras} = 6.632 - 65 = 6.567$$

Recuérdese que:

$$\text{Rotación} = \frac{\text{Actividad}}{\text{Saldo medio}} \qquad [1]$$

$$PMM = \frac{365}{\text{Rotación}} \qquad [2]$$

A partir de la expresión [1] se obtienen las rotaciones correspondientes a las partidas del ciclo de la explotación (clientes, existencias y proveedores). Obtenidas las rotaciones (columna 3), la determinación de los plazos (columna 4) es inmediata, sin más que dividir 365 entre la correspondiente rotación, tal y como se explica en [2].

Debe tenerse en cuenta que tanto la rotación de clientes como la de proveedores están un tanto sesgadas a la baja y, por tanto, los períodos medios sesgados al alza. La razón se debe a que la partida deudores del activo del balance podría estar incluyendo epígrafes diferentes a los clientes por ventas y la de acreedores comerciales incluye deudas con Administraciones Públicas, trabajadores, etc., que, en la medida en que el analista disponga de información, será necesario tratar de forma separada. Lógico sería pensar que la auténtica partida de clientes por ventas será muy inferior a 466 millones de euros y que CARREFOUR, S. A., no tarde 20 días en cobrar a sus clientes. En cualquier caso, y siguiendo los datos de que disponemos, parece claro que CARREFOUR, S. A., tarda menos en vender y cobrar (33 + 20 = 53 días) que en pagar (111 días), lo que le permite gozar de un excedente de recursos durante 111 − 53 = 58 días para poder llevar a cabo acciones de inversión. La mejor o peor rentabilización de dicho excedente dependerá de su buen hacer en términos de gestión financiera, y lo podremos apreciar en el análisis de rentabilidad.

Plantillas propuestas para el análisis de rentabilidad correspondiente a 2020

Balances de situación de CARREFOUR, S. A. (en millones de euros)

	31/12/20	31/12/19	Medio		31/12/20	31/12/19	Medio
Activo no corriente	**1.536**	**1.628**	**1.582**	**Patrimonio neto**	**537**	**362**	**449**
Funcional	544	539	542				
Extrafuncional	992	1.089	1.040	**Pasivo no corriente**	**47**	**45**	**46**
Activo corriente	**1.185**	**1.150**	**1.167**				
Funcional	1.066	1.150	1.108	**Pasivo corriente**	**2.137**	**2.371**	**2.254**
Extrafuncional	119	—	59				
Total activo	**2.721**	**2.778**	**2.749**	**Total patrimonio neto y pasivo**	**2.721**	**2.778**	**2.749**

Nota: hemos considerado las inversiones inmobiliarias dentro del activo funcional, ya que son galerías comerciales dentro de los hipermercados de las que la sociedad es propietaria y que tiene alquiladas a terceros. El volumen de estas inversiones es una parte irrelevante de los activos de la empresa y su clasificación como funcional o extrafuncional no altera el análisis de rentabilidad de la empresa.

Cuenta de resultados de CARREFOUR, S. A. (en millones de euros)

	Año 2020
Ingresos de explotación	8.491
(Gastos de explotación)	(8.304)
RAIT funcional	187
RAIT extrafuncional	176
RAIT	363
(Gastos financieros)	(1)
RAT	362

Nota: eliminamos la partida de deterioro y resultado por enajenaciones de inmovilizado y en el *RAIT* extrafuncional, además de los ingresos financieros, hemos tenido en cuenta el deterioro y resultado por enajenaciones de instrumentos financieros.

Resumen de datos del balance funcional

Activo funcional	1.650	60%	Patrimonio neto	449	16%
Activo extrafuncional	1.099	40%	Pasivo total	2.300	84%
Total	2.749	100%	Total	2.749	100%

Determinación del coste medio de la deuda y de la razón de endeudamiento

CF = Gastos financieros / Deuda total = 1/2.300 = 0.
L = Deuda total / Patrimonio neto = 2.300/449 = 5,122.

Obtención de la rentabilidad financiera

$RF = RAT / PN = 362/449 = 0{,}81.$

Determinación de la rentabilidad económica

$RE = RAIT / AT = 363/2.749 = 0{,}132.$

Descomposición funcional − extrafuncional

$REf = RAITf / Af = 187 / 1.650 = 0{,}113.$
$REe = RAITe / Ae = 176/1.099 = 0{,}16.$
$RE = REf \times (Af/AT) + REe \times (Ae/AT) = (0{,}113 \times 0{,}60) + (0{,}16 \times 0{,}40) =$
$= 0{,}068 + 0{,}064 = 0{,}132.$

Descomposición margen × rotación

$$REf = \left(\frac{RAITf}{\text{Ingr. explotación}}\right) \times \left(\frac{\text{Ingr. explotación}}{Af}\right) = \left(\frac{187}{8.491}\right) \times \left(\frac{8.491}{1.650}\right)$$

$$= 0{,}022 \times 5{,}146 = 0{,}113$$

Descomposición de la rentabilidad financiera

$$RF = RE + (RE - CF) \times L = 0{,}132 + (0{,}132 - 0) \times 5{,}122 = 0{,}132 + 0{,}676 = 0{,}81.$$

Comentarios

En 2020 CARREFOUR, S. A., está obteniendo una tasa de rentabilidad financiera del 81 por 100. La empresa parece estar pagando una notable prima a sus accionistas, más que suficiente si tenemos en cuenta que ser accionistas de CARREFOUR, S. A., no parece implicar la asunción de niveles de riesgo muy elevados. Si pensamos en los niveles de riesgo económico asumidos por la firma, podemos realizar las siguientes apreciaciones: ocupa la segunda posición en el mercado de distribución (cuota de mercado en 2020: 8,4 por 100) por detrás de Mercadona (cuota de mercado 2020: 24,5 por 100); el *GAO* no parece alto, teniendo en cuenta que los aprovisionamientos (costes variables por antonomasia) suponen un 79 por 100 de la cifra de ventas y que una parte notable de su personal (siguiente partida en importancia vertical, muy por debajo de los aprovisionamientos) pudiera estar contratada de forma temporal; las amortizaciones (coste fijo por antonomasia) suponen solo un 1,4 por 100 de las ventas.

Por último, el *GAF* es bastante alto ($L = 5{,}122$), al tener bastante más deuda que patrimonio neto, pero no resulta muy preocupante, si tenemos en cuenta que, como hemos visto en el análisis de las *NFR*, la mayor parte de dicha deuda, en concreto un 87 por 100 de la misma (2.001 / 2.300 = 0,87), lo es con acreedores comerciales que imponen un bajísimo coste (sus costes financieros en relación a la deuda son insignificantes), y en relación con los cuales CARREFOUR, S. A., parece tener un amplio poder de negociación.

La rentabilidad financiera se obtiene gracias a una apreciable rentabilidad económica ($RE = 0{,}09$) y un superior aprovechamiento del efecto apalancamiento financiero (11 por 100). Esto último no sorprende, teniendo en cuenta que, por razones ya apuntadas anteriormente, la deuda media de CARREFOUR, S. A., es muy barata (*CF* apenas alcanza el 1 por 100), aun a pesar de que el ratio *L* no sea demasiado elevado (las deudas suponen un 55 por 100 del total de la estructura financiera).

Si profundizamos en la forma en la que obtiene sus trece puntos de rentabilidad económica, observamos que siete de ellos provienen de los activos funcionales y seis de los extrafuncionales (estos últimos suponen un nada despreciable 40 por 100 del total de activos). La rentabilización de activos extrafuncionales es buena ($REe = 0{,}16$, lo que parece responder a una buena gestión financiera) y al ser superior a la de los activos funcionales ($REf = 0{,}113$) está incrementando la *RE* total. Debe tenerse en cuenta que una parte importante de los activos extrafuncionales lo son en empresas del grupo.

La rentabilidad económica funcional es de once puntos, obtenidos, como cabe esperar en una empresa con baja intensidad de capital que comercializa un producto de alto consumo, con un pequeño margen (0,022) y una considerable rotación de activos funcionales (5,146).

En resumen, de la aplicación de la metodología de análisis rentabilidad-riesgo podemos extraer la conclusión de que el hecho de que CARREFOUR, S. A., tenga un fondo de rotación negativo no supone un riesgo elevado de crédito a corto plazo. Lejos de ello, esta circunstancia resulta altamente favorable sobre los niveles de rentabilidad de la empresa por el bajo coste de la deuda, al ser fundamentalmente con acreedores comerciales.

CAPÍTULO 12. PROPUESTA DE SOLUCIÓN A LOS EJERCICIOS

1. *b.* 2. *d.* 3. *d.* 4. *c.* 5. *a.*

6. *b.* 7. *a.*

8. El grupo de sociedades está formado, además de por la matriz, por A, B, D, F, G e I.

   El conjunto consolidable lo integran las sociedades A, B, D, E y G.
   El perímetro de consolidación lo constituyen las sociedades A, B, C, D, E y G.

9. *b.* 10. *b.*

CAPÍTULO 13. PROPUESTA DE SOLUCIÓN A LOS EJERCICIOS

1. *d.* 2. *a.* 3. *e.* 4. *b.*

5. *c.* 6. *b.* 7. *c.* 8. *c.*

9. Caso PINO DEL BOSQUE:

   1. *Indique por qué en este caso no sería aconsejable emplear el modelo del descuento de dividendos para estimar el valor de las acciones.*

En el caso que nos ocupa la empresa adquirente (Wood X-penser) obtendría el control total sobre la empresa adquirida (Pino del Bosque). Dado que al obtener el control puede definir la política de dividendos, pudiendo variar radicalmente con respecto a la actual, no sería razonable basar la valoración en dicha política.

   2. *Estime el valor de las acciones de la empresa por el método del descuento del flujo de caja libre para el accionista* (FCLA). *Considere tres posibles escenarios para el valor terminal:*

      a) Escenario pesimista: el FCLA *se reducirá un 1 por 100 interanual a perpetuidad.*

b) Escenario más probable: el FCLA *se mantendrá constante a perpetuidad.*
c) Escenario optimista: el FCLA *aumentará un 5 por 100 a perpetuidad.*

Analice el efecto que tiene la estimación del valor terminal en la valoración del patrimonio neto de la empresa.

Calcularemos en primer lugar el *FCLA* de acuerdo a los datos estimados:

Ejercicio	1e	2e	3e	4e	5e	6e pesimista	6e probable	6e optimista
Resultado del ejercicio	2.565	2.640	2.749	2.913	3.152			
CAPEX neto	−1.940	−1.790	−1.466	−955	−265			
Flujo de efectivo de las actividades de inversión	−2.984	−3.043	−2.932	−2.626	−2.120			
Amortización del inmovilizado	1.044	1.253	1.466	1.671	1.855			
FE por cambios en capital corriente	−562	−602	−645	−690	−738			
Cobros y pagos por instrumentos de pasivo financiero	1.250	1.200	1.000	400	−300			
FCLA	2.627	2.919	3.301	3.336	3.638	3601,62	3.638	3819,9
Factor de descuento	0,9259	0,8573	0,7938	0,7350	0,6806	7,5620	8,5073	9,7226

Multiplicando los *FCLA* para las columnas 1e a 5e por sus factores de descuento, y sumando los productos así obtenidos, estimaremos el valor de la acción antes de calcular el valor terminal. Para estimar el valor terminal multiplicaremos el *FCLA* de la columna 6e correspondiente (pesimista, probable u optimista) por su factor de descuento. Sumando ambas estimaciones, obtendremos el valor estimado para el patrimonio neto de Pino del Bosque. La siguiente tabla muestra los resultados de estas operaciones:

	Valor estimaciones	Valor terminal	Suma
Valor pesimista según *FCLA*	12.483	27.235	39.719
Valor probable según *FCLA*	12.483	30.959	43.433
Valor optimista según *FCLA*	12.483	37.139	49.622

Por tanto, según las estimaciones realizadas, el valor de la empresa oscilaría entre un mínimo de 39,719 millones de euros y un máximo de 49,622 millones de euros. Obsérvese, no obstante, que la mayor parte de esta valoración se encuentra en el sumando correspondiente al valor terminal (entre 27,235 y 37,139 millones). Esto hace que la valoración sea muy sensible a las hipótesis manejadas en relación al mismo. Obsérvese que una variación en su crecimiento del 1 por 100 supone prácticamente una diferencia de 3,7 millones en el valor de la empresa.

3. *Estime el valor de las acciones de la empresa por el método del descuento del flujo de caja libre para la empresa* (FCLE). *Considere los tres posibles escenarios anteriores, pero aplicando las tasas de variación al* FCLE. *Analice, asimismo, el efecto que tiene la estimación del valor terminal en la valoración del patrimonio neto de la empresa.*

En la siguiente tabla se indican los cálculos realizados para la estimación del valor de la empresa de acuerdo al modelo del *FCLE* y los tres casos previstos. La estructura es similar a la empleada en el apartado anterior:

Ejercicio	1e	2e	3e	4e	5e	6e pesimista	6e probable	6e optimista
Resultado de explotación	3.940	4.090	4.274	4.506	4.803			
Tipo impositivo	23%	23%	23%	23%	23%			
Resultado de explotación tras impuestos	3.033,8	3.149,3	3.290,98	3.469,62	3.698,31			
CAPEX neto	−1.940	−1.790	−1.466	−955	−265			
FE por cambios en capital corriente	−562	−602	−645	−690	−738			
FCLE	2.343,80	2.559,30	2.824,98	2.914,62	3.133,31	3.102	3.133	3.290
Factor de descuento	0,9434	0,8900	0,8396	0,7921	0,7473	10,675	12,454	14,945

	Valor estimaciones	Valor terminal	Activo	Deuda	Patrimonio neto
Valor pesimista	11.511	33.114	44.625	12.890	31.735
Valor probable	11.511	39.022	50.533	12.890	37.643
Valor optimista	11.511	49.169	60.680	12.890	47.790

La estimación realizada indica que el valor de la empresa se encontraría entre un mínimo de 31.735 millones de euros y un máximo de 47.790 millones de euros. De nuevo observamos cómo la mayor parte de la estimación del valor del activo se debe al valor terminal, pero con mayor intensidad aún que en el caso del *FCLA*. Por este motivo las pequeñas variaciones realizadas sobre la estimación del valor terminal ofrecen una disparidad de resultados muy considerable.

4. *Estime el valor de las acciones de la empresa usando el modelo del valor económico añadido* (EVA). *A estos efectos, considere como valor terminal que el* EVA *irá desapareciendo progresivamente a una tasa interanual del 25 por 100. Analice el efecto que tiene la estimación del valor terminal en la estimación del valor del patrimonio neto de la empresa por este método.*

La estimación del valor de las acciones de acuerdo al método del *EVA* y los datos anteriores se presenta en la siguiente tabla:

Ejercicio		1e	2e	3e	4e	5e	Valor terminal
Resultado de explotación		3.940	4.090	4.274	4.506	4.803	
Tasa impositiva		23%	23%	23%	23%	23%	
Resultado explotación × × (1 − tasa impositiva)		3.033,8	3.149,3	3.290,98	3.469,62	3.698,31	
Activo sin fondo de comercio	22.930	32.918,000	36.451	39.894	42.888	45.388	
Activo sin fondo de comercio anterior × *K*		1.376	1.975	2.187	2.394	2.573	
EVA		1.659	1.175	1.105	1.076	1.125	844
Factor de descuento		0,943	0,890	0,840	0,792	0,747	2,411

	Activo	Deuda	Patrimonio neto
Valor sin considerar valor terminal para el *EVA*	28.162	12.890	15.272
Valor considerando el valor terminal para el *EVA*	30.197	12.890	17.307

Según las estimaciones realizadas, el valor de la empresa sería de 17,307 millones. Obsérvese en este caso que, de esos 17 millones, 15 corresponden a los valores estimados, siendo solo 2 los correspondientes al valor terminal. Consecuentemente, este modelo es notablemente menos dependiente de las suposiciones que se realicen en relación al mismo.

5. *Estime el valor de las acciones de la empresa usando el modelo del resultado residual* (RR). *Considere como valor terminal que el* RR *irá desapareciendo progresivamente a una tasa interanual del 25 por 100. Analice el efecto que tiene la estimación del valor terminal en la estimación del valor del patrimonio neto de la empresa por este método.*

Ejercicio		**1e**	**2e**	**3e**	**4e**	**5e**	**Valor terminal**
Resultado del ejercicio		2.565	2.640	2.749	2.913	3.152	
Patrimonio neto	12.540	14.335	16.183	18.107	20.146	22.352	
Kfp × Patrimonio neto anterior		1.003,2	1.146,8	1.294,64	1.448,56	1.611,68	
RR		1.562	1.493	1.454	1.464	1.540	1.155
Factor de descuento		0,9259	0,8573	0,7938	0,7350	0,6806	2,0624

Valor sin considerar valor terminal	18.545,5303
Valor considerando valor terminal	20.928,0665

La estimación obtenida arroja un valor para la empresa cercano a los 21 millones de euros. Al igual que en el caso del *EVA,* esta valoración está poco influenciada por el valor terminal (el cual es de, aproximadamente, 2,5 millones).

Bibliografía

Abad, C., Arquero, J. L. y Jiménez, S. (2007): *El fracaso empresarial: características y tipos,* AECA, Madrid.

Alonso Pérez, A. y Pousa Soto, A. (2007): *Casos prácticos del nuevo Plan General de Contabilidad,* Centro de Estudios Financieros, Madrid.

Archel, P. y Husillos, J. (2009): «Últimos desarrollos en materia de RSE en España: ¿un avance hacia la sostenibilidad?», *CIRIEC-España, Revista de Economía Social y Política,* pp. 59-84.

Archel Domench, P. (2007): *Teoría e investigación crítica en contabilidad. Un estudio de caso,* AECA-Universidad Pública de Navarra, Madrid.

Arimany Serrat, N. (2008): «Estado de cambios en el patrimonio neto en el nuevo PGC. Una aplicación práctica», *Técnica Contable,* n.º 705, pp. 78-85.

Asociación Española de Contabilidad y Administración de Empresas (2014): «El estado de flujos de efectivo», *Documento sobre principios contables,* n.º 20, AECA, Madrid.

— (2010): «Impuesto sobre beneficios», *Documento AECA n.º 26 de la serie Principios contables,* Madrid.

— (2013): «Activos intangibles» (revisado), *Documento AECA n.º 3 de la serie Principios contables,* Madrid.

Ayats Vilanova, A. (2021): *Comentarios y casos prácticos del Plan General de Contabilidad,* 3.ª edición, CEF, Madrid.

Bernstein, L. y Wild, J. J. (2021): *Analysis of financial statements,* Fifth edition, McGraw-Hill Professional, Londres.

Blanco, M. y Navarro, A. (1993): «Estado de variación de fondos propios», incluido en J. L. Gallizo Larraz (coord.), *Los estados financieros complementarios,* Pirámide, Madrid.

Borrás Amblar, F. y Navarro Alcaraz, J. V. (2021): *Impuesto de Sociedades, Régimen general. Comentarios y casos prácticos,* CEF (10.ª edición), Madrid.

Campuzano, M. (2008): «Diferencias de cambio por transacciones en moneda extranjera», *Partida Doble,* n.º 195, pp. 48-55.

Cañibano Calvo, L. y Gisbert Clemente, A. (2004): *Activos intangibles,* Monografía 10 sobre las Normas Internacionales de Información Financiera, AECA-EXPANSIÓN, pp. 109-232.

Carrasco, A., Donoso, J. A., Fresneda, S., Larrinaga, C., Hernández, J. J. y López, M. R. (2009): *Estados financieros: teoría y casos prácticos,* Pirámide, Madrid.

Cea García, J. L. (2005): *El marco conceptual del modelo contable IASB: una visión crítica ante la reforma de la contabilidad española,* Centro de Estudios Financieros, Madrid.

Damodaran, A. (2006): «Investment valuation». *Academic Internet,* Publishers Incorporated.

Esteo Sánchez, F. (2003): *Análisis de Estados Financieros: Planificación y control* (cuarta edición), Centro de Estudios Financieros, Madrid.

Fernández, P. (2004): *Valoración de empresas,* 3.ª edición, Gestión 2000.

Gallizo Larraz, J. L. (1993): «El estado del valor añadido», incluido en J. L. Gallizo Larraz (coord.), *Los estados financieros complementarios,* Pirámide, Madrid.

— (2011): «El valor añadido en la empresa en las negociaciones salariales: ¿un nuevo modelo?», *AECA, Revista de la Asociación Española de Contabilidad y Administración de Empresas,* n.º 95.

Global Reporting Initiative (GRI, 2018): Serie estándares. Disponible en globalreporting.org/standars

González Pascual, J. (2016): *Análisis de la empresa a través de su información económico-financiera. Fundamentos teóricos y aplicaciones* (quinta edición), Pirámide, Madrid.

Gonzalo Angulo, J. A. (1996): «Flujos de tesorería: análisis financiero y decisiones empresariales. Nuevas tendencias en Contabilidad y Administración de Empresas», *VII Encuentro AECA,* Mallorca 96.

— (2003): «El estado de flujo de efectivo y el estado de cambios en el patrimonio neto: origen, contenido y utilidad», *Boletín de Estudios Económicos,* vol. 58, n.º 178, pp. 41-74.

— (2004): *Instrumentos financieros*, Monografía 11 sobre las Normas Internacionales de Información Financiera, AECA-EXPANSIÓN, pp. 243-421.

Gonzalo Angulo, J. A. y Jiménez Herrero, J. A. (2008): «El estado de flujos de efectivo», *Revista de la Asociación Española de Contabilidad y Administración de Empresas,* n.º 81, marzo, pp. 79-87.

Guía para la aplicación de la Ley 11/2018 de Información no financiera. Versión 1.0 (2019): Grupo de Investigación ERGO, Universidad de Burgos. https://informacionnofinanciera.info/estado-de-informacion-no-financiera/

Guía sobre la divulgación de información no financiera para PYMES. Versión 1.0 (2020): Grupo de Investigación ERGO, Universidad de Burgos.

Horrigan, J. O. (1968): «A Short History of Financial Ratio Analysis», *The Accounting Review,* abril, pp. 284-294.

Jiménez, S., García-Ayuso, M. y Sierra, G. (2002): *Análisis financiero* (2.ª ed.), Pirámide, Madrid.

Larrinaga, C. y Moneva, J. M. (2002): «Global Reporting Initiative: Contabilidad y Sostenibilidad», *Partida Doble,* n.º 135, pp. 80-87.

Larrinaga, C., Moneva, J. M., Llena, F., Carrasco, F. y Correa, C. (2002): *Regulación contable de la información medioambiental. Normativa española e internacional,* AECA, Madrid.

Lev, B. (1978): *Análisis de estados financieros, un nuevo enfoque,* Esic, Madrid.

Ley 16/2007, de 4 de julio, de reforma de la legislación mercantil (BOE 5 de julio de 2007).

Ley 12/2010, de 30 de junio, por la que se modifica la Ley 19/1988, de 12 de julio, de Auditoría de Cuentas, la Ley 24/1988, de 28 de julio, del Mercado de Valores y el texto refundido de la Ley de Sociedades Anónimas aprobado por el Real Decreto Legislativo 1564/1989, de 22 de diciembre, para su adaptación a la normativa comunitaria (BOE 1 de julio de 2010).

Ley 22/2015, de auditoría de cuentas (BOE n.º 173, de 21 de julio de 2015).
Ley 11/2018, de 28 de diciembre, sobre información no financiera y diversidad (BOE 29 de diciembre de 2018).
Lizarraga Dallo, F. (1997): «Los flujos de tesorería en la predicción del fracaso empresarial», *Actualidad Financiera,* año II, n.º 4, pp. 73-93.
Mallo, C. y Pulido, A. (2008): *Contabilidad financiera. Un enfoque actual,* Paraninfo, Madrid.
Maseda, A. (1995): «Innovación en estados de flujos. Un modelo de tesorería», *Revista Española de Financiación y Contabilidad,* vol. XXIII, n.º 81, pp. 1.076-1.080.
Moneva Abadía, J. M. y Llena Macarulla, F. (2006): «Contabilidad e información medioambiental de la empresa. Antecedentes y situación actual», en J. L. Gallizo (coord.), *Responsabilidad Social e Información Medioambiental en la Empresa,* pp. 57-82, AECA, Madrid.
Palepu, K., Healy, P. M. y Peek, E. (2021): *Business Analysis and Valuation,* Fifth IFRS edition, CENDAGE.
Real Decreto 1514/2007, de 16 de noviembre, por el que se aprueba el Plan General de Contabilidad (BOE n.º 278, de 20 de noviembre).
Real Decreto 1515/2007, de 16 de noviembre, por el que se aprueba el Plan General de Contabilidad de Pequeñas y Medianas Empresas y los criterios específicos para microempresas (BOE n.º 279, de 21 de noviembre).
Real Decreto Legislativo 1/2010, de 2 de julio, por el que se aprueba la Ley de Sociedades de Capital (BOE n.º 161, de 3 de julio).
Real Decreto 1159/2010, de 17 de septiembre, por el que se aprueban las Normas para la Formulación de Cuentas Anuales Consolidadas y se modifica el Plan General de Contabilidad aprobado por Real Decreto 1514/2007, de 16 de noviembre, y el Plan General de Contabilidad de Pequeñas y Medianas Empresas aprobado por Real Decreto 1515/2007, de 16 de noviembre (BOE 24 de septiembre de 2010).
Real Decreto 602/2016, de 2 de diciembre, por el que se modifica el Plan General de Contabilidad (BOE n.º 304, de 17 de diciembre de 2016).
Real Decreto 1/2021, de 12 de enero, por el que se modifica el Plan General de Contabilidad (BOE 30 de enero de 2021).
Rejón López, M. (2007a): «Estado de cambios en el patrimonio neto en el nuevo PGC (I)», *Partida Doble,* n.º 188, pp. 44-61.
— (2007b): «Estado de cambios en el patrimonio neto en el nuevo PGC (II): el ETCPN y la información en la memoria», *Partida Doble,* n.º 189, pp. 32-43.
Serra, V., Labatut, G., Arce, M., Cervera, N. y Pardo, F. (2009): *Consolidación contable de grupos empresariales,* Pirámide, Madrid.
Stickney, C. P. y Brown, P. R. (2007): *Financial Reporting, Financial Statement Analysis and Valuation. A Strategic Perspective,* Thomson South-Western, USA.
Stowe, J. D., Robinson, T. R., Pinto, J. E. y McLeavy, D. W. (2002): *Analysis of Equity Investments: Valuation.* CFA Institute.
Tua Pereda, J. (2004): *El marco conceptual para la información financiera,* Monografía 2 sobre las Normas Internacionales de Información Financiera, AECA-EXPANSIÓN, pp. 141-286.
Villacorta Hernández, M. A. (2006): «Elaboración del estado de cambios en el patrimonio neto», *Técnica Contable,* n.º 690, pp. 20-33.

TÍTULOS RELACIONADOS

ANÁLISIS DE BALANCES Y ESTADOS COMPLEMENTARIOS, *P. Rivero.*
ANÁLISIS DE BALANCES Y ESTADOS COMPLEMENTARIOS. Ejercicios resueltos y comentados, *P. Rivero (coord.).*
ANÁLISIS DE ESTADOS CONTABLES, *R. Íñiguez y P. Garrido.*
ANÁLISIS DE LA EMPRESA A TRAVÉS DE LA INFORMACIÓN CONTABLE, *A. Somoza López.*
ANÁLISIS DE LA EMPRESA A TRAVÉS DE SU INFORMACIÓN ECONÓMICO-FINANCIERA, *J. González Pascual.*
ANÁLISIS DE LA INFORMACIÓN CORPORATIVA, *E. Bonsón y M. Bednárová.*
ANÁLISIS MULTISECTORIAL DE CUENTAS ANUALES Y SUS INFORMES DE AUDITORÍA, *A. Gómez Ortega (Coord.).*
BEYOND FIGURES. INTRODUCTION TO FINANCIAL ACCOUNTING, *M.ª del M. Camacho-Miñano (coord.), M. Akpinar, M.ª J. Rivero-Menéndez, E. Urquía-Grande y A. Eskola.*
CASOS PRÁCTICOS DE CONTABILIDAD DE GESTIÓN, *D. Buendía Carrillo y E. García Meca.*
CASOS PRÁCTICOS DE GESTIÓN DE COSTES, *J. L. Paredes Ortega, C. Fullana Belda.*
CONSOLIDACIÓN CONTABLE DE GRUPOS EMPRESARIALES, *V. Serra, G. Labatut, M. Arce, N. Cervera y F. Pardo*
CONTABILIDAD Y ANÁLISIS FINANCIERO. Especial referencia a las empresas turísticas, *D. López Herrera, M. Orta Pérez y L. Sierra García.*
CONTABILIDAD Y ANÁLISIS E INTERPRETACIÓN DE LA INFORMACIÓN CONTABLE, *G. Sánchez Arroyo.*
CONTABILIDAD BANCARIA, *S. Marín y F. J. Martínez.*
CONTABILIDAD BÁSICA, *M. Cervera (Coord.), P. Gómez Carrasco, C. Pérez Espés y D. Romero Fúnez.*
CONTABILIDAD DE COSTES, *C. Vacas, M.ª J. Bonilla, M. Santos y C. Avilés.*
CONTABILIDAD DE COSTES, *C. Mallo y M.ª A. Jiménez.*
CONTABILIDAD DE ENTIDADES SIN FINES LUCRATIVOS, *A. Socías, P. Horrach, R. Herranz y C. Mulet.*
CONTABILIDAD DE SOCIEDADES, *M.ª A. Besteiro Varela.*
CONTABILIDAD FINANCIERA, *A. Socías, P. Horrach, R. Herranz, A. Llull, D. Pons, M. Perelló, B. Nadal y G. Jover.*
CONTABILIDAD FINANCIERA, *J. Diéguez (coord.).*
CONTABILIDAD FINANCIERA, *A. Socías, P. Horrach, R. Herranz, G. Jover y A. Llull.*
CONTABILIDAD FINANCIERA. Supuestos, *A. Socías, R. Herranz, D. Pons, P. Horrach, G. Jover, A. Llull, M. Perelló.*
CONTABILIDAD FINANCIERA, *J. L. Arquero, A. Donoso, S. M. Jiménez, S. Fresneda, C. Zamora, I. Ruiz, C. Abad, J. M.ª González y S. Caro.*
CONTABILIDAD FINANCIERA. Supuestos, *A. Socías, P. Horrach, C. Mulet, A. Llull, R. Herranz, D. Pons, G. Jover, B. Nadal.*
CONTABILIDAD FINANCIERA I Y II, *J. L. Wanden-Berghe.*
CONTABILIDAD FINANCIERA PARA PYMES, *C. Gutiérrez López y C. Fernández-Cuesta.*
CONTABILIDAD FINANCIERA SUPERIOR I Y II, *M.ª A. Besteiro Varela y R. Mazarracín Borreguero.*
CONTABILIDAD FINANCIERA SUPERIOR, *M.ª A. Besteiro Varela y M.ª del Mar Sánchez Campos.*
CONTABILIDAD GENERAL, *L. Rodríguez y M.ª V. López.*
CONTABILIDAD DE GESTIÓN, *M.ª C. Álvarez-Dardet Espejo y F. Gutiérrez Hidalgo (coords.).*
CONTABILIDAD PARA NO CONTABLES, *W. A. Label y J. de León.*
CONTABILIDAD PÚBLICA, *D. Carrasco Díaz (coord.).*
CUENTAS ANUALES CONSOLIDADAS, *S. Álvarez y E. Corona.*
ESTADOS CONTABLES, *P. Archel, F. Carrasco, F. Lizarraga, S. Sánchez y M. Cano.*
ESTADOS FINANCIEROS, *A. Carrasco, J. A. Donoso, S. Fresneda, C. Larrinaga, J. J. Hernández y M.ª del R. López.*
FINANCIAL ACCOUNTING, *A. Socias, P. Horrach, G. Jover, A. Llull, C. Mulet y D. Pons.*
FISCALIDAD EMPRESARIAL, *G. Lagos y R. Álamo.*
FISCALIDAD EMPRESARIAL, *M.ª V. Gutiérrez, S. Marcos, I. Mateos y M.ª C. Saavedra.*
FISCALIDAD INDIVIDUAL, *M.ª V. Gutiérrez, S. Marcos, I. Mateos y M.ª C. Saavedra.*
FISCALIDAD EN LA PRÁCTICA, *A. C. Mingorance Arnáiz, B. Barruso Castillo y M. Gómez-Tembleque.*
FUNDAMENTOS DE AUDITORÍA DE CUENTAS ANUALES, *F. Polo Garrido (coord.).*
FUNDAMENTOS DE CONTABILIDAD FINANCIERA. El Plan General de Contabilidad, *J. M. Vela Bargues (coord.).*
FUNDAMENTOS DE CONTABILIDAD FINANCIERA. El Plan General de Contabilidad. Casos prácticos, *J. M. Vela Bargues, Luis Porcuna Enguix y Rubén Porcuna.*
FUNDAMENTOS DE CONTABILIDAD FINANCIERA, *M. Larrán.*
FUNDAMENTOS DE CONTABILIDAD FINANCIERA, *V. Montesinos (coord.).*
FUNDAMENTOS DE CONTABILIDAD DE SOCIEDADES, *B. Torvisco Manchón y R. Olías de Lima y Heras.*
FUNDAMENTOS DEL BALANCE Y ESTADOS COMPLEMENTARIOS. Con operaciones especiales, *P. Rivero, J. F. Santos, R. Banegas, M. Manzaneque y E. Merino.*
FUNDAMENTOS Y PRÁCTICA DE CONTABILIDAD, *J. A. Trigueros, M. E. Sansalvador, J. Reig, J. F. González y J. A. Cavero.*
FUNDAMENTOS TEÓRICOS DE AUDITORÍA FINANCIERA, *M. Orta, L. Á. Castrillo, I. Sánchez-Mejías y G. J. Sierra.*
GUÍA PRÁCTICA DE CONTABILIDAD PARA PYMES, *F. Sánchez-Mayoral García-Calvo, J. A. Sánchez Araque, S. Villaluenga de Gracia y E. Merino Madrid.*
INSTRUMENTOS FINANCIEROS., *J. Pérez y J. Calvo.*
INTRODUCCIÓN A LA CONTABILIDAD, *J. L. Wanden-Berghe Lozano y E. Fernández Daza.*
INTRODUCCIÓN A LA CONTABILIDAD FINANCIERA. Adaptado a la pequeña y mediana empresa, *C. Fernández-Cuesta y C. Gutiérrez López.*
INTRODUCCIÓN A LA CONTABILIDAD FINANCIERA, *J. L. Arquero Montaño, S. M. Jiménez Cardoso e I. Ruiz Albert.*
INTRODUCCIÓN A LA CONTABILIDAD FINANCIERA, *E. Albelda y L. Sierra.*
INTRODUCCIÓN A LA CONTABILIDAD FINANCIERA I, *J. Domínguez, M.ª P. Martín Zamora y J. A. Jurado Martín.*
INTRODUCCIÓN A LA CONTABILIDAD FINANCIERA II, *J. Domínguez, M.ª P. Martín Zamora y J. A. Jurado Martín.*
MANUAL DE CONTABILIDAD BANCARIA, *J. Tarancón Martínez y Carlos José Rodríguez García (coords.).*
MANUAL PRÁCTICO DE CONTABILIDAD FINANCIERA, *E. Gallego Diez y M. Vara y Vara.*
MANUAL PRÁCTICO DE CONTABILIDAD PÚBLICA LOCAL, *F. Sánchez-Mayoral García-Calvo, S. Villaluenga de Gracia, E. Merino Madrid y J. A. Sánchez Araque.*
MATEMÁTICAS FINANCIERAS EN EL NUEVO PLAN GENERAL DE CONTABILIDAD, *E. Bustos Contell.*
OPERACIONES CONTABLES AVANZADAS, *F. Azcárate y M. Fernández.*
PLAN GENERAL DE CONTABILIDAD Y DE PYMES. Reales Decretos 1514/2007 y 1515/2007, de 16/11.
SISTEMAS DE COSTES E INFORMACIÓN ECONÓMICA, *R. Donoso Anes y A. Donoso Anes.*
SUPUESTOS DE CONTABILIDAD FINANCIERA, *J. L. Wanden-Berghe Lozano y E. Fernández Daza (coords.).*
TEORÍA Y PRÁCTICA DE LA AUDITORÍA I. Concepto y metodología, *J. L. Sánchez Fernández de Valderrama y M.ª Alvarado Riquelme.*
TEORÍA Y PRÁCTICA DE LA AUDITORÍA II. Análisis de áreas y casos prácticos, *J. L. Sánchez Fernández de Valderrama y M.ª Alvarado Riquelme.*
TEORÍA Y PRÁCTICA DE LA CONTABILIDAD, *J. L. Sánchez Fernández de Valderrama.*